행정학총서

재 무 행 정 론

[신 판]

유 훈 · 조 택 · 김재훈 공저

法 文 社

신판 머리말

1963년 초판이 나온 본서는 50년 가까운 세월이 흐르는 동안에 많은 개정과 보완을 거듭했다.

그 동안 우리나라를 위시한 각국의 재무행정 분야에 많은 변화가 있었다. 우리나라의 경우만 하더라도 우선 중앙예산기관의 위치와 조직에 많은 변동이 있었다. 1948년 국무총리 직속기관인 기획처의 예산국으로 출발한 우리나라 중앙예산기관은 1954년의 헌법개정의 뒤를 이어 이루어진 1955년의 기구개편에 의하여 재무부로 이관 되었다가 1961년 7월 신설된 경제기획원으로 저리를 옮겼으며 1979년에는 예사실로 승격되었다.

1998년 2월에는 중앙예산기관이 기획예산위원회와 예산청으로 이원화 되었다가 1999년 5월 기획예산위원회와 예산청이 기획예산처로 통합되어 국무총리 직속기관이 되었다. 그 후 2008년 2월 기획예산처와 재정경제부가 통합되어 기획재정부가 탄생했고 중앙예산기관은 다시 기획재정부내 예산실로 자리 잡게 되었다.

다음에 재무행정의 법적 기초를 본다면 1961년에 제정된 예산회계법이 전문개정을 거쳐 2006년 국가재정법에 의하여 대체되었으며, 규모나 수적으로 증대일로를 거듭하는 기금에 대한 통제를 강화하고 체계화하기 위하여 제정된 기금관리기본법이 국가재정법 제정시에 이에 흡수되었다. 이 밖에도 국가를 당사자로 하는 계약에 관한 법률, 국고금관리법, 정부회계법 등이 새로 제정되었는가하면 기업예산회계법은 정부기업예산법으로 대체되고, 정부투자기관관리기본법은 공공기관의 운영에 관한 법률로 대체되었다.

예산결정방법을 개혁하려는 시도도 여러 번 있었다. 성과주의예산, 계획예산제도(PPBS), 제로베이스예산제도(ZBB)를 도입하려는 시도도 있었으며, 정부회계제도의 개혁도 있었다.

이와 같은 재무행정분야의 여러 가지 변화를 반영하기 위하여 본서도 많은 개정과 보완이 이루어져 제6정증보수정판까지 나왔다.

이러한 많은 개정에도 불구하고 그동안 본서는 유 훈 단독저서 였으나 이번에 조 택 · 김재훈 두 젊은 교수가 합류하여 3인 공저가 되었다. 신판의 특징으로서 다음의 몇 가지를 들 수 있겠다.

첫째로 「예산이론의 모색」과 「점증주의와 총체주의」장(章)을 포함하는 「예산이론」편을 신설하여 과거의 6개편을 7개편으로 체제를 바꾸었다.

둘째로 「예산의 집행」과 「결산」을 제외한 제3편 「예산과정」의 대부분의 장을 조 택 교수가 담당하여 면모를 달리하게 되었다.

셋째로 제4편 「예산개혁」을 김재훈 교수가 담당하여 면모를 달리했으며 특히 한국의 예산개혁 부분을 크게 보완했다.

이 밖에도 거의 모든 장에 수정을 가했는데 「예산이론의 모색」장이나 「채권관리」장과 같이 새로운 절(節)이 추가된 경우도 있다.

이러한 여러 가지 체제개편과 수정 · 보완이 1963년 이래 재무행정론을 애독해준 독자들에게 조금이나마 보답이 되기를 바라마지 않는다.

2012년 1월
저자 일동

제6정증보수정판 머리말

최근 우리나라에서는 세 개의 법률의 제정으로 재무행정의 법적 기초에 큰 변화가 일어났다.

첫째는 국가재정법의 제정이다. 1961년에 제정된 예산회계법이 25차례에 걸쳐 개정되었으나 그 기본골격은 크게 변하지 않고 그대로 유지되어 최근의 재정여건의 변화에 효과적으로 대응하는데 한계가 있다는 견해가 제기되었다. 이에 따라 정부는 새로운 재정운용의 틀을 마련하기 위하여 국가재정법을 제정하기로 하고 2005년 4월 국가재정법안을 국회에 제출했다. 많은 우여곡절과 논의 끝에 예산과 기금을 통합규정하는 국가재정법안이 국회를 통과하고 2006년 10월 4일 공포되어 2007년 1월 1일부터 시행되게 되었다.

둘째는 공공기관의 운영에 관한 법률의 제정이다. 정부투자기관관리기본법과 정부산하기관관리기본법으로 공기업(정부투자기관)과 정부산하기관에 대하여 통제를 가해오던 정부는 이 두 개 법률을 통합하기로 하고 2006년 6월 정부안을 국회에 제출하여 같은 해 12월에 국회의 의결을 거쳐 2007년 1월 19일에 공포하고 4월 1일부터 시행하게 되었다. 이리하여 1983년에 제정된 정부투자기관관리기본법은 1997년과 1999년의 개정을 거쳐 2007년에 폐지되게 되었으며 1962년부터 사용해오던 정부투자기관이라는 용어 대신에 공기업이라는 용어를 사용하게 되었다.

셋째는 국고금관리법의 제정이다. 예산회계법의 수입과 지출에 관한 규정을 떼어내어 2002년말에 제정된 국고금관리법은 국가재정법하에서도 그대로 사용되고 있다.

이번의 제6정증보수정판에서는 이러한 법률의 제정과 폐지를 반영하기 위하여 여러 곳에 많은 수정을 가하게 되었다. 특히 재무행정의 법적 기초, 기금, 예산의 편성, 예산의 집행, 결산 등의 장에 많은 수정을 가했다. 이번의 증보수정이 재무행정관련 법령의 제정 폐지로 혼란을 겪고 있는 독자 여러분에게 도움이 되기를 바라마지 않는다.

2007년 6월

저자 씀

제6정증보판 머리말

본서의 제6정판이 나온 것이 2003년이나 그 동안 국내외의 재무행정을 둘러싼 상황이 많이 변했다.

우선 국내 상황을 본다면 기금제도에 큰 변혁이 있었을 뿐만 아니라 중앙예산기관과 감사원의 기구에도 개편이 있었다.

국회의 심의를 받지않고 해당 상임위원회에 보고만 하도록 되어있던 기금이 기금관리기본법의 개정에 의하여 예산과 똑같이 국회의 심의·의결을 받게되었을 뿐만 아니라 「공공기금」과 「기타기금」의 구별이 폐지되었다.

국내의 재무행정조직을 본다면 중앙예산기관에 큰 개편이 있었다. 1948년 이래 유지해오던 중앙예산기관으로서의 예산국·예산실 체제와 2002년에 신설되었던 기금정책국이 해체되고 기획예산처의 재정운용실과 사회재정기획단·산업재정기획단·행정재정기획단이 예산과 기금에 관한 업무를 담당하게 되었다. 감사원도 기구개편을 단행하여 오랫 동안 유지해오던 제1국에서 제7국에 이르는 기구를 개편하게 되었다.

미국의 경우를 본다면 오랫 동안의 적자재정을 탈피하여 잠시 흑자를 시현하던 연방정부재정이 다시 적자로 돌아섰으며 국내외에 많은 파장을 불러오고 있다.

이리하여 이번 제6정증보판에서는 제1편 제11장의 「기금」을 완전히 개필했을 뿐만 아니라 「재무행정조직」과 「회계검사」의 장에 크게 수정을 가했다.

이 밖에도 그 동안의 재정상황의 변동을 반영하기 위하여 많은 장에 걸쳐서 수정을 가했다.

이번의 증보가 1963년 이래 『재무행정론』을 사랑하여 주신 독자 여러분에게 다소나마 도움이 되기를 바라마지 않는다.

2005년 7월
용산서재에서
저자 씀

6정판 머리말

본서의 5정판이 나온지는 4년밖에 안 되었으나 본서 초판 발간 후 40년 가까운 세월이 흘렀다.

최근 각국에서 재정적자가 크게 늘어나 누적적자가 국내총생산대비 100%를 초과하거나 100%에 육박하는 선진국이 많이 나타났다. 이리하여 Allen Schick가 *Capacity to Budget*라는 저서를 발표하여 「재정건전화 능력」의 중요성에 대한 우리의 관심을 촉구하였다.

각국의 재정적자가 늘어나고 누적되는 원인으로서 여러 가지를 들 수 있겠으나 고령화사회의 진전 등으로 국민연금이나 건강보험과 같은 사회보장재정의 위기가 가장 중요한 요인으로 부각되고 있다.

이러다보니 조세수입의 증대가 각국에서 중요한 과제로 등장할 수밖에 없는데 이로 인한 조세부담의 과중은 필연적으로 조세의 형평성문제를 제기하게 된다. 이리하여 일부 계층이나 특정산업·특정기업의 조세부담을 덜어주는 조세감면 또는 조세지원이 우리의 관심을 끌 수밖에 없다. 많은 OECD국가에서는 이것을 「조세지출」이라 하고 정부의 직접적 지출과 조세지출을 연관지어 정책결정을 내려야 한다는 움직임이 일어나고 있다.

또 하나 우리가 중요시하는 것은 「발전지향형국가」의 문제이다. 경제발전에 높은 우선순위를 부여하고 이를 위하여 정부가 주도적인 역할을 담당하는 국가라 할 수 있는 발전지향형국가는 프랑스·일본·한국·대만 등을 지칭하는 개념이다. 최근 신자유주의에 입각한 시장중시체제의 대두로 발전지향형국가는 시대착오적인 개념으로 생각하기 쉬우나 매년 수십만개의 새로운 일자리를 마련해야 함으로 정부뿐만 아니라 일반국민들까지도 경제성장률에 지대한 관심을 표명하고 있는 한국은 발전지향형국가를 탈피하였다고 보기 어려운 것 같다.

이리하여 이번 6정판에서는 다음과 같이 3개장·6개절을 신설하였으며 거의 모든 장에 수정을 가했다.

제1편 제5장 「재정건전화 능력」
제4편 제3장 「사회보장재정」
제5장 「조세지출」
제1편 제9장 제1절 「예산의 종류를 분류하는 기준」
제3편 제1장 제6절 「한국의 예산개혁」
제4편 제4장 제4절 「발전지향형국가의 성장정책」
제5편 제2장 제3절 「계약의 체결」
제6편 제1장 제4절 「잡종재산의 관리 및 처분」
제3장 제3절 「채권의 행사와 보전」

저자의 교과서 출간이 늘어남에 따라 『재무행정론』을 소홀히 하는 것이 아닌가 하는 의구심을 가질 독자가 있을는지 모르나 저자의 교수생활 초기(1963년)의 저술이고 따라서 본서에 대한 저자의 애착도 깊다는 것을 강조하고 싶다.

끝으로 40년간 본서의 간행을 맡아주신 법문사에 사의를 표하고 편집을 위하여 많은 수고를 하신 이재필 이사와 이선욱 씨에게 고마움을 표하고자 한다.

2003년 1월
반포서재에서
저자 씀

5정판 머리말

재무행정론 초판이 나온지 36년이 되었으며 4정판이 발간된지도 6년의 세월이 흘렀다. 이번에 체제를 바꾸어 5정판을 내게 되었다.

최근 재무행정론 분야에 많은 변화가 있었다. 첫째로, 예산회계법의 계약에 관한 제6장이 삭제되고 「국가를 당사자로 하는 계약에 관한 법률」이 제정되었으며 정부투자관리기본법도 두 번에 걸쳐 대폭적인 개정이 있었다.

둘째로, 정부조직개편으로 재무행정조직이 개편을 거듭한 끝에 기획예산처가 신설되고 중앙예산기관은 기획예산처 예산실로 자리를 잡았다.

셋째로, 과거에 채택했다가 폐기한 성과지향적 예산제도와 목표관리에 대한 관심이 미국뿐만 아니라 우리나라에서도 다시 일어났다.

이번 5정판에서는 이러한 변화를 모두 반영했을 뿐만 아니라 한자의 사용을 자제했다. 장·절과 항목의 제목 외에는 한자를 사용하지 않았다.

이러한 변화가 36년간 재무행정론을 애독해 준 많은 독자에게 조금이나마 보답이 되기를 바라마지 않는다.

1999년 8월

저자 씀

4정판 머리말

재무행정론 초판이 나온지 30년이 되었으며 3정판이 발간된지도 9년이 지났다. 도중에 3정증보판을 내기는 했으나 부분적인 수정만으로 감당하기 어렵게 되었다.

3정판이 발간된 1984년 후에 재무행정분야에 많은 변화가 있었다. 1987년의 헌법개정에 이어 1989년에는 예산회계법의 전문개정이 있었으며 예산회계법시행령도 전문개정되었다. 1991년 12월에는 기금관리기본법이 제정되어 논란을 거듭해오던 기금에 대한 통제가 어느 정도 해결을 보게 되었다. 미국에서도 누적되어가는 재정적자를 해소하기 위한 조치로서 1990년에 예산실행법이 제정되었다.

4정판은 여러 가지 점에서 3정판과는 면모를 달리한다. 첫째로, 3정판이 5개편이었는데 대하여 「재산관리」편을 설치하여 6개편으로 나누었다.

둘째로, 「예산제도의 발달」과 「공기업과 예산」의 2개장을 삭제하고 다음과 같은 7개장을 신설했다.

제1편 제4장 「예산이론」
제10장 「기금」(3정증보판부터 수록)
제4편 제2장 「재정투융자」
제5편 제2장 「정부계약」
제6편 제1장 「물품관리」
제2장 「국유재산관리」
제3장 「채권관리」

셋째로, 모든 장에 수정을 가했으며, 체제를 개편하거나 절을 추가한 장도 다수 있다. 대표적인 예로서 제4편 제4장을 들 수 있는데 「감축관리와 예산절감」에서 「감축관리와 민영화」로 개편하고 「민영화」에 관한 절을 신설하였다.

넷째로, 그 동안 많은 독자들에게 적지 않은 불편을 주었던 과다한 한자의 사용을 자제했다.

이번의 개고가 30년간 『재무행정론』을 애독해 준 독자 여러분의 후원에 얼마나 보답할 수 있을는지는 오직 독자 여러분의 판단에 맡길 수밖에 없다.

바쁜 가운데에서도 편집을 위하여 많은 수고를 하신 법문사의 이재필 차장에게 사의를 표하고 색인 교정을 위하여 고역을 치른 행정대학원의 윤창호 석사에게도 고마움을 표하고자 한다.

1993년 1월
반포서재에서
저자 씀

3정판 머리말

1963년에 발간된 재무행정론은 10년 후인 1973년에 전면 개정되어 개정판이 나왔다. 이번에 11년만에 3정판을 내놓게 된 것을 뒤늦게나마 다행스럽게 생각한다. 개정판 후에도 기회있을 때마다 증보를 시도하여 ZBB의 절을 추가하고 의회예산법의 제정을 설명하는 등의 작업을 펴기는 했으나 미봉적인 수정으로서는 감당하기 어려운 단계에 도달한 것이다.

그 동안 재무행정분야에 많은 변화가 일어났다. 우선 미국의 경우를 본다면 1974년 의회예산법이 제정됨으로써 예산심의과정이 크게 달라졌으며 회계검사분야에서는 프로그램평가가 등장하여 회계검사개념에 큰 변화가 일어났을 뿐만 아니라 1974년의 회계검사원법에 의하여 정부기관에 대한 연차적인 회계검사가 3년에 한 번만 실시하면 되는 체제로 바뀌었다. Johnson행정부가 도입한 PPBS는 Nixon행정부에 의하여 MBO로 대체되었으며 Carter행정부는 이를 다시 ZBB로 바꾸어 놓았다. 영국에서는 세입위원회와 세출위원회라는 전원위원회가 폐지됨으로써 예산심의과정이 다소 달라졌으며 회계검사원의 기구도 크게 개편되었다.

한국에서는 예산국이 예산실로 승격하였을 뿐만 아니라 정부투자기관예산회계법과 정부투자기관관리법이 폐지되고 정부투자기관관리기본법이 제정되었다. 1983년도 예산편성부터 ZBB를 도입하라는 지시가 있었으며 이를 위한 노력의 일환으로 관서당경비가 신설되었고, 중기재정계획도 도입되었다.

3정판은 첫째로, 초판 개정판과는 달리 5개편으로 나누어진다. 과거의 제3편을 「예산개혁」과 「국민경제와 예산」이라는 2개편으로 분할했다.

둘째로, 다음과 같은 2개장을 신설했을 뿐만 아니라 많은 절을 새로이 추가했다.

제1편 제5장 「예산과 결정과정」

제4편 제3장 「감축관리와 예산절감」

셋째로, 모든 장에 수정을 가했으나 특히 제2편「예산과정」의 각 장을 대폭적으로 개필했다. 이와 같은 개고가 독자 여러분에게 도움이 되기를 바라는 마음 간절하다. 개고작업의 최종단계에서의 해외여행으로 인한 시간부족으로 생긴 다소 미진한 점은 시간을 두고 보완할 생각이다.

끝으로 저자에게 항상 많은 편의를 제공해 주시는 법문사의 배효선 전무와 교정 기타를 통하여 많은 협력을 아끼지 않으신 최복현 부장과 구찬서 과장에게 감사를 드리고 서울대학교 행정대학원의 조 탁 석사의 조력에 대해서도 사의를 표하고자 한다.

1984년 8월
저자 씀

개정판 머리말

재무행정론 초판이 나온 지도 어언간 10년이 되어 간다. 그 동안 증보판을 발간하여 계획예산제도(PPBS)에 관한 부분을 추가했으며, 이곳저곳에 다소간의 수정을 가해 왔으나 이제는 미봉적인 수정으로서는 감당하기 어려운 단계에 도달했다. 그 동안에 학문의 경향도 다소 달라졌을 뿐만 아니라 제도적인 측면에도 많은 변동이 있었다. 미국의 예산국이 관리예산처로 개편되었을 뿐만 아니라 회계검사원(G. A. O.)도 대폭적인 기구개편을 단행했다. 우리나라에서도 대충자금특별회계가 폐지되었으며 감사원법이 대폭 개정되었다.

개정판은 크게 4개편으로 나누어진다는 점에 있어서 초판과 다를 바 없으나, 초판에 포함시키고 싶었으나 여러 가지 사정으로 다음 기회에 미루기로 하였던 「예산의 개념과 기능」, 「예산의 원칙」, 「기획과 예산」, 「재정정책과 예산」 등 수개장을 추가했을 뿐만 아니라 각 장의 체제와 내용도 대폭 개편했다.

최근 수년간 재무행정론이 판을 거듭하여 새로이 인쇄되어 나올 때마다 많은 독자에게 항상 송구스러운 생각을 금할 수 없었던 저자로서는 개정판의 출간으로 다소 위안을 얻을 수 있으나 독자에게 얼마나 많은 도움이 될지는 오로지 독자제위의 판단에 맡길 수밖에 없다.

1973년 2월

저자 씀

머 리 말

6명의 공저로 된 행정학강의에 「재무행정론」을 쓴 것이 1960년의 일이다. 그 다음 해인 1961년 행정학원론을 저술함에 있어서, 제3장 「재무행정론」은 행정학강의의 「재무행정론」을 다소 발전시켜 수록하였고, 조석준 교수와 공저한 행정학대의(1962년)에 있어서는 다시 이것을 약간 수정하였다.

이번에 법문사의 행정학총서의 일환으로서, 단행본으로 내놓게 된 이 『재무행정론』은 행정학원론과 행정학대의의 「재무행정론」을 토대로 한 것이라 할 수 있겠다. 이번에는 캐나다의 재무행정을 추가하였고, 우리나라의 재무행정에 치중하려고 노력하였다. 캐나다의 재무행정은 영국의 제도를 바탕으로 하여 미국의 영향도 받은 까닭에 우리나라의 제도를 연구하는 데 다소간이나마 도움이 될까 해서 추가한 것이다. 우리나라의 재무행정은 여러 가지 이유로 힘을 들여서 연구하려고 애썼으나, 저자의 능력과 노력의 부족, 자료의 부족 등으로 만족할 만한 성과를 거두지 못했다고 하지 않을 수 없다.

일본의 민법학자 我妻榮 교수는 그의 저서 『근대화에 있어서의 채권의 우월적 지위』의 서문에서 대학교수의 임무에 두 가지가 있다고 말했다. 「첫째는, 그가 전공하는 학문분야의 전부에 걸쳐서 강의안 내지 교과서를 만드는 일이며, 둘째는, 가장 흥미가 있고 중요하다고 믿는 테마를 선택하여 종생의 연구를 여기에 집중하는 일」이라고 했다. 공감이 가는 얘기이다. 다행한 것은 첫째 임무나마 독자 여러분과 출판사의 후원으로 첫 걸음을 디뎌 놓게 되었다는 사실이다.

본서를 내놓음에 즈음하여 저자에게 행정학을 연구할 수 있는 기회를 열어주셨고, 오늘날까지도 저자의 학문적 성장을 위하여 끊임없이 지도와 편달을 아끼지 않으시는 정인흥 교수와 미네소타대학의 워프(Warp), 쇼트(Short) 양 교수에게 다시 한 번 감사를 드리는 바이다.

이 기회를 빌려서 저자는, 예산국장과 재무부차관을 역임한 바 있는 스위스 주재 이한빈 대사에게도 감사하고자 한다. 저자가 다소간이나마 재무행정실무를 엿볼 수 있는 기회가 있었다면, 그것은 예산국장과 재무부차관 재임시에 이 대사가 마련해 주신 것이었다 해도 과언이 아니겠다.

또한 저자는 본서를 저술함에 있어서 필요한 각종의 자료의 입수에 협력해 주신 행정대학원의 안해균 교수, 재무부의 조진희 과장, 최고회의 도서관의 이철규 과장, 조달청의 성성영 사무관에게도 사의를 표하고자 한다.

끝으로, 수 차에 걸쳐서 저자에게 변변치 않은 것임에도 불구하고 발표의 기회를 주신 법문사의 김성수 사장과 교정 기타를 통하여 많은 협력을 해 주신 동사 사원 여러분에게도 감사를 드리고자 한다.

1963년 여름

저자 씀

차　　례

제 1 편 서　　론

제 4 편　예산개혁

제 5 편 국민경제와 예산

제 6 편 구매행정과 계약

제 7 편 재산관리

제 1 편

서 론

제 1 장 재무행정론의 위치와 연구대상

제 1 절 재무행정론의 위치

1. 행정학연구와 재무행정론

19세기 말에 현대행정학(미국행정학)이 창시된 이래 재무행정론은 행정학에 있어서 중요한 위치를 차지해 왔다. 1887년에 발표된 「행정의 연구」에서 Wilson이 행정학연구의 목적의 하나가 어떻게 하면 정부의 기능수행을 「최대의 능률과 최소의 금전·노력의 소비로 할 수 있는가를 발견하는데」 있다[1]고 주장한 이래 많은 행정학도들이 그들의 저서와 논문에서 재무행정을 다루어 왔다.

W. F. Willoughby는 다른 두 사람의 저자와 함께 1922년에 『영국재무행정론』을 펴냈으며[2] 1926년에 발간된 미국 최초의 행정학교과서인 White의 『행정학입문』이나 1927년의 W. F. Willoughby의 『행정학원리』가 다같이 재무행정의 문제를 다루었던 것이다. 이리하여 오늘날 재무행정을 다루지 않는 행정학교과서는 거의 찾아 볼 수 없는 것이 사실이다. 「절약과 능률」이 가장 중요한 행정이념의 하나로 생각되어 온 상황하에서 당연한 현상일는지 모른다.

2. 교과과정과 재무행정론

(1) 석사과정

재무행정론은 행정학교과서에서 중요한 위치를 차지해 왔을 뿐만 아니라 대

---

1) Woodrow Wilson, "The Study of Administration," *Political Science Quarterly*, June 1887, reprinted in Peter Woll(ed.), *Public Administration and Policy*(New York: Harper, 1966), p. 16.

2) William F. Willoughby, W.W. Willoughby and S.M. Lindsay, *The System of Financial Administration of Great Britain*(New York: Appleton, 1922).

학이나 대학원의 교과과정에서도 무거운 비중을 차지하고 있다. NASPAA (The National Association of Schools of Public Affairs/Administration)의 모범적 행정학교과과정에서 재무행정론은 5개의 공통과목의 하나로 되어 있으며[3] 실제로 많은 대학원과 대학(학부) 교과과정에서 재무행정론이 무거운 비중을 차지하고 있다. Medeiros가 미국의 42개 대학의 대학원 행정학교과과정을 조사한 결과, 인사행정론을 필수과목으로 과하고 있는 대학은 약 4분의 1을 차지하나 재무행정론을 필수과목으로 하고 있는 대학은 약 3분의 1에 달하고 있다는 것을 발견했다.[4]

Cleary가 215개 행정학석사 프로그램을 대상으로 1989년에 실시한 또 다른 조사에 의하면 82.7%의 석사프로그램이 재무행정을 전공분야로 오퍼하고 있다는 것이 밝혀졌다. 그 행정학석사프로그램이 어디에 속해 있느냐에 따라서 다소 차이가 있으나 대다수 석사프로그램이 재무행정을 중요시하고 있다는 것을 알 수 있다.[5]

(2) 학사과정

석사과정뿐만 아니라 미국의 학사과정에서도 재무행정론이 무거운 비중을 차지하고 있다는 것을 알 수 있다. Paulsen이 미국의 188개 대학의 학부교과과정을 조사한 결과 이들 대학에서 오퍼하고 있는 전 행정학과목 중에서 재무행정론이 과목수로 보아 14%를 차지하고 있다는 것을 발견했다.[6]

3. 심층연구의 부족

(1) 학술지의 논문

이와 같이 재무행정론이 행정학교과서나 행정학교과과정에서 무거운 비중을 차지하고 있으나 재무행정에 관한 깊은 연구가 다른 분야에 비하여 다소 부족

---

3) 송영달, 「재무행정의 개념정립과 석사교과과정에 관한 소고」, 한국행정학회보 제18권 제1호(1984), p. 308.

4) James A. Medeiros, "The Professional Study of Public Administration," *Public Administration Review*, May-June 1974, p. 258.

5) Robert E. Cleary, "What Do Public Administration Masters Programs Look Like? Do They Do What is Needed?" *Public Administration Review*, November-December 1990, pp. 663-673.

6) David F. Paulsen, "Teaching Undergraduate Public Administration," *Public Administration Review*, November-December 1974, p. 596.

하다는 것을 느끼지 않을 수 없다. 행정학관계전문지에 발표된 재무행정관계논문이 다른 분야에 비하여 수적으로 빈곤하다는 것이 많이 지적되고 있다.

Bowman과 Hajjar가 미국의 7개 행정학관계 정기간행물을 조사한 바에 의하면 1970년부터 1976년 중반까지 발표된 1,407여편의 논문 중 재무행정관계논문은 89편으로서 이 기간 중의 논문총수의 6.3%에 지나지 않았다.[7)]

Bowman과 Hajjar가 미국의 5개 정기간행물과 기타 영어사용국가의 4개 정기간행물 등 도합 9개 행정학관계 정기간행물을 대상으로 실시한 또 다른 조사에서도 유사한 결과가 나타났다. 1970년부터 1976년 중반에 이르는 기간 중 발표된 2,193편의 논문 중 조직론관계논문이 237편(10.8%), 인사행정관계논문이 441편(20.1%)을 차지하고 있는데 대하여 재무행정관계논문은 164편(7.5%)에 지나지 않는다.[8)]

Graziano와 Rehfuss가 1945년부터 1969년에 이르는 25년 동안에 *Public Administration Review*에 발표된 논문을 대상으로 실시한 조사도 대동소이한 결과를 발표하고 있다. 이 기간 중 발표된 653편의 논문 중 재무행정관계논문은 69편(11%)에 지나지 않았다. 그러나 시기별로 본다면 다소간의 기복이 있다는 것을 알 수 있다. 1945년~1949년에는 11%를 차지하던 재무행정관계논문이 1950년~1954년에는 15%로 상승했으나 1955년~1959년에는 11%로 떨어졌으며 1960년~1964년에는 10%로 하락했고 1965년~1969년에는 7%로 떨어지게 되었던 것이다.[9)]

Bingham과 Bowen은 Graziano와 Rehfuss의 조사를 좀더 확대하여 1940년부터 1991년에 이르는 기간중 *Public Administration Review*에 발표된 논문을 조사하였다. 이 기간중 발표된 240개 논문 중 재무행정관련 논문의 비중은 시대에 따라서 다소 기복이 있었으나 인사행정관련 논문에 비하여 그 비중이 많이 낮다는 것을 알 수 있다. 재무행정관련 논문은 1940년~1949년에는 4.6%에 지나지 않았으나 1950년~1959년에는 6.25%로 그 비중이 다소 상승하였으며

7) James S. Bowman and Sami G. Hajjar, "The Literature of Public Administration: Its Contents and Contributions," *Public Administration Review*, March-April 1978, p. 160.

8) James S. Bowman and Sami G. Hajjar, "English-Language Journals in Public Administration: An Analysis," *Public Administration*, Summer 1978, p. 224.

9) Joseph Graziano and John Rehfuss, "Twenty-Five Years of PAR Research: A Study of Professional Change," *Public Administration Review*, May-June 1974, p. 269.

1960년~1969년에는 11.76%로 그 비중이 크게 무거워졌다. 그러나 1970년~1979년에는 6.8%로 하락했다가 1980년~1991년에는 11.11%로 다시 상승하였다.[10]

이러한 경향은 2000년대에 들어와서도 크게 변하지 않은 것 같다. Raadschelders와 Lee가 2000년부터 2009년에 이르는 기간 중 *Public Administration Review*에 발표된 논문을 조사한 바에 의하면 조직론 관련 논문이 11.6%, 인사행정론 관련 논문이 13.1%를 차지한데 대하여 재무행정론 관련 논문은 5.7%에 지나지 않았다.[11]

(2) 박사학위논문

다소 각도를 달리하여 미국의 행정학박사학위논문의 연구분야를 본다면 정기간행물의 경우와 큰 차이가 없다는 것을 알 수 있다. 1980년의 행정학박사학위논문 142편 중 재무행정 분야를 연구대상으로 삼은 것은 3편(2.1%)에 지나지 않았다. 이와 같은 현상이 1990년에는 다소 개선되어 1990년의 행정학박사학위논문 165편 중 재무행정을 다룬 논문이 16편(9.7%)에 달했으나 1998년에는 그 비중이 8.3%(14편)로 다소 하락하였다.[12]

한 마디로 말해서 정기간행물에 발표된 논문의 편수나 박사학위논문이 어떤 척도가 된다면 행정학의 다른 분야에 비하여 재무행정론에 관한 깊이 있는 연구가 다소 부족하다는 것을 느끼지 않을 수 없다.

---

10) Richard D. Bingham and William M. Bowen, "'Mainstream' Public Administration Over Time : A Topical Content Analysis of *Public Administration Review*," *Public Administration Review*, March-April 1994, pp. 204-208.

11) Jos C. N. Raadschelders and Kwang-Hoon Lee, "Trends in the Study of Public Administration: Empirical and Qualitative Observations from *Public Administration Review*, 2000~2009," *Public Administration Review*, January-February 2011, pp. 19-33.

12) Robert E. Cleary, "The Public Administration Doctoral Dissertation Reexamined: An Evaluation of the Dissertations of 1998," *Public Administration Review*, September- October 2000, pp. 446-455.

제 2 절 재무행정론의 연구대상

1. 견해의 대립

우리는 전절에서 재무행정론이 행정학에서 차지하는 위치를 살펴보았다. 그러면 이러한 재무행정론의 연구대상이 어디서부터 어디까지이냐 하는 문제가 다음에 제기된다. 학자들간에 이 문제에 관해서 견해의 일치를 보지 못하고 있다.

(1) White의 견해

미국에서 처음으로 행정학 교과서를 저술했으며 미국행정학계에 많은 공헌을 남긴 Leonard D. White에 의하면 재정의 영역 중에서 수입론과 지출론은 행정학의 연구대상에서 제외되게 된다. 다시 말하자면 재정수입의 원천, 정부에 의한 그 수입의 분배, 그리고 사회적 경제적 효과 등의 문제는 재무행정의 입장에서 볼 때 그 관심의 대상이 되지 않는다는 것이다.

White는 재무행정의 고유의 본질은 관리로서의 재정의 연구이며 다음과 같은 네 가지 분야로 나누어진다고 주장했다.

① 예산의 편성 · 심의[13]

② 예산의 집행

③ 회계의 기록

④ 회계의 검사

White에 의하면 재무행정, 즉 재무관리의 중심은 이 네 영역 또는 과정의 상관관계를 적절하게 유지하고 그것을 위한 조직과 절차를 연구하는 데 있다는 것이다.[14]

그의 『행정학입문』 제4판에서 「행정은 불가피적으로 정책과 관련이 있으며, 그리고 정책을 통하여 정치와 관련이 있다」[15]고 말하고 있기는 하나 「행정은

---

13) White는 to secure funds라는 용어를 사용했는데 그것은 우리가 이곳에서 말하는 「예산의 편성」과 「예산의 심의」를 합친 개념이라고 하겠다[Leonard D. White, *Introduction to the Study of Public Administration*, fourth edition(New York: Macmillan, 1955), p. 225].

14) *Ibid.*, pp. 224-226.

15) *Ibid.*, p. 7.

국가목적 달성을 위한 사람과 물건의 관리」[16]라고 보고 있으며 행정학은 행정관리학이라는 생각을 버리지 않았던 White로서는 재무행정의 연구대상의 범위를 좁게 잡는 것이 당연하다 하겠다.

(2) Dimock의 주장

이에 반하여 Marshall E. Dimock은 재무행정의 연구대상의 범위를 비교적 넓게 잡고 있다.

Dimock에 의하면 재무행정의 주된 연구대상은 i) 예산, ii) 회계, iii) 감사, iv) 구매의 4개 영역인데[17] 이러한 영역들은 모두 정책의 문제와 밀접한 관련성이 있다고 주장한다.

행정가들이 예산을 편성할 때 그들은 경제정책을 수립하며 사회의 진로를 결정할 수 있는 자리에 서게 된다. 특히 영국이나[18] 일본[19]과 같이 정부의 예산안이 의회의 심의과정에서 큰 수정을 입는 일이 거의 없는 경우에 있어서는 예산편성은 더욱 중요성을 지니게 되는 것이다. 또한 이러한 관점에서 볼 때 미국의 연방의회나 주의회에 있어서 세출위원회가 가장 유력한 위원회의 하나로서 인정되며 높은 사회적 평가를 지니는 것도 당연하다 하겠다.

오랫동안 행정가들은 주로 예산의 형식과 구조에만 관심을 기울이고 있었으며 예산의 관리적 측면을 초월한 경제적인 측면을 인식하려고 하지 않았다. 그러나 예산이 국민소득의 30%를 차지하고 재정정책이 국민경제의 주된 조절인자로서의 구실을 담당하고 있는 오늘날에 있어서 행정가들은 그들의 시야를 넓혀 예산의 구조나 형식뿐만 아니라 정책의 문제도 고려하지 않을 수 없다는 것이다.[20]

「행정은 정책형성과 관리의 혼합」[21]이라고 주장하는 Dimock으로서는 당연

16) Leonard D. White, *Introduction to the Study of Public Administration*, first edition (New York: Macmillan, 1926), p. 2.

17) M.E. Dimock and G.O. Dimock, *Public Administration*, first edition(New York: Rinehart, 1953), p. 185.

18) T.H. Caulcott, "The Control of Public Expenditure," *Public Administration*, Autumn 1962, p. 272.

19) 林 榮夫, 財政論(東京: 筑摩書房, 1968), p. 159.

20) Dimock and Dimock, *op. cit.*, pp. 187-188.

21) M. E. Dimock and G. O. Dimock, *Public Administration*, third edition(New York: Holt, 1964), pp. 101-102.

한 결론이라 하겠다.

그러면 재무행정을 연구함에 있어서 아울러 고찰해야 할 정책이란 무엇인가? Dimock은 예산국(현재의 관리예산처)의 직원이었던 Manvel의 견해를 인용하여 우선 다음과 같은 5개 정책을 지적하고 있다.

① 경제정책(economic policy): 주로 정부의 재정규모의 문제

② 공채정책(debt policy): 수지의 균형문제

③ 수입정책(revenue policy): 조세재원의 문제

④ 지출정책(expenditure policy): 각종의 정부활동의 비교적 가치를 기준으로 하여 각종의 목적을 위하여 지출되는 정부경비의 상대적 금액을 결정하는 것

⑤ 운영정책(operating policy): 개개의 정부활동의 경비와 결과의 상관관계를 분석하여 정부가 그 목적을 달성하기 위한 조직과 운영과의 효율을 확보하는 것

여기에다가 Dimock은 자기의 의견을 첨가하여

⑥ 회계정책(accounting policy): 계획과 그 업적과의 상관관계를 회계의 형식으로 명확히 하는 문제까지 포함시키고 있다.[22]

(3) Mikesell의 연구대상

1982년에 재무행정론을 발간하고 1995년에 4정판을 내놓은 Mikesell은 재무행정의 관리적 측면만을 강조한 White와는 견해가 많이 다를 뿐만 아니라 Dimock과도 견해를 달리하고 있다.

Mikesell의 재무행정론은 크게 3개편으로 나누어지는데 제1편은 「예산론」이며, 제2편은 「세입론」이고 제3편은 「공채관리 및 자금관리」이다.[23]

(4) Reed와 Swain의 연구대상

Reed와 Swain은 그들의 재무행정론에서 19개장에 걸쳐 여러 가지 문제를 다루고 있는데 이를 크게 몇 가지로 묶는다면 ① 세입론, ② 세출론, ③ 정부회계, ④ 공채관리 및 자금관리, ⑤ 회계검사, ⑥ 구매행정, ⑦ 경제발전재정으

---

22) Dimock and Dimock, *op. cit.* (first edition), p. 188.

23) John L. Mikesell, *Fiscal Administration: Analysis and Applications for the Public Sector*, fourth edition(Belmont: Wadsworth, 1995).

로 나눌 수 있겠다.

이들의 견해는 Mikesell의 견해와 다소 흡사하나 경제발전재정(Financing Economic Development)을 포함시키고 있는 점이 특이하다고 하겠다.[24]

(5) 한국저자들의 연구대상

우리나라 재무행정론 교과서의 저자들을 본다면 예산론과 구매행정 외에 비교적 연구대상을 넓게 잡는 경향이 나타나고 있다. 신무섭 교수는「조세체제와 세무행정」이라는 장을 두고 있으며[25] 박영희 교수는 조세론편에 3개장을 두고 있다.[26] 신무섭 교수나 박영희 교수보다 다소 연구대상을 넓게 잡은 사람은 이종익교수이다. 이교수는 예산편과 구매행정 외에「물품관리」,「지방재정」,「정부와 기업」의 3개장을 두고 있다.[27] 이들보다 더욱 넓게 잡는 저자는 조창현 교수이다. 조 교수는 예산편과 구매행정 외에 여러 가지 문제를 다루고 있는데 공공경제론편에 7개장, 공공수입과 지출론편에 5개장, 지방재정론편에 6개장을 두고 있다.[28]

2. 본서의 연구대상

(1) 넓은 연구대상

우리는 재무행정론의 연구대상을 Dimock의 주장과 같이 넓게 잡고자 한다. 재무행정론의 연구대상을 비교적 넓게 잡고자 하는 데에는 다음과 같은 이유가 있다.

i) 첫째로, 연구대상의 범위를 계속해서 확장해가고 있는 것이 행정학의 오늘날의 경향일진대[29] 재무행정론도 행정학의 다른 분야와 보조를 같이하여 연구대상의 범위를 넓게 잡을 필요가 있다.

---

24) B. J. Reed and John W. Swain, *Public Finance Administration*, second edition(Thousands Oaks: Sage Publications, 1997).

25) 신무섭, 재무행정학(서울: 대영문화사, 1989).

26) 박영희, 재무행정론, 제2판(서울: 다산출판사, 1989).

27) 이종익, 재무행정론(서울: 박영사, 1981).

28) 조창현, 재무행정론(서울: 법지사, 1986).

29) 이리하여 행정학은 "everything in general," "nothing in particular"가 되어버렸다는 비판을 받고 있다[Dwight Waldo, "Education for Public Administration in the Seventies," in Frederick C. Mosher (ed.), *American Public Administration: Past, Present, Future*(University: University of Alabama Press, 1975), p. 197].

ii) 둘째로, 행정을 「정책형성」이라고 주장한 Paul H. Appleby의 견해는 극단적인 것이라 하더라도[30] 행정을 「정책형성과 관리의 혼합」이라고 보는 Dimock의 주장이나 행정을 「정책의 형성과 집행」으로 보는 Fesler의 견해[31]가 오늘날의 행정학의 주류를 이루는 것이라고 해석한다면 관리적 측면 못지않게 정책적인 측면이 강조되어야 한다는 것은 당연한 주장이라 하겠다.

(2) 재산관리편의 추가

우리는 제4정판부터 본서의 연구대상에 재산관리편을 추가하였다. 우리는 과거에 물품관리 국유재산관리 채권관리와 같은 재산관리의 문제를 재무행정론의 연구대상에서 제외하는 경향이 있었으나 본서는 이러한 분야도 재무행정론의 연구대상에 포함시켜야 한다고 생각한다. 전술한 바와 같이 우리나라 저자들 중에도 물품관리 등 재산관리의 일부 분야를 연구대상에 포함시키고 있는 사람들이 있다.

(3) 본서의 구성

우리는 본서를 7개편으로 나누었으나 이는 크게 네 분야로 나눌 수 있다.

제1편에서 제4편까지는 예산편이며, 제5편은 국민경제와 예산이다. 이는 전술한 바 있는 Dimock의 경제정책을 위시한 6개 정책분야를 다룬 것이다. 제6편은 구매행정을 다룬 것이나 구매행정의 수단이라 할 수 있는 「정부계약」에 관한 장도 두었다. 끝으로 제7편은 재산관리편으로서 국유재산관리 · 물품관리 · 채권관리를 다루었다.

30) Paul H. Appleby, *Policy and Administration*(University: University of Alabama Press, 1949), p. 170.

31) James W. Fesler, *Public Administration: Theory and Practice*(Englewood Cliffs: Prentice-Hall, 1980), p. 3.

제 2 장 재무행정조직

제 1 절 중앙예산기관

1. 중앙예산기관의 위치

후술하는 바와 같이 예산과정에 있어서 예산편성이 매우 중요하며, 행정부에 의한 예산안의 편성이 끝나면 예산의 큰 줄거리는 결정된거나 다름이 없다고 할 수 있다.[1] 따라서 예산과정에 있어서 중앙예산기관의 기능이 핵심적이라고 할 수 있을 정도로 중요한데 이러한 중앙예산기관은 국가에 따라서 그 위치가 다르다.

(1) 미국 관리예산처의 위치

1921년의 예산회계법을 제정함에 있어서 예산국을 어디에다 두느냐 하는 점이 문제되었다.

1921년 4월 미국상원은 소위 맥코믹법안을 통과시켰고 5월에는 하원이 굳법안을 통과시켰다. 굳법안(하원안)은 예산의 편성과 제출에 관한 책임을 대통령에게 부여해야 한다는 취지하에 예산국을 대통령직속기관으로 규정한 데 대하여, 맥코믹법안(상원안)은 예산의 편성은 재무장관의 책임으로 하여야 한다는 주장하에 예산국을 재무부에 예속시키도록 규정했던 것이다.

이와 같은 양원의 견해는 양원협의위원회에서 타협 조절되어 예산국은 재무부에 두기로 되었던 것이다.[2]

---

1) 제3편 제2장 「예산의 편성」 참조.

2) W.F. Willoughby, *The National Budget System*(Baltimore: Johns Hopkins Press, 1927), pp. 31-32.

이리하여 미국의 예산국은 10여년간 재무부에 예속된 기관으로서 대통령의 직접적인 지휘명령을 받아 그 기능을 발휘했던 것이다.

그러다가 1936년에 설치된 「행정관리에 관한 대통령위원회」[3]는 대통령의 행정관리능력을 강화하기 위해서는 대통령 주변에 참모기관을 집중시키는 것이 필요하다고 건의하였던 것이다.[4] 1939년의 기구개혁법에 의하여 기구개혁에 관한 권한이 부여되자[5] 루즈벨트 대통령은 예산국을 재무부에서 대통령 직속기관으로 옮겨 놓았던 것이다.

1970년 7월 1일을 기하여 예산국은 관리예산처(Office of Management and Budget)로 개칭되고 내부조직도 다소 개혁을 보게 되었으나 여전히 대통령직속하에 있는 대통령실(Executive Office of the President)의 한 기관으로서 그 기능을 발휘하고 있다.

그런데 미국에 있어서 중앙예산기관을 재무부에 환원시키자는 주장이 없는 것은 아니다. 제1차 후버위원회의 24개의 특별조사반(task forces)의 하나인 재정 예산 회계문제에 관한 특별조사반은 재무부의 대규모적인 기구개혁을 단행하여 재무부의 일부 기능을 제거하는 동시에 중앙예산기관을 재무부로 환원시킴으로써 미국의 재무부를 영국의 재무부와 같이 개조해야 한다고 건의했던 것이다. 그러나 제1차 후버위원회 자체는 이 안에 찬성하지 않았다. 그들은 중앙예산기관을 대통령 직속기관으로 존속시켜야 한다고 주장했던 것이다.[6]

(2) 영국 중앙예산기관의 위치

내각책임제를 택하고 있는 많은 국가의 경우 중앙예산기관은 재무부이다. 행정수반인 수상 직속하에 중앙예산기관을 두는 경우는 희소하다. 영국에서도

---

3) 행정관리에 관한 대통령위원회에 관해서는 Barry D. Karl, *Executive Reorganization and Reform in the New Deal*(Cambridge: Harvard University Press, 1963), pp. 226-247 참조.

4) 이 밖에도 행정관리에 관한 대통령위원회는 예산제도 · 회계제도 · 인사행정의 개혁을 건의했다[유 훈, 행정학원론[제7정판](서울: 법문사, 2000), pp. 927-928 참조].

5) 1939년의 기구개혁법은 광범위한 내용을 지니는 것이다. 중요한 내용만 요약한다면 ① 대통령은 행정기관의 통합 및 개편을 목적으로 하는 기구개혁안을 의회에 제출해야 하며 이 개혁안은 제출한 날로부터 60일 이내에 상하양원의 동일결의에 의하여 부결되지 않으면 자동적으로 발효한다. ② 그러나 대통령은 기존 10개성 중 그 어느 것을 폐지하거나 명칭을 바꿀 수 없으며 성을 신설할 수도 없다. 또한 의회에서 특별히 지정한 기관은 이 기구개혁안에서 제외된다. ③ 대통령의 기구개혁에 관한 권한은 1941년 1월 21일 소멸한다.

6) M.E. Dimock and G.O. Dimock, *Public Administration*(New York: Rine, 1953), pp. 206-207.

중앙예산기관은 재무부이다.

영국 재무부가 예산에 관하여 강력한 권한을 지니고 있다는 것은 주지의 사실이나 영국은 Morrison이 지적한 바와 같이 Cabinet Democracy하에 있으므로 어떤 장관이 다른 장관에 대해서 절대적인 권한을 지닌다는 것을 있을 수 없다.[7] 따라서 어떤 기관이든지 예산문제에 관해서 재무부와 의견의 일치를 보지 못하는 경우에는 각의에 부의할 수 있다. 그러나 일반적으로 예산문제에 관하여 각 기관은 재무부의 견해에 따르게 되어 있으며 각의에 부의하는 경우는 극히 드물다. 설사 각의에 예산문제가 상정되더라도 일반적인 경우에 있어서 재무장관의 의견이 관철되는 것이 관례로 되어 있는 것이다.[8]

(3) 한국 중앙예산기관의 위치

1948년 7월에 제정된 헌법과 정부조직법에 의하여 국무총리직속하에 총무처 · 기획처 · 법제처 및 공보처가 설치되었는데, 우리나라의 예산국은 기획처의 한 국으로 출발하였다.

기획처는 일제시대와 미군정시대의 아이디어와 경험에 의거하여 설치되었으나, 예산국을 기획처내에 설치한 것은 독창적인 조치였다고 하겠다. 예산국의 위치에 관해서는 미국의 경우와 같이 우리나라 국회에서도 많은 논란이 있었다. 세입세출의 균형을 위하여 예산국을 재무부에 귀속시켜야 한다는 주장도 있었으나, 예산이 각부에 공통되는 업무라는 것, 예산쟁탈전에 대한 초월적 입장의 견지가능성, 「섹쇼날리즘」의 방지, 강력한 행정, 예산의 국가 전체적 성격 등의 이유로 예산국은 기획처에 자리를 잡게 되었다. 여기서 우리가 주의할 것은 기획과 예산의 유기적 관련의 확보라는 문제는 별로 논의되지 않았다는 점이다.[9]

그 후 1954년 11월의 제2차 개헌에 의하여 국무총리제가 폐지됨에 따라 다음 해(1955년) 2월 정부조직법의 개정에 의하여 예산국은 재무부로 이관되었다. 예산국의 재무부이관에 대해서는 반대도 있었으나 여당측이 세입과 세출의

---

7) Samuel H. Beer, *Treasury Control*, second edition (London: Oxford University Press, 1972), pp. 318-320.

8) Leo Pliatzky, *The Treasury under Mrs. Thatcher* (Oxford: Basil Blackwell, 1989), pp. 1-3.

9) 조석준, 「미군정 및 제1공화국의 중앙부처기구의 변천에 관한 연구」, 행정논총 제5권 제1호, p. 131.

유기적 관련을 이유로 예산국의 재무부이관을 강행했던 것이다.[10]

1961년 7월 경제기획원이 신설되고 예산국이 재무부로부터 이곳에 이관되었는데 1979년 6월에는 예산국이 예산실로 승격되었다. 1998년 2월에는 중앙예산기관이 기획예산위원회와 예산청으로 이원화되었는데 기획예산위원회는 대통령 직속기관이었으며 예산청은 재정경제부의 외청으로 자리잡았다. 그러나 1999년 5월의 기구개편에 의하여 기획예산위원회와 예산청은 기획예산처로 통합되어 국무총리 직속기관이 되었다.

그 후 2008년 2월 이명박정부출범과 동시에 이루어진 기구개편에 의하여 기획예산처와 재정경제부가 통합되어 기획재정부가 탄생했고 중앙예산기관은 다시 기획재정부내 예산실로 자리잡게 되었다.

기획재정부는 그 영문명칭 Ministry of Strategy and Finance가 시사하는 바와 같이 과거의 경제기획원과 같이 경제개발5개년계획의 수립과 같은 업무를 담당하지 않으나 그 경제정책국이나 정책조정국을 통하여 넓은 의미의 기획업무를 수행하고 있다고 하겠다.

결론적으로 1955년 2월부터 1961년 7월에 이르는 기간과 1998년 2월부터 2008년 2월에 이르는 기간을 제외하고는 우리나라 중앙예산기관은 1948년 8월부터 오늘날까지 경제기획기구와 같은 지붕 밑에 자리잡고 있다고 하겠다.

2. 중앙예산기관의 조직과 기능

(1) 미국 관리예산처의 조직과 기능

1921년에 설치된 예산국은 1970년에 관리예산처로 개칭되기까지 조직과 기능에 있어서 많은 변동을 거듭했다. 특히 Harold D. Smith 예산국장하에서 대대적인 기구확장이 이루어졌다. 1940년에는 67만달러였던 예산국의 예산이 1943년에는 근 300만달러로 증액되었고[11] 직원도 40명에서 500명 이상으로 증원되었던 것이다.[12]

그 후에도 계속적인 기구개편이 있었다. 특히 1967년에는 예산국의 행정관리기능과 관련하여 대폭적인 기구개편이 있었다.[13] 전술한 바와 같이 1970년 7

---

10) 상게논문, pp. 146-147.

11) Jesse Burkhead, *Government Budgeting*(New York: Wiley, 1956), p. 274.

12) Arthur Smithies, *The Budgetary Process in the United States*(New York: McGraw-Hill, 1955), p. 80.

월에는 예산국에서 관리예산처로 개칭되었을 뿐만 아니라[14] 기구개편이 이루어졌으며, 1981년 레이건 행정부출범과 동시에 대폭적인 기구개편이 단행되었고 최근에는 경제위기를 반영하여 기구가 크게 간소화되어 [그림 1-1]과 같은 조직을 지니고 있다.

처장·부처장·부처장보 밑에 크게 예산담당기구·지원기구·법정기구로 나누어진다. 예산담당기구로서는 4개국 8개과가 있다. 천연자원국 밑에는 에너지·과학·수자원과와 천연자원과가 있으며, 인적자원국은 보건과와 교육·인

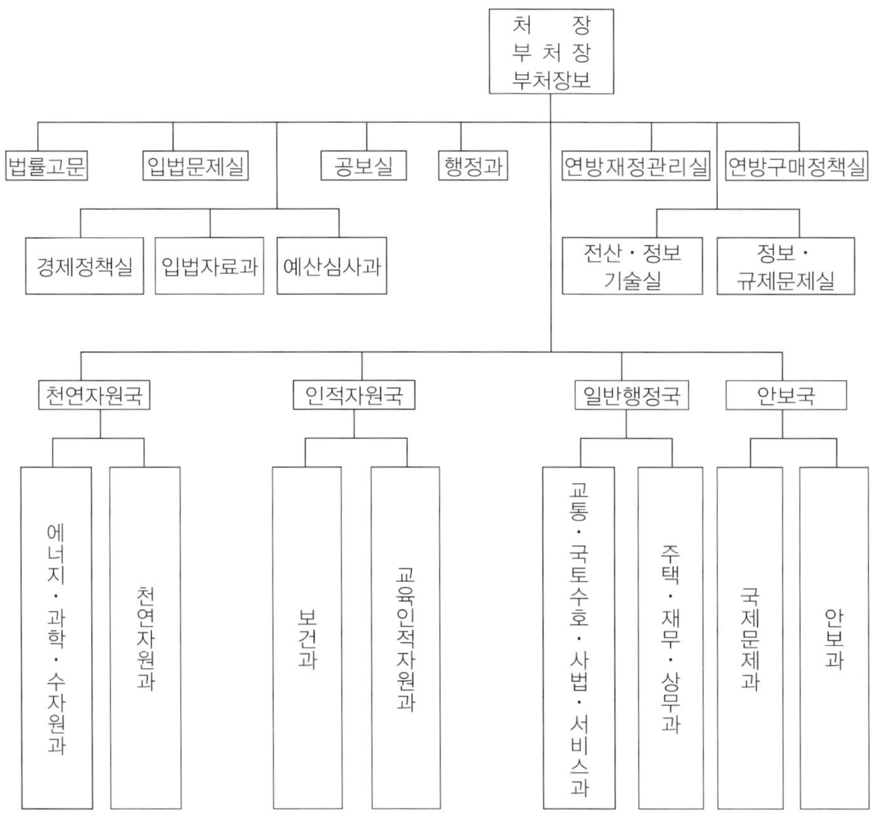

[그림 1-1] 관리예산처기구도

13) Percival F. Brundage, *The Bureau of the Budget*(New York: Praeger, 1970), p. 85.

14) Larry Berman, *The Office of Management and Budget and the Presidency*(Princeton: Princeton University Press, 1979), p. 112.

적자원과를 거느리고 있다. 일반행정국 산하에는 교통·국토수호·사법·서비스과와 주택·재무·상무과가 있으며 안보국은 그 밑에 국제문제과와 안보과를 두고 있다. 이들은 그 소관에 속하는 정부 각 기관의 예산안을 사정하며 예산의 집행을 감독할 뿐만 아니라, 이들 기관에서 제출한 신입법에 관한 건의를 심의하는 것을 그 중요 임무로 삼는다.

지원업무를 담당하는 기구로서는 법률고문, 입법문제실, 공보실, 행정과, 경제정책실, 입법자료과, 예산심사과가 있다.

마지막으로 법정기구(statutory offices)로서는 연방재정관리실, 연방구매정책실, 전산·정보기술실, 정보·규제문제실이 있다. 관리예산처의 다른 기구는 대통령령에 근거를 두고 있으나 이들 법정기구는 법률에 의하여 그 설치가 의무화 되어있는 기구이다.

이와 같이 관리예산처의 조직과 기능을 살펴볼 때 그것은 방대한 기관일 뿐만 아니라 전통적인 예산기능 외에 행정관리의 개선과 법제업무까지 아울러 담당하고 있으며, 종전의 예산국보다 관리예산처라는 명칭이 보다 적절하다는 사실을 알 수 있다.

예산국이 관리예산처라고 명칭을 바꾸었을 뿐만 아니라 예산기능 외에 행정관리의 개선과 법제업무 등까지 담당하고 있는 데에는 두 가지 이유가 있다고 생각한다.

첫째, 관리예산처는 단순한 중앙예산기관이 아니라 대통령직속하의 막료기관의 하나이며, 둘째 이러한 기능들은 상호 밀접한 관련을 지니고 있다는 것이다.[15]

(2) 영국 재무부의 조직과 기능

중세의 말엽에 국고장관(Treasurer)의 자리를 국왕이 수석장관에게 부여하는 관습이 생겨났는데 1714년부터 오늘날에 이르기까지 수인의 위원으로 하여금 형식상의 국고위원회(Board of Treasury)를 구성케 하고 수상이 수석국고위원(First Lord of the Treasury)이 되고 재무장관(Chancellor of Exchequer)은 차석국고위원(Second Lord of the Treasury)이 되었던 것이다.[16] 그러나 이 국

---

15) Brundage, *op. cit.*, p. 86.

16) U.K. Hicks, *Public Finance*, second edition(Cambridge: Cambridge University Press, 1953), pp. 33-34.

고위원회는 캐나다의 국고위원회와는 달리 회합한 일이 없다. 따라서 재무부는 재무장관을 장으로 하는 단독제기관인 것이다.

재무부는 공공서비스부문(Public Service Sector), 국내경제부문(Domestic Economy Sector), 해외재정부문(Overseas Finance Sector), 경제고문부문(Chief Economic Adviser's Sector)으로 나누어진다.

공공서비스부문은 총체적 정부지출의 통제와 대부분의 정부사업의 사정을 담당한다. 국내경제부문은 재정정책과 금융정책을 관장하며, 제조업과 농업분야에 대한 정부지출의 통제를 포함한 산업정책을 담당한다. 해외재정부문은 국제수지정책, 외환보유고의 관리, 국제통화문제, 외국과의 재정관계, 대외원조문제 등을 담당한다. 경제고문부문은 중단기 경제예측을 담당하며 광범위한 경제정책에 대한 자문에도 응한다.[17)]

(3) 한국 중앙예산기관의 조직과 기능

① 예산실(예산국) 조직의 변천: 1948년 창설 당시부터 제1, 제2, 제3 및 제4의 4개과를 가지고 출발한 예산국은 재무부로 이관된 후에도 국내 각과의 소관사항의 변동은 있었으나 4개과를 그대로 유지하였다. 1961년 예산국이 경제기획원으로 이관된 후에는 종래의 4개과를 예산총괄과, 행정예산과, 투자예산과 및 기업예산과로 개칭하고 분장사항을 조정하였으며, 1962년에는 편성기준과가 신설되었다.[18)]

1968년 12월에는 예산국과 동등한 위치에 서는 예산관리실이 설치되어 한때 예산국에 큰 위협적인 존재가 되었으나 1973년 1월 예산관리실은 폐지되었으며 예산국에 예산관리과가 설치되었다.

1974년 6월, 1974년 11월, 1976년 7월, 1977년 12월에는 각각 대폭적인 개편이 있었으며 1979년 6월에는 예산국이 예산실로 승격되었다. 1998년 2월에 이르러 중앙예산기관이 대통령 직속하의 기획예산위원회와 재정경제부의 외청인 예산청으로 이원화되었으나, 1999년 5월 기획예산위원회와 예산청은 기획예산처로 통합되었으며 중앙예산기관은 기획예산처의 예산실로 다소 축소되었다.

---

17) Central Office of Information, *The Central Government of Britain*, tenth edition (London: H.M. Stationery Office, 1979), p. 12.

18) 유 훈, 「예산」, 이한빈 · 박동서 · 박문옥 · 유 훈 공편, 한국행정의 역사적 분석(서울: 한국행정문제연구소, 1969), pp. 453-477 참조.

그 후 2005년 5월 31일 기획예산처의 기구개편에 의하여 기획예산처 내에서 예산실이 해체되고 예산·기금업무가 기획예산처의 재정운영실과 3개 기획단으로 분산되었다.

② 현행기구: 2008년 2월 이명박정부출범과 동시에 이루어진 기구개편에 의하여 기획예산처와 재정경제부가 통합되어 기획재정부가 되고 중앙예산기관은 기획재정부 내의 예산실로 자리 잡게 되었다는 것은 전술한 바와 같은데, 새로 출범한 예산실의 기구는 2005년 5월 기구개편 이전으로 환원되었다고 하겠다. 예산실장 밑에 국장격인 네 사람의 심의관이 있으며 각 심의관이 4개 또는 5개 과를 거느리고 있다. [그림 1-2]와 같이 예산총괄심의관은 예산총괄과, 예산정책과, 예산기준과, 기금운용기획과와 예산관리과를 거느리고 있다. 사회예산심의관은 그 산하에 복지예산과 고용환경예산과, 교육과학예산과, 문화예산과를 두고 있으며 경제예산심의관은 국토해양예산과, 지식경제예산과, 농림수산예산과, 연구개발예산과, 총사업비관리과를 거느리고 있다. 끝으로 행정예산심의관은 국방예산과, 법사예산과, 행정예산과, 지역예산과를 거느리고 있다.

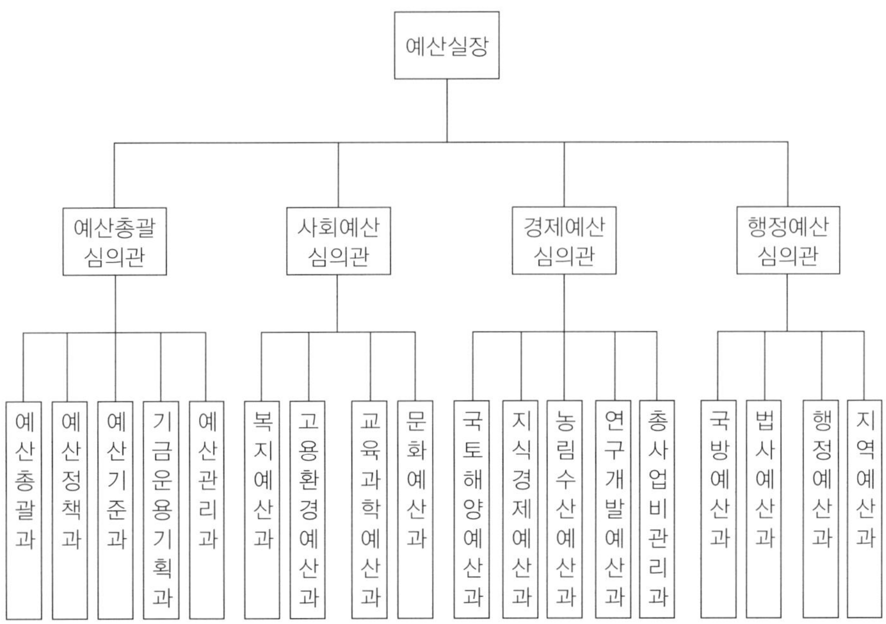

[그림 1-2] 예산실 기구도

제2절 기타 재무행정기관

1. 미국의 기타 재무행정기관

(1) 재무부

재무부는 그 회계국을 통하여 주계부에 기재하고 각종의 재정보고를 작성하며, 국고과와 상당수의 지방출장소를 통하여 대부분의 행정기관에 대하여 중앙지출기관의 구실을 한다. 재무부는 국세청과 세관국을 통하여 국고세입을 징수한다. 조폐국을 통하여 지폐와 증권인쇄의 책임을 지며, 주조소를 운영하며 공채를 관리한다.[19]

(2) 기타 기관

이 밖에 재무행정과 관련있는 기구로서 회계검사원(G.A.O.)과 조달청(G.S.A.)이 있는데 회계검사원은 제3편 제6장에서 조달청은 제6편 제1장에서 다루기로 한다.

2. 영국의 기타 재무행정기관

(1) 내국세위원회(Board of Inland Revenue)

이는 내국제세를 담당하는 합의제기관이다. 내국세의 분야에 있어서 가장 역사가 긴 조세는 17세기에 그 기원을 지니는 내국소비세(excise duties)인데 이를 위하여 당시에 내국소비세위원회가 설치되었다. 1694년에는 인지세위원회가 설치되었다. 이어서 1718년에는 지세 기타의 소규모적인 내국제세를 운영하기 위하여 제세위원회가 설치되었다. 이리하여 18세기말에는 이러한 독립위원회가 6개 있었는데 1834년에 이르러 인지위원회와 제세위원회가 합병됐고, 1849년에는 내국소비세, 인지세 및 제세를 포함하는 최초의 내국세위원회가 설치되었던 것이다.

현재의 내국세위원회는 7명의 고급직업공무원에 의하여 구성되는 데 이 중 한 사람은 사무차관급으로서 위원장이며 2명의 부위원장의 보좌를 받는다. 위

19) Office of Federal Register, *The United States Government Manual 2000-2001* (Washington: Government Printing Office, 2000), pp. 336-359.

원회의 하부기구로서 내국세청이 있다.[20)]

(2) 관세 · 내국소비세위원회(Board of Customs and Excise)

이는 관세와 부가가치세를 포함하는 내국소비세의 부과 징수를 관장하는 기관인데 탈세의 방지와 적출도 담당한다.[21)]

관세의 경우에 있어서는 1671년에 위원회가 설치되어 그 부과징수를 담당해 왔으나 내국소비세는 전술한 바와 같이 내국세위원회가 담당했던 것이다. 그러다가 1909년 관세 · 내국소비세위원회가 신설되고 그 형식과 운영에 있어서 관세와 대단히 흡사한 내국소비세는 이 관세 · 내국소비세위원회에 이관되었다.[22)]

(3) 지불총감청(Paymaster General's Office)

지불총감청은 쉽게 말해서 각부의 은행가의 역할을 하는 기관이다. 내국세위원회, 관세 · 내국소비세위원회의 경우를 제외하고는 국고금으로부터의 지출은 각부에 직접 행하여지는 것이 아니고, 먼저 영국은행의 국고계정에서 지불총감계정에 자금이 이환된다. 지불총감청은 각부가 그 계약의 이행을 위하여 발행한 수표의 지불을 담당하는 것이다. 수표의 수취인은 시중은행에 이를 제시하고 지불을 받으며, 영국은행의 지불총감계정간에 결제가 이루어진다.[23)]

3. 한국의 기타 재무행정기관

경제기획원과 재무부에 분산되어 있던 재무행정조직이 많은 우여곡절 끝에 기획예산처와 재정경제부로 개편되었다가 2008년 2월의 기구개편에 의하여 기획재정부로 통합되었다.

(1) 기획재정부의 기타기관

기획재정부는 과거의 경제기획원과 재무부를 통합한 것과 같은 방대한 기구이나 금융감독업무만 금융감독위원회로 이관되었다.

현재 기획재정부는 전술한 예산실 외에 국세청 · 관세청 · 조달청 · 통계청을

20) Sir Herbert Brittain, *The British Budgetary System*(London: George Allen and Unwin, 1959), pp. 65-67.

21) Central Office of Information, *op. cit.*, p. 13.

22) Brittain, *op. cit.*, p. 83.

23) Central Office of Information, *op. cit.*, p. 20.

외청으로 거느리고 있으며 내부조직으로는 기획조정실, 인사과, 운영지원과 외에 세제실, 경제정책국, 정책조정국, 국고국, 재정정책국, 공공정책국, 국제금융국, 대외정책국, 무역협정국, 본권위원회, G20기획조정단을 거느리고 있다.

(2) 기타 기관

미국 영국의 경우와 같이 감사원의 조직은 제3편 제6장에서 다루기로 하고 조달청은 제6편 제1장에서 고찰하기로 한다.

제 3 장 예산의 개념과 기능

제 1 절 예산의 개념과 성격

1. 예산의 개념

(1) 실질적 의미의 예산

예산은 일정 기간에 있어서의 수입지출의 예정적 계산이다.[1] 이것을 좀더 구체적으로 살펴본다면 i) 결산이 사후에 있어서의 수지의 집계인데 대하여 예산은 사전에 예상되는 경비 및 수입에 관한 계획안이다. ii) 예산은 단순한 재정설명서와 달라 화폐표시를 수반하는 수지간의 균형이 고려되어 있으며, iii) 정치단체의 수입지출의 예정적 계산이라는 점에서 기업이나 가계의 수지의 예정적 계산과 다르다.

예산에서 일정 기간이라고 하는 것은 소위 회계연도이며, 1회계연도간의 수입을 세입이라고 하며, 1회계연도간의 지출을 세출이라고 하므로 예산은 1회계연도에 있어서의 세입 세출의 예정적 계산이라고 할 수 있겠다.

(2) 형식적 의미의 예산

각도를 달리하여 형식적으로 본다면 국가의 예산은 헌법과 국가재정법에 의거하여 편성되어 국회의 심의 · 의결을 거친 1회계연도간의 재정계획이라고 할 수 있다. 이와 같이 하여 성립한 예산에 의하여 비로소 정부는 경비를 지출하거나 장차 경비를 지출하게 될 채무부담을 할 수 있는 것이다. 그리고 일단 성립한 예산은 정부 마음대로 변경할 수 없다.

---

1) Jesse Burkhead and Jerry Miner, *Public Expenditure*(Chicago: Aldine Atherton, 1971), p. 12.

(3) 예산의 내용

그런데 주의할 것은 여기서 말하는 재정계획에는 전술한 1회계연도 내의 세입 세출이라는 실질적 의미의 예산뿐만 아니라 이와 밀접한 관련이 있는 기타 사항도 포함된다는 것이다. 국가재정법 제19조는 「예산은 예산총칙 · 세입세출예산 · 계속비 · 명시이월비와 국고채무부담행위를 총칭한다」고 예산의 형식적 내용을 규정하고 있다.

2. 예산개념의 변천

(1) 예산의 어원

예산에 해당되는 영어 budget의 어원에 관해서는 다소 이론이 있으나 「주머니」 또는 「돈주머니」를 뜻하는 영어고어 bouget에서 유래한 말이라고 한다.

budget란 영국에서 본래 재무장관이 의회에서 재정연설을 할 때 서류를 넣어가지고 가는 「가방」을 뜻했다. 재무장관이 의회에서 이 「가방」을 여는 것을 의미하는 Opening the budget라는 말이 재무장관이 재정연설을 행한다는 것을 뜻하게 되었다. 그리고 budget라는 단어의 뜻도 「가방」에서 「가방 속에 들어 있는 서류」, 즉 오늘날의 예산으로 전환하게 되었다.[2]

(2) 고전적 예산개념

고전적인 예산개념을 살펴본다면 A. Wagner는 예산을 「숫자적인 개관」이라고 했으며, L.v. Stein도 예산을 「회계적인 표현」이라고 규정했다. M.v. Heckel은 예산을 「숫자적인 진술과 추계」라고 표현했으며, R. Stourn은 「수지의 승인」이라고 정의했던 것이다.

이 밖에도 많은 예산의 개념규정들이 예산의 국민경제적 측면이나 계획적 측면에 관한 언급은 거의 없고 i) 수지균형이라는 재정적 측면과, ii) 정치적 측면을 강조하였다. Goldscheid는 「예산은 모든 이데올로기의 분식(扮飾)을 벗어던진 국가의 골격」이라고 보았던 것이다.[3]

---

2) A.E. Buck, *The Budget in Governments of Today*(New York: Macmillan, 1934), pp. 4-5.

3) 松野賢吾, 改訂財政學原理(東京: 千倉書房, 1979), p. 34.

(3) 현대적 예산개념

예산의 가장 중요한 정치적 의의는 그것이 입법부에 의한 행정부통제의 수단이라는 점에서 찾아야 할 것이다.

소위 관리지향의 예산제도의 등장을 계기로 예산의 행정관리적 측면이 강조되게 되었다. 재정정책의 등장으로 예산은 정부부문의 관리를 위한 계획 이상의 것이며, 예산의 가장 중요한 기능은 그것이 국민경제의 균형인자의 역할을 하는데 있다는 주장이 나오게 되었다.

1950년대에 들어와서 경제학자들은 예산의 자원배분적 측면에 관심을 돌리게 되었다. 선진국이나 개발도상국을 막론하고 예산의 규모와 구조의 문제가 가장 중요한 정책과제로 등장하게 되었으며, 경제학자들은 정부부문의 자원배분문제의 해결을 위하여 시장경제이론의 힘을 빌리게 되었다. 재정이론상 이것은 정부부문과 민간부문에 공통적으로 적용될 수 있는 배분의 일반이론(general theory of allocation)의 부활이라고 할 수 있겠다. 많은 경제학자들이 특정한 정책문제의 분석을 위하여 가격이론을 활용할 것을 제의했으며 투자사업결정의 분석에 있어서 시장경제이론의 변형이라고 할 수 있는 비용편익분석을 적용할 것을 촉구하였던 것이다.[4]

3. 예산의 정치적 성격

우리는 과거에 예산의 경제적(재정적) 성격이나 행정적 성격에 관해서 많이 고찰했으나 예산의 정치적 성격에 관해서 별로 관심을 표명하지 않았다. Schick가 지적한 바와 같이 우리로 하여금 예산의 정치적 성격이나 정치적 측면에 관심을 가지도록 유도한 사람이 Wildavsky라고 할 수 있겠다.[5]

우리는 예산의 경제적 성격이나 행정적 성격에 관해서 본장 외에도 본서의 여기 저기에서 많이 언급하나 예산의 정치적 성격에 관해서 언급할 기회가 많지 않으므로 예산의 정치적 성격에 관해서 이곳에서 간단히 검토하고자 한다.

---

4) Burkhead and Miner, *op. cit.*, p. 22.

5) Allen Schick, "From the Old Politics of Budgeting to the New," in Naomi Caiden and Joseph White (eds.), *Budgeting, Policy, Politics: An Appreciation of Aaron Wildavsky* (New Brunswick: Transaction Publishers, 1995), p. 113.

(1) 정치과정의 중심

Wildavsky는 그의 저서 『예산과정의 정치』에서 예산은 「정치적인 것」(political thing)이라고 단정하고 있다. 정치를 국가정책의 결정에 있어서 누구의 주장이 관철되느냐에 관한 투쟁이라고 한다면 예산은 이와 같은 투쟁의 결과의 기록이라고 할 수 있다. 정치를 정부가 당면한 긴박한 문제의 해결을 위하여 자원을 동원하는 과정이라고 한다면 예산이야말로 이와 같은 노력의 초점인 것이다. 따라서 가장 완전한 의미에 있어서 예산은 정치과정의 중심에 자리잡고 있다고 Wildavsky는 주장한다.[6)]

예산의 이와 같은 정치적 성격을 예산편성과정, 예산심의과정 및 예산제도의 개혁이라는 관점에서 검토해 보기로 한다.

(2) 예산의 편성과정

후술하는 바와 같이[7)] 나라에 따라서 다르나 예산의 편성과정은 중앙예산기관에 의하여 각부처에 우리나라의 「예산편성지침」과 같은 것이 하달됨으로써 본격적으로 시작된다. 각부처는 예산편성지침 또는 이와 유사한 것을 받은 다음 예산요구서를 작성하여 중앙예산기관에 제출하는데 이 예산요구서의 작성과정에 있어서 각국이나 산하기관간에 투쟁이 벌어진다. 장・차관의 신임이 두터운 국이나 산하기관은 비교적 큰 몫을 차지하는데 그렇지 못한 국이나 산하기관은 이 단계에서부터 소외당하게 마련이다. 수익자집단이나 이익집단들도 이 단계에서 각종의 수단을 동원하여 그들의 요구를 제시하고 압력을 가하게 마련이다.

이와 같이 하여 작성된 예산요구서는 중앙예산기관에 제출되어 그 사정을 받게 되어 있는데 이 단계에 있어서 예산의 정치적 성격이 더욱 뚜렷하게 노정되게 된다. 각 부처는 모든 수단방법을 동원하여 중앙예산기관에 대해서 압력을 가하게 되며 이익집단들의 활동도 이 단계에서 더욱 적극화하게 마련이다.

여당은 이 단계에 있어서 정부여당연석회의라는 공식적인 channel을 통하여 그들의 정책이나 이해를 반영하게 되며 이익집단이나 단체들 중에는 여당을 통하여 그들의 이해를 반영하려는 집단들도 있다.

---

6) Aaron Wildavsky, *The Politics of the Budgetary Process*, fourth edition(Boston: Little, Brown and Co., 1984), pp. 4-5.

7) 제3편 제1장 「예산과정개관」 참조.

특히 이 단계가 중요시되는 것은 예산과정에 있어서 예산의 편성이 중요한 위치를 점하고 있는 까닭이다. 영국에서는 1921년 이래 오늘날까지 정부의 예산안이 국회에서 수정된 일이 없으며,[8] 우리나라에서는 정부의 예산안이 국회에서 총액으로 볼 때 3% 이상 수정된 일이 거의 없다.[9] 이와 같은 통계에 비추어 볼 때 예산의 편성이 끝나면 예산의 큰 줄거리는 결정된 것이나 다름이 없다고 보아도 좋을 것 같으며 예산과정에 있어서 예산의 편성이 극히 중요한 위치를 점하고 있다는 것을 알 수 있을 것 같다.

(3) 예산의 심의과정

예산의 심의과정이 예산편성과정에 비하여 정치적 성격이 짙은 것으로 인식되는 것은 예산의 심의를 담당하는 국회의 정치적 성격에 비추어 당연한 것이라 하겠다.

1960년대 및 1970년대의 우리나라와 같이 국회가 정부의 예산안에 대해서 크게 수정을 가하지 못하는 상황하에서는 예산심의의 정치적 성격이 크게 부각되지 않으나 미국과 같이 비교적 국회가 정부의 예산안에 대해서 많은 수정을 가하는 곳에서는 예산심의의 정치적 성격이 뚜렷하게 노정된다. 유력한 의원들이 자기출신구에 사업을 끌어가기 위한 노력과 각종 이익단체들의 예산확보를 위한 활동에 관해서는 많은 연구가 발표되어 우리가 익히 알고 있는 바이다.[10]

우리나라 예산심의과정에 있어서도 상임위원회의 예비심사과정은 몰라도 예산결산위원회의 종합심사과정에 있어서는 여야간의 정치적 충돌·절충·협상에 의하여 의결이 이루어진다고 보아도 좋을 것 같다. 본회의는 이와 같이 여야간에 합의를 본 예결위안을 큰 수정없이 받아들여 왔던 것이다.

(4) 예산제도의 개혁

1961년 Wildavsky는 「예산개혁의 정치적 함축」이라는 논문을 발표하여 많은 사람들의 관심을 끌었다.

---

8) T.H. Caulcott, "The Control of Public Expenditure," *Public Administration*, Autumn 1962, p. 272.

9) 기획예산처, 2002년도 예산개요참고자료(서울: 기획예산처, 2002), pp. 470-471.

10) Howard E. Shuman, *Politics and the Budget*, third edition(Englewood Cliffs: Prentice-Hall, 1992); Dennis S. Ippolito, *The Budget and National Politics*(San Francisco: Freeman, 1978).

예산과정은 권력과정이며 예산제도의 개혁은 필연적으로 권력구조의 변동을 초래한다. 따라서 권력구조의 변동을 원치 않는 사람들이 권력의 핵심에 도사리고 있는 한 예산개혁이란 쉽사리 이루어지는 것이 아니라는 것이 Wildavsky의 주장이다.

모든 개혁이 다 용이하지 않으며 많은 저항에 직면하게 마련이나 특히 예산개혁이 많은 반대에 부딪치고 좌절되는 것은 예산이 정치체제의 표현이며 예산개혁은 권력구조의 변동을 초래하는 까닭이다.[11] 성과주의예산 · PPBS · 제로베이스예산 등 우리나라의 예산개혁이 하나도 성공을 거두지 못했으며 예산이 전년도답습주의 또는 점증주의를 벗어나지 못하는 원인도 바로 예산의 정치적 성격에서 찾아볼 수 있다고 하겠다.

(5) 결 어

우리는 위에서 예산과정의 정치적 성격이 예산의 편성 및 심의과정에서 어떻게 노정되는가를 살펴보았으며, 예산의 정치적 성격으로 인하여 예산개혁이 어렵다는 것을 지적했다.

이상적으로 말하면 예산은 경제적 합리성 위주로 편성되고 예산심의과정에서도 경제적 합리성이 존중되어야 할 것이다. 그러나 예산의 정치적 성격으로 인하여 예산의 편성이나 심의과정에 있어서 경제적 합리성이 왕왕 무시되고 있는 것이다.

예산개혁에 있어서도 점증주의를 극복하고 총체주의를 도입하려는 노력이 각국에서 수없이 많이 있었으나 성공을 거두지 못한 근본적인 이유도 예산의 정치적 성격에서 찾아볼 수 있다고 하겠다.

우리는 예산의 정치적 성격에서 오는 이러한 현상을 유감된 것으로 생각하고 흔히 이의 시정을 촉구하고 있으나 Wildavsky나 Fenno와 같은 점증주의자들은 그것이 다원적인 국가의 현실인 동시에 그 나름대로의 장점도 있다고 이를 긍정하고 있는 것이다.

---

11) Aaron Wildavsky, "Political Implications of Budgetary Reform," *Public Administration Review*, Autumn 1961, pp. 183-190; Donald F. Kettl, *Deficit Politics: Public Budgeting and Its Institutional and Historical Context*(New York: Macmillan, 1992), pp. 156-161; Aaron Wildavsky, "Political Implications of Budget Reform: A Retrospective," *Public Administration Review*, November-December 1992, pp. 594-599.

제 2 절 예산의 기능

1. 서 설

여러 사람들이 예산의 기능을 여러 가지로 분류하고 있다. Neumark는 예산의 기능을 i) 가계적 균형의 표시인 재정정책적 기능, ii) 입법부의 행정부에 대한 통제적 기능, iii) 강제력을 지닌 제도로서의 법적 기능, iv) 낭비나 불합리를 억제하는 재무통제적 기능으로 분류하고 있다.[12)]

Allen Schick는 예산제도의 발달과 관련하여 예산의 기능을 i) 통제적 기능, ii) 관리적 기능, iii) 계획적 기능으로 나누고 있다. 어떤 예산제도이든지 이 세 측면을 함께 지니나 예산제도에 따라서 셋 중 어느 하나가 지배적이기 마련이라고 하고 있다. 통제지향의 예산제도의 대표적인 예인 품목별 예산제도하에서는 예산의 통제적 기능이 중시되며, 관리지향의 예산제도의 대표적인 예인 성과주의예산제도에 있어서는 예산의 관리적 기능이 강조되었고, 계획지향의 예산제도의 대표적인 예인 PPBS에 있어서는 예산의 계획기능이 부각되고 있다는 것이다.[13)] 예산의 감축기능은 Schick가 예견하지 못했던 기능이므로 이를 추가해야 한다는 주장이 있으나[14)] Schick는 통제 관리 계획의 세 기능에 집착하고 있으며 제로베이스예산제도(ZBB)를 관리지향의 예산제도로 분류하고 있다.[15)]

이 밖에도 예산의 기능으로서 i) 국민이 그 대표기관을 통하여 정부의 행동을 규제 감독하는 입헌적 기능(재정의 민주적 통제기능), ii) 정부 각 기관에 소정의 활동을 할 수 있는 권한을 부여하며, 행정부내의 재정활동을 통일총괄하는 행정적 기능, iii) 절약과 능률을 기하기 위한 도구로서의 행정관리기능, iv) 재정의 경기정책적 운영과 관련이 있는 경제정책적 기능 등을 들고 있는 사람이 있는가 하면,[16)] 예산의 i) 기술적 기능, ii) 정치적 기능, iii) 법적 기능,

---

12) 井上貞藏, 財政學と財政政策(東京: 廣文社, 1961), p. 161.

13) Allen Schick, *Budget Innovation in the States*(Washington, D.C.: Brookings Institution, 1971), p. 4.

14) 박영희, 재무행정론[제2판](서울: 다산출판사, 1989), pp. 98-99.

15) Allen Schick(ed.), *Perspectives on Budgeting*(Washington, D.C.: ASPA, 1980), p. 16.

16) 高橋 誠・紫田德衛編, 財政學[第3版](東京: 有斐閣, 1988), pp. 98-99.

iv) 국민경제적 기능을 들고 있는 사람도 있다.[17)]

2. 예산의 기능

전술한 바와 같이 예산의 기능은 관점 여하에 따라서 여러 가지로 나눌 수 있으나 우리는 이곳에서 다음과 같은 몇 가지 기능으로 나누어서 고찰하고자 한다.

(1) 정치적 기능

예산의 정치적 기능은 여러 가지로 나눌 수 있겠으나 우리는 다음의 몇 가지로 나누어서 고찰하고자 한다.

① 통제적 기능: 예산은 국민이 그 대표기관인 입법부를 통하여 행정부를 통제하는 수단이라는 점은 위에서도 누누히 설명한 바와 같다. 예산제도는 의회제도와 병행하여 발달한 제도이며, 어떤 의미에 있어서 의회제도 자체가 재정의 민주적 통제를 위하여 발달하였다고 해도 과언이 아니다.

예산제도가 통제지향의 예산제도하에서 관리지향의 예산제도나 계획지향의 예산제도로 발전하여 감에 따라 의회에 의한 행정부의 통제라는 측면이 다소 그 중요성을 상실한 감이 있으나 아직도 예산의 가장 중요한 기능의 하나임에는 틀림이 없다.

② 이해관계의 조정: Harold D. Smith는 예산을 「의회나 행정부를 통하여 그들의 주장을 내세우는 정치적·경제적·사회적·제세력의 산물」이라고 하였다.[18)] Wildavsky는 대통령, 정당, 국회의원, 행정가, 이익집단 및 이해관계 있는 시민들이 서로 자기들의 주장과 선호가 예산에 반영되기를 원하며, 정부의 역할에 관한 그들의 주장의 승리, 패배, 타협, 협상, 합의, 갈등이 전부 다 예산에 나타난다고 하고 있다.[19)]

한 마디로 말해서 Smith와 Wildavsky는 서로 표현이 다르기는 하나 예산이 여러 가지 이해관계를 조정하는 기능을 수행한다는 사실을 강조하고 있는 것이다.

③ 정책수단: A. E. Buck는 예산을 정치적 「프로그램」(political program)

---

17) 松野, 전게서, pp. 38-41.

18) Harold D. Smith, *Management of Your Government*(New York: McGraw-Hill, 1945), p. 81.

19) Wildavsky, *The Politics of the Budgetary Process*, p. 5.

이라고 규정하였다. 다시 말해서 예산은 정당들이 그들의 정책을 실현하기 위한 궁극적인 수단이라는 것이다.[20]

우리나라의 경우를 보더라도 대통령선거나 국회의원선거에서 여당이 내세운 정책이나 공약은 예산을 통하여 실현되기 마련이다. 예산의 뒷받침이 없는 공약은 그야말로 공약(空約)으로 화하고 만다는 것을 우리는 익히 보아 왔다.

④ 정책형성: 예산은 정책실현의 수단일 뿐만 아니라 정책형성을 보완하고 구체화하는 기능도 수행 한다. Harold Smith도 이미 1944년의 논문에서 예산의 정책형성기능에 언급했으며[21] Jesse Burkhead, Charles Schultze, James Gosling도 예산의 정책형성기능을 강조했다.[22]

한 마디로 말해서 예산을 염두에 두지 않는 정책은 실용성이 적은 학문적 유희에 지나지 않으며, 정책과의 관련을 무시한 예산편성은 국가자원의 낭비를 초래하고 국가목표의 달성을 향한 전진을 저해하는 요인이라고 하지 않을 수 없다.

⑤ 예산과 정부의 수명: 이와 같은 예산의 정치적 기능으로 말미암아 Buck도 지적한 바와 같이 내각책임제국가에서는 내각의 수명이 예산의 의결여부에 의하여 좌우되는 경우가 많다. 프랑스 제4공화국에 있어서는 총신임투표의 반수 이상이 직접 예산심의와 관련이 있었다고 하며[23] 내각책임제를 택한 우리나라 제2공화국헌법도 「국무원은 민의원이 조약비준에 대한 동의를 부결하거나 신년도총예산안을 그 법정기일내에 의결하지 아니한 때에는 이를 국무원에 대한 불신임의결로 간주할 수 있다」[24]는 규정을 두었던 것이다.

대부분의 국가가 헌법에 정기국회의 개회를 규정하고 있는데 정기국회는 예산심의를 위하여 마련되어 있는 것이며 정기국회를 흔히 예산국회라고 부르는 이유도 여기에 있는 것이다.

---

20) Buck, *op. cit.*, p. 70.

21) Harold D. Smith, "The Budget as an Instrument of Legislative Control and Executive Management," *Public Administration Review*, Summer 1944, pp. 181-188.

22) Jesse Burkhead, "Federal Budgetary Developments: 1947-1948," *Public Administration Review*, Autumn 1948, p. 274; Charles Schultze, *The Politics and Economics of Public Spending*(Washington, D.C.: Brookings Institution, 1968), p. 15; James Gosling, *Budgetary Politics in American Government*, fourth edition(New York: Routledge, 2006), pp. 44-6.

23) Philip M. Williams, *The French Parliament, 1958-1967*(London: George Allen and Unwin, 1968), p. 76.

24) 1961년 헌법 제71조 제2항.

(2) 법적 기능

① 재정권 부여의 형식: 후술하는 바와 같이 영국이나 미국에 있어서는 예산을 법률의 형식으로 성립시키고 있으나 일본이나 우리나라에서는 예산은 법률이 아니며, 예산이라는 독특한 형식으로 의결된다.[25] 이와 같이 예산은 법률이 아니지만 예산은 입법부에 의한 행정부에의 재정권 부여의 형식이라고 하겠다.

② 세출예산의 효력: 예산의 효력은 세출예산과 세입예산간에 차이가 있다. 세출예산의 경우 정부는 예산금액을 초과하여 한 푼도 지출할 수 없다. 그 금액이란 구체적으로는 각 항의 금액인데 이 항의 금액을 초과하는 것은 물론, 항 이외에 새로운 금액을 지출할 수도 없다. 뿐만 아니라 항의 금액은 그 항에서 정한 목적을 위해서만 지출할 수 있다. 예외적으로 예비비에 의하여 예산외의 지출 또는 예산초과지출을 할 수 있는데 이 경우에는 반드시 국회의 사후승인을 받아야 한다.

세출예산의 효력은 항의 금액까지는 지출을 허용하는 것을 의미하는데 이것이 반드시 그 금액까지 지출하라고 명령하는 것은 아니다. 세출 중 지출할 필요가 없는 것이 발생했을 때에는 결코 사용해서는 안되며, 지출에 있어서도 일정한 성과를 올리기 위하여 최소의 경비를 투입하도록 하여야 한다.

③ 세입예산의 효력: 세출예산과는 달리 세입예산은 세입의 추계에 지나지 않는다. 국고금관리법 제5조의 규정에 의하여 조세 기타의 세입은 법령의 정하는 바에 의하여 징수 또는 수납하는 것이다. 따라서 실제의 세입이 예산을 초과해도 무방하며 세입예산에 미달해도 무관하다.

세입의 징수는 조금도 세입예산의 제한을 받지 않는다면 무엇 때문에 세입세출예산이라 하여 세입도 함께 국회의 의결을 거치도록 하고 있는가 하는 문제가 여기에 제기된다.

④ 세입세출총예산: 예산을 재정권부여의 형식이라고 생각하는 경우 그 중요성이 세출에 있음은 더 말할 것도 없으나 세출을 지출하기 위해서는 반드시 이것을 지변하기에 족한 재원이 있음을 전제로 하여야 한다. 이리하여 국가재정법은 세입도 세출과 함께 예산에 계상할 것을 요구하고 있는 것이다.

---

25) 제3편 제3장 「예산의 심의」 참조.

(3) 경제적 기능

Musgrave는 예산의 경제적 기능으로서 자원배분기능, 소득분배기능, 경제안정기능을 들고 있으나[26] 우리는 여기에다가 경제성장촉진기능을 추가하여 다음과 같이 네 가지로 나누어서 고찰하고자 한다.

① 경제안정기능: 오늘날에 있어서 예산의 가장 중요한 기능의 하나는 그것이 국민경제의 균형인자의 역할을 하는데 있다. 정부의 세입은 민간경제활동이나 소득에 대하여 현저한 영향을 주게 마련이며 정부의 세출은 민간경제활동의 종류, 그의 수준 등에 대하여도 영향을 미치는 것이다. 따라서 예산이란 단순히 행정운영의 계획 이상의 것이라고 할 수 있다. 오늘날 세계 어느 나라를 막론하고 예산이 국민경제에 미치는 영향을 인식하고 있지 않는 나라는 없으며 어느 나라에 있어서든지 예산은 재정정책의 도구로 사용되고 있다.

재정정책에 이론적 기초를 부여한 사람은 J. M. Keynes이며, 미국의 학계나 일반대중이 A. H. Hansen의 『재정정책과 경기순환』의 발간을 계기로 재정정책이란 용어를 널리 사용하게 되었다는 것은 주지의 사실이다.

예산을 도구로 하는 재정정책이 제2차대전 후 미국·일본을 위시한 여러 국가에 있어서 경제안정에 많은 공헌을 했으며,[27] 아직도 개선의 여지가 많기는 하나[28] 경제안정을 위한 도구로서 어느 정도 원숙성을 보이기 시작했다고 할 수 있겠다.

② 경제성장촉진기능: 오늘날 발전도상국의 비약적인 경제발전을 위해서는 정부가 주동적인 역할을 담당하는 유도발전정책[29]이 불가피하며 유도발전을 위해서는 자본형성을 위한 예산의 직접적인 역할이 절실히 요청된다는 주장이 제기되고 있다.

비단 발전도상국뿐만 아니라 선진국에 있어서도 경기변동의 방지가 어느 정

26) Richard A. Musgrave and Peggy B. Musgrave, *Public Finance in Theory and Practice*, fifth edition(New York: McGraw-Hill, 1989), p. 6.; 室山義正, 財政學(東京:ミネルヴァ書房, 2008), pp. 44-63.

27) Robert B. Carson, *Economic Issues Today,* second edition(New York: St. Martin's Press, 1980), p. 200; Takatoshi Ito, *The Japanese Economy*(Cambridge: MIT Press, 1992), pp. 161-163.

28) G.L. Bach, *Making Monetary and Fiscal Policy*(Washington, D.C.: Brookings Institution, 1971), pp. 194-201.

29) B.F. Hoselitz, *Sociological Aspects of Economic Growth*(New York: Free Press, 1960), pp. 97-99.

도 가능해짐에 따라 경제정책의 관심이 점차로 단기적인 경기대책으로부터 장기적인 성장정책으로 이행하게 되었으며 성장정책의 도구로서 예산이 중요성을 지니게 되었다. 제2차대전 후 계속적으로 경제계획을 수립집행함으로써 고도성장을 지속하였던 프랑스[30]나, 제2차대전 후 한때 다른 그 어떤 선진국보다 높은 성장률을 보였던 일본의 고도성장과정에 있어서 예산이 지극히 중요한 역할을 다했던 것이다.[31]

③ 소득재분배기능: 예산의 중요한 기능의 하나로서 소득재분배기능을 들지 않을 수 없다. 특히 누진소득세, 상속세 등과 이전지출이 소득의 재분배에 기여하고 있다는 것은 우리가 다 잘 아는 사실이다.

우리나라의 제7차 5개년계획(1992~1996)은 3대목표의 하나로서 「사회적 형평제고와 균형발전」을 내걸고 있으며 10대 정책과제로서 「사회보장제도의 확충」 「농어촌구조개선과 지역균형발전」을 들고 있으나[32] 2002년도의 사회개발비는 일반회계예산의 13.1%에 지나지 않는 실정이다.[33]

④ 자원배분기능: Musgrave는 예산의 경제적 기능 중에서 자원배분기능을 제일 먼저 들고 있다. 소비의 비경합성(non-rival consumption)과 비배제성(non exclusion)을 지니는 국방·치안유지 등을 위시한 공공재(public goods)의 수요공급은 시장기능에 맡길 수 없으며 정부가 개입할 수밖에 없다.[34] 정부가 예산이라는 메커니즘(mechanism)을 통하여 조세를 징수하여 공급할 수밖에 없는 것이다. 이와 같이 고찰할 때 재정을 강제획득경제라고만 볼 것이 아니라 자원배분의 조정이라는 관점에서도 볼 수 있다는 것을 알 수 있다.

(4) 행정적 기능

Allen Schick가 들고 있는 예산의 통제·관리·계획기능은 예산의 행정적 기능을 지칭하는 것이라 할 수 있겠다. 이 중 예산의 통제적 기능은 정치적 기능에서 다루었으므로 이 곳에서는 간단히 고찰하기로 한다.

---

30) Andrea Boltho(ed.), *The European Economy: Growth and Crisis*(New York: Oxford University Press, 1982), pp. 9-10.

31) 藤田 晴・貝塚啓明編,現代財政學—現代財政の制度と政策(東京:有斐閣, 1980), pp. 65-69.

32) 대한민국정부, 제7차경제사회발전5개년계획(서울: 경제기획원, 1992), p. 38.

33) 기획예산처, 2002년도 예산개요(서울: 기획예산처, 2002), p. 67.

34) Edgar K. Browning and J.M. Browning, *Public Finance and the Price System*, second edition(New York: Macmillan, 1983), pp. 23-25.

① 통제적 기능: 예산은 오랫 동안 국민이 입법부를 통하여 행정부를 통제하는 수단으로 사용되어 왔으므로 예산의 통제적 기능이 중요성을 지녀왔다. 오늘날에 와서 입법부에 의한 행정부의 통제라는 측면이 다소 완화된 감이 있으나 아직도 통제적 기능이 예산의 가장 중요한 기능의 하나임에는 틀림이 없으며 예산의 행정적 기능과 정치적 기능이 서로 중복되는 영역이라 하겠다.

② 관리적 기능: 예산제도를 통하여 중앙예산기관은 매년 각 부처의 예산요구를 검토할 권한을 지니게 된다. 이것은 나아가서 중앙예산기관에게 각 부처의 업무와 거기에 소요되는 경비를 검토할 권한을 부여하게 되는 것이다. 이리하여 각 부처의 모든 사업계획·행정계획·관리방법 등은 매년 중앙예산기관의 사정을 받게 되는 것이다. 미국의 중앙예산기관이 전통적인 예산기능 외에 행정관리와 법제업무까지 담당하고 있을 뿐만 아니라 1970년에 그 명칭을 예산국에서 관리예산처로 바꾼 이유도 바로 여기에 있는 것이다.[35]

③ 계획적 기능: 예산의 개념에서 언급한 바와 같이 예산은 「1회계연도간의 재정계획」이다. 따라서 모든 예산제도하에서 예산은 계획적 요소를 지니며 계획기능을 수행한다고 할 수 있다.

예산은 그 자체가 계획기능을 수행하고 계획적 요소를 지니고 있을 뿐만 아니라 국가계획과 밀접한 관련성을 지니고 있다. 이리하여 Robert S. Herman은 예산을 염두에 두지 않은 계획은 실용성이 적은 학문적 유희에 지나지 않으며 국가계획과의 관련을 무시한 예산편성은 국가자원의 낭비를 초래하고, 국가목표의 달성을 향한 전진을 저해하는 요인이라고 했던 것이다.[36]

이와 같이 모든 예산제도하에서 예산은 계획적 기능을 수행하나 3년 내지 5년 정도의 「장기적 시계」를 지니는 PPBS하에서 예산의 계획적 기능이 더욱 중요성을 지닌다고 할 수 있겠다. 최근에 각국에서 채택하고 있는 중기재정계획도 예산의 계획적 기능을 제고하는 제도의 하나라고 할 수 있겠다.

---

35) 이에 관해서는 본편 제2장 「재무행정조직」 참조.

36) Robert S. Herman, "Two Aspects of Budgeting," *Indian Journal of Public Administration*, July-September 1962, p. 319.

제 4 장 재무행정의 법적 기초
— 예산회계관계법 —

제 1 절 각국의 예산회계관계법 개관

1. 영 · 미 · 일의 예산회계관계법

우리는 각국의 재무행정의 법적 기초를 그 나라의 헌법 · 정부조직법 기타 많은 법률에서 찾아볼 수 있는데, 공무원제도의 기초를 이루고 있는 공무원법이 있는 것과 마찬가지로 각국은 보통 재무행정의 기초를 이루고 있는 법률을 지니고 있다.

(1) 영국의 예산회계관계법

인사행정의 기본이 되는 공무원법을 지니지 않으며 추밀원령 등에 의하여 공무원제도를 규율하고 있는 영국이지만[1] 재무행정의 분야에 있어서는 1983년에 제정된 회계검사원법(National Audit Act)을 지니고 있다. 1866년법 대신에 1983년에 새로 제정된 이 회계검사원법은 비단 회계검사원(National Audit Office)에 관해서만 규정하고 있는 것이 아니라, 재무행정에 관한 광범위한 규정을 내포하고 있는 것이다.[2]

(2) 미국의 예산회계관계법

미국의 경우를 본다면 국가재정에 관한 총칙법이라고도 할 수 있는 것으로서 1921년에 제정된 예산회계법이 있다. 예산회계법(Budget and Accounting Act)

---

1) Sydney D. Bailey, *British Parliamentary Democracy*, third edition(Boston: Houghton Mifflin Co., 1971), p. 173.

2) National Audit Office, *The Role of the National Audit Office*(London: HMSO, 1987), p. 2.

은 그 제1편에서 예산에 관해서 규정했고, 제2편은 회계검사원에 관해서 규정하고 있다.[3] 이 밖에도 1945년의 공사통제법(Government Corporation Control Act)은 공기업의 예산회계에 관해서 규정하고 있으며 1950년에는 예산회계절차법(Budget and Accounting Procedures Act)이 제정되었다.

1974년에는 의회예산 및 집행정지통제법(Congressional Budget and Impoundment Control Act)이 제정되었는데 이는 제2차 대전 후 수차에 걸쳐 시도되었으나 실현을 보지 못한 예산심의제도의 개혁을 이룩한 법률이다. 이어서 1990년에는 예산실행법(Budget Enforcement Act)이 제정되었는데 이는 누적되는 재정적자를 감축하고 예산심의과정에도 수정을 가하는데 목적을 둔 법률이다.[4] 같은 해(1990년)에 제정된 수석재무관법(Chief Financial Officers Act)에 의하여 모든 주요정부기관에 재무관리를 감독하고 회계와 예산의 통합을 담당할 수석재무관을 두도록 하였다.[5]

2004년에는 회계검사원개혁법(GAO Capital Reform Act)이 제정되어 미국 회계검사원의 약칭은 GAO를 그대로 유지하고 있으나 정식명칭이 General Accounting Office에서 Government Accountability Office로 변경되었다.

(3) 일본의 예산회계관계법

우리나라의 예산회계제도에 가장 많은 영향을 미친 일본의 경우를 본다면 「명치헌법」이라고 불리우는 일본의 구헌법은 제6장 회계라는 제명하에 11개 조문을 두었고, 이를 구체화한 법률로서 「회계법」이 있었다. 오늘날에 있어서는 경리수속을 의미하는 「회계」란 말이 명치헌법을 제정할 당시(1889년)에 있어서는 재정 전반을 지칭했던 까닭이다.[6]

1947년 5월 3일에 발효한 일본의 신헌법은 그 제7장에 「재정」이라는 제명을 붙이고 여기에 9개 조문을 두고 있으며, 이에 의거하여 「재정법」과 「회계법」이 1947년 3월 1일 동시에 공포되어 일본의 국가재정의 법적 기초를 이루고 있는

3) W. Brooke Graves, *Public Administration in a Democratic Society*(Boston: D. C. Heath and Co., 1950), p. 303.

4) Richard Doyle and Jerry McCaffery, "The Budget Enforcement Act of 1990: The Path to No Fault Budgeting," *Public Budgeting and Finance*, Spring 1991, pp. 25-40.

5) Allen Schick, *The Federal Budget: Politics, Policy, Process,* revised edition(Washington, D. C.: Brookings Institution, 2000), p. 15.

6) 昭和財政史編集室編, 會計年度(東京: 東洋經濟新聞社, 1959), pp. 9, 455-456.

것이다.[7)]

2. 한국의 예산회계관계법

우리나라의 경우를 본다면 제1공화국헌법은 재정이라는 제명하에 6개 조문을 두고 있으며, 이에 의거하여 1951년에 「재정법」이 제정되었던 것이다. 1961년에 이르러 재정법을 폐지하고 이에 대체하는 법률로서 「예산회계법」이 제정 공포되어 많은 개정을 거쳐 2006년까지 시행되었으나 2006년 「국가재정법」이 제정 공포되어 2007년 1월 1일부터 시행되었으며 예산회계법은 폐지되었다. 현행헌법은 재정이라는 장을 없애고 재정관계조문을 제3장 「국회」 속에 포함시키고 있다.

이 밖에도 재무행정조직의 법적 근거는 정부조직법에서 찾아볼 수 있으며 회계검사에 관한 법률로서 감사원법이 있고 정부회계에 관해서는 국가회계법, 수입과 지출에 관해서는 국고금관리법, 계약에 관해서는 국가를 당사자로 하는 계약에 관한 법률이 있다. 예산외로 운용되나 그 운용계획에 대하여 기금관리주체가 국회의 소관상임위원회에 보고하도록 되었다가 2001년의 개정에 의하여 기금도 예산과 같이 국회의 심의·의결을 받도록 되었는데 이러한 기금에 관해서 규정하는 법률로서 「기금관리기본법」이 있었으나 「국가재정법」이 예산뿐만 아니라 기금에 관해서도 규정하게 되어 「기금관리기본법」은 폐지되었다.

그러나 정부조직법·감사원법·국가회계법·국고금관리법·국가를 당사자로 하는 계약에 관한 법률에 관해서는 해당 장에서 검토하기로 하고 이곳에서는 국가재정법·정부기업예산법 및 공공기관의 운영에 관한 법률에 관해서만 고찰하기로 한다.

제 2 절 국가재정법

1. 재 정 법

우리나라 국가재정의 기본법인 재정법이 1951년 9월 24일자 법률 제37호로

7) 杉村章三郎, 財政法[新版](東京: 有斐閣, 1982), pp. 15, 24-25.

서 임시수도 부산에서 제정 공포되었다는 것은 우리가 다 잘 아는 사실이다. 그런데 유감스럽게도 이 재정법은 임시수도에서 갑작스럽게 제정된 까닭인지 일본의 재정법과 회계법을 많이 모방하였을 뿐만 아니라, 여러 가지 결함을 지니고 있었다.

그러나 근 10년간 이 재정법을 사용하면서도 회계연도를 변경하기 위한 개정이 두 번 있었을 뿐 재정법의 결함을 시정하기 위한 노력은 별로 없었던 것이다.[8]

2. 예산회계법

5·16후에 재무부가 주동이 되어 재정법을 개정하는 사업에 착수하게 되었고, 이를 위하여 재무부내에 재정회계제도개혁위원회의 설치를 보게 되었다. 이 위원회는 재무부의 개정안을 중심으로 하여 재정법에 대해서 일대수정을 가했을 뿐만 아니라, 명칭도 재정법에서 예산회계법으로 바꾸기로 결정했던 것이다. 재정회계제도개혁위원회의 안은 큰 수정없이 각의의 의결을 거쳐 최고회의에 상정되어 1961년 12월 17일 법률 제849호로서 공포되었다.

3. 국가재정법의 제정

1961년에 제정된 「예산회계법」이 25차례에 걸쳐 개정이 이루어졌으나 그 기본골격은 크게 변하지 않고 그대로 유지되어 옴에 따라 최근의 재정여건의 변화에 효과적으로 대응하는데 한계를 보이게 되었다.

이에 따라 정부는 국제적인 재정개혁추세에 부합하고, 국민전체적 관점에서 재원을 효율적으로 활용할 수 있는 새로운 재정운용의 틀을 마련하기 위하여 국가재정운용의 기본법의 역할을 담당할 「국가재정법」을 제정하기로 하고[9] 2005년 4월 국가재정법안을 국회에 제출했다.

이러한 정부의 움직임에 따라 야당에서도 독자적인 법안을 제출하여 이에 대응하게 되었다. 많은 우여곡절과 논의 끝에 2006년에야 국가재정법안이 국회를 통과하여 2006년 10월 4일 공포되어 2007년 1월 1일부터 시행되게 되었다.

---

8) 1954년 1월 23일과 1956년 6월 27일 두번에 걸쳐 재정법이 개정되었다.

9) 기획예산처, 국가재정법안 제안설명(서울: 기획예산처, 2005), p. 1.

4. 국가재정법의 특징

국가재정법의 특징으로서 여러 가지를 들 수 있겠으나 예산회계법과 대비해 본 특징으로서 다음의 몇 가지를 들고자 한다.

(1) 예산과 기금의 통합규정

과거에는 예산에 관해서는 예산회계법이 규정하고 기금에 관해서는 기금관리기본법에 규정을 두고 있었는데 국가재정법에서는 예산과 기금에 관해서 함께 규정하고 있다. 기금에 관해서는 국가재정법 제4장에서 24개 조문을 두어 과거의 기금관리기본법의 규정을 거의 그대로 계승하고 있다.

(2) 재정건전화노력의 강화

국가재정법은 제5장 「재정건전화」라는 제명하에 9개 조문을 두어 재정건전화에 역점을 두고 있다.[10] 정부가 건전재정을 유지하고 국가채권을 효율적으로 관리하며 국가채무를 적정수준으로 유지하도록 노력하여야 한다고 강조하고 ① 정부의 재정부담을 수반하는 법률안 제출을 어렵게 하고, ② 국세감면을 제한하며, ③ 추가경정예산안의 편성도 제한하고 있다. ④ 세계잉여금은 공적자금상환기금에의 우선적 출연을 포함하여 채무상환에 우선적으로 사용하도록 하였다. ⑤ 기획재정부장관에게 국가채무관리계획을 수립할 책임을 부여하였으며, ⑥ 국가보증채무의 부담은 국회의 동의를 얻어야할 뿐만 아니라 보증채무관리에 관한 사항을 시행령에서 규정하도록 하였다.

(3) 성과중심의 재정운영

중앙관서의 장은 예산요구서를 제출할 때에 다음 연도 예산의 성과계획서와 전년도 예산의 성과보고서를 기획예산처장관에게 제출하여야 하며 기금관리주체도 기금운용계획안을 제출할 때에 다음 연도 기금의 성과계획서와 전년도기금의 성과보고서를 기획예산처장관에게 제출하도록 하였다. 기획예산처장관은 이와 같은 성과계획서와 성과보고서 등을 토대로 재정사업에 대한 평가를 실시하고 그 결과를 재정운용에 반영할 수 있도록 하였다.[11]

---

10) 재정건전화 노력의 강화에 관해서는 국가재정법 제 86조~제92조 참조.

11) 국가재정법 제8조.

(4) 예산편성에 관한 국회보고 확대

예산에 대한 국회의 통제를 강화한다는 차원에서 예산편성단계에서부터 국회보고를 확대하였다. 과거에는 없던 제도인데 기획예산처장관은 각 중앙관서의 장에게 통보한 예산편성지침을 국회예산결산특별위원회에 보고하도록 하였다.[12] 뿐만 아니라 정부가 수립하는 국가재정운영계획도 회계연도 개시 90일전까지 국회에 제출하도록 하였다.[13]

(5) 총액계상제의 도입

영국이나 캐나다 등에서 사용되고 있는 신임예산(votes of credit)과 유사한 제도로서[14] 우리나라에서는 1993년의 예산회계법개정시에 간접적으로 규정되었으나 국가재정법이 이를 정식으로 채택했다.

일부사업에서는 지출의 세부항목의 금액이나 그 지출속도를 미리 정확하게 예측한다는 것이 불가능하며 상세하게 그 내용을 밝힐 수 없는 경우가 많다. 뿐만 아니라 수시로 신규사업이 필요하며 이를 위한 지출권한을 즉시 확보할 필요가 있다. 이러한 경우에 활용되는 것이 신임예산인데 「총액계상」제도는 신임예산과 유사한 제도라 하겠다.

영국이나 캐나다의 「신임예산」이 전시 등에 있어서의 국방예산 등에 적용되는 제도인데 대하여 우리나라의 「총액계상」제도는 ① 공업기반기술사업, ② 하천치수사업, ③ 특정연구개발사업, ④ 그 밖의 대규모 투자 또는 보조사업 등에 적용된다.[15]

(6) 예비타당성조사

국가재정법은 ① 건설공사가 포함된 사업, ② 정보화사업, ③ 구체적 산출물이 있는 연구기반조성사업 등과 같은 대규모 사업에 대한 예산을 편성하기 위하여 기획예산처장관이 미리 예비타당성조사를 실시하도록 규정하고 있다. 예비타당성조사는 기금관리기본법에만 규정이 있고 예산회계법에는 없던 제도인데 이번에 국가재정법에 규정하게 된 것이다.

---

12) 국가재정법 제30조.

13) 국가재정법 제7조 제1항.

14) 신임예산에 관해서는 본편 제9장 「예산의 종류」 참조.

15) 국가재정법 제37조.

예비타당성조사의 구체적인 대상은 중앙관서의 장의 신청 또는 기획예산처장관의 직권으로 선정할 수 있으며 국회가 그 의결로 요구하는 사업에 대해서도 예비타당성조사를 실시하여야 한다.

기획예산처장관은 예비타당성조사 대상사업의 선정기준, 조사기준, 조사수행기관, 조사방법 및 절차 등에 관한 지침을 마련하여 중앙관서의 장에게 통보함으로써 각 부처가 예비타당서조사에 대비하도록 하고 있다.[16]

(7) 재정정보공개확대

정부는 예산, 기금, 결산, 국채, 차익금, 국유재산현재액, 통합재정수지, 국가채권의 현황 및 그 변동내역, 국가재정운용계획, 주요재정사업에 대한 평가결과, 조세지출예산서, 국가채무관리계획, 조세지출보고서, 지방자치단체 중기재정계획 등 국가와 지방자치단체의 재정에 관한 중요한 사항을 매년 1회이상 정보통신매체, 인쇄물 등 적당한 방법으로 알기 쉽고 투명하게 공표하여야 한다.[17]

현재도 예산개요, 예산개요참고자료, 결산개요, 기금운용계획 등의 인쇄물과 정보통신매체 등을 통하여 공표하고 있으나 좀더 많은 사람이 활용할 수 있도록 하여야 할 것이다.

(8) 국민감시제도의 도입

국가예산 또는 기금을 집행하는 자, 재정지원을 받는 자, 정부기관과 계약 그 밖의 거래를 하는 자가 법령을 위반함으로 국가에 손해를 가했을 때에는 국민 누구든지 집행에 책임있는 각 부처장관 등에 그 시정을 요구할 수 있도록 하였다.

시정요구를 받은 각 부처장관 등은 그 처리결과를 시정요구를 한 자에게 통지하여야 한다. 여기서 더 나가서 이 시정요구로 수입이 증대되거나 지출이 절약된 때에는 성과금을 지급할 수 있다.[18]

16) 국가재정법 제38조.
17) 국가재정법 제9조.
18) 국가재정법 제100조.

제 3 절 정부기업예산법

1. 공기업의 종류와 정부기업예산법

행정학에서는 공기업을 그 형태에 따라서 크게 다음과 같은 세 가지로 대별하고 있다.

① 정부부처의 형태를 지니는 것이다. 우리나라의 실정법이 정부기업이라고 부르는 것으로서 과거의 정보통신부 등이 그 대표적인 예이다.

② 상법에 의하여 설립된 주식회사의 형태를 지니는 것으로서 정부가 그 주의 전부 또는 일부를 소유하는 것이다. 민영화된 국정교과서주식회사가 그 대표적인 예이다.

③ 공사제도인데 미국이나 영국의 공기업은 대개 이 공사제도를 택하고 있는 것이다. 우리나라의 대한석탄공사 등이 이에 속한다.[19]

이곳에서 설명하고자 하는 정부기업예산법은 제1의 형태의 공기업에 적용되는 법률이며, 후술하는 공공기관의 운영에 관한 법률은 제2와 제3의 형태를 지니는 공기업에 적용되는 법률인 것이다.

2. 정부기업예산법의 제정이유

정부기업예산법의 전신인 기업예산회계법도 재무부의 안을 토대로 하여 재정회계제도개혁위원회가 심의 의결한 내용을 기초로 하여 1961년 12월 31일자 법률 제28호로서 제정 공포한 것이다.

또한 이 기업예산회계법은 전술한 바와 같이 구예산회계법 제10조에 의거하여 제정한 것으로서, 기업예산회계법 제3조는 동법의 적용범위로서 우편사업 · 우체국예금 · 양곡관리 · 조달의 4개 특별회계를 들고 있다.[20]

따라서 기업예산회계법은 공기업의 형태를 가지고 설명한다면 정부부처의 형태를 지닌 공기업에 적용되는 법률이요, 실정법을 가지고 설명한다면 전술한

19) 공기업의 종류에 관해서는 유훈, 공기업론 [제5정증보판](서울: 법문사, 2005), pp. 17-38.

20) 기업예산회계법을 제정할 당시에는 5개 특별회계가 적용대상이었다가 한 때 6개로 늘어났다가 전매사업 · 철도사업특별회계가 폐지되고 통신사업특별회계가 우편사업과 우체국예금특별회계로 분할됨에 따라 현재는 4개 특별회계가 적용대상이 되었다.

4개의 특별회계에 적용되는 법률이라고 할 수 있다. 전술한 4개 특별회계는 정부부처의 형태를 지닌 공기업의 운용을 위하여 설치된 소위 정부기업특별회계인 까닭에 결코 모순되는 것은 아니다.

정부부처의 형태를 지닌 공기업은 그것이 부처의 형태를 지니고 있기는 하나 일반행정기능을 담당하는 부처들과는 구별되어야 함에도 불구하고 과거 우리나라에서는 특별회계를 두고 일반회계와 별도로 경리하는 것이 고작이었고 일반회계이건 특별회계이건을 막론하고 동일하게 재정법의 적용을 받았으므로 정부기업의 예산은 일반회계에 준하여 편성했던 것이다.

환언하면 과거의 우리나라의 소위 정부기업특별회계는 현금의 수지사실만을 기록·계산·정리하는 소비경제회계였던 것이다. 그러한 까닭에 과거의 우리나라의 정부기업의 회계제도는 ① 사업에 투하된 방대한 자본의 유동과정을 계수적으로 파악하기가 곤란하여 자산계산이 부정확했으며, ② 사업의 경영성과를 밝힐 수 없었고, ③ 따라서 경영성과를 분석·비교·검토할 수 없었던 까닭에 경영의 합리성을 결하고 있었던 것이다.

그러므로 이를 기업회계제도로 개편하여 근대적 회계원리에 입각한 대차대조표와 손익계산서를 작성하여서 자산상태를 정확히 파악보전함과 동시에 경영성과, 즉 손익계산을 분명히 하고, 나아가서는 발생주의에 입각한 원가계산에 의하여 합리적인 요금을 책정하는 등 예산회계를 통한 경영관리의 기능을 확립함으로써 정부기업의 능률을 증진하고 그 기업성을 높이는 것이 절실히 요청되었다. 여러 가지 부족한 점은 있으나 이와 같은 요구를 충족시키기 위하여 제정된 것이 기업예산회계법이라고 할 수 있다.

한마디로 말해서 기업예산회계법은 정부부처의 형태를 지닌 공기업(정부기업)이 좀더 기업체답게, 좀더 능률적으로, 좀더 신축성 있게 운영될 수 있도록 하자는 데 그 제정의 동기가 있었다고 하겠다.

3. 정부기업예산법의 제정

1961년에 제정되어 세부적인 개정은 있었으나 큰 틀은 그대로 유지되어 오던 기업예산회계법이 폐지되고 이를 대체하는 정부기업예산법이 2008년 12월 31일 제정 공포되어 6개월 후부터 시행되었다. 정부기업예산법과 기업예산회계법의 차이점을 살펴본다면 다음과 같다.

(1) 명칭의 변경

정부기업예산법은 과거의 기업예산회계법과 큰 차이가 없으나 명칭이 변경되었다. 기업예산회계법에서 「회계법」이 삭제되어 정부기업예산법이 되었다. 2007년에 모든 회계에 적용되는 「국가회계법」이 제정되었으므로 「회계법」이라는 부분이 불필요하게 된 것이다.

(2) 조문의 간소화

과거의 「기업예산회계법」은 7개 장(章) 32개 조(條) 및 부칙으로 구성되어 있었으나 「정부기업예산법」은 장을 폐지하고 22개 조 및 부칙으로 간소화되었다.

(3) 계리의 원칙조문 삭제

과거의 기업예산회계법은 발생주의 원칙을 천명한 「계리의 원칙」이라는 조문을 두었으나 국가회계법이 그 제11조에서 모든 회계에 적용되는 발생주의 원칙을 규정했으므로 정부기업예산법에서 별도로 계리의 원칙이라 하여 발생주의 원칙을 규정할 필요가 없게 되었다.

(4) 원가계산 · 감가상각 조문의 삭제

정부기업예산법은 기업예산회계법이 두고 있던 「원가계산」과 「감가상각」에 관한 규정을 삭제했다. 국가회계법 제4조에서 「국가회계의 원칙」으로서 「국가회계는 신뢰할 수 있도록 객관적인 자료와 증빙」에 의하여 처리되어야 한다고 규정하였으므로 원가계산과 감가상각을 규정할 필요가 없게 된 것이다.

(5) 조체급보전의 폐지

1961년에 제정된 기업예산회계법은 조체급보전(繰替給補塡)제도를 두었으나 2002년 12월 30일 기업예산회계법 개정 시에 이를 폐지했다. 따라서 정부기업예산법도 조체급보전제도를 두지 않았다. 조체급보전이란 지출관이 소요경비를 현금으로 지급할 필요가 있을 때 출납공무원으로 하여금 그가 소지하고 있는 현금 중에서 지급하게 하고 후에 이에 상당한 금액의 자금을 당해출납공무원에게 교부하는 제도이다.[21]

---

21) 정부기업예산법과 기업예산회계법의 차이점에 관해서는 정부기업예산법 제5조~제22조 참조.

제4절 공공기관의 운영에 관한 법률

1. 제정의 배경

(1) 정부투자관리기본법

각 정부투자기관설립법, 정부투자기관예산회계법, 정부투자기관관리법 등을 토대로 한 투자기관의 운영이 정부로부터의 과다한 통제로 인하여 자율성확보에 어려움이 많다는 것이 오랫동안 지적되어 왔다. 정부는 이러한 다원적이고 잡다한 사전통제제도를 대폭 정비하고 사후평가위주의 관리방식으로 전환하기로 결정하고 정부투자기관관리기본법을 성안하여 1983년 정기국회에 제출하였다.

1983년 국회를 통과한 정부투자기관관리기본법은 1984년 3월 1일부터 발효하게 되었으며 정부투자기관예산회계법과 정부투자기관관리법은 폐지되게 되었다.

(2) 정부산하기관관리기본법

정부투자기관관리기본법의 적용을 받는 공기업과는 별도로 정부로부터 출연금・보조금 등을 받는 기관 또는 단체, 법령에 의하여 직접 정부로부터 업무를 위탁받거나 독점적 사업권을 부여받은 기관 또는 단체가 수적으로 크게 늘어났을 뿐만 아니라 이들에 대한 정부지출이 방대함에 따라 이들에 대한 통제를 강화할 필요가 발생하여 2003년 12월 정부산하기관관리기본법을 제정했다.

(3) 공공기관의 운영에 관한 법률의 제정

정부투자기관관리기본법과 정부산하기관관리기본법으로 공기업(정부투자기관)과 정부산하기관에 대하여 통제를 가해오던 정부는 2004년 5월부터 2005년 8월에 걸쳐 한국개발연구원, 학계, 기획예산처 공동으로 공기업지배구조에 관한 국제기준(OECD 가이드라인)을 반영하기 위한 지배구조혁신 태스크포스(task force)를 구성하여 공기업과 정부산하기관을 포괄하는 공공기관운영시스템혁신방안을 마련하였다.

이에 대한 각계의 의견을 수렴하여 정부투자기관관리기본법과 정부산하기관관리기본법을 통합하는 정부안을 2006년 6월 국회에 제출하여 같은 해 12월에 국회의 의결을 거쳐 2007년 1월 19일에 이를 공포하고 4월 1일부터 시행하게 되었다.

이리하여 1983년에 제정된 정부투자기관관리기본법은 1997년과 1999년의 개정을 거쳐 2007년에 폐지되게 되었으며 정부산하기관관리기본법도 동시에 폐지되었다.

2. 공공기관의 구분

공공기관의 운영에 관한 법률은 공공기관을 크게 i) 공기업, ii) 준정부기관, iii) 기타 공공기관으로 나누고 이를 다시 세분하고 있다.

(1) 공기업

우리가 본서에서 말하는 공기업과는 다소 다른 개념으로서 과거의 정부투자기관과 유사한 개념이라 하겠는데 이를 다시 두 가지로 세분하고 있다.[22]

① 시장형 공기업: 자산규모가 2조원 이상이고 총수입액 중 자체수입액이 85%이상인 공기업을 말하며 2007년 5월 현재 6개이다.

② 준시장형 공기업: 시장형 공기업이 아닌 공기업을 말하며 2007년 5월 현재 18개이다.

(2) 준정부기관

정부부처의 기능을 대행하는 기관으로서 공공성이 기업성보다 강한 기관이며 2007년 5월 현재 77개이다. 준정부기관은 다시 두 가지로 세분된다.[23]

① 기금관리형 준정부기관: 국가재정법에 따라 기금을 관리하거나 기금의 관리를 위탁받은 준정부기관이다.

② 위탁집행형 준정부기관: 기금관리형 준정부기관이 아닌 준정부기관을 말한다.

---

22) 공공기관의 운영에 관한 법률 제5조 제3항 제1호.

23) 동법 제5조 제3항 제2호.

(3) 기타 공공기관

공기업이나 준정부기관이 아닌 공공기관을 말하는데 2007년 5월 현재 국립대학병원, 출원연구소 등 197개에 달하고 있다.

우리는 이곳에서 준정부기관과 기타 공공기관을 제외하고 과거의 정부투자기관에 해당되는 공기업에 관해서만 고찰하기로 한다.

3. 공기업의 내부조직

(1) 이사회

공기업의 의결기관으로서 사장을 포함하여 원칙적으로 15인 이내의 이사로서 구성하는 이사회를 둔다. 이사회는 다음 사항을 심의·의결한다.[24]

① 경영목표·예산·자금계획 및 운영계획

② 예비비의 사용 및 예산의 이월

③ 결산

④ 기본재산의 취득 및 처분

⑤ 장기차입금의 차입 및 사채의 발행과 그 상환계획

⑥ 생산제품 및 용역의 판매가격

⑦ 잉여금의 처분

⑧ 다른 기업체에 대한 출자·출연

⑨ 다른 기업체 등에 대한 채무보증

⑩ 정관의 개정

⑪ 내규의 제정 및 변경

⑫ 임원의 보수

⑬ 사장이 특히 필요하다고 인정하여 이사회의 심의·의결을 요청한 사항

⑭ 기타 이사회가 특히 필요하다고 인정하는 사항

이사회는 전술한 바와 같이 사장을 포함하는 이사로써 구성하나 감사는 이사회에 출석하여 의견을 진술할 수 있다. 이사회는 구성원의 과반수의 찬성으로 의결한다.

이사회는 공기업의 정책결정기관으로서 공기업의 모든 중요한 사항은 다 이사회에서 결정하기로 되어 있으며 이사회의 결정이 최종결정이 되는 경우가 많

24) 동법 제17조 제1항.

다. 후술하는 바와 같이 이사회는 사장을 포함하는 상임이사와 비상임이사로서 구성하는데 상임이사는 이사정원의 50% 미만으로 되어 있다.

(2) 집행기관

1999년 전의 정부투자기관에서는 사장과 사장이 임명하는 집행간부가 집행을 담당했으나 1999년 이후에는 집행간부제도가 폐지되고 집행에 대한 책임은 사장과 상임이사가 지도록 되었다. 공공기관의 운영에 관한 법률에서도 집행에 대한 책임은 사장과 상임이사가 지도록 되었다.

4. 인사관리

공공기관의 운영에 관한 법률은 공기업의 인사관리에 관하여 많은 언급이 없으며 몇 가지 기본적인 사항만을 규정하고 있다.[25]

(1) 임원의 종류와 직무

공기업의 임원으로서 선임비상임이사, 사장, 이사, 감사를 두는데 이들의 직무는 다음과 같다.

① 선임비상임이사: 1983년에 신설되었다가 1997년에 폐지된 이사장 대신에 공공기관의 운영에 관한 법률은 선임비상임이사제를 신설했다. 시장형 공기업의 경우에는 선임비상임이사가 이사회의 의장이 되는데 과거의 이사장의 전철을 밟지 않을는지 모르겠다.

② 사장: 이사의 한 사람인 사장은 공기업을 대표하고 공기업의 업무를 총괄하며 경영성과에 대하여 책임을 진다. 준시장형 공기업의 경우에는 사장이 이사회의 의장을 겸한다.

③ 이사: 이사회에 부의된 안건을 심의하고 표결에 참여하는 이사는 상임 또는 비상임으로 할 수 있도록 되어 있으며 이사 정수의 100분의 50 미만으로 상임이사를 임명할 수 있도록 되어 있다.

④ 감사: 공기업의 업무와 회계를 감사하고 그 의견을 이사회에 제출한다. 감사는 직접 이사회에 출석하여 의견을 진술할 수 있다.

---

25) 인사관리에 관해서는 공공기관의 운영에 관한 법률 제18조~제33조 참조.

(2) 임원의 자격요건

임원의 자격요건을 규정함에 있어서 적극적으로 임원이 지녀야 할 자격요건을 규정하고 있는 경우가 있는가 하면 소극적으로 결격사유만을 규정하는 경우가 있다. 먼저 공공기관운영법이 규정하고 있는 임원이 될 수 없는 자는 국가공무원법 제33조 각호의 1에 해당하는 자와 공공기관운영법의 규정에 의하여 해임된 날로부터 3년이 지나지 아니한 자이다.

임원의 적극적인 자격요건으로서 사장의 경우에는 "기업경영과 그 공기업의 업무에 관한 학식과 경험이 풍부하고, 최고경영자의 능력을 갖춘 사람"이어야 하며 이사와 감사는 "업무수행에 필요한 학식과 경험이 풍부하고, 능력을 갖춘 사람"이어야 한다.

(3) 보 수

공기업의 임원 및 직원의 보수는 기획재정부장관이 운영위원회의 의결을 거쳐 공기업에 통보하는 경영지침에 따라 이사회가 정한다.

공공기관운영법은 이 밖에도 임원의 보수기준에 관하여 별도의 기준을 두고 있는데 사장의 보수는 공기업의 경영성과와 이사회가 사장과 체결한 계약의 내용과 이행수준을 고려하여 결정하여야 하며, 상임인 감사의 보수는 직무수행 실적평가를 고려하여 결정하여야 한다.

5. 예산회계

(1) 경영목표의 수립

공기업의 사장은 다음 연도를 포함한 3개 연도 이상의 중장기 경영목표를 수립하고 이사회의 의결을 거쳐 10월 31일까지 기획재정부장관과 주무부장관에게 제출한다. 공기업의 경영목표를 변경하는 경우에는 사장은 그 변경된 사항을 30일 이내에 기획재정부장관 및 주무부장관에게 제출하여야 한다.

(2) 경영지침

기획재정부장관은 공기업의 조직운영과 정원·인사관리에 관한 사항, 예산과 자금운영에 관한 사항 등에 관한 지침을 작성하여 운영위원회의 의결을 거쳐 공기업의 사장과 주무부장관에게 통보한다.

(3) 예산의 편성 · 확정

공기업의 사장은 전술한 경영목표와 경영지침에 따라 공기업의 예산을 편성하여 이사회의 의결을 거쳐 이를 확정시킨다. 예산이 확정된 후 생긴 경영목표의 변동 기타 불가피한 이유로 인하여 예산을 변경하는 경우에도 이사회의 의결을 거치면 된다. 환언하면 공기업의 예산은 주무부나 기획재정부의 심의를 받지 않고 이사회의 의결로써 확정되게 되는 것이며, 예산이 확정되거나 변경된 때에는 그 내용을 기획재정부장관 · 주무부장관 및 감사원에 보고하면 되는 것이다.

(4) 준예산

천재지변 그 밖의 부득이한 사유로 회계연도개시 전까지 예산이 확정되지 아니한 경우에는 전회계연도의 예산에 준하여 준예산을 편성할 수 있다. 준예산은 본예산이 확정된 경우에 그 효력을 상실하며 준예산에 따라 집행된 예산은 본예산에 따라 집행된 것으로 본다.

(5) 예산의 집행

예비비의 사용, 예산의 이월 등은 공기업에 일임되나 이사회의 의결을 거쳐야 한다. 환언하면 예비비의 사용, 예산의 이월 등에 관하여 주무부장관의 승인을 얻을 필요가 없고 이사회의 의결만 얻으면 되는 것이다.

(6) 운영계획의 수립

공기업의 예산이 확정되면 공기업의 사장은 지체없이 이사회의 의결을 거쳐 당해 연도의 경영목표를 달성하기 위한 운영계획을 수립하여 기획재정부장관과 주무부장관에게 제출하여야 한다.

(7) 결 산

공기업의 사장은 회계연도가 종료된 때에는 지체 없이 당해 연도의 결산서를 작성하여 이사회의 의결을 거친 후 공인회계사법에 따라 설립된 회계법인의 회계감사를 받아 기획재정부장관에게 제출하여 승인을 얻어 결산을 확정한다. 결산서를 제출할 때에는 ① 재무제표와 그 부속서류, ② 기타 결산의 내용을 명확하게 함에 필요한 서류를 첨부한다.

기획재정부장관과 주무부장관은 공기업으로부터 제출받은 결산서를 6월 30

일까지 감사원에 제출하며 감사원은 결산서를 검사하고 그 결과를 9월 30일까지 기획재정부장관에게 송부한다. 기획재정부장관은 감사원의 검사결과를 첨부하여 결산서를 국무회의에 보고하고 국회에 제출하여야 한다.

(8) 내부감사

공기업의 감사는 내부감사와 외부감사로 구분되는데 내부감사는 기획재정부장관이 정하는 바에 따라 공기업의 감사 또는 감사위원회가 이를 실시한다.

(9) 외부감사와 감독

정부투자기관관리기본법은 외부감사를 감사원 감사로 일원화했는데 공공기관의 운영에 관한 법률은 감사원 감사 외에 공기업에 대한 기획재정부장관과 주무부장관의 감사도 인정하고 있다. 기획재정부장관은 공기업의 경영지침이행에 관한 사항에 한하여 감사하나 주무부장관의 감사는 좀 더 광범위하다.[26]

6. 물품조달 및 공사계약

(1) 물품의 구매

정부투자기관관리기본법은 공기업의 수요물자의 구매방법은 공기업에 일임했는데 공공기관의 운영에 관한 법률도 이를 그대로 계승하고 있다.

(2) 공사계약의 체결

정부투자기관관리기본법은 공기업이 자체적으로 시설계약을 체결할 수 있으나 필요하다고 인정할 때에는 공사계약의 체결을 조달청장에게 위탁할 수 있다고 규정했는데 공공기관의 운영에 관한 법률도 이를 그대로 계승하고 있다.

7. 경영실적평가

(1) 평가절차

공기업의 사장은 매년 당해 연도의 경영실적보고서를 작성하여 다음 연도 3월 20일까지 기획재정부장관에게 제출한다. 이 경영실적보고서를 제출할 때에는 결산서, 재무제표와 그 부속서류 등과 기획재정부장관이 정하는 서류를 첨부하여야 한다.

---

26) 예산회계에 관해서는 공공기관의 운영에 관한 법률 제46조~제51조 참조.

공기업으로부터 경영실적보고서를 제출받은 기획재정부장관은 운영위원회의 의결을 거쳐 6월 20일까지 공기업의 경영실적평가를 끝내고 그 결과를 대통령가 국회에 보고한다.[27]

(2) 운영위원회

① 구성: 공공기관운영위원회(약칭은 운영위원회)는 기획재정부장관, 기획재정부차관, 국무조정실 차장, 주무부의 차관 등과 학식과 경험이 풍부하고 중립적인 사람 중에서 기획재정부장관의 추천으로 대통령이 위촉하는 민간위원 11명으로 구성한다.[28]

공공기관운영위원회는 공기업뿐만 아니라 준정부기관과 기타 공공기관까지 관장함으로 인원이 숫적으로 방대하여 안건별로 참석위원을 달리한다. 공기업의 경우에는 위원장과 부위원장을 포함하여 위원장이 지명하는 20인 이내로 구성하되 민간인 위원이 과반수가 되어야 한다.

② 기능: 과거보다 기능이 다소 확대된 운영위원회는 많은 문제를 다루는데 공기업과 관련이 있는 중요한 것만 열거하면 다음과 같다.[29]

i) 경영실적 평가

ii) 시장형 공기업의 선임비상임이사 임명

iii) 임원 임명

iv) 임원에 대한 해임이나 해임건의

v) 비상임이사·감사에 대한 직무수행실적 평가

vi) 경영지침

vii) 감독의 적정성 여부의 점검과 개선

viii) 기타 공기업의 운영과 관련한 대통령령이 정하는 사항

(3) 사후처리

기획재정부장관은 공기업의 경영실적을 평가한 결과 경영실적이 저조한 공기업에 대하여는 사장 및 상임이사의 임명권자에게 그 해임을 건의하거나 요구할 수 있다.[30]

---

27) 공공기관의 운엥에 관한 법률 제48조.

28) 동법 제9조.

29) 동법 제8조.

8. 공공기관의 운영에 관한 법률의 특징

우리는 앞에서 공공기관의 운영에 관한 법률의 내용을 살펴보았는데 이곳에서는 공기업 전반에 걸쳐서 정부투자기관관리기본법과의 차이점을 중심으로 공공기관의 운영에 관한 법률의 특징을 살펴보기로 한다.

여기서 특기할 것은 공공기관의 운영에 관한 법률이 1962년부터 사용해오던 '정부투자기관'이라는 용어 대신에 '공기업'이라는 용어를 사용하고 있다는 사실이다.

(1) 방대한 적용대상

전술한 바와 같이 공공기관의 운영에 관한 법률은 종전의 정부투자기관관리기본법과 정부산하기관관리기본법을 대체하는 법률로서 공기업 24개, 준정부기관 77개, 기타 공공기관 197개 도합 298개 기관을 적용대상으로 삼는 법률이다.

이질적인 두 개의 법률을 통합한 까닭에 복잡하나 우리는 이 곳에서 공기업에 적용되는 부분만 살펴보기로 한다.

(2) 공기업의 구분

종전의 정부투자기관관리기본법은 종국에는 적용대상이 13개로 줄어들었으나 한 때 26개 기관에 적용되었던 법률이나 이들 정부투자기관(공기업)을 구분하지 않았다.

그러나 공공기관의 운영에 관한 법률은 공기업을 '시장형'과 '준시장형'으로 구분하여 취급을 달리하고 있다. 준시장형 공기업에서는 사장(기관장)이 이사회의 의장을 겸하는데 대하여 시장형 공기업의 경우에는 이사회의 의장은 선임비상임이사가 담당하도록 하였으며 감사대신에 감사위원회를 둘 수 있도록 하였다. 준시장형 공기업에는 감사위원회제도가 없다.

(3) 통제의 강화

공공기관의 운영에 관한 법률은 사장 외의 임원의 임기를 3년에서 2년으로 단축하였을 뿐만 아니라 연임도 1년 단위로 하고 조건도 엄격하게 하였다.[31]

---

30) 동법 제48조 제6항.

31) 동법 제28조.

여기서 더 나가서 기획재정부장관과 주무부장관의 감독을 극히 제한했던 과거의 관례를 깨고 통제를 다소 강화하였다. 공기업의 자율적 운영이 침해되지 아니하도록 법령에 구체적으로 명시한 경우에 한한다는 조건은 붙였으나 기획재정부장관은 공기업의 경영지침이행에 관한 사항을 감독하고 주무부장관은 법령에 따라 공기업에 위탁한 사업이나 소관업무와 직접 관련되는 사업의 적정한 수행에 관한 사항을 감독한다.

(4) 예산의 심의 · 확정

이 과정은 정부투자기관관리기본법과 차이가 없다. 공기업의 사장은 자체적으로 수립한 경영목표와 기획재정부장관이 운영위원회의 의결을 거쳐 통보한 경영지침에 따라 예산을 편성하여 이사회의 의결을 거쳐 이를 확정시킨다. 예산이 확정된 후 생긴 경영목표의 변동 기타 불가피한 이유로 인하여 예산을 변경하는 경우에도 이사회의 의결을 거치면 된다.

(5) 외부감사

정부투자기관관리기본법은 외부감사를 감사원으로 일원화했는데 대하여 공공기관의 운영에 관한 법률은 공기업에 대한 기획재정부장관과 주무부장관의 감사도 허용하고 있다. 기획재정부장관은 경영지침의 이행에 관한 사항에 한하여 감사하나 주무부장관의 감사는 좀더 광범위하다.

(6) 운영위원회

1999년 이후의 정부투자기관운영위원회와는 달리 공공기관운영윈원회는 인원이 많아 안건마다 위원장, 부위원장, 국무조종실차장을 포함하여 위원장이 지정하는 20인 이내의 위원으로 구성하도록 되어 있다. 그 기능도 1999년 이후의 정부투자기관운영위원회에 비하여 다소 확대되었다.

(7) 이사회의 구성

이사회는 1999년 후의 정부투자기관관리기본법과 같이 사장을 포함하는 상임이사와 비상임이사로서 구성하는데 의장이 다르다.

1997년 전에는 이사장이 담당하던 이사회의장이 1997년 후에는 사장으로 변경되었으나 공공기관의 운영에 관한 법률에서는 준시장형 공기업의 경우에는 여전히 사장이 이사회의 의장을 겸한다. 그러나 시장형 공기업에서는 선임비상

임이사가 이사회 의장이 된다.[32)]

〈표 1-1〉 정부투자기관관리기본법과 공공기관의 운영에 관한 법률의 비교

	정부투자기관관리기본법 〔전기〕 (1984. 3~1997)	정부투자기관관리기본법 〔후기〕 (1997~2007.3)	공공기관의 운영에 관한 법률 시행후 (2007.4~)
관계법규	각 투자기관설립법과 정부투자기관관리기본법	각 투자기관설립법과 정부투자기관관리기본법	각 공기업설립법과 공공기관의 운영에 관한 법률
투자기관 (공기업)수	26	13	24
정부의 통제	주무부통제와 중앙통제 완화	주무부통제와 중앙통제 완화	주무부통제와 중앙통제 다소 강화
예산의 심의 확정	이사회 의결만으로 확정	이사회 의결만으로 확정	이사회 의결만으로 확정
경영목표 수립	투자기관의 경영목표를 주무부와 경영평가위원회가 조정가능	경영목표조정제도 폐지 (1997)	경영목표조정제도 폐지
외부감사	원칙적으로 감사원만 담당	원칙적으로 감사원만 담당	감사원·기획예산처·주무부가 감사 담당
정부의 평가·심의기관	정부투자기관경영평가위원회	정부투자기관운영위원회 (1999)	공공기관운영위원회
이사회의 의장	이사장	사장이 의장 겸임 (1997)	시장형공기업은 선임상임이사. 비시장형공기업은 사장이 의장 겸임
상임이사	사장 외에는 상임이사 없음	사장 외에도 상임이사 있음(1999)	사장 외에도 상임이사 있음
집행기관	사장과 집행간부	사장과 상임이사(1999)	사장과 상임이사
임원의 임기	감사는 2년 기타 임원은 3년	감사 포함 모든 임원의 임기 3년(1997)	사장은 3년 기타 임원은 2년
사장·상임이사와의 계약	제도없음	제도없음	사장은 주무부장관과 계약체결하고 상임이사는 사장과 계약체결
경영고시	제도없음	제도신설(1999)	제도계승
고객헌장	제도없음	제도없음	제도신설

32) 동법 제21조.

(8) 집행기관

1999년 2월 전의 정부투자기관에서는 사장과 사장이 임명하는 집행간부가 집행을 담당했으나 1999년 2월 후에는 집행간부제도가 폐지되고 집행에 대한 책임은 사장과 상임이사가 지도록 되었으며 공공기관의 운영에 관한 법률에서도 집행에 대한 책임은 사장과 상임이사가 진다.

(9) 사장 · 상임이사와의 계약

과거에는 없던 것으로 공공기관의 운영에 관한 법률에서 신설된 제도이다. 주무부장관은 사장(기관장)과 임기중 달성하여야 할 구체적 경영목표와 성과급 등에 관한 사항이 포함된 계약을 체결하여야 한다. 공기업의 경영실적평가에 있어서 공기업의 경영실적뿐만 아니라 주무부장관과 사장이 체결한 계약의 이행실적도 평가대상으로 삼는다.

여기서 더 나가서 사장은 상임이사와 성과계약을 체결하고 그 이행실적을 평가한 결과 그 이행이 저조한 경우 상임이사를 해임하거나 그 임명권자에게 해임을 건의할 수 있다.[33]

33) 동법 제31조.

제 5 장 예산의 원칙

제 1 절 예산원칙의 의의

1. 예산원칙의 개념

(1) 예산원칙의 정의

우리는 앞에서 예산의 기능을 여러 가지로 분류하여 고찰하였는데[1] 이러한 예산의 기능에서 나온 것이 예산의 원칙이라 할 수 있다. 한 마디로 말해서 예산의 원칙이란 예산의 편성·심의·집행을 담당하는 예산담당자들이 준수해야 할 규범이라 할 수 있다.

(2) 예산원칙의 성격

이러한 예산원칙 중에는 〈표 1-2〉와 같이 헌법이나 국가재정법에 명문으로 규정되어 있는 것이 있는가 하면 예산명료의 원칙과 같이 선언적인 성격을 지닌 것도 있다.

따라서 예산의 원칙을 절대적인 명령으로 보는 것은 지극히 비현실적이다. Burkhead가 지적한 바와 같이 훌륭한 예산제도를 지니고 있는 정부는 이들 원칙의 많은 부분을 끊임없이 어기고 있는 것이다.[2]

2. 예산원칙의 수정

(1) 수정의 불가피성

전술한 바와 같이 예산의 원칙은 예산의 기능에서 도출된 것이다. 따라서 예

1) 이에 관해서는 본편 제3장 「예산의 개념과 기능」 참조.

2) Jesse Burkhead, *Government Budgeting*(New York: Wiley, 1956), p. 107.

〈표 1-2〉 예산원칙관련 현행법의 규정

사 항	관련조문	관련 예산원칙
예산·결산의 공개	국가재정법 제9조	예산공개의 원칙
예산의 사전의결	헌법 제54조 제1항·국가재정법 제33조	예산사전의결의 원칙
경비지출의 단년도제	국가재정법 제3조	예산한정성의 원칙
이용·전용의 금지	국가재정법 제45조 및 제46조	예산한정성의 원칙
예산총계주의	국가재정법 제17조	예산완전성의 원칙
수입의 직접사용금지	국가재정법 제53조	예산통일의 원칙

산의 기능이 변함에 따라 예산의 원칙도 수정될 수밖에 없는 것이다.

(2) 전통적 원칙과 현대적 원칙

후술하는 바와 같이 전통적 예산원칙은 예산의 통제적 기능이 강조되던 시절의 산물이다. 예산의 통제적 기능이 사라진 것은 아니나 예산의 관리적 기능·계획적 기능·경제안정기능·경제성장촉진기능 등이 부각됨에 따라 전통적 예산원칙을 수정하는 현대적 예산원칙이 등장하게 되는 것이다.

제 2 절 전통적인 원칙

1. 개 관

전통적인 예산원칙으로 여러 사람이 여러 가지를 들고 있다. 1885년에 Leon Say는 예산은 i) 통일성을 지녀야 하며, ii) 1년을 기간으로 삼아야 하며, iii) 의회의 의결이 있기 전에 준비(편성)되어야 하며, iv) 회계적 성격의 것이어야 한다는 네 개의 원칙을 들었다.

1935년 Wilner Sundelson은 영국과 유럽대륙의 예산제도에 관한 저술을 면밀히 검토한 다음 예산의 원칙으로서 i) 포괄성, ii) 배타성, iii) 통일성, iv) 명세성, v) 단년성, vi) 엄밀성, vii) 명료성의 일곱 가지를 제시했던 것이다.

전통적인 예산원칙으로서 i) 정통성(正統性), ii) 단년도원칙, iii) 포괄성,

iv) 통일성, v) 엄밀성, vi) 균형주의를 드는 사람도 있으나,[3] 루즈벨트대통령 하에서 예산국장을 역임했으며 예산국의 기구확장을 단행한 Harold D. Smith는 전통적인 예산원칙으로서 다음과 같은 8개원칙을 지적하고 있다.[4]

① 공개의 원칙: 예산의 편성·심의·집행과정의 주요단계는 공개되어야 한다.

② 명료의 원칙: 예산은 모든 국민이 이해할 수 있도록 짜져야 한다.

③ 포괄성의 원칙: 예산은 총계주의원칙에 입각하여 모든 세입·세출을 포괄해야 하며, 정부의 모든 활동을 나타내야 한다.

④ 예산통일성의 원칙: 모든 세입은 하나의 일반기금(통일국고)으로 납부되고 여기서 모든 세출이 나와야 한다. 이 원칙은 세입과 세출간에 특별한 직접적인 관계가 있는 경우 등을 제외하고는 특정한 세출과 특정한 세입이 직결되는 것을 금지한다.

⑤ 명세의 원칙: 예산수지는 구체적 명세적으로 제시되어야 하며, 특별한 경우 외에는 예산의 이용·전용은 금지되어야 한다.

⑥ 사전승인의 원칙: 예산은 사전에 의회의 심의·의결을 받아야 한다.

⑦ 정기성의 원칙: 지출권한을 일정기간에 한하여 부여하여야 한다. 이 기간이 끝날 때까지 사용되지 않은 예산은 효력을 상실하든지 금액과 용도를 정하여 의회의 재의결을 받아야 한다.

⑧ 정확성의 원칙: 예산의 추계는 가능한 한 정확해야 하며, 세출을 과다하게 적산하거나, 세입의 과소추계에 의한 은폐된 재원이 존재해서는 안된다는 것이다.

이와 같은 전통적인 예산원칙들은 Harold Smith가 지적한 바와 같이 통제지향의 예산제도하에서 의회에 의한 완전한 재정통제를 위하여 생겨난 것이라고 하겠다.

2. 노이말크의 원칙

전술한 바와 같이 전통적인 원칙은 여러 사람이 여러 가지로 지적하고 있으

---

3) 持田信樹, 財政學(東京: 東京大學出版部, 2009), pp. 79-81.

4) Harold D. Smith, *Management of Your Government*(New York: McGraw-Hill, 1945), pp. 84-85; Harold D. Smith, "The Budget as an Instrument of Legislative Control and Executive Management," *Public Administration Review*, Summer 1944, pp. 181-188.

나 가장 많이 인용되는 것이 F. Neumark의 원칙이다.[5)]

(1) 예산공개의 원칙

재정공개주의라고도 하는 것으로서[6)] 예산안의 심의, 의결된 예산, 결산의 모두가 공개되어야 한다는 것이다. 예산이나 결산이 국회의 심의·의결 또는 승인을 얻도록 되어 있으므로 실질적으로 국민의 대표에게 공개하는 결과가 되나 국가재정법 제9조는 예산공개의 원칙을 위하여 명문의 규정을 두고 있다.

① 정부는 예산이 성립되면 지체없이 예산, 전년도결산, 국채, 차입금, 국유재산의 현재액 및 기타 재정에 관한 일반사항을 인쇄물 기타 적당한 방법으로 국민에게 보고하여야 한다.

② 전항의 규정 외에 「정부는 매년 2회 이상 예산사용의 상황, 국고상황 기타 재정상황에 대하여 국회와 국민에게 보고하여야 한다」고 규정하고 있다.

이 규정의 정신을 살리기 위하여 정부는 예산이 의결되면 「예산개요」를 발간하며 결산서를 토대로 하여 「결산개요」를 발간한다. 다행하게도 근래에 와서 정부는 「예산개요」를 일반에게 판매함으로써 예산공개의 원칙에 충실하고 있다.

(2) 예산명료의 원칙

공개성의 원칙으로부터 당연히 파생하는 것으로서 예산을 모든 국민이 이해할 수 있도록 편성하여야 한다는 원칙이다. 여기서 명료란 수지의 추계를 명확하게 개관할 수 있으며, 내용이 합리적으로 분류 표시되어 있을 뿐만 아니라 수입의 유래와 용도가 분명하게 나타나 있어야 한다는 것이다. 그러나 지나치게 세목에 흐르면 개관이 곤란하며, 반대로 지나치게 개괄적이면 내용을 알기가 어렵다는 모순이 있다.

(3) 예산사전의결의 원칙

국회중심주의라고도 하는 것으로서 예산은 집행하기에 앞서 국회의 의결을 거쳐야 한다는 원칙이다. 많은 국가에 있어서 사전의결의 원칙을 헌법에 규정하고 있다. 우리나라의 현행헌법 제54조 제1항은 「국회는 국가의 예산안을 심의·확정한다」고 규정하고 있으며 동조 제2항은 「정부는 회계연도마다 예산안

---

5) 高橋 誠·紫田德衛編, 財政學[第3版](東京: 有斐閣, 1988), pp. 95-96.

6) 愼 重博, 財政法原論(東京: 弘文堂, 1991), p. 65.

을 편성하여 회계연도개시 90일 전까지 국회에 제출하고, 국회는 회계연도개시 30일 전까지 이를 의결하여야 한다」고 하고 있다.

그러나 예산사전의결의 원칙에는 예외가 다소 있다. 명치헌법하의 일본과 같이 회계연도개시 전까지 예산이 의결되지 않으면 당연히 전년도예산을 답습할 수 있는 제도[7]나 우리나라의 준예산과 같이 회계연도개시일까지 예산이 의결되지 않으면 국회의 승인없이 전년도예산에 준하여 일정한 경비를 지출할 수 있는 제도[8]는 이 원칙에 대한 예외를 이루는 것이다.

현행헌법 제76조 제1항에 의거한 재정상의 비상조치도 예산사전의결의 원칙에 대한 예외임은 말할 것도 없다.

(4) 예산엄밀의 원칙

예산은 어디까지나 엄밀해야 한다. 예산은 결산과 완전히 일치할 수 없는 성질을 지니고 있기는 하나 예산이 결산과 지나치게 유리되는 경우에는 공개성의 원칙에 위배될 뿐만 아니라 사전의결의 원칙에도 반하는 결과가 된다.

(5) 예산한정성의 원칙

예산의 각 항목은 상호 명확한 한계를 지녀야 한다. 이 예산한정성의 원칙은 다음과 같은 세 가지 내용을 지닌다. i) 예산이 정한 목적 외에 경비를 사용하거나 이용·전용할 수 없다. ii) 계상된 금액 이상의 지출을 금지하며, iii) 연도경과를 금지한다.

예산한정성의 원칙에 관해서는 국가재정법이 명문의 규정을 두고 있다. 우선 국가재정법 제45조가 예산의 목적외사용을 금지하고 있으며, 동법 제3조가 회계연도독립의 원칙에 관해서 규정하고있다.

예산한정성의 원칙에 대해서도 많은 예외가 있다. 예산의 목적외사용금지에 관한 예외로서 예산의 이용·전용이 있으며, 회계연도독립의 원칙에 대한 예외로서 예산의 이월, 계속비, 과년도수입, 과년도지출 등이 있다.[9]

(6) 예산단일의 원칙

단일예산주의라고도 하는 이 원칙은 예산명료의 원칙, 예산공개의 원칙과

---

7) 河野一之, 新版豫算制度(東京: 學陽書房, 1987), p. 44.
8) 준예산에 관해서는 본편 제6장 「예산의 종류」 참조.
9) 이들에 관해서는 제3편 제4장 「예산의 집행」 참조.

밀접한 관련이 있는 것으로서 국가 가계의 전체를 종합적으로 밝히고, 양적·질적으로 균형을 유지하기 위해서는 예산은 단일하여야 한다. 독립된 복수의 예산의 존재는 전체의 관련을 불명료하게 한다. 특히 각 예산간에 세입·세출의 전출입관계가 있을 때에는 금액이 2중 3중으로 계산되어 정확히 순계를 내지 않으면 전체를 명료하게 만들기 어려울 뿐만 아니라 정치적으로도 입법부의 통제를 약화시킨다. 따라서 예산단일의 원칙이 필요하게 되는데, 이 원칙을 고수하는 경우에는 도리어 불편하게 되므로 특별회계예산, 추가경정예산과 같은 예외를 인정하고 있는 것이다.

(7) 예산통일의 원칙(non-affectation의 원칙)

특정한 세입과 특정한 세출을 직결시켜서는 안된다는 것으로서 non-affectation의 원칙이라고도 한다. 자동차세는 도로건설비에만 충당하거나, 입장세는 교육·문화비에만 충당하는 것을 금지하는 원칙이다.

예산제도의 모국이라고 할 수 있는 영국에 있어서 이 원칙이 확립되기까지는 장구한 세월이 소요되었다. 1787년 이전에 있어서는 특정한 조세수입은 특정한 지출에 충당한다는 방식을 사용해 왔던 까닭에 국가재정 전체에 대한 적절한 관리가 불가능했다. 1787년 통일국고법(Consolidated Fund Act)을 제정함으로써 국가의 모든 수입은 원칙적으로 이 국고(또는 기금)에 납입되고 국가의 모든 지출은 이곳에서 지출되게 된 것이다. 그러나 여전히 예외가 있었으므로 1854년 다시 법률을 제정하여 예산통일의 원칙을 확립하게 된 것이다.[10)]

예산통일의 원칙에 대한 예외로서 특별회계와 목적세를 들 수 있다. 현재 우리나라의 목적세로서는 국세에 교통세가 있으며[11)] 지방세에는 공동시설세· 지역개발세·도시계획세·사업소세가 있다.[12)]

(8) 예산완전성의 원칙

우리나라 국가재정법이 예산총계주의원칙이라고 부르는 예산완전성의 원칙

---

10) Kenneth Mackenzie, *The English Parliament*(London: Pelican Book, 1951), pp. 151- 152.

11) 국세로서는 방위세와 교육세라는 2개 세목의 목적세가 있었으나 방위세와 교육세가 폐지되고 교통세가 신설되었다.

12) 이 중 공동시설세와 지역개발세는 도의 목적세이며 도시계획세와 사업소세는 시 군의 목적세이다. 1991년의 지방세법개정 전에는 도에 목적세가 없었으나, 1991년 지방세법 개정시에 시 군의 목적세였던 공동시설세가 도의 목적세가 되었으며 지역개발세가 신설되었다.

은 「세입 세출은 모두 예산에 계상하여야 한다」는 것이다.[13] 환언하면 조세수입을 예산에 계상하는 경우 징세비를 공제한 순수입만을 계상하는 순계예산을 사용해서는 안된다는 것이다.

국가재정의 모든 수지를 예산에 계상함으로써 그 전체를 명료하게 함과 동시에 국회 내지 국민의 재정상의 감독을 용이하게 하자는 것이다.

3. 전통적 예산원칙 수정의 필요성

위에서 고찰한 예산단일의 원칙, 예산통일의 원칙, 예산완전성의 원칙은 상호 밀접한 관계가 있다. 다소의 예외는 있으나 절대주의가 붕괴하고 통일국고제도가 생겨남에 따라 순계예산이 총계예산으로 전환되게 되었다. 개개의 재원→개개의 경비라는 affectation관계는 복수예산을 수반하고 순계예산을 초래하나, 모든 수입을 통합하고 일괄하여 경비에 충당하는 예산통일의 원칙은 동시에 예산단일의 원칙, 예산완전성의 원칙도 충족시켜 주었다.

많은 학자가 명료, 엄밀, 완전, 단일한 예산의 공개를 요구하고 사전의결과 비목 및 연도의 한정을 요구하고 특정한 세입을 가지고 특정한 세출에 충당하는 것을 금지해야 한다고 주장한 것은 조세국가의 이념에 비추어 보아서 당연한 것이라고 하겠다.[14]

이들 여러 원칙은 오늘날에 있어서 예산과정의 어떤 측면을 검토하는 수단으로서는 유익한 것이다. 그러나 이들을 절대적인 명령으로 본다는 것은 극히 비현실적이다. 훌륭한 예산제도를 지니고 있는 정부는 이들 원칙의 많은 부분을 끊임없이 어기고 있는 것이다.

전통적인 예산원칙이 제대로 준수되기 어려우며, 그 수정이 불가피한 이유로서 다음과 같은 것을 들 수 있겠다.

(1) 행정기능의 확대·강화

비약적인 경제발전, 과학기술의 발달, 인구의 증가, 도시화현상, 국제적인 권력투쟁 등이 행정기능의 확대·강화를 초래했으며 이것이 재정규모팽창과 재정구조의 변화를 수반했다. 명료, 단일, 엄밀, 완전한 예산의 편성이 곤란해지

13) 국가재정법 제17조 제1항.

14) 井上貞藏, 財政學と財政政策(東京: 廣文社, 1961), pp. 166-167.

게 된 것이다.

(2) 행정부의 위상변화

전통적인 예산의 원칙은 국민의 대표인 입법부가 왕이나 행정부에 대하여 엄격한 재정적 통제를 가하기 위하여 고안된 것이다. 환언하면 전통적 예산원칙은 수세기에 걸쳐 의회와 왕간의 투쟁의 여러 측면을 반영한 것이라고 할 수 있다.

그러나 오늘날에 이르러서는 입법부가 국민의 대표인 것같이 행정수반도 국민의 대표이다. 뿐만 아니라 행정부는 현대사회의 정치적·경제적·사회적 제 문제를 해결해야 할 책무가 있는 것이다. 입법부우위시대의 예산의 원칙이 오늘날의 행정국가에 있어서 수정을 입어야 함은 당연하다 하겠다.

(3) 정부의 기업활동

우리나라 실정법이 정부기업이라고 부르는 정부부처의 형태를 지닌 공기업의 증가로 예산통일의 원칙의 타당범위가 좁아졌다. 정부부처의 형태를 지닌 공기업은 그것이 정부부처의 형태를 지니고 있기는 하나 공기업인 까닭에 기업성을 강조하게 되며 독립채산을 요구하게 되므로 예산통일의 원칙에 대한 예외를 이루는 특별회계의 설치가 불가피하게 되는 것이다.

(4) 예산의 재정정책적 기능

예산규모가 팽창하고 정부자금의 거대한 흐름이 국민경제에 중대한 영향을 미치게 됨에 따라 그 수지는 전통적인 예산원칙을 따르기가 어렵게 되었다. 예산원칙에 따르는 것보다는 경제상황의 변동에 따라 수지를 조절하는 것이 필요하게 된 것이다.[15]

(5) 예산기능의 변화

지금까지 지적한 것은 한 마디로 요약한다면 예산기능의 변화라고 할 수 있겠다.

수차에 걸쳐 지적한 바와 같이 예산의 원칙은 예산의 기능에서 도출된 것이므로 상황변화에 따라 예산의 기능이 달라지면 예산의 원칙도 수정될 수밖에

15) 제5편 제2장 「예산과 재정정책」 참조.

없다는 것이다.

예산의 통제적 기능이 완전히 사라지는 것은 아니나 예산의 관리적 기능이나 계획적 기능의 중요성이 크게 증대함에 따라 통제지향의 예산제도하에서 태어난 전통적인 예산원칙이 수정될 수밖에 없다는 것이다.

뿐만 아니라 예산이 국민경제에 미치는 영향이 커짐에 따라 예산의 경제안정기능이나 경제성장촉진기능과 같은 경제적 기능의 중요성이 부각되게 되었으며 이것이 나아가서 예산원칙의 수정을 초래했다는 것이다.16)

제 3 절 현대적 예산원칙

1. Smith의 원칙

한 때 미국의 예산국장을 역임한 Harold Smith는 전통적인 예산원칙은 통제지향의 예산제도하에서 입법부가 행정부에 대하여 엄격한 재정적 통제를 가하기 위하여 고안된 것이라고 비판하고, 관리지향의 예산제도하에서 필요로 하는 새로운 예산의 원칙을 다음과 같이 제시하고 있다.17)

(1) 계획의 원칙

정부의 예산안은 행정수반의 사업계획을 반영하는 것이며, 국회의결을 얻어 성립한 예산은 정부가 정치적·경제적·사회적 제분야에 있어서 수행해야 할 모든 활동가 책임을 반영하는 정부의 사업계획이다. 사업계획과 예산편성은 동일한 동전(coin)의 양면이라고 할 수 있으며, 이 두 기능은 다 행정수반의 직접적인 감독하에 두어야 한다.

(2) 책임의 원칙

정부는 예산이 허용하는 금액의 범위 내에서 가급적 경제적으로 예산을 집행할 책임이 있다. 입법부가 특정한 부처를 위하여 일정한 금액의 예산을 의결했다는 것은 그 금액을 전액 사용하라고 지시하는 것이 아니며 그 금액의 범위 내

---

16) 본편 제3장 「예산의 개념과 기능」 참조.

17) Smith, *Management of Your Government*, pp. 90-94; Smith, "The Budget as an Instrument of Legislative Control and Executive Management," pp. 183-185.

에서 가장 경제적인 방법으로 입법부의 의도를 구현할 책임을 지는 것이다. 행정수반은 또한 각 부처의 사업의 수행이 입법부의 의도에 부합되도록 감독할 책임이 있을 뿐만 아니라 가장 경제적인 방법으로 이를 수행하도록 보살필 책임이 있다.

(3) 보고의 원칙

예산의 편성·심의·집행은 정부 각 기관으로부터 제출되는 재정보고 및 업무보고에 기초를 두어야 한다. 입법부와 행정부는 각종의 사업, 지출원인행위, 지출, 세입징수, 공무원고용, 목표의 달성, 기타 관련사항의 진행상황에 관하여 끊임없는 정보를 받아야 한다. 이와 같은 보고에 기초를 두지 않은 예산업무는 맹목적이며 자의적인 것이 될 수밖에 없다.

(4) 예산「수단」구비의 원칙(the principle of adequate budget "tools")

정부가 그 책임을 다하기 이해서는 중앙예산기관을 지녀야 할 뿐만 아니라 월별 또는 분기별로 예산을 배정할 권한과 준비금제도를 지녀야 한다. 준비금제도란 회계연도 중에 있을지도 모르는 비상사태에 대비하기 위하여 의회가 의결한 각 부처의 예산 중의 일부분을 떼어 놓는 제도를 말한다.[18] 전술한 보고제도도 필수적인 수단의 하나이다.

(5) 다원적 절차(multiple procedures in budgeting)의 원칙

현대행정은 일반행정기능, 장기적 건설·개발사업, 정부기업 등 각양각색의 활동을 포함하는데 이러한 활동들을 유효적절하게 수행하기 위해서는 다원적인 절차가 필요하다. 모든 정부의 활동은 예외없이 예산에 반영되어야 하나 예산의 편성·집행의 방법 등은 활동에 따라서 달라도 무방할 것이다. 특히 정부부처의 형태를 지닌 공기업(정부기업)의 예산제도는 일반행정기관의 예산제도와 달라야 할 것이다.

(6) 재량의 원칙

입법부가 명세예산을 의결하는 경우 효과적이며, 능률적인 운영이 저해된다. 행정부나 의회에 제출하는 예산서는 의회의 심의를 용이하게 하기 위하여 각종의 세부적인 자료를 포함해야 하나 의회는 총괄예산을 통과시켜 행정부에

---

18) 준비금제도에 관해서는 제3편 제4장「예산의 집행」참조.

많은 자유재량의 여지를 부여해야 할 것이다.

(7) 시기의 신축성(flexibility in timing)의 원칙

예산은 경제사정 등 객관적 정세의 변동에 적응할 수 있는 조항을 포함해야 한다. 예를 들면 의회가 일정한 건설·개발사업에 소요되는 자금을 5년 정도의 장기에 걸쳐 의결해 준다면 시기의 신축성이 확보될 수 있다. 행정부는 경제적인 필요에 따라 사업의 집행시기를 적절히 조절할 수 있게 된다.

(8) 예산기관상호성(two way budget organization)의 원칙

예산의 편성·집행은 행정수반의 지휘를 받아야 하나 능률적인 예산운영은 모든 부처와 그 산하기관의 적극적인 협력을 필요로 한다. 각 부처에 예산담당기구가 설치되어야 하며 중앙예산기관과 각 부처 예산담당기구간에 상호 활발한 의사소통이 있어야 한다.

2. 전통적 원칙과 현대적 원칙의 조화

통제지향의 예산제도하에서 발달한 전통적인 예산원칙과 Harold Smith가 제시한 예산원칙들을 비교·검토할 때 명백히 모순 대립하는 원칙들이 있다는 것을 알 수 있다.

예를 들면 명세의 원칙과 재량의 원칙, 정기성의 원칙과 시기의 신축성의 원칙, 명료의 원칙과 다원적 절차의 원칙은 상호 모순된다.

그러나 Harold Smith는 이와 같은 모순대립이 조화될 수 있다고 주장한다. 그것을 가능케 하기 위해서는 예산의 편성·심의·집행에 종사하는 사람들이 예산이 입법부에 의한 행정부통제의 수단일 뿐만 아니라 행정관리 및 재정정책의 도구이기도 하다는 것을 충분히 인식할 필요가 있다.

예산이란 「이해하기 어려운 문서」가 아니라 민주적 정책형성의 수단이며 정책집행의 도구라는 것을 인식해야 하며 그러할 때 비로소 예산이 「입법부에 의한 통제」와 「행정관리」·「재정정책」이라는 세 개의 목적을 동시에 달성할 수 있으며 전통적인 예산원칙과 새로운 예산원칙이 상호 보강·조화될 수 있다는 것이다.[19]

---

19) Smith, "The Budget as an Instrument of Legislative Control and Executive Management," pp. 186-188.

제 6 장 예산의 종류

제 1 절 예산의 종류를 분류하는 기준

1. 다양한 기준

전술한 바와 같이 예산단일의 원칙에 의하여 예산은 단일한 것이 바람직하나 이 원칙을 고수하는 경우에는 도리어 불편하게 되므로 여러 가지 이유로 복수의 예산이 필요하게 되며 예산의 종류를 나누는 기준도 다양하다. 우리는 이곳에서 구체적으로 예산의 종류에 들어가기 전에 예산의 종류를 나누는 기준을 검토하고자 한다.

2. 세입의 성질에 따른 분류

세입의 성질에 따라서 일반회계예산과 특별회계예산으로 나눈다는 것은 널리 알려진 사실이다. 일반회계예산은 주로 조세를 수입원으로 삼는 데 대하여 특별회계는 세외수입과 일반회계를 포함하는 타회계로부터의 전출금을 세입으로 삼는다.

3. 예산편성절차에 따른 분류

예산편성절차에 따라 예산은 본예산·수정예산 및 추가경정예산으로 나누어진다. 본예산은 대부분의 세입·세출을 포함하는 정상적인 예산이다. 따라서 본예산은 매년 반복적으로 편성되어 국회에 제출되며 그 의결을 얻는 데 대하여 수정예산은 정부가 국회에 예산안을 제출한 후 정부가 제출한 예산안을 수정하기 위하여 사용되는 것으로서 우리나라에서 수정예산을 사용한 것은 두세

번에 지나지 않는다.

추가경정예산은 예산이 성립한 다음에 본예산을 변경하기 위하여 사용되는 것이므로 매년 반드시 사용되어야 할 이유가 없으며 우리나라에서 1990년대에 들어와서도 1993년도와 1997년도에는 추가경정예산이 없었으며 2000년대에도 2007년도와 2010년도에는 추가경정예산이 없었다.

4. 본예산불성립시의 예산집행을 위한 분류

회계연도가 시작되었는데 본예산이 입법부를 통과하지 못한 경우에 사용되는 것으로서 잠정예산 · 가예산 및 준예산이 있다.

일반회계예산과 특별회계예산이나 본예산 · 수정예산 및 추가경정예산은 상호 배타적인 것이 아니다. 다시 말하자면 같은 정부 내에서 일반회계예산과 특별회계예산은 동시에 사용할 수 있으며 같은 정부 내에서 같은 회계연도에 본예산 · 수정예산 · 추가경정예산을 함께 사용할 수 있다.

그러나 잠정예산 · 가예산 · 준예산은 상호 배타적인 제도이다. 같은 정부가 동일회계연도 내에 장정예산 · 가예산 · 준예산 중 두 개를 동시에 사용할 수 없다는 것이다.

5. 예산심의절차에 따른 분류

정상적인 예산심의절차에서 벗어난 예산으로서 신임예산과 예산초과지출의 추인을 들 수 있다. 정상적인 예산은 입법부가 소관 · 금액 · 구체적인 용도까지 의결하는 예산이다. 그러나 영국 등에서 사용하는 신임예산은 전시 등에 예외적으로 소관과 금액은 정하나 구체적인 용도는 행정부에 일임하는 것이다.

각도를 달리하여 본다면 정상적인 예산은 예산사전의결의 원칙에 따라 입법부가 정하여 준 재정적 한계를 엄수해야 한다. 그러나 영국에서 사용되는 예산초과지출의 추인은 예산을 초과하여 지출한 것을 사후에 추인하는 제도이다.

6. 예산결정방법에 따른 분류

예산결정방법 또는 예산운영기술상의 특징에 따른 종류로서 품목별예산 · 성과주의예산 · 계획예산 · MBO 및 제로베이스예산을 들 수 있다.

품목별예산이 점증주의에 의거한 예산제도라고 한다면 성과주의예산 · 계획예산·제로베이스예산은 총체적·종합적 방법에 의거한 예산제도라고 할 수 있다.

제 2 절 일반회계예산과 특별회계예산

1. 일반회계예산

국가나 지방자치단체의 예산은 재정상태를 명확히 하기 위하여 수입과 지출은 한 개의 예산에 종합하고 통일적으로 계산하는 것이 바람직하다. 그러나 예외적으로 특정한 사업을 행하는 경우, 특정한 자금을 보유하여 운용하는 경우, 기타 특정한 세입으로 특정한 세출에 충당할 필요가 있을 때에는 법률로서 특별회계를 설치하도록 되어 있다.

이러한 특별회계에 속하지 않는 세입세출의 조직전체를 일반회계라 한다. 이리하여 일반회계는 조세를 주된 세입으로 하고, 그 세출은 국가의 존립과 유지를 위한 기본적 지출로 구성한다.

2. 특별회계의 의의와 설치요건

(1) 의 의

전술한 바와 같이 예산에 관하여 학자들은 여러 가지 원칙을 들고 있는데 대부분의 학자들이 예산통일의 원칙(non-affectation의 원칙)을 가장 중요한 원칙의 하나로 들고 있다. 예산통일의 원칙이란 국가의 세입세출은 일체로서 통일적으로 경리되어야 한다는 것이다. 이러한 예산통일의 원칙의 예외를 이루는 것으로서 특별회계제도를 들 수 있다. 특별회계란 국가의 회계 중 특정한 세입으로서 특정한 세출에 충당하여 일반의 세입세출과 구별되어 경리되는 부분을 말한다.

특별회계의 수가 많은 것이 좋으냐 적은 것이 좋으냐 하는 문제는 쉽사리 결론을 내리기가 곤란하다. 입법부의 우월을 주장하며, 국민에 의한 정부의 감시를 강조할 때에는 특별회계의 수가 적은 것이 좋다고 하겠다. 그러나 행정능률의 관점에서 볼 때에는 특별회계를 두어 경영능률을 명백히 하는 편이 나은 경우도 있을 것이다. 환언하면, 특별회계는 예산통일의 원칙에 반한다는 결점을 지니는 반면, 정부기업의 수지를 명백히 하며 어느 정도 행정기관의 자유재량의 여지를 크게 하는 결과 능률을 증진시키는 경우도 있다.

(2) 설치요건

국가재정법 제4조는 국가의 회계를 일반회계와 특별회계로 구분한다고 규정하고, 특별회계의 설치요건으로서 세 가지 경우를 들고 있는데 i) 국가에서 특정한 사업을 운영할 때, ii) 특정한 자금을 보유하여 운영할 때, iii) 기타 특정한 세입으로서 특정한 세출에 충당함으로써 일반의 세입세출과 구분하여 경리할 필요가 있는 때에 법률로써 설치한다고 규정하고 있다.

3. 특별회계의 현황

〈표 1-3〉과 같이 1948년도에는 2개에 지나지 않던 우리나라 특별회계[1)]가 한때 29개로 늘어났으나 최근에 와서 대폭 감축되어 1982년도에는 17개로 줄어들었다. 1991년도부터 다시 늘어나 21개가 되었으며 2000년에는 책임운영기관

〈표 1-3〉 특별회계수의 추이

연 도	특별회계수	연 도	특별회계수	연 도	특별회계수	연 도	특별회계수
1948	2	1964	17	1979	18	1994	21
1949	10	1965	17	1980	18	1995	23
1950	11	1966	22	1981	18	1996	22
1951	14	1967	23	1982	17	1999	23
1952	13	1968	27	1983	17	2000	23
1953	15	1969	28	1984	17	2001	22
1954	16	1970	29	1985	17	2003	22
1955	17	1971	28	1986	17	2004	22
1957	16	1972	28	1987	16	2005	21
1958	12	1973	26	1988	16	2006	23
1959	12	1974	25	1989	16	2007	16
1960	13	1975	25	1990	18	2008	18
1961	15	1976	24	1991	21	2009	18
1962	17	1977	18	1992	22	2010	18
1963	16	1978	18	1993	23	2011	18

자료: 매년도 예산개요.

1) 1948년도에 설치된 2개의 특별회계는 임시외자총국특별회계와 임시관재총국특별회계이다.

특별회계가 신설되어 23개가 되었다가 2001년에 교육환경개선 특별회계가 폐지되어 다시 22개가 되었으며 2011년에는 18개가 되었다. 2011년 1월 현재 우리나라에서 사용되고 있는 특별회계는 〈표 1-4〉와 같다.

1976년도에 24개였던 특별회계가 1977년도에 18개로 줄어들게 된 것은 1974년 경제기획원에 의하여 시작된 예산제도개선작업이 다소 결실을 맺은데 그 원

〈표 1-4〉 특별회계의 현황

회계명	설 치 연 월 일	근거법규	설치목적
우편사업	2007년 1월 1일	기업예산회계법	우편사업과 그 부대 사업의 운영
우체국예금	2007년 1월 1일	기업예산회계법	우체국예금사업의 운영
양곡관리	1957년 1월 1일	기업예산회계법	양곡의 관리
조달	1961년 10월 2일	기업예산회계법	외자 및 내자의 구매 관리
교도작업	1963년 1월 1일	교도작업특별회계법	교도작업의 합리적 운영
우체국보험	1983년 7월 1일	우체국보험특별회계법	우체국보험의 효율적 운영
농어촌구조개선	1992년 1월 1일	농어촌구조개선특별회계법	농어촌구조개선사업의 효율적 추진
교통시설	1994년 1월 1일	교통시설특별회계법	도로 등 사회간접시설의 확충
등기	1994년 1월 1일	등기특별회계법	등기사무의 효율적 관리
에너지 및 자원사업	1995년 1월 1일	에너지 및 자원사업특별회계법	에너지 및 자원사업의 효율적 관리
환경개선	1995년 1월 1일	환경개선특별회계법	환경개선사업의 효율적 수행
책임운영기관	2000년 1월 1일	책임운영기관의 설치·운영에 관한 법률	책임운영기관의 효율적 운영
국가균형발전	2005년 1월 1일	국가균형발전특별법	국가의 균형적 발전
주한미군 기지이전	2006년 1월 1일	주한미군기지이전특별회계법	주한미군 기지의 원활한 이전
행정중심 복합도시건설	2006년 1월 1일	행정중심복합도시건설특별회계법	행정중심 복합도시건설
국방군사시설 이전	2007년 1월 1일	국방군사시설이전특별회계법	수도권 국방군사시설의 이전
혁신도시건설	2008년 1월 1일	혁신도시건설특별회계법	혁신도시의 건설
아시아문화중심도시건설	2008년 1월 1일	아시아문화중심도시건설특별회계법	아시아문화중심도시의건설
광역지역발전	2009년 1월 1일	광역지역발전특별회계법	국가균형발전특별회계가 개편

인이 있다고 하겠다. 다른 여러 가지 개선책과 병행하여 잡다한 특별회계를 정리한다는 목표하에 i) 일반회계로부터의 전입에 크게 의존하고 있는 특별회계는 폐지하며, ii) 특정자금 및 특정사업의 운용과 관계없는 특별회계와 그 규모가 작거나 특별회계로서 존치할 가치가 작은 특별회계도 폐지하고, iii) 기능·성질이 유사한 특별회계를 통합한다는 원칙에 따라 특별회계를 대폭 정리하였던 것이다.

4. 특별회계의 분류

특별회계는 여러 가지 관점에서 여러 가지로 분류할 수 있을 줄 아나 이곳에서는 이를 다음과 같이 분류하고자 한다.

(1) 정부기업특별회계

국가가 경영하는 기업에 대한 수지를 일반회계와 구분하여 별도로 경리하기 위한 특별회계이다. 과거에는 일반적으로 관기업특별회계라고 불렀으나, 정부기업예산법은 「정부기업」이라는 용어를 사용하고 있으므로 정부기업별특별회계라고 부르기로 한다. 현재 우리나라의 정부기업특별회계로는 우편사업, 우체국예금, 양곡관리, 조달특별회계가 있다.

(2) 자금특별회계

이는 일정한 자금을 보유하여 그 자금을 운용함에 있어서 일반회계와 구분경리하기 위해 설치한 것이다. 이에 속하는 것으로서는 과거의 자금관리특별회계가 있다.

(3) 관리특별회계

과거의 문화재관리특별회계나 농지개혁사업특별회계 등과 같이 그 사업의 내용이 일반행정적이기는 하나 재정처리에 있어서 일반회계와 구분하여 처리하는 것이다.

(4) 보험사업특별회계

우체국보험특별회계·구산업재해보상보험특별회계 등과 같이 정부가 보험사업을 위하여 설치한 특별회계를 말한다.

(5) 투융자특별회계

재정융자특별회계와 같이 재정투융자를 위하여 설치한 특별회계를 말한다.

(6) 임시특별회계

과거의 국방비특별회계·전란수습비특별회계 등과 같이 임시긴급한 목적을 위하여 설치한 특별회계가 이에 속한다.

제 3 절 본예산·수정예산 및 추가경정예산

1. 본 예 산

국가나 지방자치단체의 연간예산으로서 당초에 성립한 예산을 본예산이라 한다. 추가경정예산·준예산 등과 대비되는 용어인데 당초예산이라고도 한다. 전술한 바와 같이 본예산은 매년 정기적으로 성립하나 추가경정예산은 없는 회계연도도 있으며 준예산은 우리나라에서 한 번도 사용하지 않았다.

2. 수정예산

(1) 필요성

매년 1월부터 시행되는 예산은 전년도개시 후 곧 편성에 착수되어 각 중앙관서의 장은 매년 전년도 6월 30일까지 예산요구서를 작성하여 기획재정부장관에게 제출하게 되어 있으며, 헌법의 규정에 의하여 정부는 늦어도 회계연도 개시 90일 전까지 예산안을 국회에 제출하기로 되어 있는데, 예산편성 후에 있어서 국제정세나 국내에 있어서의 사회경제사정의 변화 등에 의하여 이것을 변경하지 않으면 안되는 경우가 생긴다. 이와 같이 정부가 국회에 예산안을 제출한 후 아직 예산이 의결되기 전에 정부가 제출한 예산안을 수정할 수 있도록 마련한 것이 수정예산제도이다. 우리나라에서 수정예산을 별로 사용하지 않았으나 2008년 11월 7일 2009년도 제1차 수정예산안을 국회에 제출했다. 실업대책, 지방재정지원확대 등 총10조원 규모로 재정지출을 확대하는 것을 목적으로 하였다.

수정예산제도는 비단 우리나라뿐만 아니라, 영국에서도 revised estimates라

하여 이와 똑같은 제도를 사용하고 있는 것이다.[2]

(2) 추가경정예산과의 차이점

수정예산과 추가경정예산은 예산안의 편성이 끝난 다음에 이를 변경하기 위한 제도라는 점에서는 동일하나, 추가경정예산은 예산이 국회를 통과하여 성립한 다음에 변경하는 것인데 대하여, 수정예산은 예산이 국회를 통화하기 전에 수정하는 제도인 것이다.

(3) 첨부서류의 생략

정부가 예산안을 국회에 제출함에 있어서는 국가재정법 제34조의 규정에 의하여 대단히 복잡한 각종 서류를 첨부하여야 하는데, 수정예산안을 제출하는 경우에는 그 첨부서류를 전부 또는 일부를 생략할 수 있게 되어 있다.

3. 추가경정예산

(1) 의 의

이미 성립된 예산에 변경을 가할 필요가 있을 때 사용되는 것이 추가경정예산제도이다. 이 추가경정예산제도는 비단 우리나라뿐만 아니라, 미국·영국을 비롯한 각국에서 널리 사용되고 있다.[3]

일본의 재정법은 우리나라의 추가경정예산에 해당되는 것을 보정예산이라고 부르고 보정예산을 제출할 수 있는 경우를 「① 법률상 또는 계약상 국가의 의무에 속하는 경비의 부족을 보충하는 경우와 예산작성 후에 발생한 이유로 인하여 특히 긴급하게 된 경비의 지출과, ② 예산성립 후에 발생한 사유로 인하여 예산에 추가 이외의 변경을 가하는 경우」로 제한하고 있다.[4] 우리나라에서 1948년 헌법부터 1972년 헌법까지는 헌법의 추가경정예산에 관한 규정에 「예산성립 후에 생긴 사유로 인하여」라는 제한을 두었으나[5] 제5공화국헌법에 와서 이러한 제한을 삭제했으며[6] 현행헌법 제56조도 이를 계승하고 있다.

---

2) Sir Herbert Brittain, *The British Budgetary System*(London: George Allen and Unwin, 1959), pp. 234-235.

3) Donald Axelrod, *Budgeting for Modern Government*(New York: St. Martin's Press, 1988), pp. 177-178; Brittain, *op. cit.*, pp. 237-238.

4) 일본재정법 제29조.

5) 1972년 헌법 제91조.

6) 1980년 헌법 제92조.

국가재정법의 추가경정예산에 관한 규정은 1961년 이래 계속해서 「예산성립 후에 생긴 사유로 인하여」라는 구절을 두고 있으며 헌법의 규정에서 이 구절이 삭제되었음에도 불구하고 1989년 3월 전면개정된 예산회계법과 현행 국가재정법도 이 구절을 계승하고 있다.

(2) 본예산과 추가경정예산

본예산과 추가경정예산은 각각 별개로 성립하여 집행되나, 원래 추가경정예산은 본예산의 사항・금액을 추가하거나 수정하는 것이므로 일단 성립하면 본예산과 추가경정예산을 통산하여 전체로서 실시되게 되는 것이다. 따라서, 어떤 연도의 예산총액을 알려면 본예산 외에 추가경정예산을 총계하여 보지 않으면 안된다.

추가경정예산을 제출하는 경우에도 수정예산의 경우와 마찬가지로 국가재정법 제34조에 규정된 첨부서류의 전부 또는 일부를 생략할 수 있다.[7)]

(3) 추가경정예산의 운영실태

〈표 1-5〉와 같이 우리나라에서 추가경정예산이 가장 빈번하게 사용된 회계

〈표 1-5〉 추가경정예산횟수

연 도	횟 수	연 도	횟 수	연 도	횟 수	연 도	횟 수
1948	—	1963	3	1977	1	1995	1
1949	3	1964	1	1982	1	1996	1
1950	7	1965	3	1983	—	1997	—
1951	3	1966	2	1984	1	1998	2
1952	2	1967	2	1985	1	2001	2
1953	2	1968	3	1986	—	2002	1
1954	3	1969	3	1987	1	2003	2
1955	2	1970	1	1988	1	2004	1
1957	—	1971	1	1989	1	2005	1
1958	1	1972	3	1990	2	2006	1
1959	—	1973	—	1991	2	2007	—
1960	2	1974	1	1992	1	2008	1
1961	4	1975	1	1993	—	2009	1
1962	3	1976	1	1994	1	2010	—

자료: 각연도 예산개요 참고자료.

7) 국가재정법 제36조.

연도는 한국전쟁이 발발한 1950년도로서 7회나 사용되었으며, 그 다음이 5·16 혁명이 있었던 1961년도(4회)이다. 추가경정예산이 없었던 회계연도는 1948년도를 제외한다면 1957년도, 1959년도, 1973년도, 1983년도, 1986년도, 1993년도, 1997년도밖에 없다. 그 외의 회계연도에 있어서는 대체로 1회 내지 3회에 걸쳐 추가경정예산이 사용되었다. 국가재정법은 재정건전화를 위하여 추가경정예산의 편성을 i) 전쟁이나 대규모 자연재해가 발생한 경우 ii) 경기침체·대량실업 등 대내·외 여건에 중대한 변화가 발생하였거나 발생할 우려가 있는 경우 iii) 법령에 따라 국가가 지급하여야 하는 지출이 발생하였거나 증가하는 경우에 한정하고 있다.[8]

제 4 절 잠정예산·가예산 및 준예산-예산불성립시의 예산집행-

1. 예산불성립시의 대처방안

회계연도개시기까지 예산이 입법부를 통과하지 못하는 경우에는 어떻게 하느냐 하는 문제는 나라에 따라서 그 해결방법이 다르다. 명치헌법하의 일본에 있어서는 정부가 전년도의 예산을 시행할 수 있었다.[9] 미국의 경우에 있어서는 의회가 양원의 공동의결에 의하여 각부 기타 정부기관으로 하여금 전년도예산을 답습하는 것을 허용하는 것이 관례인데,[10] 영국·캐나다 및 현재의 일본에 있어서는 잠정예산제도를 사용하고 있다.

우리나라의 경우를 본다면 과거(1948~1960)에는 가예산제도를 채택하고 있었으나, 1960년의 3차개헌 때 준예산제도를 채택하여 오늘에 이르고 있다.

2. 잠정예산

(1) 의 의

잠정예산이란 일정금액의 예산의 국고지출을 허가하는 제도로서 영국을 위

8) 국가재정법 제89조 제1항.

9) 일본명지헌법 제71조.

10) Howard E. Shuman, *Politics and the Budget: The Struggle Between the President and the Congress,* third edition(Englewood Cliffs: Prentice-Hall, 1992), pp. 92-93.

시하여 캐나다를 포함하는 영연방제국과 일본 등에서 사용하고 있다. 그러나 후술하는 바와 같이 동일한 잠정예산이나 영국 · 캐나다 등의 잠정예산과 일본의 잠정예산은 그 성격이 다소 다르다는 사실에 유의할 필요가 있다.

(2) 영국 · 캐나다의 잠정예산

영국에서는 회계연도개시일인 4월 1일 전에 본예산이 국회를 통과하는 일이 거의 없으므로 잠정예산의 사용은 상례같이 되어 있다.

과거 한 때 영국의회는 정부가 잠정예산에 의존함으로써 본예산을 의회에 제출하지 않고 따라서 정부의 정책을 밝히지 않은 채로 그 활동을 계속하는 것이 아니냐 하는 점을 염려했으나 오늘날에 있어서는 이는 한낱 기우였다는 것이 밝혀졌다. 뿐만 아니라 잠정예산에 의하여 의결된 자금은 전년도의 예산에 의하여 또는 개별적인 법률의 형식으로, 이미 의회가 승인한 서비스를 위해서만 사용할 수 있으므로 새로운 정책을 실천에 옮기기를 원하는 정부로서는 행정부의 이익을 위해서도 본예산의 제출과 심의를 지연시킬 수 없는 것이다.

여기서 우리가 궁금하게 생각하는 것은 잠정예산의 사용이 상례로 되어 있다면 회계연도를 늦추든지 예산편성을 일찍 시작함으로써 이를 지양하는 방향으로 나가지 못하느냐 하는 점이다. 그 이유로서 두 가지를 생각할 수 있다. 첫째로 현제도는 예산의 편성제출과 당해회계연도간의 시차를 단축시켜 주며, 따라서 비교적 정확하고 현실에 맞는 예산의 편성을 가능케 한다는 것이다. 둘째로 후술하는 바와 같이 영국의회는 행정부의 예산안을 거의 수정하는 일이 없으므로 잠정예산제도가 영국에서 그 타당성을 유지할 수 있다는 것이다.[11)]

영국의 잠정예산과 유사한 성격을 지닌 것으로서 캐나다의 잠정예산(Interim Supply)을 들 수 있다. 캐나다에서도 영국의 예를 본받아 본예산이 회계연도개시일인 4월 1일 이전에 의회를 통과하는 일이 거의 없으므로 영국의 잠정예산과 유사한 제도를 사용하고 있는 것이다.[12)]

(3) 일본의 잠정예산

일본의 잠정예산에 관하여 일본재정법 제30조는 내각은 필요에 응하여 일회

11) Andrew Adonis, *Parliament Today*(Manchester: Manchester University Press, 1990), p. 118.

12) A.E. Buck, *Financing Canadian Government*(Chicago: Public Administration Service, 1949), p. 109.

〈표 1-6〉 본예산국회통과일

회계연도	연도기간	본예산국회통과일
1948	1948년 10월~1949년 3월(6개월)	1949년 3월 31일
1949	1949년 4월~1950년 3월(12개월)	1949년 4월 30일
1950	1950년 4월~1951년 1월(12개월)	1950년 4월 22일
1951	1951년 4월~1952년 3월(12개월)	1951년 4월 30일
1952	1952년 4월~1953년 3월(12개월)	1952년 4월 17일
1953	1953년 4월~1954년 3월(12개월)	1953년 4월 30일
1954	1954년 4월~1955년 6월(15개월)	1954년 3월 30일
1955	1955년 7월~1956년 12월(18개월)	1955년 7월 31일
1957	1957년 1월~1957년 12월(12개월)	1956년 12월 30일
1958	1958년 1월~1958년 12월(12개월)	1957년 12월 31일
1959	1959년 1월~1959년 12월(12개월)	1958년 12월 24일
1960	1960년 1월~1960년 12월(12개월)	1959년 12월 31일
1961	1961년 1월~1961년 12월(12개월)	1960년 12월 28일
1965	1965년 1월~1965년 12월(12개월)	1964년 12월 13일
1966	1966년 1월~1966년 12월(12개월)	1965년 12월 14일
1967	1967년 1월~1967년 12월(12개월)	1966년 12월 8일
1968	1968년 1월~1968년 12월(12개월)	1967년 12월 28일
1969	1969년 1월~1969년 12월(12개월)	1968년 12월 2일
1970	1970년 1월~1970년 12월(12개월)	1969년 12월 22일
1971	1971년 1월~1971년 12월(12개월)	1970년 12월 19일
1972	1972년 1월~1972년 12월(12개월)	1971년 12월 2일
1974	1974년 1월~1974년 12월(12개월)	1973년 12월 2일
1975	1975년 1월~1975년 12월(12개월)	1974년 12월 1일
1976	1976년 1월~1976년 12월(12개월)	1975년 12월 2일
1977	1977년 1월~1977년 12월(12개월)	1976년 12월 2일
1978	1978년 1월~1978년 12월(12개월)	1977년 12월 2일
1979	1979년 1월~1979년 12월(12개월)	1978년 11월 14일
1980	1980년 1월~1980년 12월(12개월)	1979년 12월 1일
1982	1982년 1월~1982년 12월(12개월)	1981년 12월 2일
1988	1988년 1월~1988년 12월(12개월)	1987년 10월 30일
1989	1989년 1월~1989년 12월(12개월)	1988년 12월 2일
1990	1990년 1월~1990년 12월(12개월)	1989년 12월 19일
1991	1991년 1월~1991년 12월(12개월)	1990년 12월 18일
1992	1992년 1월~1992년 12월(12개월)	1991년 12월 3일
1993	1993년 1월~1993년 12월(12개월)	1992년 11월 20일
1994	1994년 1월~1994년 12월(12개월)	1993년 12월 7일
1995	1995년 1월~1995년 12월(12개월)	1994년 12월 2일
1996	1996년 1월~1996년 12월(12개월)	1995년 12월 2일
1997	1997년 1월~1997년 12월(12개월)	1996년 12월 13
1998	1998년 1월~1998년 12월(12개월)	1997년 11월 18
1999	1999년 1월~1999년 12월(12개월)	1998년 12월 9일
2000	2000년 1월~2000년 12월(12개월)	1999년 12월 18일
2001	2001년 1월~2001년 12월(12개월)	2000년 12월 27일
2002	2002년 1월~2002년 12월(12개월)	2001년 12월 27일
2003	2003년 1월~2003년 12월(12개월)	2002년 11월 8일
2004	2004년 1월~2004년 12월(12개월)	2003년 12월 30일
2005	2005년 1월~2005년 12월(12개월)	2004년 12월 31일
2006	2006년 1월~2006년 12월(12개월)	2005년 12월 30일
2007	2007년 1월~2007년 12월(12개월)	2006년 12월 27일
2008	2008년 1월~2008년 12월(12개월)	2007년 12월 28일
2009	2009년 1월~2009년 12월(12개월)	2008년 12월 13일
2010	2010년 1월~2010년 12월(12개월)	2009년 12월 31일
2011	2011년 1월~2011년 12월(12개월)	2010년 12월 8일
2012	2012년 9월~2012년 12월(12개월)	2011년 12월 31일

주: 1962~1964년도는 본예산이 최고회의를 통과
1973년도는 본예산이 비상국무회의를 통과
1981년도는 본예산이 입법회의를 통과
} 했으므로 생략.

계연도 중 일정기간에 걸친 잠정예산을 작성하여 이를 국회에 제출할 수 있다고 규정하고 있는 것이다. 그 기간은 본예산성립시기 여하에 달려 있으나, 종래의 예로 미루어 보아 길어야 3개월 정도라고 한다. 그리고 본예산이 성립하면 잠정예산의 유효기간에 관계없이, 또 지출잔액의 유무에 불구하고 그때로부터 효력을 상실하고 본예산에 흡수된다.

일본의 잠정예산이 영국이나 캐나다의 잠정예산과 크게 다른 점은 일본의 그것은 어디까지나 부득이하여 예외적으로 사용되는데 대하여, 영국과 캐나다의 잠정예산은 상례적인 것이며 예산의 편성제출과 당해회계연도간의 시차를 단축시키기 위하여 고의적으로 사용되는 것이라는 점이다.[13]

3. 가예산

(1) 의 의

과거 우리나라에서는 영국·캐나다의 잠정예산이나 일본의 잠정예산과 유사한 가예산제도를 채택한 일이 있다. 즉, 1948년 헌법 제94조 제2항에는 「부득이한 사유로 인하여 예산이 의결되지 못한 때에는 국회는 1개월 이내의 가예산을 의결하고 그 기간내에 예산을 의결하여야 한다」는 규정이 있었던 것이다.

이 가예산제도가 영국·캐나다의 잠정예산이나 일본의 잠정예산과 다른 점은 「1개월 이내」라는 제한이 있는 점이다.

(2) 가예산의 사용

1955년도까지는 거의 매년 회계연도 개시일까지 본예산이 국회를 통과하지 못했던 관계로 가예산을 편성하지 않을 수 없었던 것이다. 그러다가 1957년도부터 회계연도 개시 전일까지 예산이 국회를 통과하게 되었고, 따라서 우리나라의 예산제도도 어느 정도 본궤도에 올라서게 되었다고 할 수 있다.

4. 준예산

(1) 의 의

예산이 회계연도개시일까지 의결되지 못한 경우에, i) 헌법이나 법률에 의하여 설치된 기관 또는 시설의 유지·운영, ii) 법률상 지출의무의 이행, iii) 이미

13) 河野一之, 新版豫算制度(東京: 學陽書房, 1987), pp. 43-50.

예산으로 승인된 사업의 계속을 위한 경비를 전년도예산에 준하여 지출할 수 있는 제도를 준예산이라 한다. 독일의 기본법[14]에서 모방해 온 이 준예산제도는 1960년의 제3차개헌시에 우리나라 헌법에 도입되었다.

(2) 현행헌법규정의 특징

제5공화국헌법은 추가경정예산 · 예비비에 관한 규정과 함께 준예산에 관한 규정도 개정했는데 현행헌법도 이를 계승하고 있다. 현행 헌법의 규정이 과거와 다른 점을 요약하면 다음과 같다.

① 1972년 헌법은 회계연도개시 30일 전까지 예산안이 의결되지 못한 때에는 준예산을 쓸 수 있다고 규정했으나 준예산은 회계연도개시일까지는 불필요한 것이므로 현행헌법은 「새로운 회계연도가 개시될 때까지」 예산안이 의결되지 못한 때에는 준예산을 사용할 수 있다고 규정하고 있다.

② 1972년 헌법은 준예산을 집행할 때에는 「세입의 범위내」에서 전년도예산에 준하여 일정한 경비를 지출할 수 있다고 규정했으나 현행헌법은 「세입의 범위내」라는 제한을 폐지했다. 「세입」 속에 한국은행으로부터의 단기차입이 포함되느냐가 문제인데, 단기차입이 포함된다면 세입의 범위내라는 제한이 불필요하며, 반대로 단기차입이 포함되지 않는다면 연도개시초에는 조세수입 등의 부족으로 단기차입이 불가피하다는 현실을 외면하는 결과가 되기 때문이다.

③ 지출할 수 있는 경비의 항목을 정리하였다. 「공무원의 보수와 사무처리에 필요한 기본경비」는 「헌법이나 법률에 의하여 설치된 기관 또는 시설의 유지 · 운영」에 포함될 수 있는 까닭에 삭제하였으며, 어구도 다소 수정하였다.

다른 나라의 경우에 있어서도 그러하듯이 우리나라에 있어서도 준예산에 의하여 집행되는 예산은 당해연도의 예산이 성립되면 그 성립된 예산에 의하여 집행된 것으로 간주하게 되어 있다.[15]

5. 잠정예산 · 가예산 · 준예산의 비교

(1) 사용기간의 제한

〈표 1-7〉과 같이 잠정예산은 사용기간에 제한이 없는데 대해서 가예산은 최초의 1개월이라는 제한이 있으며 준예산은 「본예산이 국회를 통과할 때까지」라

---

14) 독일연방공화국기본법 제111조.

15) 국가재정법 제55조 제2항.

〈표 1-7〉 잠정예산 · 가예산 · 준예산의 비교

	사용기간의 제한	국회의 의결	한국의 채택여부	채택하고 있는 국가
잠정예산	제한무	필 요	한번도 채택한 일 없다.	영국 · 캐나다 · 일본
가 예 산	1개월이라는 제한 있음.	필 요	과거(1948~60)에 채택했으며 사용했다.	프랑스(3공 4공)
준 예 산	제한무	불필요	현재(1960년 이래) 채택하고 있으나 사용해 보지 못했다.	독일

고만 되어 있지 사용기간에 일정한 제한이 없다.

(2) 국회의 의결

잠정예산은 국회의 의결이 있어야 집행할 수 있으며 가예산도 국회의 의결을 필요로 하는데 대하여, 준예산은 한정된 항목이나마 국회의 의결없이 지출할 수 있는데 그 특색이 있다. 준예산을 예산사전의결의 원칙에 대한 예외라고 하는 이유도 여기에 있는 것이다.

(3) 한국의 채택여부

우리나라는 잠정예산제도를 한번도 채택해 본 일이 없으나 가예산제도는 1948년부터 1960년의 제3차 개헌시까지 헌법에 채택했으며 실제로 사용도 해보았다. 전술한 바와 같이 준예산제도는 1960년의 제3차 개헌시에 채택하여 오늘에 이르고 있으나 한번도 실제로 사용해 본 경험이 없다. 1960년 이래 오늘날까지 매년 회계연도개시전까지 본예산이 국회를 통과했기 때문이다.

(4) 채택하고 있는 국가

잠정예산은 영국 캐나다 · 일본 등이 채택하고 있는 제도인데 전술한 바와 같이 영국 · 캐나다의 잠정예산과 일본의 잠정예산간에는 다소 차이가 있다.

가예산은 프랑스(제3공화국 및 제4공화국)가 사용하던 것이며,[16] 준예산은 독일이 사용하고 있는 제도이다.

16) D.W.S. Lidderdale, *The Parliament of France*(London: Hansard Society, 1951), p. 220.

제5절 신임예산과 예산초과지출의 추인

1. 신임예산(Votes of Credit)

(1) 의 의

정상적인 예산절차의 예외를 이루는 것의 하나로서 영국과 캐나다에서 사용되고 있는 신임예산제도를 들 수 있다. 전시 등에 있어서는 지출을 요하는 금액이나 그 지출속도를 미리 정확하게 예측한다는 것이 불가능하며, 국가의 안전보장상, 상세하게 그 내용을 밝힐 수가 없는 경우가 많다. 뿐만 아니라 수시로 신규사업이 필요하며 이를 위한 지출권한을 즉시 확보할 필요가 있다. 이러한 경우에 활용되는 것이 신임예산제도이다. 의회는 총액만 결정하고 구체적인 용도는 행정부가 결정하여 지출을 행하는 것이다.[17]

(2) 연 혁

영국의 신임예산제도도 그 기원을 18세기에 두고 있다. 즉 영국의회는 18세기에 있어서 신임예산을 종종 사용했는데 이 경우에 보통 총액은 의회에서 결정해 주었으나 예외적으로 1727년과 1734년에는 총액마저 정하지 않았던 것이다. 오늘날에 있어서는 의회는 반드시 총액을 결정한다. 제1차대전(1914~18)과 제2차대전(1939~45) 중에도 군사비에 한하여 신임예산제도가 사용되었다.[18]

신임예산의 관리는 재무성의 소관이며 필요에 따라 관계각성에 대하여 그 속에서 지출한다. 제2차대전 중에는 보통의 국방각성의 예산서에는 명목액만 계상하고 예산각항(vote)의 실질적인 부분은 필요에 따라서 신임예산에서 지출되었다. 보급성(Ministry of Supply)이나 식량성(Ministry of Food)과 같은 신설성의 경우에도 동일한 절차를 밟았으며 명목적인 예산만이 계상되었다. 민정각성의 보통의 평시업무에 대한 지출은 보통예산에 계상되었으며 민정각성의 예산의 적자를 메우기 위하여 신임예산을 사용하는 것은 금지되어 있었다.[19]

---

17) Brittain, *op. cit.*, pp. 228-229.

18) Kenneth Mackenzie, *The British Parliament*(London: Pelican Books, 1951), p. 162.

19) Brittain, *op. cit.*, p. 229.

(3) 캐나다의 신임예산

캐나다의 신임예산도 영국의 그것과 동일한 것으로서 신임예산제도를 활용하여 제1차대전이 발발한 1914년 8월에는 5천만달러를, 제2차대전이 발발한 1939년 9월에는 1억달러를 각각 의결했던 것이다.[20]

2. 예산초과지출의 추인(Excess Votes)

(1) 필요성

정상적인 예산절차의 예외를 이루는 또 하나의 제도로서 영국에서 사용되고 있는 예산초과지출의 추인을 들 수 있다.

예산집행의 목표로서 여러 가지를 들 수 있겠으나 「재정적 한계의 엄수」가 가장 중요한 목표의 하나라는 점에는 별로 이의가 없을 줄 안다.[21] 환언하면 각 정부기관은 의회가 의결한 한도액의 범위 내에서 예산을 집행해야 하는 것이다.

그런데 영국에 있어서는 어떤 기관이 예산초과지출을 하는 예가 매년도 한두 건씩 있다고 한다. 그 원인에는 과소적산(過小積算)을 한 경우가 있는가 하면 회계연도가 끝날 무렵에 정세의 변화로 인하여 추가예산을 제출하여 이에 관한 소요의 절차를 모두 완료하기에는 시기가 너무 늦은 까닭에 일어나는 경우가 많다.

이러한 예산초과지출이 있으면 당해 회계연도가 끝나고 의정비결산서의 작성이 끝나고 초과액이 확실히 드러난 다음, 회계검사원장은 결산검사보고서에서 이를 지적하고 초과지출을 하원의 결산위원회에 보고한다. 하원이 초과지출을 승인해도 이의가 없다는 취지의 결산위원회의 보고가 있으면 재무성은 의회의 의결을 요하는 추가액을 한건 한건 명백히 하고 그 이유를 밝힌 「초과지출설명서」를 하원에 제출한다. 이 설명서는 보통의 세출예산심의절차와 동일한 절차를 밟아 예산초과지출에 대한 추인이 이루어지게 되는 것이다.[22]

(2) 한국에의 도입가능성

과거 한때 구경제기획원 실무진에서 우리나라에 예산초과지출의 추인제도를

---

20) Buck, *op. cit.*, p. 110.

21) Jesse Burkhead, *Government Budgeting*(New York: Wiley, 1956), p. 343.

22) Brittain, *op. cit.*, pp. 228-229.

도입하는 문제를 논의한 바 있다.

그러나 우리가 여기서 유의할 사실은 예산초과지출의 추인은 의원내각제(내각책임제)하에서나 가능한 제도이며 대통령중심제하에서는 채택하기가 어려운 제도라는 점이다. 의원내각제하에서는 예산초과지출이 의회의 추인을 얻지 못할 경우가 없을 것이나 대통령중심제하에서는 우리나라 제13대 국회 초와 제16대 국회의 여소야대의 경우와 같이 예산초과지출이 입법부의 추인을 얻지 못할 수 있기 때문이다. 이리하여 우리나라에 예산초과지출의 추인제도를 도입하자는 안이 폐기되었다.

제 6 절 품목별 예산 · 성과주의 예산 · 계획예산 MBO 및 제로베이스예산

1. 예산결정방식에 의한 분류

예산의 결정방법은 크게 점증주의적 방법과 총체적 · 종합적 방법으로 나눌 수 있다. 품목별 예산이 점증주의에 의거한 예산제도라고 한다면 성과주의예산 · 계획예산 · 제로베이스예산은 총체적 · 종합적 방법에 기초를 둔 예산제도라고 할 수 있겠다.

관점을 달리하여 Schick의 분류방법에 의한다면 품목별 예산은 통제지향의 예산제도이며, 성과주의예산과 제로베이스예산은 관리지향의 예산제도이고 계획예산은 계획지향의 예산제도이다.[23]

본절의 예산의 결정방식에 의한 예산제도의 분류는 본장의 다른 분류방법과는 차원을 달리하는 것이나 편의상 이 곳에서 간단히 고찰하고 상세한 것은 제3편 「예산개혁」에서 다루기로 한다.

2. 품목별 예산제도

(1) 의 의

한 마디로 말해서 품목별 예산은 정부가 구입하는 물품이나 서비스에 치중하는 예산으로서 그 주된 요소는 i) 기관별 예산, ii) 기관의 운영과 행정작용에

23) Allen Schick, "The Road to PPB: The Stages of Budget Reform," *Public Administration Review*, December 1966, pp. 245-246.

소요되는 품목의 나열, iii) 소요경비와 그 품목별 내용의 금전적 표시라고 할 수 있다.[24] 환언하면 품목별 예산에서는 정부가 구입하는 물품이나 서비스를 표시해 주기는 하나 왜 그것을 구입하는지는 분명하게 나타내지는 못한다. 그러므로 품목별 예산제도하에서는 예산은 정부사업의 성격이나 목표를 나타내지 못하며, 나아가서 그 예산으로서 이룬 사업성과도 알 수가 없는 것이다.

(2) 연 혁

예산제도란 본래 의회가 행정부를 통제하기 위하여 고안된 것이다. 이러한 통제는 과세에 대한 통제로부터 시작하여 지출에 대한 통제에까지 미쳤으며, 이것이 기술적으로 발전하여 오늘날 우리가 말하는 예산제도가 된 것이다.

영국을 위시한 유럽제국에서는 절대군주를 통제하기 위하여 고안된 품목별 예산제도가 미국에서는 공무원의 자유재량을 제한함으로써 부패를 방지하고 능률을 향상시키는 데 주안점을 두었다.

3. 성과주의 예산제도

(1) 의 의

관리지향의 예산제도의 대표적인 예라고 할 수 있는 성과주의예산이란 예산과목을 사업별로 분류한 다음 각 세부사업별로 가능하면 다음과 같이 편성하는 예산을 말한다.[25]

$$\text{단위원가} \times \text{업무량} = \text{예산액}$$

여기서 단위원가(unit cost)란 업무측정단위(unit of work measurement) 한 개를 산출하는데 소요되는 경비를 말하며, 업무량이란 업무측정단위에 의하여 표시된 업무의 양을 말한다.

이와 같이 성과주의예산은 각 사업마다 가능한 한 업무측정단위를 선정하여 업무를 양적으로 표시케 하고, 나아가서는 예산을 원가에 기준한 합리적인 방

---

24) Donald F. Kettl, *Deficit Politics: Public Budgeting in Its Institutional and Historical Context*(New York: Macmillan, 1992), pp. 69-70.

25) Frank P. Sherwood, *The Management Approach to Budgeting*(Brussels: International Institute of Administrative Sciences, 1954), p. 38.

법으로 편성케 하고, 그 집행의 성과를 측정・분석・평가하여 적기적이고 효과적인 재정통제를 가능케 하는 제도라고 볼 수 있으며,[26] 전술한 바와 같은 품목별 예산의 결함을 시정하여 정부가 구입하는 물품과 정부가 행하는 활동 내지는 사업과의 관계를 긴밀하게 나타내는 예산제도라고 하겠다.[27]

(2) 발달과정

성과주의예산제도의 기원은 1913년 뉴욕시 리치몬드구에서 시도한 원가예산제(cost data budget)에서 찾을 수 있다고 한다. 그러나 양차 후버위원회의 건의 등에 의하여 주로 미연방정부에 의하여 발전된 성과주의예산제도는 미국내의 많은 주정부나 시정부에 의하여 채택되었을 뿐만 아니라,[28] 필리핀・태국 등 여러 나라에 의하여 모방되었으며, 우리나라에서도 잠시 일부 부처의 일부사업에 성과주의예산을 적용한 일이 있다.[29]

(3) 재등장

위에서 살펴본 바와 같이 성과주의예산은 미국・한국을 위시한 각국에서 여러 가지 이유로 폐기되었으나 최근에 와서 성과지향적 예산제도의 필요성이 여러 가지 형태로 각국에서 제기되고 있다.

미국연방정부에서는 1990년에 제정된 수석재무관법(Chief Financial Officers Act)에 의하여 1988년도부터 일부부처에서 시험적으로 적용되고 있으나[30] 주정부의 경우에는 더욱 적극적이다. 어떤 형태로든지 47개주에서 성과지향적 예산제도를 채택하고 있는데 그 중 31개주에서는 법률로써 이를 규정하고 있다.[31]

한국에서도 성과지향적 예산제도에 대한 관심이 고조되고 있는데 중앙정부는 2002년도 현재 39개 기관에 시범적으로 적용하고 있으며 일부지방자치단체

---

26) Frederick C. Mosher, *Program Budgeting*(Chicago: Public Administration Service, 1954), pp. 81-82.

27) 성과주의예산에 관한 상세한 것은 제4편 제1장 「예산개혁론」 참조.

28) Allen Schick, *Budget Innovation in the States*(Washington, D.C.: Brookings Institution, 1971), pp. 54-56.

29) 우리나라 성과주의예산의 도입에 관해서는 이한빈, 「한국예산개혁논고」, 행정논총 제6권 제1호, pp. 28-30 참조.

30) Philip G. Joyce, "Using Performance Measures for Federal Budgeting: Proposals and Prospects," *Public Budgeting and Finance*, Winter 1993, pp. 4-5.

31) Katherine G. Willoughby and Julia E. Melkers, "Implementing PBB: Conflicting Views of Success," *Public Budgeting and Finance*, Spring 2000, pp. 105-120.

에서도 시범적 적용을 시도하고 있다.

4. 계획예산제도(PPBS)

(1) 의 의

계획예산제도(PPBS)란 장기적 기획수립과 단기적 예산편성을 유기적으로 연관시킴으로써 자원배분에 관한 의사결정을 일관성 있게 합리적으로 행하려는 제도라고 할 수 있겠다. 이와 같은 PPBS는 흔히 다음과 같은 3대요소를 지닌다고 한다.[32)]

① 목표의 정확한 파악(규정)이 있어야 한다. 즉 PPBS의 프로그램체계(program structure)는 정부사업의 목표를 뚜렷이 밝히는 것이어야 한다.

② 이러한 목표를 달성하는데 있어서 가장 능률적인 각종 대안을 체계적으로 검토할 수 있어야 한다.

PPBS하에서 목표수행을 위하여 가능한 각종 대안이 마련되어 이 중에서 가장 능률적이며 효과적인 방도가 어느 것이냐에 관해서 체계적인 검토가 가해질 수 있어야 한다.

③ 장기적 시계(time horizon)를 지녀야 한다. 사업에 따라서는 초년도에는 경비가 얼마 안드나 2, 3년 후에는 막대한 경비를 소요로 하는 것이 있다. 따라서 PPBS는 적어도 3년 내지 5년 정도의 장기적 시계를 보유하고 있어야 한다.[33)]

(2) 발달과정

1950년대에 랜드연구소(RAND Corporation)에 의하여 개발된 계획예산제도(planning-programming-budgeting system)는 McNamara 국방장관의 지시에 따라 Hitch 관리차관보의 노력으로 1963년도부터 미국방성 예산에 도입되게 되었다.[34)] 1965년 8월의 존슨대통령지시에 의하여 국방성 이외의 연방정부기관에도 널리 적용되었으며, 미국의 많은 주와 지방자치단체도 한 때 이를 채택했

32) Charles J. Zwick, "Budgeting for Federal Responsibilities," *The Annals of American Academy of Political and Social Science*, September 1968, p. 18.

33) 계획예산제도의 상세한 것은 제4편 제1장「예산개혁론」참조.

34) Virginia Held, "PPB Comes to Washington," in Fremont J. Lyden and Ernest G. Miller (eds.), *Planning-Programming-Budgeting: A Systems Approach to Management*(Chicago: Markham, 1967), pp. 12-13.

다. 미국뿐만 아니라 영국 · 캐나다 · 벨기에 · 스웨덴 등 NATO제국이 그 국방예산에 계획예산제도를 도입했으며 아시아에서도 대만 · 일본 · 한국 등이 국방예산에 계획예산제도를 도입하려고 시도한 바 있다.[35] 그러나 1971년 계획예산제도는 닉슨행정부에 의하여 폐기가 결정되어[36] 이제는 미연방정부에 전반적으로 적용되는 예산제도는 아니나 그 흔적은 국방성을 위시하여 여러 부처에 아직도 많이 남아 있다.

5. 목표에 의한 관리(MBO)

(1) 의 의

목표에 의한 관리(MBO)란 조직의 최고관리자와 중간관리자가 공동으로 공통목표를 설정하고, 기대되는 결과에 주안점을 두어 조직내의 모든 개인의 책임분야를 결정하며, 이것들을 조직단위의 운영지침으로 사용할 뿐만 아니라 모든 조직구성원의 공헌도를 측정하는 척도로 삼으며 예산과도 연계를 짓는 제도라고 할 수 있겠다.[37] 성과주의예산 · PPBS 등이 순수한 예산제도인데 대하여 MBO는 다각적으로 활용되는 관리도구로서 예산과는 느슨하게 연계되어 있는 제도이다.[38] MBO가 다각적으로 활용되는 관리도구라는 것은 MBO가 인사행정에 있어서는 근무성적평정을 위한 평정방법의 하나로 사용되고 있다는 사실에서도 알 수 있다.[39]

(2) 발달과정

MBO의 기원을 Taylor에까지 소급해 올라갈 수 있다고 하는 사람도 있으나 MBO는 Peter Drucker에 의하여 제창된 제도라고 할 수 있을 것이다. Drucker는 1954년에 발간된 그의 『관리의 실제』에서 MBO를 들고 나왔다.[40] MBO는

---

35) 계획예산제도의 보급에 관해서는 제4편 제1장 「예산개혁론」 참조.

36) Allen Schick, "A Death in the Bureaucracy: The Demise of Federal PPB," *Public Administration Review*, March-April 1973, p. 146.

37) George S. Ordiorne, *Management by Objectives: A System of Managerial Leadership*(New York: Pitman, 1965), pp. 55-56.

38) Kettl, *op. cit.*, p. 79.

39) Perry Moore, *Public Personnel Management: A Contingency Approach*(Lexington: Heath, 1985), p. 145.

40) Jong S. Jun, "Introduction for A Symposium on Mangement by Objectives in the Public Sector," *Public Administration Review*, January-February 1976, p. 3.

본래 사기업에서 보급되었으며 정부부문에 도입된 것은 1970년대초의 일이다. 보건교육복지성(HEW)이 MBO를 도입하기 위한 준비를 개시한 것은 1969년이나 미국의 연방정부 전체가 MBO를 도입한 것은 1970년대의 일이다. PPBS를 폐기한 닉슨행정부가 이를 대신할 제도로서 MBO를 선택했다.[41] Watergate사건에 휘말린 닉슨행정부는 닉슨대통령의 사임 전에 이미 MBO에 대한 관심을 상실했으며 1976년의 대통령선거시에 제로베이스예산의 도입을 공약으로 내걸었던 Carter는 대통령에 당선되자 공식적으로 MBO를 폐기하고 제로베이스예산을 채택했다.

6. 제로베이스예산제도(ZBB)

(1) 의 의

제로베이스예산제도(ZBB)는 전년도예산에 구애됨이 없이 업무계획을 수립하고 채택된 프로그램에 관해서만 예산을 편성하는 방식이다. ZBB의 기본요소 또는 절차로서 다음과 같은 네 가지를 들 수 있다.[42]

① 의사결정단위(decision unit)의 선정: 조직의 활동을 상호 비교하고 평가할 수 있도록 나눈 개개의 활동단위 또는 기능단위라고 할 수 있는 의사결정단위를 정해야 한다.

② 의사결정패키지(decision package)의 작성: 의사결정패키지는 관리자가 사업계획, 활동수준, 재원요구에 관해서 판단하는 데 필요한 정보를 기재한 문서인데 업무의 정당성을 간결하게 나타낸 것이다.

③ 순위의 결정: 우선순위가 높은 것부터 의사결정패키지를 배열하는 과정을 말하는 데 하급관리자는 당해 의사결정단위의 각 의사결정패키지의 순위를 결정한다. 중급관리자는 그의 산하에 있는 각 의사결정단위의 모든 의사결정패키지를 검토한 다음 순위를 수정하고 상호비교하여 종합순위를 결정하며, 상급관리자는 중급관리자의 모든 의사결정패키지를 검토하고 상호 비교하여 종합순위를 결정한 다음 최고관리자에게 제출한다.

---

41) Chester A. Newland, "Policy-Program Objectives and Federal Management: The Search for Government Effectiveness," *Public Administration Review*, January-February 1976, pp. 20-24.

42) U.S. Office of Management and Budget, "Zero-Base Budgeting," reprinted in Albert C. Hyde and Jay M. Shafritz(eds.), *Government Budgeting: Theory, Process, Politics*(Oak Park: Moore Publishing Co., 1978), pp. 306-313.

이 순위결정이 ZBB에 있어서 가장 중요하고도 어려운 과정이라 하겠다. ZBB를 비판하는 사람들은 이 과정에 많은 문제가 있다는 것을 지적하고 있다.

④ 예산의 편성: ZBB의 최종단계로서 순위의 결정에 의하여 의사결정패키지의 채택여부가 결정되면 그것을 기초로 하여 예산의 편성이 이루어진다.

(2) 발달과정

본래 사기업에서 개발된 ZBB는 Carter에 의하여 죠지아주정부에 도입되었으며 Carter의 대통령 당선의 뒤를 이어 미연방정부도 이를 채택했다.[43]

미국의 많은 주정부와 지방자치단체가 연방정부의 채택을 전후하여 ZBB를 도입했으며, 각국 정부에서도 ZBB를 많이 도입했는데 우리나라에서도 한 때 제로베이스방식에 의한 예산편성을 시도한 바 있다.[44]

---

43) Joseph S. Wholey, *Zero-Base Budgeting and Program Evaluation*(Lexington: Heath, 1979), p. 9.

44) 경제기획원, 1983년도 예산개요(서울: 경제기획원, 1983), pp. 261-262.

제7장 기 금

제1절 기금의 의의

1. 기금의 개념

(1) 기금의 정의

기금이란 법률이 정하는 바에 따라 사업운영상 필요할 때 설치하는 자금을 말한다. 과거에는 세입세출예산에 의하지 아니하고 운영할 수 있었는데 2001년

〈표 1-8〉 기금의 정비 및 신설 총괄표

연도	정비	신설	증감	기금수
1993				114
1994	14	6	△8	106
1995	11	4	△7	99
1996	27	4	△23	76
1997	4	4	–	76
1999	3	3	–	76
2000	16	1	△15	61
2001	–	1	1	62
2002	8	4	△4	58
2003	2	3	1	59
2004	4	2	△2	57
2007	3	4	1	58
2008				60
2009				62
2010				63
2011				64

자료: 기획예산처.

의 기금관리기본법 개정에 의하여 기금도 국회의 심의를 받도록 되었다.

기금은 〈표 1-8〉과 같이 한 때(1993년) 114개에 달했으나 수차에 걸친 통폐합에 의하여 2004년에는 57개로 감소되었으나 다시 서서히 늘어나 2011년에는 64개가 되었다.

(2) 기금과 예산의 이동

① 유사점: 기금과 예산은 다음과 같은 점에서 유사성을 지니고 있다고 하겠다.

첫째로 기금과 예산은 정부의 재정활동으로서 공공욕구를 충족시키기 위한 수단이며 통합재정수지 및 정부부문 통화의 구성요소라는 점에서 유사하다고 하겠다.

둘째로 과거에는 예산은 예산회계법에서 규정하고 기금은 기금관리기본법에서 규정했으나 국가재정법은 「제4장 기금」에 24개 조문을 두고 있을 뿐만 아니라 제1장 총칙과 제6장 보칙에서도 예산과 기금을 동일하게 취급하는 규정을 두고 있다.

② 차이점: 위에서 지적한 바와 같이 기금과 예산은 유사점이 있으나 차이점도 많다.

첫째로 예산은 조세수입을 주된 재원으로 하므로 무상적 급부를 원칙으로 하는데 대하여 기금은 유상적 급부를 제공하는 경우가 많다.

둘째로 일반회계예산은 특정한 세입과 특정한 세출을 직결시켜서는 안된다는 예산통일의 원칙(non-affectation의 원칙)의 적용을 받는데 대하여 기금은 특별회계예산과 같이 특정수입으로 특정지출에 충당하는 것을 원칙으로 한다.

셋째로 국회의 의결을 거쳐야하는 예산과는 달리 과거에 기금은 국회의 소관상임위원회에 보고하도록 되어 있었다. 그러나 2001년의 기금관리기본법의개정에 의하여 기금도 국회의 의결을 거치도록 되었다. 한마디로 말해서 국회의 통제라는 관점에서 볼 때 예산과 기금의 차이가 해소되었다고 하겠다.

넷째로 기금 중 사업성기금이나 소비성기금은 예산과 차이가 없다고 하겠으나 후술하는 바와 같이 사회보험기금, 금융성기금, 회전지금, 적립성기금 등은 원칙적으로 한번 사용하고 마는 예산과는 그 성격이 많이 다르다고 하겠다.

다섯째로 예산은 「0000년도 예산안」의 형태로 국회에 제출되어 심의를 받으며 확정되면 「0000년도 예산」으로 공표되는데 대하여 기금은 「0000년도 기금운영계획안」으로 국회에 제출되어 심의를 받으며 확정되면 「0000년도 기금운영계획」으로 공표된다.

다시 말해서 상임위원회의 예비심사를 거쳐 예산결산위원회의 종합심사 후 본회의의 의결로 확정된다는 국회에서의 심의과정은 동일하지만 예산과 기금은 각각 별개의 문서로 국회의 심의를 받으며 확정된 후에는 각각 별개의 문서로 공표되는 것이다.

여섯째로 계획변경의 경우 예산은 추가경정예산을 편성하여 국회의 의결을 얻어야 하는데 대하여 기금은 주요항목 지출금액의 30% 이상을 변경할 때에만(금융성 기금의 경우 50%) 국회의 의결을 얻으면 된다.[1]

2. 기금의 종류

(1) 직접관리기금과 간접관리기금

기금의 유형은 여러 가지 관점에서 여러 가지로 나눌 수 있겠으나 기금의 관리주체에 따라서 직접관리기금과 간접관리기금으로 나눌 수 있다. 그러나 관리주체에 의한 이러한 분류는 지극히 자의적이라는 비판이 제기되고 있다.[2]

① 직접관리기금: 과거에 정부관리기금 또는 중앙관서장관리기금이라고 하던 것으로서 중앙관서의 장이 관리주체로 되어 있는 기금이다.[3]

② 간접관리기금: 과거에 민간기금이라고 하던 것으로서 중앙관서의 장이 관리주체가 아닌 기금이다.

(2) 폐지된 공공기금과 기타기금의 구분

과거에는 기금관리기본법 적용여부에 의하여 공공기금과 기타기금으로 구분했으나 2001년의 기금관리기본법 개정에 의하여 이 구분이 폐지되고 「기금」으로 통일되었다.[4]

---

1) 예산청, 1998년도 기금백서(서울: 예산청, 1998), pp. 10-11.
2) 최 광, 기금관리개선방안(서울: 경제기획원, 1986), p. 11.
3) 재정경제원, 95기금백서(서울: 재정경제원, 1995), p. 10.
4) 기획예산처, 기금정책국 업무편람(서울: 기획예산처, 2005), p. 19.

〈표 1-9〉 기금현황

(2011년 1월 현재)

기금명	설치년도	주무부처	설치근거법률
1. 복권기금	2004	국무총리실	복권 및 복권기금법
2. 보훈기금	1981	국가보훈처	보훈기금법
3. 순국선열애국지사사업기금	1967	국가보훈처	독립유공자예우에관한 법률
4. 부실채권정리기금	1997	금융감독위원회	금융기관부실자산등의 효율적처리 및 한국자산관리공사의 설립에 관한법률
5. 산업기반신용보증기금	1994	기획재정부	사회간접자본시설에 대한 민간투자법
6. 공공자금관리기금	1994	기획재정부	공공자금관리기금법
7. 공적자금상환기금	2003	기획재정부	공적자금상환기금법
8. 기술신용보증기금	1989	기획재정부	신기술사업금융지원에관한 법률
9. 농림수산업자신용보증기금	1972	기획재정부	농림수산업자신용보증법
10. 농어가목돈마련저축장려기금	1986	기획재정부	농어가목돈마련저축에관한 법률
11. 대외경제협력기금	1987	기획재정부	대외경제협력기금법
12. 신용보증기금	1976	기획재정부	신용보증기금법
13. 예금보험기금채권상환기금	2003	기획재정부	예금자보호법
14. 외국환평형기금	1967	기획재정부	외국환거래법
15. 주택금융신용보증기금	1987	기획재정부	근로자의 주거안정과 목돈마련지원에 관한 법률
16. 사립학교교직원연금기금	1974	교과부	사립학교교직원연금법
17. 사학진흥기금	1989	교과부	한국사학진흥재단법
18. 과학기술진흥기금	1992	교과부	과학기술진흥법
19. 원자력연구개발기금	1996	교과부	원자력법
20. 남북협력기금	1990	통일부	남북협력기금법
21. 국제교류기금	2002	외교통상부	국제교류기금법
22. 군인복지기금	1996	국방부	군인복지기금법
23. 군인연금기금	1963	국방부	군인연금기금법
24. 공무원연금기금	1960	행정안전부	공무원연금법
25. 관강진흥개발기금	1972	문화관광부	관광진흥개발기금법
26. 국민체육진흥기금	1989	문화관광부	국민체육진흥기금법
27. 문화예술진흥기금	2002	문화관광부	문화예술진흥기금법

28. 청소년육성기금	1989	문화관광부	청소년기금법
29. 언론진흥기금	2009	문화관광부	신문등의 진흥에 관한 법률
30. 영화발전기금	2006	문화관광부	영화 및 비디오물의 진흥에 관한 법률
31. 지역신문발전기금	2004	문화관광부	지역신문발전지원특별법
32. 농수산물가격안정기금	1966	농수산부	농수산물유통 및 가격안정에 관한 법률
33. 농지관리기금	1990	농수산부	농업기반공사 및 농지관리기금법
34. 쌀소득보전변동 직접지불기금	2003	농수산부	쌀소득등의 보전에 관한 법률
35. 양곡증권정리기금	1994	농수산부	양곡증권정리기금법
36. 자유무역협정 이행지원기금	2004	농수산부	자유무역협정체결에 따른 농어업인 등의 지원에 관한 특별법
37. 농어업재해재보험기금	2009	농수산부	농어업재해보험법
38. 축산발전기금	1974	농수산부	축산법
39. 석면피해구제기금	2011	지식경제부	석면피해구제법
40. 특정물질사용합리화기금	1991	지식경제부	오존층보호를 위한 특정물질의 제조규제 등에 관한 법률
41. 방사성폐기물관리기금	2009	환경부	방사성폐기물관리법
42. 국민건강진흥기금	1995	보건복지부	국민건강진흥법
43. 국민연금기금	1988	보건복지부	국민연금법
44. 응급의료기금	2002	보건복지부	응급의료기금법
45. 금강수계관리기금	2002	환경부	금강수계상수원수질개선에 관한 법률
46. 낙동강수계관리기금	2002	환경부	낙동강수계상수원수질개선에 관한 법률
47. 영산강・섬진강수계 관리기금	2002	환경부	영산상・섬진강수계상수원수질개선에 관한 법률
48. 한강수계관리기금	1999	환경부	한강수계상수원수질개선 및 주민지원 등에 관한 법률
49. 고용보험기금	1995	고용노동부	고용보험법
50. 근로복지진흥기금	1993	고용노동부	중소기업근로자복지진흥법
51. 산업재해보상보험 및 예방기금	1995	고용노동부	산업재해보상보험법
52. 임금채권보장기금	1998	고용노동부	임금채권보장법
53. 장애인고용촉진 및 직업재활기금	1990	고용노동부	장애인고용촉진 및 직업재활법
54. 여성발전기금	1996	여성부	여성발전기금법

55. 국민주택기금	1991	국토해양부	주택건설촉진법
56. 수산발전기금	1999	국토해양부	어업협정체결에 따른 어업인등의 지원 및 수산발전특별법
57. 중소기업창업 및 진흥기금	1978	중소기업청	중소기업진흥 및 제품구매촉진에 관한 법률
58. 방송통신발전기금	2001	방송위원회	방송법
59. 문화재보호기금	2010	문화재청	문화재보호법
60. 구조조정기금	2009	금융위원회	금융기관부실자산등의 효율적 처리 및 한국자산관리공사의 설립에 관한 법률
61. 무역보험기금	1968	지식경제부	무역보험법
62. 범죄피해자보호기금	2010	법무부	범죄피해자보호법
63. 정보통신진흥기금	1993	방송통신위원회	정보통신산업진흥법
64. 전력산업기반기금	2001	지식산업부	전기사업법

(3) 사업성기금 · 사회보험기금 · 금융성기금

기금을 설립목적에 따라서 여러 가지로 분류할 수 있는데 우리는 다음과 같이 세 가지로 분류하고자 한다.

① 사업성기금: 사업의 수행을 위한 기금으로서 산업기금과 사회기금으로 나눌 수 있다. 가장 예산과 그 성격이 유사한 기금이라 할 수 있겠다.

② 사회보험기금: 연금보험기금이라고도 하는 것으로서 국민연금기금 · 공무원연금기금 · 군인연금기금 등이 대표적인 예라고 하겠다.

③ 금융성기금: 금융사업과 직접 또는 간접으로 관련된 기금이라 하겠다. 외국환평형기금, 기술신용보증기금, 체신보험기금, 부실채권정리기금 등이 대표적인 예이다. 기금관리기본법은 다른 기금에 비하여 금융성기금에 신축성을 더 부여하고 있다.

(4) 소비성기금 · 회전기금 · 적립성기금

기금은 운용방식에 따라 소비성기금 · 회전기금 · 준비성기금(적립성기금)으로 분류할 수 있겠다.

① 소비성기금: 정책사업의 수행을 위하여 지출하는 기금으로서 예산과 가장 성격이 유사한 기금이라 할 수 있다. 사업성기금이 이에 해당된다고 하겠다.

② 회전기금: 회전기금이란 소비성기금과 달라서 일단 조성되면 사용해 버리지 않고 융자 등의 형태로 기금에서 지출되더라도 융자금의 회수 등의 방법으로 다시 기금으로 회수되는 경우를 말한다. 따라서 회전기금은 전술한 금융성기금에서 많이 찾아볼 수 있는데 정책사업기금도 회전기금의 형태를 택할 수 있다. 이 경우에는 우선 기금에서 지출하고 다음 연도 본예산이나 당해연도의 추가경정예산에 의하여 의결된 자금 또는 기타 외부자금으로 보전하게 된다.

③ 적립성기금: 적립성기금 또는 준비성기금은 전술한 사회보험기금에서 찾아볼 수 있는 것으로서 일단 유사시의 소요를 위하여 적립하여 가는 기금을 말한다.

제 2 절 기금의 설치 · 조성과 운용

1. 기금관리기본법과 국가재정법

기금의 설치 · 조성과 운용에 구체적으로 들어가기 전에 이를 법적으로 뒷받침하는 기금관리기본법의 제정과 그 개정에 관하여 고찰할 필요가 있다.

기금의 성격이 기금관리기본법의 개정(2001년)에 의하여 크게 달라졌으므로 제정도 중요하지만 개정에 관한 고찰도 소홀히 하지 말아야 한다는 사실에 유념할 필요가 있다.

(1) 기금관리기본법의 제정

세입세출예산 외로 운용되는 직접관리기금의 운영규모가 일반회계예산의 80%를 초과하게 되었을 뿐만 아니라 간접관리기금(민간기금)이라는 이유로 공공적 성격이 매우 강하며, 그 규모가 커서 국민경제에 지대한 영향을 미치고 있음에도 불구하고 그 운용계획에 관하여 국무회의의 심의나 대통령의 승인을 얻을 필요가 없을 뿐만 아니라 국회에도 보고하지 않는 기금들이 늘어나게 되었다.

구경제기획원은 이러한 기금제도의 문제점을 일찍부터 인식하여 기금제도의 개선을 위한 노력을 전개하였으며, 이것이 국회의 의도와 맞아 떨어져 1991년 12월 기금관리기본법의 제정을 보게 되었다.

(2) 기금관리기본법의 개정

1991년에 제정된 기금관리기본법은 그 후 수차에 걸쳐서 개정되었으나 2001년의 개정이 가장 중요하다는 것이 저자의 생각이다.

① 1993년과 1999년의 개정: 기금관리기본법이 힘들게 제정되었으나 기금이 계속 늘어나는 등 기금관리기본법의 결함이 드러나게 되자 1993년 정기국회에서 기금관리기본법의 개정이 이루어졌다. 정부의 출연금 또는 법률에 의한 민간부담금을 재원으로 하는 기금은 기금관리기본법 별표에 규정한 법률에 의하지 아니하고는 이를 설치할 수 없도록 되었다.

1999년의 개정에서는 기금의 대폭정비가 이루어졌을 뿐만 아니라 기금정책심의회와 기금운용평가단을 신설하는 등 기금운용의 점검·평가제가 강화되었다.

② 2001년의 개정: 전술한 바와 같이 2001년의 개정은 기금제도의 성격을 바꾸어 놓았다고 하겠다. 종전에는 국회의 상임위원회에 보고하도록 되어있던 기금운용계획이 예산과 같이 국회의 심의·의결을 받도록 되었다.

뿐만 아니라 공공기금과 기타기금으로 나누던 기금의 구분이 폐지되었으며 기금운용계획 자율변경범위가 1/2 범위 내에서 3/10 범위 내로 축소되었다.

(3) 국가재정법의 제정

국가재정법의 입법예고안에는 「기금」이 포함되지 않았으나 국회의 심의과정에서 국가재정법에 기금에 관한 규정을 포함시키기로 하고 1991년에 제정된 「기금관리기본법」은 폐지되었다.

국가재정법은 「제4장 기금」에 24개 조문을 두어 기금관리기본법의 규정을 거의 그대로 계승하였다고 할 수 있겠다.

전술한 바와 같이 2001년의 기금관리기본법의 개정에 의하여 기금도 예산과 같이 국회의 심의·의결을 받도록 되었을 뿐만 아니라 예산과 기금은 여유재원의 전출입,[5] 회계와 기금의 통합·폐지[6] 등 서로 밀접한 관계가 있으므로 예산과 기금을 동일한 법률에서 규정하는 것이 바람직하다고 생각한 것이다. 국가재정법의 기금에 관한 규정이 기금관리기본법과 다른 점은 국가재정법에서는

5) 국가재정법 제13조.
6) 국가재정법 제15조.

제4장에 주로 기금에 관한 규정을 두었으나 제1장 총칙과 제6장 보칙에서도 예산과 기금을 동일하게 취급하는 규정을 두고 있다. 한 마디로 말해서 예산과 기금을 같은 차원에서 규정할려고 노력하고 있다는 것이다.

2. 기금의 조성재원

각 기금은 목적수행에 필요한 자금을 조달하기 위하여 개별기금법에 기금조성방법을 규정하고 있는데 이를 다음의 몇 가지로 나눌 수 있다.

(1) 정부출연

정부예산에 의거한 출연을 말하는데 이러한 정부출연의 근거는 개별기금법에 규정되어 있다. 직접관리기금(정부기금)의 경우에는 정부출연금이 대종을 이루고 있으나 간접관리기금(민간기금) 중에도 정부출연에 크게 의존하고 있는 기금이 적지 않다.

(2) 민간임의출연

과거에 민간출연이라고 하던 것은 여기서 말하는 민간임의출연과 다음의 부담금으로 나눌 수 있다. 민간임의출연은 국민성금, 관련단체기부금, 부동산기부 등의 형태를 지니나 출연실적이 미미한 편이다.

(3) 부담금

과거에 민간출연에 포함시키던 것으로서 규정에 의하여 강제적으로 부과되는 재원이다. 부담금의 예로서 공연장 또는 체육시설 입장료 등에 대한 부가모집, 특정사업을 영위하는 사업자 또는 사업자단체가 부담하는 매출부가금, 강제출연금 등이 있다.

(4) 외부차입

개별기금법의 규정에 의하여 기금의 부담으로 외부로부터 차입하는 자금이다. 외부차입에는 채권발행, 장 단기 차입금, 차관 등이 있다.

(5) 기금운용수익

기금의 여유자금운용에 따라 발생하는 수입과 기금의 고유사업수행에 따라 발생하는 사업수입을 말한다.

(6) 기타수입

특별회계로부터의 잉여금 전입이나 기타 잡수입 등을 말한다.

3. 기금의 설치·운용에 대한 통제

(1) 기금설치에 대한 통제

기금관리기본법의 제정에 의하여 기금운용에 대한 통제의 기틀은 마련되었으나 기금이 계속 늘어나자 기금설치에 대한 통제의 필요성이 제기되게 되었다.

① 기금설치의 제한: 전술한 바와 같이 1993년의 기금관리기본법개정에 의하여 정부의 출연금 또는 법률에 의한 민간부담금을 재원으로 하는 기금은 기금관리기본법 별표2에 규정한 법률에 의하지 아니하고는 기금을 신설할 수 없게 되었다. 국가재정법 제5조도 기금관리기본법의 규정을 그대로 계승하여 기금설치에 제한을 가하고 있다.

② 타당성 검토: 기금의 통폐합에 의하여 기금이 숫적으로 많이 감소되었으나 기금의 신설에 더욱 신중을 기하기 위하여 이를 위한 장치가 마련되었다.

국가재정법은 중앙관서의 장이 기금을 신설하고자 할 때에는 기금신설에 관한 계획서를 기획재정부장관에게 제출하고 기획재정부장관은 이를 심사하되 기금정책심의회의 심의를 거쳐야 한다.[7]

(2) 기금운용에 대한 통제

① 운용의 원칙: 기금관리주체가 기금을 운용함에 있어서 준수하여야 할 원칙이 있다.

i) 기금관리주체는 기금의 설치목적과 공익에 맞도록 기금을 관리 운용하여야 한다. ii) 기금의 회계는 발생주의 원칙에 따라 계리하여야 한다. iii) 종전에는 기금으로 주식과 부동산을 매입할 수 없었으나 2005년 1월의 개정에 의하여 이 조항이 삭제되었다. 다시 말해서 기금으로 주식과 부동산을 매입할 수 있게 되었다. iv) 안정성·유동성·수익성을 고려하여 기금자산을 투명하고 효율적으로 운용하여야 한다. v) 기금의 자산운용이 투명하고 효율적으로 이루어 지도록 하기 위하여 소정의 절차에 따라 작성된 자산운용지침에 따라 자산을 운용하여야 한다.[8]

---

7) 국가재정법 제14조 제1항 및 제2항.

8) 국가재정법 제62조 및 제63조.

② 운용계획의 수립과 국회의결: 기금관리주체는 회계연도마다 기금운용계획안작성지침에 따라 기금운용계획안을 수립하여 기획재정부장관에게 제출한다.

기획재정부장관은 이와 같이 제출된 기금운용계획안에 대하여 관리주체와 협의한 후 이를 조정하여 기금운용계획안을 마련하여 국무회의의 심의를 거쳐 대통령의 승인을 얻는다.

정부는 이러한 기금운용계획안을 회계연도개시 90일 전까지 국회에 제출하여 그 심의·의결을 거쳐야 한다. 전술한 바와 같이 종전에는 국회의 해당 상임위원회에 보고만 하도록 되어있었으나 2001년 이후 예산과 함께 국회의 심의·의결을 받도록 되었다.[9]

③ 국채발행 등의 국회의결: 과거에는 기금의 국채발행이나 차입금한도액에 관한 국회동의절차가 일정치 않았는데 1993년의 기금관리기본법개정에 의하여 중앙관서장이 관리하는 기금의 국채발행과 차입금한도액은 「예산총칙」에 규정하여 예산심의시에 국회의 의결을 얻도록 되었다.[10]

④ 기금결산: 각 중앙관서의 장은 회계연도가 끝난 다음 기금의 결산보고서를 중앙관서 결산보고서에 통합하여 작성한 후 다음연도 2월말까지 기획재정부장간에게 제출한다. 기획재정부장관은 이를 통합하여 국가결산보고서를 작성한 후 국무회의의 심의를 거쳐 대통령의 승인을 받는다. 기획재정부장관은 대통령의 승인을 받은 국가결산보고서를 다음연도 4월 10일까지 감사원에 제출한다. 감사원은 국가결산보고서를 검사하고 그 보고서를 다음연도 5월 20일까지 기획재정부장관에게 송부하며 정부는 감사원의 검사를 거친 국가결산보고서를 다음연도 5월 31일까지 국회에 제출한다.[11]

⑤ 여유기금의 통합운용: 과거에는 기금관리주체가 여유자금을 공공자금관리기금에 기탁하고 공공자금관리기금이 이를 재정융자특별회계에 재예탁하도록 되어 있었다.

그러나 2003년 이후 기획재정부장관은 각 관리주체가 예탁하는 여유자금을 일정한 기준과 절차에 따라 선정된 금융기관으로 하여금 통합운용하게 할 수 있도록 되었다.[12] 국가재정법은 이 규정과는 별도로 국가재정의 효율적 운용을

9) 기획예산처, 전게서, p. 19.

10) 국가재정법 제68조 제1항.

11) 국가재정법 제73조 및 제58조, 국가회계법 제13조.

12) 국가재정법 제81조.

위하여 필요한 경우에는 회계 및 기금의 목적수행에 지장을 초래하지 아니하는 범위안에서, 일정한 기금·회계를 제외하고, 회계와 기금간 또는 회계 및 기금 상호간에 여유재원을 전입 또는 전출하여 통합적으로 활용할 수 있다는 규정을 두고 있다.[13]

⑥ 기금운용회의와 기금정책심의회: 기금관리주체는 기금의 관리운용에 관한 중요한 사항을 심의하기 위하여 원칙적으로 기금별로 기금운용심의회를 설치하여야 한다.[14]

기금운용심의회가 각 기금별로 설치되는데 대하여 기금정책심의회는 기획예산처장관소속하에 설치되는 기구로서 기금운용계획안작성지침, 회계연도별 기금운용계획안, 기금운용평가단의 기금평가결과 및 개선권고사항 등을 심의한다.[15]

⑦ 기금운용의 감독·평가: 기획재정부장관은 기금운용계획의 집행 또는 결산의 적정을 기하기 위하여 국가재정법 제99조에 의거하여 기금운용에 대하여 감독을 할 수 있다. 다시 말해서 소속 공무원으로 하여금 실지조사하게 하며 필요에 따라서 국무회의의 심의를 거쳐 대통령의 승인을 얻어 각 중앙관서의 장에 대하여 기금운용에 관한 지시를 할 수 있다.

⑧ 국정감사: 국가재정법의 적용을 받는 기금을 운용하는 관리주체는 국정감사의 대상이 된다. 직접관리기금의 경우에는 이 규정 없이도 이미 국정감사의 대상이 되어 있을 것이나 국가재정법의 적용을 받는 간접관리기금(민간기금)의 경우에는 그 관리주체가 새로이 국정감사의 대상이 되는 일이 발생할 것이다.

---

13) 국가재정법 제13조.
14) 국가재정법 제74조.
15) 국가재정법 제75조.

제 8 장 세입세출의 분류

제 1 절 세입세출분류의 목적

세입과 세출을 어떠한 기준에 따라서 어떻게 분류하느냐 하는 예산의 분류문제는 예산론에 있어서 가장 중요한 문제의 하나이다. 한 때 우리나라에서도 예산의 분류문제가 상당한 관심을 모았으며, 「에카페 제1차 전문가회의보고서」, 「에카페 권고안」, 「UN편람」에 따라서 우리나라에서도 예산의 분류문제가 논의되고, 어느 정도 실천에 옮겨졌던 것이다. 그런데, 예산의 분류문제를 다룸에 있어서 우리가 주의해야 할 점은 이상적인 어떠한 한 종류의 분류방법을 추구한다는 것은 잘못된 일이며, 무의미한 일이라는 것이다. 어떤 한 목적에 적합한 분류방법은 다른 목적에는 적합하지 않을 경우가 많기 때문이다.

그러면 세입세출분류의 목적을 간단히 살펴보기로 한다.

1. 사업계획의 수립 및 예산심의

세입세출분류제도의 첫번째 목적은 사업계획의 수립을 돕고 예산심의를 용이하게 하는데 있다. 행정수반 · 기획예산처장관은 입법부에 제출하는 예산안을 통하여 정부의 사업계획을 제시하게 되는데, 이와 같은 사업계획은 정부의 정치적 · 사회적 및 경제적인 이념 또는 철학에 입각하여 수립되는 것이다. 따라서 예산은 이와 같은 정부의 사업계획을 명백히 할 수 있는 방향으로 분류되지 않으면 안되며, 그것은 나아가서 입법부의 예산심의를 돕는 결과가 된다. 여기에 해당하는 분류방법에는 기능별 분류 · 조직별 분류 등이 있다.

2. 예산의 집행

예산은 또한 집행을 용이하게 하도록 분류되지 않으면 안된다. 사업시행의 책임을 맡고 있는 공무원들은 그들에게 배정된 예산액이 얼마이며, 그의 맡은 바 임무가 무엇이냐 하는 점에 대해서 명확한 인식이 있어야 한다. 예산의 집행을 돕는 분류방법에는 대표적인 것으로서 품목별 분류가 있다.

3. 회계책임의 명확

예산은 또한 회계책임을 명확히 하도록 분류되어야 한다. 어떤 기관이나 기관내의 개개인에게 세입의 징수·지출원인행위 및 현금출납에 관한 책임을 명확히 부여하는 분류방법이 있어야 한다는 것이다. 품목별 분류가 회계책임을 명확히 하는 데 도움이 될 것이다.

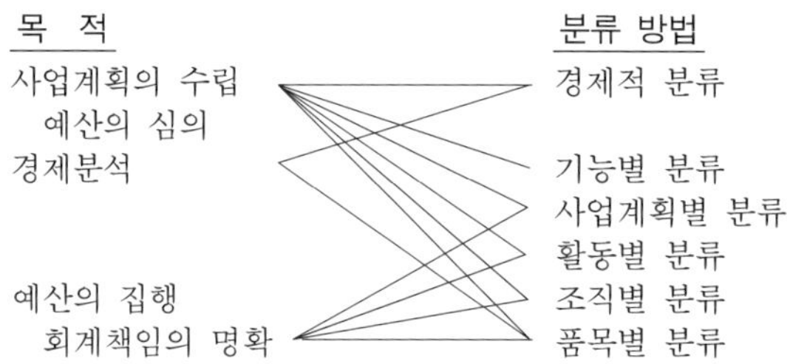

〔그림 1-3〕 세입세출분류의 목적과 분류방법

4. 경제분석

예산은 또한 정부의 활동이 국민경제에 미치는 영향을 명확히 파악할 수 있도록 분류되어야 한다. 이를 위한 분류방법으로서 경제성질별 분류 등이 있다.1)

세입세출분류의 목적은 이상과 같으며, 따라서 분류방법은 기준 여하에 따라서 여러 가지가 있을 수 있겠으나, 이곳에서는 현재 각국에서 일반적으로 사용되고 있는 것 몇 가지를 추려서 기능별 분류·사업계획별 분류·활동별 분류·조직별 분류·품목별 분류·경제성질별 분류 등을 고찰하기로 한다.

1) Jesse Burkhead, *Government Budgeting*(New York: Wiley, 1956), pp. 110-112.

예산의 분류와 관련하여 성과주의예산제도나 자본예산제도를 함께 고찰하는 경우가 많은데 후술하는 사업계획별 분류와 활동별 분류는 성과주의예산을 위한 분류방법이므로 우리는 이곳에서 성과주의예산을 다루지 않고 제3편에서 고찰하기로 한다. 세출을 경상적 지출과 자본적 지출로 구분하고 자본적 지출에 대해서 별도의 취급을 하는 자본예산제도도 예산의 분류와 관련이 있으나 우리는 편의상 자본예산제도도 제3편에서만 다루기로 하겠다.

계획예산제도(PPBS)의 프로그램체계(program structure)와 예산과목을 일치시키는 경우에는 PPBS의 프로그램체계도 예산의 분류와 관련을 가지나 프로그램체계와 예산과목을 일치시키지 않고 환산작업을 하는 경우에는[2] PPBS의 프로그램체계는 직접적으로 예산분류와 관련을 지니지 않게 된다. 우리는 PPBS도 제3편에서 고찰하기로한다.

제 2 절 기능별 분류

1. 기능별 분류의 의의

정부의 주요기능에 따라 세입세출을 분류하는 기능별 분류(functional classification)는 주로 세출에 관한 분류방법으로서 행정수반의 예산정책의 수립을 용이하게 하며 입법부의 예산심의를 돕는데 그 주목적이 있다고 하겠다. 기능별 분류는 또한 「시민을 위한 분류」(citizen's classification)라고 불리우는데, 그 이유는 이것이 정부의 활동에 관한 개략적인 정보를 일반시민에게 제공하는 까닭이다. 미국의 연방관리예산처에서 정부예산의 윤곽을 일반납세자에게 알리기 위하여 매년 발행하던 「미국예산개요」(*The U. S. Budget in Brief*)는 이 기능별 분류를 사용하였다.[3]

근래에 각국의 예산을 비교하기 위하여 통일적인 기능별 분류의 채택이 강조되고 있다.[4] 전술한 바 있는 「에카페권고안」 「UN 편람」 등의 발행은 이를 위

2) Jesse Burkhead and Jerry Miner, *Public Expenditure*(Chicago: Aldine Atherton, 1971), p. 182, 187.

3) 1992년도부터는 *U.S. Budget in Brief*의 발간을 중단했다가 최근에 *A Citizen's Guide to the Federal Budget*를 발간하고 있다.

한 노력의 일환이라고 하겠다. 그러나, 이제 우리가 알 수 있는 바와 같이 통일적인 분류가 이루어지지 못하고 있다.

기능별 분류는 또한 성질별에 의한 세입의 분류와 함께 사용되는 경우가 많으며, 과거의 미국 「예산개요」가 그 대표적인 예이다.[5]

2. 미국의 기능별 분류

전술한 바와 같이 최근에 와서 「통일적」인 기능별 분류의 사용이 강조되고 있으나 미국은 종전부터 그들이 사용하고 있던 방법을 그대로 고수하고 있으며, 따라서 「UN편람」 등이 요구하는 분류방법과는 거리가 먼 것을 그대로 사용하고 있다.

그 이유에는 여러 가지가 있겠으나 미국의 연방정부는 그 기능에 있어서 다른 나라의 중앙정부와 크게 다른 까닭이라고 하겠다.[6] 비록 최근에 와서는 크게 변모를 하여가고 있다고는 하나 미국의 연방정부의 기능은 크게 제한되어 있는 것이다. 따라서, 우리나라의 경우에 있어서는 중앙정부가 담당하는 기능도 미국의 경우에 있어서는 주정부나 지방자치단체가 담당하고 있는 것이다.

미연방정부의 기능별 분류와 세출예산액은 〈표 1-10〉과 같다. 이 기능별 분류는 미연방정부가 오랫동안 사용해 오던 것인데 근년에 와서 종전의 「보건 및 복지」를 「보건」, 「메디케아」, 「소득보장」, 「사회보장」으로 구분하고 「에너지」라는 새 항목이 추가되는 등 많은 수정이 있었다.[7]

이와 같은 기능들은 다시 세분되어 「국방」은 다시 「군사비」, 「원자력국방활동」, 「국방관련활동」으로 나누어지며, 「에너지」는 「에너지 공급」, 「에너지 보존」, 「비상용 에너지 비축」, 「에너지 정보 · 정책 · 규제」로 세분되는데[8] 상세한 분류는 약하기로 한다.

---

4) Public Administration Service, *Modernizing Government Budget Administration* (Washington: Agency for International Development, 1962), p. 46.

5) Office of Management and Budget, *The U.S. Budget in Brief, FY 1990*(Washington: Government Printing Office, 1990), pp. 47-90.

6) Public Administration Service, *op. cit.*, p. 46.

7) Office of Management and Budget, *Budget of the U.S. Government*(Washington: Government Printing Office, 1992), Part Four, pp. 5-10.

8) *Ibid.*, pp. 4-5.

〈표 1-10〉 미연방정부세출의 기능별 분류

주요기능	2010년도		2011년도	
	예산액 (억 달러)	비율 (%)	예산액 (억 달러)	비율 (%)
국 방	5,904	18.5	5,607	17.2
국제문제	374	1.2	387	1.2
일반과학 · 우주 및 기술	297	0.9	307	0.9
에너지	29	0.1	31	0.1
천연자원 및 환경	312	1.0	329	1.0
농 업	184	0.6	181	0.6
상무 및 주택금융	46	0.1	8	0.0
교 통	717	2.3	678	2.1
지역사회개발 및 지역개발	193	0.6	151	0.5
교육 · 훈련 · 고용 및 사회사업	894	2.8	894	2.7
보 건	3,141	9.9	3,310	10.1
메디케아	4,276	13.4	4,604	14.1
소득보장	4,122	13.0	4,232	13.0
사회보장	6,867	21.6	7,255	22.2
원호사업	937	2.9	1,004	3.1
사 법	489	1.5	483	1.5
일반행정	248	0.8	212	0.7
이 자	2,800	8.8	2,935	9.0

자료: Office of Management and Budget, *Budget of the U.S. Government: Historical Tables, FY 2009*(Washington: Government Printing Office, 2008), pp. 61-73.

3. 한국의 기능별 분류

전술한 바와 같이 우리나라의 예산국(현 예산실)은 「UN편람」 「에카페권고안」 및 「에카페 제1차전문가회의보고서」 등에 의거하여 한국의 예산분류에 착수하여 「한국예산재분류에 관한 설명」을 발간하여 이 문제에 관한 예산국의 연구결과를 발표하였을 뿐만 아니라, 「예산심의자료」와 「예산개요」에서는 이러한 분류방법을 많이 활용하고 있다.

「한국예산재분류에 관한 설명」에 의하면 「한국은 1955년에 개최된 예산재분류에 관한 제1차 전문가회의를 계기로 하여 우선 시안적으로 한은으로 하여금 재분류에 착수케 하고 예산국에서는 1957년도 예산부터 재분류사업에 착수해

왔다」고 한다.[9] 이리하여 한국에서는 1962년도까지 세출예산을 일반적 경비·사회적 경비·경제적 경비 기타로 대분하다가 1963년도 이후부터는 「UN편람」에 보다 충실하여,[10] 다음과 같이 분류하였다.[11]

① 일반사업비: 일반행정, 국방, 사법 및 경찰

② 공익사업비: 도로 및 수로, 소방 수도 및 위생, 기타 공익사업비

③ 사회복지사업비: 교육, 보건, 사회보장 및 특수복지사업, 기타 특수사업

④ 경제사업비: 농림 및 비광물자원, 연료 및 동력, 광업 제조업 및 건설업, 운수 보관 및 통신업, 기타 경제사업

⑤ 기타 경비: 일반부채이자, 지방자치단체교부금, 기타 해외이전금, 기타

〈표 1-11〉 한국 세출예산의 기능별 분류

구 분	2010년도		2011년도	
	예산액(백만원)	비율(%)	예산액(백만원)	비율(%)
1. 일반공공행정	44,345,662	22.0	46,670,186	22.2
2. 공공질서 및 안전	11,995,450	6.0	12,864,004	6.1
3. 외교·통일	2,045,772	1.0	2,324,336	1.1
4. 국 방	29,737,419	14.8	31,579,978	15.0
5. 교 육	37,862,963	18.8	40,844,487	19.5
6. 문화 및 관광	1,727,865	0.9	1,806,026	0.9
7. 환 경	2,730,502	1.4	2,949,597	1.4
8. 사회복지	22,492,281	11.2	23,691,806	11.3
9. 보 건	5,521,958	2.7	5,660,625	2.7
10. 농림수산	6,506,389	3.2	5,123,748	2.4
11. 산업·중소기업 및 에너지	4,274,332	2.1	4,441,641	2.1
12. 교통 및 물류	15,008,371	7.5	14,616,800	7.0
13. 통 신	561,905	0.3	386,192	0.2
14. 국토 및 지역개발	10,705,145	5.3	10,515,605	5.0
15. 과학기술	3,667,442	1.8	4,055,235	1.9
16. 예비비	2,100,000	1.0	2,400,000	1.1

자료: 기획재정부, 2011 나라살림: 예산개요, pp. 214-219.

9) 재무부 예산국, 한국예산재분류에 관한 설명(서울: 재무부, 1960), p. 3.

10) United Nations, *A Manual for Economic and Functional Classification of Government Transactions*(New York: United Nations, 1958), pp. 114-147.

11) 경제기획원, 1969년도 예산개요 제1권(서울: 경제기획원, 1969), pp. 144-147.

그러다가 1971년도에 와서 예산국은 소위 「UN분류」를 폐기하고 기능별 분류를 채택했으나 IMF 등 국제기구의 권고로 1979년도부터 2년 동안 새로운 분류와 「UN분류」를 병용하다가 「UN분류」는 폐기되었다.

4. 기능별 분류의 특성

① 기능별 분류의 대항목(major titles)은 어떤 한 부처의 예산만을 포함할 수가 없다. 예를 들면, 「일반행정」은 행정자치부나 법무부 어느 한 부처의 예산만을 포함하는 것이 아니라는 뜻이다.

② 기능별 분류는 공공사업을 별개의 범주로 삼지 않는다. 예를 들면, 교량건설은 공공사업이기는 하나 「교통」에 포함될 것이며, 군사시설의 건설도 공공사업이기는 하나 「국방」에 속하게 될 것이다.

③ 일반행정비는 될 수 있는대로 적게 하여야 한다. 생각하기에 따라서는 일반행정비가 굉장히 많을 수가 있는데 그러면 기능별 분류의 의의가 상실될 우려가 있다.

④ 한개 이상의 기능에 해당하는 사업이 많이 있다. 예를 들면, 제대군인을 위한 병원은 「사회보장 및 특수복지사업」에 속할 수도 있고 「보건」에 속할 수도 있다. 해외에 주둔하고 있는 군인들의 자녀를 위한 학교는 국방비에 속할 수도 있고 「교육」에 속할 수도 있다. 기능별 분류는 이 점에 있어서 임의적인 결정을 필요로 하는 경우가 많을 것이다. 그런데 여기에서 주의해야 할 것은 정부의 한 활동은 오직 한번만 계상되어야 한다는 것이다.[12]

제 3 절 사업계획별 분류와 활동별 분류

1. 사업계획별 분류

제2절에서 설명한 기능별 분류와 후술한 활동별 분류의 교량적 역할을 담당할 사업계획별 분류(program classification)[13]는 각 부처의 예산요구서작성에

12) Burkhead, *op. cit.*, pp. 117-118.

13) UN 편람은 사업별 분류를 영국식철자법을 따서 Programme Classification이라고 하고 있으나 우리는 본서의 체제상의 통일을 위하여 미국식철자법을 사용하여 Program Classification

기틀을 제공해줄 뿐만 아니라, 사업계획, 이를 수행하는 데 필요한 재정소요·사업진도 등을 분석 검토하는 데 도움을 준다.

한 부처의 업무는 보통 몇 개의 사업계획으로 나누어지는데 일단 이것이 이루어진 다음에는 예산에 대한 책임을 명백히 하기 위하여 정부조직과 사업계획과의 관계를 분명히 해야 한다.

사업계획은 원칙적으로 측정가능한 최종생산물(end product)을 지녀야 하나 모든 사업계획이 다 이를 지니기는 어려울 것이다. 고속도로사업은 건설된 도로의 길이로 측정할 수 있으나, 의학연구사업은 측정가능한 최종생산물을 지니지 못하는 경우가 많을 것이다. 사업계획이 지녀야 할 다른 요건은 전부 갖추었으나 측정가능한 최종생산물이 없다고 해서 사업계획으로 할 수 없다고 해서는 안될 것이다. 부처에 따라서는 사무량이 적거나 수개의 사무간에 상호관련성이 밀접한 까닭에 사업계획을 하나만 지니는 경우가 있는가 하면 한 사업계획을 두 개 이상의 부처가 담당하는 경우도 있을 수 있다.[14]

2. 활동별 분류

사업계획별 분류의 세분류라고 할 수 있는 활동별 분류는 예산안의 편성 제출, 회계업무, 예산집행상황의 보고를 용이하게 하는 분류방법이다.

활동(activity)은 간단히 말해서 사업계획을 세분한 것이다. 예를 들면 필리핀의 「내국세행정」이라는 사업계획은 「국세심사 기타 법률업무」, 「조세부과」, 「징세」, 「일반행정」으로 세분되고 있다.

한 사업계획을 지나치게 많은 활동으로 세분하는 경우 예산의 편성·집행·보고·업무분석 등을 복잡하게 하므로 한 사업계획내의 활동의 수는 최소한도로 줄여야 한다. 각 사업계획의 간접비는 상술한 필리핀의 경우와 같이 별개의 활동으로 할 수도 있을 것이며 각 활동에 풀어 넣을 수도 있을 것이다.[15]

으로 하기로 한다.

14) United Nations, *A Manual for Programme and Performance Budgeting*(New York: United Nations, 1965), p. 7.

15) *Ibid.*, pp. 7-8.

제 4 절 조직별 분류

1. 조직별 분류의 의의

예산의 편성은 정부내의 각 기관에 의하여 시작되며, 그 후의 예산의 모든 절차, 즉 중앙예산기관의 사정, 입법부에의 제출, 입법부의 심의, 예산의 집행, 회계검사(감사) 등도 모두 조직별로 하게 되어 있다.

예산의 총괄계정(summary account) 중 가장 좋은 것은 기능별 분류인데 그 다음 가는 것은 조직별 분류(classification by organizational units or organizational classification)라 하겠다. 조직별 분류는 특히 국회의 예산심의를 위하여 가장 의의있는 분류방법이다.

2. 미국의 조직별 분류

과거의 「예산개요」는 조직별 분류도 사용하고 있다. 미연방정부의 조직별 예산액은 〈표 1-12〉와 같다.

〈표 1-12〉 미국의 조직별 분류

기 관 명	2005년도		2011년도	
	예산액 (백만 달러)	비율 (%)	예산액 (백만 달러)	비율 (%)
입 법 부	4,373	0.2	4,958	0.2
사 법 부	5,903	0.2	6,728	0.2
농 무 부	81,778	3.4	94,960	3.0
상 무 부	6,147	0.3	8,020	0.3
국방부군사비	429,746	17.9	537,736	17.0
교 육 부	64,342	2.7	68,151	3.1
에너지부	22,496	0.9	22,745	0.7
보건복지부	579,889	24.2	813,337	25.6
국토안보부	31,119	1.3	42,279	1.3
주택도시개발부	38,943	1.6	38,708	1.2
내 무 부	9,784	0.4	9,433	0.3
법 무 무	23,680	1.0	24,276	0.8
노 동 부	56,995	2.4	50,501	1.6
국 무 부	11,109	0.5	19,567	0.6
교 통 부	58,959	2.5	54,328	1.7

재 무 부	395,200	16.5	619,517	19.5
원 호 부	67,314	2.8	100,263	3.2
공 병 단	4,189	0.2	7,374	0.2
국방부민정비	42,038	1.8	54,019	1.7
환경보호처	8,277	0.3	7,370	0.2
대통령실	9,880	0.4	364	※
조 달 청	581	0.05	148	※
국제지원프로그램	16,597	0.7	19,810	0.6
항공우주청	16,386	0.7	17,914	0.6
과학재단	5,586	0.2	7,348	0.2
인 사 처	60,880	2.5	71,641	2.3
중소기업청	683	0.05	630	※
사회보장청	54,406	2.3	78,811	2.5
기타기관	17,656	0.7	17,615	0.6

주: ※ 0.05%이하.
자료: Office of Management and Budget, *Budget of the U.S. Government: Historical Tables, FY 2006*(Washington: Goverment Printing Office, 2008), pp. 78-85.

3. 한국의 조직별 분류

기획재정부는 「예산개요」 및 「예산안심의자료」에서 가장 기본적인 분류의 하나로서 조직별(소관별) 분류를 사용하고 있다.[16]

〈표 1-13〉 한국 세출예산의 조직별 분류

구 분	2010년도예산	2011년도예산
1. 대통령실	162,131	161,881
2. 국 회	447,857	517,491
3. 대법원	1,123,123	1,184,179
4. 헌법재판소	25,932	31,450
5. 중앙선거관리위원회	275,666	253,265
6. 민주평화통일자문회의	21,203	24,317
7. 감사원	90,648	101,007
8. 국가정보원	483,672	496,399
9. 국무총리실	453,520	477,143
10. 기획재정부	14,485,260	15,860,277
○ 예비비	2,100,000	2,400,000
○ 일반경비	12,385,260	13,460,277
11. 교육과학기술부	40,872,523	44,171,494

16) 기획재정부, 2012년도 예산안 편성지침 및 기금운용 계획안 작성지침(서울: 기획재정부, 2011), p. 257.

○ 교육재정교부금	32,297,958	35,283,120
○ 일반경비	8,574,565	8,888,374
12. 외교통상부	1,520,357	1,744,398
13. 통일부	504,212	555,621
14. 법무부	2,256,528	2,430,429
15. 국방부	20,459,699	21,709,576
16. 행정안전부	31,207,323	33,780,488
○ 지방재정교부금	27,391,951	30,190,380
○ 일반경비	3,815,372	3,590,108
17. 문화체육관광부	1,249,425	1,360,098
18. 농림수산식품부	4,815,141	3,313,701
19. 지식경제부	3,450,514	3,441,707
20. 보건복지부	19,533,545	20,736,845
21. 환경부	2,605,111	2,816,603
22. 고용노동부	1,142,211	1,295,780
23. 여성가족부	167,955	169,671
24. 국토해양부	21,961,356	21,526,705
25. 특임장관실	6,343	9,409
26. 법제처	22,027	24,431
27. 국가보훈처	3,432,534	3,687,781
28. 국가인권위원회	22,285	22,079
30. 방송통신위원회	325,637	305,017
32. 공정거래위원회	73,830	78,843
33. 금융위원회	3,146,391	1,555,631
34. 국민권익위원회	60,748	61,326
35. 국세청	1,414,491	1,421,192
36. 관세청	402,767	417,291
38. 통계청	409,434	280,185
39. 병무청	174,703	176,856
40. 방위사업청	9,103,017	9,693,546
41. 경찰청	7,176,846	7,623,111
42. 소방방재청	478,701	515,673
43. 문화재청	478,440	445,928
44. 농촌진흥청	539,329	598,807
45. 산림청	1,151,919	1,211,240
46. 중소기업청	1,475,374	1,531,092
48. 식품의약품안전청	239,102	225,070
49. 기상청	242,593	278,245
50. 해양경찰청	901,236	995,772
51. 행정중심복합도시건설청	690,798	611,216

자료: 기획재정부, 2011 나라살림: 예산개요, pp. 210-213.

제 5 절 품목별(세출의 대상에 의한) 분류

1. 품목별 분류의 의의

지출의 대상에 의한 분류방법인 품목별 분류(classification by objects of expenditures)는 아직도 각국에서 가장 널리 사용되고 있는 분류방법으로서 세출예산에 대하여 엄격한 통제를 가하고 공무원의 자유재량의 여지를 제한하는데 그 목적이 있는 것이다.

이 분류는 예산을 봉급·여비·수용비·시설비 등으로 나누어 가는 것으로서, 예산의 집행을 감독하며 경비사용의 적정을 기하기 위하여 필요한 것이라고 할 수 있다. 우리나라의 예산과목 중 「목」은 이 품목별 분류에 해당하는 것이라고 하겠다.

품목별 분류에 대한 비판이 제기되는 가장 중요한 이유는 첫째로 그것이 세부적인 지출의 대상에 중점을 두는 나머지 정부사업의 전모를 알 수 없게 만드는 단점이 있고, 둘째로 예산의 신축성을 저해할 우려가 있다는 것이다.[17] 그러나, 이러한 단점은 첫째로 사업별 또는 활동별로 「관」이나 「항」을 분류한 다음 그 내역을 품목별로 분류하고, 둘째로 「목」을 입법과목(의결과목)으로 하지 않고 행정과목으로 하고 목간전용을 비교적 쉽게 할 수 있도록 함으로써 제거될 수 있다.

뿐만 아니라, 품목별 분류는 다음과 같은 장점이 있다.

① 품목별 분류가 「관」이나 「항」의 내역을 나타내기 위하여 사용된다면 회계책임(accountability)을 명확히 할 수 있다. 예를 들면, 각 기관은 「수당」으로 책정된 금액 이상으로 수당을 지급할 수 없으며, 「급량비」 및 「피복비」로 책정된 금액 이상으로 급량비나 피복비를 지출할 수 없는 것이다. 뿐만 아니라, 회계검사를 용이하게 한다.

② 품목별 분류는 또한 인사행정을 위하여 유용한 각종의 자료와 정보를 제공한다.[18]

---

17) Public Administration Service, *op. cit.*, pp. 46-47.

18) Burkhead, *op. cit.*, pp. 130-131.

2. 미국의 품목별 분류

이 품목별 분류는 현재 미국의 거의 모든 주정부와 대부분의 지방자치단체에서 사용되고 있으며, 연방정부에서도 보완적 분류방법으로서 이를 사용하고 있는데, 미연방정부의 품목별분류는 〈표 1-14〉와 같다.[19)]

〈표 1-14〉 미연방정부의 품목별 분류

11.1	급여	25.0	기타 수수료
11.3	기타직 보수	26.0	용품비 및 재료비
11.5	수당	31.0	비품비
11.7	군인급여	32.0	토지매입비 및 시설비
11.8	기타 인건비	33.0	출자금 및 융자금
12.1	복리후생비(민간)	41.0	교부금 · 보조금 및 수혜금
12.2	복리후생비(군인)	42.0	보험금 및 배상금
13.0	연금	43.0	이자 및 배당금
21.0	여비	44.0	반환금
22.0	운송비	91.0	정보비
23.1	사용료	92.0	기타 경비
23.2	통신비 · 공공요금 · 임차료	93.0	잡비(회전기금 등)
24.0	인쇄비		

3. 한국의 품목별 분류

2011년도 일반회계 세출예산의 품목별 분류는 〈표 1-15〉와 같다. 우리나라 예산당국은 이것을 성질별 분류라고도 한다.

다음 〈표 1-15〉에 나타나 있는 바와 같이 100대는 인건비, 200대는 물건비, 300백대는 이전지출, 400대는 자산취득비, 500대는 상환지출, 600대는 전출금 등이며 700대는 예비비 및 기타이다.

과거에는 정부기업특별회계는 별도의 「목」을 사용했으나 근년에 와서는 정부기업특별회계뿐만 아니라, 기금까지도 동일한 「목」을 사용하고 있다.

2011년도 일반회계세출의 품목별(성질별) 분류에 의한 재원배분을 살펴보면 자치단체경상이전을 포함한 이전지출이 52.9%를 차지하여 1위이며, 다음이 전출금 등으로 15.3%, 3위가 인건비로서 11.0%를 차지하고 있다. 1950년대나

19) Robert D. Lee, Jr. and Ronald W. Johnson, *Public Budgeting Systems*, fourth

〈표 1-15〉 2011년도 일반회계예산의 품목별 분류

(단위: 백만원)

구 분	예 산 액	구 분	예 산 액
100 인건비	23,175,836	340 해외이전	1,115,128
110 보수	22,258,946	350 출연금	12,796,094
110 기타직보수	742,199	400 자산취득	17,766,470
110 일용임금	174,691	410 토지매입비	710,378
200 물건비	16,045,848	420 건설비	8,485,857
210 운영비	11,671,716	430 유형자산	8,403,319
220 여비	553,696	440 무형자산	14,816
230 특수활동비	849,848	460 출자금	152,100
240 업무추진비	186,513	500 상환지출	7,466,551
250 직무수행경비	1,663,328	510 상환지출	7,466,551
260 연구개발비	1,120,748	600 전출금등	32,075,951
300 이전지출	110,995,604	610 전출금등	32,075,951
310 보전금	9,296,763	700 예비비 및 기타	2,404,008
320 민간이전	4,878,805	710 예비비 및 기타	2,404,008
330 자치단체이전	82,908,814		

자료: 기획재정부, 2011 나라살림; 예산개요, pp. 224-227.

1960년대에는 인건비가 무거운 비중을 차지하여 공무원의 처우개선이 어렵다고 하였으나 지금은 인건비가 11%에 지나지 않는다는 것을 주목할 필요가 있다.

제 6 절 경제성질별 분류

1. 경제성질별 분류의 의의

(1) 경제성질별 분류의 개념

예산을 편성함에 있어서는 어떠한 경비를 얼마나 계상하느냐 하는 것이 기본적인 문제이다. 개개의 비목의 내용 및 액은 국가가 국민경제에 제공하는 용역의 필요도에 의하여 결정된다. 산업의 진흥이 필요하면 거기에 소요되는 도로비 또는 공공사업비가 계상될 것이다. 또, 사회보장의 충실이 필요하면 거기에 관계된 경비가 계상될 것이다. 요컨대, 국가가 베푸는 각종의 서비스의 필요량에 따라 경비의 종류와 액이 결정된다. 다른 한편 예산을 비판하는 경우에도, 예를 들면 사회보장관계비가 적은 것을 지적하여 복지국가에의 의욕이 적은 것

을 비난한다든가 국방비가 지나치게 많은 것을 지적하여 군국주의화에 대하여 경고를 한다든가 하는 것이 이 때까지의 일반적 경향이다.

이와 같이 개개의 경비를 분석하여 재정의 사회적·경제적 작용을 추구하는 방법을 미시적 방법이라고 한다면 종합적으로 포착하고 재정의 전체적인 경제적 작용을 알려는 방법은 거시적 방법이라고 부를 수 있을 것 같다.

경제이론에 있어서 미시적 방법이란 각 개별경제주체의 경제행위를 분리시켜 관찰하여 거기에서 경제법칙을 발견하려는 것이며, 거시적 방법이란 각 개별경제주체의 경제행위를 통합하여 전체로서 포착하고 거기에서 국민경제 전체의 순환의 법칙을 발견하려는 방법이다. 케인즈 이후의 근대경제학의 발전은 미시적 방법으로부터 거시적 방법으로의 전환을 초래했으며, 이에 상응하여 재정에 있어서도 동일한 전환이 이루어지고 있다.

즉, 근대경제학으로서의 발전과 함께 국민경제의 총체적 순환에 대한 국가의 경제활동의 조정적 역할이 중요시 되게 되었다. 따라서 예산을 편성함에 있어서 국민소득의 기본적 구성요인인 소비·저축·투자에 대한 재정의 영향을 추정하여 완전고용하에 균형을 실현할 수 있도록 예산의 내용을 결정하지 않으면 안되게 되는 것이다.

여기에서 설명하고자 하는 예산의 경제성질별 분류(경제적 분류)는 예산이 국민소득의 기본적 요인에 미치는 영향을 파악하는 데 도움을 주는 분류방법인 것이다. 따라서, 「인플레이션」이나 「디플레이션」을 방지하고, 경제전망에 이바지하며, 경제안정을 도모하려는 정부에게는 경제성질별 분류(economic character classification)가 대단히 유익한 방편인 것이다.

(2) 각국의 경제성질별 분류

미국에서는 연방정부가 예산정책 및 재정정책을 위하여 한정된 범위 내에서 경제성질별 분류를 사용하고 있다. 고용과 소득의 안정에 대해서 극히 한정된 책임밖에 지니지 않는 주정부 및 지방자치단체에게는 경제성질별 분류란 불필요한 것이라고 하겠다.

다른 서구제국, 예를 들면 스웨덴이나 네덜란드 등에 있어서는 경제성질별 분류란 재정계획을 입안함에 있어서 필수불가결의 요소로 되어 있다.

발전도상국에 있어서는 경제성질별 분류는 자본형성을 촉진하고 생활수준을 향상시키려는 계획을 수립함에 있어서 하나의 전제조건으로 되어 있다.

(3) 관련제도

예산의 경제성질별 분류와 밀접한 관련이 있는 것으로서 국민경제예산이 있다. 국민경제예산(nation's economic budget or nation's budget)이란 한 마디로 말해서 경제제량(국민소득·투자·소비·국제수지 등)의 사전치를 사회회계에 의한 계정형식으로 표시한 것이다. 사회회계(social accounting) 또는 국민경제계산(national accounting)이란 개별회계의 원리를 국민경제 전체에 응용하여 그 경제제량의 수치를 계산하여서 국민경제 전체의 내부구조를 명백히 하려는 것인데, 사회회계는 국민자본·국민소득 기타에 관한 계정, 즉 국민경제계산표(nation's economic sheets)의 작성을 필요로 하는데, 이 국민경제계산표는 사후적 기록이다. 국민경제예산은 이 국민경제계산표와 형식적으로는 동일하나, 사후적 기록이 아니라 사전적 기록인데 그 특질이 있다. 국민경제를 장차 어떠한 자태로 이끌어 갈 것인가, 즉 경제제량의 수치를 각각 어느 정도로 만들 것인가, 그리고 국민경제 전체를 어떠한 수준에서 균형을 시킬 것인가, 이것이 근대경제의 이론적인 경제정책의 방법이며, 이 희망된 국민경제의 자태를 표로 만든 것이 국민경제예산이다.

그리고 이러한 경제제량 중에는 정부의 경제적 거래행위의 작용도 당연히 포함되지 않으면 안된다. 국민경제계산표 및 국민경제예산에 있어서는 국민소득표 및 이에 관련된 제계정이 중심이 되나 국민소득의 기본적 구성요소인 소비·저축 및 투자는 국가의 재정활동에 의하여 크게 좌우된다. 따라서, 국가예산을 편성함에 있어서는 이 점을 고려하여 국민경제를 어떠한 방향으로 이끌어 갈 것인가 하는 국가경제정책과의 관련하에 예산의 내용을 결정하지 않으면 안되는 것이다. 여기에 예산의 경제성질별 분류의 필요성이 제기되는 것이다.[20]

2. 경제성질별 분류의 특질

경제성질별 분류는 그 자체가 경제정책이 될 수 없으며, 다만 정책형성을 위한 자료를 제공할 뿐이다. 따라서, 거기에는 많은 제한요소들이 있는데 이를 요약하면 다음과 같다.

---

20) Burkhead, *op. cit.*, pp. 213-215.

① 그것은 경제활동에 대한 정부의 영향의 일부만을 측정할 수 있으며, 또한 어디까지나 대체적인 수치에 의해서만 표시할 수 있다. 예를 들면 경제성질별 분류는 국민소득에 대한 정부활동의 기여, 자본형성에 대한 정부부문의 기여 등에 관한 자료를 제공해 주는 것이다. 그것은 또한 정부의 활동이 「인플레」적인 것이냐 또는 「디플레」적인 것이냐에 대한 정보도 제시한다.

② 경제성질별 분류는 세입세출의 양과 구성요인의 변화로 인한 영향만을 측정할 수 있다. 세입세출 외에도 정부의 규제활동, 발행된 증권액, 각종의 은행관계법규 등도 국민경제에 많은 영향을 미치는데 경제성질별 분류는 이를 측정할 수는 없다.

③ 경제성질별 분류는 그 자체로서 소득의 분배나 산업부문별 배정에 대한 정부활동의 영향을 정확하게는 측정하지 못한다. 이 분류방법 이외의 다른 방법에 의한 정보도 필요한 것이다.

④ 경제성질별 분류를 성공적으로 이용하려면 정부예산이 국민경제에 지대한 영향을 미친다는 사실을 인식해야 하며, 예산정책의 형성에 있어서 이 점을 고려해 넣도록 하여야 한다.

⑤ 경제성질별 분류는 정책결정을 담당하는 고위층에게 필요한 것이며, 사업계획의 수립과 그 시행을 담당하는 공무원들에게는 과히 유용하지 않다.

⑥ 경제성질별 분류는 다른 분류방법으로부터 유리되어서는 안되며, 항상 이들과 병행하여 활용되어야 한다.[21)]

3. 한국의 경제성질별 분류

우리나라에서도 「UN편람」에 의거하여 세입세출예산을 경제성질별로 분류하여 「한국예산재분류에 관한 설명」에 이를 수록하였으며, 1960년도 까지는 매년 이를 「예산개요」에 수록하다가 1961년도부터는 이를 중단하였다. 그러나, 1969년도부터는 이를 부활하여 「경제적 분류」를 사용하였다. 1970년도에는 다시 경제성질별 분류를 폐기하였다가 1971년도에는 「정부저축」이라는 제목하에 경제성질별 분류와 유사한 분류를 재개하였으나 1979년도부터 통합예산제도가 도입됨에 따라 이에 흡수되었다.

21) *Ibid.*, pp. 213-215.

4. 한국의 통합예산제도

(1) 개 념

통합예산제도는 공공활동을 수행하는 모든 예산 및 기금을 망라하여 이를 적절히 구분하여 일목요연하게 표시함으로써 재정이 국민소득 · 통화 · 국제수지에 미치는 효과를 적절히 파악하고자 하는 예산제도이다.[22] 따라서 통합예산제도는 예산의 경제성질별 분류와 일맥상통하는 제도라 하겠다.

(2) 포괄범위

공공부문통합예산은 [그림 1-4]와 같이 크게 정부예산, 세입세출외 및 비금융성기금으로 나누어진다. 정부예산은 다시 중앙정부예산과 기업특별회계로 세분되며 비금융성기금은 규모가 큰 국민연금기금, 국민주택기금, 정보화촉진기금, 기타기금으로 세분된다.[23]

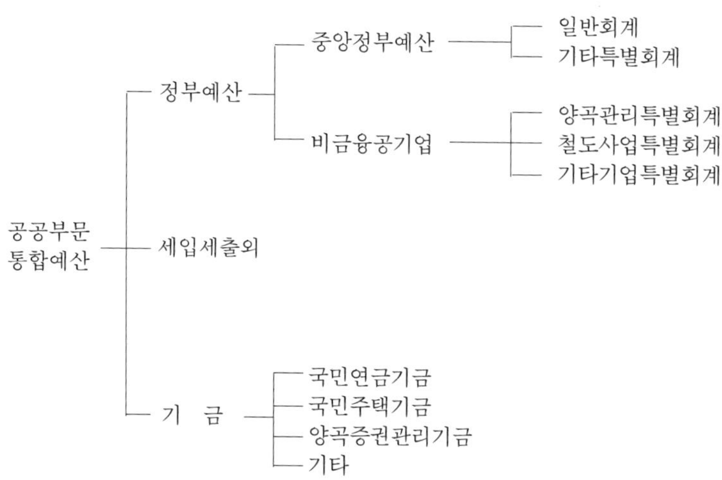

[그림 1-4] 공공부문 통합예산

(3) 통합재정수지

통합예산에 의하여 통합재정수지를 본다면 〈표 1-16〉과 같이 2010년도의 경

---

22) 경제기획원, 예산편람(서울: 경제기획원, 1989), pp. 177-178.

23) 기획재정부, 2010 나라살림: 예산개요 참고자료(서울: 기획재정부, 2010), pp. 56-83.

〈표 1-16〉 2010년도 통합재정수지

(단위 : 백만원)

구 분	2010년도 통합예산
일반회계(A)	11,855,890
기타특별회계(B)	△21,502,384
세입세출예산외(C)	—
소 계(D=A+B+C)	△9,646,494
비금융성기금(E)	8,555,132
소 계(F=D+E)	△1,091,362
기업특별회계(G)	△923,849
합 계(H=F+G)	△2,015,211

자료: 기획재정부, 2010년도 예산개요 참고자료, pp. 56-57.

우 2조 152억 1100만원의 적자를 시현했다.

이것을 좀더 구체적으로 본다면 중앙정부예산은 일반회계가 11조 8558억 9000만원의 흑자를 냈으나 기타특별회계의 적자가 방대하여 21조 5023억 8400만원의 적자를 냈다. 비금융성기금은 8조 5551억 3200만원의 흑자를 냈으나 기업특별회계가 9238억 4900만원의 적자를 시현하여 통합재정수지는 2조 152억 1100만원의 적자를 시현했다.

〈표 1-16〉에는 나타나지 않았으나 2011년도 통합재정수지는 5조 3000억원의 흑자를 낼 것으로 예산당국은 추정하고 있다. 2010년도보다는 7조 3000억원 개선할 계획이라 한다.[24]

(4) 관리대상수지

기획재정부는 재정건전성을 측정하는 지표로서 통합재정수지와 함께 2002년부터 관리대상수지라는 개념을 사용하고 있다.

관리대상수지란 통합재정수지 중 사회보장성 기금을 제외한 것을 말한다. 국민연금, 사학연금, 산업재해보상보험기금, 고용보험기금을 포함한 사회보장성 기금은 현 단계에서는 지속적으로 흑자를 시현하고 있으나 이들 기금은 장래 연금급여지급에 대비하여 적립되고 있으므로 재정의 건전성을 제대로 평가

24) 기획재정부, 2011 나라살림: 예산개요(서울: 기획재정부, 2011), p. 47.

하기 위해서는 통합재정수지에서 제외할 필요가 있다는 것이다.[25] 〈표 1-17〉과 같이 2010년도의 통합재정수지는 2조원의 적자를 시현했으나 관리대상수지는 30조 1000억원의 적자를 시현하고 있다. 2011년도 통합재정수지는 5조 3000억원의 흑자를 낼 것이라고 추정하고 있으나 관리대상수지는 25조원의 적자를 시현할 것이라 한다.

〈표 1-17〉 통합재정수지와 관리대상수지

(단위 : 조원, %)

구 분	2010년	2011년
통합재정수지 (A)	△ 2.0	5.3
GDP 대비 (%)	△ 0.2	0.4
사회보장성기금흑자 (B)	28.1	30.3
관리대상수지 (A-B)	△ 30.1	△ 25.0
GDP 대비 (%)	△ 2.6	△ 2.0

자료: 기획재정부, 2011년도 예산개요, p. 48.

25) 상게서, p. 48.

제 2 편

예산이론

제 1 장 예산이론의 모색

제 1 절 예산이론의 필요성과 진전

1. 예산이론의 필요성 제기

(1) Key의 문제제기

V. O. Key가 1940년에 발표한 논문에서 예산이론의 필요성을 강조한 이래[1] 많은 사람들이 기회있을 때마다 예산이론의 필요성을 제기해 왔다.

(2) 점증주의의 등장과 쇠퇴

그 동안 가장 많이 인용된 예산이론은 점증주의였다고 하겠다. Fenno와 Wildavsky 등이 발전시킨 예산과정의 점증주의에 관해서는 다음 장에서 상술하므로 이곳에서는 긴 설명을 생략한다.[2]

오랫 동안 미국의 예산이론을 풍미해 왔던 점증주의가 최근 쇠퇴의 길을 걷고 있으며 점증주의의 추종자들 중에서 이탈자가 늘어나고 있고 Rubin을 위시한 많은 사람들이 점증주의의 종말(demise)을 예고하고 있다.[3]

2. 예산연구의 진전

(1) 행정학의 예산연구

행정학의 예산에 관한 연구는 예산이론의 정립없이 예산결정(budgeting)에

---

1) V.O. Key, Jr., "The Lack of a Budgetary Theory," *American Political Science Review*, December 1940, pp. 1137-1144.

2) 본편 제2장 「점증주의와 총체주의」 참조.

3) Irene Rubin, "Aaron Wildavsky and the Demise of Incrementalism," *Public Administration Review*, January-February 1989, pp. 78-81.

있어서 예산과정이 중요하며 과정이 결과에 영향을 미친다는 가정하에 진행되어 왔다.

행정학은 예산결정을 기술이라고 보았으나 예산과정에 있어서의 정치적 요인의 중요성을 부인하지 않았다. 그러나 정치적 요인의 작용은 세입과 세출의 균형을 무너뜨리는 결과를 초래하기 쉽다고 생각해 왔다. 따라서 예산과정의 목적은 결정을 구조화하여 예산과정에서 기술이 지배함으로써 세입과 세출이 균형을 이루고 적절한 예산통제를 가할 수 있도록 하는데 있다고 보아왔다.

행정학의 예산연구는 역사적 고찰을 강조한다. 관리예산처가 걸어온 발자취에 관한 연구가 있는가 하면 미국회계검사원에 관한 연구도 발표되었다.[4] 이러한 역사적 고찰들은 시대에 따라 예산과정이 변해왔으며 참여자도 달라져 왔다는 점을 강조하고 있다. 역사적 고찰에 관한 이들 문헌 중에는 아직도 규범적인 요인이 내포되고 있는 것들이 있다. 특히 예산과정에 대한 지나친 정치적 간섭이 예산의 낭비를 초래한다는 점을 암시하고 있는 경우가 많다.[5]

(2) 정치학의 예산연구

정치학자들은 예산을 다른 각도에서 연구하고 있다. 정치학에서는 예산결정을 누가 무엇을 예산에서 얻느냐는 분배적 관점에 역점을 두고 있다. 이를 규명하기 위해서는 누가 예산에서 얼마를 얻느냐에서 일보 더 나아가서 왜 어떤 이익집단은 많은 예산을 획득하는데 다른 집단의 획득액은 이에 미치지 못하는가에 관심을 모으고 있다.

최근에 와서는 환경적 요인이 예산과정에 미치는 영향과 예산과정의 변화가 성과에 미치는 영향으로 정치학의 관심이 옮겨가고 있다. 좀더 구체적으로 본다면 1974년의 의회예산법에 의한 예산심의과정의 변화가 세출의 규모와 정부채무규모와 같은 예산의 실질적인 내용에 어떠한 영향을 미쳤는가에 관심이 모아지고 있다. 이 문제에 관해서 많은 연구가 계속되고 있으나 아직 확정적인 결과가 나오지 않고 있는 실정이다.[6]

---

4) Larry Berman, *The Office of Management and Budget and the Presidency, 1921-1979*(Princeton: Princeton University Press, 1979); Frederick C. Mosher, *The GAO: The Quest for Accountability in American Government*(Boulder: Westview Press, 1979).

5) Frederick C. Mosher, *A Tale of Two Agencies: A Comparative Analysis of the General Accounting Office and the Office of Management and Budget*(Baton Rouge: Louisiana State University, 1984), pp. 129-135.

(3) 예산과정 연구범위의 확대

예산에 관한 연구가 예산과정에 관한 연구에 집중되고 있으며 특히 행정학의 예산연구가 예산과정의 연구에 쏠리고 있다는 것은 전술한 바와 같다. 이러한 예산과정에 관한 연구가 근년에 와서 다음과 같은 세 가지 점에서 그 연구범위를 확대하고 있다.[7]

① 예산과정참여자: 과거에는 예산과정참여자를 지극히 제한적으로 보았으나 근래에 와서는 이익집단, 각부처장관, 국무회의, 행정수반참모진, 국회의 상임위원회 등도 예산과정참여자에 포함시켜 이들에 대한 연구도 강화되고 있다.

② 예산과정의 범위확대: 과거에 연구대상으로 삼았던 예산과정의 범위를 확대하게 되었다. i) 첫째로 예산과정에 있어서 세입문제를 보다 체계적으로 고찰하게 되었다. 세입결정, 세입의 제약, 세입추계 등을 공식적으로 예산과정에 포함시키게 되었다. ii) 예산집행에 관한 연구가 다소 확충되었다.[8] 그러나 아직은 초보적인 단계에 지나지 않으며 앞으로 보다 많은 연구가 이루어져야 할 것이다.

③ 특별회계 기금 등의 연구: 예산과정연구에 있어서 일반회계뿐만 아니라 특별회계, 기금, 조세지출(tax expenditure)이라고 부르는 조세감면, 재정투융자 등에 관한 연구가 이루어지고 있다.

3. 예산이론정립을 위한 시도

앞에서 검토한 예산연구를 토대로 Key가 필요성을 제기한 예산이론의 정립을 위한 시도가 이루어지고 있다. 특히 점증주의의 쇠퇴로 새로운 예산이론정립의 필요성이 더욱 절실해지고 있다.

(1) 요구와 배급

Allen Schick는 예산이론의 가능성에 관한 논문에서 예산이론정립을 위한 그

---

6) Allen Schick, "The Evolution of Congressional Budgeting," in Allen Schick(ed.), *Crisis in the Budget Process: Exercising Political Choice*(Washington, D.C.: American Enterprise Institute, 1986), p. 23.

7) Irene Rubin, "Introduction," in Irene Rubin(ed.), *New Directions in Budget Theory* (Albany: State University of New York Press, 1988), pp. 10-11.

8) L.R. Jones and Fred Thompson, "Reform of Budget Execution Control," *Public Budgeting and Finance*, Spring 1986, pp. 33-49; Bernard T. Pitsvada, "Flexibility in Federal Budget Execution," *Public Budgeting and Finance*, Summer 1983, pp. 83-101.

동안의 시도가 실패한 이유를 고찰한 다음 예산결정의 2대 요소로서 요구(claiming)와 배급(rationing)을 들고[9] 이를 중심으로 하여 새로운 예산이론의 가능성을 모색하고 있다.[10] 우리는 제2절에서 Schick의 「이론」을 살펴보기로 한다.

(2) 거시적 예산결정과 미시적 예산결정

상향적 예산과정과 하향적 예산과정에 관한 그 동안의 연구를 토대로 하여 LeLoup는 거시적 예산결정(macro-budgeting)과 미시적 예산결정(micro- budgeting)에 관한 이론을 제시했다.[11] 이에 관해서는 제3절에서 고찰하고자 한다.

(3) 문화와 예산결정

문화가 법률에 미치는 영향이나 문화가 행정에 미치는 영향 등에 관해서는 이미 많은 연구가 이루어졌으나 문화가 예산제도나 예산과정에 미치는 영향에 관해서는 연구된 바가 많지 않다.

그러나 1980년대에 Wildavsky가 각국의 예산을 비교분석하면서 문화가 예산제도나 예산결정에 미치는 영향에 관해서 서론적 분석을 시도한 바 있다. 우리는 Wildavsky의 시도를 제4절에서 검토하기로 한다.

제 2 절 요구기능과 배급기능

1. 예산결정의 2대요소

(1) 요구기능과 배급기능

전술한 바와 같이 Allen Schick는 예산결정의 2대요소로서 요구와 배급을 든

---

9) Schick는 1988년의 논문에서 보전(conserving)이라는 용어를 사용했으나 1990년의 그의 저서에서 보전 대신에 배급(rationing)이라는 용어를 사용하고 있다[Allen Schick, *The Capacity to Budget*(Washington, D. C.: Urban Institute Press, 1990), pp. 10-11].

10) Allen Schick, "An Inquiry into the Possibility of a Budgetary Theory," in Irene Rubin (ed.), *New Directions in Budget Theory*(Albany: State University of New York Press, 1988), pp. 59-63.

11) Lance T. LeLoup, "From Microbudgeting to Macrobudgeting: Evolution in Theory and Practice," in Irene Rubin (ed.), *New Directions in Budget Theory*(Albany: State University of New York Press, 1988), pp. 17-42.

다. 재원이 풍부하여 모든 요구를 충족시킬 수 있으면 예산기능이 불필요하다는 것은 우리가 다 잘 아는 사실이다.[12] 모든 요구를 충족시킬 수 있을 만큼 재원이 풍요롭지 않은 것이 각국의 사정이므로 예산결정이 필요한 것이다.

① 요구기능: 예산결정의 2대요소 중 「요구」는 명명하기도 쉽고 인지하기도 쉬운 기능이다. 예산과정에 있어서 일반적으로 요구기능은 각 부처가 수행한다.

② 배급기능: 일반적으로 요구는 가용재원보다 많으므로 어떤 요구는 용인하고 어떤 요구는 거부하는 자원배분이 필요한데 요구와 자원배분 사이에 개입하는 기능을 Schick는 배급기능이라고 부르고 있다. 일반적으로 중앙예산기관이 배급기능을 담당하고 있다는 것을 쉽게 알 수 있다.

(2) 시장과 예산결정

시장과 예산결정은 부족한 자원의 배분을 담당한다는 점에서 유사성이 있다. 시장은 가격기구에 의하여 이를 수행하며 예산결정은 권위있는 결정에 의하여 이를 수행한다. 시장과 예산결정이 다 두 개의 contending forces에 의하여 자원배분을 수행한다. 시장은 공급과 수요에 의하여 이를 수행하는데 대하여 예산결정은 요구와 배급에 의하여 이를 수행한다.[13]

2. 요구와 배급과 예산결정

(1) 요구 · 배급과 예산의 내용

완전한 예산과정에 있어서 예산의 실질적 내용은 요구와 배급의 조화를 반영한 것이라 하겠다. 요구나 배급의 기능 중 그 어느 하나를 강화하는 현상이 발생할 때에는 예산의 실질적 내용도 달라지게 마련이다.

(2) 요구자의 지위와 예산배분

권력이 강한 요구자는 보다 많은 예산을 배분받는다. 우리나라의 현실에서도 흔히 볼 수 있는 현상이며 예산과정에 있어서의 이익집단의 역할에 관한 연구들이 이를 뒷받침하고 있다.

---

12) Arthur Smithies, *The Budgetary Process in the United States*(New York: McGraw-Hill, 1955), p. 62.

13) Schick, "An Inquiry into the Possibility of a Budgetary Theory," pp. 63-66.

점증주의에 관한 연구들도 이를 입증하고 있다. 점증주의는 새로운 요구를 의미하는 신규사업보다 긴 역사를 지니는 사업이 보다 많은 예산배분을 받는다는 것을 지적하고 있는 것이다.

(3) 예산과정의 변동과 요구자, 배급자의 지위

예산과정은 요구기능과 배급기능의 상대적 지위에 영향을 미친다. 따라서 의도적이든 비의도적이든간에 예산과정에 변동이 있으면 요구자와 배급자의 지위가 변하게 마련이며 이는 나아가서 예산의 실질적 내용에 영향을 미친다.[14]

예산과정은 권력과정이며 예산제도의 개혁은 필연적으로 권력구조의 변동을 초래한다. 따라서 권력구조의 변동을 원치않는 사람들이 권력의 핵심에 도사리고 있는 한 예산개혁이란 쉽사리 이루어지는 것이 아니라는 Wildavsky의 주장은[15] Schick의 견해와 일맥상통하는 것이라 하겠다.

(4) 경직성경비

예산의 배분이 요구자와 배급자의 상대적 지위를 제대로 반영하지 못한다면 그 예산과정은 불완전한 것이라 하지 않을 수 없다. 이러한 작용을 하는 요인의 하나로서 경직성경비를 들 수 있다.[16] 경직성경비란 법률의 개정이나 기본정책의 수정없이는 삭감할 수 없는 경비를 말한다.[17]

3. 한국의 실태

위에서 살펴본 Schick의 주장은 앞으로 많은 실증적 연구를 필요로 하는 것이라 하겠으나 우리는 이곳에서 한국의 실정에 적용해 보기로 한다.

(1) 예산편성과정

앞에서도 지적한 바와 같이 예산편성과정에 있어서의 요구자는 각 부처이며 배급자는 중앙예산기관과 행정수반이다. 우리나라의 요구자와 배급자의 상대적 지위를 알아보기 위하여 중앙예산기관에 의한 각부처예산요구삭감추이를 살펴

---

14) *Ibid.*, pp. 66-67.

15) Aaron Wildavsky, "Political Implications of Budgetary Reform," *Public Administration Review*, Autumn 1961, pp. 183-190.

16) 경직성경비에 관해서는 제3편 제2장 「예산의 편성」 참조.

17) Barry M. Blechman, Edward M. Gramlick and Robert W. Hartman, *Setting National Priorities: The 1976 Budget*(Washington, D.C.: Brookings Institution, 1975), p. 191.

〈표 2-1〉 중앙예산기관에 의한 각부처요구의 삭감추이(회계별)

(단위: %)

연 도	일반회계	기타특별회계	기업특별회계
1982	31.7	3.8	4.5
1983	25.3	1.0	3.2
1984	14.5	1.5	2.3
1985	15.0	2.4	6.1
1986	14.6	4.5	3.6
1987	23.0	3.7	1.5
1988	29.5	15.5	4.0
1989	18.0	25.3	1.4
1990	23.4	37.8	3.5
1991	17.4	42.4	8.3
1992	21.6	36.9	15.7
1993	20.9	23.6	10.3
1994	12.6	+2.3	25.8
1995	12.5	27.9	46.6
1996	11.4	10.1	8.7
2000	19.4	7.7	5.1
2001	29.0	21.6	10.0
2002	18.6	14.1	8.4
2003	15.6	23.8	3.6
2004	18.4	15.3	28.8
2005	2.1	9.3	0.9
2006	2.6	2.8	+1.0
2007	5.2	8.5	+0.8
2008	1.9	2.7	5.0
2010	13.2	2.2	1.8

주: ① 매년도 본예산 기준임.
② 각부처예산요구현황은 1982년도부터 예산개요참고자료에 수록.
자료: 매년도 예산개요참고자료.

보고자 한다. 중앙예산기관에 의한 각 부처예산삭감추이에서 몇 가지 잠정적인 결론을 내릴 수 있다.

① 제5공화국초기(1982~1983)와 말기(1987~1988)에 있어서 삭감비율이 높았다는 것을 알 수 있다. 배급자인 행정수반과 중앙예산기관의 지위가 강한데서 오는 현상이라고 볼 수 있겠다.

제6공화국(1988~1993) 기간중에도 삭감비율이 비교적 높았던 것은 중앙예산기관의 지위가 강한데에 그 원인이 있었다고 보고자 한다. 끝으로 1999년도에 삭감비율이 높았던 것은 IMF사태에 그 원인이 있었을는지 모른다.

② 기업특별회계의 예산요구삭감비율이 일반회계의 경우보다 많이 낮다는 것을 알 수 있다. 1980년대에 있어서는 1985년도를 제외하고는 삭감비율이 5% 미만이었다.

그러나 1990년대에 와서는 기업특별회계의 경우에도 삭감비율이 다소 높아져 대체로 5%를 상회하고 있으며 심지어 46.6%(1995), 25.8%(1994)에 달했던 일도 있다.

③ 〈표 2-1〉에는 나타나지 않으나 각 부처 예산요구삭감비율에 많은 격차가 있다. 2002년도의 경우를 본다면 국가정보원의 예산요구에 대해서는 삭감이 없으며 감사원의 예산요구는 8.8% 증액되었다.

그러나 여성부 예산요구는 68.5% 삭감되었으며 정보통신부의 예산요구는

〈표 2-2〉 상임위원회 예산안수정추이

(단위: 백만원)

연 도	수정의결	
	삭 감	증 액
1988	—	15,927
1989	157,209	33,103
1990	41,265	320,023
1991	39,199	441,386
1992	10,913	408,496
1993	41,213	887,534
1994	24,081	965,283
1995	1,837	608,105
1996	33,087	1,347,979
1997	70,193	1,725,238
1998	98,122	1,191,514
1999	—	160,839
2000	17,338	2,527,587
2001	371,113	2,379,745
2002	544,864	2,394,687
2003	78,968	2,748,473
2004	379,285	8,214,034
2005	5,349,100	9,093,400
2008	711,249	3,571,875
2009	1,265,761	12,680,336
2010	653,494	8,222,950

자료: ① 1988~1992: 오세민, 예산심의의 현황과 문제점(서울: 서울대학교행정대학원, 1992), p. 11.
② 1993~2010: 예산결산위원회, 매년도 예산안결산심의개요.

55.1% 삭감되었던 것이다.[18]

(2) 예산심의과정

일반적으로 입법부는 배급자라고 볼는지 모르나 우리나라 예산심의과정을 볼 때 예비심사를 담당하는 각 상임위원회는 요구자이며 종합심사를 담당하는 예산결산위원회가 배급자라고 보아야 할 것 같다.

〈표 2-2〉와 같이 우리나라 국회의 상임위원회는 정부의 예산안을 삭감하기보다는 증액하는 경우가 더 많다는 것을 알 수 있다. 1988년도와 1999년도의 경우에는 삭감은 없고 증액만 있었다. 예산결산특별위원회는 종합심사과정에 있어서 정부예산을 삭감하나 후술하는 바와 같이 삭감비율이 3%를 초과하는 경우는 거의 없다고 할 수 있겠다.[19] 이와 같은 사실에 비추어 볼 때 우리나라 국회는 배급기능을 제대로 수행하고 있지 못하다고 하지 않을 수 없다.

제 3 절 미시적 예산결정과 거시적 예산결정

1. 미시적 예산결정론과 거시적 예산결정론의 등장

(1) 상향적과정과 하향적과정의 부각

예산과정을 상향적 과정(bottom-up process)과 하향적 과정(top-down process)으로 나누어서 고찰한 사람들은 많이 있을 줄 아나 1980년에 Mowery 등이 이것을 들고 나왔으며[20] Bozeman과 Straussman은 이것을 더욱 발전시켰다. 이들은 종전의 상향적 예산과정이 Reagan행정부하에서 하향적 예산편성과정으로 변모했을 뿐만 아니라 1974년의 의회예산법의 제정에 의하여 의회의 예산심의과정도 종전의 상향적 과정에서 하향적 과정의 색채를 가미하게 되었다는 사실을 강조하고 있다.[21]

---

18) 기획예산처, 2002년도 예산개요참고자료(서울: 기획예산처, 2002), pp. 422-423.

19) 제3편 제3장 「예산의 심의」 참조.

20) David C. Mowery, Mark S. Kamlet and John P. Crecine, "Presidential Management of Budgetary and Fiscal Policy-Making," *Political Science Quarterly*, Fall 1980, pp. 395- 425.

21) Barry Bozeman and Jeffrey D. Straussman, "Shrinking Budgets and the Shrinkage of Budget Theory," *Public Administration Review*, November-December 1982, pp. 509-515.

(2) Schick의 고찰

Allen Schick가 1986년과 1988년에 연이어 두 개의 논문을 발표하여 재정적 위기에 직면한 선진국들이 이를 극복하기 위하여 채택하고 있는 거시적인 예산의 적응(macro-budgetary adaptation)과 미시적인 예산의 적응(micro-budgetary adaptation)을 어떻게 실천에 옮기고 있는가를 고찰하였다.22)

(3) 미시적 예산결정론과 거시적 예산결정론의 등장

상향적 과정론과 하향적 과정론을 토대로 LeLoup는 미시적 예산결정(micro budgeting)과 거시적 예산결정(macro budgeting)에 관한 고찰을 시도하고 있다. 하향적 예산과정론 또는 거시적 예산결정론이 등장하게 된 것은 앞에서도 언급한 바와 같이 Reagan행정부의 등장과 1974년 의회예산법의 제정으로 인한 예산심의과정의 변경을 토대로 한 것이라 할 수 있겠다. 우리는 다음에 미시적 예산결정과 거시적 예산결정을 행정부에서의 예산편성과 입법부에서의 예산심의로 나누어서 살펴보기로 한다.

2. 예산편성과정에서의 미시적 예산결정과 거시적 예산결정

예산결정(budgeting)이란 예산의 편성과 심의를 포괄하는 개념이므로 예산편성과정과 예산심의과정으로 나누어서 미시적 예산결정과 거시적 예산결정을 고찰하고자 한다.

(1) 의 의

예산편성과정에 있어서의 미시적 예산결정(micro-budgeting)이란 각 부처의 예산요구에서부터 시작하여 아래에서부터 예산을 결정해 올라가는 방식을 말한다. 이와는 반대로 거시적 예산결정이란 중앙예산기관과 행정수반이 예산편성의 주도권을 장악하여 위에서부터 아래로 내려오는 예산편성방식을 말한다.

우리가 여기서 한 가지 유의할 것은 미시적 예산결정·거시적 예산결정이 점증주의·총체주의와는 다른 개념이라는 사실이다. LeLoup는 성과주의예산이나 PPBS·ZBB 등이 미시적 예산결정을 위한 것이라고 보고 있다.23)

---

22) Allen Schick, "Macro-Budgetary Adaptations to Fiscal Stress in Industrialized Democracies," *Public Administration Review*, March-April 1986, pp. 124-134; Allen Schick, "Micro-Budgetary Adaptations to Fiscal Stress in Industrialized Democracies," *Public Administration Review*, January-February 1983, pp. 523-533.

〈표 2-3〉 예산편성에서의 미시적 예산결정과 거시적 예산결정

	미시적 예산결정	거시적 예산결정
주요참여자	각부처, 중앙예산기관의 예산사정관	행정수반과 그 참모진, 중앙예산기관의 장
정책초점	각부처의 예산요구 · 사업계획, 전년도예산액과의 차액	예산총액, 중기재정계획, 분야별 예산배분비율, 예산의 대 GNP 비율, 경제전망
예산과정	분권적 · 상향적	중앙집권적 · 하향적

(2) 주된 참여자

미시적 예산결정에 있어서의 주된 참여자는 각부처와 중앙예산기관의 사정관(budget examiner)들인데 대하여 거시적 예산결정에 있어서는 행정수반과 그 참모진, 중앙예산기관의 장 등이 주된 참여자가 된다.

(3) 정책의 초점

미시적 예산결정에 있어서의 정책의 초점은 각부처의 예산요구, 사업계획, 전년도예산과의 차액인데 대하여 거시적 예산결정에 있어서의 정책의 초점은 예산총액, 중기재정계획, 각 분야별 예산배분비율, 예산의 대 GNP비율, 경제전망 등이다.

(4) 예산과정

미시적 예산결정의 경우 예산편성과정은 분산적이며 상향적이다. 이에 반하여 거시적 예산결정의 예산편성과정은 중앙집권적이며 하향적(top-down)이다.

(5) 한국의 실태

우리나라의 경우 제5공화국까지의 예산편성은 거시적 예산결정이 지배적이었다고 할 수 있겠다. 대통령의 뜻에 따라 중앙예산기관이 주동적인 역할을 담당하는 예산편성이었다고 할 수 있겠다.

대표적인 실례로서 1984년도 예산편성에 있어서의 예산동결을 들 수 있겠다. 대통령비서실의 경제수석비서관이 대통령의 승인을 얻어 예산동결방침을 결정하고 이를 예산실장이 충실히 집행함으로써 1984년도 예산안은 5,804억원

23) LeLoup, *op. cit.*, p. 29.

의 흑자를 시현했던 것이다.[24)]

그러나 제6공화국에 들어와서 문민정부 · 국민의 정부를 거치면서 예산편성과정에 있어서의 거시적 예산편성이 많이 변모하였다고 할 수 있겠다. 특히 제14대 · 제15대 · 제16대 국회의원선거와 제13대 · 제14대 · 제15대 대통령선거로 인하여 예산편성에서 거시적 예산편성의 색채가 많이 희석되었다.

3. 예산심의과정에서의 미시적 예산결정과 거시적 예산결정

(1) 의 의

예산심의과정에서의 미시적 예산결정이란 각 상임위원회나 세출위원회, 분과위원회 등의 심의에서부터 심의를 해 올라가는 것을 말한다. 이에 반하여 거시적 예산결정이란 1974년의 의회예산법에 의하여 도입된 미국의 예산심의과정처럼 먼저 예산한도액을 잠정적으로 정해 놓고 예산심의에 들어가는 것을 말한다.[25)]

(2) 주된 참여자

미시적 예산결정에 있어서의 주된 참여자는 우리나라나 미국의 상임위원회, 미국의 세출위원회와 그 분과위원회이다. 이에 반하여 거시적 예산결정에 있어서의 주된 참여자는 우리나라의 예산결산특별위원회나 미국의 예산위원회, 정당지도자 등이다.

(3) 심의대상

미시적 예산결정에 있어서는 각 부처의 예산안의 심사가 중요성을 지니게 되나 거시적 예산결정에 있어서는 예산한도액 결의안 등이 중요성을 지닐 수밖에 없다.

(4) 예산과정

미시적 예산결정의 경우 예산심의과정은 분산적이며 상향적이나 거시적 예산결정의 경우에는 중앙집권적이며 하향적이다.[26)]

---

24) 이장규, 경제는 당신이 대통령이야(서울: 중앙일보사, 1991), pp. 226-227; 경제기획원, 1984년도 예산개요(서울: 경제기획원, 1984), p. 34.

25) 제3편 제3장 제2절 「미국의 예산심의」 참조.

26) LeLoup, *op. cit.*, pp. 24-28.

(5) 한국의 실태

한국의 예산심의를 살펴본다면 예산결산특별위원회의 종합심사가 핵심적인 역할을 담당하며 각 상임위원회의 예비심사가 크게 영향을 미치지 않는다는 점에서는 거시적 예산결정이라고도 볼 수 있겠으나 미국의 경우처럼 잠정적이나마 사전에 예산한도액이 결정되고 이것이 상임위원회의 예산심의를 구속하는 것이 아니라는 점에서 거시적 예산결정이라고 단정하기는 어려울 것 같다.

제 4 절 문화와 예산결정행태

1. 예측이론으로서의 문화연구

전술한 바와 같이 1980년대에 Wildavsky가 각국의 예산행태를 비교 분석하면서 문화가 예산제도나 예산결정행태에 미치는 영향에 관해서 서론적 고찰을 시도한 바 있다.

문화연구에 심취(心醉)하여 문화인류학자들과 함께 저서를 내거나[27] 문화인류학자들이 편집한 책에 논문을 많이 기고한 Wildavsky는 문화가 우리들의 준거틀(frame of reference)을 결정한다는 주장을 폈으며 예측이론(predictive theory)으로서 문화연구의 중요성을 강조했다.[28]

2. 문화의 유형

Mary Douglas와 함께 『리스크와 문화(Risk and Culture)』라는 저서를 공저한 Wildavsky는[29] Douglas의 견해에 따라 정치·행정 문화의 유형을 다음의 몇 가지로 분류하였다.[30]

---

27) Michael Thompson, Richard Ellis and Aaron Wildavsky, *Culture Theory*(Boulder: Westview Press, 1990).

28) Aaron Wildavsky, "Frame Reference Comes from Cultures: A Predictive Theory," in Morris Freilich (ed.), *The Relevance of Culture*(New York: Bergin & Garvey, 1989), pp. 58-74.

29) Mary Douglas and Aaron Wildavsky, *Risk and Culture*(Berkeley: University of California Press, 1982).

30) Mary Douglas, "Culture Bias," *In the Active Voice*(London: Routledge & Kegan Paul, 1982); Brendon Swedlow, "Cultural Surprises as Sources of Sudden, Big Policy Change," *Political Science and Politics*, October 2011, pp. 736-739.

(1) 집단주의 문화

질서를 존중하며 집단의 응집력이 강하고 다양한 처방을 지니는 문화이다. 이 문화에서는 전문화와 분업에 의하여 주민들이 조화를 이루고 효과적으로 생활할 수 있는 까닭에 불평등은 당연한 것으로 생각한다.

(2) 평등주의 문화

평등을 중요시하며 집단의 응집력이 강하나 소수의 처방을 지니는 문화이다. 다시 말해서 불평등이나 강압없이 자발적으로 공동생활을 하는 문화이다.

(3) 개인주의 문화

자유를 존중하며 집단의 응집력이 약하고 처방이 수적으로 적은 경우이다. 한 마디로 말해서 개인주의 문화란 자율적 규제를 이상으로 삼는 문화로서 외부로부터의 최소한의 간섭을 강조한다.

(4) 체념주의 문화

운(運)을 중요시하며 집단의 응집력이 약하고 대부분의 결정이 외부에서 이루어지는 경우이다. 국민들은 정책에 대해서 특별한 선호를 지니지 않는다. 특별한 선호를 지녀보아야 별로 영향을 미치지 못한다고 생각하는 까닭이다.

(5) 복수문화의 혼합

이와 같이 네 가지 정치·행정문화의 유형을 제시한 Wildavsky는 특정한 시점에 있어서의 특정한 국가의 정치·행정문화는 이 중 두 개나 세 개의 문화의 혼합으로 이루어지고 있다는 주장을 폈다.

예를 들면 소위 다원주의(pluralism)국가란 집단주의, 평등주의, 개인주의를 혼합하여 지니고 있다는 것이다. 그러나 국가에 따라서 이 세 가지 문화 중 어떤 요소가 강하냐에 따라서 특색이 달라지고 따라서 예산결정 행태나 전략도 달라진다고 하고 있다.

3. 문화의 유형과 예산결정

(1) Wildavsky의 서론적 고찰

Wildavsky는 집단주의, 평등주의, 개인주의 및 체념주의 하에서의 예산결정 행태의 특징을 검토한 다음 집단주의와 평등주의의 혼합이라할 수 있는 사회민주주의하에서는 높은 수준에서 수입과 지출의 균형이 이루어지나 집단주의·개인주의·평등주의의 혼합이라 할 수 있는 다원적 민주주의 하에서는 이 세 가지 문화 중 어떤 요소가 강하냐에 따라서 예산결정행태가 달라진다고 하고 있다.[31)]

(2) 몇 가지 쟁점

문화가 예산결정에 미치는 영향에 관한 Wildavsky의 주장에는 여러 가지 의문이 있으나 중요한 것 몇 가지만 지적하고자 한다.

① 문화가 예산결정에 미치는 영향: 문화가 예산결정행태를 포함한 정치·행정행태에 미치는 영향에 관해서는 견해의 대립이 있다.

Latin과 같이 문화가 정치·행정 행태에 미치는 영향에 관해서 부정적 견해를 지니는 사람들이 있는가 하면[32)] Wildavsky와 같이 문화가 예산결정행태를 포함한 정치·행정 행태에 많은 영향을 미친다는 사람들도 있으나 아직도 논쟁은 계속되고 있다.

② 혼합문화의 문제: 문화가 예산결정행태에 영향을 미친다는 Wildavsky의 주장을 수용한다 할지라도 가장 어려운 점은 혼합문화의 문제이다.

전술한 바와 같이 특정한 시점에 있어서의 특정한 국가의 정치·행정문화는 두 개나 세 개의 문화의 혼합으로 이루어지고 있다는 것인데 두 개나 세 개의 문화 중 어떤 문화가 어느 정도 강하냐에 따라서 그 나라 문화의 특색이 달라지고 따라서 예산행태에 미치는 영향이 달라진다는 것이다. 특정한 시점에 있어서 어떤 요소가 어느 정도 강한가를 판단하기가 지극히 어렵다는 문제가 있다.

③ 실증적 연구의 필요성: Wildavsky가 문화이론(Culture theory)을 정치학에 도입한 공로를 충분히 평가하나[33)] 그의 주장은 많은 실증적 연구에 의하여 보완되어야 하겠다.

문화가 예산결정행태에 많은 영향을 미친다는 전제하에 Wildavsky는 예시적으로 스웨덴이나 네덜란드 같은 국가는 수입과 지출이 높은 수준에서 균형 잡

---

31) Aaron Wildavsky, Budgeting: *A Comparative Theory of Budgetary Processes*, revised edition (New Brunswick: Transaction, 1989), pp. 335-336.

32) David Latin, "Political Culture and Political Preference," *American Political Science Review*, June 1988, p. 590.

33) Bredon Swedlow, "Cultural Theory's Contributions to Political Science," *Political Science and Politics*, October 2011, p. 703.

히며, 독일, 영국, 프랑스, 일본 같은 국가는 지출수준이 높으나 재정적자는 크지 않다고 하고 있다.[34] 그러나 2008년의 경제위기 이후 프랑스나 일본의 재정적자가 크게 늘어났는데, 특히 일본은 2011년 3월말 현재 누적 재정적자가 GDP의 184%에 달하고 있다는 사실[35] 등에 비추어볼 때 문화가 예산행태에 미치는 영향에 관한 좀더 많은 실증적 연구가 필요하다는 사실을 알 수 있다.

---

34) Wildavsky, *Budgeting*, p. 345.

35) 財務省 財務總合研究所編, 財政金融統計月報, 2011년 5월호, p. 15.

제 2 장 점증주의와 총체주의

제 1 절 예산과정의 점증주의

1. 예산과정의 핵심적 이슈

예산과정에 있어서 가장 핵심적인 이슈(issues)의 하나가 점증주의와 총체주의의 문제라고 하겠다.

(1) 규범적 관점

규범적인 관점에서 점증주의가 바람직하냐 총체주의가 바람직하냐 하는 문제가 예산개혁론자들에 의하여 오래 전에 제기되었다는 것은 주지의 사실이다. 점증주의가 비합리적이며 자원의 낭비를 초래한다는 것이 총체주의자들의 주장이다.

이에 반하여 점증주의자들은 PPBS나 제로베이스예산과 같은 총체주의적 예산제도는 처음부터 성공할 가망이 없는 것이며[1)]점증주의야 말로 가장 현실적인 예산결정방법일 뿐만 아니라 큰 과오를 면할 수 있는 방법이라고 주장한다.

(2) 실증적 문제

규범적인 관점을 떠나 점증주의가 예산과정의 실태를 설명하는 실증적인 이론으로서 타당성을 지니느냐 하는 문제도 제기되고 있다.

우리는 본절에서 먼저 실증적 이론으로서의 점증주의의 타당성을 검토하고 제2절에서는 예산과정의 총체주의가 과연 실현가능한 것이며 PPBS나 제로베이

---

1) Aaron Wildavsky, *The Politics of the Budgetary Process*, fourth edition(Boston: Little, Brown and Co., 1984), pp. 196-199.

스예산제도가 점증주의의 극복에 이바지했는가를 검토하고자 한다.

2. 점증주의의 의의

(1) 점증주의 이론의 성격

점증주의 이론의 성격에 관해서는 예산과정의 현실을 올바로 설명하는 기술적 이론이라는 주장이 많으나[2] Schick와 같이 점증주의 이론을 규범적 이론이라고 주장하는 사람이 있는가 하면[3] 예산과정의 예측이론이라는 견해도 있다.[4]

(2) 점증주의의 일반적 특징

예산과정의 점증주의에 구체적으로 들어가기 전에 Lindblom이 주동이 되어 개발한 점증주의의 일반적 특징을 살펴보면 다음과 같다.[5]

① 비쇄신적 대안만의 검토: 점증주의의 특징으로서 첫째로 들 수 있는 것은 비쇄신적 대안만의 검토이다. 총체주의(합리모형)는 정책결정자들이 쇄신적 대안을 포함하여 문제해결에 도움이 될 모든 대안을 검토하여야 한다고 하는데 대하여 점증주의는 현행정책과 크게 다르지 않는 범위내의 대안의 검토로서 족하다고 보는 것이다.

② 소수대안의 검토: 총체주의는 광범위한 대안의 검토를 요구하는데 대하여 점증주의는 의사결정의 단순화를 위하여 소수의 대안의 검토만으로서 족하다고 본다.

③ 대안의 연속적 검토: 점증주의는 목표달성에 이바지할 수 있는 모든 대안을 놓고 종합적으로 검토하여 최적의 대안을 선택하는 것이 아니라 만족스러운 대안이 나올 때까지 대안을 하나씩 검토해 간다는 것이다.

④ 정책성과의 한정적 검토: 총체주의 또는 합리모형은 모든 대안으로부터 발생할 성과를 전반적으로 검토하는데 대하여 점증주의는 현행정책의 성과와

---

2) John Wanat, "Bases of Budgetary Incrementalism," *American Political Science Review*, September 1974, pp. 1224-1228.

3) Allen Schick, "Systems Politics and Systems Budgeting," *Public Administration Review*, March-April 1969, pp. 137-151.

4) Otto Davis, M. A. H. Dempster and Aaron Wildavsky, "Toward a Predictive Theory of Government Expenditure: U. S. Domestic Appropriations," *British Journal of Political Science*, 1974, pp. 419-452.

5) 일반적인 점증주의의 특징과 다소 표현이 다른 점이 있는 것은 이곳에서는 예산과정의 점증주의를 염두에 두었기 때문이다.

검토대상으로 삼은 대안의 성과간의 차이만을 검토한다.

⑤ 목표의 수단 의존성: 총체주의는 먼저 목표를 명확히 하고 다음에 이를 달성하기 위한 수단을 강구하는데 대하여 점증주의는 목표의 선택과 수단의 선택이 상호 의존적이라고 본다. 수용가능한 대안의 선택이 이루어질 때까지 목표는 수정가능하다고 보는 것이다.[6]

⑥ 결정방식의 단순성: 우리는 위에서 주로 Lindblom의 주장에 따라 점증주의의 특징을 살펴보았는데 점증주의에 관한 문헌들은 이 밖에도 점증주의의 특징으로서 결정방식의 단순성을 들고 있다. 복잡한 상황하에서 점증주의는 단순한 결정방식을 택한다는 것이다.[7]

(3) 예산과정점증주의의 특징

우리는 위에서 주로 Lindblom의 주장을 중심으로 점증주의의 일반적 특징을 살펴보았는데 이곳에서는 예산과정 점증주의의 특징을 살펴보기로 한다.

① 베이스의 불검토: 예산과정의 점증주의는 흔히 전년도예산을 말하는 베이스(base)는 부여된 것으로 보고 이에 대한 검토는 하지 않는데 그 특징이 있다고 하겠다. Tucker는 점증주의를

$$Y = bX + e$$

라는 수식으로 표현하는데 Y는 당해연도의 예산결정이며, X는 전년도 예산이다. b는 전년도예산의 90%와 같은 비율로 표시할 수 있는 파라미터(parameter)이며, e는 점증적 법칙 외의 고려사항으로서 시기에 따라서 그 크기는 다를 수 있을 것이다.[8] 이 수식을 가지고 설명한다면 예산과정의 점증주의는 X란 주어진 것이며 X에 대한 검토는 하지 않는데 그 특징이 있다는 것이다.

② 작은 규모의 증감: 점증주의의 또 하나의 특징은 증감의 규모가 작다는

6) William D. Berry, "The Confusing Case of Budgetary Incrementalism: Too Many Meaning for a Single Concept," *Journal of Politics*, February 1990, pp. 169-170.

7) Andrew T. Cowart, Tore Hansen and Karl-Erik Brofoss, "Budgetary Strategies and Success at Multiple Decision Levels in the Norwegian Urban Setting," *American Political Science Review*, June 1975, pp. 543-558.

8) Harvey J. Tucker, "Incremental Budgeting: Myth or Model?" *Western Political Science Quarterly*, September 1982, p. 328.

것이다. 후술하는 바와 같이 작은 규모란 어느 정도를 말하는가에 관해서 논란이 있으나 작은 규모의 증감이 점증주의의 핵심적 요소임에는 틀림이 없다.

여기서 또 하나 문제되는 것은 작은 규모의 증액만을 말하느냐 감액까지 포함하는가의 문제이다. 점증주의는 작은 규모의 「증액」만을 의미한다고 주장하는 사람도 있으나[9] 증액뿐만 아니라 「감액」도 포함해야 한다는 주장이 우세한 것 같다.[10]

③ 좁은 역할범위를 지닌 참여자간 협상: 점증주의가 참여자간의 협상과 조절을 의미한다는 것은 주지의 사실이나 이들 참여자들이 각각 좁은 역할범위(narrow-roles)를 지닌다는 사실에 유의할 필요가 있다. 각 부처의 역할은 가능한 한 많은 예산을 확보하는 것이며 중앙예산기관의 역할은 각 부처의 요구를 삭감하는데 있고 입법부는 표면상 배급기능을 수행한다고 하지만 실질적으로는 의원 각자의 출신구의 편익과 재선을 위하여 보다 많은 예산의 확보를 목표로 한다. 이와 같이 각각 상이한 역할을 지닌 참여자간의 협상에 의하여 예산이 결정되는 과정이 점증주의라는 것이다.

④ 관계의 규칙성: 점증주의의 또 하나의 특징으로서 관계의 규칙성(regurality of relationships)을 드는 사람들이 있다. Dempster와 Wildavsky는 미국 각 부처의 국과 의회와의 관계가 규칙적이라는 사실을 지적하나 우리나라의 경우 각 부처와 중앙예산기관의 관계나 국회의 상임위원회와 예산결산위원회의 관계도 규칙적이라 할 수 있겠다.

⑤ 외부적 요인의 영향의 결여: 점증주의란 특정년도의 예산액이 전적으로 전년도 예산액에 의하여 결정되는 과정이라고 보는 사람들이 있다. 이것이 다소 과장된 표현이라 하더라도 점증주의란 외부적 변수가 예산에 관한 결정에 아무런 영향을 미치지 않는 과정이라고 할 수 있겠다.

---

9) John R. Gist, "Increment and Base in the Congressional Appropriations Process," *American Journal of Political Science*, 1977, pp. 341-352; Wanat, *op. cit.*, 1224-1227.

10) Ira Sharkansky, "Agency Requests, Gubernatorial Support and Budget Success in the State Legislatures," *American Political Science Review*, 1968, pp. 1220-1231; Kathleen A. Kemp, "Instability in Budgeting for Federal Regulatory Agencies," *Social Science Quarterly*, 1982, pp. 643-660.

3. 점증주의의 전제조건

예산과정의 점증주의가 타당성을 지니기 위해서는 여러 가지 전제조건이 필요하리라 생각되나 우리는 White의 주장에 따라 다음의 몇 가지를 들고자 한다.[11]

(1) 권력의 분산

전제국가나 전체주의국가에서는 점증주의가 불필요할 것이며 전원합의를 요하는 체제하에서는 변동이 일어나기 어려울 것이다. 많은 현대국가는 그 중간에 위치한다고 할 수 있다.

현대국가에서는 비교적 권력이 집중되어 있는 체제하에서는 대폭적인 예산증감이 가능하다. 우리나라의 제3공화국이나 제4공화국하에서 예산의 대폭적인 증감이 가능했던 이유가 여기에 있다고 하겠다. 그러나 미국의 연방정부와 같이 비교적 권력의 분산이 철저한 체제하에서는 점증주의가 타당성을 지닌다는 것이다.

(2) 가용재원

가용재원도 점증주의에 영향을 미친다. 전년도에 비하여 가용재원이 크게 늘어난 경우에는 점증주의적 결과나 과정의 필요성이 덜할는지 모르나 가용재원의 여유가 크지 않을 때에는 점증주의가 타당성을 지니게 될 것이다.

(3) 단기적 예산사이클

예산사이클(cycle)도 점증주의에 영향을 미칠 수 있다. 예산사이클(회계연도)이 길 때에는 많은 변동이 일어날 수 있으나 예산사이클이 짧을 때에는 변동의 폭이 좁아진다는 것이다. 다시 말해서 미국의 일부 주정부와 같이 예산사이클이 2년인 경우에는 변동의 폭이 클 수 있으나 예산사이클이 1년인 경우에는 점증주의의 타당성이 높아진다는 것이다.

---

11) Joseph White, "Nothing New Under the Sun: Why the Work of Budgeting Remains Incremental," in Naomi Caiden and Joseph White (eds.), *Budgeting, Policy, Politics: An Appreciation of Aaron Wildavsky*(New Brunswick: Transaction Publishers, 1995), pp. 119-121.

(4) 예산통일의 원칙(non-affectation의 원칙)

우리는 예산원칙의 하나로서 특정한 세입과 특정한 세출을 직결시켜서는 안 된다는 non-affectation의 원칙을 드는데 이를 저해하는 것으로서 목적세나 특별회계를 들 수 있다.[12]

특별회계나 목적세 특히 목적세가 많을 때에는 점증주의가 타당성을 지니기 어렵다는 것이 White의 주장이다. 목적세수입이나 특별회계수입의 증감폭이 지출을 결정하는 까닭이다.

4. 점증주의의 실증

(1) Wildavsky와 Fenno

점증주의자들이 주장하는 것처럼 예산증가율이 점증적이냐 하는데 관해서는 논란이 있다.

Wildavsky와 Fenno는 미국의 국내문제를 관장하는 37개 기관의 12년간에 걸친 예산을 검토하였다. 444건 중 33.6%에 해당하는 149건이 5% 이내의 증감을 나타냈으며 18.9%인 84건이 6~10%의 증감을 시현했다. 이리하여 10% 이하의 증감이 52.5%에 해당되는 233건에 달한다는 것을 발견했다.

〈표 2-4〉 예산의 점증현상비교

	점증적 (0~10)	중간적 (11~30%)	비점증적 (31%+)
미연방정부예산 Wildavsky-Fenno (N=444)	52.5%	34.2%	15.2%
미연방정부세출 1961-1971 (N=212)	49.1	32.1	19.8
콜롬비아중앙정부예산(불변) 1961-1971 (N=255)	43.9	25.9	30.2
버지니아정부예산 1967-1970 (N=69)	34.7	52.1	13.1

12) 제1편 제5장 「예산의 원칙」 참조.

(2) 실증의 계량화

1960년대 후반에 이르러 점증주의의 실증은 계량화되기 시작했다. 1966년 Davis, Dempster와 Wildavsky는 점증주의를 입증하는 계량적 모형을 개발하여 1946년부터 1963년에 이르는 기간 중의 56개 국내문제관장기관의 예산에 적용해 보았다. 각 기관은 예산요구서를 작성하는 과정에 있어서 전년도예산액과 대비하여 일정한 비율의 증액을 요구한다는 방침을 견지하며 의회는 각 기관의 요구액을 일정비율 삭감한다는 방침을 견지하고 있다는 것이 Davis 등이 내린 결론이다.[13)]

5. 점증주의에 대한 반론

전술한 바와 같이 이곳에서는 예산과정의 실태를 설명하는 실증적인 이론으로서의 점증주의에 대하여 제기되고 있는 반론에 대해서 검토하고자 한다.

(1) 과정과 산출의 구분

Bailey와 O'Connor는 점증주의를 논할 때 과정과 outputs를 구별하여야 한다는 점을 강조하고 있다. 점증주의를 협상이라는 과정으로 보는 사람이 있는가 하면 점증주의를 outputs의 관점에서 논하는 사람도 있다. Bailey와 O'Connor는 예산과정의 점증주의는 어디까지나 outputs를 가지고 논해야 한다는 점을 강조하고 점증주의를 「협상」으로 정의하는 경우에 비점증적인 예산과정이란 존재할 수 없다는 결론에 도달하게 된다고 말하고 있다.[14)]

(2) 점증주의의 실증에 대한 이론

점증주의자들이 제시한 실증이 과연 예산과정의 점증주의를 입증해 주고 있느냐에 관해서도 이론이 있다. Wildavsky와 Fenno가 주장하고 있는 바와 같이 점증적(0~10%)이라고 볼 수 있는 경우가 52.5%에 달하고 있는 것이 사실이나, 중간적(11~30%)인 경우와 비점증적(31% 이상)인 경우도 적지 않다는 것을 알 수 있다.

실제적인 미연방정부세출도 대부분이 점증적인 것이 사실이나 약 3분의 1이

---

13) Otto Davis, M. A. H. Dempster and Aaron Wildavsky, "A Theory of the Budgetary Process," *American Political Science Review*, September 1966, pp. 529-547.

14) John J. Bailey and Robert J. O'Connor, "Operationalizing Incrementalism: Measuring the Muddles," *Public Administration Review*, January-February 1975, p. 65.

중간적(11~30%)인 경우에 속하며 19.8%가 비점증적(31% 이상)이라고 할 수 있다.

미국의 버지니아주의 자료를 본다면 점증적인 경우는 34.7%에 지나지 않으며 52.1%가 중간적인 경우에 해당된다는 것을 알 수 있다. 컬럼비아중앙정부의 자료를 본다면 인플레이션을 감안하는 경우 미국의 연방정부나 버지니아주정부와는 차이가 크다는 것을 알 수 있다. 점증적인 경우는 43.9%에 달하나 비점증적(31% 이상)인 경우가 30.2%에 이르고 있는 것이다.

(3) 분석단위

점증주의자들은 점증주의의 실증을 제시할 때 분석단위로서 부처수준을 사용한다. 환언하면 국방성의 예산의 증가율이 점증적이며 원자력위원회의 예산이 점증적이라는 자료가 많이 제시되고 있다.

그러나 최근에 와서 이러한 분석단위의 수준에 대해서 이론이 제기되고 있다.[15] Natchez와 Bupp는 1958년부터 1972년도에 이르는 기간중의 원자력위원회의 예산을 검토해 본 결과 원자력위원회의 예산총액은 점증적인 것이 사실이나 핵로케트, 고에너지물리학(high energy physics), 열핵연구(thermonuclear research), 핵무기 등 원자력위원회의 사업별로 분석해 본다면 사업에 따라서 예산액에 상당한 기복이 있었으며, 점증주의와는 거리가 멀다는 사실을 발견했던 것이다.[16]

Kanter는 1960년도부터 1970년도에 이르는 기간 중의 미국방예산을 분석해 본 결과 동일한 결론에 도달하고 있다. 정부의 예산요구액과 의회의 예산의결액의 대비라는 관점이나 특정년도예산액의 전년도예산액과의 대비라는 측면에서 국방성의 예산총액을 검토할 때에는 점증주의가 적용될는지 모르나 구매예산이나 연구개발비를 검토하여 볼 때에는 그 기복이 심하다는 것을 알 수 있다는 것이 Kanter의 결론이다.[17]

---

15) Lance T. LeLoup, "The Myth of Incrementalism: Analytical Choices in Budgetary Theory," *Polity*, Summer 1978, pp. 488-509.

16) Peter B. Natchez and Irvin C. Bupp, "Policy and Priority in the Budgetary Process," *American Political Science Review*, September 1973, pp. 951-963.

17) Arnold Kanter, "Congress and the Defense Budget: 1960-1970," *American Political Science Review*, March 1972, pp. 129-143.

(4) 하향적 과정의 증대

어떠한 예산제도하에서나 상향적 과정(bottom-up process)과 하향적 과정(top-down process)이 공존하기 마련이나 1980년대의 Reagan행정부의 등장을 계기로 하여 나타난 미국방예산의 대폭적인 삭감은 하향적인 예산과정의 필요성을 증대시켰다. 이러한 현상은 상향적 예산과정에 관한 설명으로서의 점증주의이론의 실효성을 많이 감소시켰다는 것이 Bozeman과 Straussman의 주장이다.[18)]

이러한 하향적 경향의 증대를 거시적 예산과정(macrobudgeting)으로의 이행이라는 말로서 표현하는 사람들이 있는데 이들에 의하면 점증주의는 본질적으로 미시적 예산과정이다.[19)]

(5) 점증주의의 종말

이러한 여러 가지 이유로 점증주의의 추종자들 중에서 이탈자가 늘어나고 있다. 이리하여 점증주의의 종말(demise)을 예고하는 사람이 있는가 하면 점증주의의 주창자의 한 사람인 Wildavsky 자신도 점차 점증주의를 포기하고 있다고 주장하는 사람도 있다.[20)]

제 2 절 예산과정의 총체주의

1. 총체주의의 의의

(1) 개 념

예산과정의 총체주의는 점증주의를 토대로 한 전통적 예산제도에 대한 비판으로 제기되었는데 총체주의란 한 마디로 말해서 결정과 관련된 모든 요소를 종합적으로 고려하여 자원배분을 합리적으로 행하려는 것이다.

---

18) Barry Bozeman and Jeffrey D. Straussman, "Shrinking Budgets and the Shrinkage of Budget Theory," *Public Administration Review*, November-December 1982, p. 513.

19) Lance T. LeLoup, "From Microbudgeting to Macrobudgeting: Evolution in Theory and Practice," in Irene S. Rubin (ed.), *New Directions in Budget Theory* (Albany: State University of New York Press, 1988), pp. 19-42.

20) Irene S. Rubin, "Aaron Wildavsky and the Demise of Incrementalism," *Public Administration Review*, January-February 1989, p. 78.

Tucker는 비점증적 모형이란 과거의 예산결정을 독립변수로 사용하지 않는 모형이라고 하고 있다.

(2) 특 징

총체주의의 특징에 관해서 간단히 요약한다면 다음의 몇 가지를 들 수 있다.[21)]

① 목표의 명확한 정의: 총체주의에서는 목표나 가치는 명확히 정의할 수 있을 뿐만 아니라 목표나 가치관의 우선순위도 결정될 수 있다고 본다.

② 목표수단분석: 총체주의는 목적수단분석을 강조한다. 먼저 목적(ends)을 명확히 하고 이어서 이러한 목적을 달성하는데 이바지할 수단(means)이 무엇인가를 탐구한다.

③ 대안의 선정: 총체주의에서는 이미 설정한 목표에 가장 부합되는 결과를 가져올 대안의 선정이 최선의 결정이라고 본다.

④ 분석의 종합성: 총체주의는 합리성과 함께 종합성을 강조한다. 모든 요소를 종합적으로 고려하여 결정이 이루어져야 한다는 것이다.

(3) 총체주의를 구현하는 예산제도

총체주의를 구현하여 예산의 합리성을 제고하고자 하는 예산제도로서 계획예산제도(PPBS), 목표에 의한 관리(MBO), 제로베이스예산제도를 드는 사람이 있으나[22)] 일반적인 관리도구로서 사용되고 있을 뿐만 아니라 인사행정에서는 근무성적평정을 위한 평가방법의 하나로 사용되고 있는 MBO는 제외하고[23)] 우리는 이곳에서 계획예산제도와 제로베이스예산제도만 살펴보기로 한다.

2. 총체주의와 계획예산제도

(1) 계획예산제도의 개념

계획예산제도(PPBS)가 총체주의를 구현하는 예산제도이냐에 대해서는 논란의 여지가 있겠으나 후술하는 바와 같이 PPBS의 제창자들은 PPBS가 총체주의를 구현하는 제도라고 생각한 것 같다.

---

21) Charles Lindblom, "The Science of Muddling Through," *Public Administration Review*, Spring 1959, pp. 79-88.

22) LeLoup, "From Microbudgeting to Macrobudgeting," p. 19.

23) 유 훈, 행정학원론[제7정판](서울: 법문사, 2000), 제4편 제6장 「근무성적의 평정」 참조.

PPBS는 여러 가지로 정의할 수 있겠으나 우리는 PPBS를 장기적인 기획수립과 단기적인 예산편성을 유기적으로 연관시킴으로써 자원배분에 관한 의사결정을 합리적으로 일관성 있게 행하려는 제도라고 정의하고자 한다.

(2) 계획예산제도의 기본이념

Enthoven과 Smith는 그들의 저서에서 PPBS의 기본이념(basic ideas)으로서 다음과 같은 것을 들고 있다.[24] 이들의 주장을 보더라도 PPBS의 제창자들이 PPBS를 총체주의를 구현하는 예산제도로 보았다는 것을 짐작할 수 있을 것 같다.

① 국가이익에 입각한 의사결정: 미국방성의 경우를 보면 종전에는 각 군의 이해관계의 타협에서 이루어지는 결정이 많았으나, PPBS는 이와 같은 이해관계의 타협을 배격하고 국가이익에 입각한 의사결정을 그 기본적 이념의 하나로 삼고 있다는 것이다. 환언하면 PPBS는 점증주의 과정을 배격한다는 것이 이들의 주장이다.

② 소요와 비용의 동시검토: 만일에 정부가 그 외교정책이나 전략목표에 수반되는 코스트(cost)의 부담을 원치 않거나 부담할 수 없는 경우에는 그 외교정책이나 전략목표 자체를 수정해야 한다.

③ 대안의 명확한 검토: PPBS는 목표달성을 위한 모든 대안을 검토하는 것을 그 기본이념의 하나로 삼는다. 환언하면 미리 결정된 방안을 합리화하기 위한 형식적인 대안의 검토가 아니라 목표달성을 위하여 가능한 모든 대안을 철저히 검토하여 가장 효과적이며 능률적인 방안을 선택하게 되는 것이다.

④ 다년간에 걸친 사업・재정계획: PPBS는 장기적인 시계를 보유하기 위하여 아웃푸트(output)와 코스트(cost)에 관한 장기적인 계획을 지닌다. 이와 같은 계획은 미래를 위한 신축성 없는 청사진이 아니라 과거의 정책결정이 지니는 함축의 프로젝션(projection)이다. 이와 같은 계획이 있는 까닭에 정책결정자는 오늘날의 결정이 미래에 미치는 영향을 고려에 넣지 않을 수 없게 되며, 장기간에 걸쳐 사업계획이 미치는 영향을 염두에 두고 소요와 사업계획을 판단하게 되는 것이다.

---

24) Alain C. Enthoven and K. Wayne Smith, *How Much Is Enough*?(New York: Harper, 1971), pp. 31-47.

⑤ 공개적이며 명확한 분석: 마지막으로 PPBS는 공개적인 분석을 기본이념의 하나로 삼는다. 환언하면 모든 관계자들이 분석에 사용된 자료, 가정, 계산방법 등을 검토하고 결론에 이르는 여러 과정을 더듬어 볼 수 있도록 하여야 한다.

이와 같은 공개적인 방법은 대규모조직이 장기간에 걸쳐 과오를 지속하는 것을 방지할 수 있을 뿐만 아니라 의회, 중앙예산기관, 기타 관련자에게도 필요한 자료를 제공해 줌으로써 이들이 모두 효과적으로 문제의 검토에 참여할 수 있도록 한다. 또한 외부집단을 정책결정에 참여시킴으로써 그 문제에 호의를 가지고 있는 사람들만이 정책결정에 참여하는 폐단을 방지할 수 있는 것이다.

(3) 계획예산제도에 대한 비판

전술한 바와 같이 PPBS가 총체주의를 구현하는 예산제도이냐에 대해서는 논란이 있겠으나, 많은 정부가 점증주의를 타파하고 재정의 경직성을 극복하기 위하여 PPBS를 활용하려고 했던 것이 사실이다.

일본정부의 경우만 하더라도 계획예산제도에 대해서 깊은 관심을 표명하기 시작한 것은 1967년 가을의 일인데 예산당무자들은 일본의 국가재정에 있어서 재정경직현상을 타개하는 방안의 하나로 계획예산제도에 관심을 표명하게 되었던 것이다.[25]

미국 국방성의 경우 적어도 McNamara장관 재임시에는 계획예산제도가 점증주의의 극복을 위해서 활용되었을 뿐만 아니라 실효도 거두었던 것이 사실이다.[26]

그러나 Harper 등이 지적한 바와 같이 그 밖의 연방정부기관에 있어서는 계획예산제도가 중요한 자원배분결정에 별로 영향을 미치지 못했던 것 같다.[27]

결론적으로 예산절차나 결정을 바꾸어 보겠다는 계획예산제도의 목표는 달성된 일이 없을 뿐만 아니라, 계획예산제도의 결함은 집행상의 결함이 아니라

---

25) 加藤隆司,「主要國におけるPPBの導入について(II)」, 行政とADP, 1971년 9월호, pp. 1-2.

26) Lawrence C. Korb, "The Budget Process in the Department of Defense, 1947-77: The Strengths and Weaknesses of the Three Systems," *Public Administration Review*, July August 1977, p. 340.

27) Edwin L. Harper, Fred A. Kramer and Andrew M. Rouse, "Implementation and the Use of PPB in Sixteen Federal Agencies," *Public Administration Review*, November- December 1969, p. 632.

본질적인 결함이라는 Wildavsky의 주장은[28] 극단적이라고 하더라도 국방성을 제외한 많은 기관에서 계획예산제도가 점증주의의 극복에 크게 이바지하지 못한 것이 사실인 것 같다.

이리하여 Johnson 행정부가 물러가고 Nixon 행정부가 들어서자 계획예산제도를 폐지하고 목표에 의한 관리(MBO)를 도입했다는 것은 우리가 다 잘 아는 사실이다.[29]

3. 총체주의와 제로베이스 예산제도

(1) 제로베이스 예산의 의의

제로베이스 예산제도(ZBB)는 전년도의 예산에 구애되지 않고 영(zero)에서 출발하여 업무계획을 수립하고 채택된 프로그램에 관해서만 예산을 편성하는 방식이다.

ZBB는 PPBS에 비하여 신축성이 높은 것이 장점이라고 하나[30] 총체주의예산제도의 특징이 ① 종합적·체계적 분석을 강조하고, ② 정치적 타협·상호조절보다는 경제적 합리성을 앞세우며, ③ 새로운 프로그램이나 예산의 대폭적·체계적 증감을 가능케 하는데 있다면 ZBB는 전형적인 총체주의예산제도라고 할 수 있겠다.

이리하여 우리는 ZBB의 장점으로서 그 무엇보다도 재원의 합리적 배분과 경직성의 타파를 들고 있는 것이다.

(2) 제로베이스 예산제도에 대한 비판

우리는 ZBB를 전년도예산에 구애되지 않고 영(zero)에서 출발하여 업무계획을 수립하고 채택된 프로그램에 관해서만 예산을 편성하는 방식이라고 정의했다.

이 정의대로라면 ZBB는 마땅히 점증주의를 극복할 수 있는 제도여야 하는데 실제에 있어서 ZBB가 점증주의를 극복하지 못하고 있다는 비판이 많이 제기되고 있다.

---

28) Wildavsky, *op. cit.*, pp. 196-199.

29) 제4편 제1장 「예산개혁론」 참조.

30) Frank D. Draper and Bernard T. Pitsvada, "ZBB Looking Back After Ten Years," *Public Administration Review*, January-February 1981, p. 77; Allen Schick, "The Road from ZBB," *Public Administration Review*, March-April 1978, p. 178.

매년 제로(zero)에서 출발하여 모든 사업을 검토하려면 지나치게 많은 시간과 노력이 소요되는 까닭에 Arkansas, Illinois, Texas 주 등에서는 현년도 수준의 90%선을 최저수준으로 삼고 이 최저수준과 현년도수준 그리고 증액수준을 대안으로 검토하고 있는 것이다. Wildavsky는 이러한 제도는 제로베이스예산이 아니라 90% 베이스예산이라고 비판하고 있는 것이다.[31]

정부부문에 ZBB를 도입하는데 선구적인 역할을 담당했다는 죠지아주의 ZBB를 1973년도부터 1975년도까지 조사한 Minmier와 Hermanson은 ZBB가 자원의 합리적 배분에 이바지하지 못했다고 하고 있으며,[32] 1973년도부터 1978년도까지를 검토한 Lauth도 동일한 결론에 도달하고 있다.[33]

이리하여 Wildavsky는 PPBS와 같이 ZBB의 결함도 본질적인 것이라고 단정하고 있다.[34]

제 3 절 점증주의와 총체주의의 비교

1. 점증주의와 총체주의의 차이점

예산과정의 점증주의와 총체주의의 차이점에 관해서는 여러 가지로 설명하고 있는데 Skok는 양자의 차이점을 다음과 같이 설명하고 있다.[35]

(1) 미시적 과정

점증주의는 연속적·한정적인 비교를 강조하는데 대하여 총체주의에서는 종합적·체계적 분석을 강조한다.

---

31) Wildavsky, *op. cit.*, p. 299.

32) George S. Minmier and Roger H. Hermanson, "A Look at Zero-Base Budgeting- The Georgia Experience," reprinted in John A. Worthley and William G. Ludwin(eds.), *Zero-Base Budgeting in State and Local Government*(New York: Praeger, 1979), pp. 162- 164.

33) Thomas P. Lauth, "Zero-Base Budgeting in Georgia State Government: Myth and Reality," *Public Administration Review*, September-October 1978, pp. 420-428.

34) Wildavsky, *op, cit.*, p. 214.

35) James E. Skok, "Budgetary Politics and Decision Making," *Administration and Society*, February 1980, pp. 445-447.

(2) 거시적 과정

점증주의에서는 정치적 협상이나 상호조절이 불가피할 뿐만 아니라 필요한 요소라고 보는데 대하여 총체주의는 집권적이며 제도화된 사업별 예산을 강조한다.

〈표 2-5〉 점증주의와 총체주의의 비교

	미시적 과정	거시적 과정	결 과
점증주의	연속적 · 한정적 비교	정치적 타협 상호조절	전년도대비 소폭적 예산증감
총체주의	종합적 · 체계적 분석	집권적 제도화된 사업별 예산	새로운 프로그램, 대폭적 · 체계적 예산증감

(3) 결 과

전년도답습주의라고도 하는 점증주의에서는 예산의 증감은 좁은 범위 내에서만 이루어진다고 주장하나 총체주의에서는 새로운 프로그램(program)이나 예산의 대폭적 · 체계적 증감의 필요성을 강조한다.

2. 실태와 과제

(1) 양극화 경향

우리는 제1절에서 점증주의를 고찰하였고 제2절에서 총체주의를 검토하였다. Key가 개탄하던 「예산이론부재」의 시대는[36] 지나고 근래에 와서 예산이론에 관한 많은 문헌이 발표되고 있는데 오늘날의 예산이론의 결함은 Skok가 지적한 바와 같이 양극화경향이라고 할 수 있을는지 모른다.[37] 총체주의자들은 예산과정을 총체주의로만 고찰하려고 하는가 하면 점증주의자들은 예산과정을 점증주의로만 설명하려고 시도한다.

(2) 앞으로의 과제

그러나 최근의 실증적 연구는 예산과정에 있어서 합리적 · 종합적(총체주의적)인 측면과 점증주의적인 측면이 동시에 일어나고 있다는 것을 말해 주고 있

36) V. O. Key, Jr., "The Lack of Budgetary Theory," *American Political Science Review*, December 1940, pp. 1137-1144.

37) Skok, *op. cit.*, pp. 446-447.

다.[38] 따라서 현단계에 있어서 필요한 과제는 언제 어떠한 상황하에서 어떤 「테크닉」이 사용되며 어느 쪽이 예산과정을 지배하느냐를 규명하는 문제라는 것이 Skok의 주장이다.[39]

38) Barber는 점증주의 대 총체주의의 문제가 아니라 어느 정도의 점증주의 대 어느 정도의 총체주의의 문제라고 표현하고 있다[James D. Barber, "Complexity, Synopticism, Incrementalism and Real Questions," reprinted in Robert Golembiewski and Jack Rabin(eds.) *Public Budgeting and Finance*, second edition(Itasca: Peacock, 1975), p. 138].

39) Skok, *op. cit.*, p. 447.

제 3 편

예산과정

제1장 예산과정개관

제1절 회계연도

1. 의 의

회계연도란 수입과 지출을 구분 정리하여 그 관계를 명확히 하기 위한 기간, 즉 예산의 유효기간을 말하는 것이다. 따라서 회계연도는 반드시 1년이어야 할 이유가 없으며 미국의 일부 주정부와 같이 회계연도를 2년으로 하고 있는 경우도 있다. 최근 미연방정부에서도 회계연도를 2년으로 하여야 한다는 주장이 제기된 바 있다.[1]

회계연도는 영국의 경우를 본다면 1854년의 법률에 의하여 4월 1일에 시작하여 3월 31일에 끝나는 회계연도를 채택하여 오늘에 이르고 있으며[2] 미국에서는 1842년까지는 10월에 시작하여 9월에 끝났으며 1843년부터 1975년까지는 7월에 시작하여 6월에 끝나는 회계연도를 사용하다가[3] 1976년부터는 10월에 시작하여 9월에 끝나는 회계연도로 환원했다.[4]

---

1) Roy T. Mayers, "Biennial Budgeting by the U.S. Congress," *Public Budgeting and Finance*, Summer 1988, pp. 21-32.

2) Sir Herbert Brittain, *The British Budgetary System*(London: George Allen and Unwin, 1959), p. 20.

3) Vincent J. Browne, *The Control of the Public Budget*(Washington, D.C.: Public Affairs Press, 1949), p. 63.

4) John L. Mikesell, *Fiscal Administration: Analysis and Application for the Public Sector, seventh edition*(Belmont: Wadsworth, 2007), p. 83. 미국의회는 7월에 시작하여 6월에 끝나는 회계연도를 변경하는 과정에 있어서 회계연도를 역년과 일치시키는 대안도 검토했으나 10월에 시작하여 9월에 끝나는 회계연도로 낙착되었다.

2. 각국의 회계연도

(1) 회계연도의 다양성

이와 같이 회계연도는 나라에 따라 다른데 각국의 회계연도를 살펴보면 다음과 같다.

① 1월~12월 한국, 아르헨티나, 벨기에, 네덜란드, 프랑스, 스위스, 구소련 등

② 3월~2월 터키

③ 4월~3월 영국, 일본, 캐나다, 인도, 파키스탄, 독일 등

④ 10월~9월 미국[5]

⑤ 9월~8월 미안마, 스리랑카

(2) 한국의 회계연도

국가재정법 제2조는 우리나라의 회계연도는 매년 1월 1일에 시작하여 동년 12월 31일에 종료한다고 규정하고 있다. 우리나라의 회계연도는 1953년도까지

〈표 3-1〉 한국회계연도의 추이

회계연도	연도기간
1949	1949년 4월~1950년 3월(12개월)
1950	1950년 4월~1951년 3월(12개월)
1951	1951년 4월~1952년 3월(12개월)
1952	1952년 4월~1953년 3월(12개월)
1953	1953년 4월~1954년 3월(12개월)
1954	1954년 4월~1955년 6월(15개월)
1955	1955년 7월~1956년12월(18개월)
1957	1957년 1월~1957년12월(12개월)
⋮	⋮
2011	2011년 1월~2011년12월(12개월)

주: ① 우리나라에는 회계연도상 1956년도 없음.
② 1957년도부터 2010년도까지는 연도기간이 동일하므로 약함.

5) 연방정부의 경우이며 미국 각 주정부의 회계연도는 다양하다. 앨라바마주와 미시간주는 연방정부와 같이 10월에 시작하나, 뉴욕주는 4월에 텍사스주는 9월에 시작하며 그 외의 모든 주정부는 1월에 시작하는 화계년도를 가지고 있다. John L. Mikesell, *op. cit.*, p. 49.

는 4월 1일에 시작하여 3월 31일에 끝났으나, 그 후 회계연도를 7월에 시작하여 6월에 끝나도록 바꾸기 위하여 1954년도는 1954년 4월 1일부터 1955년 6월 30일까지(15개월)로 하였는데 다시 회계연도를 역년과 동일하게 만들기 위하여 1955년도를 1955년 7월 1일부터 1956년 12월 31일까지로 하였던 것이다. 이리하여 우리나라에서는 1956년도는 없고 1957년도부터 회계연도와 역년이 동일하게 되었다.[6)]

3. 회계연도의 독립

(1) 회계연도독립의 원칙

국가의 세입세출은 각 회계연도의 수입지출이며, 각 회계연도에 있어서의 수입은 그 전체가 지출 전체의 재원이 되는 것이다. 따라서 국가재정법 제3조에 규정되어 있듯이 「각 회계연도의 경비는 그 연도의 세입 또는 수입으로 충당하여야 한다」. 이것을 회계연도독립의 원칙이라 한다.

(2) 회계연도독립의 원칙에 대한 예외

그러나 회계연도란 인위적인 제도이므로 회계연도독립의 원칙을 지나치게 엄격하게 적용하는 경우에는 여러 가지 부작용이 발생할 수 있으므로 이에 대한 예외를 인정하고 있다. 회계연도독립의 원칙에 대한 예외로서 예산의 이월, 계속비, 과년도수입, 과년도지출 등의 제도가 있는데 이에 관해서는 후술하겠다.[7)]

제 2 절 예산과정의 제단계

지금 우리가 고찰한 바와 같이 나라에 따라서 회계연도는 다르지만 어느 나라에 있어서든지 예산과정은 거의 예외없이 i) 예산의 편성, ii) 예산의 심의, iii) 예산의 집행, iv) 결산, v) 회계검사(감사)를 되풀이 하는 것이다.

---

6) 제6대국회말에 예산회계법을 개정하여 법률상 4월에 시작하여 3월에 끝나는 회계연도로 변경했다가 제7대 국회초에 다시 역년과 동일한 회계연도로 되돌아 왔는데 이는 법률상의 변경에 지나지 않으며, 실제상 회계연도에는 아무런 변동이 없었다.

7) 이들에 관해서는 본편 제4장 「예산의 집행」 참조.

다음 장부터 각 단계에 관해서 상세히 검토하겠으나, 이곳에서는 각 단계의 윤곽을 간단히 살펴보기로 하겠다.

1. 예산의 편성

(1) 예산편성과정

예산의 편성은 보통 당해 회계연도가 시작되기 훨씬 전에 시작된다. 나라에 따라서 다르나 예산의 편성과정은 중앙예산기관에 의하여 각 부처에 우리나라의 「예산편성지침」[8]과 같은 것이 하달됨으로써 본격적으로 시작된다. 미국에서는 이것을 「Call for Estimates」,[9] 영국에서는 「Estimates Circular」[10]라고 부른다. 이와 같은 것이 하달되기 전에 각 부처에 의한 준비가 있음은 더 말할 것도 없다.

각 부처는 예산안편성지침 또는 이와 유사한 것을 받아들고 예산요구서를 작성하여 중앙예산기관(미국의 경우는 관리예산처, 영국의 경우는 재무성)에 제출한다. 중앙예산기관은 각 부처에서 제출한 예산요구서를 사정한 다음 각의의 의결 또는 대통령의 승인을 얻음으로써 정부의 예산편성과정은 보통 끝나게 되는 것이다.

(2) 예산편성의 중요성

후술하는 바와 같이 행정부가 담당하는 예산의 편성은 지극히 중요한 과정이라 할 수 있다. 행정부가 편성하여 입법부에 제출하는 예산안이 입법부에 의하여 크게 수정되지 않는 것이 각국의 실정이다. 따라서 행정부에 의한 예산안의 편성이 끝나면 예산의 큰 줄거리는 결정된 것이나 다름이 없다고 할 수 있다.[11]

2. 예산의 심의

(1) 예산심의과정

행정부에서 예산안이 입법부에 제출되면 입법부는 이에 대한 심의를 시작하게 되는데, 예산심의의 성격은 입법부와 행정부의 관계여하에 따라서 달라진

8) 「예산편성지침」이라고 하던 것이 1962년 12월의 예산회계법 개정에 의하여 「예산안편성지침」이라고 개칭했으나, 통상 「예산편성지침」이라고 부르고 있다.

9) John L. Mikesell, *op. cit.*, p. 49.

10) Brittain, *op. cit.*, p. 218.

11) 본편 제2장 「예산의 편성」 참조.

다. 미국과 같이 대통령중심제를 택하며, 따라서 비교적 엄격한 권력분립주의에 입각하고 있는 경우에는 예산심의가 비교적 상세하게, 그리고 까다롭게 이루어지는 데 대하여, 영국과 같이 내각책임제를 택하여 내각은 국회의 다수당의 위원회와 같은 존재로 간주되는 경우에 있어서는 예산심의는 비교적 간단하게 이루어지며 큰 문제만 다루게 된다.[12]

영국이나 미국과 같은 나라에서는 예산을 법률의 형식으로 성립시키고 있으나, 일본이나 우리나라에 있어서는 예산은 법률이 아니다. 또한 영국이나 우리나라에 있어서와 같이 국회에서 예산을 의결할 때에 정부의 동의없이는 정부가 제출한 세출예산 각항의 금액을 증액하거나 새 비목을 설치할 수 없는 경우가 있는가 하면, 미국과 같이 국회에 의한 증액 또는 새 비목의 설치가 허용되는 경우도 있다.

우리나라와 같이 단원제를 택하는 경우에는 별문제가 없으나 양원제를 택하는 경우에는 양원의 의결이 일치하지 않을 때의 조정의 문제가 일어난다. 영국·일본과 같이 하원의 우월적 지위를 인정하는 나라가 있는가 하면 미국과 같이 예산안에 대한 하원의 관례적인 선의권 외에 하원의 우월적 지위를 부인하는 나라도 있다.

예산의 심의는 우리나라와 같이 상임위원회의 예비심사를 거친 다음 예산결산위원회의 종합심사에 이어 본회의가 의결하는 경우가 있는가 하면,[13] 일본과 같이 예산위원회의 분과위원회의 심사를 거쳐 예산위원회 전체회의, 본회의의 순서로 의결하는 경우도 있다.

미국은 1974년의 의회예산법에 의하여 예산심의과정이 복잡해졌다. 각원의 예산위원회의 제의에 따라 양원이 예산한도액을 결정하고 이에 따라 세출위원회의 분과위원회가 예산심의를 시작한다. 세출위원회 분과위원회의 심사를 거쳐 세출위원회 전체회의를 거쳐 본회의의 의결을 거치게 된다. 이와 같이 하여 통과된 세출법안 등에 포함된 세입세출, 국채소요 등을 재검토하여 타협법안을 처리한다.[14] 다른 한편 영국과 같이 본회의에서의 심의만을 거쳐 의결을 하는

---

12) Ann Robinson, *Parliament and Public Spending*(London: Heineman, 1978), pp. 31-32; Public Administration Service, *Modernizing Government Budget Administration*(Washington, D.C.: Agency for International Development, 1962), pp. 5-6.

13) 우리나라에서는 제5공화국에 들어와서 상임위원회의 예비심사가 폐지되었으나, 양당측의 끈질긴 요구에 따라 국회법이 개정되어 1984년도 예산심의부터 상임위원회의 예비심사가 부활되었다.

곳도 있다.[15]

(2) 예산의 수정

전술한 바와 같이 행정부가 편성하여 입법부에 제출하는 예산안이 입법부에 의하여 크게 수정되지 않는 것이 각국의 실정이다.

미국과 같이 정부의 예산안이 입법부에서 비교적 많은 수정을 입는 국가에서도 5% 이상 수정되는 일은 예외에 속하며 영국에서는 1921년 이래 오늘날까지 정부의 예산안이 입법부에서 수정된 일이 없다. 한국은 미국과 영국의 중간에 위치하는 국가로서 정부의 예산안이 국회에서 3% 이상 수정된 일이 거의 없다.[16]

3. 예산의 집행

(1) 예산집행과정

예산이 입법부를 통과하면 중앙예산기관은 이를 각 부처에 나누어 준다. 중앙예산기관이 각 부처에 예산을 나누어 주는 것을 예산의 배정이라 하며, 각 부처가 그 산하기관에 예산을 나누어 주는 것을 예산의 재배정이라고 한다.

보통 예산이 국회를 통과하면 각 부처의 요구에 의하여 중앙예산기관이 각 부처에 예산을 배정한다. 각 부처는 원칙적으로 배정된 금액 이상의 지출원인행위를 해서는 안된다. 각 부처는 또한 배정된 예산의 범위내에서 그 산하기관에 재배정한다.

(2) 예산집행의 목표

이러한 예산의 집행은 크게 나누어서 두 가지 목표를 지니고 있다. 첫째는, 입법부의 의도를 구현하고 입법부에서 정하여준 재정적 한계를 엄수하는 것이며 둘째는, 예산성립 후의 여건의 변동에 적응하기 위한 신축성의 유지이다.

---

14) James A. Thurber, "Congressional Budget Reform and New Demands for Policy Analysis," *Policy Analysis*, Spring 1976, pp. 200-206.

15) R. T. Ryle, "Development in the Parliamentary System," in William Thornhill(ed.), *The Modernization of British Government*(London: Pitman, 1975), p. 15.

16) <표 3-14> 참조.

4. 결 산

(1) 결산의 의의

미국과 같이 결산이라는 제도가 없는 나라도 있으나 대부분의 경우에 있어 예산의 집행이 끝나면 이에 따라 결산이 이루어진다. 결산은 세입예산에 비해 수납은 어떠한 실적을 나타냈는가, 세출예산은 부당 또는 위법한 지출없이 예산의 목적대로 집행되었으며 그 효과를 올렸느냐 하는 것을 보기 위하여 회계연도가 지난 다음 조사·계산하는 것이다. 즉, 예산이 미래의 예정적 계산인데 대하여 결산은 과거의 사실의 계산, 세입세출의 결정적 계산이라고 할 수 있다.

(2) 결산과 회계연도독립의 원칙

결산은 회계연도독립의 원칙과 밀접한 관련이 있다. 한국·일본·영국과 같이 회계연도독립의 원칙이 비교적 엄격하게 적용되는 국가에서는 회계연도가 끝나면 예산과 그 집행실적을 대비해보는 결산이라는 제도의 존재의의가 있다.

그러나 미국과 같이 회계연도독립의 원칙이 존재하지 않는 곳에서는 결산의 존재의의가 없으므로 미국에는 결산이라는 제도가 없다.

5. 회계검사

(1) 회계검사기관의 위치

예산과정의 마지막 단계는 회계검사기관에 의한 회계검사이다. 회계검사기관의 지위는 그 직무의 성질상 내각으로부터 독립되어야 한다는 원칙은 대부분의 민주주의국가에서 인정되고 있는 바이나, 구체적으로 회계검사기관을 어디에 두느냐 하는 문제는 나라에 따라 다르다. 영미계의 제국은 회계검사기관을 입법부에 소속시키고 있는데 대하여[17] 대륙계제국에서는 이를 행정부에 소속시키고 있었다. 제2차대전 후에는 회계검사기관을 입법·사법·행정 3부 중 그 어느 것에도 속하지 않는 독립된 기관으로 하는 형태가 늘어나고 있다.[18]

---

17) 이런 형태를 의회모델 또는 Westminster 모델이라고도 한다. 김명수 외, 세계의 감사원, (서울: 조명문화사, 2009), pp. 26-28.

18) E.L. Normanton, *The Accountability and Audit of Governments*(Manchester: Manchester University Press, 1966), pp. 369-370; 유 훈, 「회계검사기관의 비교고찰」, 감사월보 1972년 3·4월호, pp. 19-20 참조. 이런 형태를 사법모델 또는 Napoleonic 모델이라고도 한다. 김명수, 위의 책.

(2) 회계검사기관의 기능

회계검사기관의 기능은 나라에 따라 다르다. 결산제도가 있는 나라에서는 결산의 검사를 위시하여 국가기관의 회계의 검사 등을 맡고 있다. 회계검사는 거의 대부분의 나라에 있어서 「합법성」의 견지에 서는 소극적 성격의 검사에 치중해 왔으나 근래에 와서 종합적 검사, 능률검사, 사업평가(program evaluation) 등에 관심을 표명하고 있다.[19]

19) Frederick C. Mosher, *The GAO: The Quest for Accountability in American Government*(Boulder: Westview Press, 1979), pp. 174-181. 미국의 회계검사원은 회계검사를 그 목적에 따라 재무검사와 성과검사로 나누고 성과검사를 다시 경제성·능률성검사와 프로그램검사로 나누기도 한다. John L. Mikesell, *op. cit.*, pp. 55-56.

제 2 장 예산의 편성

제 1 절 예산편성의 의의

1. 예산편성의 중요성

예산과정의 제1단계인 예산편성의 책임은 오늘날 대부분의 국가에서 행정부가 지고 있는데 행정부가 편성하여 입법부에 제출하는 예산안이 입법부에 의하여 크게 수정되지 않는 것이 각국의 실정이다. 따라서 행정부에 의한 예산안의 편성이 끝나면 예산의 큰 줄거리는 결정된 것이나 다름이 없다고 할 수 있다. 예산편성의 중요성은 국가에 따라서 다르다고 하겠으나 일반적으로 대통령중심제의 경우보다 내각책임제하에서 예산편성의 중요성은 더욱 높아진다고 할 수 있겠다.

(1) 대통령중심제

다른 나라의 경우와 같이 미국에서도 예산편성을 통하여 행정수반이 매년 각 부처의 예산요구서를 검토할 권한을 지니게 된다. 이것은 나아가서 행정수반에게 각 행정기관의 업무와 거기에 소요되는 경비를 검토할 권한을 부여하게 되는 것이다. 이리하여 각 부처의 모든 사업계획 · 행정절차 · 관리방법 등은 매년 관리예산처의 조력하에서 행정수반의 사정을 받게 되는 것이다.

관리예산처가 어느 정도의 실권을 장악하느냐는 대통령에게 달려 있다. 대통령 중에는 관리예산처를 크게 활용하는 사람이 있는가 하면, 리더십을 발휘하지 못하거나 다른 일에 열중하여 관리예산처를 크게 활용하지 않는 사람도 있는 것이다.[1)]

행정부의 종합된 예산안이 의회에 제출되면 세부적인 면에 있어서는 의회의 수정을 받을지 모르나, 전체로서의 예산안에는 큰 수정이 없다고 해도 과언이 아니다. 행정부에 대해서 아무리 적의를 가지고 있는 의회라 할지라도 총예산액의 5% 이상을 삭감한 일이 별로 없다는 것이다. 보통 하원이 많이 삭감하고 상원이 그 중의 상당 부분을 부활시키고 양원협의위원회에서 정부제출예산안과 과히 거리가 멀지 않는 타협안이 성립하는 것이다.[2]

1974년의 의회예산법의 제정에 의하여 미국의 예산심의과정이 개혁되고 예산과정에 있어서의 의회의 권한이 과거보다 강화되었다고 하나 정부의 예산안이 의회에서 5% 이상의 수정을 입는 일은 여전히 예외에 속한다고 하겠다.[3] 같은 대통령중심제를 택하고 있는 한국의 경우를 본다면 미국의 경우보다 국회에 의한 수정의 폭은 더욱 좁다고 하겠다. 후술하는 바와 같이 1966년도부터 2011년도에 이르는 기간 동안의 일반회계예산의 수정상황을 본다면 3% 이상의 수정은 한번 밖에 없었으며 1% 이상의 수정이 7회에 지나지 않았던 것이다.[4]

(2) 내각책임제

영국에서는 각부가 재무부에 제출하는 예산요구서는 이미 재무부의 승인을 받은 사항의 종합이라 해도 과언이 아니다. 환언하면 예산에 관한 재무부의 통제는 각부가 예산요구서를 재무부에 제출하기 전에 이루어지는 것이지 제출 후에 이루어지는 것이 아니라는 것이다.

그렇다고 해서 재무부나 재무장관이 예산문제에 대해서 절대적인 권한을 가지고 있는 것은 아니다. 내각책임제를 채택하고 있는 영국은 Morrison이 지적한 바와 같이 Cabinet Democracy하에 있으므로 어떤 장관이 다른 장관에 대해서 절대적인 권한을 지닌다는 것은 있을 수 없다.[5] 따라서, 어떤 부든지 예산

---

1) T.H. Caulcott, "The Control of Public Expenditure," *Public Administration*, Autumn 1962, p. 288. 최근의 예를 보면 Clinton 대통령은 예산문제에 깊은 관심을 보이고 직접 예산문제를 챙겼으나 그 선임자였던 Bush 대통령은 예산관련업무에 별로 관여하지 않고 당시 관리예산처장이었던 Richard Darman에게 맡겼다. Allen Schick, *The Federal Budget: Politics, Policy, Process, third* edition(Washington, D.C.: Brookings Institution, 2007), pp. 85-87.

2) Arthur Smithies, *The Budgetary Process in the United States*(New York: McGraw-Hill, 1955), pp. 140-141; Allen Schick, *op.cit.*, p. 232.

3) Lance T. LeLoup, *The Fiscal Congress: Legislative Control of the Budget*(Westport: Greenwood Press, 1980), p. 49.

4) 제3장 제4절 「한국의 예산심의」 참조.

5) Samuel H. Beer, *Treasury Control,* second edition(London: Oxford University Press,

문제에 관하여 재무부와 의견의 일치를 보지 못하는 경우에는 각의에 부의할 수 있다. 그러나 일반적으로 보아서 예산문제에 관하여 각부는 재무부의 견해에 따르게 되어 있으며 각의에 부의하는 경우란 극히 드물며, 오직 중요한 문제의 경우에 한정되어 있다고 하겠다. 설사 각의에 예산문제가 상정되더라도 일반적인 경우에 있어서 재무장관의 의견이 관철되는 것이 관례로 되어 있는 것이다.

뿐만 아니라, 후술하는 바와 같이 영국의회의 예산심의과정은 세출(public expenditure)을 검토하는 것이 아니라, 공공정책(public policy)을 검토하는 과정인 것이다. 환언하면 영국의회는 행정부가 제출한 예산안을 수정하는 일이 거의 없는 것이다.[6] 따라서, 영국에서는 정부의 예산안이, 즉 「예산」이나 다름이 없는 것이다.[7] 이와 유사한 현상은 일본에서도 찾아볼 수 있다. 일본에서도 재무성원안에 대해서 각의가 수정을 가하기는 하나 그 수정의 폭은 극히 한정되어 있다. 일단 예산안이 국회에 제출되면 정부의 예산안이 국회에서 수정되는 일은 1956년 이래 없었다. 따라서 일본에서도 정부의 「예산안」이 「예산」이나 다름 없다고 할 수 있다.[8]

2001년 1월에 발효한 일본중앙정부의 기구개편에 의하여 대장성이 재무성으로 개편되고 그 권한이 다소 약화되었으나 예산안을 관장하는 주계국(主計局)의 기능에는 변동이 없다고 보아도 좋을 것 같다.[9]

2. 예산요구전략

각 부처가 중앙예산기관을 상대로 하여 예산을 요구하고 획득하는 데 사용되는 전략에는 여러 가지가 있으나 빈번하게 사용되는 것으로서 다음의 몇 가지를 들고자 한다.[10]

1957), pp. 75-76.

6) Kenneth Bradshaw and David Pring, *Parliament and Congress*(London: Constable, 1972), pp. 318-320.

7) Caulcott, *op. cit.*, pp. 272, 297.

8) 林 榮夫, 財政論(東京: 筑摩書房, 1968), pp. 159-160.

9) 21世紀 行政機構研究會 監修, 中央省廳等改革(東京: 國政情報センタ出版局, 1999), pp. 40- 41.

10) 이러한 전략들은 중앙예산기관을 대상으로 할 뿐만 아니라 입법부를 대상으로 할 수도 있다.

(1) 관련단체의 동원

관련이익단체의 동원은 비교적 많이 사용되는 방법의 하나이다. 미국의 농무부와 같이 농민단체를 많이 지니는 부처의 경우 이러한 방법의 활용이 비교적 용이할 뿐만 아니라 실효성이 높다는 것은 더 말할 필요도 없겠다.

(2) 역점사업

각 부처는 그때 그때의 정부의 역점사업을 잘 활용하면 예산획득에 도움이 될 수 있다. 미국의 경우 1950년대에는 소련의 인공위성발사에 자극을 받아 과학기술・교육 등을 강조했으며, 1960년대에는 사회복지와 빈곤퇴치가 강조되었고, 1970년대에는 에너지에 많은 관심이 집중되었다. 예산획득을 위하여 이러한 시류를 활용하는 부처가 좋은 성과를 거둘 수 있음은 더 말할 필요가 없겠다. Carter 대통령이 역사적 유물의 보존을 강조하자 내무부는 내무부가 관장하는 많은 국유지를 역사적 유물과 관련지으려고 했던 것이다. 똑같은 포도주도 새병에 넣으면 훨씬 보기가 나아지는 경우가 많은 것이다.

(3) 인기있는 사업

1971년 미국의 국립공원청(National Park Service)이 예산삭감의 위험에 직면하자 수도에 있는 워싱턴기념탑의 일반에 대한 공개를 중단할 수밖에 없다는 선언을 한 일이 있다. 제로베이스예산제도(ZBB) 도입 후에는 정치적으로 인기있는 사업의 우선순위를 낮게 매기고 인기가 없는 사업의 순위를 높게 매기는 부처들이 나타나게 되었다.

(4) 이매지네이션의 활용

보다 많은 예산을 획득하기 위하여 각 부처가 동원하는 방법에는 여러 가지가 있으나, 심지어는 우주항공청(NASA) 등과 같이 모형로켓트, 비행기 날개의 일부, 슬라이드, 영화 등까지 동원하는 부처도 있다.

(5) 자료의 홍수

부처에 따라서는 그 사업량을 계량화하고 비용편익분석의 결과를 첨부하는 등 중앙예산기관에 대하여 자료의 양으로 공세를 취하는 부처도 있다.

(6) 기득권의 획득

문에다 한 발 들여놓는 것이 예산요구전략에 있어서도 중요한 경우가 많다. 수년간에 걸친 방대한 사업에 대한 예산요구에 있어서 가장 중요한 전략은 처음부터 많이 요구하지 않는 것이다. 처음에는 근소한 예산을 요구했다가 이것이 인정이 되면 그 다음에는 기득권을 주장하는 것이다.

(7) 상급자에의 호소

흔히 사용하는 전략의 하나가 한 단계 상급자에게 호소하는 방법이다.[11] 우리나라에서도 예산실의 결정에 불만이 있으면 기획재정부 장차관에게 호소하고 그것도 성공을 거두지 못하면 청와대에 호소하는 방법이 많이 사용되고 있다.

3. 방대한 요구

위에서 지적한 여러 가지 전략에 대해서는 이론의 여지가 별로 없으나 각 부처가 전년도보다 급격하게 많이 요구하는 것이 예산요구전략으로서 바람직하냐 하는 문제가 있다. 이것도 예산요구전략에 속하는 것이나 편의상 항을 달리하여 살펴보기로 한다.

(1) 점증주의자들의 견해

Wildavsky와 같은 점증주의자들은 만일에 특정한 부처의 예산요구가 전년도보다 격증할 때에 그 부처의 신용이 실추되어 적당히 요구하는 것보다 도리어 손해를 본다고 주장하고 았다.[12]

(2) LeLoup의 조사

이에 대하여 LeLoup는 미국농무부의 예산요구를 대상으로 한 조사를 토대로 하여 Wildavsky의 주장이 근거가 없는 것이라고 반박하고 있다. 많이 요구하는 기관이 많이 삭감당하는 것은 사실이나 결과적으로 이러한 기관의 예산의 증가율이 훨씬 높다는 것이 LeLoup의 주장이다. LeLoup은 이것을 진취성(assertiveness)이라고 부르고 되풀이해서 이를 강조하고 있다.[13]

---

11) Lance T. LeLoup, *Budgetary Politics,* fourth edition(Brunswick: King's Court, 1988), pp. 87-92; Aaron Wildavsky, *The Politics of the Budgetary Process*, fourth edition(Boston: Little, Brown and Co., 1984), pp. 87-92.

12) Aaron Wildavsky, *Budgeting: A Comparative Theory of Budgetary Theory*, revised edition(New Brunswick: Transaction Publishers, 1986), p. 32.

이러한 LeLoup의 주장에 대하여 Schick도 동의하고 있다. Schick도 많이 요구하는 기관이 그 예산요구에 대하여 엄격한 사정을 받고 많은 수정을 입을 우려가 있으나 많은 예산을 획득할 가능성이 높다고 하고 있다.[14]

(3) 진취성을 가능케 하는 요인

그러면 왜 어떤 부처는 진취성이 높은데 대하여 어떤 부처는 진취성이 낮으며 보수적이냐 하는 문제가 여기에 제기된다. 진취성을 가능케 하는 요인으로서 LeLoup와 Moreland는 다음의 몇 가지를 들고 있다.

① 국민의 지원: 일반국민들로부터 강력한 지원을 받고 있는 부처는 국민의 지원이 약한 부처보다 진취성이 높을 수 있다.

② 대통령의 지원: 대통령의 지원이 특정부처의 사업의 확장을 위하여 크게 도움이 된다는 것은 더 말할 필요도 없겠다.

③ 의회의 지원: 해당 수권위원회(authorizing committee)나 세출위원회 분과위원회의 지원도 절대로 중요하다. 의회의 지원을 받을 수 있다는 확신이 서면 예산요구가 좀더 대담해질 수 있게 된다.

④ 관서장의 가치관: 각 부처는 외부의 지원을 고려하여 진취성을 보이는 것이 사실이나 외부의 지원이 강력하더라도 부처의 태도에는 차이가 있다. 보수적인 부처는 외부의 강력한 지원이 있더라도 자기보존과 안정성만 추구하고 진취성을 띠지 않는 경우가 많은 것이다.

⑤ 제약요인: 진취성을 띠는 부처가 혜택을 보기 마련이나 여기에는 여러 가지 제약요인이 있다. 경제사정이나 예산총액에 대한 대통령의 결정에 따라서 여유가 있는 해가 있고 어려운 해가 있는 것이다.[15]

---

13) Lance T. LeLoup, "Agency Policy Actions: Determinants of Nonincremental Change," in Randall B. Ripley and Grance A. Franklin(eds.), *Policy-Making in the Federal Executive Branch*(New York: Free Press, 1975), pp. 65-90; LeLoup, *Budgetary Politics*, pp. 83-88.

14) Allen Schick, *The Federal Budget: Politics, Policy, Process*, third edition(Washington, D.C.: Brookings Institution, 2007), p. 95.

15) Lance T. LeLoup and William B. Moreland, "Agencies Strategies and Executive Review: The Hidden Politics of Budgeting," *Public Administration Review*, May-June 1979, p. 238.

4. 경직성경비

(1) 의 의

합리적 예산편성을 저해하고 중앙예산기관의 재량을 제한하는 요인으로서 경직성경비(uncontrollable spending)를 들 수 있다.16) 경직성경비란 법률상 또는 정책상 지출이 결정되어 있는 까닭에 법률의 개정이나 기본정책의 수정없이는 삭감할 수 없는 경비를 말한다.17)

〈표 3-2〉 미연방정부의 경직성경비

(단위: 억 달러)

구 분	2000		2003		2007		2010	
	금 액	구성비(%)	금 액	구성비(%)	금 액	구성비(%)	금 액	구성비(%)
비경직성경비	6,146	34.4	8,243	38.2	10,416	38.2	13,472	39.0
경직성경비	11,743	65.6	13,356	61.8	16,871	61.8	21,090	61.0
사회보장	4,029	22.7	4,691	21.8	5,799	21.3	6,687	20.3
기타사회적경비	2,326	13.0	3,067	14.2	3,666	13.4	5,588	16.2
기 타	3,158	17.6	4,068	18.9	5,035	18.5	6,854	19.8
이 자	2,229	12.5	1,531	7.1	2,371	8.7	1,962	5.7
세 출 합 계	17,890	100.0	21,599	100.0	27,287	100.0	34,562	100.0

자료: Office of Management and Budget, *FY 2005 Historical Tables Budget of the U. S. Government* (Washington: Goverment Printing Office, 2011), pp. 149-152.

(2) 의무적 경비와 직접적 경비

경직성경비는 의무적 경비(mandatory spending) 또는 직접적 경비(direct spending)라고도 한다.

의무적 경비란 법률상 지출의무가 있는 이전지출을 의미하는 것이며 예산 실행법(Budget Enforcement Act)에 의하여 도입된 실정법상의 용어이다. 직접적 경비란 Schick 등 일부 학자들이 사용하는 용어로서 세출위원회가 관할권이 없

16) Murray L. Weidenbaum. "Institutional Obstacles to Reallocating Government Expenditures," in Robert H. Haveman and Julius Margolis(eds.), *Public Expenditures and Policy Analysis*(Chicago: Markham, 1970), p. 232.

17) Blechman 등은 경직성경비를 법률의 개정없이는 삭감할 수 없는 경비라고 정의하고 있으나 한국의 방위비와 같은 경직성경비의 설명을 위해서는 우리가 이곳에서 사용하는 정의가 바람직할 것이다. Barry M. Blechman, Edward M. Gramlich and Robert W. Hartman, *Setting National Priorities: The 1976 Budget*(Washington, D.C.: Brookings Institution, 1975), p. 191.

으며 수권위원회들(authorizing committees)이 관할권을 지니는 경비로서 법률에 의하여 수혜자나 수혜금액 등이 결정되어 있는 경비를 말한다.18)

결론적으로 경직성경비, 의무적 경비, 직접적 경비는 같은 개념이나 세 가지 개념이 각각 강조점이 다르다는 사실에 유념할 필요가 있다.

(3) 증가추세

이러한 경직성 경비는 각국에서 늘어나고 있다. 특히 미국에서는 사회보장적 지출과 정부채무에 대한 이자의 급증으로 급격히 그 비중이 무거워지고 있다. 〈표 3-3〉과 같이 1965년도에는 34.2%에 지나지지 않던 경직성경비의 비중이 1970년대와 1980년대에 급격히 상승하여 1990년도에는 60.6%에 달하게 되었으며 2000년도에는 65.6%에 이르렀다. 그 후 한 때 재정적자가 흑자로 전환됨으로써 이자의 비중이 줄어들어 2010년도에 61.0%로 다소 낮아졌다. 그러나 최근의 전세계적인 금융위기 등으로 인한 재정적자로 인해 2015 회계연도에는 70.7%로 높아질 것으로 예측되고 있다.19)

〈표 3-3〉 미연방정부의 경직성경비 비중의 추이

(단위: %)

회계연도	경직성경비비중	회계연도	경직성경비비중
1965	34.2	1990	60.6
1970	38.5	1995	64.1
1975	52.5	2000	65.6
1980	53.2	2005	60.8
1985	56.1	2010	61.0

자료: Office of Management and Budget, *FY 2005 Historical Tables Budget of the U.S. Government* (Washington: Government Printing Office, 2011), p. 149에서 작성.

(4) 경직성경비의 억제

이와 같이 경직성경비의 비중이 무거워짐에 따라 경직성경비에 대한 관심이 높아지고 있으며 경직성경비를 억제하여 예산의 신축성을 제고하려는 노력이 이루어지고 있다.20)

---

18) Schick, *op. cit.*, pp. 57-60.

19) Office of Management and Budget, *FY 2005 Historical Tables Budget of the U.S. Government*(Washington: Goverment Printing Office, 2011), p. 149.

20) Dennis S. Ippolito, *The Budget and National Politics*(San Francisco: Freeman, 1978), p.

제 2 절 미국의 예산편성

1. 예산편성과정

미국의 예산편성과정은 대체로 4단계로 나누어서 생각할 수 있겠다. 제1단계는 예산정책을 개발하고 예산편성지침을 시달하는 단계이며, 제2단계는 각 부처가 예산요구서를 작성하여 제출하는 단계이다. 제3단계는 관리예산처의 사정단계이며, 제4단계는 예산안을 확정하여 의회에 제출하는 단계이다.

(1) 예산정책개발과 예산편성지침

매년 4월부터 6월에 걸쳐서 관리예산처는 다음해 10월에 개시되는 회계연도의 예산편성을 위한 협의를 각 부처와 가지는데 이것을 Spring Preview라고 한다.[21] 관리예산처가 각 부처와 이러한 협의를 하는 것은 예산의 전망에 관한 자료를 얻기 위해서이다.

이와 동시에 관리예산처는 경제자문위원회(Council of Economic Advisers), 재무부 등과 경제전망에 관하여 협의한다. 이러한 정보를 가지고 관리예산처장은 대통령보좌관들 및 대통령과 예산정책에 관하여 협의하게 된다.

7월부터는 관리예산처가 각 부처에 예산편성과 관련된 지침(Circular A-11)을 시달한다. 이 지침은 기술적인 절차·양식뿐만 아니라 정책지침과 한도액까지 포함한다. 이 과정에 있어서 모든 기관을 똑같이 취급하지는 않는다. 소규모기관들은 일반적인 지침만 받게 되나 큰 기관들은 한도액 등에 관한 보다 구체적인 지침도 받게 되는 것이다. 국방부를 위시하여 정보, 보안 등을 담당하는 몇몇 기관들은 문서화된 지침이 아니라 구두로 지침을 받기도 한다.[22]

(2) 예산요구서의 작성제출

각 부처의 예산요구서의 작성은 일찍부터 개시된다. 매년 4월경에 각 기관의 예산책임자는 이미 결정된 정책과 예산요구에 있어서의 기술적인 문제를 알

20.

21) Schick에 의하면 1980년대 이후에는 Spring Preview가 쇠퇴했다고 한다. Schick, *op. cit.*, p. 96.

22) Ippolito, *op. cit.*, pp. 51-53.

리는 소위 「Budget Call」을 각 국, 각 과에 발송한다. 이에 의거하여 각 과에서는 예비적 예산요구를 마련한다.

각 국장은 소관과의 총체적 요구를 심사한 다음 이를 각 부의 예산책임자에게 제출한다. 각 국장은 이에 앞서 예산책임자 및 장관과 여러 차례에 걸쳐서 상의하는 것은 물론이다. 이와 같이 각 국에서 제출된 자료에 의거하여 각 부처의 예산책임자는 관리예산처의 Spring Preview에 응하게 되는 것이다.

그러나 각 부처의 예산요구서의 작성은 관리예산처의 예산편성지침을 받은 다음부터 본격화된다고 할 수 있다.

7월과 8월 중에는 각 부처는 「한도액」 기타의 예산정책에 관한 지시에 비추어 각 부처의 예산요구에 대한 엄격한 검토를 행한다. 정확히 말한다면 각 부처는 그들이 이미 작성한 예산요구를 「한도액」 기타의 지시에 맞추어 수정하는 것이다.

이때에 있어서 관리예산처의 예산사정관들은 예산편성에 있어서의 기술적인 문제 기타에 관해서 각 부처와 접촉하며 협의에 응한다.

각 부처의 예산요구서의 작성이 끝나면 관리예산처에 예산요구서를 제출하는 데 모든 기관이 동시에 제출하는 것이 아니다. 소규모기관들은 9월 1일까지 제출하며 주요 기관은 9월 15일까지 제출하도록 되어 있다. 입법부·사법부 등의 예산요구제출 마감은 이보다 훨씬 뒤인 10월 15일까지로 되어 있다.[23]

(3) 관리예산처의 사정

각 부처에서 예산요구서가 제출되면 관리예산처의 사정이 시작되는데 Schick에 의하면 관리예산처의 사정은 다음과 같은 다섯가지 단계로 나누어 진다.[24]

① 사정관의 사정단계: 첫째 단계는 사정관들이 사정하는 단계이다. 관리예산처의 사정관들은 1개 내지 2, 3개의 기관의 예산을 매년 전문적으로 사정하는 까닭에 각 부처의 사업계획과 운영에 관해서 전문적인 지식이 있으므로 각 부처의 예산요구를 적절하게 사정할 수 있는 것이다. 사정이 끝나면 사정관들은 관리예산처장에게 건의서를 제출한다.

---

23) Office of Management and Budget, "Preparation ad Submission of Budget Estimate," July 1983, p. 7.

24) Schick, *op. cit.*, p. 94.

② 처장의 사정단계: 둘째 단계는 관리예산처장의 사정단계이다. 이 단계에서 중요한 이슈(issue)에 대한 검토가 이루어지며 사정관들은 그들의 건의를 설명하고 변호한다. 이를 토대로 하여 각 부처 예산요구에 대한 처장의 결정이 내려진다.

③ 결정의 통보: 관리예산처의 잠정적인 결정이 내려지면 그 결과는 해당부처에 통보되며 재심을 요청할 수 있는 기회가 부여된다.

④ 재고요청: 관리예산처의 사정결과에 대해서 불만이 있는 부처는 일차적으로 관리예산처에 재고를 요청할 수 있으며 경우에 따라서는 대통령이나 그 보좌관들에게 호소할 수 있다. 그러나 각 부처는 일반적으로 대통령에게 직접 호소하는 것이 현명한 방법이 아니라고 생각하고 있다.

⑤ 최종결정: 마지막 단계인 최종결정을 위한 교섭·담판은 예산서가 인쇄에 들어갈 때까지 계속된다. 최종 결정이 이루어지고 각 부처가 최종결정의 결과를 통보받으면 그들의 예산서를 이에 따라 수정한다.

(4) 예산안의 확정 제출

예산편성의 최종단계는 11월과 12월에 이루어지는데 대통령의 예산교서를 작성하는 일이다.

예산교서는 10월 하순 또는 11월에 관리예산처에서 기초되며, 11월 중에는 각 부처에 회람을 돌려 이에 대한 그들의 의견을 들으며, 12월 초순에는 백악관으로 이송된다.

이때에 또한 재무부는 세입의 최종적인 추계를 마련하여 예산서에 포함될 「세입추계에 관한 설명」(Explanation of the Estimates of Receipts)을 준비한다. 만일에 이것이 예비적인 세입추계(각 부처에 통고된 한도액은 이것에 기초를 두고 있다)와 크게 차이가 생길 때에는 대통령은 관리예산처·재무부·경제자문위원회와 협의한 후 세출예산안에 대해서 최후 순간에 수정을 가할지도 모른다. 이어서 관리예산처는 예산서를 정리하고 각부처예산에 대한 대통령의 결재가 나오는대로 해당부처에 그 결과를 통고한다. 정부의 예산안은 보통 2월 첫째 월요일에 의회에 제출된다.[25]

---

25) *Ibid.*, p. 84.

2. 예산서의 내용

미국의 예산서는 우리나라와 같이 세입세출에 관한 총예산안이 아니라 세출에만 중점을 두고 세입이나 조세정책은 대단히 소홀히 하고 있다.

미국에 있어서는 전통적으로 세입은 재무성의 소관사항으로 되어 있으며 대통령이 조세에 관한 특별교서를 보내는 경우도 있으나, 보통 세입계획을 의회에 제출하는 것은 재무장관이며 의회의 위원회에 나가서 세입에 관하여 증언을 하는 것도 재무장관이다. 뿐만 아니라, 행정부의 세입계획을 의회에 제출하는 것은 1월이 아니라 2월이나 3월이라는 것도 우리가 간과해서는 안될 사실이다. 이것만이 아니라 의회에 있어서의 심의과정도 전혀 다르다. 후술하는 바와 같이 세출은 상하양원의 세출위원회의 소관이며, 세입은 하원의 세입위원회와 상원의 재정위원회의 소관인 것이다.

1974년의 의회예산법의 제정에 의하여 상하양원에 예산위원회가 설치되고 세출과 세입을 통합하려는 시도가 이루어졌으나 후술하는 바와 같이 1974년의 개혁은 「세출개혁」이었으며 세입면에 큰 영향을 미치지 못했다고 하겠다.[26]

제 3 절 영국의 예산편성

1. 영국 예산편성의 특징

(1) 예산편성의 위치

대부분의 국가의 경우와 같이 영국에서도 정부만이 예산안제안권을 보유하고 있다. 의회는 예산안에 대해서 폐제삭감권을 지닐 따름이며 이것을 증액하거나 신비목을 설정할 권한이 없다는 것이다. 이것은 이미 1706년부터 원칙의 하나로서 확립된 것인데 현재에 있어서는 영국의회의 의사규칙 제78호(Standing Order No. 78)로서 명문화되어 있는 것이다.[27] 이보다 더 중요한 사실은

26) LeLoup, *The Fiscal Congress*, p. 157.

27) Sir Herbert Brittain, *The British Budgetary System*(London: George Allen and Unwin, 1959), p. 213; David G. McGee, *The Budget Process: A Parliamentary Imperative*(London: Pluto Press, 2007), pp. 77-82.

의회는 행정부가 제출한 예산안을 수정하는 일이 거의 없다는 것이다. 따라서 영국에서는 정부의 「예산안」이, 즉 「예산」이나 다름이 없는 것이다.

(2) 행정부내에서의 재무성의 위치

영국에서는 예산편성이 중요한 위치를 차지할 뿐만 아니라 중앙예산기관인 재무부가 행정부내에서 강력한 권한을 지니고 있다.

재정문제에 관한 재무부의 강대한 권한은 어떤 명문의 규정에 근거를 두고 있는 것이 아니다.[28)]

거기에는 역사적 및 헌법적인 이유도 있거니와 재무부가 국가의 경제정책 및 재정정책의 조정자라는 데에서 나오는 당연한 귀결이라고도 할 수 있다.

역사적으로 재무부는 국왕과 대단히 긴밀한 관련을 맺고 있었으며, 세입을 징수하고 세출의 용도에 대하여 권고하는 책임을 졌던 것이다. 이리하여 재무부는 점차 위신과 영향력을 지니게 되었고 국왕과 의회의 관계가 현재의 형태로 변하여지고 의회가 더 한층 강력한 세출에 대한 통제의 필요성을 강조하게 되자 재무부가 세출에 대한 통제의 책임을 지니게 된 것은 당연하다 하겠다. 이와 같은 입장은 1861년 결산위원회(Public Accounts Committee)가 재무부의 승인을 받지 않은 여하한 경비도 예산에 포함시켜서는 안된다고 주장함으로써 확인되었던 것이며, 1866년에는 회계검사원법(Exchequer and Audit Departments Act)에 의하여 재확인되었던 것이다.

이와 같은 역사적인 사실은 제쳐 놓고라도 일국의 경제정책과 재정정책의 수립에 관한 책임을 맡고 있는 기관이 동시에 세출의 총액과 용도에 대해서 강력한 통제권을 지니는 것은 당연하다 하겠다.

그러나 재무부나 재무장관이 예산문제에 대해서 절대적인 권한을 가지고 있는 것은 아니다. 이미 설명한 바와 같이 어떤 부처이든지 예산문제에 관하여 재무부와 의견의 일치를 보지 못하는 경우에는 각의에 부의할 수 있다.

그러나 일반적으로 보아서 예산문제에 관하여 각부는 재무부와 합의를 보게 되어 있으며, 각의에 부의하는 경우는 극히 드물며, 오직 중대한 문제의 경우에 한정되어 있다고 하겠다.[29)]

---

28) Hugh Heclo and Aaron Wildavsky, *The Private Government of Public Money,* second edition(Berkeley: University of California Press, 1981), p. 37.

29) Brittain, *op. cit.*, p. 215.

(3) 재정통제권의 축소

근래에 와서 이러한 재무부의 강력한 권한이 여러 가지 이유로 다소 축소되어가는 경향이 있는데 정당정치의 발전이 그 중요한 이유의 하나라고 하겠다. 대부분의 사회적 경비는 이미 예산안의 사정 이외의 다른 과정에서 결정되는 경우가 많다. 사회보장제도의 경우를 예로 든다면 이에 관한 원칙들이 이미 내각 또는 의회에서 결정되어 버린 까닭에 이러한 경비는 인구수와 그 구성에 따라 자동적으로 변하게 되며, 재무성의 재량의 범위는 행정비에 국한되게 되는 것이다.

(4) Plowden보고서

재무부의 권한의 축소를 가져온 또 하나의 계기를 1961년의 Plowden보고서에서 찾아볼 수 있겠다.[30] Plowden보고서에 의하여 공공지출추계위원회(Public Expenditure Survey Committee)가 설치되었을 뿐만 아니라 세부적인 문제에까지 관여하던 재무부가 각 기관에 다소 권한을 위임하는 방향으로 나가게 되었다. 서방국가의 재무분야에 있어서 가장 중요한 개혁이라고 Heclo와 Wildavsky가 격찬하고 있는 PESC에 관하여 고찰하기로 한다.[31]

① PESC의 구성: 전술한 바와 같이 Plowden위원회의 건의에 따라 설치된 PESC는 재무부의 차관보(Deputy Secretary)를 위원장으로 하고 주요기관의 예산담당관(principal finance officer)을 위원으로 한다.[32]

② PESC의 기능: PESC는 공공지출의 전모를 파악할 뿐만 아니라 이러한 공공지출의 향후 3년간에 걸친 계획이라 할 수 있는 공공지출추계(Public Expenditure Survey)를 작성하는 것을 주요기능으로 삼는다. 처음에는 공공지출추계의 대상기간을 5년으로 삼았으나 1970년대 후반부터 3년으로 단축되었다.

③ PESC의 변모: 그 구성원이 200여명이나 되는 PESC는 1980년대 초까지는 매년 정기적으로 소집되었으나 1980년대 중반부터 PESC 전체회의는 소집되지 않고 주요기관의 예산담당관(PFO)들로 구성되는 20여명 규모의 소위원회

---

30) Richard Clarke, "The Number and Size of Government Department," *Political Quarterly*, April-June 1972, pp. 182-183.

31) Hugh Heclo and Aaron Wildavsky, *The Private Government of Public Money* (Berkeley: University of California Press, 1974), p. xvii.

32) C.V. Brown and P.M. Jackson, *Public Sector Economics,* second edition(Oxford: Martin Robertson, 1982), pp. 161-162.

(Inner PESC)가 연간 4・5회에 걸쳐서 모인다.[33]

(5) Star Chamber의 설치

재무부의 권한의 축소를 초래한 또 하나의 요인으로서 Star Chamber의 설치를 들 수 있겠다. 내각의 소위원회라 할 수 있는 Star Chamber는 수상이 지명하는 위원장과 몇몇 각료로서 구성되는데 재무부와 각 기관의 예산문제에 관한 견해의 대립을 조정하는 것을 주된 임무로 삼는다. 위원장은 부수상이 맡는 경우가 많으며 갈등의 당사자가 되는 각료는 위원에서 제외된다. 각의가 결정한 총액의 범위 내에서 재무부와 각 기관의 견해의 대립을 조정하는데 그 권한이 한정되어 있으며 Star Chamber의 결정은 각의의 승인을 거쳐야 한다.[34]

2. 예산편성과정

(1) 예산회람과 요구서제출

이미 언급한 바와 같이 영국의 회계연도는 4월 1일에 시작하여 3월 31일에 끝나는데 예산안의 편성은 그 전년의 10월 1일경에 재무부가 각부에 예산회람(Estimates Circular)을 발송함으로써 시작된다고 할 수 있다. 이 예산회람은 우리나라의 「예산안편성지침」과 유사한 것으로서 이 속에서 재무부는 예산요구서를 제출함에 있어서 각부가 준수해야 할 각종 조건, 제출할 자료 및 현재의 경제적・재정적 상황에 대해 언급하는 것이다.

이 예산회람에 의거하여 각부는 예산요구서를 작성하여 12월 1일까지 재무성에 제출하는 것이다.

그런데 우리가 여기서 특별히 주의할 점은 각부가 재무부에 제출하는 예산요구서는 이미 재무부의 승인을 받은 사항의 종합이라 해도 과언이 아니라는 것이다. 환언하면 재무부의 통제(treasury control)는 각부가 예산요구서를 재무부에 제출하기 전에 이루어지는 것이지 제출 후에 이루어지는 것이 아니라는 것이다. 각부는 재정적인 국면을 지니고 있는 활동을 변경할 필요가 있을 때에는 이를 서면으로 재무부에 알리고 승인을 받아 두는 것이다. 이렇게 함으로써

---

33) Colin Thain and Maurice Wright, "Planning and Controlling Public Expenditure in the UK, Part I: The Treasury's Public Expenditure Survey," *Public Administration*, Spring 1992, pp. 6-7.

34) Leo Pliatzky, *The Treasury under Mrs. Thatcher*(Oxford: Basil Blackwell, 1989), pp. 45-47.

모든 변경은 충분한 시간적인 여유를 두고 재무부에 의하여 검토되는 것이다. 전술한 바와 같이 각부에서 예산요구서를 재무부에 제출했을 때에는 그것은 이미 사전에 재무부의 승인을 받은 사항의 종합이라고 할 수 있을 정도라는 것이다.

1960년대 이래 재무부의 통제가 많이 완화되기는 했으나 아직도 만족할 만한 단계에까지 이르지 못했다는 것이 Clarke의 주장이다.[35]

(2) 공공지출추계

예산요구서의 작성제출과 병행하여 1960년대초부터는 공공지출추계(Public Expenditure Survey)라는 연동식 계획을 작성하고 있다.[36] 공공지출추계의 작성은 다음과 같은 절차에 따라서 이루어진다.[37]

① 지침의 작성 시달: 재무부가 공공지출추계 작성에 관한 지침안을 만들어 각 기관과의 협의와 각의의 의결을 거친다. 이와 같이 확정된 지침은 재무부에 의하여 각 기관에 시달된다.

② 각 기관의 추계제출: 이 지침에 따라 각 기관의 향후 3년간에 걸친 추계를 제출한다. 전술한 바와 같이 추계의 대상기간이 초기에는 5년이었으나 1970년대 후반부터 대상기간이 3년으로 단축되었다.

③ 협의의 진행: 각 기관의 추계를 놓고 재무부와 각 기관이 협의를 진행한다. 전술한 바와 같이 공공지출추계는 현행의 정책이 지속되는 경우를 전제로 한 세출의 추계이므로 이 협의과정에 있어서는 현행의 정책이 무엇이며 그것을 수행하는데 소요되는 지출이 얼마나 될 것인가에 초점이 맞추어진다.

④ Star Chamber의 심의: 필요하면 재무부와 각 기관간의 견해의 대립을 해소하기 위하여 10월부터 11월에 걸쳐 전술한 바 있는 Star Chamber가 소집된다.

⑤ 각의의 의결: Star Chamber의 결정을 최종적으로 각의에서 심의하여 재무부와 각 기관의 견해의 대립을 해소하고 계획을 확정한다.

⑥ 추계보고서의 공표: 각의에서 확정된 결과를 토대로 매년 11월중에 추계

---

35) Clarke, *op. cit.*, p. 183.

36) 과거에는 이 공공지출추계를 영국의 중기재정계획이라고 호칭했으나 대상기간이 5개년에서 3개년으로 단축됨에 따라 중기재정계획이라는 용어를 피했다.

37) Thain and Wright, *op. cit.*, p. 5.

보고서(Autumn Statement)를 공표한다.

(3) 재무부의 사정

각부에서 제출되는 예산요구서는 재무부의 사정을 받게 되는데, 미국의 경우와 같이 청문회를 열고 사정하는 것이 아니고, 각과내에서 조용히 사정하되 필요한 경우에는 각부와 협의를 하는 것이다.

이 예산의 사정에 있어서 1960년대 이후에는 공공지출추계의 한도액의 준수 여부와 각부의 주요사업들이 공공지출추계에 반영된 사업이냐를 검토하는데 많은 노력을 기울인다.

각 기관과 합의를 보지 못한 중요한 문제는 예산담당차관(Chief Secretary)과 협의를 하게 되는데[38] 그 중 어떤 문제는 장관에게도 알리는 것이다.

사정이 끝나면 각과는 각 기관의 예산요구서에 대한 그들의 의견을 첨부하여 정식으로 예산담당차관에게 제출하면 그는 스스로 결정을 내리든지 자기의 소견을 첨부하여 재무장관에게 제출하는 것이다.

3. 예산서의 내용

후술하는 바와 같이 영국의 예산서는 수입지출의 총예산안이 아니라 지출만 포함하며 지출 중에서도 기정비(旣定費)는 포함하지 않고 의정비(議定費)만을 대상으로 한다.[39]

의정비는 1950년대 중반 이래 150개의 항(vote)으로 구성되어 있다. 항은 다시 세항(subhead)으로 나누어지는데 1971년 세항의 수가 대폭 감소되어 종전의 약 4분의 1이 되었다고 한다. 입법과목인 항간의 이용은 민정각부의 경우 허용되지 않으며 국방예산에 한하여 재무부의 승인을 얻어 항간이용을 할 수 있으나 의회에 보고해야 한다. 행정과목인 세항간전용은 재무부의 승인사항이다.[40] 따라서 세항수의 대폭적인 감소는 각부의 재량의 범위를 대폭적으로 넓히는 결과가 되었다고 하겠다.

---

38) Chief Secretary라는 직책은 1961년에 신설된 것으로 재무부의 공공지출 담당 차관이다. 근년에 와서 일반적으로 Chief Secretary는 관료의 한 사람이다. 이 밖에도 재무성에는 Financial Secretary와 Economic Secretary라는 두 사람의 차관이 더 있다.

39) 제3장 제3절「영국의 예산심의」참조.

40) Heclo and Wildavsky, *Private Government of Public Money*, second edition, pp. 108-109.

제 4 절 한국의 예산편성

1. 예산편성과정

한국의 예산편성과정은 대체로 4단계로 나누어서 고찰할 수 있겠다. 제1단계는 예산안편성지침 등의 확정시달단계이며, 제2단계는 각 부처 예산요구서의 작성 · 제출단계이다. 제3단계는 기획재정부의 사정단계이며 제4단계는 예산안의 확정 · 제출단계이다.

(1) 중기재정계획서와 예산안편성지침

각 중앙관서의 장은 매년 1월 31일까지 당해회계연도부터 5개 회계연도 이상 기간 동안의 신규사업 및 주요계속사업에 대한 중기사업계획서를 작성하여 기획재정부장관에게 제출한다.

기획재정부장관은 국가재정법 제29조 제1항의 규정에 의하여 「예산안편성지침」을 기안하여 국무회의의 심의를 거쳐 대통령의 승인을 얻은 후 적어도 4월 30일까지 이를 중앙관서(각 부처 등)의 장에게 통보하고 국회에도 보고한다.[41]

예산안편성지침은 비교적 짧고 간단한 문서이나 국가재정법은 이 지침에 중앙관서별 지출한도를 포함하여 통보할 수 있도록 하였다.[42] 예산안편성지침과 함께 기획재정부가 중앙관서의 장에게 통보하는 「예산편성기준」은 예산단가 · 예산과목해소 등을 포함하는 두툼한 문서이다.

(2) 예산요구서의 작성제출

예산안편성지침과 예산편성기준 등이 각 중앙관서의 장에게 시달되면 각부처에 있어서의 예산요구서의 작성은 이것을 받은 때로부터 본격적으로 시작된다고 할 수 있다. 그러나, 실제적으로는 그보다 훨씬 앞서 각부처의 예산담당관이 모든 기초자료를 수집하여 그 준비에 종사하는 것이다.

각부의 예산담당관은 「예산안편성지침」을 받으면 곧 장관명의로 부내 각 국장, 각 관서장에게 예산요구서 작성자료의 제출을 의뢰하며, 이어서 예산편성

41) 국가재정법 제30조.

42) 국가재정법 재29조 제2항.

의 대체적인 지시를 각 국장, 각 관서장에게 보낸다. 각 국·각 관서의 예산담당관은 「예산편성지침」과 「장관의 지침」의 지시를 받은 다음 국장·관서장의 예산요구에 있어서 취하여야 할 중점과 일반적 지시를 받들어 세입 및 세출예산요구서를 작성한다. 이후 수차에 걸친 국과장회의를 열어 수정 검토하고, 각 국장·각 관서장은 사전에 장관 또는 차관에게 자기담당국·담당관서소관의 예산의 규모와 내용을 중점적으로 설명하고, 그 예산요구서안을 장관 또는 차관 앞으로 보고하면 각 부 예산담당관은 부내 각 관서의 요구액을 총괄하여 세입세출예산요구서안을 마련한다. 그 후 장관 또는 차관주재하에 각 국장·각 관서장·부예산담당관 등이 연석하여 최종적인 논의를 거쳐 예산요구안을 완성한다.

예산요구서의 체제는 후술하는 예산서의 형식과 동일한 구분으로 작성하여야 하며, 예산요구서에는 각종 서류를 첨부하여야 한다.

각 부처의 예산요구서는 예산회계법하에서는 5월 31일까지 기획예산처장관에게 제출하도록 되어 있었으나 국가재정법하에서는 기획재정부의 사정과정은 단축되고 각 부처의 예산요구서 작성과정이 보다 많은 기간을 소요한다는 이유로 예산요구서는 6월 30일까지 기획재정부장관에게 제출하도록 되었다.[43] 이 시한을 지키지 못하는 부처가 많으나 대체로 7월 초까지는 예산요구서의 제출이 완료된다.

(3) 기획재정부의 사정

각 부처의 예산요구서가 7월 초까지 기획재정부에 제출되면 기획재정부의 사정이 개시된다.

① 예산규모의 추계: 매년 예산사정을 위한 첫 단계의 하나로서 기획재정부는 관계기관과 협의하여 신년도의 예산규모의 추계를 한다. 극히 잠정적인 것이기는 하나 모든 재원을 감안할 때 신년도예산규모가 얼마나 되겠는가를 추정하는 작업이다.

② 예산요구서의 접수 분석: 각 부처로부터 늦어도 7월 초까지 예산요구서가 제출되면 기획재정부는 이것을 여러 가지로 분류 집계하여 분석하게 된다.

③ 시안의 작성: 각 부처의 예산요구서를 분석한 기획재정부는 각 재정기

43) 국가재정법 제31조 제1항.

획단별로 시안을 작성하여 재정운영회의의 종합검토를 거치게 된다.

④ 기획재정부 장·차관의 조정: 각 부처의 예산요구서가 제출되면 수시로 장·차관에게 보고하나 전술한 시안이 결정되면 장·차관의 조정을 받아 기획재정부안을 작성하게 되는 것이다.

(4) 예산안의 확정 제출

이와 같이 소위 기획재정부안이 작성되면 정부차원에서의 과정이 시작된다.

① 청와대·총리실 등에의 수시보고: 이러한 과정에 있어서 청와대, 총리실 등에 수시로 보고하여 지시를 받게 된다.

② 관계기관과의 협의: 기획재정부는 청와대, 총리실 등에 수시로 보고할 뿐만 아니라 정당설명회도 갖는다. 국무회의에 상정하기 직전에는 극히 형식적이기는 하나 예산자문회의의 협의도 거친다.

③ 국무회의상정 대통령승인: 상술한 바와 같은 과정을 밟은 다음 차관회의와 국무회의의 심의를 거쳐 대통령의 승인을 얻는다.

④ 국회제출: 이러한 절차가 끝나면 각종 자료를 작성하여 국회에 예산안을 제출하게 된다. 과거에는 회계연도개시 120일 전까지 예산안을 국회에 제출하도록 되어 있었으나 현행헌법 제54조 제2항은 회계연도개시 90일 전까지 예산안을 국회에 제출하도록 규정하고 있다.

〈표 3-4〉 2011년도 예산편성 일정표

일 자	주 요 사 항
2010년 1월 31일	국가재정운용계획(2010~2014)접수
2월22일~4월28일	국가재정운용계획(2010~2014)및 2011년 지출한도 심의
4월19일	재정정책자문회의 개최
4월30일	예산안 편성지침 시달
5월9일	국무위원 재정전략회의
6월1일	2011년 지출한도 각 부처에 통보(대외비)
6월30일	2011예산안 요구서 접수
7월2일~9월17일	2011예산안 종합검토
9월14일	2011예산안 대통령 보고
9월17일	2011예산안 재정정책자문회의
9월28일	2011예산안 국무회의 상정
10월1일	2011예산안 국회제출

자료: 기획재정부, 2011 나라살림 예산개요 참고자료.

(5) 예산편성과정의 변모

우리나라 예산편성과정이 2005년도 예산편성부터 많이 달라졌다. 기획재정부의 표현을 빌린다면 종전의 예산편성과정은 상향적(bottom-up) 방식이었는데 대하여 2005년도 이후의 예산편성은 하향적(top-down) 방식이라는 것이다.[44] 달라진 예산편성방식의 특징은 다음과 같다.

① 종전의 예산편성과정은 사업별 예산규모→분야별·부처별 예산규모→지출총액의 순이었는데 개선된 방식은 지출총액→분야별·부처별 지출한도→사업별 예산규모의 순으로 이루어진다.

② 종전에는 예산편성기간이 4개월(6월~9월)이었는데 개선된 방식은 9개월(1월~9월)이 소요된다.

③ 종전에는 부처별 지출한도제도가 없었는데 개선된 방식은 부처별 지출한도제도를 도입했고 국가재정법에도 명문의 규정을 두고 있다.[45]

④ 종전에는 기획예산처에 의한 각 부처요구의 삭감이 일반회계의 경우 15%~20%에 달했으나 2005년도 이후에는 5% 미만으로 줄어들었다.

2. 경직성경비

(1) 의 의

예산편성에 영향을 미치는 요인이 많이 있으나 우리는 이곳에서 먼저 경직성경비를 고찰하고자 한다. 경직성경비는 기획재정부의 재량을 제한하는 요인으로서 기획재정부가 사정과정에서 삭감하기가 지극히 어려운 경비들이다.

Blechman 등은 경직성경비를 법률의 개정없이는 삭감할 수 없는 경비라고 정의하고 있으나[46] 우리는 경직성경비를 법률상 또는 정책상 지출이 결정되어 있는 까닭에 법률의 개정이나 기본정책의 수정없이는 삭감할 수 없는 경비라고 정의하고자 한다.

(2) 비목과 규모

〈표 3-5〉와 같이 기획재정부가 내세우는 한국의 경직성경비는 방위비, 교부금(지방재정교부금과 교육재정교부금), 인건비 등인데 과거에는 방위비의 비중

---

44) 기획예산처, 2007년도 예산개요(서울: 기획예산처, 2007), p. 172.

45) 국가재정법 제29조 제2항.

46) Blechman, Gramlich and Hartman, *op. cit.*, p. 191.

〈표 3-5〉 한국의 경직성경비

구 분	2010		2011	
	금액(억원)	구성비(%)	금액(억원)	구성비(%)
방 위 비	307,848	15.3	327,132	15.6
교 부 금[①]	596,899	29.7	654,735	31.2
인 건 비[②]	78,783	3.9	98,794	4.7
상환지출	67,629	3.4	74,666	3.6
경직성경비합계	1,051,159	52.2	1,155,327	55.0
기 타 경 비	961,676	47.8	943,976	45.0
일반회계예산총계	2,012,835	100.0	2,099,303	100.0

주: ① 교부금은 지방교육재정교부금 포함.
② 인건비는 정액수당 등은 제외.
③ 공무원(공립)은 2005년부터 인건비에서 교부금으로 재분류.
자료: 각 년도 예산개요에서 산출.

이 가장 무거웠으나 2001년부터는 교부금의 비중이 더 무거워졌다.

지방재정교부금은 지방교부세법에 그 교부율이 명시되어 있으므로 법률의 개정 없이는 삭감할 수 없으며 교육재정교부금에 관해서도 같은 얘기가 적용될 수 있다. 방위비는 최근 그 비중이 많이 낮아졌으나 현재의 남북한관계에 비추어 보아 대폭적인 삭감이 어려운 항목임에는 틀림이 없다. 인건비도 피상적으로 보면 많은 삭감이 가능할 항목인 것 같으나, 교육공무원, 군인, 경찰관, 소방관, 교도관, 세무공무원, 법관, 검사 등 그야말로 감원이 불가능한 공무원들을 제외한다면 조정이 가능한 공무원의 수는 얼마 안 되는 것이다.

(3) 경직성경비 비목의 문제점

우리나라 예산당국은 오래동안 경직성경비의 비목에 방위비, 교부금, 인건비 등을 포함시켜 왔으며 때로는 국채이자를 포함시키기도 했으나 2001년도부터는 다시 이것을 제외시켰다.

경직성경비가 법률의 개정이나 기본정책의 수정 없이는 삭감할 수 없는 경비라고 한다면 국채이자는 물론 국민기초생활보장법에 따라 지출되는 기초생활보장을 위한 경비, 의료보험·국민연금지원, 국가유공자지원 등도 경직성경비에 포함시켜야 할 것이다.

3. 예산의 형식

헌법 제54조 제1항은 「국회는 국가의 예산안을 심의 확정한다」고 하였고, 동 제2항은 「정부는 회계연도마다 예산안을 편성하여 회계연도개시 90일 전까지 국회에 제출하고 국회는 회계연도 개시 30일 전까지 이를 의결하여야 한다」고 규정하고 있다.

이와 같이 예산은 국회의 의결을 그 성립요건으로 하여 그 의결은 반드시 예산의 형식으로 매회계연도마다 이를 구하지 않으면 안된다. 헌법은 매회계연도마다 국회의 의결을 구하는 예산의 형식에 관해서는 아무런 규정도 두지 않고 있으나, 국가재정법 제19조는 「예산은 예산총칙 · 세입세출예산 · 계속비 · 명시이월비와 국고채무부담행위를 총칭한다」고 규정함으로써 예산의 형식적 내용을 규정하고 있다. 이제 이를 구체적으로 살펴보기로 한다.

(1) 예산총칙

예산총칙의 내용은 국가재정법 제20조에 규정되어 있다. 예산총칙에는 세입세출예산 · 계속비 · 명시이월비와 국고채무부담행위에 관한 총괄적 규정을 두는 이외에 국채 또는 차입금의 한도액, 재정증권의 발행과 일시차입금의 최고액, 기타 예산집행에 관하여 필요한 사항을 규정하게 되어 있다. 요컨대, 예산총칙은 세입세출예산 이외에 매년도의 재정운영에 필요한 기초적 사항에 관하여 국회의 의결을 맡아 두는 형식이다.

(2) 세입세출예산

「한 회계연도의 모든 수입을 세입으로 하고, 모든 지출을 세출로 한다」는 국가재정법 제17조의 규정을 빌릴 것도 없이 세입세출예산이 예산의 실체임은 우리가 다 잘 아는 사실이다. 예산이 한 회계연도내에 있어서의 수입지출의 추계라고 하는 것은 이 세입세출을 말하는 것이다. 뿐만 아니라 세입세출예산은 형식적으로도 예산의 대부분을 차지하고 있다.

(3) 계속비

계속비란 공사나 제조 및 연구개발사업 등에 있어서 그 완성에 수년도를 요하는 것에 관하여 미리 국회의 의결을 얻어 수년도에 걸쳐서 지출하는 것이

다.[47)]

예를 들면 교량 등의 구축에 있어서 수년을 요하는 경우에는 사업을 계획적으로 하기 위해서 완성까지의 수개연도의 경비총액을 총괄하여 미리 국회의 의결을 얻어 둘 필요가 있다. 이 경우의 의결을 얻는 형식이 계속비이다.

(4) 명시이월비

국가재정법 제24조는「세출예산 중 경비의 성질상 연도 내에 지출을 끝내지 못할 것이 예측되는 때에는 그 취지를 세입세출예산에 명시하여 미리 국회의 승인을 얻은 후 다음 연도에 이월하여 사용할 수 있다」고 규정하고 있는데 이 규정에 의거하여 다음 연도에 이월하여 사용할 수 있는 경비를 명시이월비라 한다.

(5) 국고채무부담행위

헌법 제68조의 규정에 의거하여 국가재정법 제25조는「국가는 법률에 따른 것과 세출예산금액 또는 계속비의 총액의 범위 안의 것 외에 채무를 부담하는 행위를 하는 때에는 미리 예산으로써 국회의 의결을 얻어야 한다」고 규정하고 있는데, 이것이 국고채무부담행위이다.

---

47) 국가재정법 제23조.

제 3 장 예산의 심의

제 1 절 각국예산심의의 비교

각국의 예산심의는 여러 가지로 비교할 수 있을 줄 아나 우리는 몇 가지 문제를 중심으로 하여 각국의 예산심의를 비교하여 보기로 한다.

1. 대통령중심제와 내각책임제

행정부에서 예산안이 입법부에 제출되면 이에 대한 심의를 시작하게 되는데 예산심의의 성격은 입법부와 행정부의 관계 여하에 따라 달라진다.

(1) 대통령중심제

미국이나 우리나라와 같이 대통령중심제를 택하고 있는 경우에는 예산심의가 비교적 엄격하게 이루어진다. 그러나, 예산의 심의가 아무리 엄하게 이루어진다고 하더라도 미국의 경우 정부의 예산안이 국회에서 총액으로 볼 때 5% 이상 수정을 입는 일은 예외에 속하며,[1] 우리나라의 경우 정부의 예산안이 국회의 심의과정에서 3% 이상의 수정을 입은 일은 거의 없다.[2]

(2) 내각책임제

다른 한편 영국이나 일본과 같이 내각책임제를 택하여 내각이 국회의 다수당의 위원회와 같은 존재로 간주되는 경우에 있어서는 정부의 예산안이 국회의 심의과정에서 큰 수정을 입는 일이 거의 없다. 영국의 경우를 본다면 1921년

1) Joseph P. Harris, *Congressional Control of Administration*(Washington, D.C.: Brookings Institution, 1964), p. 82.

2) 후술 제4절 「한국의 예산심의」 참조.

이래 오늘날까지 정부의 예산안이 국회에서 수정된 일이 한번도 없으며,[3] 일본에서도 1956년 이래 오늘날까지 국회가 정부의 수정요구를 승낙한 경우 외에는 정부의 예산안이 국회에서 수정된 일이 없다고 한다.[4]

2. 예산과 법률

(1) 법률의 형식

영국과 미국에 있어서는 예산을 법률의 형식으로 성립시키고 있다.[5] 즉, 영국이나 미국에 있어서는 정부가 예산이라 하여 국회에 제출하는 것은 추계에 지나지 않으며, 국회는 이것에 의거하여 세출예산법안(Appropriation Bill)을 의결하는 것이다. 대통령의 서명이나 여왕의 재가를 얻어서 공포가 되면 세출예산법(Appropriation Act)이 되는 것이다.

(2) 예산의 형식

이에 반하여 일본이나 우리나라에 있어서는 예산은 예산의 형식으로 의결되며 법률은 법률이라는 형식으로 의결된다.[6] 일본이나 우리나라에 있어서 예산은 법률보다 하위의 효력을 가지므로 예산에 의하여 법률을 개폐할 수 없다.

3. 증액의 제한

(1) 증액 등의 제한

영국에서 의회는 예산안에 대해서 폐제삭감권만 지니고 있으며 정부의 동의없이는 증액을 하거나 새 비목을 설치할 수 없다. 뿐만 아니라, 국고금의 지출을 수반하는 어떠한 법안이나 의결안도 행정부의 동의없이는 의회의 심의의 대상이 되지 않는다.[7] 우리나라에서도 헌법 제57조의 규정에 의하여 「국회는 정부의 동의없이 정부가 제출한 지출예산 각항의 금액을 증가하거나 새 비목을

3) T.H. Caulcott, "The Control of Public Expenditure," *Public Administation,* Autumn 1962, p. 272.

4) 小島和夫 豫算が 成立するまで(東京: 株式會社 行政, 1990), pp. 222-223.

5) Lord Champion and D.W.S. Lidderdale, *European Parliamentary Procedure: Comparative Handbook*(London: Geroge Allen and Unwin, 1953), pp. 29-30, Allen Schick, *The Federal Budget: Politics, Policy, Process, third* edition(Washington, D.C.: Brookings Institution, 2007), p. 214.

6) 김철수, 헌법학개론, 제19전정신판(서울: 박영사, 2007), pp. 1393-1397.

7) Kenneth Bradshaw and David Pring, *Parliament and Congress*(London: Constable, 1972), p. 309.

설치할 수 없다」.

(2) 증액수정권보유

미국이나 일본의 경우에 있어서는 이와는 사정이 다르다. 미국헌법은 이에 관한 아무런 규정도 두지 않고 있으므로 의회는 폐제삭감권뿐만 아니라, 새 비목의 설치나 증액도 자유로이 할 수 있다.[8)]

일본에 있어서는 구헌법시대에는 예산안의 제출권은 정부만이 가지고 있었으며, 의회에는 발안권이 없었던 까닭에 의회는 새 비목을 설치하거나 증액할 수 없다는 견해가 결정적이었다. 학설과 정부의 견해가 그러했을 뿐만 아니라, 의회의 운영에 있어서도 이를 인정했던 것이다. 일본의 현행법도 예산안의 제출권을 내각에만 부여하고 있으나 의회가 증액수정권을 지닌다고 해석하고 있으며, 1955년의 국회법 개정은 이를 전제로 한 규정을 설치했던 것이다.[9)]

4. 단원제와 양원제

(1) 단원제

전세계국가 중 약 반수가 단원제를 택하고 있으며 나머지 반수가 양원제를 채택하고 있다.[10)] 우리나라는 제5대 국회(1960년 8월 8일~1961년 5월 16일)를 제외하고는 항상 단원제였으므로 양원의 의결의 조정이란 중요한 문제가 아니었다.

(2) 양원제

영국・미국・일본 등은 양원제를 택하고 있으므로 양원의 의결이 일치하지 않는 경우 문제의 해결이 간단하지 않다.

동일한 양원제라 할지라도 영국과 일본의 경우에 있어서는 양원의 권한이 동등하지 않으나, 미국의 경우에 있어서는 예산심의에 관한 양원의 권한이 동등하다. 먼저 영국의 경우를 살펴본다면 예산심의에 있어서 하원이 선의권을 지

---

8) U.K. Hicks, *Public Finance,* second edition(Cambridge: Cambridge University Press, 1953), pp. 61-62.

9) 河野一之, 豫算制度[新版](東京: 學陽書房, 1987), pp. 91-92.

10) David M. Olson, *The Legislative Process: A Comparative Approach*(New York: Harper, 1980), p. 22.; 앤드류 헤이우드 지음, 조현수 옮김, 정치학, 개정판(성균관대학교 출판부, 2009), pp.616-619.

니고 있을 뿐만 아니라, 상원은 수정권이나 부결권을 지니지 않으며 30일간의 지연권을 지니고 있을 따름이다.[11]

일본의 경우를 보면 예산심의에 있어서 중의원이 선의권을 지니고 있을 뿐만 아니라, 예산안에 대해서 참의원과 중의원이 다른 의결을 하였을 때에는 반드시 양원협의회를 열어야 하는데, 만일에 양원협의회에서도 의견의 일치를 보지 못하는 경우에는 중의원의 당초의 의결이 당연히 국회의 의결이 된다. 또한 참의원이 예산안을 받은 후 30일 내에 의결하지 않는 경우에도 중의원의 의결이 국회의 의결이 되는 것이다.[12] 영국이나 일본의 경우와 달라서 미국의 상하 양원은 예산심의에 있어서 동등한 권한을 지니고 있다. 하원의 의결과 상원의 의결의 차이는 양원협의위원회(Conference Committee)에서 타협조정되어야 한다.[13]

5. 위원회

(1) 소규모 위원회

미국·일본 및 우리나라에 있어서는 예산안이 본회의에 상정되기 전에 소규모의 위원회의 심의를 받도록 되어 있다. 미국 국회에 있어서는 하원세출위원회(정원 50명)·상원세출위원회(정원 27명)·상하양원의 예산위원회가 이를 담당하며, 일본 국회에서는 중의원의 예산위원회(정원 50명)와 참의원의 예산위원회(정원 45명)가 이를 담당한다.

우리나라의 경우에 있어서는 각 상임위원회의 예비심사를 거쳐 예산결산특별위원회의 종합심사를 거치도록 되어 있다.

(2) 본회의만의 심의

미국·일본·우리나라의 경우와 달리 영국에는 예산심의를 위한 소규모의 위원회가 없다. 행정부가 제출한 예산안은 본회의에서만 심의한다. 과거에는 세출위원회와 세입위원회라는 전원위원회가 있었으나 이것마저 폐지되었다.

---

11) Bradshaw and Pring, *op. cit.*, pp. 180-182.

12) 河野, 전게서, pp. 86-87.

13) 후술 제2절「미국의 예산심의」참조.

6. 예산불성립시의 예산집행

회계연도 개시일까지 예산이 입법부를 통과하지 못하는 경우에 어떻게 대처하느냐 하는 문제는 나라에 따라서 그 해결방법이 다르다.

(1) 양원의 공동결의

미국의 경우에 있어서는 의회가 양원의 공동결의에 의하여 정부기관으로 하여금 전년도예산을 답습하는 것을 허용하는 것이 관례이다.

(2) 잠정예산 · 준예산 등

영국과 일본은 잠정예산제도를 사용하고 있으며, 우리나라에서는 4 · 19혁명까지 가예산제도를 채택하고 있었으나, 현재는 헌법 제54조 제3항의 규정에 의하여 준예산제도를 채택하고 있다는 것은 전술한 바와 같다.[14]

제 2 절 미국의 예산심의

1. 미국 예산심의과정의 변천

(1) 초창기의 예산심의과정

1796년에 설치된 하원의 세입위원회(Committee on Ways and Means)는 1802년에 이르러 상임위원회가 되어 한 때 세입뿐만 아니라 세출에 관한 권한까지도 장악했다. 그러다가 1865년 3월 하원세출위원회(Committee on Appropriations)가 창설되어 세출에 관한 권한을 세입위원회로부터 물려받게 되었다. 이어서 1867년에는 상원도 세출위원회를 신설하고 재정위원회(Finance Committee)가 함께 지니고 있던 세출에 관한 권한을 이에 이관시켰던 것이다.[15] 그러나 1885년에는 다시 세출위원회의 권한이 지나치게 강대하다 하여 세출에 관한 권한을 세출위원회뿐만 아니라 그 외의 상임위원회에도 나누어 줌으로써 세입과 세출에 관한 소관이 달랐을 뿐만 아니라 세출에 관한 권한을 다시 쪼개는

---

14) 제1편 제9장「예산의 종류」참조.

15) Vincent J. Browne, *The Control of the Public Budget*(Washington, D.C.: Public Affairs Press, 1949), pp. 50-51.

결과를 초래하였던 것이다. 이와 같은 사태는 비단 하원뿐만 아니라 상원에서도 빚어졌던 것이다.[16]

이리하여 예산제도의 개혁을 위하여 선두에 나섰던 개혁가들은 행정부 제출예산제도(집행부예산제도)의 채택과 함께 입법부의 심의절차의 개혁이 필요하다는 것을 통감하게 되었다. Good안의 제출자인 굳의원은 1919년 10월 7일 하원의 의사규칙개정에 관한 결의안을 제출하였다. 35명의 의원으로 구성되는 세출위원회로 하여금 세출에 관한 문제를 전담케 하자는 것이다. 1920년 6월 1일 이 결의안은 과히 중요하지 않은 몇 군데의 수정 끝에 200 대 177로 하원을 통과했던 것이다. 의외에도 윌슨대통령이 예산회계법안을 거부했기 때문에 예산회계법의 공포 전에 하원의 절차부터 개선을 보게 된 것이다.

하원의 뒤를 따라 상원에서도 그 규칙을 개정하여 종래에 여러 상임위원회에 분산시켰던 세출에 관한 권한을 세출위원회에 집중시킬 필요가 있었다. 이와 같은 규칙의 개정이 1922년 3월 6일부로 이루어졌다.[17] 이리하여 1921년의 예산회계법의 제정과 함께 연방의회에 있어서의 예산심의과정도 다소 개선을 보게 된 것이다.

(2) 제2차대전 후의 개혁시도

이러한 예산심의과정이 많은 결함을 지녔던 까닭에 많은 비판을 받았다. 세입에 관한 의결과 세출에 관한 의결을 조정할 공식적인 방도가 없을 뿐만 아니라 의회가 단일한 세출법안을 통과시키는 것이 아니고, 12개 내지 15개의 세출법안을 통과시킨다. 그것도 동시에 심의를 하는 것이 아니고 세출위원회의 분과위원회의 심의가 끝나는 대로 그때 그때 개별적으로 세출법안이 하나씩 세출위원회 전체회의를 거치게 되는 것이다. 더욱이나 세출위원회 전체회의의 심의는 극히 형식적인 것에 지나지 않는 까닭에 세출위원회 전체회의나 상하양원본회의가 세출예산을 전체적인 관점에서 종합적으로 검토할 기회란 전혀 없었던 것이다.[18]

---

16) Arthur Smithies, *The Budgetary Process in the United States*(New York: McGraw-Hill, 1955), p. 61.

17) W.F. Willoughby, *The National Budget System*(Baltimore: Johns Hopkins Press, 1927), pp. 35-37.

18) Caulcott, *op. cit.*, p. 268; Smithies, *op. cit.*, p. 164.

제2차세계대전 후에 이러한 예산심의과정을 개혁하려는 다음과 같은 여러 가지 시도가 있었으나 그 어느 하나도 성공을 거두지 못했으며, 1974년의 의회예산법의 제정을 기다릴 수밖에 없었다.

① 입법부예산(The Legislative Budget): 1946년 의회를 통과한 입법부개혁법(Legislative Reorganization Act) 제138조는 입법부예산에 관한 공동위원회(Joint Committee on the Legislative Budget)의 설치에 관한 규정인데 동위원회는 하원의 세입위원회(Ways and Means Committee), 세출위원회(Appropriations Committee), 상원의 재정위원회(Finance Committee), 세출위원회(Appropriations Committee)의 위원 전원으로서 구성하게 되어 있다.

이 공동위원회는 매회기에 모여서 행정부에서 제출한 예산안을 심의하고 세출의 「한도액」(이것은 예산심의절차에 있어서 각 분과위원회의 활동을 제약하게 됨)을 결정하여 2월 15일 이전에 상하양원에 제출하여 그 동일결의(concurrent resolution)를 얻기로 되어 있는 것이다.

이와 같은 움직임은 의회의 예산심의를 강화하고 예산총액을 의회에서의 예산심의과정에 앞서 결정함으로써 경비를 절약해 보자는 동기에서 나온 것이다.

그러나 이 제138조는 성공을 거두지 못했다. 1947년, 1948년, 1949년의 3년에 걸친 공동위원회의 활동은 실패로 돌아간 것이다.

의회의 회기초에 세출에 대해서 엄격한 「한도액」을 부과한다는 것은 불가능했던 것이다. 환언하면 각 분과위원회에서 각 기관의 예산을 상세히 검토하기 전에 세출예산의 총액을 결정한다는 것은 불가능했던 것이다.

이 제138조가 거둔 어떤 성과가 있다면 그것은 이 기간 중에 있어서 의회는 예산 전체를 종합적으로 심의할 기회를 가졌다는 것이며 따라서 의회는 행정부의 재정정책을 검토할 수가 있었다는 것이다. 각 분과위원회에 의한 세출예산의 단편적인 심의로서는 이와 같은 심의를 할 수 없는 것이다.[19]

② 종합세출법안(The Omnibus Appropriation Bill): 1947년 상원의 운영위원회(Committee on Rules and Administration)의 1분과위원회에서는 모든 세출예산을 하나의 종합세출법안으로 통합하려는 안이 검토되었다. 동안은 Byrd 및 Butler 양 의원에 의하여 전술한 입법부개혁법 제138조를 보충하는 방법으로

---

19) Dennis Ippolito, *Congressional Spending*(Ithaca: Cornell University Press, 1981), pp. 48-49; Jesse Burkhead, *Government Budgeting*(New York: Wiley, 1956), pp. 328-330.

서 제안되었던 것인데 제안자들에 의하면 모든 세출법안을 하나의 종합세출법안으로 종합함으로써 의회는 세출과 세입을 동시에 그리고 종합적으로 검토할 기회를 갖는다는 것이다.

이 안은 운영위원회에 의하여 상원에 보고되었는데 상원은 1947년에는 이에 대해서 아무런 조치도 취하지 않았으나 1949년에 이르러 동안을 가결했다.

같은 해(1949)에 입법부개혁법 제138조가 매장되자 하원의 세출위원장은 1950년 1월부터 하원은 의회가 시작된 이래 오늘날까지 지속해 온 세출법안을 하나씩 단편적으로 본회의에 보고상정시키던 방식을 지양하고 모든 세출법안을 하나로 통합하여 제출하겠다고 선언하고 그대로 실천에 옮겼다. 그런데 결과는 성공적이었다고 할 수 없다. 종합세출법안은 5월 10일에 상원에 도달했으며 8월 4일에야 상원을 통과했다. 그 후 양원협의위원회에서 더 지체되어 회계연도 개시일로부터 2개월이나 늦어서 8월 6일에야 비로소 대통령의 서명을 받았다.

그 다음 해에는 하원세출위원회가 종합세출법안을 계속해서 사용하도록 하자는 세출위원장의 제안을 부결해 버렸는데, 동위원회가 이와 같은 조치로 나온 것은 종합세출법안이 그 심의에 있어서 너무나 오랜 시일을 요한다는 이유 외에 모든 세출법안을 하나로 통합하는 종합세출법안은 세출위원장의 권한을 부당하게 강화하고 분과위원회의 위원들의 권한을 약화시킨다는 또 하나의 이유가 있는 것이다.

1950년 이래 종합세출법안제도를 부활시키려는 노력은 의회(특히 상원)에서 여러 번 있었으나 끝내 성공하지 못했다.[20]

③ 예산심의공동위원회(The Joint Committee on the Budget): 입법부는 항상 정보와 자료의 부족을 느낄 뿐만 아니라 행정부에서 제공하는 정보나 자료를 불신하는 경향이 있다. 이와 같은 경향은 엄격한 권력분립주의를 채택하고 있는 국가에서 일층 심한 것 같다.

이를 해결하기 위하여 예산회계법이 구제책을 강구했으나 별로 실효를 거두지 못하자 McClellan의원은 상하양원의 세출위원회위원 각 7명과 약 50명의 직원으로서 예산심의공동위원회를 구성하자는 안을 제출하게 되었다. 1952년에 상원은 이 「맥크레란법안」을 통과시켰으며 하원운영위원회가 동법안을 하원 본회의에 보고 제출했으나 의결되지 않았다. 그 후에도 2차에 걸쳐 상원은 유사

---

20) Ippolito, *op. cit.*, pp. 49-50; Burkhead, *op. cit.*, pp. 330-332.

한 법안을 의결했으나 끝내 하원이 응하지 않았다.[21]

(3) 의회예산법

1974년에 제정된 의회예산 및 집행정지통제법(Congressional Budget and Impoundment Control Act)은 제2차대전 직후 수차에 걸쳐서 시도되었으나 실현을 보지 못한 예산심의제도의 개혁을 이룩했다는 점에서 획기적인 법률이라 할 수 있다.

의회예산법이 과거의 시도와는 달리 성공을 거둘 수 있은 데에는 다음과 같은 세 가지 이유가 있다. i) 7월에 개시하던 회계연도를 10월에 개시하도록 변경함으로써 예산심의기간을 연장했다. ii) 과거에는 상하양원의원으로 구성되는 공동위원회를 설치했는데 이번에는 각원에 예산위원회를 설치했다. iii) 의회예산처(Congressional Budget Office)를 설치하여 예산실무자들의 지원을 받도록 했다.[22]

(4) 균형예산 및 재정적자통제법과 예산실행법

1985년과 1990년에 통과된 이 두 개의 법률은 누적되어가는 재정적자를 억제하고 균형예산으로 복귀하기 위한 미의회의 노력을 표현한 법률로서 의회의 예산심의과정에도 많은 영향을 미치고 있다.

① 균형예산 및 재정적자통제법: 제안자들의 이름을 따서 흔히 Gramm-Rudman-Hollings법이라고 부르는 이 법률은 1986년도부터 재정적자를 축소하여 1991년도에는 적자를 일소하는 것을 목표로 하였다.

이러한 목표를 달성하기 위하여 세출예산의 과감한 삭감이 불가피한데 형평에 어긋나는 삭감을 피하기 위하여 삭감액을 국방비와 비국방비에 균등하게 안배해야 한다는 명문의 규정까지 두었다.[23] 불행하게도 1991년도까지 재정적자를 일소한다는 이 법률의 목표는 크게 빗나갔으며[24] 1987년의 개정과 예산실행

21) *Ibid.*, pp. 332-336.

22) James A. Thurber, "Congressional Budget Reform and New Demands for Policy Analysis," *Policy Analysis*, Spring 1976, pp. 200-206.

23) Harry S. Havens, "Gramm-Rudman-Hollings: Origins and Implementation," *Public Budgeting and Finance*, Autumn 1986, pp. 4-24.

24) Lance T. LeLoup, Barbara L. Graham and Stacey Barwick, "Deficit Politics and Constitutional Government: The Impact of Gramm-Rudman-Hollings," *Public Budget and Finance*, Spring 1987, pp. 83-103.

법의 제정을 초래하게 되었다.

② 예산실행법: 1985년의 Gramm-Rudman-Hollings법이나 1987년의 동법 개정법률이 실효를 거두기가 어렵다는 것이 판명되자 1990년에 다음과 같은 내용을 지닌 예산실행법(Budget Enforcement Act)이 제정되었다.

i) 재정적자 해소의 목표연도를 연기하였다. 1985년의 균형예산·재정적자 통제법은 1991년도를 목표년도로 삼았으며, 1987년의 동법개정법률은 1993년도를 목표년도로 삼았으나 이 법률은 목표년도를 1996년도 이후로 연기하였다. ii) 예산개념을 수정하여 각종의 세출항목을 적자해소를 위한 세출한도에서 제외시켰으며, iii) 재정적자의 감축절차를 강화하기 위한 몇 가지 장치를 마련하였다. iv) 재정적자 해소를 위한 조치의 강구 등에 있어서 의회의 권한을 대통령에게 많이 이관했으며, v) 상하양원 예산위원회의 권한을 축소하고 상하양원 세출위원회·상원재정위원회·하원세입위원회의 권한을 강화했다. vi) 예산심의일정을 다소 수정했으며, vii) 예산에서 재정융자와 재정융자담당기관에 대한 취급을 크게 개혁하였다.[25]

2. 예산심의관련조직

미국의회의 예산심의과정에 들어가기 전에 예산심의와 관련있는 위원회와 기타 조직을 고찰하기로 한다.

(1) 예산위원회

1974년의 의회예산법에 의하여 상하양원에 각각 설치된 예산위원회(Budget Committee)가 현행예산심의과정에 있어서 중요한 기능을 수행한다. 예산위원회의 설치가 예산심의과정에 변혁을 가져온 것이 사실이나 예산위원회가 결코 세출위원회를 대치한 것이 아니며[26] 예산심의의 핵심은 아직도 세출위원회 분과위원회와 세출위원회에 의한 심의에 있다는 것을 잊어서는 안되겠다.

또 하나 지적할 것은 다른 상임위원회들이 비교적 자율성을 누리는 데 대하여 예산위원회는 상·하양원의 각당 지도부의 영향을 크게 받는다는 사실이

25) Howard E. Shuman, *Politics and the Budget*, third edition(Englewood Cliffs: Prentice-Hall, 1992), pp. 330-333; Richard Doyle and Jerry McCaffery, "The Budget Enforcement Act of 1990: The Path to No Fault Budgeting," *Public Budgeting and Finance*, Spring 1991, pp. 25-40.

26) Ippolito, *op. cit.*, p. 97.

다.[27)]

양원의 예산위원회는 매년 1개(초기에는 2개)의 예산한도결의안을 의결하여 본회의에 제출하여 기존의 사업과 새로운 사업이 세출에 미치는 영향을 분석하고 의회예산처(Congressional Budget Office)의 운영을 감독한다.

① 하원예산위원회: 25명(창설당시 23명)의 위원을 지니는 하원예산위원회는 세출위원회와 세입위원회에서 각각 5명, 기타 상임위원회에서 13명, 다수당과 소수당의 원내총무진에서 각각 1명씩 선출하는 위원으로 구성하도록 되어 있다. 어느 위원을 막론하고 10년 동안에 예산위원회 배정이 6년(초기에는 4년)을 초과할 수 없도록 되어 있다.[28)]

상원예산위원회와는 달리 하원예산위원회는 세출위원회 등으로부터의 도전과 예산위원회 내부의 당쟁으로 많은 어려움을 겪고 있으며 예산한도결의안이 2·3표의 근소한 차로 하원 본회의를 통과하는 경우도 있었다.

② 상원예산위원회: 16명(창설당시 15명)의 상원예산위원회 위원은 상원의 다른 위원회의 경우와 같이 각 정당의 상원의원총회에서 선출된다. 하원과 같은 배정에 관한 제한을 상원예산위원회는 두고 있지 않다.

상원예산위원회 위원들은 의원으로서의 경력이 비교적 짧은 사람들이다. 제94대 국회(1975~1976)의 경우를 본다면 하원예산위원회 위원들이 평균 14.8년의 의원경력을 지니고 있는 노장의원들이었는 데 반하여 상원예산위원회 위원들은 평균 8.8년의 의원경력을 지니고 있는 소장의원들이었던 것이다.[29)] 초대 상원예산위원회 위원장이었던 Muskie의원의 리더십의 영향도 작용하여 상원예산위원회는 비교적 초당적인 위원회로서 하원예산위원회보다 어려움이 적으며, 예산한도결의안도 많은 표차로 상원본회의를 통과하고 있다.

전술한 바와 같이 양원의 예산위원회는 의회예산처의 지원을 받고 있으나 별도로 각원의 예산위원회가 전문위원을 위시한 직원들을 두고 있다. 상원예산위원회는 하원예산위원회보다 직원수가 많아 85명에 달하고 있다.[30)]

---

27) Allen Schick, *The Federal Budget: Politics, Policy, Process,* third edition (Washington, D.C.: Brookings Institution Press, 2007), p. 132.

28) Lance T. LeLoup, *The Fiscal Congress: Legislative Control of the Budget* (Westport: Greenwood Press, 1980), p. 82.

29) *Ibid.*, p. 85.

30) John Ellwood and James Thurber, "The New Congressional Budget Process," in Lawrence Dodd and Bruce Oppenheimer(eds.), *Congress Reconsidered*(New York: Praeger,

(2) 세출위원회

1974년의 의회예산법에 의하여 양원의 세출위원회가 영향력을 다소 상실했으나 아직도 예산심의과정에 있어서 비교적 중요한 역할을 담당하는 것이 양원의 세출위원회라 할 수 있다.

① 하원세출위원회: 이 위원회의 위원은 1951년 이래 오랫동안 50명을 견지하다가 55명으로 증원되었으며, 다수당과 소수당의 위원배정은 다소 예외가 있었으나 대체로 3 대 2의 비율을 지속했다.31)

1974년의 의회예산법에 의하여 그 영향력이 감소되기까지는 하원세출위원회가 하원의 여러 위원회 중에서도 가장 사회적 평가가 높은 위원회의 하나였다.

이와 같이 세출위원회가 높이 평가되었던 까닭에 일단 위원이 된 사람은 자원해서 이 위원회를 떠나는 일이 거의 없었다고 한다. 1947년부터 1961년에 이르는 기간 중 도합 106명의 세출위원회 위원이 있었는데, 이 중 자원해서 떠난 사람은 두 사람 밖에 없었다는 것이다. 따라서, 위원의 이동이 적으며 비교적 구성원의 안정성이 높았다는 것이다. 1947년부터 1961년에 이르는 기간 중 구성원의 35.7%가 변동이 없었다. 환언하면, 1947년 3월에 세출위원회의 위원이었던 42명 중 15명이 1961년 3월 현재 그대로 동위원회 위원의 자리를 지키고 있으며, 1961년 3월 현재 50명의 세출위원회 위원들은 평균 9.3년의 세출위원회위원의 경력을 지니고 있다는 것이 밝혀졌다.32) 세출위원회 분과위원회의 수는 매년 달라 적었을 때에는 9개, 많았을 때에는 15개 분과위원회가 있었다고 한다. 각 분과위원회의 위원 수도 일정하지 않은데 가장 적은 위원회가 5명, 가장 많은 위원회가 17명의 위원을 지니고 있다.33)

1975년까지는 하원세출위원회 위원장이 각 분과위원회의 소관사항을 결정했을 뿐만 아니라 각 분과위원회의 위원장을 임명하고 다수당출신 위원들의 배치까지 맡아 보았다.

그러나 1975년에 큰 변혁이 일어났다. 민주당하원의원총회가 종전의 다선의

1977), p. 171.

31) Richard F. Fenno, Jr., *The Power of the Purse: Appropriation Politics in Congress* (Boston: Little, Brown and Co., 1966), pp. 52-53.

32) Richard F. Fenno, Jr., "The House Appropriations Committee as a Political System: The Problem of Interaction," *American Political Science Review*, June 1962, pp. 313-315.

33) Fenno, *The Power of the Purse*, pp. 131-132.

원우선의 원칙(seniority rule)을 깨고 하원의 상임위원회 위원장을 선출했을 뿐만 아니라 세출위원회 분과위원장 임명권을 세출위원회 위원장으로부터 박탈하고 의원총회가 직선하기에 이르렀던 것이다.[34)]

② 상원세출위원회: 이 위원회는 27명의 위원으로서 구성되는 데 상원의원의 수가 적으므로 겸직이 불가피하다. 상원세출위원회의 분과위원회 수도 매년 일정하지는 않으며 1979년에는 13개 분과위원회가 있었다.[35)] 과거에는 상원세출위원회가 하원세출위원회보다 영향력이 적은 것으로 알려졌으나 근래에 와서 상하양원 세출위원회의 영향력이 균등해 지고 있다고 한다.[36)]

(3) 세입위원회와 재정위원회

세출위원회의 경우와 달리 세입을 관장하는 위원회는 하원과 상원의 위원회가 명칭이 다르다. 하원은 세입위원회(Ways and Means Committee)라고 하는데 대하여 상원은 재정위원회(Finance Committee)라고 한다.

세입위원회와 재정위원회는 세입뿐만 아니라 세출도 관장한다. 1979년도의 경우 세출위원회가 세출총액의 46%를 관장했는데 대하여 재정위원회가 40%를 관장했던 것이다.[37)] 주지하는 바와 같이 세법은 매년 통과시키는 것이 아니므로 세입위원회와 재정위원회의 세입면의 업무량은 그렇게 많은 것이 아니다. 1948년부터 1974년에 이르는 기간 중 미국의회는 사회보장세법을 제외하고 14개의 주요 세법을 의결했다. 2년에 세법 하나를 통과시켰다는 계산이 나온다.[38)]

1974년의 의회예산법은 그 개혁의 대상을 대체로 세출면에 한정시켰기 때문에 세출위원회에는 영향을 미쳤으나 세입위원회나 재정위원회에는 거의 영향을 미치지 않았다. 한 마디로 말해서 의회예산법은 세입과정(revenue process)을 통합하는 면에서는 미진한 바가 많았다고 하겠다.[39)]

① 하원세입위원회: 세출위원회와 함께 하원의 여러 위원회 중에서 가장 강

---

34) Allen Schick, *Congress and Money: Budgeting, Spending and Taxing*(Washington, D.C.: Urban Institute, 1980), p. 430.

35) LeLoup, *op. cit.*, p. 120.

36) *Ibid.*, p. 126.

37) *Ibid.*, p. 107.

38) Schick, *Congress and Money,* p. 483.

39) LeLoup, *op. cit.*, p. 133.

력한 위원회의 하나로 지목되어 왔던 세입위원회는 집권적인 위원회이기도 하다. 25명의 위원을 지니고 있었으나 1950년대 이래 분과위원회를 두지 않았으며 모든 업무를 세입위원회 전체회의가 관장했다.

이러한 세입위원회도 1970년대에 와서 많은 변혁을 겪게 되었다. i) 모든 위원회의 청문회(hearings)는 원칙적으로 공개되어야 한다는 민주당하원의원총회의 결의에 의하여 종전에 대부분의 청문회를 비공개로 진행했던 세입위원회도 그 청문회를 공개할 수밖에 없게 되었다. ii) 위원이 20명을 초과하는 위원회는 적어도 4개의 분과위원회를 두어야 한다는 의원총회의 결의도 세입위원회를 겨냥한 것이었다. 이리하여 1950년대 이래 분과위원회를 두지 않던 세입위원회가 4개의 분과위원회를 설치할 수밖에 없게 되었다. iii) 1974년 말에 이르러 세입위원회는 그 정원이 25명에서 37명으로 늘어나게 되었으며 5개의 분과위원회를 설치하게 되었다.[40]

② 상원재정위원회: 모든 세입법안은 하원에서 발의하게 되어 있으므로 수동적일 수밖에 없는 상원재정위원회는 하원세입위원회보다 다소 보수적이며 당쟁이 심하지 않은 위원회라고 한다.

하원세입위원회의 경우와 같이 상원재정위원회도 1970년대에 이르러 개혁의 대상이 되기도 했으나 하원세입위원회보다 본래 권한이 약한 데다가 리더십의 계속으로 개혁의 거센 바람에 어느 정도 저항할 수 있었다고 한다.

종전에는 공개적인 기록없이 대체로 비공개리에 진행되던 위원회의 회의가 공개리에 진행되고 기록도 일반에게 공개되도록 되었으나 분과위원회의 권한을 강화함으로써 재정위원장의 권한을 약화시키려는 시도와 사회보장·의료보호(medicare) 등을 재정위원회의 소관에서 제외하려는 시도는 좌절되었다.[41]

(4) 수권위원회

전술한 예산위원회, 세출위원회, 세입·재정위원회 이외의 대부분의 상임위원회들이 수권위원회(authorizing committee)이다. 오래 전에 확립된 상하양원의 규칙에 의하면 법률에 의한 수권없이 예산을 의결할 수 없도록 되어 있다. 다시 말해서 수권위원회에 의한 수권(authorization)이 이루어지면 그 한도액을

40) *Ibid.*, pp. 129-130.
41) *Ibid.*, p. 130.

초과하지 않는 범위 내에서 세출위원회 등이 예산의결(appropriation)을 할 수 있는 것이다.[42] 그러나 근래에 와서 수권없는 예산의결이 늘어나고 있다고 한다. 다른 한편 수권위원회가 예산의결권도 행사하고 있다. 1979년도의 경우 수권위원회가 세출의 14%를 관장했던 것이다.[43] 수권은 사업수행을 할 수 있는 권한의 부여와 구체적인 예산의결의 상한선까지를 포함한다. 일반적으로 수권은 다년간에 걸쳐서 이루어지나 후술하는 바와 같이 1년간에 한한 수권도 늘어나고 있다.

수권위원회들은 입법위원회이지 예산을 관장하는 위원회가 아니다. 수권위원회의 기능은 사업의 실질적인 측면을 검토하는데 있으므로 수권위원회의 예산과 관련된 역할(budgetary role)은 입법과 연관된 역할(legislative role)에 부수되는 것이라고 볼 수밖에 없다.

① 단년수권: 수권위원회가 1년 동안만 효력을 지니는 수권법을 통과시키는 관례는 제2차대전 후에 생긴 것이다. 단년수권(annual authorization)은 정부사업에 대한 입법부의 감시와 평가를 강화한다는 장점이 있으나 업무량의 증대를 초래하며 위원회간의 반목을 조장할 우려가 있다. 단년수권은 근래에 와서 증대하기는 했으나 그 대상은 연간 예산액의 15% 정도에 불과하다.

② 다년간수권: 2년 내지 5년에 걸친 다년간수권(multiyear authorization)은 단년수권과 항구적 수권의 절충이라 할 수 있다. 단년수권보다 주정부·지방자치단체 등 연방정부의 지원을 받는 단체에 예측가능성을 부여할 뿐만 아니라 주기적으로 정부사업을 검토할 수 있는 장점도 지닌다. 다년간수권의 대상은 연간예산액의 25% 정도에 달하고 있다.

③ 항구적 수권: 해당정부기관에게 특정한 사업을 항구적으로 수행할 수 있는 권한을 부여하는 것이 항구적 수권이다. 필요할 때마다 이러한 사업을 재검토하고 수정을 가하기는 하나 주기적으로 재검토할 의무가 있는 것이 아니며 실제에 있어서도 주기적으로 검토하지는 않는다. 항구적 수권은 예산의결의 상한선을 구체적으로 명시하지 않고 그 사업을 수행하는데 「필요하고 적절한」(necessary and proper) 금액을 의결하여야 한다고만 하는 경우가 많다. 항구적 수권의 대상이 되는 사업에 대한 평가와 통제는 전적으로 세출위원회 등에

---

42) Bradshaw and Pring, *op. cit.*, p. 325.

43) LeLoup, *op. cit.*, p. 107.

일임된다고 할 수 있다.

단년수권과 다년간수권이 증대함에 따라 항구적 수권의 대상이 감축되고 있으나 아직도 연간예산의 50% 이상이 항구적 수권의 대상이라 할 수 있다. 항구적 수권이 정부사업에 안정성을 부여한다는 장점이 있으나 예산에 대한 통제가 제대로 이루어지지 못하며 많은 정부사업에 대한 검토가 소홀해지고 있다는 비판이 제기되고 있다.

④ 의회예산법의 영향: 1974년의 의회예산법이 수권위원회에도 많은 영향을 미쳤는데 중요한 것 두 가지만 지적하면 다음과 같다. i) 모든 수권위원회는 새로운 회계연도에 그들의 소관사업이 소요로 할 예산의 추계를 2월 25일까지 예산위원회에 제출해야 하며, ii) 모든 수권위원회는 수권법을 4월 15일까지 처리하여 예산위원회에 보고해야 한다.[44]

(5) 의회예산처

행정부가 제공하는 정보에만 전적으로 의존하던 의회에 객관적인 정보를 제공하기 위하여 설치된 의회예산처는 예산위원회의 임무수행을 실무적으로 뒷받침하는 기구라 할 수 있는데 그 기능을 구체적으로 열거하면 다음과 같다.

① 중기재정계획: 세입세출에 관한 연동식 5개년계획을 수립하고 매년 1년을 삭제하고 1년을 추가하여 보고한다.

② 예산부담의 추계: 상하양원의 수권법이 향후 5년간 소요로 할 예산액을 추계함으로써 현재의 입법이 장기적으로 초래할 예산부담을 명백히 한다.

③ 행정부예산의 대안작성: 행정부에서 제출한 예산안에 대한 대안을 작성하며 이러한 대안들이 재정정책에 미치는 영향을 고찰하고 사업우선순위도 검토한다.

④ 정책분석: 예산에 영향을 미치는 여러 가지 현안문제에 대한 특수연구도 수행한다.

⑤ 목표액초과여부점검: 세출위원회 등에서 심의 중이거나 의결한 세출예산안의 예산액이 예산한도결의의 목표액을 초과하는지 여부를 점검한다.

후술하는 바와 같이 의회예산처의 활동에 대해서 많은 논란과 비판이 제기되고 있다. 이리하여 250명에 가까운 정원을 보유하고 있으나 하원세출위원회의

44) *Ibid.*, pp. 110-118.

입법부담당분과위원회의 제지로 정원을 채우지 못하고 193명선에서 충원이 동결된 적이 있었으나[45] 현재에는 250여명의 직원을 보유하고 있다.[46]

3. 예산심의과정

의회예산법 제정 후의 현행예산심의과정은 대체로 4단계로 나누어서 고찰할 수 있겠다. 제1단계는 정보의 수집과 예산한도결의안의 제출단계이며, 제2단계는 예산한도결의안의 의결단계이다. 제3단계는 세출예산법안의 의결단계이며, 제4단계는 조정법안을 의결하는 단계이다.

(1) 제1단계

정부의 예산안이 국회에 제출되면 예산위원회가 청문회를 개시한다. 예산위원회는 재무장관, 관리예산처장, 경제자문위원회 위원장과 같은 정부관계자를 위시하여 의원, 외부의 전문가, 이익단체의 대표 등으로부터 광범위하게 의견을 청취하나 이 단계에서는 주로 예산위원회 전문위원들의 견해에 의존하여 경제사정, 재정정책, 사업우선순위 등에 관한 정보를 수집한다.

2월 25일까지 모든 상임위원회가 새 회계연도에 소요될 예산액의 추계를 예산위원회에 제출한다. 각 상임위원회는 나중에 실제로 의결할 예산액을 상회하는 금액을 제시하는 것이 일반적인 경향이다. 이보다 앞서 2월 15일까지 의회

〈표 3-6〉 미국의회의 예산심의일정

일 자	주요사항
2월	대통령예산안 제출
2월~4월	세출위원회분과 위원회 공청회 개최
4월 15일	양원 예산한도 결의안 의결
5월~7월	세출위원회 각 분과위원회에 한도액 할당
5월~7월	세출위원회 분과위원회 심의
5월~7월	세출위원회 심의
5월~7월	하원본회의 심의
7월~8월	상원본회의 심의
9월~10월	양원협의 위원회 심의·최종의결

자료: Allen Schick, *The Federal Budget: Politics, Policy, Process*, third edition (Washington, D.C.: Brookings Institution Press, 2007), p. 234.

45) *Ibid.*, pp. 144-145.

46) http://www.cbo.gov/

예산처가 보고서를 예산위원회에 제출하면 정부의 예산안을 위시하여 그 동안에 수집한 여러 가지 자료에 의거하여 4월 1일까지 예산위원회는 예산한도결의안을 본회의에 제출한다.

(2) 제2단계

이 단계에 있어서는 4월 중순까지 상·하양원이 각각 그 예산위원회로부터 제출된 예산한도결의안을 의결하고 양원협의위원회(conference committee)에 회부한다. 4월 15일까지 모든 상임위원회가 수권법안을 의결하여야 하며 예산한도결의안의 처리가 끝나야 한다.[47]

1976 회계연도부터 2008 회계연도까지의 기간 동안 예산한도결의가 기한내에 의결된 경우는 1977년, 1994년, 2000년, 2001년, 2004년 1994년도 다섯 번에 지나지 않았으며 1999년, 2003년, 2005년, 2007년도에는 예산한도결의가 아예 의결되지 않았다.[48]

예산한도결의의 핵심을 이루는 예산한도액은 다시 해당위원회별로 할당되는데 세출위원회는 그들에게 할당된 목표액을 분과위원회별로 세분한다.

(3) 제3단계

이 단계에서는 세출위원회의 세출예산법안에 대한 본회의의 처리가 이루어진다. 의회예산법의 제정에 의하여 예산심의과정에 있어서의 세출위원회의 중요성은 감소되었으나 세출위원회의 내부절차에는 큰 변동이 없다는 사실을 유의할 필요가 있다.[49]

제3단계의 전단계라 할 수 있는 세출위원회 각 분과위원회에 의한 청문회는 이보다 훨씬 전에 개시된다. 과거와 같이 하원세출위원회의 청문회는 2월 초에 시작되는 것이다.

청문회는 보통 일반에게 공개되지 않으며 공공사업예산을 심의하기 위한 청문회 이외에는 국가공무원이 아닌 증인은 거의 없다. 분과위원회는 예산서 자체를 가지고 심의를 하지 않으며, 예산서에서 추려낸 자료에 의하여 꾸며졌으며 의원들이 여러 가지로 기입할 수 있도록 하기 위하여 공란을 많이 남겨둔 「Com-

47) 1987년도 전에는 예산한도결의의 처리가 5월 15일까지 이루어지도록 되어 있었으나 1987년도부터는 4월 15일로 앞당겨졌다

48) Schick, *The Federal Budget*, p. 123.

49) Schick, *Congress and Money*, p. 465.

mittee Print」를 가지고 심의를 하는 것이다. 이 밖에 각 정부기관은 예산서에 포함되지 않은 보충적인 자료를 제공한다.[50]

청문회에 관리예산처 직원이 참석하는 일은 거의 없으며, 각 정부기관의 예산책임자가 청문회에 있어서의 증언 및 자료의 제공을 편제한다.

청문회는 장관의 증언으로부터 시작되는 경우가 많으나, 각 기관 예산안의 설명 및 변호는 대부분 각 기관의 국장들과 과장들에 의하여 이루어진다. 청문회는 보통 인포말(informal)한 분위기 속에서 행하여지며, 각 증인들의 증언내용은 서면화되어 각 의원들이 충분히 검토할 수 있도록 하고 있다. 그러나, 경우에 따라서는 비공식적(off-the-record)인 견해의 진술도 허용된다.

청문회가 끝나면 각 분과위원회가 과거에는 소위 비공개회의(excutive session)에 들어가서 모든 중요한 문제를 결정했으며, 세출위원회에 제출할 세출예산법안과 보고서를 작성했다. 그러나 최근에는 비공개회의가 아니라 공개회의에서 결정이 이루어지고 있다.[51]

분과위원회의 보고서는 세출예산법안(appropriation bill)과 함께 세출위원회 전체회의에 제출되는데, 동위원회가 세출법안을 수정하는 일은 극히 드물다. 세출위원회내의 각 분과위원회는 서로 다른 분과위원회의 의견을 존중하는 까닭이다.[52] 다음에 세출위원회는 이를 하원 전체회의에 회부한다.

하원에서 심의가 끝난 세출예산법안은 상원으로 이송되는데 상원에서는 이를 상원세출위원회에 회부하며 동위원회는 이를 해당분과위원회에 부의한다.

상원세출위원회의 각 분과위원회에 있어서의 청문회의 절차는 하원의 그것과 대동소이하나 하원의 그것보다 형식적인 면이 많으며 시간적으로 짧다.[53] 상원은 일종의 항소원(court of appeals)의 역할을 하며 하원에서 삭감된 액의 일부분 또는 전부를 부활시키는 경우가 많다. 하원에 있어서와 마찬가지로 상원에 있어서도 세출위원회가 아니라 그 분과위원회가 중요한 기능을 수행한다.

---

50) Burkhead, *op. cit.*, pp. 96-98.

51) Schick, *The Federal Budget*, p. 217.

52) Nelson Polsby, *Congress and the Presidency*(Englewood Cliffs: Prentice-Hall, 1964), p. 95.

53) 상원세출위원회 위원들은 여러 상임위원회 위원을 겸하고 있기 때문에 시간을 낼 수 없는 경우가 많다. 제106대 국회(1999~2000)에 있어서의 상원의원의 위원겸임상황을 본다면 상임위원회분과위원회·특별위원회까지 합친다면 1인당 평균 10.7개 위원회의 위원을 겸하고 있다는 것을 알 수 있다. Norman Ornstein, Thomas Mann and Michael Malbin, *Vital Statistics on Congress* (Washington, D.C.: The AEI Press, 2000), p. 121.

각 분과위원회는 세출법안 및 보고서를 작성하여 이를 세출위원회에 제출한다. 세출위원회는 각 분과위원회의 의결에 대해서 수정을 가하는 일이 극히 드물며, 거의 그대로 상원 본회의에 제출한다.

하원의 의결과 상원의 의결의 차이는 양원협의위원회(conference committee)에서 타협조정되어야 한다. 이 양원협의위원회의 안은 상하양원에 각각 보고된다. 다소 예외가 있기는 하나 일반적으로 이 안은 상하양원에서 별 이의없이 통과된다.

(4) 제4단계

이 단계에서는 과거에 제2차 예산한도결의안의 처리가 이루어졌으나 1980년대초에 제2차 예산한도결의제도가 폐지되었다.

이 단계에서는 제3단계에서 통과된 세출예산법안의 금액이 예산한도결의(제1차)의 금액을 초과할 때에는 조정이 이루어진다.

4. 개혁의 정착과 전망

(1) 새로운 과정의 정착

제2차대전 직후의 개혁시도와는 달리 1974년의 의회예산법과 그 뒤를 이은 재정적자통제법·예산실행법 등이 도입한 개혁이 어느 정도 정착되어 가는 것 같다.

(2) 예산에 관한 정보

예산의 규모·범위·복잡성이 증대함에 따라 의회는 더욱 더 행정부에서 제공하는 정보에 의존하게 되었으며 객관적인 정보의 필요성이 증대하게 되었다. 의회예산법에 의하여 설치된 의회예산처와 양원예산위원회의 전문위원들이 이러한 요구를 충족시키고 있다고 하겠다.

의회예산처의 활동과 그 자료에 대해서 비판이 없는 것은 아니나,[54] 그런대로 의회가 요구하는 객관적인 정보의 제공에 이바지하고 있으며 이제는 행정부가 제공하는 정보에만 전적으로 의존할 필요가 없게 되었다.

---

54) Preston J. Miller and Arthur J. Rolnick, "CBO Policy Analysis: An Unquestionable Misuse of a Questionable Theory," in Rudolph G. Penner(ed.), *The Congressional Budget Process after Five Years*(Washington, D.C.: American Enterprise Institute for Public Policy Research, 1981), pp. 35-65.

(3) 예산과정과 권력배분

예산과정은 권력과정이며 예산제도의 개혁은 필연적으로 권력구조의 변동을 초래한다는 Wildavsky의 말을 빌릴 것도 없이[55] 예산과정의 변동이 권력배분에 영향을 미치는 것 같다. 의회예산법·재정적자통제법·예산실행법 등의 제정으로 세 가지 면에서 권력배분의 변동이 일어났다.

① 행정부와 입법부: 의회예산법 제정 후 많은 권력이 행정부에서 입법부로 넘어왔다. Watergate사건으로 인한 행정부 권위의 실추가 이를 가능케 한 요인의 하나였음은 더 말할 것도 없다. 그러나 전술한 바와 같이 1990년의 예산실행법에 의하여 입법부의 권한이 다소 행정부로 이관되었다.

② 예산위원회와 세출위원회: 의회예산법에 의하여 상·하양원에 예산위원회가 설치됨으로써 상·하양원의 세출위원회의 권한이 많이 감소되었다. 1990년의 예산실행법에 의하여 세출위원회의 권한이 다소 회복되었다고 하나 과거의 세출위원회에 비할 바 아니다.

③ 관리예산처: 행정부 내에서도 관리예산처의 권한이 더욱 강화되었다. 관리예산처가 단순히 예산의 사정만을 담당하는 기관이 아니라 행정부의 예산전략과 전술을 담당하는 중추신경기관이 되었다. 1980년대 이후의 거듭되는 위기가 관리예산처의 권력의 강화에 더욱 이바지했다고 하겠다.[56]

(4) 전 망

의회예산법에 의한 개혁에 대해서 상반된 평가가 가해지고 있다. 일부에서는 예산위원회와 예산한도 결의제도가 큰 실효없이 의회의 예산심의를 복잡하게 만들었다는 이유로 폐지해야 한다고 주장하는가 하면 일부에서는 이를 더욱 강화해야 한다는 주장도 나오고 있다.[57]

한마디로 말해서 의회예산법에 의한 개혁이 여러 가지 문제점은 있으나 1980년대와 1990년대 전반의 방대한 재정적자를 어느 정도 감소시키는 데 이바지하고 1998년도에 와서 흑자로 전환하는 데 일조를 하였다는 것은 부인할 수 없는 사실이라 하겠다. 따라서 이변이 없는 한 새로운 예산심의제도가 앞으로

55) Aaron Wildavsky, "Political Implications of Budgetary Reform," *Public Administration Review*, Autumn 1961, pp. 183-190.

56) Donald F. Kettl, *Deficit Politics: Public Budgeting in Its Institutional and Historical Context*(New York: Macmillan, 1992), pp. 159-161.

57) Schick, *The Federal Budget*, p. 160.

도 존속할 가능성이 높다는 것이 전문가들의 견해인 것 같다.

제 3 절 영국의 예산심의

1. 영국의 예산심의과정

(1) 심의의 순서

의회의 회기는 보통 가을에 시작된다. 개원식의 연설 속에서 여왕은 특히 하원의원들 쪽을 향하여 예산안의 제출에 관하여 언급하고 그 동의를 구한다. 과거에는 개원식이 끝나면 하원은 곧 세출위원회(Committee of Supply)와 세입위원회(Committee of Ways and Means)라는 전원위원회를 구성했으나 오랫동안 사용되어 왔던 이들 전원 위원회가 폐지되었다.[58] 따라서 본회의가 직접 예산심의를 담당한다. 전술한 바와 같이 영국에는 예산심의를 위한 상임위원회가 없는 것이다.

본회의는 먼저 그 해의 4월에 시작된 회계연도에 대한 추가예산을 심의한다. 또 필요한 경우에는 전년도의 예산초과지출의 추인도 행한다. 이어서 본회의는 군부관계비와 민정비로 나누어서 잠정예산(Votes on Account)을 심의한다. 이것이 끝나면 본예산의 심의를 시작하는 것이다.

(2) 예산문제토론기간

예산문제(business of supply)를 위하여 하원이 어느 정도의 시간을 할당할 것인가 하는 문제는 과거 백여년간 거듭 논란의 대상이 된 문제이다. 정부측은 항상 신입법 등 예산 이외의 문제에 의회가 보다 많은 시간을 할당하기를 원해왔으나 야당은 예산문제에 많은 시간을 기울이기를 원했던 것이다. 과거에는 26일간만 예산문제에 배정했으나 현재는 이것을 29일로 늘렸다.[59] 그런데 여기서 「예산문제」(business of supply)에는 본예산뿐만 아니라 잠정예산, 추가예산과 결산위원회 및 세출특별위원회(Committee on Expenditure)의 보고서의 검

58) R.T. Ryle, "Development in the Parliamentary System," in William Thornhill(ed.), *The Modernization of British Government*(London: Pitman, 1975), p. 15.

59) Bradshaw and Pring, *op. cit.*, p. 316.

토까지도 포함되는 것이다.[60]

(3) 1982년의 개혁

예산심의의 목적은 예산안을 심의 검토하고 이를 승인하는 데 있다. 그러나 600여명으로 구성되는 본회의가 이와 같은 임무를 능률적으로 수행한다는 것은 불가능한 일이다. 뿐만 아니라 예산의 심의에 할당한 시일은 극히 짧은 까닭에 세출(public expenditure)을 검토하는 것이 아니라 공공정책(public policy)을 검토하는 것이다.

1982년 전에는 토론의 의제를 야당이 결정했으며 야당은 예산과 관련이 없는 문제를 토론의 의제로 삼는 경우가 많았다. 이를 시정하기 위하여 1982년부터는 예산문제토론기간 중 20일 정도를 야당의 날(opposition days)로 할애하여 과거와 같이 야당이 토론의 의제를 선정하도록 하였다. 그러나 이와는 별도로 4일 정도를 직접적으로 예산과 관련이 있는 의제만을 다루도록 개혁하였다.[61]

(4) 전원위원회의 폐지

전술한 바와 같이 과거에는 본회의의 심의에 앞서 세출위원회와 세입위원회라는 전원위원회가 심의를 담당했으며, 다음과 같은 과정을 밟았다.

세출위원회 ➡ 본회의 ➡ 세입위원회 ➡ 본희의

이와 같은 복잡한 과정을 밟았던 것은 영국하원에 있어서는, 행정부에게 지출을 할 수 있는 권한을 부여하는 의결과 이 지출에 충당할 자금을 마련해 주는 의결을 구별하였던 까닭이다. 전자는 세출위원회의 소관이요 후자는 세입위원회의 소관이었던 것이다.[62] 이러한 과정은 의회가 국왕에 대하여 가능한 모든 제한을 가하기에 열중했던 시대의 유물로서 역사적인 의의는 지닐지는 몰라도

---

60) Sir Herbert Brittain, *The British Budgetary System*(London: George Allen and Unwin, 1959), p. 230.

61) Andrew Adonis, *Parliament Today*(Manchester: Manchester University Press, 1990), p. 120; Philip Norton, "Parliamentary Reforms: Where To From Here?" in Philip Norton (ed.), *Parliament in the 1980s*(Oxford: Basil Blackwell, 1985), p. 141.

62) W.F. Willoughby and Others, *The System of Financial Administration in Great Britain*(New York: Appleton, 1922), p. 124.

내각책임제가 확립된 오늘날에 있어서 이러한 복잡한 과정의 실제적인 가치란 하나도 없다는 비판을 오랫 동안 받아 왔으므로 1960년대에 와서 이를 폐지하기에 이른 것이다.

세출예산법안(Appropriation Bill) 또는 종합기금법안(Consolidated Fund Bill)이라고 불리우는 법안이 하원을 통과하면 이 법안은 상원에 이송되는데 전술한 바와 같이 1911년의 의회법에 의하여 상원은 30일간의 심의기관을 보유하고 있다. 실제로 상원은 이에 전혀 관심을 기울이지 않는다고 한다.[63] 이 법안이 소정의 절차를 밟아서 공포되면 세출예산법(Appropriation Act)이 되는 것이다. 전술한 바와 같이 미국에서는 1년에 12개 내지 15개의 세출예산법이 제정되는 데 대하여 영국에서는 단일적인 세출예산법이 제정되는 것이다.

2. 세출특별위원회(Select Committee on Expenditure)

(1) 예산특별위원회

본회의나 전원위원회(지금은 폐지)가 능률적인 예산심의를 할 수 없을 뿐만 아니라 예산심의에 할당된 기간 동안 예산의 세목에 대한 심의를 하는 것이 아니라 정부시책에 대한 일반적인 토론을 행하는 것이다. 결산위원회(Public Accounts Committee)가 있어서 불법 부당한 지출의 억제를 담당하고 있으나 이는 Hicks가 지적한 바와 같이 「말을 잃고 마굿간을 고치는 격」이 되기가 쉽다.[64]

이리하여 이미 19세기 초부터 소규모의 위원회로 하여금 예산안을 좀더 상세하게 검토하게 하려는 움직임이 있었으며, 예산위원회(Estimates Committee)가 간혹 구성되었으나 매년 예산위원회를 구성하기에 이른 것은 1921년 이후의 일이다.[65] 1921년부터 제2차대전 발발시까지는 매년 예산특별위원회가 구성되었고 1939년부터 45년까지는 국비조사특별위원회(Select Committee on National Expenditure) 이름으로 매년 특별위원회가 구성되었다. 1945년부터는 다시 예산특별위원회가 매년 구성되었다.[66] 이 예산특별위원회의 주된 임무는 예산안을 상세히 검토함으로써 정책의 견지에서가 아니라 행정관리의 견지에서

---

63) Bradshaw and Pring, *op. cit.*, pp. 180-182.

64) Hicks, *op. cit.*, p. 54.

65) Brittain, *op. cit.*, p. 233.

66) Kenneth Mackenzie, *The English Parliament*(London: Pelican, 1951), pp. 165-166.

정부예산을 절약할 수 있는 방안을 강구하는 데 있었다. 따라서 이는 결코 미국의 세출위원회와 같은 성격의 위원회가 아니었다. 이 예산특별위원회는 매년 모든 정부기관의 예산을 전부 검토하는 것이 아니라 1년에 수개의 기관을 검토하여 감으로써 수년 동안에 모든 정부기관의 예산의 검토를 끝냈던 것이다.

(2) 세출특별위원회

1971년에 이르러 예산특별위원회(Select Committee on Estimates)가 세출특별위원회(Select Committee on Expenditure)에 의하여 대치되었다. 세출특별위원회는 예산특별위원회보다 다소 기능이 확대되어 행정관리적인 측면뿐만 아니라 정책적인 측면도 다루게 되었다. 33명의 위원을 지니던 예산특별위원회보다 규모가 다소 확대되어 49명의 위원을 보유하고 있으며 6개의 분과위원회로 나누어진다.[67] 그러나 세출특별위원회의 근본적인 성격은 예산특별위원회와 다를 바 없으며 이 특별위원회의 심의가 본회의의 심의에 앞선 예비심사가 아니라는 점을 유의할 필요가 있다.

3. 세입법의 심의

재무장관이 예산안을 제출할 때 세입정책도 언급하지만 세입법안(Finance Bill)은 4월 초에 의회에 제출된다. 본회의에서만 심의하는 세출예산법안의 경우와는 달리 세입법안은 다른 법안과 동일한 과정을 밟게 된다. 제1독회, 제2독회, 상임위원회의 심의, 제3독회의 순서를 밟게 되는데 다른 법안의 경우와의 차이점은 졸속한 심의를 피하기 위하여 같은 날 두 개의 단계를 밟지 않는다는 것이다.[68] 과거에는 상임위원회의 심의 대신에 전원위원회인 세입위원회가 심의를 담당했는데 전원위원회가 폐지됨에 따라 상임위원회에 부의하게 된 것이다.[69] 하원의 심의가 끝나면 상원에 회부되는데 세입법안도 금전법안(Money

---

67) Michael Ryle, "Supply and Other Financial Procedures," in S.A. Walkland(ed.), *The House of Commons in the Twentieth Century*(Oxford: Clarendon Press, 1979), p. 421.

68) Bradshaw and Pring, *op. cit.*, pp. 344-345.

69) 영국의 상임위원회는 미국이나 한국의 상임위원회와 같이 재무, 농수산, 상공 등과 같은 어떤 분야를 전문적으로 다루는 위원회가 아니라 명칭도 A위원회, B위원회 등으로 나가고 있다. 구성원도 특정한 회기 동안 일정한 것이 아니며 각 법안의 심의 때마다 구성하고 법안을 수정할 권한은 있으나 부결할 권한은 없다. 1979년에 이르러 영국의회도 DSC라고 부르는 분야별특별위원회(departmental select committees)를 신설하여 분야별로 업무를 담당케 하고 있는데 현재 13개의 DSC가 있다. 그러나 이 DSC는 그야말로 특별위원회(select committee)이며, 그 구성이나 기능이 미국이나 우리나라의 상임위원회와는 전혀 다르다(Adonis, *op. cit.*, pp. 106-107).

Bill)이므로 상원은 이를 수정하지 않고 형식적인 과정을 밟아 통과시킨다.

4. 영국 예산심의과정의 특징

(1) 정부의 제안권

예산안제안권은 정부만이 가지고 있다. 의회는 예산안에 대해서 오직 삭감권만 지니고 있으며 증액을 하거나 신비목을 설정할 수는 없다. 뿐만 아니라 국고금의 지출을 수반하는 법안은 정부가 제출한 것 외에는 접수조차 하지 않는다. 이것은 전장에서 말한 바와 같이 이미 1706년부터 하나의 기본적인 원칙으로서 확립된 것인데 현재에 있어서는 하원의 의사규칙 제78호로서 명문화되어 있는 것이다.[70]

(2) 본회의의 심의

영국에는 미국 상하양원의 예산위원회나 세출위원회에 해당하는 상임분과위원회가 없다. 행정부가 제출한 예산안은 본회의에서만 심의된다. 과거에는 세출위원회와 세입위원회라는 전원위원회의 심의를 거쳐 본회의에서 처리했으나 이제는 이것마저 폐지되었다.

본회의에서의 심의도 1982년 전에는 토론의 의제를 야당이 결정했으며 예산과 관련이 없는 문제를 토론의 의제로 삼는 경우가 많았으나 1982년부터는 이 중에서 4일 정도를 떼어내어 직접적으로 예산과 관련이 있는 문제만을 토론하도록 개혁하였다.

세법을 의미하는 세입법안(Finance Bill)은 상임위원회(standing committee)의 심의를 거치고 있으나 후술하는 바와 같이 영국의 예산안은 수입지출의 총예산안이 아니라 지출만 포함한다. 세입법안의 심의를 담당하는 영국의 상임위원회가 미국이나 한국의 상임위원회와는 그 성격이 전혀 다르다는 점도 유의할 필요가 있다.

(3) 예산안의 무수정

전술한 바와 같이 영국의회는 정부예산안에 대하여 증액을 하거나 신비목을 설정할 수 없다는 명문의 제한이 있을 뿐만 아니라 1921년 이래 오늘날까지 정부의 예산안이 의회에서, 증액이건 삭감이건 간에 수정된 일이 없다.[71]

---

70) Bradshaw and Pring, *op. cit.*, p. 39.

(4) 상원의 열등한 지위

예산안에 관해서 하원이 선의권을 지니며, 상원은 수정 또는 부결권을 지니지 않고 단지 30일간의 지연권을 보유할 따름이다.

20세기 초에 이르기까지는 상원은 형식상은 하원과 동등한 권한을 지니고 있었으나, 실제에 있어서는 상원은 그 실질적인 권한을 상실하고 보조원(secondary chamber)으로서의 지위를 감수하게 되었던 것이다. 이와 같은 양원의 권한관계의 변동은 19세기에 있어서 수차에 걸친 선거권의 확대의 결과 하원이 점차로 전국민을 대표하는 기관이 되었다는 것과 민주주의원칙이 널리 보급되고 많은 지지와 찬동을 얻게 된 까닭이라고 할 수 있다. 이와 같은 권한관계의 변동은 상원에 적이 있는 경우에는 수상직을 담당하기가 어려워졌다는 사실에서도 엿볼 수 있는 것이다. 이리하여 1923년 Lord Carzon은 그가 귀족이었던 까닭에 수상으로서의 자격을 구비하지 못한다고 단정을 받고 왕은 평민인 Stanley Baldwin을 수상으로 지명하지 않을 수 없게 되었던 것이다.

이와 같이 이미 실제상 확립된 원칙이 되어 버린 상원의 열등한 지위는 1911년의 의회법에 의하여 확립되었다. 1909년의 재정법을 상원이 거부한데 자극을 받아 당시의 자유당정부에 의하여 이 의회법의 제정이 추진되게 된 것이다.

동법에 의하면 일반법안에 있어서는 상원은 정지적 거부권만 가지며, 이것도 하원이 2년 내에 계속하여 2회 가결하면 상원의 의결없이 법률안이 확정된다. 환언하면 상원은 2년간의 지연권(delaying power)만 가지게 된 것이다. 그리고 금전법안에 있어서는 하원의 의결로써, 상원이 이에 동의하지 않아도 확정되나 상원은 30일간의 지연권을 가질 따름이다. 그리고 어떤 법안이 금전법안이냐 아니냐 하는 문제에 관하여 논쟁이 있을 때에는 하원의장이 이를 결정하기로 되어 있다.

1949년의 의회법은 다시 일반법안에 관한 상원의 지연권을 2년에서 1년으로 단축하였던 것이다.

(5) 예산안의 범위

영국의 예산안은 수입지출의 총예산안이 아니라 지출만 포함하며, 지출 중에서도 기정비는 포함하지 않는다.

---

71) Caulcott, *op. cit.*, p. 272.

영국에 있어서 지출은 기정비(Consolidated Fund Services)와 의정비(Supply Services)로 나누어 지는데, 기정비를 Consolidated Fund Services라고 하는 까닭에 명칭만 가지고는 오해하기 쉬우나, 양자가 다 통합기금(Consolidated Fund)에서 지출되는 것이다.

기정비란 의회가 통합기금으로부터 직접 지변할 것을 법률에 의하여 항구적으로 결정한 경비를 말하는데 국채비, 왕실비·기타의 왕족비, 전수상·전하원의장·법관 등에 대한 연금, 하원의장·야당당수·회계검사원장·법관 등의 봉급 등이 이에 포함된다. 이러한 기정비는 예산에 계상되지 않으며 따라서 매년 의회의 의결의 대상이 되지 않는다.[72)]

이에 대하여 의정비는 매년 의결의 대상이 되는 경비로서 민정비(Civil Services), 수입청(Revenue Departments), 해군, 육군, 공군의 5개부문으로서 구성되는데 1950년대 중반 이래 의정비는 150개의 항으로 나누어져 있다.

기정비와 의정비예산을 포함한 총액은 재무장관의 재정연설 및 재정설명서 중에 포함되며 매년 4월 1일 직후 의회에 보고된다.

제 4 절 한국의 예산심의

1. 한국 예산심의과정의 변천

현행 예산심의과정의 고찰에 들어가기 전에 우리나라 국회의 예산심의과정이 어떠한 변화를 거듭해 왔느냐 하는 것을 살펴보는 것도 의의가 있다고 생각한다. 제1기는 제헌국회부터 제4대 국회에 이르는 기간으로서 1948년 10월에 공포된 국회법에 의거하여 예산심의가 이루어지던 시기이며, 제2기는 제5대 국회기간으로서 1960년 9월에 공포된 국회법에 의거하여 예산심의가 이루어진 시기이다.

제3기는 제3공화국시절로서 제6대 국회부터 제8대 국회까지가 이에 해당되는데 대체로 제1기와 유사한 과정을 채택한 시기라 할 수 있으며, 제4기는 유

72) Joel Molinier, "Parliament's Financial Powers: A Comparison Between France and Britain," in David Coombes(ed.), *The Power of the Purse*(New York: Praeger, 1975), p. 166.

신시절과 제5공화국시절로서 제9대 국회에서 제12대 국회에 이르는 기간이 이에 해당되는데 국정감사가 폐지되고 국회의 예산심의기간이 90일에서 60일로 단축된 시기이다.

(1) 제1기(제헌국회~제4대국회)

① 시정연설과 예산안제안설명: 정부에서 예산안이 국회에 제출되면 본회의에서 대통령의 시정연설과 재무부장관의 예산안제안설명을 듣는다. 1959년도 예산심의의 경우를 본다면 예산안이 국회에 제출된 것은 1958년 10월 8일이며, 대통령의 시정연설과 재무부장관의 예산안설명이 행하여진 것은 10월 11일이었다.[73)]

② 국정감사와 예비심사: 다음에 국회는 예산심의에 앞서 국정전반에 걸친 감사를 실시하였다. 국정감사가 끝나면 각 상임위원회는 각부예산안의 예비심사를 시작했는데, 당시의 국회법에 의하면 이 예비심사는 휴회의 기간을 제외하고 원칙적으로 7일 이내에 끝마쳐야 하는데, 부득이한 사정이 있을 때에는 국회 본회의의 의결에 의하여 7일 이내에 한정하여 연장할 수 있도록 되어 있었다.[74)]

③ 종합심사: 각 상임위원회의 예비심사가 끝나면 예산결산위원회의 종합심사에 회부하도록 되어 있었다. 예산결산위원회는 1953년 1월의 국회법 개정에 의하여 설치된 상임위원회로서 그 전에는 재정경제위원회가 예산안의 종합심사를 담당했던 것이다. 예산결산위원회는 각 단체의 소속 의원수의 비율에 의하여 각 위원회에서 3인씩 균분된 겸임위원으로서 구성되었다.[75)] 당시의 국회법에 의하면 예산결산위원회의 종합심사는 휴회일을 제외하고 14일 이내에 끝마쳐야 하며, 부득이한 경우는 국회 본회의의 의결에 의하여 5일간 연장할 수 있도록 되어 있었다.[76)]

④ 본회의의결: 예산결산위원회의 종합심사가 끝나면 그 의견을 본회의에 보고하고 이러한 보고를 받은 본회의에서는 이것을 접수한 다음 전원위원회에 회부하며 전원위원회는 회부된 후 7일 이내에 심사를 완료하여 본회의에 보고

73) 재무부, 1959년도 예산개요(서울: 재무부, 1959), p. 487.

74) 국회법(1948년 10월 개정) 제54조 제2항.

75) 동법 제16조.

76) 동법 제54조 제2항.

하도록 되어 있었던 것이다.[77] 그러나, 실제에 있어서 전원위원회의 심의는 생략된 경우가 많이 있었다.[78]

⑤ 예산국회통과일: 이 기간 중의 본예산국회통과일을 보면 회계연도 개시 전까지 예산이 국회를 통과하지 못한 경우가 많았다. 1948년도부터 1953년도까지는 한번도 제 때에 본예산이 국회를 통과한 일이 없다. 1954년도 예산은 겨우 회계연도 개시 전일에 국회를 통과했으나, 1955년도 예산은 회계연도개시일부터 1개월이 경과된 후에야 국회를 통과했다. 1957년도부터는 우리나라의 예산제도가 본 궤도에 올라 회계연도 개시 전에 본 예산이 국회를 통과하게 되었다.

또한 이 기간 중 정부예산에 대해서 국회가 어느 정도의 수정을 가했느냐를 살펴보면 국회는 총액으로 따져 정부의 예산안에 대해서 3% 이상의 수정을 가한 일이 거의 없었다.

(2) 제2기(제5대국회)

① 양원제: 제5대 국회는 우리나라의 유일무이한 양원제 국회였을 뿐만 아니라 1960년 9월 양원제를 위한 새로운 국회법도 제정되었으므로 비록 그 수명은 짧으나(9개월) 별도로 고찰할 필요가 있다.

② 민의원의 심의: 예산안이 정부에서 민의원에 제출되면 먼저 국무총리의 시정연설과 재무장관의 재정연설이 행하여진다. 1961년도 예산안이 민의원에 제출된 것은 1960년 9월 29일이며, 국무총리와 재무장관의 연설이 행하여진 것은 다음날인 9월 30일이었다.[79]

이것이 끝난 다음 민의원은 과거와 같이 국정감사를 실시했으며 국정감사가 끝난 다음에는 각 상임위원회의 예비심사에 들어 갔다. 각 상임위원회의 예비심사에 회부되었다는 점에서는 과거와 다를 바 없었으나, 두 가지 점에서 제5대 국회는 과거와 달랐다. 첫째로, 각 상임위원회의 예비심사나 종합심사에 국회법상 아무런 시간적 제약을 가하지 않았으며, 둘째로 예결위는 각 상임위원회에서 의결한 예산액을 증액할 수 없다는 점이다.[80] 1960년 9월에 공포된 국

---

77) 동법 第55조 제1항.

78) 예를 들면 1958년도, 1959년도 및 1960년도 예산심의에 있어서 전원위원회의 심의는 생략되었던 것이다.

79) 재무부, 1961년도 예산개요(서울: 재무부, 1961), p. 645.

회법은 과거에 유명무실했던 전원위원회를 폐지했으므로 예결위의 종합심사가 끝나면 곧 본회의에 부의하여 그 의결을 거침으로써 민의원에서의 절차를 끝냈다.

③ 참의원의 심의: 예산안이 참의원에 이송되면 여기서도 대체적으로 민의원과 비슷한 절차를 밟았다. 예산안은 양원의 의결에 의하여 성립하는데 만일에 참의원이 민의원과 다른 의결을 하였을 때에는 민의원의 재의에 부하여 그 새로운 의결을 국회의 의결로 하며, 참의원에서 예산안을 접수한 날짜로부터 20일 이내에 예산안에 대해서 의결하지 아니할 때에는 부결한 것으로 보고 민의원의 재의에 부치도록 규정되어 있었다.[81] 민의원에서 재의결할 때의 의결정족수는 일반법률안의 재의에 소요되는 의결정족수인 재적의원 과반수의 출석과 출석의원 3분의 2 이상의 찬성이 아니라, 일반적인 의결정족수에 불과했던 것이다.[82] 민의원이 이 법정기일 내에 예산을 의결하지 않으면 국무원은 이를 불신임결의로 간주할 수 있었다.[83] 이 기간 중의 유일한 본예산인 1961년도 본예산은 1960년 12월 28일에 참의원본회의에서 의결됨으로써 국회의 의결을 끝냈다.[84] 회계연도개시전에 본예산이 의결되기는 했으나 민의원에서의 지연으로 법정기일을 넘겼다. 민의원은 회계연도개시 30일 전에 예산안을 의결해야 하며,[85] 참의원은 예산안을 접수한 날부터 20일 전에 이를 의결해야 했던 것이다.

④ 예산안수정상황: 정부예산안에 대한 수정을 보면 일반회계의 경우 총액으로 보아 정부안을 0.4% 삭감했으며, 특별회계의 경우 그 삭감비율은 0.1% 미만이었다.[86]

(3) 제3기(제6대국회~제8대국회)

① 제1기에의 복귀: 우리나라의 유일무이한 양원제 국회인 제5대 국회가 단명으로 끝나고 제6대 국회부터는 다시 단원제로 되돌아 갔으며 예산심의과정도

80) 국회법(1960년 9월 제정), 제36조 제3항.

81) 제2공화국헌법 제39조 제3항.

82) 동법 제37조 제3항.

83) 동법 제71조 제2항.

84) 1961년도 예산개요, p. 645.

85) 국회법(1960년 9월 제정), 제121조.

86) 이한빈·박동서·박문옥·유 훈 공편, 한국행정의 역사적 분석(서울: 한국행정문제연구소, 1969), p. 645.

제1기와 유사한 과정으로 복귀했다.

예산안이 회계연도개시 120일 전에 국회에 제출되면 국회에서 대통령의 시정연설이 행하여졌다. 제6대 국회에서는 대통령이 직접 국회에 나와 시정연설을 했으나 제7대 국회부터는 국무총리가 대독하는 것이 관례가 되었다. 이것이 끝나면 각 상임위원회별로 국정감사를 실시했으며, 국정감사가 끝나면 상임위원회의 예비심사와 예산결산위원회의 종합심사가 이루어졌다. 예산결산위원회의 안은 본회의에 상정되어 그 의결을 거침으로써 예산심의가 끝나는데 후술하는 바와 같이 본회의는 대체로 예산결산위원회안을 큰 수정없이 채택했던 것이다.

② 예산안수정상황: 이 기간 중에는 회계연도 개시일까지 예산이 국회를 통과하지 못한 일은 한번도 없었다(표 2-13 참조). 국회가 회계연도 개시 30일 전까지 예산을 의결하도록 한 헌법의 규정이 주효했다고 할 수 있겠다. 국회의 예산(일반회계)수정상황을 본다면 국회가 정부의 예산안에 대해서 3% 이상 수정을 가한 일이 한번 있었으며, 2% 이상 수정한 일도 한번 있었다.

(4) 제4기(제9대국회~제12대국회)

① 국정감사폐지와 심의기간단축: 유신헌법과 제5공화국헌법에 의하여 제4기에 있어서는 국회의 예산심의과정이 두 가지 점에서 달라졌다. 첫째로 오랫동안 논란의 대상이 되어 왔던 국정감사제도가 폐지되었으며, 둘째로 예산심의기간이 90일에서 60일로 단축되었다. 제4기의 예산심의과정은 현행 예산심의과정에도 영향을 미치고 있다는 점에서 중요성을 지닌다고 할 수 있겠다.

② 예산안수정상황: 이 기간 중에도 회계연도개시일까지 예산이 국회를 통과하지 못한 일이 한번도 없었다. 제4기초(1974년도와 1975년도)에는 국회가 정부의 예산안에 대해서 비교적 큰 수정을 가했으나 1976년도부터는 그 수정의 폭이 크게 줄어 들었다.

2. 현행예산심의과정

현행(제13대국회 이후) 예산심의과정은 오랫동안 폐지되었던 국정감사가 부활되었다는 점에서 전술한 제4기의 예산심의과정과 다르다고 하겠다. 이곳에서는 제18대 국회의 예산심의과정을 중심으로 설명하기로 한다.

(1) 시정연설

헌법에 의하여 정부는 회계연도개시 90일 전까지 예산안을 국회에 제출하도록 되어 있는데, 예산안이 국회에 제출되면 본회의에서 대통령의 시정연설이 행하여진다. 대통령의 시정연설은 국무총리가 대독하는 것이 관례로 되어 있다. 2012년도 예산심의의 경우를 보면 예산안이 국회에 제출된 것은 2011년 9월 30일이며, 대통령시정연설(국무총리 대독)이 행하여진 것은 10월 10일이었다.

(2) 국정감사

제3공화국 말까지는 본회의에서의 시정연설이 끝나면 국정감사를 실시하였다. 국정감사의 목적은 국정운영내용을 감사하여 그 결과를 신년도 예산심의에 반영하는 데 있었다.

이와 같은 국정감사에 대해서는 각계로부터 많은 비판이 있었을 뿐만 아니라 실제에 있어서 큰 실효를 거두지 못하면서 많은 폐단을 자아낸다는 이유로 유신헌법은 1962년헌법(제3공화국헌법) 제57조의 규정을 삭제함으로써 국정감사제도를 폐지하였다. 제5공화국헌법도 이를 계승하여 국정감사를 두지 않았다. 그러나 1987년 제6공화국헌법에 의하여 국정감사의 부활이 실현되어 헌법 제61조는 국정감사에 관하여 규정하고 있다. 헌법의 규정을 이어받아 1988년에 제정된 「국정감사 및 조사에 관한 법률」은 국회의 「국정전반」에 관하여 소관 상임위원회별로 국정감사를 실시한다고 규정하고 국정감사의 목적에 관하여 따로 규정하고 있지 않다.

예산심의의 관점에서 볼 때 예산심의에 앞서 실시하는 국정감사는 예산집행의 결과를 평가하고 신년도 예산안의 심의에 필요한 자료를 수집하는 데도 그 목적이 있다고 하겠다. 국정감사는 원칙적으로 매년 9월 10일부터 20일간 실시하나 본회의의 의결에 의하여 그 시기를 변경할 수 있다.[87)]

(3) 예비심사

전술한 바와 같이 제5공화국의 제11대 국회초에는 상임위원회의 예비심사제도가 없었으나 야당측의 지속적인 요구로 1983년 국회법이 개정되어 1984년도

87) 국정감사 및 조사에 관한 법률 제2조 제1항. 국정감사 시기는 1988년부터 2001년까지는 정기회 집회기일의 다음날부터 20일간으로 규정되어 있었으나 2002년 동법률의 개정에 의하여 이와 같이 변화되었다.

예산심의부터 예비심사가 부활되었다.

예비심사는 소관장관의 신년도 정책설명(제안설명)으로부터 시작된다. 즉, 소관장관은 그 소관에 속하는 신년도 시정방침과 이를 실천하기 위한 예산의 대체적인 내용을 위원회석상에서 설명한다. 이것이 끝나면 정책질의가 행하여진다. 소관장관이 설명한 신년도 시정방침과 예산안내용에 대하여 각 의원은 이의를 제기하기도 하고, 과거의 실적, 앞으로의 전망 등 다방면에 걸쳐 질문을 하며 이에 대한 장관의 답변이 행하여진다.

정책질의가 끝나면 부별심의에 들어가는데, 상임위원회에 따라서는 부별심의나 계수조정 또는 양자를 위하여 소위원회를 구성하고 상임위원회 전체회의가 소위원회안을 채택하는 경우가 많다.

예산결산위원회의 종합심사에 앞서서 각 상임위원회별로 실시하는 예비심사에 관해서는 그 실효성에 의문을 제기하는 사람들이 많다.

전술한 바와 같이 상임위원회는 예비심사과정에 있어서 정부의 예산안을 삭감하기보다는 증액하는 경우가 더 많으며[88] 예비심사의 결과는 예산결산위원회의 종합심사[89]나 최종적 예산심의의 결과에 큰 영향을 미치지 못한다는 비판이 제기되고 있다.

(4) 종합심사

각 상임위원회의 예비심사가 끝나면 예산결산위원회의 종합심사에 회부된다. 예산결산위원회의 종합심사는 i) 종합정책질의, ii) 부별심의, iii) 소위원회의 계수조정, iv) 예결위 전체회의에서 소위원회안의 승인의 순으로 진행되나 가장 중요한 과정은 소위원회의 계수조정이라고 할 수 있겠다.

① 종합정책질의: 종합정책질의는 최근에 있어서 총리의 인사와 기획재정부장관의 예산안제안설명으로서 시작된다. 이것이 끝나면 각 위원으로부터 질문이 있게 되고 국무총리를 위시한 관계장관은 이에 답변하는 것이다. 이 종합정책질의에서는 예산에 관계되는 사항뿐만 아니라 국정전반에 걸쳐서 질의응답하는 것이 관례로 되어 있는데 예산과 관계가 없는 사항이 더 많다고 해도 과언이 아니다.

---

88) 제2편 제1장 「예산이론의 모색」 참조.

89) 제5대 국회에서는 예산결산위원회가 각 상임위원회에서 의결한 예산액을 증액할 수 없었다. 그러나 현행 국회법에는 그러한 제한이 없다.

〈표 3-7〉 예산결산위원회 종합심사기간

회계연도	예산안예결위상정일	예산안예결위통과일
1961	1960년 11월 18일	1960년 12월 6일
1965	1964년 11월 17일	1964년 11월 30일
1966	1965년 11월 26일	1965년 12월 3일
1967	1966년 11월 28일	1966년 12월 8일
1968	1967년 12월 12일	1967년 12월 28일
1969	1968년 11월 18일	1968년 11월 30일
1970	1969년 12월 16일	1969년 12월 20일
1971	1970년 11월 24일	1970년 12월 16일
1972	1971년 11월 27일	1971년 12월 2일
1974	1973년 11월 24일	1973년 12월 1일
1975	1974년 11월 26일	1974년 11월 30일
1976	1975년 11월 22일	1975년 12월 1일
1977	1976년 11월 18일	1976년 12월 1일
1978	1977년 11월 14일	1977년 12월 1일
1979	1978년 11월 1일	1978년 11월 13일
1980	1979년 11월 26일	1979년 11월 30일
1982	1981년 11월 6일	1981년 11월 30일
1983	1982년 11월 2일	1982년 11월 29일
1984	1983년 11월 16일	1983년 12월 1일
1985	1984년 11월 5일	1984년 11월 30일
1986	1985년 11월 18일	1985년 12월 2일
1987	1986년 11월 14일	1986년 12월 2일
1988	1987년 10월 22일	1987년 10월 30일
1989	1988년 11월 14일	1988년 12월 2일
1990	1989년 11월 23일	1989년 12월 19일
1991	1990년 12월 11일	1990년 12월 18일
1992	1991년 11월 5일	1991년 12월 2일
1993	1992년 11월 2일	1992년 11월 18일
1994	1993년 11월 19일	1993년 12월 2일
1995	1994년 11월 30일	1994년 12월 2일
1996	1995년 11월 9일	1995년 12월 2일
1997	1996년 11월 14일	1996년 12월 12일
1998	1997년 11월 5일	1997년 11월 18일
1999	1998년 11월 23일	1998년 12월 8일
2000	1999년 11월 19일	1999년 12월 18일
2001	2000년 11월 30일	2000년 12월 26일
2002	2001년 12월 10일	2001년 12월 21일
2003	2002년 10월 29일	2002년 11월 8일
2004	2003년 11월 12일	2003년 12월 30일
2005	2004년 11월 29일	2004년 12월 31일
2006	2005년 11월 14일	2005년 12월 30일
2007	2006년 11월 23일	2006년 12월 27일
2008	2007년 11월 12일	2007년 12월 28일
2009	2008년 11월 19일	2008년 12월 13일
2010	2009년 12월 7일	2009년 12월 31일

주: ① 1961년도는 민의원예결위심의기간임.
② 1962~64, 1973, 1981년도는 국회 아닌 기관의 심의로 생략.
자료: 국회속기록 및 각 연도예산개요.

② 부별심의: 예산결산위원회의 종합심사에 있어서 비교적 중요한 위치를 차지하는 부별심의는 각 상임위원회의 예비심사의 결과를 상임위원장 또는 그를 대리하는 의원(흔히 해당 상임위원회 출신의 예결위원)으로부터 보고받은 다음 위원들이 질의를 하고 이에 대해서 관계장관들이 답변함으로써 진행된다.

③ 소위원회의 계수조정: 예산결산위원회의 종합심사에 있어서 가장 중요한 과정은 소위원회에 의한 소위 계수조정과정이다. 이 위원회는 소위 수권소위원회로서 예산결산위원회 전체회의에서 수임된 사항에 한하여 계수조정하는 것을 그 본래의 임무로 삼으며 전술한 부별심의에 있어서 나타난 위원들의 질의 및 요구사항, 이에 대한 관계장관의 답변을 토대로 하여 계수조정을 행하는 것이다.

그러나 부별심의과정에 있어서의 위원회의 의도가 모호한 경우가 많을 뿐만 아니라 소위원회는 예산결산위원회 전체회의에서 논의되지 않은 사항에 손을 대는 경우도 있다고 한다.

④ 전체회의의 의결: 소위원회의 계수조정이 끝나면 예산결산위위원회 전체회의에서 그 결과가 보고되어 승인을 얻는다. 전체회의는 소위원회안을 수정없이 받아들이는 것이 관례로 되어 있다.

후술하는 바와 같이 본회의는 예산결산위원회안을 큰 수정없이 받아들이므로 우리나라 예산심의과정에 있어서 예산결산위원회가 매우 중요한 기능을 수행한다고 할 수 있다. 그러나 유감스럽게도 이 예산결산위원회는 구성원의 안정성이 낮아서 전문성이 과히 높지 못하다는 지적을 받고 있는 것이다.

⑤ 예결위 구성원의 불안정성: 저자는 제4대 국회부터 제7대 국회까지의 예산결산위원회의 구성원의 안정성에 관해서 조사한 일이 있으며[90] 제8대 국회부터 제11대 국회까지의 예산결산위원회의 구성원의 안정성에 관한 연구도 있다.[91] 먼저 역대국회초의 예산결산위원회를 본다면 〈표 3-8〉과 같이 평균재임기간이 짧은 경우에는 2.2개월(11대국회초)이며, 길어봐야 7.8개월(4대국회초)에 지나지 않는다.

90) 유 훈, 「예산결산위원회에 관한 연구」, 행정논총 제10권 제1호(1972), pp. 148-168 참조.
91) 이정문, 예산결산특별위원회에 관한 연구(서울대학교 행정대학원 석사학위논문, 1985).

〈표 3-8〉 역대국회초 예결위위원의 재임기간

재임기간 / 국회별	무		1개월~12개월		13개월~24개월		25개월~36개월		37개월 이상		합 계		평균재임기간(개월)
	인원	비율(%)	인원	비율(%)	인원	비율(%)	인원	비율(%)	인원	비율(%)	인원	비율(%)	
제4대국회초 (1958년 6월)	24	61.5	5	12.8	5	12.8	4	10.3	1	2.6	39	100.0	7.8
제5대국회초 (1960년 8월)	25	73.5	1	2.6	3	8.8	3	8.8	2	5.9	34	100.0	7.3
제6대국회초 (1964년 10월)	28	77.8	4	11.1	3	8.3	—	—	2	5.6	36	100.0	4.3
제7대국회초 (1967년 10월)	17	47.2	15	41.7	1	12.8	1	2.8	2	5.6	36	100.0	6.7
제8대국회초 (1971년 10월)	29	74.4	7	17.9	3	37.7	—	—	—	—	39	100.0	2.7
제9대국회초 (1973년 10월)	28	71.8	8	20.5	2	25.1	—	—	1	2.6	39	100.0	4.6
제10대국회초 (1979년 11월)	28	62.3	4	8.9	6	13.3	6	13.3	1	2.2	45	100.0	7.4
제11대국회초 (1981년 10월)	43	86.0	4	8.0	1	12.0	2	4.0	—	—	50	100.0	2.2

자료: 제4대~제7대 유 훈, 「예산결산위원회에 관한 연구」, 행정논총 제10권 제1호.
제8대~제11대 이연문, 「예산결산위원회에 관한 연구」(서울대행정대학원 석사학위논문).

이와 같이 역대국회 초에 구성된 예산결산위원회뿐만 아니라 역대국회말의 예결위도 구성원의 안정성이 낮다. 제4대말에 선임된 예결위 위원들은 그들의 임기가 끝난 1960년 6월말 현재 평균재임기간이 1년 8개월에 지나지 않으며 이

〈표 3-9〉 역대국회말 예결위위원의 재임기간

재임기간 / 국회별	1개월~12개월		13개월~24개월		25개월~36개월		37개월 이상		합 계		평균재임기간(개월)
	인원	비율	인원	비율	인원	비율	인원	비율	인원	비율	
제4대국회말 (1960년 6월말)	18	45.6	7	18.9	9	24.3	3	8.1	37	100.0	19.7
제6대국회말	24	66.7	8	22.2	2	5.6	2	5.6	36	100.0	13.4
제7대국회말	13	36.1	12	33.3	9	25.0	2	5.6	36	100.0	18.8
제9대국회말	11	24.4	4	53.3	7	15.6	3	6.7	45	100.0	15.6

주: ① 재임기간은 각의원의 전재임기간을 통산한 것임.
② 제5대국회, 제8대국회, 제10대국회는 재임기간이 짧아 생략.
자료: 〈표 3-8〉와 동일.

와 같은 현상은 제6대 국회말과 제7대 국회말에 있어서 더욱 현저하게 나타나고 있고 제9대 국회말의 경우에도 대동소이하다.

그러면 이와 같이 예산결산위원회의 구성원의 안정성이 미국 의회의 세출위원회에 비하여 월등하게 낮은 이유가 어디에 있느냐 하는 문제가 제기된다.[92] 우리는 그 이유로서 다음의 몇 가지를 들고자 한다.

i) 첫째는 예산결산위원회의 역사가 짧다는 것이다. 미국의 하원세출위원회는 1865년에 설치된 데 반하여 우리나라의 예산결산위원회는 1953년에 설치되었다.

ii) 둘째로 들 것은 빈번한 헌정중단이다. 4·19, 5·16, 10월유신, 10·26 등으로 인하여 〈표 3-10〉과 같이 제4대, 제5대, 제8대, 제10대 국회의 재임기간이 단축되었다. 뿐만 아니라 이러한 헌정중단 후에 실시된 선거에서는 피선거권이 제한된 경우가 많았다.

iii) 빈번한 헌정중단과도 관련이 있는 것으로서 국회의원의 낮은 재선율을 들 수 있겠다. 역대국회마다 초선의원의 비율이 지극히 높다.[93] 이러한 현상이 헌정중단 후에 실시된 선거에서 나타나는 것은 당연하다 하겠으나 〈표 3-11〉에서 보는 바와 같이 제13대국회나 제17대국회와 같이 피선거권의 제한이 없었던 경우에도 초선의원의 비율이 각각 55.5%, 62.5%에 달하고 있다는 사실에 유의할 필요가 있다.

〈표 3-10〉 재임기간이 단축된 역대국회

국회별	재임기간	단축사유
제 4 대국회	1958. 6. 7~1960. 7.25	4·19
제 5 대국회	1960. 8. 8~1961. 5.16	5·16
제 8 대국회	1971. 7.26~1972.10.17	10월 유신
제10대국회	1979. 3.17~1980. 5.17	10·26 후의 5·17

92) 미국하원세출위원회 위원의 평균재임기간은 9.3년이라는 연구가 있다(본장 제2절 「미국의 예산심의」 참조).

93) 미국의회의 경우 초선의원의 비율은 극히 낮다. 제106대 국회(1999~2000)의 경우 하원의원 중 초선의원은 41명(9%)에 지나지 않으며, 상원의원 중 초선의원은 43명(43%)에 달하고있다(Ornstein, Mann and Malbin, *op. cit.*, pp. 17-19).

〈표 3-11〉 역대국회의원 선거결과

당선횟수 / 국회별	초선	2선	3선	4선	5선	6선	7선	8선	9선	합계
제 헌 국 회	209									209
제2대국회	184	34								218
	(84.4)	(15.6)								
제3대국회	151	51	6							208
	(72.6)	(24.5)	(2.9)							
제4대국회	116	92	27	4						239
	(48.5)	(38.5)	(11.3)	(1.7)						
제5대국회(민)	129	98	33	15	2					247
	(52.2)	(27.5)	(13.4)	(6.1)	(0.8)					
제5대국회(참)	36	14	7	1						58
	(62.1)	(24.1)	(12.1)	(1.7)						
제6대국회	114	31	25	13	6					189
	(60.3)	(16.4)	(13.2)	(6.9)	(3.2)					
제7대국회	79	64	20	11	6	2				182
	(43.4)	(35.2)	(11.0)	(6.0)	(3.3)	(1.1)				
제8대국회	112	36	30	19	4	5	1			207
	(54.1)	(17.4)	(14.5)	(9.2)	(1.9)	(2.4)	(0.5)			
제9대국회	115	66	30	25	10	3	1	1		251
	(45.8)	(26.3)	(12.0)	(10.0)	(3.9)	(1.2)	(0.4)	(0.4)		
제10대국회	88	50	39	29	18	5	3			232
	(37.9)	(21.6)	(16.8)	(12.5)	(7.8)	(2.2)	(1.2)			
제11대국회	216	36	11	10	1	2				276
	(78.3)	(13.0)	(4.0)	(3.6)	(0.4)	(0.7)				
제12대국회	102	110	34	12	12	4	2			276
	(37.0)	(39.9)	(12.3)	(4.3)	(4.3)	(1.4)	(0.7)			
제13대국회	166	59	43	16	7	5	2			299
	(55.5)	(19.7)	(14.4)	(5.4)	(2.3)	(1.7)	(0.7)			
제14대국회	119	81	48	31	7	7	3			299
	(39.8)	(27.1)	(16.1)	(10.4)	(2.3)	(2.3)	(1.0)			
제15대국회	145	65	46	17	15	4	5	1	1	299
	(48.5)	(21.7)	(15.4)	(5.7)22	(5.0)	(1.3)	(1.7)	(0.3)	(0.3)	
제16대국회	111	82	34	5	14	5		1	1	273
	(40.7)	(30.0)	(12.4)	(9.2)	(5.1)	(1.8)		(0.3)	(0.3)	
제17대국회	187	53	42	9	7	1		1	1	299
	(62.5)	(17.7)	(14.1)	(3.0)	(2.4)	(0.3)		(0.4)	(0.4)	
제18대국회	134	89	45	19	7	4	1			299
	(44.8)	(29.8)	(15.1)	(6.4)	(2.3)	(1.3)	(0.3)			

iv) 예산결산위원회의 구성원의 안정성이 낮은 또 하나의 이유는 미국의 경우는 전술한 바와 같이 위원배정에 있어서 seniority rule이 적용되고 있는 데 대하여 우리나라의 경우 위원배정에 있어서 이와 같은 원칙이 적용되고 있지 않으며 전문성도 별로 고려되고 있지 않다는 것이다. 더욱이 과거 예산결산위원회가 상임위원회였을 경우에도 예산결산위원회는 겸임위원으로 충당되었으며 제6대 국회 이후에는 특별위원회인 까닭에 겸임이 가능하며 예산결산위원회 위원 지망자가 많아 항상 치열한 경쟁을 벌여 왔다.

(5) 본회의 의결

예산결산위원회의 종합심사가 끝나면 예산안은 본회의에 상정된다. 본회의의 심의는 〈표 3-12〉와 같이 길어야 3일이며 당일에 심의를 끝낸 경우도 빈번했다.

이것을 예산결산위원회의 심의기간과 비교할 때 본회의에서의 심의가 소홀할 수밖에 없으며 본회의가 예산결산위원회안을 대체로 큰 수정없이 받아들여 왔던 이유를 이해할 수 있을 것 같다.

그렇다고 해서 본회의가 항상 예산결산위원회안을 무조건 받아들이는 것은 절대로 아니다. 비록 규모는 작지만 본회의가 예산결산위원회안에 수정을 가한 경우도 적지 않다. 1953년도, 1955년도, 1960년도, 1961년도, 1967년도, 1969년도, 1991년도 등에 있어서는 본회의가 예결위안에 대해서 근소한 수정을 가했던 것이다.

〈표 3-12〉 본회의 심의기간

회계연도	예산안본회의상정일	예산안본회의통과일
1961	1960년 12월 6일	1960년 12월 8일
1965	1964년 11월 30일	1964년 12월 1일
1966	1965년 12월 4일	1965년 12월 4일
1967	1966년 12월 8일	1966년 12월 8일
1968	1967년 12월 28일	1967년 12월 28일
1969	1968년 11월 30일	1968년 12월 2일
1970	1969년 12월 21일	1969년 12월 22일
1971	1970년 12월 17일	1970년 12월 19일
1972	1971년 12월 2일	1971년 12월 3일
1974	1973년 12월 2일	1973년 12월 2일
1975	1974년 12월 1일	1974년 12월 1일
1976	1975년 12월 2일	1975년 12월 2일
1977	1976년 12월 2일	1976년 12월 2일
1978	1977년 12월 2일	1977년 12월 2일
1979	1978년 11월 14일	1978년 11월 14일
1980	1979년 11월 30일	1979년 12월 1일
1982	1981년 12월 1일	1981년 12월 2일
1983	1982년 12월 1일	1982년 12월 2일
1984	1983년 12월 2일	1983년 12월 2일
1985	1984년 12월 1일	1984년 12월 1일
1986	1985년 12월 2일	1985년 12월 2일
1987	1986년 12월 2일	1986년 12월 2일
1988	1987년 10월 30일	1987년 10월 30일
1989	1988년 12월 2일	1988년 12월 2일
1990	1989년 12월 19일	1989년 12월 19일
1991	1990년 12월 18일	1990년 12월 18일
1992	1991년 12월 3일	1991년 12월 3일
1993	1992년 11월 20일	1992년 11월 20일
1994	1993년 12월 7일	1993년 12월 7일
1995	1994년 12월 2일	1994년 12월 2일
1996	1995년 12월 2일	1995년 12월 2일
1997	1996년 12월 13일	1996년 12월 13일
1998	1997년 11월 18일	1997년 11월 18일
1999	1998년 12월 9일	1998년 12월 9일
2000	1999년 12월 18일	1999년 12월 18일
2001	2000년 12월 27일	2000년 12월 27일
2002	2001년 12월 27일	2001년 12월 27일
2003	2002년 11월 8일	2002년 11월 8일
2004	2003년 12월 30일	2003년 12월 30일
2005	2004년 12월 31일	2004년 12월 31일
2006	2005년 12월 30일	2005년 12월 30일
2007	2006년 12월 27일	2006년 12월 27일
2008	2007년 12월 28일	2007년 12월 28일
2009	2008년 12월 13일	2008년 12월 13일
2010	2009년 12월 31일	2009년 12월 31일
2011	2010년 12월 8일	2010년 12월 8일
2012	2011년 12월 31일	2011년 12월 31일

주: ① 1961년도는 민의원 본회의심의기간임.
② 기타 주는 〈표 2-8〉 참조.
자료: 국회속기록 및 각 연도 예산개요.

〈표 3-13〉 예산결산위원회안에 대한 본회의의결상황

연도별	본회의의결상황
1961 연도예산안	예산결산위원회안을 다소수정
1965 〃	예산결산위원회안대로 가결
1966 〃	예산결산위원회안대로 가결
1967 〃	예산결산위원회안을 다소수정
1968 〃	예산결산위원회안대로 가결
1969 〃	예산결산위원회안을 다소수정
1970 〃	예산결산위원회안대로 가결
1971 〃	예산결산위원회안대로 가결
1972 〃	예산결산위원회안대로 가결
1974 〃	예산결산위원회안대로 가결
1975 〃	예산결산위원회안대로 가결
1976 〃	예산결산위원회안대로 가결
1977 〃	예산결산위원회안대로 가결
1978 〃	예산결산위원회안대로 가결
1979 〃	예산결산위원회안대로 가결
1980 〃	예산결산위원회안대로 가결
1982 〃	예산결산위원회안대로 가결
1983 〃	예산결산위원회안대로 가결
1984 〃	예산결산위원회안대로 가결
1985 〃	예산결산위원회안대로 가결
1986 〃	예산결산위원회안대로 가결
1987 〃	예산결산위원회안대로 가결
1988 〃	예산결산위원회안대로 가결
1989 〃	예산결산위원회안대로 가결
1990 〃	예산결산위원회안대로 가결
1991 〃	예산결산위원회안을 다소수정
1992 〃	예산결산위원회안대로 가결
1993 〃	예산결산위원회안대로 가결
1994 〃	예산결산위원회안대로 가결
1995 〃	예산결산위원회안대로 가결
1996 〃	예산결산위원회안대로 가결
1997 〃	예산결산위원회안대로 가결
1998 〃	예산결산위원회안대로 가결
1999 〃	예산결산위원회안대로 가결
2000 〃	예산결산위원회안대로 가결
2001 〃	예산결산위원회안대로 가결
2002 〃	예산결산위원회안대로 가결
2003 〃	예산결산위원회안대로 가결
2004 〃	예산결산위원회안대로 가결
2005 〃	예산결산위원회안대로 가결
2006 〃	예산결산위원회안대로 가결
2007 〃	예산결산위원회안대로 가결
2008 〃	예산결산위원회안대로 가결
2009 〃	예산결산위원회안대로 가결
2010 〃	예산결산위원회안대로 가결
2011 〃	예산결산위원회안대로 가결
2012 〃	예산결산위원회안대로 가결

주: ① 1961년도는 민의원의 경우임.
② 기타 주는 〈표 2-8〉 참조.
자료: 국회사 및 국회속기록.

3. 한국 예산심의의 특색

(1) 예산의 성격

영국이나 미국의 경우와 달리 우리나라에서는 예산은 법률이 아니다. 우리나라에서는 예산은 형식에 있어서 법률과 다를 뿐만 아니라, 예산은 법률보다 하위의 효력을 가지므로 예산에 의하여 법률을 개폐할 수 없다.

(2) 증액의 제한

우리나라에서는 헌법 제57조의 규정에 의하여 「국회는 정부의 동의없이 정부가 제출한 지출예산각항의 금액을 증가하거나 새 비목을 설치할 수 없다」. 이 규정의 운영에 있어서 예산심의과정에서는 구두로 정부의 동의를 얻고 서면동의는 사후에 얻고 있다. 2002년도 예산이 2001년 12월 27일 국회에서 의결되자 12월 29일 확정예산과 함께 증액동의요청이 정부에 이송되었으며 국무회의가 이에 대한 동의를 의결한 것도 12월 29일이었다.

(3) 양원의결의 조정

제5대국회(1960년 8월~1961년 5월)를 제외하고는 우리나라는 항상 단원제를 택해 왔다. 따라서 양원의결의 조정의 문제는 제5대 국회 외에는 발생하지 않았던 것이다.

(4) 상임위원회의 예비심사

제5공화국의 제11대국회초 한때 폐지되었다가 부활된 상임위원회의 예비심사에 관해서 많은 비판이 제기되고 있다. 특히 정부의 예산을 삭감하기보다는 증액하는 경우가 많다는 문제점이 지적되고 있다.[94] 예비심사를 좀더 합리화하여 그 결과가 국회의 예산심의에 반영되도록 하여야 한다는 주장이 강력히 제기되고 있다.[95]

(5) 예산결산위원회

우리나라의 예산심의과정에 있어서 예산결산위원회가 대단히 중요한 역할을

---

94) 오세민, 예산심의의 현황과 문제점(서울: 서울대학교행정대학원, 1992). 2012년 예산안 예비심사에서도 정부제출예산안 326조 1천억원의 2.7%에 해당하는 8조6천499억원이 늘어난 것으로 보도되기도 하였다. 연합뉴스, 2011년 11월 20일.

95) 강신택, 재무행정론[전정판](서울: 박영사, 2000), p. 292.

담당한다. 각 상임위원회는 행정각부의 이해를 대변하는 결과가 되기 쉬우며, 본회의는 예산결산위원회안을 별 수정없이 받아들이는 것을 관례로 하고 있다.

이와 같이 예산결산위원회가 중요한 역할을 담당함에도 불구하고 그 구성원의 안정성이 낮고 특별위원회인 까닭에 기능수행에 어려움이 많다는 지적이 제기되어 왔으나 최근에 상설화되어 다소 문제가 해결되었다.

(6) 예산심의보좌기구

각국은 입법부의 예산심의를 보좌하는 기구를 두어 예산심의의 실효성제고에 힘쓰고 있다. 앞에서도 지적한 바와 같이 미국은 회계검사원(GAO)과 의회연구조사처(Congressional Research Service) 외에 1974년의 의회예산법의 의하여 설치된 의회예산처(Congressional Budget Office)가 예산심의의 보좌에 크게 이바지하고 있다.[96]

우리나라에서도 예산심의보좌기구의 필요성이 오래동안 제기되어 왔다. 감사원을 영미계와 같이 입법부소속으로 옮기는 일은 쉽지 않을는지 모르나 국회사무처의 예산정책국을 확대·개편하여 미국의 의회예산처와 같은 기구를 설치하여 국회의 예산심의를 보좌하자는 주장이 있어 왔다. 예산심의 보좌기구가 충분치 않다는 문제는 2004년 국회예산정책처의 출범으로 어느 정도 해결되었다.[97]

(7) 예산의 수정

우리나라의 국회는 정부의 예산안에 대해서 큰 수정을 가하지 않고 있다. 1948년 이래 오늘날까지 국회가 정부의 예산안에 대해서 총액으로 따져 3% 이상의 수정을 가한 일이 거의 없다. 민주당시절을 제외하고는 우리는 대통령중심제를 택해 왔으나 국회가 행정부의 영향을 크게 받아왔다는 데 큰 원인이 있을 것이다.

---

96) Schick, *The Federal Budget*, pp. 54-56.

97) 한편 입법 및 정책과 관련된 사항을 조사·연구하고 관련 정보 및 자료를 제공하는 등 입법정보서비스와 관련된 의정활동을 지원하기 위하여 국회입법조사처가 2007년에 출범하였다.

〈표 3-14〉 국회예산수정상황(일반회계)

(단위: 천원)

회계연도별	정부제출예산안	수정액		국회의결액	수정비율
		증 액	삭감액		
1971년도	492,913,735	8,267,264	11,767,264	489,413,735	△0.7%
1972년도	598,411,402	9,351,642	29,398,043	578,365,002	△3.3
1974년도	725,656,304	3,095,595	18,101,595	710,650,304	△2.1
1975년도	1,142,813,305	40,576,458	10,576,458	1,172,813,305	2.6
1976년도	1,857,131,863	2,943,693	10,753,693	1,849,321,863	△0.4
1977년도	2,675,052,732	12,371,275	28,127,275	2,659,296,732	△0.6
1978년도	3,550,045,513	3,262,429	36,271,429	3,517,036,513	△0.9
1979년도	4,554,981,554	2,904,659	24,050,659	4,553,835,554	△0.5
1980년도	5,843,015,441	6,159,548	45,113,548	5,804,061,441	△0.7
1982년도	9,595,561,070	104,409,920	121,846,920	9,578,424,070	△0.2
1983년도	10,517,010,480	33,212,903	133,512,903	10,416,710,480	△1.0
1984년도	10,966,710,480	39,050,000	39,050,000	10,966,710,480	0.0
1985년도	12,275,114,835	30,590,000	30,590,000	12,275,114,835	—
1986년도	13,815,337,548	52,447,490	67,253,490	13,800,531,548	△0.1
1987년도	15,581,504,947	56,818,903	78,694,903	15,559,628,947	△0.1
1988년도	17,541,939,587	59,867,051	137,378,051	17,464,428,587	△0.4
1989년도	19,371,203,588	307,406,831	450,234,539	19,228,375,880	△0.7
1990년도	23,025,432,968	230,799,000	566,799,000	22,689,432,968	△1.5
1991년도	27,182,493,000	142,563,917	345,308,917	26,979,748,000	△0.7
1992년도	33,505,029,000	—	305,000,000	33,200,029,000	△0.9
1993년도	38,050,000,000	200,662,063	200,662,063	38,050,000,000	—
1994년도	43,250,000,000	400,052,844	400,052,844	43,250,000,000	—
1995년도	50,141,100,000	204,104,327	357,289,327	49,987,915,000	△0.3
1996년도	58,003,100,000	150,665,780	191,665,780	57,962,100,000	△0.1
1997년도	67,780,000,000	306,961,560	508,361,560	67,578,600,000	△0.3
1998년도	70,360,300,000	295,031,130	391,761,130	70,263,570,000	△0.1
1999년도	80,570,000,000	839,740,928	1,271,940,928	80,137,800,000	△0.5
2000년도	86,736,400,000	500,607,200	763,000,000	86,474,007,200	△0.3
2001년도	94,930,000,000	20,000,000	825,400,000	94,124,600,000	△0.8
2002년도	106,480,000,000	1,612,077,550	1,008,748,550	105,876,671,000	△0.6
2003년도	111,657,979,380	617,812,151	792,693,564	111,483,099,967	△0.2
2004년도	117,542,945,454	1,676,998,634	863,898,634	118,356,045,454	0.7
2005년도	131,511,025,000	3,980,354,000	1,121,000,000	134,370,379,000	2.2
2006년도	145,702,873,826	649,402,000	1,544,666,000	144,807,610,439	△0.6
2007년도	157,987,336,101	1,224,526,029	2,694,143,000	156,517,719,130	△0.9
2008년도	176,110,796,770	1,357,514,718	2,483,116,262	174,985,195,226	△0.6
2009년도	196,993,667,699	3,440,118,811	3,562,508,811	196,871,277,699	△0.1
2010년도	200,781,505,369	2,001,553,920	23,198,414,200	209,930,268,146	0.2
2011년도	211,127,128,426	2,001,553,920	3,198,414,200	209,930,268,146	△0.5

주: ① 일반회계 세출예산으로 본예산기준.
② 1973년도는 비상국무회의에서 의결하였으므로 생략.
③ 1981년도는 입법회의에서 의결했으므로 생략.

자료: 기획예산처, 2005 예산개요참고자료, p. 557,
기획재정부, 2011 나라살림 예산개요참고자료, p. 501.

제 4 장 예산의 집행

제 1 절 예산집행의 의의

1. 의 의

예산의 집행이란 국가의 수입지출을 실행하는 모든 행위를 말한다. 예산의 집행은 단순히 예산에 정하여진 금액을 국고에 수납하고 국고로부터 지불하는 것만을 말하는 것이 아니다. 국고채무부담행위의 실행이나, 지출원인행위의 실행도 예산집행의 범위에 들어가는 것이다. 예산의 집행은 또한 예산에 계상된 세입세출뿐만 아니라, 예산성립 후에 일어날 수 있는 세입세출 전부를 포함한 국가의 수입지출의 실행에 관한 모든 행위를 말한다.[1)]

2. 예산집행의 목표

이러한 예산의 집행은 크게 나누어서 두 가지 목표 내지는 국면을 지니고 있다. i) 첫째는 입법부의 의도를 구현하고 입법부에서 정하여 준 재정적인 한계를 엄수하는 것이며, ii) 둘째는 예산성립 후의 여건의 변동에 적응하기 위한 신축성의 유지이다.

(1) 입법부의 의도의 구현과 재정적 한계의 엄수

국회를 통과한 예산이란 사업계획에 관한 입법부의 의도를 계수적으로 표현한 것이라고도 할 수 있다. 따라서, 예산집행에 있어서 행정기관의 임무의 하나는 이러한 입법부의 의도를 구현하는 데 있다. 이러한 의미에서 예산의 목적

---

1) 河野一之, 新版豫算制度[第二版](東京: 學陽書房, 2001), p. 96.

외 사용이란 원칙적으로 금지되며, 우리나라 국가재정법도 이를 규정하고 있다.

입법부의 의도의 구현은 다른 면에서 고찰할 때 재정적 한계의 엄수로 나타나게 된다. 역사적으로 볼 때 예산제도란 과세동의권에서부터 발달했으며 행정부는 입법부에서 의결한 것 이상으로 한 푼도 쓰지 못한다는 데 그 의의가 있었던 것이다.[2] 입법부의 의도를 구현하고 입법부가 설정한 재정적 한계를 지키기 위해서는 보통 다음과 같은 통제수단이 필요하게 된다.[3]

① 예산의 배정: 첫째로 필요한 통제수단은 예산의 배정이다. 예산의 배정이란 중앙예산기관이 정부 각 기관에 일정한 기간(예를 들면 3개월) 동안 집행할 수 있는 예산액을 정해 주는 것을 말한다. 우리나라를 위시하여 많은 나라에 있어서 분기별 배정제도가 사용되고 있다. 예산배정제도의 목적은 연도 초에 예산을 과도하게 사용함으로써 연도 말에 가서 예산의 부족을 초래하는 일이 없도록 하고, 불경기 기타의 이유로 세입이 예산액보다 적게 들어오는 경우에 세출을 삭감할 수 있도록 하는 데 있다.

② 예산의 재배정: 배정의 범위 내에서 각 부처가 그 산하기관에 대하여 재배정할 수 있도록 마련하는 것이 필요하다. 후술하는 바와 같이 미국·한국을 위시하여 많은 나라에서 이를 사용하고 있다.

③ 기록과 보고: 과도한 지출원인행위를 방지하기 위하여 지출원인행위와 수입 및 지출에 관한 기록을 마련하는 것이 필요하다. 우리나라의 경우를 본다면, 각 중앙관서의 장과 기금관리주체는 사업집행보고서와 예산 및 기금운영계획에 관한 보고서를 기획재정부장관에게 제출하게 되어있는 것이다.[4]

④ 정원·봉급 등의 통제: 각 기관의 정원과 봉급을 통제할 수 있는 방법이 마련되어야 한다. 영국의 정원과 봉급에 대한 통제가 그 대표적인 예라 하겠다.[5]

우리나라에서도 정원은 공무원정원령으로, 봉급은 공무원보수규정에 의하여 통제되고 있다.

---

2) Jesse Burkhead, *Government Budgeting*(New York: Wiley, 1956), pp. 342-343.

3) Public Administration Service, *Modernizing Government Budget Administration*(Washington, D.C.: Agency for International Development, 1962), p. 79.

4) 국가재정법 제97조.

5) Lord Bridges, *The Treasury*, second edition(London: George Allen and Unwin, 1966), pp. 113-133.

⑤ 계약의 통제: 일정한 금액 이상의 계약 또는 특정한 성격의 계약에 관하여 중앙예산기관, 기타의 기관의 승인을 얻도록 하고 있다.

(2) 신축성의 유지

예산집행제도의 다른 하나의 목표는 신축성을 유지한다는 것이다. 경제사정 등 객관적 정세는 시간이 흐름에 따라 변한다. 따라서, 우리는 예산을 집행함에 있어서 이러한 정세의 변동에 적응하지 않으면 안된다.[6]

① 총괄예산: 예산의 신축성을 지니기 위해서는 첫째로 입법부가 명세예산이 아니라 총괄예산을 통과시키는 것이 필요하다. 우리나라로 말하면 항의 수를 될 수 있는 대로 적게 하는 것이 행정부에 자유재량의 여지를 부여하는 결과가 되며 예산의 신축성을 유지하는 방안이 되는 것이다.

② 예산의 이용·전용: 예산의 신축성을 유지하기 위한 또 하나의 방안으로서 예산의 이용 및 전용을 들 수 있다. 예산의 이용이란 입법과목간의 융통을 말하며 예산의 전용이란 행정과목간의 융통을 말한다. 예산의 이용은 입법과목에 대한 조치인 까닭에 허용되지 않는 것이 원칙이다. 미연방정부의 경우에는 이용이 원칙적으로 허용되지 않으며, 영국에서는 민정비의 이용은 허용되지 않으나, 육·해·공군의 예산에 있어서는 재무성의 승인을 얻어 각 군내의 항간의 이용을 할 수 있다. 우리나라의 국가재정법은 예산집행상 필요에 따라 미리 예산으로써 국회의 의결을 얻은 때에는 기획재정부장관의 승인을 얻어 이용하거나 기획재정부장관이 위임한 범위안에서 자체적으로 이용할 수 있다고 규정하고 있다.[7]

③ 예비비: 셋째로 들 수 있는 것은 예비비제도이다. 예비비제도는 나라에 따라 다른데, 미연방정부의 경우와 같이 일반적 예비비제도를 지니지 않고 특별한 용도에만 사용할 수 있는 예비금만 지니는 나라가 있는가 하면,[8] 영국과 같이 민정비긴급기금(Civil Contingencies Fund)이라는 명칭을 지니는 회전기금의 성격을 지닌 것을 재무성으로 하여금 관리케 하고 임시긴급한 필요가 있을 때에는 각성은 이 기금에서 빌려쓰고 동일회계연도의 추가예산 또는 다음 연도의 본예산에 의하여 의회가 의결해준 액에서 이를 변제하도록 하고 있는

6) Burkhead, *op. cit.*, p. 345.

7) 국가재정법 제47조.

8) Burkhead, *op. cit.*, p. 349.

나라도 있다.[9] 우리나라의 예비비 제도는 미국이나 영국의 제도와는 다르다는 것은 후술하는 바이다.

④ 예산의 이체와 이월: 정부조직 등에 관한 법령의 제정·개정 또는 폐지로 인하여 그 직무권한에 변동이 있을 때에 예산도 이에 따라 변경시키는 예산의 이체와 예산을 다음 연도에 넘겨서 다음 연도의 예산으로 사용하는 예산의 이월도 신축성 유지를 위한 방안이라 하겠다.

⑤ 계속비와 국고채무부담행위: 예산일년주의와 회계연도독립의 원칙에 대한 예외를 이루는 계속비도 예산의 신축성을 유지하기 위한 방안의 하나라 할 수 있다. 국고채무부담행위도 그것이 지출원인행위와 지출이 동일회계연도에 이루어져야 한다는 재정의 원칙에 대한 예외를 이룬다는 점에서 신축성 유지를 위한 방안의 하나라 할 수 있겠다.

제 2 절 미국의 예산집행

1. 예산의 배정과 재배정

(1) 예산배정

예산이 의회를 통과하면 15일 이내에 각성 기타의 정부기관은 관리예산처에 대하여 예산의 배정(apportionment)을 요청한다. 이 배정요구에 있어서 각 기관은 당해 회계연도에 있어서의 자금수요의 윤곽을 제시하고, 보통 4분기별로 배정하여 줄 것을 요청하는 것이다. 4분기별 배정 대신에 또는 그것을 보충하는 의미에서 사업별 배정을 요구할 수도 있다. 관리예산처는 이 배정요구를 사정·승인하고, 그 결과를 각 기관에 통보한다. 일단 관리예산처의 승인을 받으면 각 기관은 이에 구속되며 비상시 이외에는 배정된 예산의 범위 내에서 지출원인행위를 해야 한다. 사정의 변경에 따라 배정의 변경이 필요할 경우에는 각 기관은 관리예산처에 변경신청을 하여 그 승인을 받아야 한다.[10]

---

9) Sir Herbert Brittain, *The British Budgetary System*(London: George Allen and Unwin, 1959), p. 234.

10) David J. Ott and Attiat F. Ott, *Federal Budget Policy*(Washington, D.C.: Brookings Institution, 1965), pp. 28-29.

미국의 중앙예산기관은 초창기부터 예산배정의 목적으로서 두 가지를 설정하고 있다. 첫째는 법률에 규정되어 있는 바와 같이 예산의 부족을 방지하는 것이며, 둘째는 예산의 절약을 이룩하는 것이다.[11] 후술하는 준비금제도는 예산의 절약을 이룩하기 위하여 마련된 것이라 하겠다.

(2) 예산의 재배정

연방정부의 예산집행에 있어서의 다음 단계는 각성 기타의 기관내에서의 재배정(allotment)의 제도이다. 이 재배정은 각성의 예산기관이 장관의 뜻을 받아 성내의 각 기관에 월별 또는 4분기별로 예산을 다시 배정하는 것이다. 물론 이 재배정은 관리예산처의 배정의 범위 내에서 이루어져야 하겠지만 이는 어디까지나 성내의 문제이며, 그 조건 및 절차에 대해서 관리예산처는 감독권이 없다. 이 재배정제도는 각성 등의 예산기관으로 하여금 성내의 예산집행상황을 감독케 하고 과도한 지출원인행위를 방지하는 데 그 목적이 있으며 성내의 월례보고서에 의하여 통제된다.

(3) 준비금

예산의 배정제도와 밀접한 관련이 있는 것은 준비금(reserve) 제도이다. 관리예산처는 회계연도 중에 있을지도 모르는 비상사태에 대비하기 위하여 의회가 의결한 각성의 예산 중의 일부분을 준비금으로 떼어 놓을 수 있는 권한을 지니고 있다. 이 권한은 1950년까지는 1921년의 예산회계법의 해석에 의하여 관리예산처가 지니고 있었던 것이다. 초대관리예산처장이었던 Dawes는 의회가 의결해 준 예산액을 다 써야 한다는 것은 당치도 않은 얘기라고 주장하고, 의회가 의결한 예산의 일부를 준비금으로 떼어 놓는 일을 시작했던 것이다.[12] Dawes의 이러한 견해는 역대관리예산처장과 대통령에 의하여 근 30년간 계승되어 왔으나, 국회의원과 각 성관계자들 중에는 이러한 견해에 전적으로 찬의를 표할 수 없었던 사람들도 있었다. 그러나 1950년의 법률은 준비금제도를 명문화 하였다.[13] 각성의 예산으로부터 준비금을 떼어 놓았다고 해서 각성이 그것을 사용할 수 없다는 것은 아니다. 준비금의 지출을 정당화할 만한 사실이

---

11) Louis Fisher, *Presidential Spending Power*(Princeton: Princeton University Press, 1975), p. 38.

12) *Ibid.*, pp. 37-38.

13) 1950년의 예산부족방지법(Antideficiency Act) 개정법률이 준비금제도를 명문화했다.

있을 때에는 각 기관은 관리예산처에 대해서 준비금의 방출을 요청할 수 있다.

2. 예산의 이용 · 전용과 예비비

(1) 예산의 이용

미국 각주에 있어서는 일반적으로 각 기관간의 예산의 이용은 금하고 있으며, 동일기관내에서의 이용도 제한하고 있다. 시지배인제를 채택하고 있는 시를 제외한 대부분의 시정부에 있어서도 이러한 제한이 부과되어 있다. 연방정부의 경우를 본다면 일찍부터 예산의 이용은 원칙적으로 금지되었다. 즉 1809년의 법률은 세출예산이 정한 목적 이외에 경비를 사용하거나 예산이 정한 기관간 및 항간에 상호이용할 수 없다고 규정하였다. 그러나, 예외적으로 동일기관내의 항간이용은 기관장이 대통령의 승인을 얻어서 할 수 있으며, 대통령은 항간이용을 승인하였을 경우에는 이를 의회의 다음 회기에 보고토록 하였던 것이다.

그 후 1817년 의회는 예산의 이용을 더 한층 제한하여 특정한 경우에 한해서 동일기관내의 항간이용만을 허용하도록 하였다.[14] 이러한 경향은 오늘날에 있어서도 그대로 지속되고 있다. 즉, 오늘날에 있어서도 각 기관간의 예산의 이용은 금지되어 있으며 기관내에 있어서의 항간이용은 그해 그해의 세출법에 규정된 범위 내에서 특수한 목적을 위해서만 허용된다.

(2) 예산의 전용

행정과목간의 융통을 뜻하는 예산의 전용(reprogramming)은 1950년대 초까지는 대체로 기관장의 자유재량에 속했다. 각 기관은 예산요구서에서 제시한대로 예산을 사용할 도의적 책임은 있으나 그것이 법적인 구속력을 지니는 것이 아니기 때문이다.[15] 그러나 국방성 예산의 전용이 과다하여 1950년대 중반부터 예산의 전용에 대하여 의회가 관심을 표명하기 시작했으며 통제를 가하게 되었다.

통제방법을 네 가지로 분류하는 사람도 있으나[16] 우리는 이를 세 가지로 나

---

14) L.D. White, *The Jeffersonians: A Study in Administrative History, 1801~1829*(New York: Macmillan, 1956), pp. 114-115.

15) Verne B. Lewis, "Budgetary Administration in the Department of Agriculture," in John M. Gaus and Leon Wolcott, *Public Administration and the United States Department of Agriculture*(Chicago: Public Administration Service, 1940), p. 432.

누어서 고찰하고자 한다.

① 사전승인: 관련 세출위원회분과위원회 등의 사전승인(prior approval)을 얻는 것이다. 사전승인을 얻어야 하는 전용에 관해서는 일반적으로 매년 해당 세출예산법이 규정하고 있다.[17]

② 통 보: 관련 위원회에 통보(notification)하는 것인데 사전승인이나 통보의 경우에는 국방장관 또는 차관보의 승인을 얻어야 한다.[18]

③ 내부적 전용: 이는 다시 두 가지로 나눌 수 있는데 국방본성의 컴트롤러(comptroller)의 승인을 얻어야 하는 경우와 육·해·공군성 내부에서 처리가 가능한 것이 있다.

통보를 요하는 전용과 내부적 전용을 구분하는 기준은 예산항목에 따라서 한도액이 다른데 한 마디로 말해서 예산전용에 관하여 이러한 통제를 가하는 이유는 이미 승인된 활동을 수행한다는 구실로 새로운 활동을 개시하는 것을 방지하는 데 있다고 하겠다.[19]

(3) 예비금

예측할 수 없었던 지출에 충당하기 위한 예비금은 예산의 신축성을 유지하기 위한 방안의 하나이다.

미연방정부에 있어서는 일반적 예비비제도(general contigency funds)는 없고 특수한 목적을 위하여 사용할 수 있는 예비금(contingency funds)이 있다. 이러한 예비금은 긴급한 사태의 처리를 위하여 요긴하고 필요한 것이지만 이러한 특수한 용도 이외에는 사용할 수 없는 단점이 있다. 회계연도에 따라서 다르나 1983년도 세출예산법의 경우 13개의 예비금이 책정되었는데 그 총액이 4억 1250만달러에 지나지 않았다.[20] 뿐만 아니라 1943년도부터는 상하양원이 다 그 세출위원회에서 삭제·감액된 경비의 부활을 위하여 예비금을 사용할 수 없도록 세출예산법에 규정하고 있다.[21] 국방성은 한 때 별도로 예비금과 같은 성

---

16) Aaron Wildavsky, *The New Politics of the Budgetary Process,* second edition(New York: Harper, 1992), pp. 393-394.

17) Fisher, *op. cit.*, p. 88.

18) Wildavsky, *op. cit.*, p. 392.

19) *Ibid.*, pp. 393-394.

20) Lance T. LeLoup, *Budgetary Politics*, fourth edition(Brunswick: King's Court Communications, 1988), pp. 233-234.

격을 지니는 긴급비(emergency funds)를 보유하고 있었으나 긴급비의 남용이 빈번했을 뿐만 아니라 예산의 이용이 광범위하게 허용되고 있다는 이유로 긴급비제도가 폐지되었다.[22] 미국의 주정부 중에는 일반적 예비비제도를 채택하고 있는 주가 많이 있는데 예비비사용권을 전적으로 행정부에 부여하고 있는 주가 있는가 하면 주의회의원으로 구성되는 위원회에 부여하고 있는 주도 있으며, 주의회의원과 행정부의 고급공무원으로 구성되는 위원회에 부여하고 있는 주도 있다.

3. 집행정지권

(1) 의 의

집행정지권이란 대통령이 의회가 의결한 예산의 일부의 집행을 정지시키는 권한이다. 집행정지권은 Jefferson대통령 이래 미국의 역대 대통령이 행사해 왔던 것이나 Nixon대통령이 집행정지권을 남용하였던 까닭에 1974년 의회예산 및 집행정지통제법이 제정되어 집행정지권에 대폭적인 제한이 가해졌을 뿐만 아니라 미국의 예산심의과정에 큰 변혁이 일어나게 된 것이다.[23]

(2) 연 혁

전술한 바와 같이 집행정지권의 기원은 Jefferson대통령까지 소급해 올라갈 수 있다. 1803년 미국이 Louisiana주를 구입하게 되자 Mississippi강을 순찰하는 포함이 불필요하게 되었다. 이리하여 Jefferson대통령은 포함구입을 위하여 책정된 5만달러의 예산의 집행을 정지시켰는 데 이것이 집행정지(impoundment)의 기원이라고 할 수 있겠다.[24] 그 후 역대대통령이 여러 가지 이유로 집행정지권을 행사해 왔는데 제2차대전 후에도 이러한 집행정지는 계속되었다. 그러다가 Nixon대통령에 이르러 집행정지권이 다소 변모하게 되었다. Nixon대통령은 예산의 절약을 위해서 집행정지권을 행사했을 뿐만 아니라 대통령의 견

---

21) Elias Huzar, *The Power and the Sword: Control of the Army by Congress through Military Appropriations, 1933-1950*(Ithaca: Cornell University Press, 1950), p. 339.

22) Fisher, *op. cit.*, pp. 70-71.

23) Donald F. Kettl, *Deficit Politics: Public Budgeting in Its Institutional and Historical Context*(New York: Macmillan, 1992), p. 129.

24) Joel Haveman, *Congress and the Budget*(Bloomington: Indiana University Press, 1978), p. 175.

해와 상치되는 사업의 예산을 집행정지시키는 데까지 나가게 되었으며, 한때 180억달러의 예산을 집행정지시켰다고 한다.[25]

(3) 집행정지통제법

Nixon대통령의 집행정지권의 남용은 드디어 의회예산 및 집행정지통제법(Congressional Budget and Impoundment Control Act)의 제정을 가져왔으며 집행정지권에 대폭적인 제한이 가해지게 되었다. 집행정지통제법에 의하면 집행정지는 항구적 집행정지(rescissions)와 일시적 집행정지(deferrals)로 나누어 진다.

① 항구적 집행정지: 항구적 집행정지를 하려면 대통령은 의회에 제안하여 그 의결을 얻어야 한다. 의회가 개회중 45일 내에 의결하지 않을 때에는 거부된 것으로 간주하도록 되어 있다.[26]

1974년부터 1998년에 이르는 기간중 의회가 승인한 항구적 집행정지액은 249억 9000만 달러로서 역대 대통령이 제안한 금액 758억 5900만 달러의 33%에 지나지 않았다.[27]

② 일시적 집행정지: 일시적 집행정지는 그 시행이 용이하다. 대통령은 의회의 동의 없이 어떠한 예산이든지 한 회계연도 동안 일시적으로 집행을 정지시킬 수 있었다. 그러나 상하양원 중 어느 한 원이라도 그 의결에 의하여 대통령에게 일시적 집행정지의 해제를 요구할 수 있었다.

이것은 말하자면 입법부에 의한 거부권행사(legislative veto)인데 Chadha사건에 관한 대법원판결에 의하여 위헌으로 결정되었다.

이와 같이 일시적 집행정지에 대한 의회의 거부권행사가 불가능해지자 일시적 집행정지권 행사가 가능한 사유를 적자방지법(Antideficiency Act)에서 규정하고 있는 사유에 한정하게 되었다.[28]

---

25) *Ibid.*, pp. 176-177.

26) Lance T. LeLoup, *The Fiscal Congress: Legislative Control of the Budget* (Westport: Greenwood Press, 1980), pp. 141-143; Allen Schick, *Congress and Money: Budgeting, Spending and Taxing*(Washington, D.C.: Urban Institute, 1980), pp. 401-403.

27) Allen Schick, *The Federal Budget: Politics, Policy, Process*(Washington, D.C.: Brookings Institution Press, 2000), p. 255.

28) *Ibid.*, p. 252.

제 3 절 영국의 예산집행

1. 예산집행절차

세출예산법이 여왕의 재가를 얻어서 발효하면 예산의 집행을 위하여 여왕은 칙허장(Royal Order)에 의하여 세출예산을 재무성에 맡긴다. 이 경우에 있어서 칙허장의 금액이 의회에 의하여 의결 또는 승인된 금액을 초과할 수 없음은 말할 것도 없다.

그러나 재무성이 칙허장에 의하여 세출예산의 집행에 대한 권한을 부여받은 다음에도 통합기금(Consolidated Fund)으로부터 실제로 자금을 인출하기 위해서는 회계검사원의 인증이 필요하다. 따라서 재무성은 칙허장을 받으면 곧 회계검사원장의 인증을 요청한다. 이 요구가 정당하다고 인정하는 경우에 회계검사원은 이를 인증하며 재무성은 이에 의거하며 영국은행의 국고계정(Exchequer Account)에서 자금을 인출할 수 있는 것이다.29)

그러나 이 경우에 있어서 내국세위원회, 관세·내국소비세청, 공무원연금의 경우를 제외하고는 자금의 지출은 각성에 직접 행하여지는 것이 아니고 먼저 영국은행의 국고계정에서 지불총감계정에 자금이 이환된다. 각성이 그 계약의 이행 등을 위하여 발행하는 수표는 지불총감청(Paymaster General's Office)이 그 지불을 담당하는 것이다. 수표는 수취인이 시중은행에 이를 제시하고 지불을 받으면 영국은행의 지불총감계정과 시중은행계정간에 결제가 이루어진다.30)

2. 예산의 이용과 전용(Virement)

영국의 민정비의 예산과목은 장(class), 항(vote), 세항(sub-head)으로 나누어진다. 좀더 구체적으로 말하면 장은 항으로 나누어지고 항은 다시 세항으로 나누어지는 것이다. 예산과목 중 장은 그야말로 편의상의 분류에 지나지 않으며 아무런 법적인 효력을 지니지 않는다.31) 항은 입법과목(의결과목)이며 세

29) Brittain, *op. cit.*, pp. 244-245.

30) Central Office of Information, *Britain 1990: An Official Handbook*(London: HMSO, 1990), p. 56.

31) Brittain, *op. cit.*, p. 117.

항은 행정과목이다.

(1) 예산의 이용

입법과목인 항간의 융통, 즉 이용은 영국에 있어서도 민정비의 경우에는 허용되지 않는다. 그러나 육·해·공군예산의 경우에 있어서는 재무성의 승인을 얻어서 각 군내의 항간의 이용을 할 수 있다. 예산의 이용에 있어서의 군사비와 민정비간의 이와 같은 차이는 다음과 같은 원인을 지니고 있다. i) 첫째로 전술한 바와 같이 군사비예산은 본래 각군에 일괄적으로 의결해 주었던 것이다. 환언하면 의회는 육군에 얼마 해군에 얼마라는 식으로 의결했으며 이를 다시 세분하여 그 용도를 규정하지 않았던 것이다. ii) 둘째로 민정비예산은 다수의 성청에 대한 이질적인 각종의 경비를 포함하고 있는 데 대하여 육·해·공군예산은 적어도 각 군내에 있어서는 비교적 동질적인 성격을 지니고 있다고 할 수 있다. iii) 셋째로 세계 어느 곳에서 언제 일어날지도 모를 비상상태를 위한 경비를 전부 예산에 개별적으로 계상하는 것은 불가능하다는 것이다.[32]

항간이용을 승인하였을 때에는 재무성은 이를 의회에 보고하여야 하며 다른 세출법을 통하여 이에 대한 의회의 승인을 받아야 한다. 뿐만 아니라 해당 성은 항간이용의 금액과 이유 등을 그 결산서에서 밝혀야 하며, 결산위원회는 이에 대한 회계검사원장의 보고서와 함께 결산서에 첨부된 자료를 검토한다. 경우에 따라서는 결산위원회는 해당 성, 재무성 및 회계검사원장에게 보충적인 설명을 요구한다. 결산위원회가 항간이용의 필요성 등에 관하여 충분히 납득이 가지 않았을 때에는 의회에 이를 보고한다.[33]

(2) 예산의 전용

행정과목인 세항(sub-head)간의 융통, 즉 전용은 군사비 뿐만 아니라 민정비 등의 경우에 있어서도 재무성의 승인을 얻어 이를 할 수 있다. 영국에서는 전술한 항간이용과 여기서 말하는 세항간전용을 통틀어서 「virement」[34]라고 부르고 있다.[35] 세항간전용은 행정과목에 대한 조치로서 법적인 제한이 있는 것

---

32) *Ibid.*, pp. 224-225.

33) Ivor Jennings, *Cabinet Government*, third edition(Cambridge: Cambridge University Press, 1959), pp. 166-167.

34) virement은 불어이며 영어의 transfer에 해당된다. virement이란 용어를 재무부가 사용하기 시작한 것은 1900년경이라고 한다(Brittain, *op. cit.*, p. 235 note).

은 아니라 할지라도 사후에 회계검사원의 검사와 결산위원회의 심사를 받아야 하는 까닭에 재무성은 세항간전용에 대한 승인권을 신중히 행사하고 있다. 따라서 그 금액이 거액인 경우, 또는 새로운 사업을 위한 전용인 경우에는 결산위원회의 동의를 얻어서 세항간전용에 대한 승인을 내리고 있는 것이다.

세항내에 우리나라의 목에 해당하는 과목의 전용은 각성청이 결정할 문제이며 재무성은 이에 관여하지 않는다.[36]

3. 민정비긴급기금(Civil Contingencies Fund)

전술한 바와 같이 영국에는 우리나라의 예비비에 해당되는 제도가 없고 회전기금에 해당되는 민정비긴급기금이 있다. 각성은 예측할 수 없었던 예산외의 지출 또는 예산초과지출을 위하여 재무성이 관리하는 민정비 긴급기금으로부터 일시 대부를 받을 수 있다.

이 민정비긴급기금은 19세기에 설치된 것으로서 처음에는 적은 액수에 지나지 않았으나 그 후 점차 증액되어 제2차대전 직후에는 한 때 대폭 증액된 일이 있다.

각성은 예산외의 지출과 예산초과지출을 위하여 임시 이 기금에서 대부를 받을 수 있으나 다음 연도의 본예산 또는 당해 연도의 추가예산에 의하여 의결된 자금으로 이를 상환하여야 한다.

재무성은 그것이 일시적인 성격을 지닌 대부에 지나지 않으나 이 기금으로부터의 대출요구가 있을 때에는 이를 신중히 검토한다. 어떤 성의 소요액이 지나치게 거액인 경우라든가, 신규사업을 위하여 자금을 필요로 하는데 그 신규사업이 논란의 여지가 많은 사업인 경우 등에 있어서는 의회의 사전승인을 얻어 이를 시행한다.

다른 한편 의회는 그 결산위원회를 통하여 이 기금의 이용상황을 신중하게 감시한다. 이 기금으로부터 대부를 받은 각성은 다음 회계연도의 본예산 또는 당해연도의 추가예산을 통하여 사후적으로 대부받은 자금의 사용에 대한 승인을 얻을 뿐만 아니라 상환을 위한 자금을 요구하는 까닭이다.[37]

---

35) 과거 우리나라의 재정법도 예산의 이용과 전용을 통틀어서 예산의 유용이라고 불렀던 것이다.

36) Jennings, *op. cit.*, pp. 166-167.

37) Brittain, *op. cit.*, pp. 242-243.

제 4 절 한국의 예산집행(Ⅰ)

1. 예산의 배정과 자금의 공급

(1) 예산배정과 자금공급절차

예산이 성립하면 각 중앙관서의 장은 사업운영계획에 의한 예산배정요구서를 기획예산처장관에게 제출하고 세입예산월별징수계획서와 세출예산월별지출계획서를 기획재정부장관에게 제출한다. 기획재정부장관은 각 중앙관서의 장에 의하여 제출된 월별징수계획서와 월별지출계획서에 의거하여 월별자금계획을 작성한다.

기획예산처장관은 각 중앙관서의 장이 제출한 예산배정요구서와 기획재정부에서 작성한 월별자금계획에 의거하여 4분기별로 예산배정계획을 작성하고 이 예산배정계획과 월별자금계획을 동시에 국무회의에 제출하여 그 심의를 거친 후 대통령의 승인을 얻는다.

예산배정계획과 자금계획이 대통령의 승인이 나면 기획예산처장관은 각 중앙관서의 장에게 4분기별로 예산을 배정하고 기획재정부장관은 월별지출한도액을 통지한다. 그런데, 만일 이미 의결된 예산배정계획이나 월별자금계획을 불가피한 이유로 변경하고자 할 때에는 국무회의의 심의를 거쳐 대통령의 승인을 얻도록 되어 있는 것이다.

(2) 예산배정과 자금공급 일원화의 이유

국가재정법에 의하여 마련된 이와 같은 절차에서 우리가 알 수 있는 바는 재정법하에서 예산이 배정되어도 자금의 뒷받침이 없어서 계획적으로 사업을 집행할 수 없었고 예산배정과 자금공급이 유리됨에 따라 폐단이 많았는데, 국가재정법에서는 예산이 성립되면 4분기별 예산배정계획과 자금계획을 유기적으로 작성하여 국무회의의 심의를 거쳐 대통령의 승인을 얻도록 하였고, 이에 따라 집행함으로써 예산배정과 자금계획을 일원화했다는 사실이다.[38]

---

38) 국가재정법 제42조 및 제43조.

2. 예산의 이용과 전용

예산집행제도의 목표의 하나가 신축성의 유지이며, 신축성유지의 방안으로서 생각할 수 있는 것이 예산의 이용과 전용이라는 점은 이미 설명하였다. 예산의 이용이란 예산이 정한 각 소관·장·관·항 사이에 상호 융통하는 것을 말하며, 예산의 전용이란 각 세항·목 사이에 상호 융통하는 것을 말한다.

(1) 예산의 이용

예산의 이용은 입법과목에 대한 조치이므로 원칙적으로 허용되지 않으나 예산집행상 필요에 의하여 미리 국회의 승인을 얻었을 경우에 한하여 기획예산처장관의 승인을 얻어 이를 할 수 있다.

기획예산처장관의 승인을 얻으려면 각 중앙관서의 장은 이용을 필요로 하는 이유와 과목과 금액을 명백히 한 서류를 기획예산처장관에게 제출하여야 한다.[39]

(2) 예산의 전용

예산의 전용은 행정과목간의 융통이므로 기획예산처장관이 정하는 범위 내에서 중앙관서의 장이 할 수 있다.[40] 과거에는 전용이 허용되지 않는 비목을 시행령에서 미리 정했으나 국가재정법과 그 시행령은 기획예산처장관이 중앙관서의 장에게 매년 1월말까지 통보하는 예산집행지침에서 전용 및 이용권 위임범위를 정하도록 하였다.[41]

예산의 전용을 했을 때에는 중앙관서의 장은 전용을 한 과목별 금액 및 이유를 명시한 명세서를 기획예산처장관 및 감사원에 송부하여야 한다.[42]

(3) 예산 · 전용의 실태

〈표 3-15〉와 같이 전용이 이용보다 다소 규모가 크며, 예산규모의 팽창에 따라 이용·전용의 규모도 대체적으로 늘어나고 있다.

---

39) 국가재정법시행령 제19조 제1항.
40) 국가재정법 제46조 제2항.
41) 국가재정법 제44조 및 동시행령 제18조.
42) 국가재정법 제46조 제3항.

〈표 3-15〉 일반회계의 이용과 전용

(단위: 억원)

회계연도	이 용	전 용	회계연도	이 용	전 용
1968	7	13	1985	276	2,154
1969	8	24	1986	503	2,829
1970	15	23	1987	397	3,156
1971	17	107	1988	312	2,120
1972	19	59	1989	787	2,176
1973	24	68	1990	746	1,701
1974	432	157	1991	760	2,454
1975	105	468	1992	876	4,467
1976	31	568	1993	363	6,007
1977	32	452	1994	1,491	13,160
1978	115	729	1995	900	9,072
1979	96	1,163	1996	2,214	8,762
1980	840	2,293	1997	2,152	8,721
1981	439	3,247	1998	2,255	5,985
1982	262	3,679	1999	2,156	12,064
1983	561	3,754	2000	1,790	10,951
1984	341	1,534	2001	2,564	8,985

3. 예산의 이체

(1) 이체의 의의

예산의 이체란 정부조직 등에 관한 법령의 제정·개정 또는 폐지로 인하여 그 직무권한에 변동이 있을 때에 예산도 이에 따라 변경시키는 것을 말한다.

예를 들면, 기구개혁에 의하여 해무청이 없어지고 그 기구가 건설부·농림부·상공부·교통부·내무부로 흡수된 경우 구해무청의 예산이 건설부·농림부·상공부·교통부·내무부로 넘어가는 것을 예산의 이체라고 하는 것이다.

예산의 이체제도는 종종 활용되어 왔는데 그 법적 근거는 재정법에는 없었고 매년 예산총칙에 이체에 관한 구절을 삽입해 왔던 것이다. 예를 들면, 1960년도 일반회계예산총칙 제8조는 「정부조직에 관한 법령의 개폐에 수반하여 직무권한의 변경에 따라 별책 세입세출예산 또는 이월명허비에 정한 소관과 과목의 구별에 의하여 예산을 집행하기가 곤란한 때에는 예산총액을 초과하지 않는 범위 내에서 소관과 과목을 신설·폐지·변경하고, 또는 소관과 과목간에 상호이체할 수 있다」고 규정하였던 것이다. 국가재정법은 제47조 제2항에서 예산의 이체를 규정하고 있다.

(2) 이체의 절차

정부조직 등에 관한 법령의 제정·개정 또는 폐지로 인하여 그 직무권한에 변동이 있어서 예산의 이체를 하고자 할 때에는 이체받을 중앙관서의 장이 이체하여야 할 중앙관서의 장과 협의하여 이체과목과 금액을 명확히 한 서류를 기획예산처장관에게 제출하여 그 승인을 얻어야 한다.[43]

(3) 이체의 실태

일반회계이체의 실태를 살펴본다면 〈표 3-16〉과 같이 이체액은 기복이 심하다. 전술한 이용·전용의 경우와 달라서 이체는 직무권한의 변동과 밀접한 관련이 있으므로 대폭적인 기구개편이 있으면 그 규모가 커지고 기구개편 기타의 직무권한의 변동이 없을 때에는 그 규모가 축소되는 것이다.

〈표 3-16〉 일반회계의 이체

(단위: 백만원)

회계연도	이체액	회계연도	이체액
1961	3,020	1982	0
1962	200	1983	358
1963	4	1984	900
1964	112	1985	6,800
1965	12	1986	1,100
1966	18	1987	0
1967	0	1988	80
1968	95	1989	0
1969	99	1990	107,900
1970	1,633	1991	130,400
1971	259	1992	20,900
1972	130	1993	1,214,000
1973	1,950	1994	1,306,800
1974	5	1995	31,500
1975	8	1996	1,825,000
1976	243	1997	1,700
1977	38	1998	85,107
1978	91,274	1999	16,641
1979	3,507	2000	106
1980	9,723	2001	267
1981	19,910		

43) 국가재정법시행령 제19조 제2항.

4. 예산의 이월

(1) 이월의 의의

예산의 이월이란 예산을 다음 연도에 넘겨서 다음 연도의 예산으로 사용하는 것을 말한다.

예산은 원칙적으로 1년에 한하여 효력을 지니는 것이므로 연도 내에 그것을 사용하지 않는 경우에는 그 미사용액은 다음 연도의 세입이 되어 그 사용목적에 관하여 새로이 다음 연도의 예산에서 국회의 의결을 거치지 않으면 사용할 수 없게 된다. 그러나 연도구분은 인위적인 제도이므로 이 원칙을 관철한다면 특정한 사업에 관하여 예산의 뒷받침이 일시적이나마 정지되므로 도리어 국정의 운영에 지장을 초래하게 될 뿐만 아니라, 예산집행기관에 대하여 예산의 연도 중에 있어서의 사용을 재촉하며 나아가서는 경비의 연도 말에 있어서의 낭비를 장려하는 결과를 초래하게 된다. 이와 같은 사태를 피하기 위하여 예산의 이월제도를 두고 예산의 연도구속을 제한적으로 완화하는 방책을 취하는 것이다.

이월에는 두 가지가 있는데, 명시이월(과거의 명허이월)과 사고이월이 그것이다.[44)]

(2) 명시이월

국가재정법 제24조는 「세출예산 중 경비의 성질상 연도내에 그 지출을 끝내지 못할 것이 예측될 때에는 특히 그 취지를 세입세출예산에 명시하여 미리 국회의 승인을 얻어 다음 연도에 이월하여 사용할 수 있다」고 규정하고 있다. 이 규정에 의하여 다음 연도에 이월하여 사용할 수 있는 경비를 명시이월비라고 한다. 예산성립 후에 발생한 사유도 명시이월의 이유가 되므로 본예산에서는 명시이월비가 아니었더라도 추가경정예산에서 명시이월비로 취급할 수 있다.

(3) 사고이월

이월제도는 예산의 원활한 운영을 기하기 위하여 생긴 것으로 회계연도독립이라는 예산의 대원칙에 대한 예외일 뿐만 아니라 이것을 광범위하게 인정하면

44) 명시이월과 사고이월 외에 계속비이월을 별개의 유형으로 들고 있는 사람도 있으나 우리는 계속비이월을 「계속비」의 항에서 고찰하기로 한다.

예산일년제도의 원칙이 무너지고 실질적으로 이중예산이 되며 예산의 팽창을 초래하게 된다. 따라서, 사고이월에는 엄격한 조건이 붙어 있다.

사고이월은 연도내에 지출원인행위를 하고 불가피한 사유로 인하여 연도 내에 지출하지 못한 경비와 지출원인행위를 하지 아니한 부대경비의 금액에 한하여 인정하게 되어 있다. 즉 연도 내에 종료되어야 할 공사·제조계약 등의 이행이 불가피한 사유로 인하여 지연되고 그 결과로서 연도내에 완료되지 않음을 요한다. 계약 등의 이행이 연도내에 완료되어 있으면 이에 대한 경비의 지출은 당해연도에 있어서의 출납정리기간에 행하여져야 하며 이월의 문제가 되지 않는다. 또, 사고이월은 연도내에 사업에 착수하고 사고로 인하여 완료가 지연된 경우를 주된 대상으로 하나 사고로 인하여 사업에 착수할 수 없었던 경우도 포함한다고 해석되어야 할 것이다. 그러나, 후술하는 계속비와 달라서 이월은 1년도에 한하므로 한번 사고이월한 경비는 다시 다음 연도에 재차 이월하는 것은 허용되지 않는다.

(4) 부대경비의 이월

과거의 재정법 제72조 단서후단도 사고이월에 관해서 규정하고 있었다는 사실은 우리가 다 잘 아는 바인데, 국가재정법 제48조 제1항의 규정이 재정법의 규정과 다른 점은 지출원인행위를 하지 아니한 「부대경비」의 사고이월을 인정하고 있다는 점이다. 재정법에는 이 「부대경비」에 관한 규정이 없었기 때문에 문제가 많았는데 국가재정법은 명문으로서 이를 규정함으로써 연도내에 지출원인행위를 하고 불가피한 사유로 인하여 연도내에 지출을 필하지 못한 경비와 지출원인행위를 하지 않았다 할지라도 이와 관련하여 지출을 요하는 경비, 예를 들면 당해공사의 감독 또는 준공검사 등에 요하는 경비, 즉 「부대경비」도 아울러 이월하는데 아무런 문제도 없게 되었다.

(5) 이월의 절차

과거에 기획예산처장관의 승인을 필요로 하던 예산의 이월이 1974년 12월의 예산회계법 개정에 의하여 중앙관서의 장에게 원칙적으로 일임되었다. 국가재정법도 이 규정을 계승하고 있으나 이월액은 다른 용도로 사용할 수 없으며 연도내에 지출원인행위를 하고 불가피한 사유로 인하여 연도내에 지출하지 못한 경비와 지출원인행위를 하지 아니한 부대경비는 재이월할 수 없다는 조건이 붙

어있다.45)

세출예산을 이월했을 때에는 중앙관서의 장은 이월명세서를 작성하여 다음 연도 1월 31일까지 기획재정부장관·기획예산처장관·감사원에 송부하여야 한다.46) 이 이월명세서는 i) 이월을 필요로 하는 과목별 경비의 금액, ii) 이월을 필요로 하는 과목별 경비 중 지출액 또는 지출추정액, iii) 동금액 중 다음 연도에 이월할 금액 및 당해경비의 현년도와 다음 연도의 예산과목, iv) 동금액 중 불용액, v) 이월사유 등을 명시하여야 한다.47)

〈표 3-17〉 일반회계의 이월

(단위: 억원)

회계연도	명시이월	사고이월	회계연도	명시이월	사고이월
1968	0	4.8	1985	240	2,926
1969	0	1.7	1986	157	2,158
1970	0	3.7	1987	250	3,983
1971	2.8	5.3	1988	272	5,248
1972	3.8	5.4	1989	2,163	5,985
1973	0	34.0	1990	292	6,767
1974	15.87	32.0	1991	236	5,803
1975	3.0	199.0	1992	280	4,414
1976	89.12	52.1	1993	306	7,303
1977	99.5	1,545.3	1994	355	7,994
1978	83.3	1,025.9	1995	569	9,665
1979	211	1,807	1996	765	9,998
1980	174	1,082	1997	215	15,608
1981	567	1,283	1998	633	7,318
1982	371	1.676	1999	654	13,329
1983	291	2,283	2000	675	10,147
1984	313	2,290	2001	1,215	8,109

(6) 이월의 실태

일반회계에서는 명시이월이 별로 사용되지 않으나 특별회계에 있어서는 비교적 빈번하게 사용되고 있다. 다른 한편 사고이월은 다소 기복은 있으나 예산규모의 팽창에 따라 그 규모가 늘어나고 있다.

45) 국가재정법 제48조 제2항.

46) 국가재정법 제48조 제4항.

47) 국가재정법시행령 제20조.

5. 계속비

(1) 계속비제도의 연혁

회계연도독립의 원칙에 대한 또 하나의 예외를 이루는 것으로서 계속비제도를 들 수 있다.

우리가 다 아는 바와 같이 1948년 헌법 제91조 제2항은 계속비제도를 규정하고 있었음에도 불구하고 과거의 재정법에는 절차규정이 없었던 까닭에 사실상 헌법상의 계속비에 관한 규정은 그간 사문화되어 있었다. 그리하여 다년간 계속하는 사업 또는 공사에 관한 경비도 예산을 해마다 계상하든가 국고채무부담행위의 형식에 의하지 않을 수 없었던 까닭에 불편이 많았다. 따라서 공사에 대한 일관성이 없고 도중에 정치적 결정 등에 의하여 감액 또는 삭제됨으로써 원활한 사업수행은 물론 예산의 낭비도 적지 않았던 것이다.

이와 같은 불편을 없애기 위하여 구예산회계법 제19조에 공사나 제조에 통용되는 계속비에 관한 규정을 두었던 것이다. 그 후 계속비의 적용 대상이 협소하다는 비판이 제기되어 1973년의 예산회계법 개정시에 연구개발사업이 추가되었다. 현행국가재정법 제23조도 이를 계승하여 계속비제도는 공사·제조와 함께 연구개발사업에도 적용되고 있으나 아직도 적용대상을 좀더 확대해야 한다는 비판이 제기되고 있다.[48]

(2) 계속비의 집행절차

일단 성립한 계속비를 집행함에 있어서 연도별 세출경비의 금액 중 당해연도에 지출되지 못한 금액은 당해 계속비 사업연도까지 체차로 이월하여 사용하게 된다. 그러나 계속비는 원칙적으로 당해연도부터 5년 이내에 한하여 지출할 수 있으나 필요하다고 인정할 때에는 국회의 의결을 거쳐 그 연한을 연장할 수 있다.

또한 보통의 세입세출결산보고서는 다음 연도 2월 말일까지 제출하는 데 대하여 계속비결산보고서는 당해계속비의 연부액의 최후의 지출이 속하는 연도의 세입세출결산보고와 함께 기획재정부장관에게 제출하게 되어 있다.

---

48) 유 훈, 「한국예산회계법의 문제점과 그 개선방안」, 행정논총 제18권 제2호(1980), pp. 15- 16.

〈표 3-18〉 계속비의 실례

(단위: 천원)

회계명	사업명	총사업비(천원)	사업기간
일 반 회 계	울산신항북방파제	140188000	2009 ~ 2011
	국립해양생물지원관	101485785	2009 ~ 2012
교통시설특별회계	지역간선국도1차건설	2184011000	2005 ~ 2012
	지역간선국도2차건설	2461582333	2006 ~ 2012
	지역간선국도3차건설	2965370333	2007 ~ 2013
	지역간선국도4차건설	2389928523	2008 ~ 2013
	지역간선국도5차건설	4086280287	2009 ~ 2015

자료: 기획재정부, 2011년도 예산개요.

(3) 계속비의 실태

계속비제도는 과거에는 별로 활용되지 않았으나 근년에 와서는 건설교통부, 해운항만청, 정보통신부 등에서 비교적 많이 활용하고 있다. 계속비의 사용기간도 과거에는 3년 정도였으나 근래에는 6년간에 걸친 계속비지출도 등장하였다.

6. 예비비

(1) 예비비의 의의

예산은 실질적으로는 세입세출의 추정이다. 따라서 아무리 정확하게 추정한다 할지라도 예산집행과정에 있어서 과부족이 발생하기 마련이다. 세입예산을 초과한 수입이 있는 경우에는 문제가 없으나 세출에 계상한 경비에 부족이 생기는 경우나 전혀 예산에 계상하지 않은 새로운 경비가 필요한 경우에는 그것이 중요한 사항이면 임시국회를 소집하여 추가경정예산을 제출하여 처리한다. 그러나 임시국회를 소집할 것까지 없는 경미한 사태로서 빈번히 발생하는 예산의 부족에 대해서는 어떠한 조치를 강구해야 한다. 예비비제도는 이를 위한 것이라 할 수 있겠다.

(2) 예비비의 유형

예비비제도의 유형은 관점 여하에 따라서 여러 가지로 분류할 수 있겠으나 각국에서 비교적 많이 사용하는 것으로서 다음의 세 가지를 들 수 있겠다.

① 민정비긴급기금: 영국에서 채택하고 있는 것으로서 일종의 회전기금이라 할 수 있다. 각성은 예측할 수 없었던 지출이 발생했을 때에는 재무성이 관

리하는 이 민정비긴급기금에서 일시 융자를 받을 수 있다. 그러나 다음 연도의 본예산 또는 당해연도의 추가예산에 의하여 의결된 자금으로 이를 상환하여야 한다.

② 예비금: 미연방정부에서 채택하고 있는 것으로서 우리나라의 예비비제도와는 달라서 오직 특수한 목적을 위해서만 사용할 수 있는 것이다. 뿐만 아니라 이 예비금은 의회에서 예산심의과정에서 삭제·감액된 경비의 부활을 위하여 사용할 수 없다는 제한이 있다.

③ 일반적 예비비제도: 우리나라나 일본에서 사용하고 있는 것으로서 용도에 크게 제한이 없는 제도이다.

(3) 예비비제도의 연혁

예산의 신축성을 유지하기 위한 방안의 하나인 예비비제도도 많은 우여곡절을 겪었다. 1948년 헌법은 그 제93조에 「예측할 수 없는 예산외의 지출 또는 예산초과지출에 충당하기 위한 예비비는 미리 국회의 의결을 얻어야 한다」고 규정했으며 1951년에 제정된 재정법은 헌법의 규정을 이어 받아 「예측할 수 없는 예산외의 지출 또는 예산초과지출에 충당하기 위하여 정부는 예비비로서 상당하다고 인정되는 금액을 세입세출예산에 계상할 수 있다」고 규정했다.

1961년에 제정된 구예산회계법 제26조는 재정법 제19조의 규정을 그대로 계승했으나 그 제2항에 「일반회계에 있어서는 세출예산의 100분의 1 이상에 해당하는 금액을 전항의 예비비로서 세출예산에 계상하여야 한다」는 규정을 추가했다. 이와 같은 조항을 예산회계법에 신설하게 된 이유는 과거에 예비비가 항상 부족하여 예비비책정의 의의를 충분히 살리지 못한데 그 이유가 있으며, 이 제2항을 신설함과 동시에 과거의 재정법 제14조 제2항의 소위 긴급국고채무부담행위제도를 폐지하게 되었다. 그러나 「예산총칙등에 따라 사용목적을 지정해 놓은 예비비」는 100분의 1이내라는 제한규정에도 불구하고 「별도로 세입세출예산에 계상할 수」 있도록 하였다.

헌법과 예산회계법의 예비비에 관한 규정에 대해서는 그 동안 많은 비판이 있었으므로 제5공화국 헌법제정시에 헌법의 예비비에 관한 규정에서 「예측할 수 없는 예산외의 지출 또는 예산초과지출에 충당하기 위한」이라는 구절이 삭제되어 「예비비는 총액으로 국회의 의결을 얻어야 한다」고 규정되기에 이르렀으며 현행헌법도 이를 계승하고 있다. 그러나 1989년의 예산회계법 전문개정시에 예산회계법의 예비비에 관한 규정에서 「예측할 수 없는 예산 외의 지출 또는 예산초과지출에 충당하기 위한」이라는 구절이 삭제되지 않고 그대로 존치되었다.

뿐만 아니라 1989년의 전문개정에서는 「일반회계에 있어서는 세출예산의 100분의 1 이상에 해당하는 금액을 전항의 예비비로서 계상하여야 한다」는 규정이 삭제되었다. 국가재정법 제22조는 「예측할 수 없는 예산 외의 지출 또는 예산초과지출」이라는 조항을 존치했을 뿐만 아니라 「예산총액의 100분의 1 이내」라는 조항을 신설함으로써 예비비의 과다계상을 금지하게 되었다. 그러나 「예산총칙등에 따라 사용목적을 정해 놓은 예비비」는 100분의 1 이내라는 제한규정에 불구하고 「별도로 세입세출예산에 계상할 수」 있도록 하였다.

(4) 예비비사용의 제한

국가재정법에는 예비비의 사용에 관해서 아무런 제한규정이 없으나 예비비의 사용에는 몇 가지 제한이 있다.

① 국회에서 부결한 용도: 헌법이나 국가재정법에 아무런 명문의 규정이 없으나 국회에서 부결한 용도를 위하여 예비비를 사용하는 것은 국회의 예산심의권에 대한 침해라 하지 않을 수 없다. 전술한 바와 같이 국가재정법에는 명문의 규정이 없으나 구지방자치법과 구지방재정법에는 이에 관한 명문의 규정이 있었으며[49] 외국의 경우 미국에서는 1943년도부터 세출법에 명문으로 규정하고 있다.

② 국회개회중 거액의 지출: 국회개회 중에 거액을 예비비에서 지출하는 것은 삼가야 할 줄 안다. 국회개회 중에 예산의 부족이 일어났을 때에는 추가경정예산을 국회에 제출하여 그 의결을 얻어서 문제를 처리하는 것이 당연한 순서라고 하겠다. 그러나, 이것은 이상론이고 여하히 경미한 예산의 부족도 그때그때 국회에 추가경정예산안을 제출한다는 것은 아무리 국회가 개회 중이라 할지라도 실제적으로 곤란한 것이다. 따라서 국회가 개회 중이라 할지라도 경미한 예산의 부족이 생긴 경우, 특히 그것이 정부의 의사에 의한 것이 아니라 외

49) 구지방자치법 제139조와 구지방재정법 제34조에는 「예비비는 지방의회에서 부결한 용도에 사용할 수 없다」는 규정이 있었으나 1988년의 개정에 의하여 지방자치법과 지방재정법의 이 규정이 삭제되었다.

부적 원인에 의한 부족인 경우에는 예비비를 사용해도 무방하다고 생각한다.

③ 예산성립전부터 존재하던 사태: 헌법의 예비비에 관한 규정에서 「예측할 수 없는 예산외의 지출 또는 예산초과 지출을 위한」이라는 구절이 삭제되었으나 국가재정법의 예비비에 관한 규정에서 이 구절이 삭제되지 않고 존치되었으므로 예산성립 전부터 존재하던 사태를 위해서는 예비비를 지출할 수 없다고 해석해야 한다. 예산성립 전부터 존재하던 사태를 위한 지출을 예측할 수 없는 지출이라고 할 수 없기 때문이다.

(5) 예비비의 사용절차

예비비는 국가재정법에 의하여 기획예산처장관이 관리하는데 각 중앙관서의 장은 예비비의 사용을 필요로 하는 경우에는 그 이유 · 금액과 추산의 기초를 명백히 한 명세서를 작성하여 기획예산처장관에게 제출하여야 한다. 기획예산처장관은 이와 같은 요구를 심사한 후에 필요하다고 인정하였을 때에는 이를 조정하고 예비비사용명세서를 작성하여 국무회의의 심의를 거쳐 대통령의 승인을 얻는다.[50] 대통령의 승인을 얻으면 기획예산처장관은 이를 세출예산으로서 배정하여야 한다.[51] 예비비를 사용하였을 때에는 각 중앙관서의 장은 예비비사용명세서를 작성하여 다음 연도 2월 말까지 기획재정부장관에게 제출하여야 하는데, 기획재정부장관은 이를 종합하여 국무회의의 심의를 거쳐 대통령의 승인을 얻어야 할 뿐만 아니라 감사원에 제출하여야 하는 것이다.

(6) 국회의 사후승인

헌법 제55조 제2항의 규정에 의하여 정부는 예비비사용총괄표를 다음 회계연도 5월 31일까지 국회에 제출하여 그 승인을 얻어야 한다.[52] 예비비도 물론 예산에 계상하여 국회의 의결을 거친 것이기는 하나 목적 · 과목 등을 정하여 의결을 얻는 다른 세출예산과는 성질이 다르다. 환언하면, 세출예산은 정부가 그 목적에 따라 지출할 것을 승인한 것인데 대하여 예비비는 그 목적 · 사용책임자가 정해지지 않은 예산상의 금액을 계상한 것으로서 그 금액이 총액으로서 적당하냐 않느냐를 심의의결한 데 지나지 않으며, 따라서 실질적 의미에 있어

50) 국가재정법 제51조.
51) 국가재정법시행령 제23조.
52) 국가재정법 제52조.

서의 예산이 아니다. 이것을 사용했을 경우에는 사후에 정부가 국회의 승인을 얻음으로써 그 책임이 해제되는 것이며, 국회의 사후승인을 요청하는 이유도 여기에 있는 것이다.

(7) 예비비계상실태

1974년도부터 2007년도까지의 일반회계예비비 계상상황을 매년도 본예산을 가지고 살펴본다면 〈표 3-19〉와 같이 극히 불규칙적이라는 것을 알 수 있다. 표에는 나타나 있지 않으나 1961년도에는 일반회계예산액의 0.2%에 지나지 않던 예비비가 1962년도에는 0.9%로 늘어났으며 1963년도부터 항상 1%를 초과하고 있다. 전술한 바와 같이 재정법에는 예비비의 하한선에 관한 규정이 없었으나 구예산회계법 제26조 제2항은 일반회계에 있어서는 세출예산의 100분의 1 이상에 해당하는 금액을 예비비로서 계상하여야 한다고 규정했다. 구예산회계법이 공포된 것은 1961년 12월 19일이나 발효하기 시작한 것은 1962년 1월 1일

〈표 3-19〉 일반회계 예비비의 추이(매년도본예산)

회계연도	예비비(백만원)	일반회계예산에 있어서 예비비가 점하는 비율	회계연도	예비비(백만원)	일반회계예산에 있어서 예비비가 점하는 비율
1974	21,863	3.1%	1993	511,642	1.3
1975	86,640	6.7	1994	623,262	1.4
1976	44,013	2.2	1995	686,539	1.4
1977	68,293	2.6	1996	748,732	1.3
1978	81,928	2.3	1997	880,000	1.3
1979	87,370	1.9	1998	972,000	1.4
1980	103,410	1.8	1999	1,490,000	1.9
1981	191,582	2.4	2000	2,131,700	2.5
1982	176,636	1.8	2001	1,753,700	1.9
1983	199,892	1.9	2002	2,539,100	2.4
1984	193,428	1.9	2003	2,581,400	2.3
1985	197,488	1.6	2004	3,282,153	2.8
1986	228,427	1.7	2005	2,285,159	1.7
1987	296,615	1.9	2006	2,249,825	1.6
1988	333,210	1.9	2007	2,300,000	1.5
1989	315,569	1.6	2008	2,300,000	1.3
1990	340,757	1.5	2009	3,960,000	2.0
1991	405,351	1.5	2010	2,100,000	1.0
1992	466,358	1.4	2011	2,400,000	1.1

자료: 매년도예산개요.

이며 1962년도 예산은 1961년 12월 31일에 최고회의를 통과했으며 1962년도 일반회계예비비의 계상에 관해서 구예산회계법이 적용되지 않았던 것이다.

구예산회계법의 예비비규정의 적용을 받은 1963년도 예산부터 적어도 일반회계예비비는 일반회계세출예산의 1%를 초과했던 것이다.[53)]

그러나 전술한 바와 같이 1989년의 예산회계법 전문개정시에 예비비의 하한선에 관한 규정이 삭제되어 한때 예비비의 비율이 다소 하락하였으나 〈표 3-19〉와 같이 1990년대말부터 다시 상승하여 2004년도에는 2.8%에 달했으나 2010년도에는 1.0%, 2011년도에는 1.1%로 하락했다. 국가재정법 제22조는 1989년에 전문개정된 예산회계법 제21조와는 달리 예비비의 상한선을 규정하고 있다.

7. 수입대체경비

(1) 의 의

수입대체경비란 지출이 직접 수입을 수반하는 경비로서 기획예산처장관이 지정하는 것이다. 이를 상술하면 다음과 같다.

① 국고통일주의의 예외: 수입대체경비는 국고통일주의에 대한 예외를 이루는 제도이다. 예산회계법 제41조는 수입대체경비를 따로 규정했으나 국가재정법 제53조는「예산 총계주의 원칙의 예외」의 하나로서 현물출자, 차관물자대, 전대차관 등과 함께 수입대체경비를 규정하고 있다.

② 기획재정부장관에 의한 지정: 지출이 직접 수입을 수반하는 경비라 하여 전부 수입대체경비가 되는 것은 아니다. 국가재정법시행령은 i) 국가가 특별한 용역 또는 시설을 제공하고 그 제공을 받은 자로부터 비용을 징수하는 경우의 당해 경비와 ii) 수입의 범위 안에서 관련경비의 총액을 지출할 수 있는 경우의 당해 경비로서 기획재정부장관이 지정하는 경비만이 수입대체경비가 될 수 있다고 하고 있다.[54)]

현재 수입대체경비로서 지정된 것은 대법원의 등기소 등기부 등·초본 발행경비, 외무부의 여권발급경비, 교육부의 대학입시경비, 각 시험연구기관의 위탁시험연구비 등이다.

---

53) 유 훈,「예비비운영실태에 관한 연구」, 행정논총 제12권 제1호(1974), p. 6.

54) 국가재정법시행령 제24조 제1항.

③ 예산초과지출가능: 수입대체경비의 또 하나의 특징은 수입이 예산을 초과하거나 예산을 초과할 것이 예상되는 경우에는 그 초과수입을 당해 초과수입에 직접 관련되는 경비에 초과지출할 수 있다는 데 있다. 다만 이 경우에는 예산초과지출의 이유 및 금액을 명백히 한 서류를 기획예산처장관에게 제출하고 그 승인을 얻어야 한다.[55]

(2) 연 혁

수입대체경비제도의 기원은 기업예산회계법의 「수입금마련지출」제도에서 찾아볼 수 있다. 1961년 12월 예산회계법의 뒤를 이어서 제정된 기업예산회계법은 정부기업특별회계에 신축성을 부여하기 위한 방안의 하나로서 「수입금마련지출」을 규정하게 되었으며[56] 그 후 국립대학교부속병원특별회계 등 일부 특별회계도 이를 채택하게 되었다.[57] 예산회계법은 이러한 규정을 두지 않고 있다가 1974년 개정시에 제11장 「잡칙」에 수입대체경비에 관한 규정을 신설하게 되었으며,[58] 1989년의 예산회계법 전문개정시에 이 규정을 잡칙에서 제2장 「예산」으로 옮겨놓게 되었다. 국가재정법은 제2장 「예산」에서 「예산총계주의원칙의 예외」라는 제명하에 수입대체경비에 관한 규정을 두고 있다.

(3) 수익금마련지출과의 차이점

전술한 바와 같이 국가재정법의 수입대체경비는 기업예산회계법의 수입금마련지출과 유사한 제도이나 다음과 같은 점에서 차이가 있다는 사실에 유의할 필요가 있다.

① 대상경비: 수입대체경비는 제한적이나 수입금마련지출은 이러한 제한이 없다. 국가재정법 제53조는 지출이 직접 수입을 수반하는 경비로서 대통령령이 정하는 경비를 수입대체경비라고 규정하고 있으며 이를 이어 받아 국가재정법 시행령 제24조는 일정한 성격을 지니는 경비로서 기획예산처장관이 지정하는 경비라고 못박고 있다. 그러나 정부기업예산법은 수입금마련지출에 관해서 이러한 제한을 두지 않고 있다.

---

55) 국가재정법시행령 제24조 제3항.

56) 정부기업예산법 제24조.

57) 국립대학교부속병원특별회계법 제8조.

58) 1989년 예산회계법 제41조.

② 지출목적: 수입대체경비는 지출 자체가 주목적이고 수입이 수반되는 것이나 수입금마련지출은 수입금마련 자체가 주목적이고 이 목적을 위하여 지출이 불가피하다. 수입대체경비는 국가의 특별한 역무제공과 같은 행정활동의 영역에 속하지만 수입금마련지출은 기업활동의 영역에 속하기 때문이다.

③ 직접지출범위: 국가재정법의 수입대체경비제도의 목적은 국고통일주의에 대한 예외를 마련하는 데 있는데 대하여 기업예산회계법에서는 조체수급제도에 의하여[59] 이미 국고통일주의에 대한 예외가 마련되어 있으므로 수입금마련지출제도는 예산초과지출을 인정하는 데 그 목적이 있다고 하겠다.

따라서 수입대체경비는 예산한도내에서 수입을 국고에 납부하지 않고 직접 사용하는 「직접지출」을 인정하고 있을 뿐만 아니라 예산초과액 직접 지출도 허용하고 있다. 이와는 달리 수입금마련지출은 예산초과액 직접지출만을 인정하는 제도라는 점에 유의할 필요가 있다.[60]

(4) 수입대체경비 출납공무원

후술하는 바와 같이 중앙관서의 장 또는 그 위임을 받은 공무원이 현금을 출납 보관하는 출납공무원을 임명하도록 되어 있으나[61] 수입대체경비의 별도계리를 위하여 중앙관서의 장은 수입대체경비출납공무원을 임명할 수 있다.

8. 국고채무부담행위

(1) 의 의

국가재정법 제25조는「법률에 의한 것과 세출예산금액 또는 계속비의 총액의 범위내의 것 이외에 국가가 채무를 부담하는 행위를 할 때에는 미리 예산으로서 국회의 의결을 얻어야 한다」고 규정하고 있는데 이 규정에 의하여 국가가 채무를 부담하는 행위를 국고채무부담행위라 한다.

예를 들면, 2년 이상의 기간으로 대지 또는 건물을 임차한다든가 해양경찰대 경비정 건조용 기자재 조달에 장기간이 소요되므로 1999년도 부담으로 1998년도에 지출원인행위를 하는 경우와 같은 것이 여기서 말하는 국고채무부담행위인 것이며, 미리 예산으로서 국회의 의결을 얻어야 하는 것이다. 이러한 의

---

59) 기업예산회계법 제19조(2002년 12월 삭제).

60) 한정길, 예산회계법[개정판](서울: 학연사, 1983), pp. 168-169.

61) 본장 제5절「한국의 예산집행(II)」참조.

결을 얻음으로써 다음 연도 이후에 지출을 할 수 있는 권한까지 부여받은 것이 아니고 다만 채무를 부담할 권한만 부여받은 것이므로 지출에 대해서는 다시 국회의 의결을 얻어야 한다. 그러나, 일단 국고채무부담행위로써 국회의 의결을 얻어 두면 국회는 다음 연도 이후에 있어서 정부의 동의없이 그에 관한 예산을 임의로 삭제할 수 없다고 생각된다.

(2) 예산과의 차이점

그러면 도대체 국고채무부담행위와 세출예산의 차이점은 어디에 있느냐 하는 문제가 여기에 제기된다.

① 첫째로, 세출예산에 대한 국회의 의결은 많은 경우 예산의 범위 내에서 세출의무를 부담할 권한과 세출을 지출할 권한을 부여하는데 대하여, 국고채무부담행위의 의결은 채무를 부담할 권한을 부여하는데 그친다. 따라서 현실적으로 세출의 지출이 필요한 때에는 예산으로써 국회의 의결을 얻든지 예비비를 사용하고 국회의 사후승인을 얻든지 해야한다.

② 둘째로, 세출예산은 원칙적으로 한 회계연도에 한해서 효력을 가지나, 국고채무부담행위는 수년간에 걸치는 것이 많으며 복수연도에 걸침을 원칙으로 한다.[62]

구재정법은 국고채무부담행위 속에 보증채무까지 포함시켰던 관계로 재정법하에서는 국고채무부담행위는 채무부담만 하고 현실적인 경비지출없이 소기의 목적을 달성할 수 있는 경우가 있었다. 환언하면, 재정법하에서는 세출예산은 반드시 재원의 문제를 수반하는 데 대하여, 국고채무부담행위는 현실적인 지출이 수반할 때 비로소 재원의 문제가 일어나게 되어 있었던 것이다. 그러나, 국가재정법은 제92조에서 「국가가 보증채무를 부담하고자 하는 때에는 미리 국회의 동의를 얻어야 한다」고 규정함으로써 국고채무부담행위와 보증채무를 구별하고 있는 것이다. 따라서, 국가재정법하에서는 국고채무부담행위도 종국에 가서는 현실적인 지출을 수반하게 된다고 할 수 있다.

(3) 긴급국고채무부담행위

위에서 고찰한 국고채무부담행위를 특정적 의결에 의한 국고채무부담행위라고 하는데 대하여 이곳에서 말하는 긴급국고채무부담행위는 비특정적 의결에

62) 河野, 전게서, p. 150.

의한 국고채무부담행위라고 한다. 긴급국고채무부담행위란 재해복구를 위하여 매회계연도마다 국회의 의결을 얻은 범위안에서 행하는 채무부담행위를 말한다. 긴급국고채무부담행위는 예비비와 유사하나 비정상적인 제도인 까닭에 1961년 예산회계법을 제정하면서 폐지하였으나 1993년 예산회계법 개정시에 부활되었으며, 국가재정법도 이를 계승하고 있다.

(4) 국고채무부담행위실태

일반회계 국고채무부담행위 실태를 살펴본다면 기복이 심하다는 것을 알 수 있다. 1969년도에는 78억여원이었던 일반회계 국고채무부담행위가 1994년에는 2조 2,338억원에 달했으며 2007년도에는 2조 2,216억원에 이르렀다. 그러나 그 후 기복을 거듭하여 2011년도에는 1조 7,680억원으로 하락했다.

일반회계 국고채무부담행위를 좀더 구체적으로 검토하여 본다면 〈표 3-20〉에는 나타나 있지 않으나 과거에는 국방부소관이 무거운 비중을 차지했으나 국방부외의 각 부처가 국고채무부담행위를 널리 활용하고 있다는 것을 알 수 있다.

〈표 3-20〉 일반회계국고채무부담행위액

(단위: 억원)

회계연도	국고채무부담행위액	회계연도	국고채무부담행위액
1978	3,449.2	1995	22,051
1979	4,735.4	1996	14,381
1980	5,380.5	1997	18,717
1981	6,689.3	1998	19,811
1982	8,022.6	1999	17,779
1983	7,808.3	2000	18,443
1984	6,487.0	2001	18,585
1985	8,831.4	2002	17,232
1986	11,329.7	2003	18,202
1987	12,336.5	2004	19,635
1988	13,878.3	2005	17,790
1989	14,751.4	2006	20,123
1990	16,963.1	2007	22,216
1991	18,589.6	2008	22,029
1992	20,226.7	2009	21,373
1993	22,033	2010	19,413
1994	22,338	2011	17,680

주: 매년도 본예산에 의함.
자료: 매년도 예산개요.

제 5 절 한국의 예산집행(Ⅱ)-수입과 지출

1. 수입사무기관

(1) 수입관리기관

수입사무를 맡고 있는 기관 중 감독적 지위에 있는 자는 기획재정부장관과 중앙관서의 장이다. 기획재정부장관은 세입의 징수와 수납에 관한 사무의 전반을 관리하고 그 총괄적 책임자로서의 지위를 차지하고 있으며 각 중앙관서의 장은 그 소관에 속하는 세입의 징수와 출납사무를 관리하는 것이다.[63] 그러나 주의할 것은 총괄책임자인 기획재정부장관과 중앙관서의 장의 관계는 대등한 것이며, 기획재정부장관은 수입사무의 종합관리의 책임을 지고 있는데 그친다는 점이다.

(2) 세입징수관

세입징수관이란 조세 기타의 세입을 징수할 자격을 가진 공무원을 말한다.[64] 좀더 구체적으로 말한다면 세입징수관은 조세 기타의 세입을 조사결정하고 납세의무자 기타의 채무자에 대하여 세입의 고지를 하는 명령기관으로서 다음에 말하는 출납공무원과는 구별되어야 하는 것이다.

각 중앙관서의 장은 그 소관에 속하는 수입사무를 관리하는 한편 세입징수사무를 스스로 행함을 원칙으로 한다. 그러나 각 부처는 방대한 조직을 지니고 있으므로 중앙관서의 장이 세입징수관이 된다는 것은 사실상 불가능한 까닭에 세입징수관은 특별한 경우를 제외하고는 각 중앙관서의 장이 지정하는 각 관서의 장이 이를 담당하게 되어 있다. 그러나 필요한 경우에는 각 중앙관서의 장은 기획재정부장관과 협의하여 각 관서의 장 이외의 공무원을 세입징수관으로 지정할 수 있다. 또한 세입징수관의 사무의 전부를 대리케 하거나 그 일부를 분장케 할 수 있는데 세입징수관의 사무를 대리하는 공무원을 대리세입징수관이라 하며, 세입징수관의 사무의 일부를 분장하는 공무원을 분임세입징수관이

63) 국고금관리법 제6조.

64) 국고금관리법 제9조.

라 한다. 분임세입징수관의 사무를 대리하는 자를 대리분임세입징수관이라 한다.[65]

(3) 출납공무원

출납공무원이란 법령이 정하는 바에 의하여 현금 또는 물품을 출납 보관하는 공무원을 말한다.[66] 세입의 징수는 세입징수관이 아니면 안되는 것과 마찬가지로 세입은 출납공무원이 아니면 수납할 수 없음을 원칙으로 한다. 그러나 예외적으로 한국은행 또는 체신관서로 하여금 수납사무를 담당케 할 수 있다.[67] 수납사무는 징수사무와 달라 기계적인 사무이므로 출납공무원은 각 중앙관서의 장 또는 그 위임을 맡은 공무원이 이를 명하게 되어 있다. 세입징수관의 경우와 마찬가지로 대리출납공무원, 분임출납공무원 및 대리분임출납공무원을 임명할 수 있다.[68]

(4) 징수기관과 출납기관의 분립

명령기관 및 현금출납기관의 분립은 회계경리상의 기본원칙으로서 국고금관리법은 그 제13조에서 징수기관과 수납기관의 분립을 규정하고 있다. 구체적으로 말한다면 동일인이 세입징수관과 출납공무원을 겸할 수 없는 것이다. 징수, 즉 명령계통의 사무와 현금영수, 즉 출납계통의 사무의 겸임을 금한다는 것은 국가 기타의 공공단체의 회계뿐만 아니라 회사 기타 일반법인의 회계에 있어서도 채택하고 있는 원칙이다. 그러나 이러한 원칙에도 예외가 전혀 없는 것은 아니다. 재외공관의 장의 경우에는 세입징수관과 출납공무원들을 겸하게 할 수 있다.[69]

2. 수입의 의의와 근거

(1) 수입의 의의

우리나라 국고금관리법은 수입에 관한 정의를 내리지 않고 있으나 수입이란 국가의 제반 수요를 충족하기 위한 지급의 재원이 되는 현금의 수납이라 정의

65) 국고금관리법시행령 제8조.
66) 국고금관리법 제4조의 3.
67) 국고금관리법 제12조.
68) 국고금관리법 제40조.
69) 국고금관리법 제13조.

할 수 있다.[70] 국가가 여러 가지 시책을 실행함에 있어서 필요한 경비를 지급해야 하는 데 이 경비의 지급을 위하여 국가는 어떠한 방법으로든 그 재원을 확보해야 한다.

이 수입에는 기간의 관념이 없으나 수입을 회계연도별로 구분한 경우, 한 회계연도에 있어서의 모든 수입을 「세입」이라고 부른다.[71] 이러한 국가의 수입이 될 현금을 국가 이외의 자로부터 수납하여 국가의 수입으로 실현하기 위해서는 법령 또는 이에 근거를 둔 계약 등에 의하여 국가가 국가 이외의 자로부터 금전을 수납할 수 있는 권리가 존재해야 한다. 국가는 그 부여된 권리의 내용에 따라 수입을 실행하게 되는 것이다. 국가의 기관이 행하는 수입의 실행에 관한 행위를 수입행위라 할 수 있다.

(2) 수입의 근거

국고금관리법은 「세입은 법령이 정하는 바에 의하여 징수 또는 수납해야 한다」[72]고 규정하고 있는데 이는 두 가지 뜻을 지니고 있다고 하겠다. 첫째로 세입은 세출과 달라서 법령의 규정에 의거하여 징수 또는 수납되어야 하며 예산에 의하여 비로소 처음으로 국가의 징수권 또는 수납권이 생기는 것이 아니며, 또한 예산에 의하여 규제되는 것이 아니라는 뜻이다. 둘째로, 징수 또는 수납의 절차는 법령의 규정에 의하여 정해져야 한다는 점을 명백히 한 것이라고 하겠다.

3. 세입절차

(1) 세입의 조사결정

정부가 세입을 징수하기 위해서는 먼저 개개의 경우에 있어서의 납입금액과 납기를 조사 결정해야 하며 다음에 채무자에 대하여 납입고지를 하는 것이다.[73]

(2) 납입고지

세입징수관이 조사결정을 한 후에는 채무자에게 납입의 고지를 해야 하는데

---

70) 유 훈, 재정법(서울: 서울대학교출판부, 1991), p. 101.

71) 국가재정법 제3조.

72) 국고금관리법 제5조.

73) 국고금관리법 제10조.

납입고지는 채무자에게 서면으로 알려야 하나 "전자송달"도 할 수 있다. 이 경우에 있어서 세입과목, 납부할 금액, 기한과 장소를 기재해야 하는 것이다. 이 서면을 납입고지서라 하는데 국세의 경우에 납세고지서라고 부른다. 이와 같이 납입고지서는 문서로 하는 것이 원칙이나 예외적으로 출납공무원에게 즉시 납입시키는 경우에는 말로써 할 수 있다.74)

(3) 수 납

수입의 다음 절차는 수납이다. 수납이란 납입고지에 의거하여 채무자가 납입하는 세입금을 수령하는 것을 말한다.

조세 기타의 세입금은 현금으로 납입하는 것이 원칙이나 특정한 종목의 세입에 관해서는 수표 등으로 납부하는 것이 허용되는 경우가 있으며, 조세 중에는 반드시 인지로써 세액을 납입해야 하는 경우도 있다.

출납공무원이 세입금을 수납한 경우에는 납부자에게 대해서는 영수증서를 교부하고 세입징수관에 대해서는 수납보고를 하여야 한다. 한국은행이나 금융기관이 수납한 경우에도 동일하다.75)

(4) 지출금의 반납

조사결정과 납입고지에 의하여 징수 또는 수납된 세입 외에도 여러 가지 세입이 있다. 출납정리기간이 경과한 이후의 세입이나 예산외의 수입은 모두 자동적으로 현년도 세입이 된다.

지출금의 반납이란 이와는 달리, 계좌이체에 의하여 정상적인 절차를 거쳐 지출된 세출을 그 어떤 이유에 의하여 반납시키는 경우, 지급된 세출의 금액에 반납하는 제도를 말한다. 간단히 말해서 반납은 반납액을 세출예산에 부활시키고 재차 세출예산으로서 사용케 하자는 데 그 취지가 있다. 반납에 의하여 반납금 상당액은 지출하지 않은 것과 동일한 상태로 복귀된다.76)

반납을 할 수 있는 요건은 i) 중대한 과실에 의한 과오급이 아니어야 하며, ii) 반납이 지출된 연도의 출납정리기간내에 행하여진 경우여야 한다.

---

74) 국고금관리법 제11조 및 동시행령 제9조.

75) 국고금관리법시행령 제14조 및 제15조.

76) 국고금관리법 제29조 및 동시행령 제45조.

4. 지출사무기관

(1) 지출관리기관

수입의 경우와 마찬가지로 지출의 경우에 있어서도 기획재정부장관이 총괄적 책임을 지고 중앙관서의 장이 그 소관에 속하는 지출원인행위와 지출에 관한 업무를 관리한다.[77] 이미 설명한 바와 같이 예산이 성립되면 각 중앙관서의 장은 세입예산월별징수계획서와 세출예산월별지출계획서를 기획재정부장관에게 제출한다. 기획재정부장관은 이에 의거하여 자금계획을 수립하여 기획예산처장관에게 제출하면 기획예산처장관은 이를 국무회의의 심의를 거쳐 대통령의 승인을 얻는다. 자금계획에 대한 대통령의 승인이 나면 기획재정부장관은 이것에 의거하여 각 중앙관서의 장에게 지출한도액을 통지하며 각 중앙관서의 장은 이의 범위 내에서 소속지출관별로 지출한도액을 지시하는 것이다.

(2) 재무관

넓은 의미의 지출은 i) 국가의 현금지급의 원인이 되는 채무의 부담결정, ii) 계좌이체 등에 관한 사무, iii) 현금을 지급하는 사무로 나누어지는데, 여기서 말하는 재무관은 첫째를, 다음에 말하고자 하는 지출관은 둘째를, 그리고 지급기관은 마지막 사무를 담당하는 것이다.

재무관은 각 중앙관서의 장이 담당하는 것을 원칙으로 할 것이나 사실상 이것이 곤란하므로 소속공무원을 재무관으로 임명하고 있다. 구재정법은 「대리분임재무관」은 물론 「분임재무관」제도도 두지 않았으나 예산회계법과 국가재정법은 세입징수관의 경우와 마찬가지로 대리재무관, 분임재무관, 대리분임재무관을 임명할 수 있도록 하였다.[78]

(3) 계약관

예산회계법은 처음에 지출원인행위를 담당하는 공무원으로서 재무관(대리재무관, 분임재무관, 대리분임재무관 포함)만 두었으나 1975년의 예산회계법 개정시에 계약관이라는 제도를 신설했으며 계약에 관한 법률도 이를 계승하고 있다. 계약관이란 중앙관서의 장의 소관에 속하는 계약사무를 처리하는 공무원을

---

77) 국고금관리법 제19조.

78) 국고금관리법 제22조 및 제40조, 동시행령 제105조.

말한다. 세입징수관이나 재무관의 경우와 같이 계약관의 경우에도 대리계약관, 분임계약관, 대리분임계약관을 임명할 수 있도록 되어 있다.[79]

(4) 지출관

전술한 바와 같이 지출관이란 재무관이 한 지출원인행위에 의하여 계좌이체를 담당하는 공무원을 말한다. 과거에는 국고금의 지출은 수표발행을 원칙으로 하였으나 국고금관리법은 계좌이체를 원칙으로 하고 불가피한 사유로 인하여 모든 금융기관의 정보통신매체 및 프로그램에 장애가 발생하여 계좌이체의 방법으로 지급할 수 없는 경우에 한하여 국고수표에 의한 직접지급 등의 방법으로 지출할 수 있다.[80] 지출관의 경우에 있어서도 대리지출관, 분임지출관, 대리분임지출관을 임명할 수 있다. 이미 말한 재무관과 지출관을 합쳐서 지출명령기관이라고 한다.

(5) 지급기관

현금의 지급은 원칙적으로 한국은행이 담당한다. 그러나 경우에 따라서는 출납공무원(관서운영경비출납공무원 포함)도 현금의 지급을 할 수 있다. 재무관, 지출관, 출납공무원은 서로 겸할 수 없다.[81]

5. 지출원인행위

(1) 의 의

지출원인행위란 「지출의 원인이 되는 계약, 기타의 행위」를 말한다. 국가의 예산은 입법부가 행정부에 대하여 채무를 부담하고 지출을 할 수 있는 권한을 부여하는 형식이라고 할 수 있으나 일반적으로 채무를 부담하는 권한은 지출권한 속에 매몰되어 표면화되는 경우는 드물다. 다만, 예외적으로 지출권의 수반 없이 채무부담권이 단독으로 존재하는 국고채무부담행위나 계속비 등의 경우에 채무를 부담하는 권한이 지출을 하는 권한으로부터 독립된 것으로 인식된다.

지출을 지출원인행위와 좁은 의미의 지출로 구분하고 담당공무원을 달리하는 것은 채무부담의 단계에서 엄격한 통제를 실시하여 합리적이며 계획적인 예

---

79) 국가를 당사자로 하는 계약에 관한 법률 제6조 제1항, 동시행령 제5조.

80) 국고금관리법시행령 제30조 제1항.

81) 국고금관리법 제13조 및 제27조.

산집행을 이룩하기 위하여 당연한 조치라고 하겠으나 우리나라와 같이 예산은 기획예산처장관 소관이며 자금은 기획재정부장관 소관인 나라에서는 더욱 필요한 조치이다. 전술한 바와 같이 지출원인행위는 기획예산처장관이 배정한 예산의 범위내에서 재무관이 담당하며, 지출은 기획재정부장관이 통고한 월별지출한도액의 범위내에서 지출관이 담당하도록 되어 있는 것이다.[82]

(2) 지출원인행위제도의 연혁

일본의 「구회계법」은 물론 1947년에 제정 공포된 일본의 「재정법」이나 「회계법」은 지출원인행위제도를 두지 않았다. 그러다가 1949년 일본은 「재정법」과 「회계법」을 개정하여 「지출부담행위제도」를 도입하였던 것이다. 1951년에 제정된 우리나라의 재정법은 전술한 바와 같이 일본의 재정법과 회계법을 통합한 것과 같은 법률로써 그 제정에 있어서 일본의 재정법과 회계법을 많이 참조하였다는 것은 부인할 수 없을 것 같다. 예산회계법과 국가재정법은 재정법의 지출원인행위를 그대로 계승하고 있는 것이다. 요컨대 우리나라의 지출원인행위제도는 일본의 지출부담행위제도를 많이 닮은 것이라고 할 수 있겠다. 그런데 일본의 지출부담행위제도는 미국의 Obligation System을 모방한 것이므로[83] 우리나라의 지출원인행위제도의 기원은 미국의 Obligation System에서 찾아 볼 수 있다고 하겠다.

(3) 지출원인행위의 절차

국가의 지출의 원인이 되는 계약 기타의 행위를 말하는 지출원인행위는 전술한 바와 같이 각 중앙관서의 장이 이를 행하는 것을 원칙으로 하나 현실적으로 이것이 불가능에 가까우므로 각 중앙관서의 장의 위임을 받은 재무관이 이를 행하는 것이다.

각 부처의 재무관들은 법령의 범위 내에서 행하여야 함은 물론 재배정된 예산의 범위내에서 지출원인행위를 하여야 한다.[84]

---

82) 유 훈, 전게서, p. 109 참조.

83) 삼촌장삼랑, 재정법[신판](동경: 유비각, 1982), pp. 198-199.

84) 국고금관리법시행령 제25조.

6. 지 출

(1) 지출의 의의

지출이란 채무이행에 있어서의 최종행위인 현금의 지급을 말하는데 예산회계제도에 있어서는 계좌이체와 현금의 지급으로 나누어진다. 전자, 즉 계좌이체는 협의의 지출이라 하며, 후자, 즉 현금의 지급을 지급이라 한다. 보통의 민간거래에 있어서는 계좌이체는, 즉 지급이며 지출과 지급을 구별할 필요가 없는데 예산회계법령은 양자를 각각 다른 기관에 맡기고 있는 것이다. 이미 말한 바와 같이 협의의 지출은 지출관의 소관이며 지급은 한국은행, 출납공무원 등이 맡고 있다.

(2) 지출의 요건

지출관이 재무관으로부터 지출원인행위관계서류를 송부받아 지출을 함에 있어서 몇 가지 전제조건이 필요하다.

① 첫째로 국무회의의 심의를 거쳐 대통령의 승인을 얻어 자금계획에 의거하여 기획재정부장관은 각 중앙관서의 장에게 월별지출한도액을 통고하는 데 각 중앙관서의 장은 이 한도액의 범위 내에서 다시 각 지출관별로 월별지출한도액을 정하여 당해 지출관에게 지시하고 한국은행에 통지한다. 따라서 각 지출관은 이 한도액의 범위 내에서 지출을 하여야 하는 것이다.[85]

② 둘째로 지출관은 지출원인행위에 관한 장부에 기재한 것이 아니면 지출할 수 없다.[86]

③ 셋째로 지출관은 그 경비의 지출이 예산배정과 전술한 지출한도액의 금액을 초과하지 않았는가는 물론 소속연도의 세출예산과목에 틀림이 없는가를 확인하여야 한다.

(3) 지출의 방법

지출원인행위에 의하여 지출관이 지출하고자 할 때에는 현금을 교부하는 대신 한국은행 등으로 하여금 채권자 또는 국고금의 지급사무를 수탁하여 처리하는 자의 금융기관 예금계좌로 이체하여 지급하여야 한다.[87]

---

85) 국고금관리법시행령 제27조 제3호.

86) 국고금관리법시행령 제27조 제4호.

7. 지출의 특례

(1) 의 의

여기서 말하는 지출의 특례란 특수한 사정에 의하여 정당채권자를 수취인으로 하는 계좌이체라는 지출방식을 택하지 않는 경우, 기타의 정상적인 지출절차를 밟지 않는 모든 지출을 총칭한다.[88]

국고의 지출은, i) 채권자 등의 계좌로 이체하여 지급하여야 하며, ii) 회계연도독립의 원칙에 의하여 당해연도의 세입예산으로부터 지출해야 한다. iii) 뿐만 아니라 예산은 회계연도의 개시에 의하여 비로소 사용할 수 있으므로 그 지출도 연도개시 후에 하여야 한다. iv) 마지막으로, 국가의 지출이 반대급부로써 행하여지는 경우에는 상대방의 급부가 전부 또는 일부가 완료되어야 하며, 채무액이 확정되어 있어야 하는 것이다.

지출은 원칙적으로 이와 같은 요건을 구비해야 하나 경우에 따라서는 이러한 원칙을 획일적으로 적용하는 것이 도리어 행정의 원활한 운영을 저해하는 일이 적지 않다. 지출에 대한 특례를 인정하는 이유가 여기에 있는 것이다. 이곳에서는 지출에 대한 특례를 간단히 고찰해 보기로 한다.

(2) 관서운영경비등

과거에 자금의 전도 또는 전도자금이라고 하던 것으로서 1989년에 전문개정된 예산회계법은 이를 「관서의 일상경비」라고 개칭하고 그 적용범위를 확대했다. 과거에는 교통·통신이 불편한 지방에서 지급하는 경우에만 적용하던 것을 현실화하여 모든 관서의 일상경비 기타 경비로서 그 성질상 현금지출을 하지 아니하면 업무 수행에 지장을 초래할 우려가 있는 경우에는 필요한 자금을 출납공무원으로 하여금 지출관으로부터 교부받아 지급하게 할 수 있도록 하였다.

국고금관리법은 이를 「관서운영경비」라고 개칭하고 관서운영경비의 범위로서 i) 관서운영비·특수활동비 및 업무추진비 중 일정 금액 이하의 경비, ii) 외국에 있는 채권자가 외국에서 지급받고자 하는 경우에 지급하는 경비(재외공관 및 외국에 설치된 국가기관에 지급하는 경비를 포함), iii) 여비, iv) 비정규직

---

87) 국고금관리법시행령 제28조 제1항.

88) 지출의 특례에 관해서는 국고금관리법 제24조 내지 제28조 및 동시행령 제31조 내지 44조에 상세한 규정이 있다.

보수, v) 그 밖에 정상적인 절차에 따라 지출할 경우 업무수행에 지장을 가져올 우려가 있는 경비로서 기획재정부령이 정하는 경비를 들고 있다.

그러나 이러한 관서운영경비 등의 지급에 있어서는 준칙이 있다. i) 관서운영경비는 매 1개월분의 범위 안의 금액을 예정하여 지급하여야 하나 중앙관서의 장이 자금의 출납상 필요하다고 인정하는 경우에는 3개월분의 범위안에서 지출관이 관서운영경비를 교부할 수 있다. ii) 지출관이 관서운영경비를 교부할 때에는 국고금입금요구서에 의하고 예산과목별로 사용한도액을 정하여 교부하여야 한다.

관서운영경비제도가 과거의 전도자금제도와 다른 점을 다시 한번 요약하여 본다면 다음과 같다. i) 제도의 명칭이 달라졌을 뿐만 아니라 담당 출납공무원도 과거의 전도자금출납공무원에서 관서운영경비출납공무원으로 바뀌었다. ii) 과거에는 교통·통신이 불편한 지방에만 적용되던 것이 모든 관서로 그 적용범위가 확대되었다. iii) 과거에는 중앙관서의 장이 재무부장관과 협의하도록 되어 있었으나 이를 폐지하였다. iv) 그 대신에 준칙을 설정하여 많은 금액을 일시에 출납공무원에게 지급하여 문란한 경리나 금전사고가 발생하지 않도록 조치하였다. v) 관서운영경비출납공무원이 관서운영경비를 지급하고자 할 때에는 정부구매카드를 사용하여야 한다. 다만, 경비의 성질상 정부구매카드를 사용할 수 없는 경우에는 현금지급 등의 방법으로 지급할 수 있다.

관서운영경비의 사용과 관련하여 특기할 것은 「정부구매카드」의 사용이다. 관서운영경비출납공무원은 다수의 정부구매카드를 발급받아 이를 소속공무원에게 교부하여 사용하게 할 수 있다. 이 경우 정부구매카드를 교부받아 사용하는 공무원은 관서운영경비출납공무원으로 본다는 규정이 있다.

이와 같이 관서운영경비의 지급은 정부구매카드의 사용을 원칙으로 하나 정부구매카드를 사용할 수 없는 경우에는 계좌이체의 방법으로 지급하여야 하나 다음과 같은 경우에는 현금으로 지급할 수 있다.

i) 관서운영비·특수활동비 및 업무추진비 중 기획재정부령이 정하는 금액 이하의 경비

ii) 정상적인 절차에 따라 지출할 경우 업무수행에 지장을 가져올 우려가 있는 경비로서 기획재정부령이 정하는 경비

iii) 외국에 있는 채권자가 외국에서 받고자 하는 경우에 지급하는 경비

iv) 국내여비 및 외국인에게 지급하는 국외여비

(3) 연도개시전관서운영경비의 교부

특정연도의 지출은 그 연도가 개시되지 않으면 설사 예산이 성립하고 그 배정이 끝났다고 할지라도 지출을 할 수 없음을 원칙으로 한다. 그러나 연도개시 전에 신년도소요의 관서운영경비를 교부하지 않으면 불편이 많다. 이러한 경우를 위하여 연도개시전자금교부제도가 마련된 것이다. 이는 전술한 셋째 원칙에 대한 예외일 뿐만 아니라 첫째 원칙에 대한 예외이기도 하다.

회계연도개시 전에 관서운영경비출납공무원에게 자금을 교부할 수 있는 경비는 다음과 같다.

i) 관서운영비

ii) 업무추진비 및 특수활동비

iii) 외국에서 지급하는 경비

iv) 국내여비

(4) 선금급과 개산급

국가가 특정한 급부에 대한 반대급부로써 지출하는 경우에는 그 급부의 전부 또는 일부가 완료되어야 한다. 즉 국가의 지출은 사후급을 원칙으로 한다. 뿐만 아니라 지출할 금액이 확정되어 있어야 한다. 선금급과 개산급제도는 이러한 원칙에 대한 예외를 이루는 것이다.

선금급이란 외국에서 직접 구입하는 기계·도서 등의 대가라든가 정기간행물의 대가 등을 상대방의 급부가 있기 전에 미리 지급하는 것을 말한다. 다시 말하자면 사후급의 원칙에 대한 예외인 것이다.

미리 지급할 수 있는 경비는 다음과 같다.

i) 외국에서 직접 구입하는 기계·도서·표본 또는 실험용 재료의 대가

ii) 정기간행물의 구입경비

iii) 토지 또는 건물의 임대료와 용선료

iv) 운임

v) 봉급기준일에 전출·출장·비상출동 또는 기동훈련에 참가하거나 휴가중인 사병에게 지급하는 급여

vi) 국가기관·지방자치단체 및 공기업에 지급하는 경비

vii) 외국에서 연구 또는 조사에 종사는 자에 대하여 지급하는 경비

viii) 교통이 불편한 장소에서 근무하는 자 또는 선박승무원에게 지급하는 급여

ix) 국고금의 지급사무를 금융기관에 위탁하는 경우의 당해 국고금

x) 업무 등의 위탁에 필요한 경비

xi) 보조금·부담금·교부금

xii) 사례금

xiii) 국제연합기구에 지급하는 경비

xiv) 국가가 매수하거나 수용하는 토지 또는 그 토지상에 있는 물건의 대금·보상금 또는 이전료

xv) 소액의 공사 또는 제조용역에 있어서 계약금액의 100분의 70을 초과하지 아니하는 금액

xvi) 정부가 초청한 외국인에게 국내에서 지급하는 경비

xvii) 조달청에서 지급하는 일정한 조달물자대금

xviii) 재해구호 및 복구에 소요되는 경비

개산급은 여비, 보조금, 부담금, 교부금 등을 미리 지급한다는 점에 있어서는 전술한 선금급과 같으나 지출할 금액이 확정되어 있지 않다는 점에 있어서는 선금급과 다르다.

(5) 지난 연도지출

이는 이미 지나간 회계연도(반드시 전년도에만 한하는 것은 아니다)의 경비가 채권자로부터 청구가 없었던 까닭에 또는 기타의 이유로 지출되지 않은 경우에 현년도예산으로서 지출하는 것을 말한다. 과거에 「과년도지출」이라고 하던 것을 국고금관리법은 「지난 연도지출」이라고 용어를 바꾸었다. 본래 세출은 당해소속연도의 출납정리기간내에 지출을 완료해야 하나 채권자가 청구하지 않은 까닭에 기타의 이유로 그 기간내에 처리되지 않은 경우에는 회계연도독립의 원칙을 엄격히 적용하면 지출할 방도가 없어지고 채권자에게 손해를 끼치게 된다. 지난 연도지출은 채권자의 권리가 시효(원칙적으로 5년이다) 기타의 사유로 소멸되지 않는 한 현년도의 세출로부터 지출할 수 있도록 한 것이다. 이는 전술한 둘째 원칙에 대한 예외를 이루는 것이다.

(6) 조체급보전

조체급보전이란 지출관이 소요경비를 현금으로 지급할 필요가 있을 때 출납공무원(조체급출납공무원)으로 하여금 그가 소지하고 있는 자금 중에서 지급케 하고 후일 이에 상당한 금액의 자금을 당해출납공무원에게 교부하는 제도를 말한다. 이 보전을 위한 자금교부는 정당채권자에게 하는 지출이 아니므로 전술한 첫째 원칙에 대한 예외를 이루는 것이나 관서운영경비 기타의 경우가 사전지출인데 대하여 이는 사후지출인 점에 그 특색이 있다. 조체금보전제도는 2002년 12월 30일 기업예산회계법개정시에 폐지되었으며 정부기업예산법도 조체급보전제도를 두지않고 있다.

제5장 결 산

제1절 결산의 의의

1. 의 의

(1) 개 념

결산은 1회계연도내에 있어서의 국가의 수입과 지출의 실적을 확정적 계수로서 표시하는 행위이다.

결산은 예산과 같이 다음 연도에 있어서의 지출의 한도 기타에 관하여 국가기관의 행위를 규정하는 효과와 같은 것은 지니지 않으나, 그렇다고 해서 전혀 법적인 효과를 지니지 않는 것은 아니며, 결산이 정당한 경우에 있어서 정부의 책임을 해제시킨다는 효과를 지닐 뿐만 아니라, 감사원의 권한이 발동하는 계기를 이루는 경우가 있는 것이다.

그러나, 결산은 사후조치이므로 그 일반적인 의의도 주로 정치적인 것이며 예산에 의하여 행동한 정부의 사후적 재정보고이며 정부의 지출이 예산에 의하여 국회의 사전심사를 받는 것과 같이 정부는 결산에 의하여 사후의 감독을 받는 것이다. 따라서, 재정에 관한 국회의 감독은 예산의 심의와 결산의 심사에 의하여 비로소 완전한 것이 될 수 있는 것이다.[1]

(2) 기 능

결산의 기능은 크게 두 가지로 나누어 생각할 수 있다.

① 결산에 의하여 정부가 국회의 심의를 거쳐 성립한 예산의 범위 내에서 재

---

1) 杉村章三郎, 財政法[新版](東京: 有斐閣, 1982), p. 133.

정활동을 행했느냐를 확인할 수 있다. 그러기 위해서는 결산에 계상된 계수가 정당한 숫자일 뿐만 아니라 사실에 의거한 것이어야 한다. 결산이 작성되면 감사원에 송부되어 그 검사 확인을 받아야 하는 이유가 여기에 있다.

② 예산과 결산을 대비하거나 결산을 상세히 검토함으로써 장래에 있어서의 재정운영에 반영시킬 수가 있다. 결산에 의하여 과거의 경험을 되새기며 이것을 장래의 예산편성이나 재정운영에 참고함으로써 국가의 재정을 보다 유효하게 운영할 수 있게 된다.[2] 그러나 실제에 있어서 우리나라의 경우 결산이 예산편성에 반영되는 경우는 드물다고 하겠다.

2. 예산과 결산

(1) 예산과 결산의 불일치

결산은 1회계연도간에 있어서의 예산집행의 실적이며, 따라서 예산과 결산은 대체적으로 일치하나 완전히 일치하는 일은 거의 있을 수 없다. 예산은 그 성립 후에 전년도로부터의 이월, 예비비의 지출 등이 있을 뿐만 아니라, 다른 한편 당해년도에 사용하지 않은 불용액과 다음 연도에의 이월 등이 있는 까닭이다.

이와 같은 이유로 결산은 예산과 완전히 일치하는 것은 아니다. 정부의 지출이 예산에 의거하여 행하여지지 않으면 안되는 까닭에 예산과 결산은 원칙적으로 일치하며 위법적 지출이 행하여지고 있느냐 않느냐의 심의검사를 통하여 정부의 재정집행에 대한 감독이 이루어지고 있는 것이다.

이 경우에 있어서 정부에 의한 위법적 혹은 부당한 지출이 있다고 해서 결산이 그 지출행위를 무효로 하거나 취소할 수는 없다. 따라서, 결산의 의의는 법률적인 것이라기보다는 정치적·역사적인 것이라고 할 수 있다. 많은 나라에서 결산 및 회계검사제도를 헌법에 규정하고 있는 것도 이 제도가 역사적으로 보아서 중요성을 지니고 있는 까닭이라고 하겠다.[3]

(2) 예산에의 편중

한 마디로 말해서 국가의 예산제도는 소극적 현금회계를 기초로 하는 현행의 재정제도하에서 형성된 것이며 전술한 바와 같이 이 제도하에서는 예산에 중점

---

2) 丹下 巧·疋田周朗, 國の財政における現金會計制度(東京: 大村書店, 1968), pp. 221-222.

3) 예를 들면 이탈리아공화국헌법 제81조; 일본국헌법 제90조; 대한민국헌법 제 97조.

을 두고 있으며 결산은 결국 사후보고에 지나지 않는다. 다시 말하자면, 정부의 각 부처는 많은 사업을 수행하기 위하여 될 수 있는대로 많은 예산을 얻으려고 노력하며 국회의 심의도 예산의 증감과 그 배경을 이루는 정부의 시책의 비판에 중점을 두고 있는 데 반하여, 결산은 민간회사와 달라서 국가의 경우에 있어서는 이익금을 산정할 목적을 지니고 있지 않으므로 그다지 중요시되고 있지 않다고 하겠다.[4]

(3) 결산과 회계연도독립의 원칙

미국에는 우리나라의 결산에 해당하는 제도가 없다. 미연방 재무성은 국고수지잔고종합보고서를 작성하여 의회에 제출한다. 9월 30일에 끝나는 회계연도분을 보통 다음해 1월 상순에 국회에 제출하는데 예산에 대한 실적보고라는 점에서는 우리나라의 결산서와 유사한 것이라고 할 수 있겠으나 제출 전에 회계검사원의 검사를 받을 필요는 없다.[5] 영국·일본·한국 등에는 결산제도가 있으나 미국에 결산제도가 없는 이유는 한 마디로 말해서 미국에는 회계연도독립의 원칙이 존재하지 않는 데 있다고 하겠다. 결산제도는 회계연도독립의 원칙이 비교적 엄격하게 준수되는 곳에서만 존재의의가 있는 제도라 하겠다.

제 2 절 영국의 결산제도

1. 결산의 작성과 검사

(1) 결산의 작성

매년 3월 31일에 회계연도가 끝나면 각부는 결산서를 작성하여 회계검사원에 제출한다. 세입세출의 결산은 세입세출예산과 동일한 구분에 의하여 예산과 결산간의 차이에 관하여 각종의 주석을 붙인다.

회계검사원법의 규정에 의하여 국방각부는 이와 같은 결산서를 12월 말일까지 회계검사원에 제출하여야 하며 민정각부는 11월 말까지로 되어 있다. 그러나 실제에 있어서 민정각부(세입관청 포함)는 9월말일까지 결산서를 회계검사

4) 杉村, 전게서, pp. 134-135.

5) 河野一之, 新版豫算制度[第二版] (東京: 學陽書房, 2001), p. 158.

원에 제출할 것을 목표로 삼고 있다.

(2) 회계검사원의 검사

회계검사원은 각부의 결산서를 받아 가지고 검사를 한 후 결산서와 검사보고서를 재무부에 제출하는데 국방각부의 결산은 1월 말일까지, 민정각부의 결산은 1월 15일까지로 되어 있다.

(3) 하원에의 제출

이어서 재무부는 결산서와 회계검사원의 검사보고서를 하원에 제출하는데 국방각부의 것은 3월 15일까지, 민정각부의 것은 1월 말일까지 제출해야 한다.

여기서 한 가지 첨가하여 말할 것은 영국의 결산은 예산과 마찬가지로 현금주의에 입각하고 있다는 사실이다. 미국의 경우와 달라서 영국의 예산은 당해회계연도에 이루어질 지출만을 포함하는데 결산도 당해회계연도에 이루어진 지출만을 나타낸다. 물론 이 속에는 연도 말인 3월 31일까지 수표는 발행되었으나 현금화되지 않은 것도 포함한다.[6]

2. 결산위원회의 심사

결산서와 회계검사원의 검사보고서가 하원에 제출되면 이는 결산위원회(Public Accounts Committee)의 심사에 회부된다. 영국의회에 있어서는 결산의 심사는 하원이 행하고 있으며 상원에는 결산위원회가 없다.

(1) 결산위원회의 작성

하원의 결산위원회는 Glasdstone에 의하여 1861년에 창설되었는데 각 정당의 의석수에 비례하여 선출된 15명의 위원으로서 구성된다. 위원장은 항상 야당에서 나오게 되어 있으며, 흔히 현 야당이 집권했을 때 재무부의 재정담당정무차관을 지낸 의원이 이에 취임하게 되는 것이다.[7]

---

6) Sir Herbert Brittain, *British Budgetary System*(London: George Allen and Unwin, 1959), pp. 251-254.

7) Andrew Adonis, *Parliament Today*(Manchester: Manchester University Press, 1990), p. 120; Ann Robinson, *Parliament and Public Spending*(London: Heinemann, 1978), pp. 37- 38; Dennis Kavanagh, David Richards, Martin Smith, Andrew Geddes, *British Politics*, fifth edition (Oxford: Oxford University Press, 2006), p. 379.

(2) 심사과정

위원회는 주로 결산서와 회계검사원의 보고서를 기초로 하여 심사를 하는데 매년 12월부터 다음 해 7월까지 하원의 개회 중 1주일에 이틀씩 오후에 모이는데 약 45회 모인다.[8] 위원회에는 회계검사원으로부터 원장을 위시한 간부들이 출석하여 위원회를 보좌하며, 또한 재무부측에서도 참석한다. 결산위원회는 누구든지 증인으로 부를 수 있으나 세출특별위원회(Committee of Expenditure)와는 달라서 공무원이 아닌 증인을 부르는 경우는 거의 없다.[9]

위원회는 각 부의 회계관(Accounting Officer)[10]을 불러 검사보고를 자료로 삼아 심문을 개시한다. 이어서 각 위원은 동 부의 결산과 관계가 있는 어떤 문제에 대해서든지 질문을 할 수가 있는 것이다. 결산위원회는 이 심사의 결과를 수차에 걸쳐서 본회의에 보고하는데 본회의는 관례적으로 이를 토의하지 않고 그대로 승인한다.

영국에서는 회계경리는 순수한 사무이며 정무가 아니라는 관례가 확립되어 있으며 결산위원회에 있어서의 결산심의도 이에 입각하여 행하여지고 있다. 결산위원장이 반드시 야당에서 나오게 되어 있다는 것도 그 표현의 일단이며 정치가인 장관이나 정무차관을 회계경리의 책임자로 하지 않고 직업공무원인 각 부의 사무차관을 회계관으로 임명하고 그에게 전책임을 집중 귀일시키고 이를 대상으로 하여 비위사항을 규명하는 것도 여기에 이유가 있는 것이다.

위원회의 심의에 있어서도 각 위원은 정치적 고려없이 순사무적으로 회계관에 대하여 소위 십자포화적 질문을 퍼부으며 각부는 이를 몹시 두려워한다고 한다. 이것이 장래의 재발방지에 절대적인 효과가 있다고 한다.

(3) 사후처리

위원회의 보고에 의거하여 재무부는 매년 12월경에 비위사항에 관련된 기관에 그 의견을 첨부하여 이를 알리고 재차 위반이 없도록 하는 동시에 부령을 발

8) Fidelma White and Kathryn Hollingsworth, *Audit Accountability and Government* (Oxford: Clarendon Press, 1999), p. 49.

9) Leo Pliatzky, *The Treasury under Mrs. Thatcher*(Oxford: Basil Blaclwell, 1989), pp. 88- 89.

10) 회계관(Accounting Officer)제도는 영국의 재무행정의 특징의 하나인데 그 직무는 각 기관의 예산요구서를 작성하는 것과 그 기관의 경비사용에 관한 것으로 대별된다. 회계관은 그가 속하는 각 기관의 경비의 사용, 회계경리 일반에 관하여 산하기관을 감독 통할하며, 결산서에 서명하여 의회에 대하여 제1차적 책임자로서 개인적인 책임을 지며, 동시에 소속장관에 대해서도 집행자로서 행정적 책임을 지는 것이다. 기관에 따라서 예외가 있으나 보통 사무차관이 이를 겸한다.

하여 각 기관의 회계예규로 만드는 것이다.

회계검사원의 검사의 결과 발견된 사실에 의거하여 결산위원회가 각 기관의 회계관을 심문하고 그 결과를 재무부가 실제행정면에 반영시켜 과오의 재발을 방지하는 것이다. 영국의 재무행정제도가 오늘날과 같이 정직하고 부패할 수 없는 제도로 발전하게 된 것은 재무부와 회계검사원과 결산위원회의 협력의 덕택이라고 하겠다.

제 3 절 한국의 결산제도

1. 출납정리기간

결산은 예산집행의 실적이므로 예산집행의 완결이 있어야 비로소 그 내용을 확정할 수 있다. 예산집행의 완결이란 구체적으로는 수입지출의 출납사무의 완결이며 따라서, 출납사무의 완결은 결산작성의 전제가 된다.

국고금관리법 제4조의2 제1항은 「한 회계연도에 속하는 세입세출의 출납에 관한 사무는 다음 연도 2월 10일까지 완결하여야 한다」고 규정하고 있다. 각 연도의 수입지출은 연도 내에 행하여진 것에 한하여야 함은 물론이나, 출납정리를 위하여 연도가 끝나고 다음 연도가 되어도 일정한 기간 동안은 수입 또는 지출이 허용되고 있다. 이 기간을 출납정리기간이라고 한다.

(1) 세입의 수납

세입의 경우 과거에는 출납공무원이 매회계연도 소속의 세입금을 다음 연도 1월 20일까지 수납할 수 있었으나 1980년 11월의 예산회계법시행령 개정에 의하여 연도 말까지만 수납할 수 있게 되었으며, 국고금관리법시행령도 이를 계승하고 있다.[11] 그러나 한국은행은 출납공무원으로부터 그 수납한 세입금의 납입이 있을 때, 지방세에 부과되어 징수된 수입금을 납입하는 경우에는 다음 연도 1월 15일까지 수납할 수 있다.[12]

---

11) 국고금관리법시행령 제5조 제1항.

12) 국고금관리법시행령 제5조 제2항.

(2) 세출의 지출

세출의 경우 지출관이 매회계연도에 속하는 경비를 정산하여(예를 들면 개산급을 한 여비의 정산) 지출하는 것은 과거에 다음 연도 1월 20일까지 허용되었으나 이 역시 1980년 11월의 개정에 의하여 연도 말까지만 할 수 있게 되었다.

그러나 정부계정 상호간의 국고금대체를 위한 지출, 선사용자금의 지급금액을 대체납입하기 위하여 지출하는 경우 다음 연도 1월 15일까지 할 수 있다.[13) 출납공무원이 세출을 지급하는 것은 연도 말까지 끝내야 하나[14) 한국은행은 다음 연도 1월 15일까지 전년도분을 지급할 수 있다.[15)]

(3) 주계부의 마감

세입세출의 출납정리기간은 이상과 같은데, 이 기간 후에 있어서도 장부의 정리 기타의 사무가 있으며 이들 사무는 3월 10일까지는 완결하지 않으면 안된다. 매년 3월 10일에는 기획재정부장관은 감사위원 기타 공무원의 입회하에 전년도의 세입세출주계부를 마감하여야 한다.

2. 결산의 조제

결산심의의 기초로서 각 중앙관서의 장은 매회계연도 그 소관에 속하는 세입세출의 결산보고서·계속비결산보고서 및 국가의 채무에 관한 계산서 등을 작성하여 2월 말일까지 기획재정부장관에게 제출한다.[16)]

이 때에 기획재정부장관이 정하는 바에 따라 i) 세입세출 결산의 분석에 관한 서류, ii) 수입대체경비의 세입세출결산보고서, iii) 세입세출결산의 개요설명서, iv) 기타의 세입세출 결산의 내용을 명백히 함에 필요한 서류를 첨부하여야 한다. iii)의 세입세출 결산의 개요설명서에서는 세입의 경우 예산대비증감내역을 표시하여야 하며, 세출의 경우에는 단위사업별 사업계획대비실적과 그 성과를 명백히 표시하여야 한다.[17)]

13) 국고금관리법시행령 제6조 제1항.
14) 국고금관리법시행령 제6조 제2항.
15) 국고금관리법시행령 제6조 제3항.
16) 국가재정법 제58조.
17) 국가재정법시행령 제27조 제1항 및 제2항.

(1) 세입결산보고서

세입결산보고서는 i) 세입예산액, ii) 징수결정액, iii) 수납액, iv) 불납결손액, v) 미수납액, vi) 세입예산액과 수납된 세입액과의 차를 표시한다. 이들의 관계를 살펴본다면,

미수납액=징수결정액－수납액－불납결손액
세입예산액과 수납된 세입액과의 차=세입예산액－수납액

의 관계가 있다.

(2) 세출결산보고서

세출결산보고서는 장·관·항·세항·목별로 i) 세출예산액, ii) 전년도이월액, iii) 예비비사용액, iv) 전용 등 증감액, v) 예산현액, vi) 지출액, vii) 익년도이월액, viii) 불용액 등을 표시하게 되어 있다. 이들 간에는

예산현액=세출예산액＋전년도이월액＋예비비사용액＋전용등증감액
불용액=예산현액－지출액－익년도이월액

의 관계가 있다.

(3) 계속비결산보고서

계속비의 연부액의 결산은 매년도의 세출의 결산으로서 정리하는 것이나, 계속비는 수년도분을 일체로 해서 지출권한을 부여하는 예산이므로 총체적으로 결산하여 그 사업의 전모를 명백히 할 필요가 있는 것이므로 계속비 결산보고서를 작성하여 국회에 제출하게 되어 있는 것이다. 이리하여 각 중앙관서의 장은 계속비의 연부액의 최후의 지출이 속하는 연도의 세입세출결산보고서와 함께 계속비결산보고서를 작성하여 기획재정부관에게 제출하게 되어 있다.

(4) 국가의 채무에 관한 계획서

「국가의 채무」라 함은 국채·차입금 및 국고채무부담행위를 말하므로, 국가의 채무에 관한 계산서란 i) 차입금계산서, ii) 국채현재액계산서, iii) 국고채무

〈표 3-21〉 일반회계 세입결산총계

(단위: 백만원)

구분 / 연도	세입예산액	징수결정액	수납액	불납결손액	미수납액
1965	82,534	90,222	84,384	289	5,548
1970	409,690	428,863	405,144	9,476	14,242
1975	1,419,787	1,519,415	1,446,876	6,708	65,830
1980	6,466,756	6,950,110	6,635,180	39,242	275,688
1985	12,532,362	14,468,614	13,008,894	398,809	1,060,911
1990	27,455,733	33,275,242	31,304,595	475,409	1,495,238
1995	51,881,113	58,852,057	52,927,958	2,131,651	3,792,448
2000	88,736,307	104,695,742	92,602,205	4,623,783	7,469,755
2005	135,215,587	152,357,166	136,459,192	7,489,010	8,408,964
2006	146,962,504	162,810,985	147,866,757	7,115,598	7,828,630
2007	156,517,719	188,027,752	171,172,144	7,058,214	9,797,395
2008	179,533,739	202,412,341	181,585,775	7,059,395	13,767,171
2009	203,549,740	224,236,740	204,947,465	7,284,367	12,004,908

자료: 해당연도 결산개요.

부담행위계산서를 망라하여 말하는 것이라 하겠다.

기획재정부장관은 각 중앙관서의 장이 제출하는 이들 각종의 보고서에 의하여 세입세출전체의 결산, 즉 총결산을 작성하여 국무회의의 심의를 거쳐 대통령의 승인을 얻는다. 결산은 연도종료후 될 수 있는대로 속히 심의를 거치지 않으면 안된다. 따라서, 국가재정법은 정부로부터 감사원에 총결산과 필요서류를 송부하는 기한을 다음 연도 4월 10일까지로 하고 있다.[18)]

3. 결산의 심사

결산이 국회에 제출되면 국회는 정치적 견지에서 결산의 내용을 통하여 정부의 재정적 조치를 비판하고 그 책임을 명백히 한다. 감사원은 예산의 집행을 중심으로 하여 결산의 합법성과 적확성을 검사하고 이것을 확인한다. 그러나, 절차상 감사원의 검사가 선행한다. 회계상의 전문기관에 의한 검사가 국회의 심의에 있어서 중요한 자료가 되는 까닭이다.

18) 국가재정법 제59조 제1항.

〈표 3-22〉 일반회계세출결산총액

(단위: 백만원)

구분 연도	예산액	예산결정후증감액				예산현액	지출액	익년도 이월액	불용액
		전년도 이월액	예비비 사용액	전 용 증감액	이용 및 이체액				
1965	82,533	279	5,230	224	182	82,813	81,778	247	788
1970	409,690	167	10,892	2,246	3,212	409,857	403,985	366	5,505
1975	1,419,787	4,772	91,837	46,749	10,473	1,424,559	1,374,375	27,200	22,985
1980	6,466,756	201,726	139,380	229,300	93,707	6,668,781	6,486,054	125,612	57,115
1985	12,532,362	260,335	212,176	215,434	34,419	12,794,829	12,406,393	316,641	71,795
1990	27,455,733	814,806	519,926	170,069	182,530	28,306,829	27,436,744	699,958	170,127
1995	51,881,113	834,902	932,922	622,424	93,033	52,731,747	51,498,089	1,023,367	210,291
2000	88,736,307	1,398,305	2,038,078	1,095,149	189,602	90,154,574	87,464,491	1,082,228	1,607,854
2005	135,215,587	1,237,171	1,516,542	1,026,427	634,790	136,480,888	134,207,676	1,014,776	1,258,436
2006	146,962,504	1,013,832	2,059,291	807,465	8,168,393	148,020,425	144,836,014	1,657,739	1,526,672
2007	156,517,719	1,856,281	1,084,880	655,510	180,031	158,418,327	154,330,868	1,498,459	2,589,000
2008	179,553,739	1,507,536	917,202	1,079,351	100,374,530	181,100,690	175,469,505	1,504,014	4,091,171
2009	203549,740	1,504,087	3,115,360	1,303,201	469,041	205,122,960	199,875,979	1,462,789	3,784,192

자료: 해당연도 결산개요.

(1) 결산의 확인

전술한 바와 같이 결산의 확인의 의의는 결산의 합법성과 적확성에 관한 최종적인 판정에 있다. 그러나, 과거의 수입과 지출을 대상으로 하는 까닭에 설사 결산이 비합법적이며 부적확하다고 판정하더라도 이것을 무효로 한다든가 부분적으로 취소하는 효과를 지니지는 못한다. 따라서 감사원의 권한의 중점은 실질적으로 결산의 확인에 있다기보다는 검사하는 동안에 발견된 회계상의 비위에 대한 시정조치를 요구하는 데 있다고 하겠다.

감사원은 결산의 검사가 끝나면 그 보고서를 5월 20일까지 기획재정부장관에 송부하여야 하며,[19] 정부는 감사원의 검사를 거친 세입세출결산을 다음 다음 연도 5월 31일까지 국회에 제출해야 한다.[20]

정부에서 국회에 제출하는 세입세출결산에는 감사원의 검사보고 이외에 각 중앙관서의 세입세출결산보고서 · 계속비결산보고서 · 국가의 채무에 관한 계산서를 첨부하여야 한다.[21]

(2) 국회에 있어서의 결산의 심의

정부가 결산을 국회에 제출하면 각 상임위원회에 회부하여 심사케 하고 각 상임위원회는 그 심사결과에 대한 의견을 첨부하여 예산결산위원회에 회부하여 종합심사케 한 후 이를 본회의에 보고한다.

그런데 이러한 결산심사과정에 있어서 과거에는 본회의는 더 말할 것도 없고, 예산결산위원회도 거의 무관심했다. 다행하게도 최근에 예산결산위원회가 상설화됨으로써 예산결산위원회의 결산에 대한 관심이 과거보다 다소 높아졌다고 하겠다.

4. 결산을 통해본 세입 · 세출의 집행

우리는 앞의 「예산의 집행」 장에서 세입 · 세출의 집행에 관해서 고찰하였으나 이곳에서는 결산의 결과 나타난 세입 · 세출의 집행실태를 간단히 살펴보고자 한다.

---

19) 국가재정법 제60조.

20) 국가재정법 제61조.

21) 국가재정법 제59조 제2항.

(1) 세입의 집행

먼저 세입의 집행을 살펴본다면 〈표 3-21〉에서 볼 수 있는 바와 같이 징수결정액이 항상 세입예산액을 초과하고 있을 뿐만 아니라 1997년을 제외하고는 수납액이 항상 세입예산액을 초과하고 있다. 이런 점에서 우리나라 세입의 집행은 그 실적이 양호하다고 할 수 있다.

〈표 3-23〉 결산을 통해 본 세입의 집행

(단위: %)

연 도	징수결정액에서 수납액이 점하는 비율	징수결정액에서 불납결손액이 점하는 비율	징수결정액에서 미수납액이 점하는 비율
1986	90.0	2.5	7.5
1987	92.1	2.3	5.6
1988	93.6	1.8	4.7
1989	93.5	1.7	4.8
1990	94.1	1.4	4.5
1991	93.1	1.0	5.8
1992	91.6	1.7	6.7
1993	89.5	2.9	7.6
1994	90.6	3.3	6.0
1995	89.9	3.6	6.4
1996	89.8	3.6	6.6
1997	87.9	4.4	7.7
2000	88.4	4.4	7.1
2005	89.6	4.9	5.5
2006	90.8	4.4	4.8
2007	91.0	3.8	5.2
2008	89.7	3.5	6.8
2009	91.4	3.2	5.4

자료: 해당연도 예산개요에서 산출.

이와 같이 수납액이 대부분의 경우 세입예산액을 초과하고 있으므로 수납액 등을 세입예산액과 대비해 보는 것은 큰 의미가 없으므로 징수결정액과 대비해 보고자 한다.

먼저 징수결정액에서 수납액이 차지하는 비율을 본다면 1990년대초까지는 수납액이 항상 징수결정액의 90% 이상을 차지했다. 특히 1990년도 같은 경우에는 94.1%를 차지했다. 그러나 1990년대 후반에 와서는 90%에 미달하게 되었으며 2005년도에는 89.6%로 하락했다. 그러다가 2000년 후반에 와서 징수실적이 다시 호전하게 되었으며 경기가 나빴던 2008년도를 제외하고는 항상 90%를 초과하였다.

따라서 불납결손액이나 미수납액이 차지하는 비중도 1990년대초까지는 그 비중이 대단치 않았으나 1990년대 후반에 와서는 그 비중이 많이 상승하였다. 특히 눈에 띠는 것은 불납결손액의 비중이 1994년도부터 3%를 초과하게 되었으며 2005년도에는 4.9%에 달하게 되었다는 사실이다. 다행하게도 2006년도부터 수납실적이 양호해짐에 따라 불납결손액의 비율이 떨어지기 시작하여 2009년도에는 3.2%에 이르렀다.

(2) 세출의 집행

세출의 집행을 보면 〈표 3-24〉에는 나타나지 않으나 지출액이 예산액이나 예산현액의 97% 이상을 차지하고 있다는 것을 알 수 있다.

집행되지 않은 세출을 의미하는 익년도 이월액과 불용액의 합계를 본다면 대

〈표 3-24〉 결산을 통해 본 세출의 집행

(단위: %)

연 도	예산액에서 익년도 이월액이 점하는 비율	예산현액에서 익년도 이월액이 점하는 비율	예산액에서 불용액이 점하는 비율	예산현액에서 불용액이 점하는 비율
1986	1.7	1.6	0.7	0.7
1987	2.6	2.6	0.5	0.5
1988	3.0	2.9	1.5	1.5
1989	4.0	3.6	0.6	0.6
1990	2.5	2.4	0.6	0.6
1991	1.9	1.9	0.7	0.6
1992	1.4	1.4	0.9	0.9
1993	2.3	2.0	1.6	1.4
1994	1.9	1.9	0.9	0.9
1995	2.0	1.9	0.4	0.4
1996	1.8	1.8	0.4	0.3
1997	2.4	2.3	3.4	3.3
2000	1.2	1.2	1.8	1.8
2005	0.8	0.7	0.9	0.9
2006	1.1	1.1	1.0	1.0
2007	1.0	1.0	1.7	1.6
2008	0.8	0.8	2.3	2.3
2009	0.7	0.7	1.9	1.8

자료: 해당연도 예산개요에서 산출.

체로 예산액이나 예산현액의 5% 미만이라는 것을 알 수 있다.

이와 같이 볼 때 우리나라 세출도 비교적 국회가 의결하여준 예산에 따라 순조롭게 집행되고 있다고 할 수 있겠다. 다만 불용액이 1997년도를 제외하고는 예산액이나 예산현액의 2.0% 미만을 차지하고 있다는 사실이 예산의 순조로운 집행을 의미할 수도 있으나 회계연도 종료전에 주어진 예산을 가능하면 사용해 버리려는 관료제의 바람직하지 못한 행태를 의미할 수도 있다는 사실에 유념할 필요가 있겠다.

제 6 장 회계검사

제 1 절 회계검사개념의 변천

1. 회계검사의 의의

(1) 개 념

회계검사란 가장 일반적인 의미에 있어서 어떤 조직체의 재정적 활동과 그 수지의 결과에 관한 사실을 확인하거나 검사하며 나아가서 그 결과를 보고하기 위하여 장부 기타의 기록을 체계적으로 검사하는 행위라고 할 수 있겠다.[1] 이것을 좀더 구체적으로 살펴보면 다음과 같다.

① 첫째로 회계검사의 대상은 회계기록이다. 여기에서 회계기록이란 회계장부보다는 넓은 뜻을 지니는 것으로서 회계와 관계가 있는 모든 기록을 말한다.

② 둘째로 이러한 회계기록은 타인이 작성한 것이어야 한다. 회계검사는 기장자 이외의 제3자에 의하여 행하여지는 정부검증절차로서 기장자 자신의 검사절차는 회계검사가 아니다.

③ 회계검사는 회계기록의 정부검증절차이다. 여기에서 정부검증절차란 부기기록이 각 거래를 적정하게 해석하고 그 경제적 내지는 법률적 사상을 진실하게 표시하고 있다는 것을 입증하는 것이다.

④ 회계검사는 회계기록의 적부에 관한 비판적 검증이다. 회계기록의 정부검증은 반드시 비판적으로 행하여진다고 할 수는 없다. 어떤 때에는 단순히 기록의 정부를 결정하기 위하여 행하여지는 경우가 있는가 하면, 또 어떤 때에는 단순히 불명한 사실을 명백히 하기 위하여 행하여지는 경우가 있는데 이들은

---

1) Robert Montgomery, *Auditing Theory and Practice*(New York: Wiley, 1940), p. 2.

회계검사는 아니다. 회계검사에 있어서는 반드시 검증결과에 대하여 검사인의 의견의 표명이 있어야 한다.[2]

(2) 정부부문의 회계검사

민간부문의 경우와는 달리 정부부문에서는 회계검사의 성격이 다소 좁아진다. 정부부문의 회계검사는 정부기관이 자금을 입법부가 제정·통과시킨 법률이나 예산에 충실히 의거하여 지출했는가를 검토하는데 중점을 두어 왔던 것이다. 환언하면 지출의 합법성을 극도로 중요시해 왔던 것이다. 이와 같은 합법성 위주의 검사의 목표는 항상 법률이나 예산에 위반된 지출과 수입은 없느냐 하는 것을 발견하는 데 있으므로 그것은 소극적 성격의 것이라는 비판을 받을 수밖에 없었다.

(3) 회계검사와 감사

영어의 audit는 우리가 「회계검사」 또는 「감사」라고 번역할 수 있을 줄 안다. 우리나라의 감사원법은 「회계검사」와 「직무감찰」을 합쳐서 감사라고 부르고 있으므로[3] 우리도 감사는 회계검사와 직무감찰을 포괄하는 개념으로 이해하고자 한다.

2. 전통적 회계검사

(1) 전통적 회계검사의 연혁

① 회계검사의 기원: 입헌제도하에서는 국가의 재정처리는 그 재원을 부담하는 국민의 사전승인을 얻는다는 의미에서 국가의 예산은 국민의 대표로서 구성되는 국회의 동의를 얻어 결정된다. 그러나 예산을 실제로 집행하는 것은 정부이다. 국회가 예산을 의결할 때 아무리 시끄럽게 논의를 하고 엄격한 조건을 붙이더라도 의결 후에 정부가 그대로 실행하지 않으면 아무런 효과가 없다. 예산을 승인한 국회는 당연히 정부의 재정집행을 감독하고 예산집행의 실적인 결산을 통해서 그 효과를 비판하고 감독을 가하나 그 활동은 간헐적이며 결론은 정치적 입장에 서게 된다. 여기에서 국회의 감독에 선행하여 항상 계속적으로 예산집행의 합법성과 예산내용의 적합성을 확인하고 국회의 감독의 자료로서

---

2) 田島四郎, 監査論(東京: 稅務經理協會, 1961), pp. 4-5.

3) 감사원법 제25조.

제공하는 특별한 기관이 필요하게 된다. 그리고 그 기관에는 정부의 행위를 자유로이 비판할 수 있는 특별한 지위를 부여하고 재정감독과 특별기관에 관해서 헌법규정을 두고 있다. 이 특별기관이 검사기구인 것이다.

이러한 검사기구 중 가장 긴 역사를 지닌 것이 영국과 프랑스의 감사원이다. 의회제도의 모국이라고 하는 영국에서는 1215년의 대헌장 이래 1628년의 권리청원, 1689년의 명예혁명 후의 권리장전에 의하여 예산제도의 확립을 보았다. 1832년 감사위원에 의하여 해군경비의 검사가 행하여지고 그 결과가 하원에 보고되었으며, 1857년 하원국고위원회의 활동으로 기타 부처의 경비에 관해서도 검사보고가 제출되게 되었다. 1861년 하원결산위원회가 설치되고 1866년에는 감사원의 설치를 보게 되었으며, 1869년부터는 감사원의 검사보고가 매년 의회에 제출되었다.[4)]

프랑스에 있어서 1789년의 혁명 전에는 전국에 14개의 검사기구가 있었으며, 주로 조세의 징수에 관해서 청부징세관 등을 대상으로 한 검사와 변상책임 판결을 하고 있었으나 1807년 나폴레옹에 의하여 통일적인 감사원이 설치되었다.[5)]

② 한국검사제도의 연혁: 우리나라 검사제도의 기원은 7세기 중엽으로 소급해 올라갈 수 있는데 신라 태종무열왕 때 설치된 사정부가 우리나라 감사기관의 효시이다. 고려시대에는 대간활동이 체계화되고 활발하였는데 어사대(또는 사헌부)의 대관은 시정을 논의하고 민간의 풍속을 교정하며 백관의 비위를 규찰·탄핵하였고 문하성의 간관은 군주에 대한 간쟁을 임무로 삼았다. 조선시대 사헌부 소속 대관과 사간원 소속 간관의 임무는 고려시대와 거의 같았다. 그들은 군주 및 대신들의 부당 또는 부정 등을 지적하여 이를 시정케 함으로써 권력남용을 견제하였다. 군주는 어사를 지방에 수시로 파견하여 지방행정 및 민심의 실태 등을 파악하고 지방관의 부정·부패를 규찰하도록 하였다.[6)]

그러나 이러한 검사제도가 국민의 대표로 구성된 입법부에 의한 정부의 재정감독을 보좌하기 위하여 발달한 서구적인 의미의 검사제도와는 그 성격이 다르다는 것을 알 수 있다. 따라서 참된 의미의 검사제도가 우리나라에서 시작된

---

4) Kenneth Mackenzie, *The English Parliament*(London: Pelican Book, 1951), pp. 147- 153.

5) 小峰保榮, 財政管理法解說(東京: 全國會計職員協會, 1968), p. 243.

6) 감사원, 감사원40년사(서울: 감사원, 1988), p. 75.

것은 1948년 정부수립 이후의 일이라 할 수 있다.

(2) 전통적 회계검사의 특징

전통적 회계검사의 특징으로서 여러 가지를 들 수 있을 줄 아나 우리는 다음의 몇 가지를 들고자 한다.

① 협소한 검사대상기관: 전통적 검사의 대상기관은 주로 중앙정부의 행정부처였다. 공기업이나 정부지원기관 · 정부보조기관 등이 검사대상기관으로 추가된 것은 근래의 일이다.

② 합법성의 강조: 전통적 검사의 핵심은 합법성 위주의 검사라는 데 있다. 한 마디로 말해서 전통적 검사의 목표는 법률이나 예산에 위반된 수입이나 지출이 없는가를 발견하는 데 있었다고 본다.

③ 재정에 대한 검사: 전통적 검사의 초점은 재정에 있었다. 수입 · 지출의 합법성을 강조하다보니 검사의 초점을 재정에 둘 수밖에 없다. 전통적 검사를 재정검사라고 부르는 이유가 여기에 있다.

④ 회계검사와 직무감찰의 분리: 전통적 검사는 회계검사와 직무감찰의 분리를 원칙으로 하였다. 검사기구가 행정관리의 개선 · 향상을 목적으로 하는 직무감찰기능을 흡수 · 통합하게 된 것은 현대적 검사 등장 이후의 일이다.[7]

(3) 전통적 회계검사에 대한 비판

합법성을 강조하는 전통적 검사에 대해서 여러 가지 비판이 가해지고 있는데 여기서는 이를 다음의 세 가지로 요약하고자 한다.

① 능률적 행정운영의 저해: 지출의 합법성을 강조하는 회계검사가 자칫하면 정부기관의 능률적 운영을 저해할 우려가 있다는 비판이 제기되고 있다. 이러한 문제점은 미연방정부의 회계검사원과 같이 회계검사기관이 정부기관의 지출을 확정시킬 권한과 법률에 관한 해석을 결정할 권한을 지니는 경우에는 더욱 두드러지게 나타나게 된다고 하겠다.

② 부당지출방지의 곤란: 합법성 위주의 회계검사는 불법지출을 방지할 수는 있으나 부당한 지출이나 낭비를 방지하는 데에는 한계가 있다는 비판도 제기되고 있다.

---

7) B. Geist, "State Audit: An Introduction," in B. Geist(ed.), *State Audit: Developments in Accountability*(London: Macmillan, 1981), pp. 4-8.

근래에 와서 법률이나 예산의 규정이 점차 개괄화하여 공무원들에게 많은 재량의 여지를 부여하고 있는데 이러한 개괄적인 법의 규정에 명백히 위배된 지출이 아닌 한 그 지출이 다소 부당하고 낭비라 할지라도 그것을 추궁하기 어려운 경우가 많다는 것이다. 뿐만 아니라 회계검사가 합법성만을 강조한다면 정부기관은 지출을 법률이나 예산이라는 형식에 합치시키는 데에만 급급하게 되며, 비능률적 지출이나 비경제적 지출의 억제를 소홀히 하게 된다는 것이다.

③ 관리전반의 검토 불능: 합법성 위주의 소극적 회계감사로서는 정부지출의 행정관리 전반의 검토가 불가능하며, 의회 역시 이러한 회계검사에 의거한 보고에 의해서는 정부지출의 전체적인 성과를 명백히 할 수 없다는 비판이 있다. 환언하면 전통적인 회계검사로서는 경비분석(expenditure analysis)이나 능률검사·효과성검사가 불가능하며 행정관리 전반에 대한 검토가 어렵다는 것이다.[8)]

3. 회계검사기능의 변화와 현대적 검사의 특징

(1) 회계검사기능의 변화

합법성 위주의 전통적 검사에 대해서 많은 비판이 제기되고 전통적 검사로서는 검사기능의 올바른 수행이 어렵게 되자 검사기능에 많은 변화가 일어나게 되었다. 여기서는 이를 다음의 몇 가지로 나누어서 고찰하고자 한다.

① 검사대상기관의 확대: 전통적으로 검사대상기관은 중앙정부의 행정부처였으며, 지금도 이들이 검사대상의 핵심을 이루고 있는 것이 사실이다. 그러나 20세기에 들어와서 정부의 기능이 크게 확대됨에 따라 검사대상기관의 범위도 넓어졌다.

영국은 예외이나[9)] 전액정부투자기관이나 정부가 50% 이상의 지분율을 가지는 공기업을 검사대상기관에 포함시키는 나라가 많다. 지방자치단체나 정부의 지원 또는 보조를 받는 기관에 대한 검사는 국가에 따라 차이가 있다. 영국·미국·일본 등은 지방자치단체를 검사대상기관에서 제외하고 있다.

② 규범의 변화: 합법성을 강조하는 전통적 검사에 대한 반성은 규범(norm)의 변화를 가져왔다. 논자에 따라서 이러한 규범의 변화를 새로운 검사방법의

---

8) 足立忠夫,「獨立監査における問題點」, 日本行政學會編, 行政管理の動向(東京: 勁草書房, 1957), pp. 94-98.

9) 영국에서는 주무부장관이 지정한 공인회계사의 검사를 받는다(유 훈, 공기업론[제5정판](서울: 법문사, 2000), p. 459 참조).

등장이라고도 한다.

경제성검사(economy audit), 능률성검사(efficiency audit), 효과성검사(effectiveness audit)를 포괄하는 소위 3E가 그 대표적인 예라고 할 수 있다. 경제성검사는 문제를 input의 측면에서 보는 것이며, 능률성검사는 동일한 문제를 input과 output의 측면에서 보는 것이므로 능률성검사가 경제성검사까지를 포함하는 넓은 개념이라고 할 수 있다. 효과성검사는 프로그램(program)이나 프로젝트(project)의 목표가 얼마나 달성되었는가에 초점을 두는 검사라 할 수 있다. 이렇게 볼 때 3E는 능률성검사와 효과성검사로 요약될 수 있다.

이러한 규범의 변화 또는 새로운 검사방법의 등장은 실제로 각국에서 여러가지 형태로 나타나고 있는데, 영국에서는 1983년의 회계검사법에 의하여 VFM (value for money)검사가 도입되었고,[10] 스웨덴에서는 1967년부터 효과성검사가 시행되고 있으며, 미국에서는 프로그램평가의 형태를 취하게 되었다.

③ 검사초점의 전환: 합법성 위주의 회계검사에서 효과성검사 또는 능률성검사로 전환함에 따라 검사의 초점이 재정에서 관리 전반으로 확대되기에 이르렀다.[11]

〈표 3-25〉 전통적 검사와 현대적 검사의 비교

항 목	전통적 검사	현대적 검사
검사대상기관	주로 중앙정부부처	중앙부처뿐만 아니라 공기업, 정부지원기관, 정부보조기관 등까지 포함
규 범	합법성 위주	능률성·효과성 등의 강조
검사의 초점	재 정	관리전반
회계검사와 직무감찰의 관계	회계검사와 직무감찰의 분리	회계감사와 직무감찰의 통합

이러한 경향은 스웨덴의 효과성검사가 i) 목표분석, ii) 운영의 검사(audit of operation), iii) 체제의 검사(audit of system)로 세분되고 있는 데서 알 수 있

10) Fidelma White and Kathryn Hollingsworth, *Audit, Accountability, and Government* (Oxford: Clarendon Press, 1999), p. 417.

11) Frederick C. Mosher, *A Tale of Two Agencies: A Comparative Analysis of the General Accounting Office and the Office of Management and Budget*(Baton Rouge: Louisiana State University Press, 1984), p. 149.

을 뿐만 아니라 미국의 프로그램평가에서 더욱 분명하게 나타나고 있다.

미국의 프로그램평가는 검사의 초점을 법률이나 예산에 위배되는 지출이나 수입이 없느냐에 두고 있는 것이 아니라 현재 진행 중에 있는 정부프로그램의 효과성에 초점을 두고 있으며, 따라서 프로그램평가는 필연적으로 프로그램의 폐기 · 수정 · 부활에 대한 건의로까지 이어질 수밖에 없다.[12] 이러한 정책수정의 건의가 때로는 심각한 정치문제로 확대될 우려가 있는 것이 사실이나 재정에만 초점을 두었던 전통적 검사와는 근본적으로 그 성격이 다르다는 것을 알 수 있다.

④ 회계검사와 직무감찰의 접근: 회계검사의 초점이 재정에서 관리전반으로 확대됨에 따라 회계검사와 직무감찰의 통합이 불가피하게 되었다. 전통적 회계검사만으로 관리전반에 대한 검사가 불가능한 까닭이다.

회계검사와 직무감찰의 통합은 이스라엘이나 대만 · 한국과 같이 명시적으로 성문화되어 있는 경우도 있으나, 독일과 같이 감사원장이 당연직으로 연방행정능률위원을 겸직하는 방법으로 채택될 수도 있다.

독일의 경우보다 더욱 묵시적 · 잠재적으로 이루어지는 회계검사와 직무감찰의 통합은 스웨덴의 효과성검사와 미국의 프로그램평가에서 찾아볼 수 있다.

스웨덴의 효과성검사가 목표로 하고 있는 「운영의 검사」는 특정한 기관의 산출과 생산성을 검사하고 자원의 활용을 검사하는 것인 까닭에 회계검사의 범주에 포함시킬 수 있으나 특정한 기관이 의회와 행정부의 의도를 어떻게 해석하고 있으며, 집행하고 있는가를 검토하고 나아가서 이 기관이 그 활동을 어떻게 기획하며, 이러한 활동의 효과가 어떻게 추적되고 있는가를 검사하는 「목표분석」이나 특정한 기관의 조직과 행정지원기능 및 통제체제 등을 검사하는 「체제의 검사」는 아무리 회계검사를 넓게 해석하더라도 회계검사의 범주에 포함시키기는 어려우며 직무감찰기능으로 볼 수밖에 없다.

미국의 프로그램평가도 검사의 초점이 재정에서 관리전반으로 확대됨에 따라 회계검사기능 외에 직무감찰기능도 필요하게 되었다. 이를 뒷받침하기 위하여 감사원의 조직과 기능을 규정한 1921년의 예산회계법 외에 1970년의 「입법부개편법」과 1974년의 「의회예산 및 집행정지통제법」에서 프로그램평가에 관한

---

12) John R. Rourke, "GAO: An Evolving Role," *Public Administration Review*, September-October 1978, p. 454.

회계검사원의 권한을 규정했던 것이다.

⑤ 검사기능변화의 상호관계: 앞에서 고찰한 바와 같이 합법성을 강조하는 전통적 검사에 대한 반성은 규범의 변화를 가져왔다. 합법성 위주의 검사에서 능률성과 효과성을 강조하는 검사로 이행하게 되었으며, 이는 나아가서 검사의 초점을 재정에서 행정관리 전반으로 확대하는 결과를 초래했다. 행정의 능률성이나 효과성은 재정만의 문제가 아니라 전반적인 행정관리와 관련이 있는 까닭이다.

규범의 변화: 합법성 위주에서 능률성 효과성의 강조

↓

검사초점의 전환: 재정에서 행정관리전반으로

↓

회계검사 · 직무감찰의 관계: 양자의 분리에서 통합

[그림 3-1] 검사기능변화의 상호관계

검사의 초점이 재정에서 행정관리전반으로 확대됨에 따라 전통적인 회계검사기능만으로는 검사를 효과적으로 수행할 수 없게 되었으며, 검사기구가 직무감찰기능도 필요로 하게 되었다.

이와 같이 고찰할 때 [그림 3-1]과 같이 검사규범의 변화가 검사초점의 전환을 초래했으며, 이는 나아가서 회계검사와 직무감찰의 접근 또는 통합을 가져왔다.

(2) 현대적 회계검사의 특징

회계검사기능의 변화에서 이미 상세히 고찰하였으므로 다소 중복되는 감이 있으나 현대적 검사의 특징으로서 다음과 같은 것을 들고자 한다.

① 광범한 검사대상기관: 전통적인 검사가 주로 중앙정부의 행정부처를 검사대상기관으로 삼은 데 대하여 현대적 검사는 보다 광범위한 기관들을 검사대상으로 삼고 있다. 정부지분율이 50% 이상되는 공기업을 검사대상에 포함시키고 있는 것이 일반적인 원칙이며, 정부지원기관이나 정부보조기관들도 검사대

상에 포함시키고 있는 경우가 많다.

지방자치단체를 검사대상기관에 포함시키느냐 하는 문제는 국가에 따라 차이가 있다. 프랑스·이탈리아·오스트리아·이스라엘 등과 같이 회계검사기관이 지방자치단체에 대한 검사를 실시하는 국가가 있는가 하면 독일과 같이 연방검사원과 주검사기구가 합동위원회를 구성하여 연방예산의 일부를 사용하거나 연방재산을 관리하는 주기관 등에 대하여 합동위원회가 검사를 담당하는 국가도 있다.

② 능률성과 효과성의 강조: 전통적 검사가 합법성 위주의 검사였는데 대하여 현대적 검사는 합법성보다 능률성과 효과성을 더 강조하는 검사이다. 우리나라와 같이 효율성검사라고 부르는 경우가 있는가 하면 스웨덴과 같이 효과성검사(effectiveness audit)라고 부르는 경우도 있으며, 미국과 같이 프로그램평가라고 부르는 국가도 있으나 합법성보다는 능률성과 효과성을 더 강조한다는 점에서는 공통점을 지니고 있다.

③ 관리전반에 대한 검사: 전통적 검사가 검사의 초점을 재정에 둔 데 대하여 현대적 검사는 검사의 초점을 관리전반에 두고 있다. 수입·지출의 합법성을 강조하는 전통적 검사가 재정이라는 한정된 분야에 초점을 두었으나, 현대적 검사가 행정의 능률성·효과성을 규범으로 삼게 됨에 따라 재정이라는 한정된 분야만을 초점으로 삼을 수 없게 되었다. 행정의 능률성이나 효과성은 재정만의 문제가 아니라 전반적인 행정관리와 관련이 있는 까닭이다.

④ 직무감찰기능의 흡수·통합: 검사의 초점이 재정에서 행정관리전반으로 전환함에 따라 전통적인 회계검사기능만으로는 검사를 효과적으로 수행할 수 없게 되었으며, 검사기구가 직무감찰기능도 필요로 하게 되었다.

이러한 회계검사기능과 직무감찰기능의 통합은 명시적으로 이루어질 수 있는가 하면 묵시적·잠재적으로 실현될 수도 있다. 검사기구가 행정부에 소속되는 대륙형에서 찾아볼 수 있는가 하면 검사기구가 입법부에 소속되는 영미형이나 3부 중 그 어디에도 소속되지 않는 독립형의 경우에도 발견된다.

4. 바람직한 검사기능수행을 위한 요건

바람직한 검사기능수행을 위한 요건으로서 여러 가지를 들 수 있겠으나 Harris는 미국의 경우를 염두에 두고 ① 독립성, ② 사후검사, ③ 검사의 포괄성과 시의성, ④ 입법부의 적절한 검사보고의 처리를 들고 있으나[13] 우리는 다음과 같이 독립성·민주성·효과성을 들고자 한다. 이 세 가지가 과연 같은 수준의 가치나 이념이 될 수 있느냐에 관해서 논란이 있을 수 있으나 바람직한 검사 기능 수행을 위한 요건으로 생각할 수 있다.

(1) 독립성

Harris도 독립성을 제 1차적으로 들고 있는데, 바람직한 검사기능의 수행을 위해서는 검사기구의 독립성이 무엇보다 필요한 요건이다. 독립성이 검사의 객관성과 공정성을 보장하고 그 결과 신뢰도와 윤리적 정당성이 확보될 수 있다고 할 수 있다.

독립성을 정치적 독립성과 행정적 독립성으로 구분하는 사람들이 있는가 하면 White와 Hollingsworth는 조직적 독립성, 개인적 독립성, 운영적 독립성으로 나누고 있는데[14] 우리는 이곳에서 독립성의 확보를 위하여 필요한 몇 가지 요건을 검토하기로 한다.[15]

① 헌법기관: 독립성의 확보를 위해서는 첫째로 검사기구가 헌법기관이어야 한다. 미국 회계검사원은 헌법기관이 아니더라도 독립성이 강하다는 평가를 받아왔으나 근래에 와서 미국 검사원의 독립성에 위협을 가하는 사건들이 발생했다. 검사원장의 임기를 15년에서 7년으로 단축하며, 양원의 공동의결에 의해서만 해임될 수 있도록 되어 있는 것을 상원이나 하원의 단독의결로 해임할 수 있도록 하고 대통령이 아니라 의장이 임명하도록 하자는 법률안이 제출되었다.[16] 아직 통과되지는 않았으나 미국헌법에 감사원에 관한 규정이 없으므로 이러한 법안이 언제든지 의회를 통과할 수 있다는 것을 알 수 있다.

② 원장 등의 임명방법과 신분보장: 검사기구 독립성의 확보를 위해서 원장이나 감사위원 등의 임명방법·임기·신분보장을 어떻게 하느냐가 중요하다. 임기에 있어서 임명권자의 임기와 같거나 그보다 길게 하고 대통령(행정수반)이 국회의 동의를 얻어 임명하는 방법 등이 각국에서 많이 사용되는 방법이다.

---

13) Joseph P. Harris, *Congressional Control of Administration*(Washington, D.C.: Brookings Institution, 1964), pp. 128-129.

14) White and Hollingsworth, *op. cit.*, pp. 96-116.

15) 감사원, 정부형태에 따른 감사원의 지위(서울: 감사원, 1989), pp. 6-8.

16) Joseph Polis, "Independence of State Audit," in B. Geist(ed.), *State Audit: Development in Accountability*(London: Macmillan, 1981), p. 71.

이와 함께 임기 중 법원의 판결에 의하지 않고서는 본인의 의사에 반해서 면직되지 않도록 하는 신분보장도 필요하다.

③ 원내인사권 · 규칙제정권 · 예산의 자주성: 검사기구의 독립성의 확보를 위해서도 이 밖에도 원내인사권 · 규칙제정권 · 예산의 자주성 등을 보유해야 한다. 인사권을 검사기구가 독자적으로 행사하지 못하고 내각이 관장한다든지 규칙제정권을 보유하지 못하여 전적으로 대통령령(각령)에 의존해서는 독립성의 확보에 어려움이 있다는 것이다. 끝으로 예산의 자주성도 필요한데, 중앙예산기관에 의한 검사기구예산의 자의적인 삭감을 방지할 수 있는 장치가 필요하다.

(2) 민주성

앞에서 공공검사를 국민이 원하는 바대로 정부의 활동이 이루어지도록 하는 기능이라고 정의하였는데, 여기서 말하는 민주성이란 이러한 의미에서 대외적 민주성을 말한다.

Harris는 민주성과 관련하여 입법부의 적절한 검사보고처리를 들고 있다. 민주성의 확보에 있어서 문제가 되는 점은 그것이 자칫하면 독립성 · 효과성을 저해하는 결과를 초래한다는 사실이다.

① 국가원수(행정수반)에 의한 원장임명: 민주성의 확보를 위하여 흔히 사용되는 방법의 하나가 감사원장을 국민이 선출하는 국가원수 또는 행정수반이 임명하는 것이다. 우리나라와 같은 행정부소속형의 경우 뿐만 아니라 미국과 같은 입법부소속형의 경우에도 대통령이 임명하고 있다.

② 원장임명에 있어서의 국회동의: 국민이 선출하는 국가원수 또는 행정수반에 의한 감사원장의 임명과 병행하여 흔히 사용되는 방법이 원장임명에 있어서 국민의 대표로 구성되는 국회의 동의를 얻도록 하는 것이다. 입법부소속형인 이스라엘과 같이 의회의 추천에 따라 대통령이 임명하는 경우도 있으나 미국(입법부소속형)과 일본(독립형) 등은 우리나라와 같이 입법부의 동의 등을 얻어 대통령 또는 내각이 임명하고 있다.

③ 국회에 대한 보고: 민주성 확보를 위한 또 하나의 제도적 장치는 검사기구가 검사결과를 직접 또는 간접으로 국회에 보고한다는 것이다.

이것은 입법부소속형을 택하고 있는 영미계국가뿐만 아니라 행정부소속형이나 독립형을 택하고 있는 대륙계국가도 반드시 마련하고 있는 제도적 장치라고 하겠다.

독일이나 일본과 같은 대륙계국가에서는 과거에 검사기구가 행정부를 통하여 간접적으로 국회에 보고했으나, 독일은 1969년에 국회에 대한 직접적 보고제도를 도입했다.[17] 일본의 경우, 명치헌법에 의거하여 제정된 구회계검사원법은 회계검사원과 입법부의 관계를 거의 단절했으나 1947년에 제정된 신회계검사원법은 검사보고 설명을 위한 검사관의 국회출석과 검사관의 임명과 퇴임에 관한 국회의 동의를 규정함으로써 회계검사원이 국회와 직접적으로 접촉할 수 있는 길을 터놓았다.[18]

(3) 효과성

검사목적의 달성도를 의미하는 효과성은 실효성이라고도 하나 여기서는 행정학의 용어에 따라 효과성이라고 부르기로 한다. 효과성도 전술한 독립성이나 민주성과 이율배반적인 관계에 설 수 있다는 점에 유의할 필요가 있다.

① 권력적 뒷받침: 검사의 효과성 제고를 위해서는 권력의 뒷받침이 있어야 한다. 검사기관이 헌법기관이라 할지라도 권력의 뒷받침이 없는 경우 검사에 필요한 정보나 자료의 입수가 어려울 뿐만 아니라 검사의 사후처리에 있어서도 실효를 거두기가 어려운 경우가 있다.

② 정보·자료에의 접근용이성: 효과적인 검사를 위해서는 검사에 필요한 정보나 자료에의 접근·입수가 용이해야 한다. 이리하여 각국에서 이에 관하여 법률에 상세한 규정을 두고 있는 것이 관례인데, 전술한 권력의 뒷받침이 없는 경우에는 이러한 법률의 규정이 사문화될 수 있다.

③ 전문성: 검사의 효과성을 높이기 위해서는 검사요원의 전문성이 높아야 하며, 검사기구가 전문적 권위를 지녀야 한다.

이를 위해서는 인사권의 독립에 의하여 검사기구에 알맞는 인재의 확보와 꾸준한 능력개발이 필요할 뿐만 아니라 예산의 자주성에 의하여 충분한 인력의 확보도 이루어져야 한다.

④ 타업무의 경감: 검사의 효율적 수행을 위해서는 다른 업무로 인한 검사

17) Hans Schafer, "The Constitutional Position of Supreme Audit Institutions with Special Reference to the Federal Republic of Germany," in B. Geist(ed.), *State Audit* (London: Macmillan, 1981), p. 53.

18) 小峰保榮, 財政監督の諸展開(東京: 大村書店, 1974), p. 227.

기구의 부담이 과중하지 않아야 한다.

뒤에서 상술하는 바와 같이 회계검사기관이 입법부에 소속하고 있는 미국의 경우 입법부의 지원을 위하여 인력의 35%를 할애하고 있으며,[19] 이것이 검사의 효과성을 저해하고 있다는 비판이 제기되고 있다.

⑤ 검사의 공정성과 객관성: 검사의 효과성 제고를 위해서 검사의 공정성과 객관성을 유지하여 모든 검사대상기관이나 그 공무원들이 검사결과에 대하여 승복할 수 있도록 하는 것도 중요하다.

이를 위해서는 검사의 독립성을 확보하여 외부의 부당한 압력을 배제하는 것과 검사요원에 대한 적정한 보수를 확보하는 것도 중요하나, 검사요원의 자질이 검사의 공정성과 객관성을 좌우하는 중요한 요인이다.

제 2 절 회계검사기관

1. 회계검사기관의 유형

(1) 회계검사기관의 위치

회계검사기관의 유형은 관점에 따라 여러 가지로 분류할 수 있을 줄 아나, 첫째로 그 위치에 따라 다음과 같은 네 가지 형태로 분류할 수 있다.

① 영미형: 회계검사기관을 입법부에 예속시키는 형태로서 영국·미국을 위시하여 벨기에·오스트리아·이스라엘 등이 이에 속한다. 벨기에·오스트리아·이스라엘 등에 있어서는 회계검사기관의 최고책임자를 입법부가 임명하고 있다.[20]

② 대륙형: 회계검사기관을 행정부에 예속시키고 있는 형태로서 스웨덴·핀란드[21]·포르투갈·한국 등이 이에 속하며 나폴레옹에 의하여 설립된 과거의 프랑스 회계검사원(Cour des Comptes), 과거의 독일 회계검사원, 제2차대전

19) Fredrick C. Mosher, *The GAO: The Quest for Accountability in American Government* (Boulder: Westview, 1979), p. 280.

20) E.L. Normanton, *The Accountability and Audit of Governments*(Manchester: Manchester University Press, 1966), pp. 369-370.

21) Chistopher Pollitt and Hilkka Summa, "Reflexive Watchdogs? How Supreme Audit Institutions Account for Themselves," *Public Administration*, Summer 1997, p. 315.

전의 일본의 회계검사원이 이에 속한다.[22]

③ 독립형: 회계검사기관을 입법 · 사법 · 행정 3부 중 그 어느 것에도 속하지 않는 독립된 기관으로 하고 있는 형태이다. 현재의 프랑스 회계검사원, 독일 회계검사원, 일본 회계검사원이 이에 속한다.

이들은 본래 대륙형에 속해 있었으며 절대군주제하에서 군주에게 속해 있었으나, 이러한 나라들의 정치체제가 달라지고 권력분립이 뚜렷해짐에 따라 행정부의 지배에서 벗어나게 된 것이다. 독일 재무장관이 지적했듯이 이들은 제4부적인 존재라고 할 수 있겠다.[23]

「기관공제설」을 원용하여 소속을 명문으로 밝히지 않았으므로 이들은 이론상 당연히 행정기관으로 인정되어야 한다는 사람이 있는가 하면 프랑스 회계검사원의 모든 검사관이 법관의[24] 신분을 가진다고 하여 사법부에 속한 기관으로 오해하는 사람이 있으나 이는 잘못이다.

④ 대만형: 국가권력을 총통에게 귀일시키고, 그 총통 밑에 제2차적으로 입법 · 사법 · 행정 · 고시 및 감찰의 5개 기능을 입법원 · 사법원 · 행정원 · 고시원 및 감찰원에 분장시키고 있다.

(2) 단독제와 합의제

회계검사기관의 유형은 또한 단독제와 합의제로도 분류할 수 있다.

① 단독제: 미국의 회계검사원이나 영국의 회계검사원은 단독제이다. 저자는 과거에 한국의 감사원도 단독제로 분류하였으나 1995년의 감사원법 개정에 의하여 단독제로 해석할 수 있는 여지가 없어졌다.

② 합의제: 일본 · 네덜란드의 회계검사원이나 한국의 감사원은 합의제기관이다. 1995년의 감사원법 개정에 의하여 우리나라 「감사원의 합의제적인 성격이 뚜렷해졌다」는 것이 감사원의 공식적인 견해이다. 그러나, 일본 회계검사원의 사무총국은 검사관회의의 지휘감독하에 있으나[25] 우리나라 감사원의 사무처는 원장의 지휘감독하에 있다는 사실에 유의할 필요가 있다.

회계검사기관의 경우 단독제가 좋으냐 합의제가 좋으냐 하는 문제는 속단하

---

22) *Ibid.*, pp. 389-390; 山村勝郎, 財政機關(東京: 東洋經濟新報社, 1961), p. 305.

23) Normanton, *op. cit.*, p. 389.

24) 박봉환, 「감사원의 지위」, 감사월보 1963년 5월호, pp. 26-27.

25) 일본회계검사원법 제12조.

기 어렵다. 흔히 그 기관의 독립성을 확보하는데 있어서 합의제가 단독제보다 우월하다고 하나 미국이나 영국의 회계검사원과 같이 가장 독립성이 강한 회계검사기관이 독립성의 확보를 합의제라는 방법이 아니라 후술하는 바와 같이 다른 방법으로 강구하고 있는 것이다.

(3) 헌법기관과 비헌법기관

회계검사기관은 많은 국가에서 헌법기관으로 되어 있으나 헌법기관이 아닌 경우도 있다.

① 헌법기관: 대부분의 국가에서 회계검사기관과 국회의 재정감독에 관해서 헌법에 규정하고 있다. 제2차대전 후에 제정된 이탈리아공화국헌법, 독일연방공화국기본법, 필리핀공화국헌법 등은 물론이고 1850년에 제정된 프러시아왕국헌법이나 일본의 명치헌법과 같은 흠정헌법의 경우에도 회계검사기관에 관해서 헌법에서 규정하고 있다.[26] 우리나라의 감사원이 헌법기관인 것은 더 말할 것도 없다.

② 비헌법기관: 영국과 같이 성문헌법을 지니지 않은 국가의 경우는 예외로 하더라도 미국과 같이 성문헌법을 지닌 국가에서도 회계검사기관에 관한 규정을 헌법에 두지 않고 있다. 주지하는 바와 같이 미국의 회계검사원은 1921년의 예산회계법에 의해서 설치되었던 것이다.

역사적인 이유도 있지만 많은 국가에서 회계검사기관을 헌법기관으로 하는 것은 그 독립성을 보장하는 데 목적이 있으나 미국의 회계검사원과 같이 헌법기관이 아니나 독립성이 비교적 강한 회계검사기관도 있다.

2. 미국의 회계검사원

(1) 연 혁

미국의 회계검사원(Government Accountability Office)은 전술한 바와 같이 영미계 여러 나라의 전통에 따라 국회의 소속기관으로 되어 있다.

미국에 있어서는 원래 회계검사기능은 1789년의 법률에 의하여 재무성에 부여되어 있었으나 1921년의 예산회계법은 예산국과 아울러 회계검사원을 창설하게 되었으며, 회계검사원장(Comptroller General)은 15년의 임기로서 대통령이

---

26) 小峰, 財政管理法解說, pp. 286-288.

상원의 동의를 얻어 임명하되 특별한 경우에 양원의 공동결의에 의해서만 해임될 수 있는 것이다.

회계검사원은 그 발족시부터 많은 물의를 일으켰으며 행정관리에 관한 대통령위원회, 제1차 후버위원회 등으로부터 비판을 받았으나 임기만료·신병 등으로 회계감사원장의 교체와 회계검사원의 자발적인 협력으로 회계검사원과 예산국·재무성 등과의 알력은 거의 해소되었다.[27)]

1966년에는 예산국(현 관리예산처) 부국장이었던 Elmer B. Staats가 회계검사원장으로 임명됨으로써 회계검사원과 예산국(현 관리예산처)의 관계가 더욱 개선되었으며 회계검사원 내부에도 많은 변화가 일어났다.

첫째로 종전의 담당부처별 조직에서 기능별 조직으로 기구개편이 이루어졌으며, 둘째로 합법성 위주의 회계검사에서 서서히 프로그램평가(program evaluation)로 전환하게 되었다. 이러한 방향전환에 대해서 비판이 없는 것은 아니다. 회계검사원이 전통적인 합법성검사보다 논란이 많은 프로그램평가에 치중하는 것은 회계검사원의 권위를 떨어뜨릴 우려가 있다는 것이다. 특히 1974년의 회계검사원법에 의하여 정부기관에 대한 연차적인 회계검사가 3년에 한번만 실시하면 되는 것으로 변경됨에 따라 회계검사원이 본래의 사명을 저버리고 있다는 비판이 제기되고 있는 것이다.[28)]

(2) 조 직

1972년 4월 3일부로 발효한 기구개편에 의하여 미국의 회계검사원은 종전의 담당부처별 조직에서 기능별 조직으로 개편되었다는 것은 전술한 바와 같거니와 2000년 6월 1일 현재 회계검사원의 조직은 다음과 같다.[29)]

공보실, 국회관계실, 국제연락실, 인사실, 정보관리 및 커뮤니케이션실과 같은 막료기관 외에 프로그램담당국으로서는 행정검사국(General Government Division), 보건·교육·인적서비스국(Health, Education and Human Services Division), 안보국제국(National Security and International Affairs Division),

---

27) John D. Millett, *Government and Public Administration*(New York: McGraw-Hill, 1959), pp. 170-188.

28) Rourke, *op. cit.*, p. 454.

29) Office of the Federal Register, *The United States Government Manual 2000~2001* (Washington, D.C.: Government Printing Office, 2000), p. 48.

자원·지역사회·경제발전국(Resources, Community and Economic Development Division)이 있으며, 기술담당국으로서는 특별조사국(Special Investigations), 질 및 위험관리국(Quality and Risk Management)이 있다. 이 밖에도 16개의 지방사무소가 있다.

3. 영국의 회계검사원

17세기 이래 영국 국민들은 정부의 재정집행을 입법부가 통제하는 것이 대의정체를 유지함에 있어서 절대로 필요하다고 인정하기에 이르렀다. 그러나 하원이 참된 의미에 있어서의 세출에 대한 통제를 과할 수 있게 된 것은 19세기 중엽 이후의 일이라 하겠다.

1861년에 하원의 결산위원회(Public Accounts Committee)가 창설되게 되었고 1866년에는 회계검사원법(Exchequer and Audit Departments Act)의 제정에 의하여 회계검사원(Exchequer and Audit Department)이 설립되어 그 기능을 발휘해 왔는데 1983년에 제정된 회계검사법(National Audit Act)에 의하여 1984년부터 명칭이 National Audit Office로 바뀌고 다소의 기구개편이 있었다.[30]

(1) 조 직

영국의 회계검사원은 회계검사원장(Comptroller and Auditor General)을 장으로 하는 단독제기관이다. 회계검사원장은 종신직으로서 결산위원회 위원장과의 협의하에[31] 수상의 제청에 의하여 여왕이 임명한다. 회계검사원장의 봉급은 기정비에서 지급되며, 국회 양원의 합동결의에 의해서만 해임될 수 있다.[32]

1921년까지는 부원장(Assistant Comptroller and Auditor General)이 있다가 그 후 사무총장(Secretary of the Exchequer and Audit Department)이 이를 대치했으나 1984년부터는 부원장(Deputy Comptroller and Auditor General)제가 신설되었다. 부원장 밑에는 네 사람의 부원장보(Assistant Auditor General)가 있다.[33]

---

30) Philip Norton, "Recent Structural and Procedural Changes in the House of Commons," in Philip Norton(ed.), *Parliament in the 1980s*(Oxford: Basil Blackwell, 1985), pp. 165-166.

31) White and Hollingsworth, *op. cit.*, p. 47.

32) Schafer, *op. cit.*, p. 58.

과거에는 회계검사원에 제1국에서부터 제17국까지 있었으나 1984년부터는 각국이 그 기능을 표현하는 명칭을 지니게 되었다. 정책국, 재정·정보체계국, 인사국, 기술·훈련국은 막료기관이라 할 수 있으며, 실질적으로 회계검사를 담당하는 국으로서는 농업국, 조사연구국, 사법재정국, 국방제1국, 국방제2국, 국방제3국, 교육·과학·예술국, 환경·자치단체국, 보건제1국, 보건제2국, 내무국, 인력자원국, 공상국, 국제국, 국유화산업국, 해외사무국, 관재국, 세입국, 스코틀랜드국, 사회보장제1국, 사회보장제2국, 교통·웨일즈국이 있다.[34]

(2) 회계검사의 방법

영국 회계검사원의 회계검사는 크게 i) 합법성검사와 ii) 효율성검사로 나누어진다. 특히 효율성검사는 1983년의 회계검사법에 의하여 회계검사원에 새로 부여된 기능이다.

① 합법성검사: 재정적 검사(financial audit)라고도 하는 것으로서[35] 영국의 회계검사원이 전통적으로 실시해 오던 회계검사방법으로서 회계기록의 정부를 검증하고 나아가서 지출이나 수입이 법령이나 예산에 위배됨이 없는가를 검사하는 것이다. 합법성검사는 육해군의 경우를 제외하고는 전면검사를 실시해 왔으나 각 기관의 회계사무가 양적으로 증가하고 질적으로 복잡해짐에 따라 제1차대전 이후부터는 회계검사원은 완전하고 세밀한 전면검사를 계속할 수 없게 되었다. 이리하여 1921년의 회계검사원법은 각성의 내부검사에 의하여 계산서 및 증거서류의 계수에 오류가 없는 것이 증명되면 회계검사원에 의한 검사를 생략할 수 있는 권한을 회계검사원장에게 부여하였던 것이다. 이리하여 오늘날에 있어서는 일반적으로 전면검사 대신에 발취검사를 실시하고 있다. 오늘날 회계검사활동의 약 60%가 합법성검사에 할애되어 있다고 한다.[36]

② 효율성검사: 영국에서는 VFM(value for money)검사라고 하는 것으로서 1983년의 회계검사법에 의하여 회계검사원에 부여되었으며 정부활동의 경제

---

33) Cabinet Office, *The Civil Service Year Book 1990*(London: HMSO, 1990), Col. 34.

34) *Ibid.*, Col. 34-39.

35) White and Hollingsworth, *op. cit.*, p. 61.

36) J.A.G. Griffith and Michael Ryle, *Parliament: Functions, Practice and Procedures* (London: Sweet and Maxwell, 1989), pp. 441-442.

성・능률성・효과성을 검사할 수 있는 기능이다.[37] 이미 다른 나라에서 실시하고 있던 경제성검사・능률성검사・효과성검사를 포괄하는 소위 3E를 영국에 도입한 것이다. 회계검사활동의 약 40%가 효율성검사에 할애되고 있다고 한다.

효율성검사가 끝난 다음에는 검사보고서초안을 각 기관의 회계관(Accounting Officer)에게 송부하여 사실의 정확성 여부 등에 관하여 의견을 듣도록 하고 있다.[38] 따라서 의회에 제출된 효율성검사에 관한 보고서는 한정된 의미에서나마 회계검사원과 해당기관간에 합의가 이루어진 것이라고 할 수 있겠다.[39]

4. 한국의 회계검사기관

(1) 연 혁

해방 전에 있어서는 일본의 회계검사원법에 의하여 일본의 회계검사원이 직접 조선총독부의 회계검사를 담당했으나, 해방 후 미군정초기에는 재무부회계국이 출납과 결산을 장악하였다. 미군정말기인 1948년 2월 회계검사국이 회계국에서 독립하여 전적으로 회계검사를 담당하였다.[40]

1948년 7월에 제정된 대한민국 헌법 제95조 제3항은 「심계원의 조직과 권한은 법률로서 정한다」고 규정하였으며, 이에 의거하여 심계원법이 제정되어 1948년 12월 4일에 공포되었다. 심계원법 제1조는 「심계원은 대통령에 직속하며 국무원에 대하여 독립의 지위를 가진다」고 규정했던 것이다.

5・16혁명 후인 1961년 9월 9일 새로운 심계원법이 공포됨으로써 심계원은 대통령 직속기관으로부터 국가재건최고회의의 소속으로 되었으며, 기능면에 있어서도 많은 변화가 일어났다.

이어서 1963년 3월 5일에는 감사원법이 제정공포되어 심계원과 감찰위원회의 통합이 이루어지게 되었다. 헌법개정이 발효하기 전이었으나 국민투표에 의하여 헌법개정이 의결된 후였으므로 「국가의 세입세출의 결산, 국가 및 법률에

---

37) White and Hollingsworth, *op. cit.*, p. 74-75.

38) 회계관은 일반적으로 각 기관의 사무차관이 겸직한다. 이에 관해서는 본편 제5장 「결 산」 참조.

39) Leo Pliatzky, *The Treasury under Mrs. Thatcher*(Oxford: Basil Blackwell, 1989), pp. 87-88; Griffith and Ryle, *op. cit.*, p. 442.

40) 김성환, 심계원법축조해설(서울: 심우회, 1956), p. 6.

정한 단체의 회계검사와 행정기관 및 공무원의 직무에 관한 감찰을 하기 위하여 대통령소속하에 감사원을 둔다」[41]는 헌법의 규정에 맞추기 위해서였다. 과거에는 법률로서 규정된 회계검사기관의 소속이 이제는 헌법에 규정되게 된 것이다. 1963년 12월 13일에는 헌법개정에 발맞추기 위하여 새로운 감사원법이 공포되어 낡은 감사원법을 대치하였다.

(2) 기 구

감사원은 원장을 포함하는 7인의 감사위원으로 구성한다. 이 밖에도 원장의 지휘·감독하에 사무처를 두고 있다. 감사원장은 국회의 동의를 얻어 대통령이 임명하며 감사위원은 원장의 제청으로 대통령이 임명하는데, 원장을 포함한 감사위원의 임기는 4년이다.[42] 이는 영국의 종신, 미국의 15년에 비하여 지나치게 짧은 감이 있다. 감사위원은 탄핵결정이나 형의 선고를 받았을 때와 장기의 심신쇠약으로 직무를 수행할 수 없게 된 때를 제외하고는 65세까지 그 의사에 반하여 면직되지 않는다.[43] 사무처는 사무총장밑에 2인의 사무차장과 공직감찰본부장, 기획관리실, 행정지원실, 감사교육원 등을 두고 있다. 제1사무차장 밑에는 [그림 3-2]와 같이 4개국과 전략과제감사단이 있으며 제2사무차장 밑에는 3개국과 교육감사단, 국방감사단, 지방건설감사단을 두고 있으며 공직감찰본부장 밑에는 2개국과 감찰정보단, 공공감사운영단을 두고 있다.

감사원 정원의 추이를 본다면 〈표 3-26〉과 같이 1949년도에는 96명에 지나지 않던 감사원 정원이 5·16후인 1962년도에는 292명으로 늘어났으며 감찰위원회와의 통합으로 381명에 달하게 되었다. 이러한 증가추세는 1960년대·1970년대와 1980년대에 계속되어 1990년도에는 795명에 달하게 되었으며, 2011년도에는 1,078명에 이르고 있다. 이러한 감사원 정원의 증가율은 감사대상기관의 증가율이나 감사대상공무원수의 증가율을 크게 밑돌고 있다는 것이 감사원측의 주장이다.

---

41) 1962년헌법(제3공화국헌법) 제92조.

42) 헌법 제98조; 감사원법 제3조 및 제6조 제1항.

43) 감사원법 제8조.

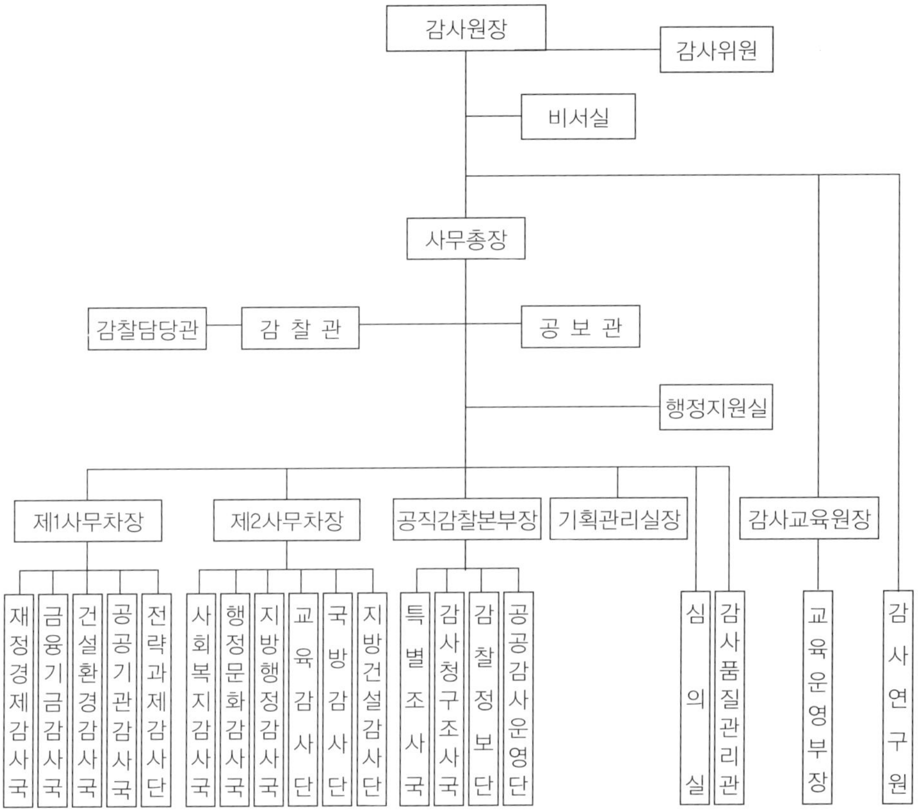

[그림 3-2] 감사원기구도

(3) 기 능

감사원의 기본적 기능은 크게 회계검사와 직무감찰로 나눌 수 있으며 그 밖의 부수적 기능도 많이 있다.

① 결산의 확인: 감사원은 회계검사를 통하여 국가의 세입·세출결산을 확인한다.

② 회계검사: 감사원의 검사사항은 크게 필요적 검사사항과 선택적 검사사항으로 구분할 수 있다. 전자는 감사원이 당연히 검사하여야 할 사항인데 대하여 후자는 감사원이 필요하다고 인정한 때와 국무총리의 요구가 있는 때에 검사하는 사항이다.

ⓐ 필요적 검사사항

㉠ 국가의 회계

〈표 3-26〉 감사원 정원의 추이

연 도	정 원	연 도	정 원	연 도	정 원
1949	96	1968	540	1992	798
1950	97	1969	540	1993	799
1951	67	1970	540	1994	796
1952	115	1971	540	1995	800
1953	115	1972	672	1996	839
1954	111	1978	663	1997	857
1955	161	1979	665	1998	854
1956	151	1980	689	1999	848
1957	173	1981	696	2000	851
1958	173	1982	696	2001	924
1959	173	1983	689	2002	923
1960	173	1984	689	2004	938
1961	240	1985	708	2005	981
1962	292	1986	715	2006	1,006
1963(통합후)	381	1987	727	2007	1,003
1964	486	1988	730	2008	1,008
1965	493	1989	739	2009	1,045
1966	493	1990	795	2010	1,031
1967	520	1991	798	2011	1,078

자료: 각연도 예산개요참고자료.

㉡ 지방자치단체의 회계

㉢ 한국은행의 회계와 국가 또는 지방자치단체가 자본금의 2분의 1 이상을 출자한 법인의 회계

㉣ 다른 법률에 의하여 감사원의 회계검사를 받도록 규정된 단체의 회계

ⓑ 선택적 검사사항

㉠ 국가 또는 지방자치단체기관 이외의 자가 국가 또는 지방자치단체를 위하여 취급하는 국가 또는 지방자치단체의 현금·물품 또는 유가증권의 수불

㉡ 국가 또는 지방자치단체가 보조금·장려금·조성금·대부금을 교부·공여한 자의 회계

㉢ 전호에 규정된 자가 그 보조금·장려금·조성금을 다시 교부한 자의 회계

㉣ 국가 또는 지방자치단체가 자본금의 일부를 출자한 자의 회계

㉤ 국가·지방자치단체·한국은행이 간접적으로 출자한 자의 회계

㉥ 국가 또는 지방자치단체가 채무를 보증한 자의 회계

㉦ 이 밖에도 많은 검사사항이 1973년의 개정에 의하여 추가되었다.

③ 직무감찰: 이는 본래 감찰위원회가 지니고 있던 기능인데 제4절에서 상술하므로 이곳에서는 약하기로 한다.

④ 감사의 결과처리

ⓐ 변상판정: 감사원은 회계관계직원이 국가 등의 재산을 망실·훼손하여 국가 등에 끼친 손해가 명백한 경우에 변상책임의 유무를 판정한다.

ⓑ 징계 및 문책처분의 요구: 감사원은 징계사유에 해당하는 공무원에 대한 징계를 징계권자에게 요구할 수 있으며, 법령이 정하는 징계규정에 적용을 받지 아니하는 자로서 문책사유에 해당하는 자에 대하여는 그 감독기관의 장에게 문책처분을 요구할 수 있다.

ⓒ 시정 등의 요구: 감사원은 감사의 결과 위법 또는 부당하다고 인정되는 사유가 있을 때에는 소속장관 또는 감독기관의 장에게 시정, 주의 등을 요구할 수 있다.

ⓓ 개선요구: 감사원은 감사의 결과 법령·제도 및 행정에 관하여 개선을 요한다고 인정할 때에는 국무총리·소속장관 또는 감독기관의 장에게 그 개선을 요구할 수 있다.

ⓔ 권고와 통보: 1995년의 감사원법개정에 의하여 추가된 것으로서 위에서 고찰한 여러가지 방법이 부적절하거나 관계기관의 장으로 하여금 자율적으로 처리하게 할 필요가 있다고 인정되는 때 또는 행정운영 등의 경제성·효율성 및 공정성 등을 위하여 필요하다고 인정되는 때에는 그 개선 등에 관한 사항을 권고 또는 통보할 수 있다.

ⓕ 고 발: 감사원은 감사의 결과 범죄혐의가 있다고 인정할 때에는 이를 수사기관에 고발하여야 한다.

⑤ 심사청구: 1963년 3월에 제정된 감사원법에 처음으로 규정되어(2009년 심사청구의장 전문개정) 오늘에 이르고 있는 제도인데 행정구제의 일종이다. 감사원은 감사를 받는 자의 직무에 관하여 이해관계인으로부터 심사의 청구가 있을 때에는 이를 심사하여 그 결과 시정을 요한다고 인정할 때에는 그 결정을 관계기관의 장에게 통지하여야 하며, 관계기관의 장이 이러한 통지를 받았을 때에는 그 통지된 결정에 의거하여 적당한 조치를 취하여야 한다.

심사청구처리상황의 추이를 본다면 〈표 3-27〉과 같이 초기에는 별로 활용되지 않았으나 점차 이용도가 높아지고 있으며 감사원의 용인율도 높아지고 있다

〈표 3-27〉 심사청구처리상황

연도＼구분	용 인	기 각	각 하	취하 등	합 계
1970	114	152	70	103	439
1974	123	90	57	68	338
1975	143	144	83	69	439
1976	88	168	69	45	370
1977	85	49	60	28	222
1978	112	59	32	11	219
1979	142	59	40	9	250
1980	142	90	45	—	277
1981	30	65	40	9	144
1982	64	74	30	22	190
1983	48	55	39	14	156
1984	55	77	34	10	176
1985	22	67	27	27	143
1986	4	84	36	27	151
1987	3	82	23	30	138
1988	8	51	22	25	106
1989	33	64	35	37	169
1990	32	124	33	32	221
1991	38	74	33	112	257
1992	48	170	81	145	444
1993	53	165	47	215	480
1994	113	183	93	202	591
1995	69	191	128	243	631
1996	66	169	95	353	683
1997	50	256	114	292	712
1998	70	311	93	262	736
1999	70	315	603	285	1,273
2000	45	302	51	121	519
2001	55	129	75	171	430
2002	69	142	57	143	411
2003	59	132	52	184	427
2004	19	154	69	271	513

자료: 감사원.

는 것을 알 수 있다. 1977년도만 하더라도 38.3%에 지나지 않던 용인율이 1978년도에 51.5%로 높아졌으며, 1979년도에는 56.8%에 달했다. 그러나 1981년도부터는 이용도가 떨어졌을 뿐만 아니라 용인율도 20.8%로 하락했으며, 1986년도에는 용인율이2.6%에 불과했다. 이러한 경향이 1988년도까지 지속되었으나 1989년도부터는 다시 이용도가 높아지고 용인율도 상승하여 1994년도에는19.1%에 달했다가 그후 다소 하락했으나 2003년도에는 13.8%, 2004년도에는 3.7%에 이르고 있다.

⑥ 의견진술: 국가의 각 기관은 회계관계법령을 제정 또는 개폐할 때에는 감사원의 의견을 구하여야 하며 회계관계법령의 해석상 의문이 있는 사항에 관하여 감사원의 의견을 구할 수 있다.[44]

제3절 회계검사의 종류

1. 서면검사·실지검사·대행검사 및 위탁검사

회계검사는 여러가지 관점에서 여러가지로 분류할 수 있을 줄 아는데, 첫째로 우리나라의 감사원이 실시하고 있는 회계검사를 서면검사·실지검사·대행검사 및 위탁검사로 분류할 수 있다.

(1) 서면검사

서면검사[45]라 함은 각 기관에서 제출된 서류를 통하여 감사원이 각 기관 또는 단체의 회계를 검사하는 방법을 말한다. 감사원의 검사대상처인 전국 각 기관 또는 단체의 각종 회계직 공무원으로부터 소정기별로 감사원에 제출되는 계산서·증거서류·조서 등 회계관계서류는 막대한 수량에 달하는 바 이 서류는 감사원의 각 주관국과에 의하여 세밀한 검사를 받는다. 과거의 심계원법들은 서면검사에 관한 명문의 규정을 두지 않고 재정법시행령·국유재산법시행령·물품회계규칙·심계원의 계산증명규칙 등에 이에 관한 규정이 있었다. 감사원법은 명문으로서 서면검사를 규정하고 있다.[46]

(2) 실지검사

실지검사라 함은 감사원이 직원을 현지에 파견하여 그 직원으로 하여금 실지로 검사를 행하게 하는 것이다. 감사원의 회계검사는 원칙적으로 서면검사가

---

44) 감사원법 제22조-제23조, 제31조-제35조, 제43조, 제46조.

45) 감사원법은 「서면감사」, 「실지감사」라는 용어를 사용하고 있으나 이는 회계검사와 직무감찰에 동시에 사용하기 위해서이다. 따라서 우리는 여기서 「서면검사」, 「실지검사」라고 부르기로 한다.

46) 감사원법 제26조.

주이고, 실지검사는 보충적 사명을 지니고 있는 것이다. 그렇다고 실지검사의 중요성을 경시하는 것은 아니다. 감사원이 매년 작성하여 결산과 함께 국회에 제출하는 결산보고서에 게재되는 회계상의 비위사항은 대부분이 실지검사에 의하여 적발된 것이다.[47]

(3) 대행검사

감사원이 중앙관서·지방자치단체 및 정부투자기관으로 하여금 당해기관 또는 그 감독하에 있는 기관에 대한 감사원의 감사사무의 일부를 검사지침에 따라 행하도록 하고 그 결과를 제출토록 하는 제도를 말한다.

대행검사는 사실의 조사·확인 및 분석 등 단순반복적인 사무에 국한한다. 변상판정, 징계 및 문책요구 등 준사법적 기능을 수행하는 감사원의 검사사무의 성질에 비추어 포괄적인 검사사무의 대행은 부적절하기 때문이다.

(4) 위탁검사

정부투자기관관리기본법 제29조의 규정에 의거하여 감사원은 정부투자기관에 대한 검사사무의 일부를 주무부장관 등에게 위탁하여 그의 권한과 책임하에 검사를 실시하도록 하고 있다. 위탁검사의 실시에 있어서 감사원은 주무부장관 외에 물품관리에 관한 검사의 경우에는 조달청장에게 위탁할 수 있다.[48]

2. 사후검사와 사전검사

(1) 사후검사(post-audit)

실제로 지출이 행하여진 후에 그 지출의 위법 및 부당사항을 검사하는 것으로 대부분의 국가에서는 사후검사만이 행하여지고 있다. 우리나라의 경우도 마찬가지다.

(2) 사전검사(pre-audit)

사전검사라 함은 지출이 있기 전에 법령의 규정에 의하여 미리 지출의 합법성을 승인하는 것으로 이 승인이 지출의 요건이 되게 하는 경우를 말한다.

전술한 바와 같이 대부분의 국가의 회계검사기관은 사후검사만을 실시하고

47) 김성환, 전게서, pp. 65-66.

48) 정부투자기관관리기본법시행령 제16조.

있으나 대만의 심계법은 제2장에서 사전검사를, 제3장에서 사후검사를 규정하고 있으며,[49] 캐나다의 회계검사원(Office of Auditor General)은 사후검사를 원칙으로 하나 국고위원회의 건의에 의하여 내각이 요청하는 경우에는 사전검사를 할 수 있다.[50] 미국의 회계검사원도 사후검사와 함께 사전검사를 실시하고 있는데, 이는 초대회계검사원장 McCarl의 종용에 따라 각 기관들이 자원한 것이다. 계산서 및 증거서류를 행정기관의 지출에 앞서 회계검사원에 제출하여 그 승인을 얻음으로써 변상판정을 면하는 데 그 목적이 있는 것이다.[51] 그런데, 동일기관이 사후검사와 함께 사전검사를 실시하는 경우에는 i) 행정부가 회계검사원에 의뢰하여 자신이 행하여야 할 행정감독을 충분히 하지 않으며, ii) 지출관과 인증관의 책임이 경하게 되며, iii) 회계검사원의 사후검사에 있어서 요구되는 직무의 독립성을 감소시키고, iv) 회계검사원은 본질적으로 그 권한 외에 속하는 행정사항에 대해서까지 부당한 간섭을 하게 되며, v) 회계검사원이 행정부에 대하여 우위를 점하는 결과가 된다는 비판이 있다.

3. 내부검사와 외부검사

(1) 내부검사

내부검사는 그 기관의 자체검사기구가 담당하는 회계검사이다. 우리나라 정부 각 부처에는 감사관실 또는 감사담당관실 등이 설치되어 내부검사를 담당하고 있다.[52] 정부투자기관에서는 기획재정부장관이 정하는 바에 따라 감사가 내부검사를 담당한다.[53]

(2) 외부검사

외부검사는 자체감사기관이 아닌 외부의 회계검사담당기관이 실시하는 회계검사이다. 일반적으로 외부검사는 감사원(회계검사원)이 담당하는 것이라고 할 수 있겠으나 감사원만이 담당하는 것은 아니다. 예를 들면 정부투자기관관리기

---

49) 심계원, 각국의 심계원법(서울: 심계원, 1955), pp. 69-75.

50) A.E. Buck, *Financing Canadian Government*(Chicago: Public Administration Service, 1949), p. 140.

51) Millett, *op. cit.*, p. 181.

52) 1990년도에는 국가기관의 내부감사를 위하여 연인원 95,129명이 동원되어 3,219회에 걸친 감사가 실시되었다(감사원, 1990년도감사연보, 서울: 감사원, 1991, p. 350).

53) 정부투자기관관리기본법 제29조 제2항.

본법이 제정되기 전에는 정부투자기관에 대한 외부검사를 감사원뿐만 아니라 주무부의 감사관실도 담당했다. 정부투자기관관리기본법하에서도 주무부장관은 감사원과 협의하여 정부투자기관에 대한 외부검사를 실시할 수 있다.[54]

외부검사는 내부검사보다 강력할 수 있고 객관적일 수 있다는 장점이 있으나 검사대상기관을 전체적으로 파악하는 데 필요한 시간과 인력을 지니지 못하여 피상적인 경우가 많다는 결함이 있다.[55]

4. 일반적 검사 · 상업식 검사 · 종합적 검사

1950년대까지 미국의 행정학자들이 미국의 회계감사원이 실시하고 있는 회계검사를 다음과 같이 세 가지로 분류했다.

(1) 일반적 검사(general audit)

전통적인 합법성 위주의 회계검사를 지칭하는 일반적 검사는 공금관리를 맡고 있는 공무원의 개인적 책임을 기초로 하여 행하여지는 것으로서 공기업을 제외한 대부분의 정부기관에 대하여 적용되는 회계검사이다.

이 검사의 목적은 회계직공무원의 경리를 확정하기 위하여 그 수입과 지출의 타당성을 결정함에 있다. 불법부당한 수입과 지출이 있을 때에는 회계직공무원의 개인적 책임을 추궁하여 부당지출액 등을 반환시키는 것이다.[56] 특히 미국에 있어서는 다른 나라의 경우와 달라서 회계검사원의 확정이 끝날 때까지는 수입 및 지출의 법률상의 효력이 확정되지 않는 까닭에 공금의 보호에 있어서 만전을 기할 수 있다.

(2) 상업식 검사(commercial-type audit)

상업식검사는 민간의 영리기업체에서 공인회계사를 초청하여 행하는 검사와 동일한 것으로서 정부에서는 주로 미국에 있어서 공사를 포함한 공기업 등에 적용되며, 재정기록의 정확성과 타당성을 확인하고 일정한 기간 중의 손익을 표시하는 대차대조표상의 숫자를 확인하는 데 그 주된 목적이 있다. 불법적인 지출이 있을 때에는 일반적 검사의 경우와 같이 지출의 법적 효력을 부인하거

---

54) 동법 제29조 제3항.

55) 유 훈, 「한국의 공기업감사에 관한 연구」, 행정논총 제19권 제1호(1981), p. 202.

56) Marshall E. Dimock, Gladys O. Dimock and Douglas M. Fox, *Public Administration,* fifth edition(New York: Holt, 1983), pp. 390-391.

나 회계직원에게 변상책임을 과할 수 없으며, 이를 의회에 보고할 수 있을 뿐이다.

(3) 종합적 검사(comprehensive audit)

이는 주로 각 기관의 프로그램, 절차, 기법 등을 검토하여 과연 각 기관이 합법적 · 능률적 · 경제적으로 그 자원을 활용했느냐를 검사하는 것이다.57)

모든 회계검사는 선별적일 수밖에 없으며 소위 종합적 검사란 존재할 수 없다고 주장하는 사람도 있다.58)

5. 합법성 감사 · 효율성 감사 · 정책감사

한때 우리나라 감사원에서는 감사를 합법성 감사 · 효율성 감사 · 정책감사로 나누고 정책감사의 중요성을 강조한 바 있다.59) 우리는 본절에서 회계검사만 고찰하는 까닭에 검사라는 용어를 사용했으나 합법성 감사 · 효율성 감사 · 정책감사가 회계검사뿐만 아니라 직무감찰에도 적용되는 것이며, 특히 정책감사는 후술하는 바와 같이 회계검사와 직무감찰의 통합을 의미하므로 우리는 이 곳에서 검사라는 용어 대신에 감사라는 용어를 사용하고자 한다. 전술한 바와 같이 우리나라 감사원법은 「회계검사」와 「직무감찰」을 합쳐서 감사라고 부르고 있다.

(1) 합법성 감사

행정의 법률적합성 여부에 중점을 두는 방법으로서 예산제도로 말하면 품목별예산제도에 해당되는 감사방법이라 하겠다. 회계기록의 정부를 검증하고 나아가서 지출이나 수입이 법령이나 예산에 위배됨이 없는가를 검사하는 것이며, 전술한 일반적 검사와 동일한 개념이라 할 수 있겠다. 합법성 감사는 아무래도 위법부당사항의 적출에 역점을 둘 수밖에 없다.

(2) 효율성 감사

정부활동의 효과성과 능률성을 강조하는 감사방법으로서 효과성 감사와 능률성 감사를 합친 개념이라고 할 수 있겠다. 효과성 감사란 프로그램이나 프로

57) Neil Lawer, "Closing the Books on Fifty Years Service," *Public Administration Review*, September-October 1971, p. 574.

58) Geist, *op. cit.*, p. 9.

59) 김경덕, 「정책감사개요」, 계간감사 1985년 12월호, p. 128.

젝트의 목표가 얼마나 달성되었는가에 초점을 두는 것이며, 능률성 감사는 정부활동의 outputs와 inputs를 대비하고 자원의 활용이 능률적이었는가를 감사하는 것이다.

(3) 정책감사

여러 가지로 정의되고 있으나 정책감사란 한 마디로 말해서 정부의 사업이나 통상업무뿐만 아니라 정책도 대상으로 삼아 종합적으로 분석·평가하여 개선안을 제시하는 감사라고 할 수 있겠다.

정책을 감사의 대상으로 삼는 것은 한국·미국·이스라엘 등과 같이 정책에 대한 감사를 금지하지 않는 국가에서만 가능한 것이며 영국과 같이 정책에 대한 감사를 금지하고 있는 국가에서는[60] 정책감사가 불가능하다고 하겠다. 과거 한때 감사원이 강조하였던 우리나라 정책감사의 특징으로서 다음의 몇 가지를 들 수 있겠다.

① 회계검사와 직무감찰의 통합: 정책감사는 회계검사와 직무감찰의 통합이라 할 수 있다. 저자는 감사원이 실시한 정책감사의 대상을 검토해 보고 회계검사의 범주에 포함시키기가 어려운 정책감사가 많다는 것을 발견했다. 이런 의미에서 감사원이 실시하고 있는 바와 같은 정책감사가 가능한 것은 감사원이 회계검사와 직무감찰을 아울러 담당하고 있기 때문이라고 하겠다.

② 종합적·체계적 감사: 정책감사는 단편적인 감사가 아니라 종합적이고 체계적인 감사이다. 정책감사라는 공식적인 명칭이 사용되기 전에도 단편적인 적출위주의 합법성 감사에 대한 반성으로 종합감사, 계통감사와 같은 종합적이고 체계적인 감사가 실시되어 왔다는 것은 주지의 사실이다.

③ 정책자체의 감사: 특정한 정책을 부여된 것으로 전제하고 그 집행의 효과성과 능률성 등만 감사하는 것이 아니라 정책 자체도 감사대상으로 삼는다는 데 정책감사의 특징이 있으며, 정책감사에 대한 비판의 소지가 여기에 있는 것이다.

④ 비정책적 업무의 감사: 정책이나 사업뿐만 아니라 인허가업무, 조세부과업무와 같은 비정책적인 업무도 국민생활에 지대한 영향을 미친다고 생각되

---

60) 영국의 1983년 회계검사법은 정책에 대한 검사를 금지하고 있다(White and Hollingsworth, *op. cit.*, p. 107).

면 그 대상으로 삼는다는 데에 우리나라 정책감사의 특징이 있다고 하겠다.

⑤ 개선방안의 제시에 중점: 정책감사가 위법부당사항의 적출을 배제하는 것은 아니나 개선방안의 제시에 중점을 두고 있다는 데에 정책감사의 특징이 있다.[61]

6. 정밀검사와 발취검사

(1) 정밀검사(detailed audit)

이는 일명 전면검사(complete audit)라고도 하는데 모든 수입과 지출을 일일이 상세하게 검사하는 것이다. 전술한 바와 같이 미국의 회계검사원은 한 때 15,000명의 직원을 보유하여 모든 정부기관에 대하여 정밀검사를 실시하였던 것이다. 그러나 현재에 있어서는 인원도 5,000여명으로 감소되고 정밀검사의 적용범위도 일반적 검사를 받는 기관에 한정되게 되었다.[62]

(2) 발취검사(test audit)

발취검사란 모든 수입과 지출을 일일이 세밀하게 검사하는 것이 아니고, 표본추출(sampling)에 의하여 선택적으로 검사하는 것을 말한다. 전술한 바와 같이 영국에 있어서는 이미 1866년의 회계검사원법이 육군과 해군에 대해서는 발취검사를 실시할 수 있음을 규정하였고, 1921년에 와서는 모든 기관에 대하여 정밀검사 대신에 이를 실시할 수 있도록 하였다. 그러나, 미국의 회계검사원은 제2차대전 전까지는 발취검사를 거부하고 모든 검사대상기관에 대하여 정밀검사를 실시했던 것이다. 그러나 오늘날에 와서는 발취검사가 보편화되고 있다. 1974년의 회계검사원법이 발취검사를 더욱 권장했다고 할 수 있겠다.[63]

---

61) 유 훈, 「정책감사의 의의와 성과」, 계간감사 1986년 12월호, pp. 20-25.

62) Millett, *op. cit.*, p. 188.

63) Rourke, *op. cit.*, p. 454.

제 4 절 직무감찰

1. 직무감찰의 의의

(1) 개 념

행정통제의 수단이라는 점에서 동일하나 재무행정에서 말하는 회계검사와 엄격히 구별되어야 할 것으로서 직무감찰이 있다.

후술하는 바와 같이 직무감찰은 연혁, 대상기관, 감사내용 등에 있어서 회계검사와 판이하게 다르나 우리나라 감사원이 회계검사뿐만 아니라 직무감찰도 담당하고 있으며, 최근에 와서는 회계검사와 직무감찰이 접근하는 경향도 있으므로 이 절에서는 직무감찰을 고찰하고 다음 절에서는 이것과 회계검사와의 관계를 검토하기로 한다.

직무감찰의 의의에 대해서는 명확히 확립된 것이 없으나 우리는 이곳에서 직무감찰이란 공무원의 비위를 시정 방지하고 행정운영의 개선·향상에 기여하는 행정의 내부적 통제수단이라고 정의하고자한다.

우리나라 감사원법 제20조는 「감사원은 국가의 세입·세출의 결산검사와 이 법 및 다른 법률이 정하는 회계를 상시 검사·감독하여 그 적정을 기하고 행정기관 및 공무원의 직무를 감찰하여 행정운영의 개선향상을 기한다」고 규정함으로써 직무감찰의 목적이 행정운영의 개선·향상에 있음을 분명히 하고 있다.

(2) 2대 조류

직무감찰제도는 국가에 따라 다양하나 연혁과 성격에 비추어 볼 때 대체로 2대조류로 구분할 수 있다. 첫째는 대만의 감찰원이나 스칸디나비아제국의 옴부즈만(ombudsman)제의 경우와 같이 공무원의 비위의 규찰을 목적으로 하는 것이며, 둘째는 일본의 총무성이나 이스라엘의 경우와 같이 행정운영의 향상을 목적으로 하는 것이다.

국가에 따라서는 행정감찰기관이 의회에 예속되어 있는 경우도 있으나 행정부 내에 설치되어 있는 경우가 많으며 직무감찰이 행정의 내부적 통제수단으로 사용되는 경우가 많다.[64)]

2. 회계검사와 직무감찰의 차이점

회계검사와 직무감찰은 행정통제의 수단이라는 점에서 동일하나, 양자는 그 기원을 달리할 뿐만 아니라 헌법상의 지위, 독립성, 대상기관, 감사내용 등을 달리한다. 이것을 좀더 구체적으로 살펴보기로한다.

(1) 기 원

회계검사와 직무감찰은 그 기원을 달리한다. 회계검사가 의회의 재정통제권과 깊은 관련을 가지면서 발달한 제도인 데 대하여 직무감찰은 국왕이 관리들의 비위를 규찰하기 위하여 고안된 제도이다. 스웨덴에서 시작된 옴부즈만제도도 오늘날에 있어서는 프랑스를 제외한 각국에서 옴부즈만을 의회가 임명하나 초기에는 왕이 임명했던 것이다.

(2) 헌법상의 지위

둘째로 미국은 예외이나 대부분의 국가에서 회계검사기관은 헌법기관인데 대하여 직무감찰기관은 헌법기관이 아닌 경우가 많다. 그러나 후술하는 바와 같이 직무감찰기능을 수행하는 옴부즈만은 헌법기관인 경우도 있다.

(3) 독립성

전술한 두 가지 문제와 밀접한 관련이 있는 것인데 회계검사기관은 영미형이건 대륙형이건 독립형이건간에 독립성이 강한 데 대하여 직무감찰기관은 독립성이 약한 경우가 많다.

(4) 대상기관

회계검사와 직무감찰은 대상기관을 달리한다. 회계검사는 일반적으로 국가의 예산을 사용하는 모든 기관을 대상으로 하기 때문에 입법부 · 사법부 · 행정부의 모든 기관 뿐만 아니라 정부로부터 예산상 지원을 받고 운영되는 각종 기업체 · 공공단체도 대상이 된다.

그러나 직무감찰은 내부적 통제수단으로 사용되는 경우가 많으므로 행정부 내의 각 기관을 대상으로 하며 입법부나 사법부는 직무감찰에서 제외되는 것이 보통이다.[65]

---

64) 유 훈, 「회계검사와 직무감찰」, 감사월보 1971년 12월호, pp. 2-10 참조.

(5) 감사내용

회계검사와 직무감찰은 감사내용을 달리한다. 전통적인 회계검사는 합법성에 치중하는 감사이며 적극적으로 새로운 집행을 강요할 수 없을 뿐만 아니라 회계책임과 관련이 없는 직무상의 책임에 관해서는 영향을 줄 수 없다. 그러나 직무감찰은 공무원의 비위를 시정하고 방지하는 데 그치지 않고 적극적으로 새로운 행정조치를 강구하며 나아가서는 행정운영의 개선향상에 기여하는 것을 목적으로 한다.

제 5 절 회계검사와 직무감찰의 관계

1. 세 가지 유형

앞에서 살펴 본 바와 같이 회계검사와 직무감찰은 대상기관, 감사내용 등을 달리하는 경우가 많으나 국가에 따라서 동일한 기관에서 회계검사와 직무감찰을 함께 관장하는 경우가 있는가 하면 개별적인 기관으로 하여금 관장케 하는 국가도 있다. 전자를 통합형이라 하고 후자를 분리형이라 한다.

그런가 하면 근래에 와서 분리형을 택하고 있는 국가 중 양자의 통합을 위한 시도를 보이고 있는 국가들이 있다. 이를 통합접근형이라고 부르기로 한다. 회계검사도 직무감찰의 경우와 같이 행정운영의 개선향상을 궁극적인 목표로 삼는 경향이 나타나고 있으며 전통적인 회계검사의 범주에 포함시키기가 어려운 기능을 감사기구가 담당하는 현상을 찾아볼 수 있다.

여기서 통합형 · 분리형 · 통합접근형을 차례로 고찰하고자 한다.

2. 통합형

전술한 바와 같이 통합형이란 회계검사와 직무감찰을 한 기관에서 담당하는 형태이다. 우리는 이곳에서 통합형으로 이스라엘 · 대만 · 한국을 살펴보고자 한다.

---

65) 신재영, 「직무감찰에 관한 연구」(서울대학교행정대학원 석사학위논문, 1970), pp. 14-15.

(1) 이스라엘

이스라엘은 내각책임제국가로서 감사원이 입법부에 소속되어 있으며 감사원이 회계검사뿐만 아니라 직무감찰도 담당하고 있다.

① 연 혁: 본래 이스라엘 감사원의 주요 감사목적은 감사기관으로 하여금 그 직무를 수행함에 있어서 국회가 각종 법률이나 결의를 통하여 표명한 국회의 의사에 합치되고 일반적으로 공인된 선량한 질서, 건전한 행정, 효율성, 경제성, 성실성에 합치되도록 지도하는데 있다.

이러한 목적을 수행하는 과정에 있어서 감사원은 국민들로부터 문제제기나 감사의 청구를 받아 왔으며, 일종의 옴부즈만(ombudsman)과 같은 기능을 수행해 왔다. 1960년대 말에는 연간 약 4,000건 정도의 청구가 접수되었다고 한다.

이리하여 1971년 9월 22일자 법률에 의하여 감사원에 옴부즈만기능이 부여되기에 이르렀으며 감사원장이 옴부즈만을 겸임하게 되었다. 현재 옴부즈만기능 또는 직무감찰기능을 담당하는 기구는 감사원장직속하의 특별기구(special unit)로 되어 있다.[66]

② 직무감찰의 목적: 다른 나라의 옴부즈만과는 달리 이스라엘 옴부즈만은 행정관리의 도구이기도 하다. Nebenzahl감사원장의 말을 빌린다면 회계검사와 직무감찰은 일반적인 통제, 구체적인 문제의 조사 및 결함의 시정을 위한 건의 등을 통하여 이스라엘의 행정개선을 그 목적으로 삼고 있다는 것이다.

③ 직무감찰의 범위: 직무감찰의 범위에는 몇 가지 한계가 있다. 계류 중인 재판, 통치행위, 국회의 행위 등은 직무감찰의 대상에서 제외된다. 이 밖에도 군에 관한 사항도 직무감찰에서 제외되는데 군사문제에 관해서는 별도의 옴부즈만을 두고 있다.

이러한 몇 가지 제외사항이 있기는 하나 이스라엘 직무감찰의 범위가 비교적 넓다고 할 수 있으며 다음과 같은 사항을 감사하도록 되어 있다.

i) 모든 정부부처, ii) 모든 공기업과 국가기관, iii) 국가의 재산을 소유하거나 국가를 위하여 국가재산을 관리하거나 통제하는 모든 개인 또는 법인, iv) 모든 자치단체, v) 정부가 자본금의 일부를 출자 출연한 모든 기업·기관·기

---

66) Larry B. Hill, "Bureaucracy, the Bureaucratic Auditor, and the Ombudsman: An Ideal-Type Analysis," in B. Geist(ed.), *State Audit*(London: Macmillan, 1981), p. 96.

금 기타 법인, vi) 법률, 국회의 의결, 계약에 의하여 직무감찰을 받기로 되어 있는 모든 기업 · 기관 · 기금 · 기타 법인

④ 직무감찰의 성격: 이스라엘 감사원은 회계검사의 수행에 있어서 종료된 행위에 대하여 사후감사를 실시하는 것을 원칙으로 하나 「종결」에 관한 법적인 규정이 없다.

직무감찰을 담당하는 기구는 감사원장직속하의 특별기구인 까닭에 직무감찰 기능의 수행에 있어서 많은 국가의 옴부즈만과는 달리 완전히 종결되지 않은 직무도 직무감찰의 대상이 되고 있다.

⑤ 직무감찰의 착수: 이스라엘 감사원의 직무감찰은 직권에 의한 감찰의 착수가 가능하나 일반적으로 이해관계자의 청구가 있을 때에 감찰에 착수한다. 원칙적으로 고충은 이해관계인만이 심사청구를 할 수 있으나 이해관계인이 아닌 자에 의한 청구도 조사의 대상이 된다.

이스라엘의 경우 특이한 점은 서면에 의한 청구뿐만 아니라 구두에 의한 청구도 수리된다는 사실이다. 이스라엘 감사원은 이를 위하여 텔아비브 예루살렘을 포함한 5개 시에 구두고충심사청구수리사무소(Office for Receipt of Oral Complaints)를 설치하고 있다.

⑥ 정보 · 자료수집의 권한: 직무감찰을 위한 정보나 자료의 수집에 있어서 이스라엘 감사원은 광범위한 권한을 보유하고 있다. 조사대상공무원과 그의 상급자에게 사전에 조사사실을 통지하여야 하며, 그들에게 의견진술의 기회를 부여해야 한다는 것 외에는 별로 제한이 없다.

감사원은 i) 관계공무원에게 의사진술을 위한 기한을 정할 수 있으며, ii) 필요하다고 인정할 때에는 공청회를 개최할 수도 있다. iii) 어떤 개인이나 기관에게도 조사에 필요한 정보나 문서의 제출을 요구할 수 있는데 이 경우에 제출기한이나 제출방법도 감사원이 임의로 정할 수 있다.

⑦ 보고서의 제출: 감사원은 직무감찰의 결과에 대하여 매년 의회에 보고서를 제출하도록 되어 있으며 필요한 경우에는 특별보고서도 제출할 수 있으나 아직 한번도 특별보고서를 제출한 일은 없다고 한다.

감사원의 직무감찰보고서는 의회의 국가통제위원회(State Control Committee)에 회부되어 그 심의를 거친 후에 본회의에 상정하여 처리한다.

⑧ 결과의 처리: 직무감찰의 결과 시정되어야 할 사항이 있을 때에는 관계

공무원과 그 상급자에게 기한을 정하여 시정을 요구한다. 관계자들은 일정한 기한 내에 시정조치내용을 감사원에 통보하여야 한다.

감사원은 관계기관의 조치가 만족스럽지 못하다고 사료될 때에는 소속장관이나 의회의 상임위원회에 통보한다. 이 밖에도 직무감찰의 결과 범죄의 혐의가 있다고 인정할 때에는 이를 고발하도록 되어 있다.[67]

(2) 대 만

본장 제2절에서 고찰한 바와 같이 대만은 소위 5권분립을 택하여 입법·사법·행정·고시 및 감찰의 5개 기능을 5개 원에 분장시키고 있으며 5개 원의 하나인 감찰원이 회계검사와 직무감찰을 함께 담당하고 있다. 회계검사는 심계부가 담당하며 직무감찰은 10개 상설위원회가 담당하고 있다.

이들 상설위원회는 행정원 조직에 상응하는 것으로서 각각 감찰위원과 직원 약간명으로 구성된다.

(3) 한 국

우리나라도 회계검사와 직무감찰을 한 기관에서 담당하는 통합형의 대표적인 국가이나 이러한 양 기능의 통합이 1948년의 정부수립시부터 이루어졌던 것은 아니다.

전술한 바와 같이 1963년까지는 회계검사는 심계원이 담당했으며 직무감찰은 감찰위원회·사정위원회가 담당하다가 1963년 3월에 와서 감사원이 신설되고 양 기능을 감사원이 함께 관장하게 되었다.

① 감사의 범위: 감사원에 의한 양 기능의 통합은 헌법 제97조가 명문으로 규정하고 있으며 이를 이어받아 감사원법 제20조가 반복하고 있다. 회계검사의 범위에 관해서는 감사원법 제2장 제2절이 규정하고 있으며, 직무감찰의 범위는 같은 장 제3절이 규정하고 있다.

회계검사는 검사대상을 필요적 검사사항과 선택적 검사사항으로 나누고 있으며 선택적 검사사항은 극히 광범위하여 국가나 지방자치단체의 예산과 다소라도 관계가 있는 기업이나 단체를 총망라하고 있다고 해도 과언이 아닌데 대하여 직무감찰의 대상은 i) 행정기관의 사무와 그 공무원의 직무, ii) 지방자치단체의 사무와 그 공무원의 직무, iii) 국가 또는 지방자치단체가 자본금의 2분

67) *Ibid.*, pp. 96-115.

의 1 이상을 출자한 법인 및 한국은행의 임직원의 직무, iv) 민법 또는 상법 이외의 법률에 의하여 설립되고 임원의 전부 또는 일부나 대표자가 국가 또는 지방자치단체에 의하여 임명되거나 임명승인되는 단체의 임직원의 직무, v) 준공무원의 직무이다.68)

② 회계검사에의 편중: 감사원이 회계검사와 직무감찰을 함께 담당하기는 하나 감사원의 업무가 회계검사에 편중되어 있다고 하겠다.

2003년도 직무감찰의 결과 처리건수는 1,926건인 데 대하여 회계검사의 결과 처리건수는 2,153건이다. 2004년도에는 직무감찰의 결과 처리건수가 805건으로서 회계검사의 723건을 다소 능가하고 있다. 그러나 업무량에 있어서 회계검사가 직무감찰을 크게 능가하고 있다고 하겠다. 이와 같이 감사원의 활동이 회계검사에 편중하고 있는 데에는 몇 가지 원인이 있다.

i) 첫째로 헌법 제99조의 규정에 의하여 감사원은 매년 결산검사보고를 작성하여 국회와 대통령에게 제출해야 하며 국회의 결산심사는 정부의 결산서와 회계검사보고를 토대로 하여 이루어진다. 그러나 직무감찰의 결과를 보고하는 감사연보에 대해서는 이와 같은 비중이 부여되어 있지 않을 뿐만 아니라 회계검사업무가 과중하여 직무감찰에까지 인력이 미치지 못하는 경우가 많다.

ii) 둘째로 회계검사는 긴 전통을 자랑하고 있는데 대하여 직무감찰은 그렇지 못하다. 전술한 바와 같이 각국의 회계검사기관이 독립성과 전통을 자랑하고 있을 뿐만 아니라 우리나라의 심계원도 헌법기관이라는 프레스티지(prestige)를 지니면서 성장해 왔는데 대하여 직무감찰기관은 수난의 길을 걸어왔다. 1963년의 양 기관의 「통합」은 통합이라기보다는 심계원에 의한 감찰위원회의 흡수라고 보는 것이 타당할는지 모른다.

iii) 마지막으로 회계검사는 비교적 명확한 기준을 지니고 있는 데 대하여 직무감찰은 목표와 기준이 명확하지 못하다는 난점이 있다.

③ 개별적 비위사실의 적출: 정책감사·효율성감사의 도입으로 감사원이 과거보다 개선방안의 제시에 많은 힘을 기울이고 있으나 감사원의 기능은 아직도 개별적 위법부당사항이나 비위사실의 적출을 크게 벗어나지 못하고 있는 것 같다.

2004년도 감사연보에 의하면 2004년도 감사(회계검사와 직무감찰 포함) 결과

68) 감사원법 제24조.

처리건수는 1,528건인데 이 중 법령상의 개선요구가 3건이며 행정·제도상의 개선요구가 3건이고 권고가 92건이다. 나머지는 변상판정, 징계·문책, 시정, 주의 등이 대부분을 차지하고 있다.[69]

3. 분리형

분리형이란 회계검사와 직무감찰을 분리시키고 있는 형태이다. 분리형의 예가 많이 있으나 여기서는 각국의 옴부즈만과 일본의 총무성의 경우만 살펴보기로 한다.

(1) 옴부즈만

감사기구와 별도로 직무감찰을 담당하고 있는 대표적인 예로서 각국의 옴부즈만을 들 수 있다.

관료들의 횡포와 권력의 남용으로부터 국민을 보호하는 데 주안점을 두고 있는 옴부즈만제는 1810년 스웨덴에서 시작된 것으로서 그 후 핀란드·덴마크·노르웨이·뉴질랜드·이스라엘 등을 위시한 여러 나라에 보급되었으며, 그 밖의 많은 나라에서 이 제도의 도입을 논의하고 있다.

각국의 옴부즈만제도가 다소 차이가 있으므로 일반화가 어려우나 스웨덴과 핀란드에서 사용하고 있는 제도를 중심으로 하여 옴부즈만제도의 특색을 살펴본다면 다음과 같은 몇 가지로 요약할 수 있다.

① 입법부소속기관: 옴부즈만은 프랑스를 제외한 대부분의 국가에서 입법부소속기관이다. 그는 입법부에 의하여 임명되며 입법부에 연차보고서를 제출한다.[70] 예외적으로 프랑스에서는 각의의 결정에 따라 대통령이 임명한다.

영국에서는 옴부즈만의 기능이 지역구 국회의원의 기능과 중복된다는 이유로 국민들이 옴부즈만에게 문제를 제기할 때에는 반드시 국회의원을 통하도록 하고 있다.[71]

② 독립성: 옴부즈만은 정치적으로 독립된 공정한 조사자이다. 옴부즈만은 많은 경우 헌법기관으로서 일단 어떤 사건에 대한 조사를 개시하면 국회의원도

---

69) 감사원, 2001년도감사연보(서울: 감사원, 2002) pp. 69-79.

70) Donald C. Rowat, "The Spread of the Ombudsman Idea," in Stanley V. Anderson(ed.), *Ombudsman for American Government*(Englewood Cliffs: Prentice-Hall, 1968), p. 9.

71) William B. Gwyn, "The Ombudsman in Britain: A Qualified Success in Government Reform," *Public Administration*, Summer 1982, pp. 183-184.

간섭하지 않는다. 임기는 일반적으로 4년이며 2차 또는 3차에 걸쳐서 연임되는 경우가 많다.[72]

③ 간접적 통제: 옴부즈만은 법원과 달라서 정부부처의 결정을 번복할 권한은 없으며 사법부나 행정부에 대하여 직접적인 통제권이 없다. 그의 주된 권한은 조사를 하여 사실을 밝혀내는 데 있다. 관계기관이 필요한 조치를 취하지 않을 때에는 국회에 대한 보고 및 언론기관을 통하여 사실을 공표한다. 옴부즈만은 일반적으로 소추권을 지니고 있는데 오늘날에 있어서 이를 행사하는 일은 거의 없으나 이것이 그의 영향력을 증대시켜 주는 것은 사실이다.

④ 자발적 조사: 옴부즈만은 국민으로부터의 문제의 제기가 없더라도 신문보도 등을 토대로 하여 자신의 발의에 의하여 법원이나 행정기관을 조사할 권한을 지니고 있다.[73]

⑤ 신속한 처리: 법원의 경우와 달라서 옴부즈만의 사건취급은 직접적이며 비공식적일 뿐만 아니라 신속하며 저렴하다.[74]

(2) 일 본

일본은 회계검사와 직무감찰을 분리시키고 있는 대표적인 국가의 하나이다. 회계검사는 회계검사원이 담당하나 직무감찰은 총무성이 관장하고 있다.

① 조 직: 2001년 1월을 기하여 발효한 중앙성청 등의 재편에 의거하여 과거의 총무청·자치성 등을 통합하여 발족한 총무성은 대신관방 외에 행정관리국·행정평가국을 포함하는 11개국을 지니고 있는데 직무감찰을 담당하는 부서는 행정평가국(과거의 행정감찰국)이다.

② 기 능: 일본에서는 직무감찰을 행정감찰이라고 부르고 있는데 일본총무성에 의하면 행정감찰은 사회경제의 변화에 대응하여 행정의 역할을 재정립함과 동시에, 행정의 종합성·유효성·효율성·공정성·신뢰성을 확보하여 행정의 실태와 문제점을 실증적이며 정확하게 파악하여 그 결과에 따라 총무성장관이 각 행정기관의 장에게 운영전반에 걸쳐서 개혁 개선을 추진하는 기능이다.

행정감찰업무의 조사대상은 광범위하여 국가의 행정기관의 업무뿐만 아니라 특수법인의 업무 및 국가의 위임 또는 보조와 관련된 지방공공단체의 업무에까

72) Rowat, *op. cit.*, p. 9.

73) *Ibid.*, pp. 9–10.

74) *Ibid.*, p. 10.

지 미치고 있다. 특히 최근에 있어서 행정감찰은 경제구조의 변화에의 대응, 국제화의 추진, 다극분산형 국토의 형성과 주택·토지문제에의 대응, 고령화사회에의 대응, 국민생활의 안전보호 등의 정부의 중요과제를 대상으로 하여 그 해결의 촉진에 기여하고 있다고 한다.[75]

4. 통합접근형

회계검사와 직무감찰을 각각 다른 기관이 관장하고 있는 분리형을 택하고 있는 국가 중 양자의 통합을 위한 시도를 보이고 있는 경우를 통합접근형이라고 부르기로 했다는 것은 전술한 바와 같은데 통합접근형이 예로서 독일과 미국의 경우를 고찰하려 한다.

(1) 독 일

회계검사를 담당하는 감사원에 능률검사기능을 부여함으로써 회계검사와 직무감찰의 통합을 시도하고 있는 국가로서 독일을 들 수 있다.

① 연방행정능률위원제도: 1952년 독일정부는 바이마르공화국 시절의 제도를 모방하여 연방행정능률위원이라는 제도를 신설하고 감사원장 Mayer박사로 하여금 겸임하도록 하였다. 1957년에 이르러 장차는 감사원장이 당연직으로 연방행정능률위원을 겸하도록 조치하였다.

연방행정능률위원의 임무는 경비절약과 능률향상을 도모하기 위하여 행정의 간소화와 절약에 관한 모든 문제에 대하여 정부에 건의하는 일이다.

행정능률위원은 행정기관뿐만 아니라 감사원의 감사대상이 되는 자금을 취급하는 모든 공공단체의 행정관리의 개선을 담당토록 되어 있다. 행정능률위원은 그 임무의 수행을 위하여 별도의 직원을 두고 있는 것이 아니라 감사원장부속실을 활용하도록 되어 있다. 원장부속실은 약 30명의 고급공무원으로서 구성되는데 이들은 소위 「능률감사관」으로서 채용된 공무원들이다.

이와 같이 감사원에 능률감사기능을 부여하고 있는 데에는 몇 가지 이유가 있다.

첫째, 능률감사를 담당하는 원장부속실과 감사원의 다른 국·과간에 긴밀한 협력이 가능하다. 회계검사를 전담하는 감사관들이 능률감사에 관해서 적절한

75) 總務廳編, 1991年 總務廳年次報告書(東京: 政府印刷局, 1991), pp. 180-181.

건의를 해줄 수 있을 뿐 아니라 원장은 감사관들을 부속실 파견근무를 시킬 수 있는 권한을 보유하고 있다.

둘째, 헌법과 법률에 의하여 독립성을 지니고 있을 뿐만 아니라 필요한 정보를 입수할 수 있는 권한을 지니고 있다.

셋째, 감사원장의 권한을 들 수 있다. 그는 회계검사보고서와 능률감사보고서에서 동일한 문제의 서로 다른 국면을 다룰 수 있을 뿐만 아니라 정부의 예산편성과정이나 의회예산위원회의 예산심의과정에도 영향을 미칠 수 있는 것이다.[76]

② 제도의 의의: 독일이 행정능률위원제도를 신설하고 감사원장으로 하여금 당연직으로 이를 겸하도록 한 조치는 다음과 같은 의의를 지닌다.

ⓐ **합법성 감사와 능률성 감사의 병행**: 독일 감사원이 합법성 위주의 감사를 지속하면서 능률성 감사도 병행하고 있다는 것을 의미한다.

ⓑ **관리전반에 대한 감사**: 원장부속실이 담당하는 능률성 감사로 재정뿐만 아니라 관리전반에 대해서도 관심을 갖게 되었다는 것이다. 특히 감사원장이 감사관들을 부속실 파견근무를 시킴으로써 많은 감사관들이 행정관리전반에 대하여 관심을 가지게 되었다는 것이다.

ⓒ **회계검사기능과 직무감찰기능의 협력·접근**: 독일 능률감사제도는 회계검사기능과 직무감찰기능의 협력·접근을 초래하였다. 능률감사란 직무감찰기능 없이는 수행이 불가능한 것이다. 비록 규모는 크지 않으나 감사원장부속실이 직무감찰기능을 담당함으로써 부속실과 다른 국·과간의 긴밀한 협력과 인사교류가 이루어지고 두 기능간의 협력과 접근이 시도되고 있다.

(2) 미 국

미국 회계검사원이 도입한 프로그램평가(program evaluation)도 전통적인 회계검사와 행정운영의 개선향상을 목표로 하는 직무감찰을 통합한 것 같은 시도라 할 수 있다. 근래에 와서는 전통적인 회계검사보다 프로그램평가에 더 많은 역점을 두고 있는 실정이다.

① 프로그램평가 대두의 배경: 미국회계검사원이 프로그램평가를 도입하게 된 데에는 여러 가지 이유가 있겠으나 다음의 세 가지가 가장 중요하다고 하겠

76) Normanton, *op. cit.*, pp. 238-242.

다. 첫째로, 의회가 프로그램의 결과에 대한 평가를 회계검사원에 요청했으며, 이에 대하여 지대한 관심을 표명해 왔다는 것을 들 수 있다. 둘째로, PPBS를 위시한 행정부에서의 프로그램평가가 회계검사원에 영향을 미쳤다고 할 수 있다. 셋째로, 1966년 회계검사원장에 취임한 Staats를 위시하여 회계검사원의 간부들이 이 문제에 대해서 지대한 관심을 지녔다는 것도 들 수 있겠다.

이러한 여러가지 요인들이 복합적으로 작용하여 프로그램평가가 채택되기는 했으나 입법부소속기관인 회계검사원으로서는 의회의 요청과 이를 뒷받침하는 법률의 영향이 가장 컸다고 하겠다.[77]

② 관계법률: 회계검사원의 프로그램평가를 제도화한 법률로서 1970년의 입법부개편법(Legislative Reorganization Act)을 들 수 있겠다. 입법부소속기관의 개편을 단행한 이 법률은 의회의 요청이 있을 때 또는 필요하다고 인정할 때 회계검사원은 연방정부 프로그램의 비용편익분석을 실시해야 한다고 규정했을 뿐만 아니라 회계검사원에게 정부의 프로그램이나 활동의 결과를 검토하고 분석할 것을 지시했다.

입법부개편법보다 일보 더 전진한 것이 1974년의 의회예산 및 집행정지통제법이다. 이 법률을 통하여 의회는 프로그램평가에 관한 회계검사원의 임무를 확대하고 구체화했다. i) 회계검사원은 프로그램평가방법을 개발하고 의회에 건의해야 하며, ii) 프로그램평가를 위하여 외부전문가의 지원을 요청할 수 있다. iii) 회계검사원의 검사보고서에 프로그램평가에 관한 사항을 포함시켜야 하며, iv) 프로그램평가를 담당할 기구를 설치할 수 있는 권한을 원장에게 부여했다.[78]

③ 프로그램평가의 문제점: 미국회계검사원의 프로그램평가는 전술한 바와 같이 점진적으로 발전했으며 일률적으로 모든 국에서 동일하게 적용하고 있는 것이 아니라 국에 따라서 기복이 있다. 프로그램평가가 지니고 있는 문제점으로서 다음의 몇 가지를 들 수 있겠다.[79]

ⓐ 타당성의 문제: 전통적인 합법성 위주의 회계검사와 달라 프로그램평가는 타당성이 문제되는 경우가 많다.

---

77) Mosher, *The GAO*, p. 174.

78) *Ibid.*, pp. 187-189; Rourkse, *op. cit.*, p. 455.

79) Mosher, *The GAO*, pp. 180-181.

ⓑ 책임의 모호성: 정부프로그램의 효과성의 평가는 일차적으로 행정부의 책임이다. 따라서 입법부소속기관으로서의 회계검사원의 이 문제에 관한 역할과 책임이 모호하다는 것이다.

ⓒ 정책의 수정: 프로그램평가는 프로그램의 폐기·수정·부활에 대한 건의와 밀접한 관계가 있다. 환언하면 프로그램평가에 기초를 둔 회계검사원의 보고는 정책의 수정을 건의하게 된다. 그러나 이러한 정책수정의 건의가 때로는 심각한 정치문제로 확대될 우려가 있다는 것이다.[80]

④ 프로그램평가에 대한 재검토: 위에서 지적한 바와 같은 문제점 등으로 최근에 와서 프로그램평가에 대한 재검토가 일어나게 되었다. 이리하여 프로그램 평가를 전담하던 미국회계검사원의 프로그램 평가·방법국이 폐지되었다.[81]

80) Rourke, *op. cit.*, p. 454.

81) 제2절「회계검사기관」참조.

제 4 편

예산개혁

제 1 장 예산개혁론

제 1 절 예산제도개혁을 위한 시도

1. 영국의 예산제도

(1) 통합기금의 창설

예산제도를 개혁하려는 노력은 영국에서 예산제도가 시작된 이래 꾸준히 계속되었다고 할 수 있겠다. 그러나 예산통일의 원칙에 충실하기 위한 통합기금제도의 창설은 특기할 만한 것이라 하겠다.

1787년 이전의 영국에 있어서는 특정한 조세로부터 들어오는 수입은 특정한 지출에 충당한다는 방식을 사용해 왔던 까닭에 국가재정 전체에 대한 적절한 관리가 불가능했다. 1787년 통합기금법(Consolidated Fund Act)이 제정됨으로써 국가의 모든 수입은 원칙적으로 이 기금에 납입되고 국가의 모든 지출은 이 기금에서 지급되게 되었다.[1] 환언하면 예산통일의 원칙에 충실하게 된 것이다.

(2) 예산심의권의 제한

행정부만이 예산안제안권을 지니며 입법부는 행정부의 동의 없이는 증액을 하거나 새로운 비목을 설치할 수 없도록 하는 예산심의권의 제한은 근대적인 예산제도의 한 요소로 생각되고 있다.

미연방정부에서는 아직도 채택되지 않고 있는 예산심의권의 제한이 영국에서는 1706년에 이미 확립되어 오늘에 이르고 있으며 지금은 하원의사규칙 제78조(Standing Order No. 78)에 명문으로 규정되어 있다.[2]

---

1) Kenneth Mackenzie, *The English Parliament*(London: Pelican Book, 1951), pp. 151- 152.

2) Sir Herbert Brittain, *The British Budgetary System*(London: George Allen and Unwin,

(3) 결산 · 회계검사제도의 확립

입법부의 재정통제권은 예산심의권만 가지고는 불충분하며 입법부가 의결한 대로 행정부가 예산을 집행했는가를 확인할 수 있는 회계검사제도와 결산제도가 확립되어야 한다.[3]

이러한 필요를 충족시키기 위해서 영국에서는 1861년에 하원결산위원회가 설치되었으며, 1866년에는 회계검사원이 설치를 보게 되었다. 이리하여 1869년부터는 회계검사원의 검사보고서가 매년 의회에 제출되게 되었으며 하원의 결산위원회가 이 검사보고서와 정부의 결산보고서를 검토하는 결산심사제도가 확립되기에 이르렀다.[4]

2. 미국의 예산제도개혁을 위한 시도

(1) 예산회계법의 제정

영국에서는 이미 19세기에 확립된 근대적인 예산제도가 미국에서는 「입법부를 설득하려는 10년간에 걸친 꾸준한 노력」[5] 끝에 1921년에 와서야 확립을 보게 되었다는 것은 주지의 사실이다.

1911년에 설치되어 1912년에 보고서를 제출한 「절약과 능률에 관한 위원회」의 건의에 의거하여 많은 우여곡절 끝에 1921년에 제정된 예산회계법은 예산국(현재의 관리예산처)과 회계검사원의 설치를 규정했을 뿐만 아니라 행정부제출예산제도의 확립에 이바지했다.

(2) 예산심의개선을 위한 시도

미연방의회의 예산심의제도를 개선하려는 시도는 많이 있었으며 제2차대전 후에도 여러 번 있었다. 1946년의 입법부개혁법(Legislative Reorganization Act) 제138조는 입법부예산에 관한 공동위원회(Joint Committee on the Legislative Budget)를 설치하고 행정부에서 제출한 예산안을 심의한 후 세출한도액을 결정하여 세출위원회 분과위원회의 활동을 제약하려고 했으나 실패로 돌아갔다.[6]

1959), p. 213.

3) Asok Chanda, *Indian Administration*(London: George Allen and Unwin, 1958), pp. 171-172.

4) Mackenzie, *op. cit.*, pp. 153-156.

5) John D. Millett, *Government and Public Administration*(New York: MacGraw-Hill, 1959), p. 347.

1947년에는 10여 개로 분할되어 의회를 통과하는 세출법안을 통합세출법안(Omnibus Appropriation Bill)으로 통합하려는 움직임이 있었으나 이 역시 햇빛을 보지 못했으며,[7] 1950년대에는 상하양원의 세출위원회위원 7명과 약 50명의 직원으로서 예산심의공동위원회를 구성하자는 안이 제기되었으나 실효를 거두지 못했다.[8]

그러다가 1974년에 와서 의회예산 및 집행정지통제법(Congressional Budget and Impoundment Control Act)이 제정되어 예산심의제도에 일대 전환이 초래되었다는 것은 전술한 바와 같다.[9]

3. 통제지향 · 관리지향 · 계획지향의 예산제도

예산의 결정방법은 크게 점증주의적 방법과 총체적 · 종합적 방법으로 나눌 수 있다. 품목별 예산이 점증주의에 의거한 예산제도라고 한다면 성과주의예산 · 계획예산 · 제로베이스예산은 총체적 · 종합적 방법에 기초를 둔 예산제도라고 할 수 있겠다.

관점을 달리하여 Schick의 분류에 의한다면 품목별 예산제도는 통제지향의 예산제도이며 성과주의예산제도와 제로베이스 예산제도는 관리지향 예산제도이고 계획예산제도는 계획지향의 예산제도이다.[10]

우리는 제2절에서 성과주의예산을 고찰하며, 제3절에서 계획예산, 제4절에서 목표관리, 제5절에서 제로베이스예산제도를 살펴보기로 한다.

---

6) Jesse Burkhead, *Government Budgeting*(New York: Wiley, 1956), pp. 328-330; George B. Galloway, *The Legislative Process in Congress*(New York: Crowell, 1953), pp. 103-106.

7) Frederick J. Lawton, "Legislative-Executive Relationship as Viewed by the Executives," *Public Administration Review*, Summer 1953, pp. 169-176; Burkhead, *op. cit.*, pp. 330-332.

8) Burkhead, *op. cit.*, pp. 136-137.

9) 제3편 제3장 「예산의 심의」 참조.

10) Allen Schick, "The Road to PPB: The Stages of Budget Reform," *Public Administration Review*, December 1966, pp. 245-246; Allen Schick(ed.), *Perspectives on Budgeting*(Washington, D.C.: ASPA, 1980), p. 16.

제 2 절 성과주의예산(실적예산)

1. 성과주의예산제도의 발전

(1) 기 원

성과주의예산제도의 기원은 1913년 뉴욕의 리치먼드구에서 원가예산제(cost data budget)를 시도한데 있다고 한다. 미연방정부에 있어서는 이미 이에 앞서 1912년에 「절약과 능률에 관한 위원회」가 정부가 수행하는 사업에 치중하는 예산을 강조했던 것이다. 1934년에는 농무성이 사업별 예산(project budget)을 편성하였으며, 이와 거의 때를 같이하여 테네시계곡개발공사(T. V. A.)가 사업(program)과 세부사업(sub-program)별로 예산을 분류함으로써 성과주의예산에 유사한 프로그램 예산제도를 시작하였던 것이다.

제2차대전 후에 있어서는 1946년에 해군성이 1948년도 예산으로서 종래의 품목별예산과 함께 성과주의예산을 편성 제출했으며, 이러한 노력은 새로이 조직된 국방성에도 그 영향을 미치게 되었다.[11)]

제1차 후버위원회는 그 「예산과 회계」에 관한 보고서에서 성과주의예산의 필요성을 강조하여 다음과 같이 말했다. 「연방정부의 모든 예산의 개념은 기능·활동 및 사업에 의거한 예산의 채택에 의하여 개조되어야 하며 본위원회는 이 예산을 성과주의예산(performance budget)이라고 부른다」.[12)] 제1차 후버위원회가 성과주의예산의 채택을 건의한 것은 의회의 예산심의를 간편화하는데 그 의도가 있었던 것이다. 1949년에 이르러 미국의 연방의회는 그 국가안전보장법(National Security Act) 제4편의 국방성의 예산에 관한 부분에서 성과주의예산제도에 대한 찬의를 표시했으며, 그 다음해인 1950년에 의회는 「예산회계절차법」에서 연방정부에 있어서의 성과주의예산의 채택을 장려하는 규정을 설정했다.

1955년에 제2차 후버위원회는 그 동안의 성과주의예산제도의 발전을 회고하

11) Burkhead, *op. cit.*, pp. 153-156.

12) Commission on Organization of the Executive Branch of the Government, *Budgeting and Accounting*(Washington, D.C.: Government Printing Office, 1949), p. 8.

고 칭찬하는 동시에 이를 더욱 더 발전시킬 것을 건의하였다.

(2) 미국내에서의 보급

이와 같이 미국연방정부에 의하여 발전된 성과주의예산은 많은 주정부에 전파되었다. 성과주의예산제도의 도입에 있어서 선도적인 역할을 담당한 주는 메릴랜드(Maryland)주로서 주행정기구위원회(Commission on Administrative Organization of the State)의 건의에 따라 1954년도 예산안이 성과주의예산방식에 따라 편성되어 1953년 2월 주의회에 제출되었다.13)

그 뒤를 이어 많은 주가 성과주의예산제도를 도입하였는데 Allen Schick에 의하면 기준 여하에 따라 다르겠으나 대체로 20개 주 정도가 성과주의예산제도를 채택했다고 할 수 있겠다.14)

성과주의예산제도는 연방정부·주정부 뿐만 아니라 많은 지방자치단체에 의하여 채택되었는데 버지니아주의 리치먼드시·샌디에고시·로스엔젤레스시 등은 일찍이 성과주의예산제도를 도입한 도시들이다.15)

(3) 기타 지역에서의 보급

성과주의예산제도는 미국내에서 뿐만 아니라 필리핀·태국 등 동남아제국을 위시하여 각국에서 널리 채택되었다.

우리나라에서 1961년부터 국방부 단독으로 성과주의예산제도의 채택을 시도했으며, 1961년 4월에는 예산국장 이하 예산국의 간부들이 필리핀의 성과주의예산제도를 시찰하고 돌아와 1962년도부터 우리나라의 일부기관에 이를 도입하기 위한 준비를 갖추게 되었던 것이다. 5·16으로 인하여 이러한 움직임에 다소 지장이 있었으나 예산회계법과 동시행령은 성과주의예산제도의 채택을 암시하는 규정을 여러 곳에 두게 되었고 마침내 1962년도와 1963년도에는 일부 부처의 일부 사업에 성과주의예산제도를 적용하게 되었던 것이다. 그러나, 유감스럽게도 성과주의예산제도가 지니는 난점과 예산국의 리더십의 중단 등으로 1964년도부터는 이를 폐기하고 말았다.

---

13) Allen Schick, *Budget Innovation in the States*(Washington, D.C.: Brookings Institution, 1971), p. 70.

14) *Ibid.*, p. 70.

15) Burkhead, *op. cit.*, pp. 136-137.

2. 성과주의예산의 개념과 장점

(1) 개 념

성과주의예산은 종래의 품목별예산과 비교함으로써 개념과 특징이 명백하여질 수 있다. 품목별 예산은 간단히 말해서 급여로서 얼마를 지급하고, 이용료·수수료로서 얼마를 지급하고, 비품을 얼마, 소모품을 얼마 구입하라는 예산이다. 환언하면, 품목별 예산이란 정부가 구입하는 물품에 치중하는 예산인데, 이 품목별 예산에서는 그러한 품목, 즉 수단으로서 무엇을 하는가 하는 활동·사업계획이 나타나 있지 않는 것이다.

이에 반하여 성과주의예산은 수단보다는 그 수단으로서 달성하려고 하는 기능과 사업이 무엇인가를 표시하며, 이 기능과 사업을 수행하기 위하여 비용이 얼마나 소요되는가를 명백히 해주는 것이다. 환언하면, 품목별 예산에서는 정부가 구입하는 물품을 표시해 주기는 했지만, 왜 그것을 구입하는지는 분명하게 나타내지 못했던 것이다. 그러므로, 이러한 제도하에서는 예산은 정부사업의 성격이나 목표를 나타내지 못하였으며, 나아가서는 그 예산으로써 이룬 사업성과도 알 수 없었던 것이다. 성과주의예산은 이러한 결함을 제거하여 정부가 구입하는 물품과 정부가 행하는 활동 내지는 사업과의 관계를 긴밀하게 나타내고 있는 것이다.

간단히 말해서 성과주의예산이란 예산과목을 사업계획별·활동별로 분류한 다음 각 세부사업별로 다음과 같이 편성하는 예산을 말한다.

단위원가×업무량=예산액

여기서 단위원가(unit cost)란 업무측정단위(unit of work measurement) 한 개를 산출하는데 소요되는 경비를 말하며, 업무량이란 업무측정단위에 의하여 표시된 업무의 양을 말한다. 예를 들면, 금년도에 농림부가 5,000정보의 산지사방사업을 한다면, 업무측정단위는 사방공사가 끝난 임야 1정보가 될 것이며, 업무량은 5,000이 될 것이다. 단위원가는 사방공사 1정보를 하는데 소요되는 인건비·자재비 등 모든 경비를 말한다.

이와 같이 성과주의예산은 각 사업마다 가능한 한 업무측정단위(또는 사업단위)를 선정하여 업무를 양적으로 표시케 하고, 나아가서는 예산을 원가에 기준한 과학적이고 합리적인 방법으로 편성케 하며, 그 집행의 성과를 측정·분석·평가하여 적시적이고 효과적인 재정통제를 가능케 하는 제도라고 볼 수 있다.[16]

(2) 장 점

이제 성과주의예산의 장점을 추려 본다면 다음과 같다.

① 일반국민이 정부 각 기관의 사업과 목적한 바를 이해하는데 큰 도움을 준다.

② 정책이나 계획수립을 용이케 할 뿐만 아니라, 입법부의 예산심의를 간편케 하는 장점이 있다.

③ 예산편성에 있어서 자원배분을 합리화할 수 있다.

④ 예산의 집행에 있어서 신축성을 부여한다.

⑤ 실적분석의 결과 생생한 자료를 다음 회계연도예산에 직접 반영할 수 있다.

⑥ 행정관리에 있어서 계획과 통제를 내재적으로 활용할 수 있다.[17]

3. 성과주의예산의 문제점

성과주의예산을 도입함에 있어서 문제되는 점은 많이 있겠으나, 가장 중요한 것은 업무단위 또는 업무측정단위를 선정하는 문제와 단위원가를 계산하는 문제이다.

(1) 업무측정단위

전술한 바와 같이 성과주의예산이란 정부가 구입하는 물품이 아니라, 정부가 수행하는 사업에 치중하여 편성하는 예산일 뿐만 아니라, 가능하면 모든 사업에 관해서 업무단위 또는 업무측정단위라고 불리우는 것을 선정하여 업무를 양적으로 표시하고 그 성과를 분석하고자 하는 제도인 것이다. 따라서 업무측

16) Frederick C. Mosher, *Program Budgeting*(Chicago: Public Administration Service, 1954), pp. 81-82.

17) Malcolm B. Parsons, "Performance Budgeting in the Philippines," *Public Administration Review*, Summer 1957, p. 175; 예산국, 실적예산제도 [프린트](서울: 예산국, 1961), pp. 11-12.

정단위의 선정이란 성과주의예산에 있어서 가장 본질적인 문제라고 하지 않을 수 없는 것이다.

정부의 모든 사업이나 활동은 어떤 형태이든 간에 최종산물(end product)로 나타난다. 예를 들면, 도로공사에서는 포장된 도로로 나타나고, 교육사업에 있어서는 수학된 학생으로 나타나고, 보건사업에 있어서는 치료된 환자로 나타난다.

그런데, 어떤 사업이나 활동의 경우에 있어서는 업무의 진도나 성과를 측정하는데 의의있게 사용할 수 있는 최종산물을 발견할 수 있으나, 많은 사업의 경우에 있어서 동질적이고 의의가 있고 확실한 최종산물을 찾아낼 수 없으며, 따라서 업무측정단위를 선정하는데 애로가 많다. 여기에 성과주의예산의 최대의 난점이 있다고 하겠다.

그러면 이러한 업무측정단위는 어떠한 기준에 따라 선정되어야 하는가를 살펴보기로 한다.

① 선정된 단위는 동질성이 있어야 한다.

② 선정된 단위는 계산가능성이 있어야 하며 완결된 업무를 표시해야 한다.

③ 선정된 단위는 영속성이 있어야 한다. 예를 들면 수리사업에 있어서 몽리면적을 측정하다가 다음 연도에는 저수지용량으로 그 성과를 표현한다든가, 몽리면적을 금년은 정보로 표시하다가 다음 해에는 평이나 평방 킬로미터로 표시해서는 안된다는 것이다.

④ 한 개의 사업의 업무측정단위는 가능한 한 단수여야 한다.

⑤ 업무측정단위는 친숙한 용어로써 표시하여 관계자들이 이해하기 쉬운 것이어야 한다.[18)]

(2) 단위원가

성과주의예산에 있어서 또 하나 문제가 되는 점은 단위원가를 계산하는 문제이다. 전술한 바와 같이 단위원가란 업무측정단위 하나를 산출하는데 소요되는 인건비·자재비 기타 모든 경비를 합계한 것을 말하는데 회계제도가 발달하지 못하고 충분한 훈련과 경험을 지닌 회계직원이 부족한 발전도상국의 경우에 있어서는 이 단위원가의 산출이란 지극히 어려운 문제이다. Parsons교수가 필리

---

18) 상게서, pp. 39-41.

핀의 소위 성과주의예산이 성과주의예산의 외관을 지닌 것에 지나지 않는다고 혹평한 이유의 하나도 여기에 있는 것이다.[19] 특히 발생주의회계원칙이 아니라 현금주의를 택하고 있는 곳에서는 재고량이나 감가상각을 감안할 수가 없으며, 간접비의 배분의 문제도 쉽사리 해결하기 어렵다.

4. 성과지향적 예산제도의 재등장

위에서 살펴본 바와 같이 성과주의예산은 미국·한국을 위시한 각국에서 여러가지 이유로 오래전에 폐기되었으나 최근에 와서 성과지향적인 예산제도의 필요성이 여러가지 형태로 미국을 위시한 각국에서 다시 제기되고 있다.

(1) 미국에서의 재등장

① 수석재무관법: 첫째로 1990년에 제정된 수석재무관법(Chief Financial Officers Act)이 성과주의예산의 필요성을 다시 제기하고 있다. 이 법률에 의하면 1999년도부터 모든 부처는 목표·성과지표 등을 포함하는 성과계획서를 예산과 함께 국회에 제출해야 할 뿐만 아니라 성과를 얼마나 달성했는가를 알리는 사업계획별 실적보고서를 국회에 제출하여야 한다. 뿐만 아니라 수석재무관법은 성과주의예산에 관한 시범사업도 규정하고 있다. 1998년도와 1999년도에 걸쳐서 적어도 5개부처가 이 시범사업에 참여해야 하는데 시범사업의 결과를 관리예산처장이 국회에 보고하도록 규정하고 있다.[20]

② 오스본과 개블러의 견해: 둘째로 David Osborne과 Ted Gaebler 두 사람이 공저한 『정부의 재창조』(Reinventing Government)를 들 수 있겠다. 1992년에 발간된 이 저서는 클린턴 정부의 행정개혁에 지침을 제공한 것으로서 유명하다. 이 책 속에서 이들은 경쟁적 정부, 임무중심적 정부, 고객중심적 정부 등과 함께 성과지향적 정부의 필요성을 제시하고 있는데 투입중심의 예산제도에서 성과중심의 예산제도로 전환해야 한다고 주장하고 있다.[21]

③ 행정부의 제안: 셋째로 1993년 9월에 발표된 Al Gore의 행정개혁에 관한 건의서를 들 수 있다. 『운영이 더 잘 되면서 비용이 덜 드는 정부의 창조』라

---

19) Parsons, *op. cit.*, p. 175.

20) Philip G. Joyce, "Using Performance Measures for Federal Budgeting: Proposals and Prospects," *Public Budgeting and Finance*, Winter 1993, pp. 4-5.

21) David Osborne and Ted Gaebler, *Reinventing Government*(Reading: Addison- Wesley, 1992), pp. 161-165.

는 긴 이름의 이 건의서는 그 제3장에서 「성과를 얻기 위한 공무원의 능력부여」라는 제목하에 성과지향적인 행정을 강조하고 있으며 성과지향적 예산의 필요성을 제기하고 있다.[22]

④ 주정부의 노력: 위에서 살펴본 연방정부의 여러 가지 시도보다 더욱 적극성을 띤 것이 주정부의 노력이라 하겠다. 어떤 형태로든지 47개주에서 성과지향적 예산제도를 채택하고 있는데 그 중 31개주에서는 법률로서 이를 규정하고 있다.[23]

(2) 한국에서의 재등장

미국에서의 성과지향적 예산제도의 재등장과 보조를 맞추어 한국에서도 성과주의예산제도가 도입되었다.

김대중 정부가 2000년도에 16개기관을 시범기관으로 선정하여 시범적으로 성과주의예산제도를 적용하였고, 노무현 정부는 성과주의예산제도를 '재정사업자율평가제도'라는 이름으로 전면적으로 도입하였다. 미국의 PART(Program Assessment Rating Tool)제도를 모방하여, 부처의 예산산업을 평가한 후 그 결과를 차차년도 예산에 반영하였다.

(3) 성과지향적 예산제도의 난점

이와 같이 미국과 한국을 위시한 각국에서 성과지향적 예산제도가 재등장하고 있다. 이러한 성과지향적인 예산제도는 그 필요성이 절실한 것은 사실이나 과거에도 경험했듯이 이를 실제로 사용하기에는 여러 가지로 어려움이 많다.[24]

① 성과측정지표의 개발: 무엇보다도 어려운 문제는 모든 사업에 알맞은 성과측정지표를 개발하는 일이다. 성과측정지표의 개발은 그 자체가 목표가 아니라 각 사업이 얼마나 소기의 성과를 거두었는가를 평가하기 위한 수단에 지나지 않는다는 사실에 유의할 필요가 있다.

② 자원배분을 위한 활용가능성: 이러한 성과측정지표를 자원배분에 활용할 수 있느냐 하는 문제이다. 과거에도 논의되었듯이 성과지향적 예산은 미사

---

22) Al Gore, *Creating A Government That Works Better and Costs Less: Report of the National Performance Review*(Washington: Government Printing Office, 1993), pp. 69-91.

23) Katherine G. Willoughby and Julia E. Melkers, "Implementing PBB: Conflicting View of Success," *Public Budgeting and Finance*, Spring 2000, pp. 105-120.

24) Joyce, *op. cit.*, pp. 7-16.

일과 장거리 폭격기를 비교하는 경우 어느 것이 보다 능률적이냐 하는 문제는 해결해주나 핵전쟁과 관련이 있는 전략부대에 예산을 얼마나 할당할 것이며 재래식전투를 담당할 일반목적부대에 예산을 얼마나 책정할 것인가 하는 문제는 별로 해결하지 못하고 있다는 것이다. 하물며 교육에 예산을 얼마나 배정할 것이며 국방을 위하여 예산을 얼마나 책정하는 것이 바람직하냐 하는 문제는 더 말할 것도 없다는 것이다.

③ 정확한 성과정보: 정직하고 정확한 성과에 관한 정보를 입수할 수 있느냐 하는 문제이다. 성과측정지표를 예산편성에 적용하려면 적절한 성과측정지표의 개발과 함께 정확한 성과에 관한 정보의 수집이 전제되어야 한다. 그러나 성과가 예산에 미치는 영향이 크면 클수록 각 부처는 성과측정지표의 개발에 있어서 아전인수적인 지표를 개발하기 쉬우며 성과에 관한 보고가 정확성을 결여하기 쉽다는 것은 과거에도 경험한 바 있다.

(4) 성과증진을 위한 활용

그렇다면 결론적으로 최근에 그 필요성이 다시 제기되고 있는 성과지향적 예산은 단기적으로 어떤 기관이나 어떤 부처에 예산을 얼마나 배정할 것인가 하는 「자원배분」에 활용하기보다는 주어진 예산을 가지고 어떻게 하면 좋은 성과를 올리느냐 하는 「성과증진」을 위하여 활용하는 것이 바람직하다고 하겠다.

제 3 절 계획예산제도

1. 계획예산제도의 개념과 이론적 기초

(1) 계획예산제도의 개념

계획예산제도(Planning-Programming-Budgeting System, 略하여 PPBS라 함)란 장기적인 기획수립과 단기적인 예산편성을 유기적으로 연관시킴으로써 자원배분에 관한 의사결정을 합리적으로 일관성 있게 행하려는 제도이다. 이와 같은 PPBS는 흔히 다음과 같은 3대 요소를 지닌다고 한다.[25]

25) Charles J. Zwick, "Budgeting for Federal Responsibilities," *The Annals of the American Academy of Political and Social Science*, September 1968, p. 18.

① 목표의 정확한 파악(규정)이 있어야 한다. 즉 PPBS의 프로그램체계(program structure)는 정부사업의 목표를 뚜렷이 밝히는 것이어야 한다.

② 이러한 목표를 달성하기 위한 각종 대안을 체계적으로 검토할 수 있어야 한다.

③ 장기적 시계(time horizon)를 지녀야 한다. 사업에 따라서는 초년도에는 경비가 얼마 안드나 2, 3년 후에 막대한 경비를 소요로 하는 것이 있다. 따라서 PPBS는 적어도 3년 내지 5년 정도의 장기적 시계를 보유하고 있어야 한다. PPBS의 장기적 시계에 이바지하는 장치가 사업재정계획(program and financial plan)이다.[26)]

(2) 계획예산제도의 이론적 기초

PPBS의 이론적 기초에 관해서 깊이 언급하고 있는 학자는 별로 없으나 PPBS의 제창자들의 주장을 종합해 보건대 대체로 다음과 같은 네 가지를 그 이론적 기초로 들 수 있다.[27)]

① 절약과 능률: PPBS를 도입하려는 근본적인 이유의 하나는 절약과 능률을 기하자는데 있다. Arthur Smithies도 「계획예산의 개념적 테두리」[28)]라는 그의 논문에서 이 점에 언급하고 있다. 간단히 말해서 절약과 능률은 ⓐ 첫째로 일정량의 자원을 가지고 가급적 많은 outputs를 내거나, ⓑ 반대로 일정량의 outputs를 내기 위하여 가급적 적은 양의 자원을 투입해야 한다고 한다. PPBS도 바로 이것을 요구하고 있다.[29)]

② 효과성: PPBS의 장점으로서 절약과 능률 다음에 빈번히 지적되는 것이 효과성(effectiveness)이다. 효과성이란 달성하려는 목표를 얼마나 달성했느냐

---

26) Zwick는 이와 같이 세 가지로 들고 있는데 대하여, Novick은 ① 임무·부대·무기체계에 의거한 program structure, ②각종 대안의 분석적 비교, ③ 연동식 5개년 사업 재정계획, ④ 신규 사업계획 및 사업계획변경의 수시결정, ⑤ 계획의 타당성과 집행을 검증하기 위한 진도보고의 다섯 가지를 미국방성 PPBS의 5대요소라고 하고 있다[David Novick, "Department of Defense," in David Novick(ed.), *Program Budgeting: Program Analysis and Federal Government* (Cambridge: Harvard University Press, 1965), pp. 89-90].

27) PPBS의 이론적 근거에 관해서는 강신택교수의 박사학위 논문의 도움을 많이 받았다.

28) Arthur Smithies, "Conceptual Framework for the Program Budget," in David Novick (ed.), *Program Budgeting*, pp. 24-60.

29) Sintaek Kang, "An Analysis of Structure of Planning-Programming-Budgeting System: Norms of Rationality and Administrative Programs in Government," Unpublished Ph. D. dissertation, University of Pennsylvania, 1969, p. 29.

는 말이다. Smithies가 지적한 바와 같이 PPBS에 의하여 목표달성을 위한 각종 대안들이 지니는 장·단점을 충분히 검토한 후 합리적으로 그 중 어느 하나를 선정한다면 정부는 가장 효과적으로 그 정책을 결정할 수 있다.[30] 비용효과분석(cost-effectiveness analysis)이 PPBS의 가장 중요한 도구의 하나로 사용되는 것도 PPBS가 효과성을 중요시하는 까닭이다.

③ 조 정: 조정이란 시스템의 여러 부분의 조화와 균형을 기하는 과정이다. PPBS는 비교와 조정의 과정이 초점이라고 할 수 있다. 조정은 목표간의 충돌의 배제, 목표달성을 위한 활동간의 상충의 배제, 목표와 이를 달성하기 위한 활동간의 상충의 배제를 의미한다고 할 수 있는데,[31] PPBS가 바로 이것을 주안점으로 하는 제도라고 할 수 있다.

④ 과학적 객관성: PPBS의 또 하나의 목표는 과학적 객관성이다. PPBS는 체계분석이나 비용효과분석 등을 사용하여 의사결정에 있어서 가급적 의사결정자의 주관적 편견을 배제하고 객관적인 판단을 내리도록 하는 제도이다. 맥나마라장관 밑에서 체계분석담당국방차관보를 지낸 Alain C. Enthoven은 이를 표현하는데 과학적 방법(scientific method)이라는 용어를 사용하고 있다.[32]

2. 계획예산제도의 도입·보급과 쇠퇴

(1) 계획예산제도의 도입

1950년대에 랜드연구소(RAND Corporation)에 의하여 개발된 계획예산제도는 McNamara 국방장관의 지시에 따라 Hitch 차관보의 노력으로 1963년도부터 미국방성예산에 도입되게 되었다.

(2) 미국내에서의 보급

국방성에 PPBS가 도입되어 만족할 만한 성과를 거두자 1965년 8월 존슨대통령은 모든 성과 대부분의 독립기관이 PPBS를 적용하도록 지시했다.

성과주의예산의 경우에 있어서는 그 도입과정에 있어서 관리예산처(당시 예산국)가 주도권을 쥐었으나 PPBS의 경우에 있어서는 관리예산처가 주도권을

30) Smithies, *op. cit.*, p. 26.

31) Kang, *op. cit.*, p. 32.

32) Alain C. Enthoven, "The System Analysis Approach," U.S. Senate Committee on Government Operations, *Planning-Programming-Budgeting: Selected Comment*(Washington, D.C.: Government Printing Office, 1967), p. 3.

장악하지 못하고 수동적인 입장에 섰다는 것은 주목할 만한 일이다.[33] 관리예산처는 수동적인 입장에 섰으나 존슨대통령은 PPBS의 도입에 있어서 대단히 적극적이었다. 관리예산처의 건의를 물리치고 대부분의 독립기관이 일률적으로 PPBS를 적용할 것을 지시했을 뿐만 아니라, 전직 경제자문위원회 위원으로 충원되던 예산국장(현 관리예산처장)직에 랜드연구소 출신의 Charles J. Zwick를 임명했던 것이다.[34]

이와 같이 연방정부에서 시작된 PPBS는 많은 주정부와 지방자치단체에도 보급되었다.

(3) NATO제국

비단 미국내에서 뿐만 아니라 미국 외에도 영국·캐나다·벨기에·스웨덴[35] 등 NATO제국의 국방예산에 PPBS가 적용되게 되었으며 캐나다·영국에 있어서는 국방 이외의 분야에도 PPBS가 적용되었다.

(4) 아시아제국

NATO제국뿐만 아니라 1960년대 말부터는 아시아제국에서도 PPBS에 대해서 많은 관심을 표명했다.[36]

일본에서는 1968년 2월 PPBS의 조사연구를 위하여 미국에 대장성 직원을 파견했으며 대장성이 중심이 되어 정부 각 기관의 분석능력의 향상에 힘썼다.[37] 1977년도부터 방위청 예산에 PPBS를 도입할 예정이었으나 일본의 국내사정으로 이루어지지 못했다. 이와 같은 일본의 태도와는 대조적으로 대만은 이미 1975년도(1974년 7월~1975년 6월)부터 국방예산에 PPBS를 적용했다.

우리나라에서도 국방부에서 1971년부터 PPBS 도입준비작업을 시작하였으며 1979년도부터 국방예산에 PPBS를 적용할 계획하에 1974년초에 국방부로부터

---

33) Schick, "The Road to PPB," p. 256.

34) Bertram Gross, "The New System Budgeting," *Public Administration Review*, March-April 1969, pp. 128-129.

35) J.P. Jacqmotte, "Tentative Comparative Study of RCB in France and PPBS in Belgium," *International Review of Administrative Sciences*, No.1, 1970, pp. 47-55.

36) A.W. Peterson, "Planning, Programming and Budgeting in the GLC: What and Why," *Public Administration*, Summer 1972.

37) 加藤隆司, 「主要國におけるPPBの導入狀況について(II)」, 行政とADP, 1971년 9월호, pp. 1-4.

각 군에 훈령이 시달되었으나 PPBS의 공식적인 채택은 이루어지지 못했다.[38]

(5) 계획예산제도의 쇠퇴

이와 같이 미연방정부에서 시작되어 한때 미국의 주정부·지방자치단체를 위시하여 각국에 널리 보급되었던 PPBS는 1973년 닉슨대통령에 의하여 연방정부의 PPBS가 MBO에 의하여 대체됨으로써 그 열기가 갑자기 냉각되었다.[39]미국에서는 더 말할 것도 없고 NATO제국이나 아시아제국에서도 PPBS에 대한 관심이 사라지게 되었다.

(6) 국방성계획예산제도의 존치

이와 같이 PPBS에 대한 관심이 사라졌음에도 불구하고 아직도 미연방정부의 국방성만은 내부관리제도로서 PPBS를 활용하고 있다.[40] 연방정부의 모든 기관이 PPBS를 폐기했음에도 불구하고 국방성이 아직도 이를 활용하고 있는 데에는 다음과 같은 몇 가지 이유가 있다.[41]

① 계량화의 용이: 국방예산의 경우에 있어서는 다른 분야에 비하여 비교적 outputs의 계량화가 용이한 까닭에 PPBS를 폐기할 이유가 희박하다는 것 이다.

② 다른 제도로의 전환곤란: PPBS를 도입하는 데에도 장기간에 걸친 연구와 많은 자원이 투입되었는데 이를 다른 제도로 전환하기 위해서는 너무나 많은 자원이 소요된다는 것이다.

③ 국방본성과 각군의 경쟁: 국방본성과 육해공군간의 경쟁과 견해의 대립을 해결하기 위해서도 PPBS가 바람직한 제도라는 것도 또 하나의 이유이다.

3. 계획예산제도의 한계와 문제점

계획예산제도(PPBS)의 한계와 문제점에 대해서는 많은 사람이 여러 가지로 지적하고 있으나 비교적 중요한 것만 소개하면 다음과 같다.

---

38) 국방부관리차관보실, 계획예산제도(서울: 국방부, 1976), p. 31.

39) Chester A. Newland, "Policy-Program Objectives and Federal Management: The Search for Government Effectiveness," *Public Administration Review*, January-February 1976, pp. 20-24.

40) L.R. Jones, "Policy Development, Planning, and Resource Allocation in the Department of Defense," *Public Budgeting and Finance*, Fall 1991, pp. 15-27.

41) *Ibid.*, p. 16.

(1) 집 권

PPBS의 도입은 지나친 집권을 초래한다는 것이다. 환언하면, PPBS는 종전에 각 군에 분산되었던 권한을 국방장관에게 집중시켰는데 모든 성과 대부분의 독립기관이 PPBS를 채택한 후에는 장관과 대통령에게 지나치게 많은 권한을 집중시켰다는 것이다.[42)]

(2) 계량화

달성되는 효과(outputs)의 계량화가 곤란하다는 것이다. 사업에 따라서는 outputs의 계량화가 용이한 경우도 있으나, 많은 사업의 경우 outputs의 계량화가 어렵다는 것이다.[43)] 이는 PPBS에 고유한 문제가 아니며 성과주의예산제도하에서도 거론되던 문제이다.[44)]

(3) 간접비의 배분

간접비의 배분도 간단한 문제가 아니다. 예를 들면, 케이프 케네디의 우주선발사에 필요한 발사대의 경비는 어느 우주선에 얼마나 포함시킬 것이냐 하는 문제가 제기된다.[45)] 이 역시 성과주의예산제도에서도 거론되던 문제이다.[46)]

(4) 목표의 규정

목표의 규정이 곤란하다. 전술한 바와 같이 PPBS의 3대 요소의 하나로서 목표의 정확한 파악을 들었는데, 민주주의국가에 있어서 목표에 대한 의견의 불일치가 얼마든지 있을 수 있을 뿐만 아니라 다목적적인 사업이 많다. 예를 들면, 교도소의 목표로서 ① 범죄인의 처벌, ② 위험인물의 격리, ③ 미래의 범죄에 대한 예방, ④ 죄수의 교도를 들 수 있다. 교도소의 경비를 이 네 가지 목표에 어떻게 배분하느냐 하는 문제는 그리 용이한 일이 아니다.[47)]

---

42) Aaron Wildavsky, "The Political Economy of Efficiency: Cost-Benefit Analysis, Systems Analysis, and Program Budgeting," *Public Administration Review*, December 1966, p. 305; Frederick C. Mosher, "Letter to Editor-in-Chief," *Public Administration Review*, March 1967, pp. 69-70.

43) Frederick C. Mosher, "Limitations and Problems of PPBS in the States," *Public Administration Review*, March-April 1969, p. 162.

44) Parsons, *op. cit.*, pp. 175-176.

45) Milton A. Margolis and Stephen M. Barro, "The Space Program," in David Novick (ed.), *Program Budgeting*, pp. 130-133.

46) 제2절「성과주의예산」참조.

47) Mosher, "Limitations and Problems of PPBS in the States," pp. 162-163.

(5) 환산작업

PPBS의 프로그램체계(program structure)와 예산과목간의 차이때문에 예산편성과 집행에 있어서 막대한 환산작업이 필요하며 정확성을 결한다. 이와 같은 환산작업은 컴퓨터의 사용없이는 실시가 불가능하며 컴퓨터를 사용하는 경우에도 문제가 남는다.[48]

(6) 입법부와의 관계

미국의 경우 많은 국회의원, 특히 상·하양원의 세출위원회 위원들이 PPBS에 대해서 찬의를 표하지 않았다.[49] 제2차대전 후의 거의 모든 예산제도개혁운동에 대해서 국회가 찬의를 표하지 않았으므로 이 역시 PPBS에 고유한 문제가 아니라고 하겠다.

(7) 자원의 배분

PPBS가 미사일과 장거리폭격기를 비교하는 경우 어느 것이 보다 능률적이냐 하는 문제는 해결해 주나 전략부대에 예산을 얼마나 할당할 것이며 일반목적부대에 예산을 얼마나 책정할 것이냐 하는 문제는 별로 해결하지 못하고 있다는 것이다. 하물며 교육에 예산을 얼마 할당할 것이며, 국방을 위하여 예산을 얼마나 책정하는 것이 가장 바람직하냐 하는 문제는 더 말할 것도 없다는 것이다.[50]

(8) 졸속한 도입

PPBS에 대해서 원칙적으로 찬의를 표하는 사람들도 PPBS의 도입이 졸속적이었다는 것을 지적하고 있다.[51] 국방성의 경우에 있어서는 랜드연구소가 수년간에 걸친 연구에 의거하여 필요한 지식과 인재까지 공급했으나, 다른 기관의 경우에는 이러한 편의가 없었다.[52]

---

48) Roland N. McKean and Melvin Anshen, "Limitations, Risks, and Problems," in David Novick(ed.), *Program Budgeting*, pp. 193-294.

49) Mosher, "Limitations and Problems of PPBS in the States," pp. 164-165.

50) Murry L. Weidenbaum, "Program Budgeting…Appying Economic Analysis to Government Expenditure Decisions," in Lyden and Miller(eds.), *op. cit.*, pp. 177-178.

51) Allen Schick, "Systems Politics and Systems Budgeting," *Public Administration Review*, March-April 1969, p. 150.

52) 이리하여 Wildavsky는 국방성의 PPBS가 다른 기관에게 "Bad Model"이었다고 말하고 있다(Aaron Wildavsky, "Rescuing Policy Analysis from PPBS," *Public Administration Review*,

(9) 과도한 절약

주로 미국방성에 국한된 문제인데, PPBS가 국방보다 절약을 중요시하여 결국은 값싼 무기가 선택되는 것이 아니냐는 불안이 없지 않았다.[53] 이에 대해 Hitch는 구체적인 실례를 들어 반박하고 있다.[54]

(10) 경험의 경시

이 역시 국방성에 한정된 문제인데 PPBS와 같은 과학적 수단의 채택이 경험자(군인)의 판단을 경시하는 결과를 초래하지 않느냐 하는 불안도 있었다.[55]

제 4 절 목표에 의한 관리

1. 목표관리의 의의

(1) 개 념

목표에 의한 관리(Management by Objectives)는 조직의 최고관리자와 중간관리자가 공동으로 공통목표를 설정하고, 기대되는 성과에 주안점을 두어 조직내의 모든 개인의 책임분야를 결정하며, 이것들을 조직내의 운영지침으로 사용할 뿐만 아니라 모든 조직구성원의 공헌도를 측정하는 척도로 삼으며 예산과도 연계를 짓는 제도라고 할 수 있겠다.[56]

(2) 특 징

이러한 목표관리의 특징을 Woolfson의 견해에 따라 살펴보면 다음과 같다.[57]

① 목표의 설정: 목표관리는 조직의 목표를 설정하고 성과의 평가가 가능하

March-April 1969, p. 191).

53) 福島康人, 「PPBSとシステムズアナリシス」, 國防 1968 10월호, p. 59.

54) Charles J. Hitch, *Decision-Making for Defense*(Los Angeles: University of California Press, 1965).

55) Laird 장관재임시에는 McNamara 장관재임시보다 직업군인의 의견이 많이 존중되었다고 한다(*Time*, August 29, 1969, p. 15).

56) George S. Ordiorne, *Management by Objectives: A System of Managerial Leadership*(New York: Pitman, 1965), pp. 55-56.

57) Bruce H. De Woolfson, Jr., "Public Sector MBO and PPB: Cross Fertilization in Management Systems," *Public Administration Review*, July-August 1975, pp. 388-389.

도록 목표를 계량화하려고 노력한다.

② 목표갈등의 확인: 목표관리는 목표의 갈등을 확인한다. 갈등은 크게 두 가지로 나눌 수 있는데 첫째는 상급자와 하급자간의 갈등을 의미하는 수직적 갈등이며, 둘째는 기관과 기관, 국과 국간의 갈등을 말하는 수평적 갈등이다.

③ 참 여: 목표관리는 하급자로 하여금 각자의 목표를 제시케 함으로써 하급자에게 참여의 기회를 부여한다.

④ 환 류: 목표관리는 환류(feedback)와 업적의 평가를 통하여 통제를 가능케 한다.

⑤ 성과에 대한 책임: 목표관리는 성과에 대하여 책임지는 기풍을 조성하고 관리자들을 평가할 수 있는 방안을 제공한다.

이러한 다섯 가지 중에서 핵심적인 것은 ① 목표의 설정, ② 참여, ③ 환류이다. 사람에 따라서는 이 세 가지를 목표관리의 세 가지 활동 또는 세 가지 과정이라고 한다.[58]

2. 목표관리의 발전과정과 현황

(1) 발전과정

목표관리의 기원을 Taylor에까지 소급해 올라갈 수 있다고 하는 사람도 있으나 목표관리는 Peter Drucker에 의하여 제창된 제도라고 할 수 있을 것이다. Drucker는 1954년에 발간된 그의 『관리의 실제』서 목표관리를 들고 나왔다.[59] 목표관리는 본래 사기업에서 보급되었으며 정부부문에 도입된 것은 1970년대 초의 일이다. 보건교육복지성(HEW)이 목표관리를 도입하기 위한 준비를 개시한 것은 1969년이나 미국의 연방정부 전체가 목표관리를 도입한 것은 1970년대의 일이다. 계획예산제도를 폐기한 닉슨 행정부가 이를 대신할 제도로서 목표관리를 택했다.[60] 그러나 1976년의 대통령선거시에 제로베이스예산의 도입을 공약으로 내걸었던 Carter가 대통령에 당선되자 목표관리를 폐기하고 제로베이스예산을 채택했다.

---

58) 강신택, 재무행정론(서울: 박영사, 1993), p. 447; Robert Rogers and John E. Hunter, "A Foundation of Good Management Practice in Government: Management by Objectives," *Public Administration Review*, January-February 1992, p. 27.

59) Jong S. Jun, "Introduction for A Symposium on Management by Objectives in the Public Sector," *Public Administration Review*, January-February 1976, p. 3.

60) Newland, *op. cit.*, pp. 20-21.

(2) 현 황

미국 연방정부가 1977년에 목표관리를 폐기했으나 지방자치단체에서는 목표관리를 예산과 연계짓지는 않더라도 일반적인 관리도구로서 광범위하게 사용하고 있다는 것이 조사결과에 의하여 판명되었다. 1990년대 초의 한 설문조사에 응한 지방자치단체의 47%가 현재 목표관리를 사용하고 있다고 응답했으며, 7%가 과거에 사용했으나 폐기했다고 응답했다. 최근 5년내에 목표관리를 적용해 보지 않은 지방자치단체가 46%이다.[61]

3. 목표관리와 예산운영

(1) 다각적 활용

성과주의예산·계획예산·제로베이스예산과는 달리 목표관리는 다각적으로 활용되는 관리도구로서 예산과는 느슨하게 연계되어 있는 제도이다.[62] 목표관리가 다각적으로 활용되는 관리도구라는 것은 목표관리가 인사행정에서는 근무성적평정을 위한 평정방법의 하나로 사용되고 있다는 사실에서도 알 수 있다.[63]

(2) 예산운영과의 연계

성과주의예산·계획예산·제로베이스예산 등이 자원배분을 주된 기능으로 삼고 있는데 대하여 목표관리는 자원배분보다는 진행중인 사업의 모니터링(monitoring)을 위한 관리도구라고 하겠다.[64]

다시 말해서 목표관리는 진도분석에 보다 역점을 두는 도구로서 예산의 편성보다는 예산의 집행과 더 밀접한 관련이 있다고 볼 수 있다.

4. 목표관리의 장점과 효용

목표관리의 장점으로서 여러가지를 들 수 있겠으나 우리는 다음의 네 가지를

---

61) Theodore H. Poister and Gregory Streib, "MBO in Municipal Government: Variations on a Traditional Management Tool," *Public Administration Review*, January- February 1995, p. 50.

62) Donald F. Kettl, *Deficit Politics: Public Budgeting in Its Institutional and Historical Context*(New York: Macmillan, 1992), p. 79.

63) Perry Moore, *Public Personnel Management: A Contingency Approach*(Lexington: Heath, 1985), p. 145.

64) Woolfson, *op. cit.*, p. 391.

들고자 한다.[65]

(1) 참여적 관리

목표관리의 가장 큰 장점은 참여적 관리를 가능케 한다는 것이다. 하급자로 하여금 각자의 목표를 제시케 함으로써 하급자에게 참여의 기회를 부여하는 제도이다.

(2) 목표달성의 촉진

목표관리는 가능하면 목표를 계량화할 뿐만 아니라 이러한 목표를 얼마나 달성했는가를 측정하고 성과에 대하여 책임지는 기풍을 조성함으로써 목표달성도의 제고에 이바지하는 도구라 할 수 있다.

(3) 높은 신축성

목표관리는 지극히 신축성이 높은 관리도구이다. 계획예산제도의 결함이 신축성의 결여에 있는데 대하여 목표관리는 활용하는 관리자에 따라 여러가지 용도를 위하여 사용할 수 있다. 예산의 집행이나 사업진도의 파악을 위하여 많이 활용되지만 예산편성과정에서도 활용이 가능하다.

(4) 적은 업무량

사용하는 분석기법이 단순하고 산술적인데도 원인이 있겠으나 목표관리는 필요로 하는 업무량이 적고 문서가 단순하다는 장점도 지닌다.

5. 목표관리의 한계와 문제점

목표관리의 한계와 문제점으로서 다음의 다섯 가지를 들고자 한다.[66] 이 중 처음 세 가지는 본질적인 한계이며 마지막 두 가지는 운영과정에서 나타난 문제점이라 하겠다.

(1) 장기적 시계의 결여

계획예산제도가 3년 내지 5년의 장기적 시계를 지니는데 대하여 목표관리는 원칙적으로 1년을 대상으로 하며 예외적인 경우에 3년 내지 5년을 대상으로

---

65) Jerry McCaffrey, "MBO and the Federal Budgetary Process," *Public Administration Review*, January-February 1976, pp. 33-39; Woolfson, *op. cit.*, pp. 393-394.

66) Kettl *op. cit.*, pp. 80-81; Woolfson, *op. cit.*, p. 392.

한다.

(2) 대안의 검토 결여

계획예산제도는 목표달성에 이바지할 수 있는 여러 대안을 체계적으로 검토하는데 대하여 목표관리는 대안의 검토를 하지 않는다.

(3) 분석적 전문성 활용부족

목표관리는 관리적 상식이나 산술적인 기법을 사용하며 계획예산제도와 같이 체제분석이나 비용편익분석과 같은 높은 수준의 기법을 활용하지 않는다.

(4) 설정된 목표의 유의성 부족

닉슨행정부하의 미연방정부 목표관리의 경우 각 부처가 설정한 목표 중에는 사회적 유의성이 높은 것이 별로 없었다고 한다.

(5) 달성이 용이한 목표의 설정

이것도 닉슨 행정부하의 목표관리에서 볼 수 있었던 것으로서 각 부처는 용이하게 달성할 수 있는 목표만을 설정하는 경향이 있었다고 한다.

제 5 절 제로베이스예산제도

1. 발달과정

(1) 기 원

제로베이스(zero-base) 사고방식을 예산제도에 도입해 보려는 노력은 오래전부터 있었으나 공식적으로 이것을 도입하려고 시도한 것은 1960년대초의 일이다. 1962년 미연방정부의 농무성은 1964년도 예산편성에 제로베이스예산제도(ZBB)를 도입하려고 했으나 큰 실효를 거두지 못했다.[67]

1969년에 이르러 Pyhrr이 텍사스 인스트루먼트(Texas Instruments)라는 사기업의 참모 및 연구부 예산에 ZBB를 적용하여 좋은 성과를 거두자 그 결과를

67) Aaron Wildavsky and Arthur Hammond, "Comprehensive Versus Incremental Budgeting in the Department of Agriculture," *Administrative Science Quarterly*, December 1965, pp. 321-346.

Harvard Business Review 1970년 11월~12월호에 발표하였다. 1970년 11월에 죠지아(Georgia) 주지사에 당선된 카터가 이 논문을 보고 1971년 2월 Pyhrr을 아틀란타에 초빙하여 이 ZBB를 죠지아주에 도입하는 문제를 협의하기에 이르렀다.

Pyhrr은 죠지아주정부 예산국의 고문의 자리를 수락하고 1973년도 죠지아주 예산에 ZBB를 도입할 준비에 착수하게 되었다. 1972년 1월 11일 카터주지사는 주의회에서 행한 연두연설에서 죠지아주가 도입하려고 하는 ZBB절차는 틀림없이 전국적으로 많은 주정부와 지방자치단체에서 모방하게 되리라고 장담했던 것이다.[68] 그 후 대통령선거에 출마한 카터는 연방정부에 있어서의 ZBB의 도입을 선거공약으로 내세웠는데 1976년 11월 대통령에 당선되자 다음 해인 1977년 2월 14일 선거공약대로 ZBB의 도입을 지시하기에 이르렀다.[69]

(2) 보 급

이와 같이 사기업에서 개발되어 죠지아주정부와 연방정부에까지 확산된 ZBB는 그 후 미국의 많은 주정부, 지방자치단체, 사기업 등에 보급되었다. ZBB를 어떻게 규정하느냐에 따라서 다르겠으나 Allen Schick에 의하면 한때 미국의 20개 내지 25개 주정부가 이를 채택하였으며, 많은 지방자치단체가 이를 도입했다고 한다. 50여개의 대규모 사기업체도 한때 이를 적용한바 있다.[70]

2. 기본요소 및 절차

ZBB는 전년도의 예산에 구애되지 않고 영(zero)에서 출발하여 업무계획을 수립하고 채택된 프로그램에 관해서만 예산을 편성하는 방식이다. ZBB의 기본요소 또는 절차로서 다음과 같은 네 가지를 들 수 있다.[71]

---

68) George S. Minmier and Roger H. Hermanson, "A Look at Zero-Base Budgeting…The Georgia Experience," reprinted in John A. Worthley and William G. Ludwin(eds.), *Zero-Base Budgeting in State and Local Government*(New York: Praeger, 1979), p. 152; Peter A. Pyhrr, "The Zero-Base Approach to Government Budgeting," *Public Administration Review*, January-February 1977, p. 1.

69) Joseph S. Wholey, *Zero-Base Budgeting and Program Evaluation*(Lexington: Heath, 1979), p. 9; Donald F. Haider, "Zero-Base: Federal Style," *Public Administration Review*, July-August 1977, pp. 400-401.

70) Frank D. Draper and Bernard T. Pitsvada, "ZBB…Looking Back After Ten Years," *Public Administration Review*, January-February 1981, p. 77; Perry Moore, "Zero-Base Budgeting in American Cities," *Public Administration Review*, May-June 1980, p. 253.

(1) 의사결정단위(decision unit)의 결정

조직의 활동을 상호 비교하고 평가할 수 있도록 나눈 개개의 활동단위 또는 기능단위라고 할 수 있는 의사결정단위를 정해야 한다.

PPBS의 프로그램체계(program structure)의 경우와는 달리 의사결정단위는 ZBB를 적용하는 기관이 정하기에 달려 있다. 다시 말하자면 의사결정단위는 계나 과와 같은 조직단위일 수도 있고 기능이나 활동일 수도 있다는 것이다. 이것이 바로 ZBB의 장점의 하나이며 이러한 신축성 때문에 많은 지방자치단체나 주정부는 말할 것도 없고 연방정부의 경우에 있어서도 큰 저항없이 ZBB를 받아들일 수 있었던 것이다.

(2) 의사결정패키지(decision package)의 작성

의사결정패키지는 관리자가 사업계획, 활동수준, 재원요구에 관해서 판단하는데 필요한 정보를 기재한 문서인데 업무의 정당성을 간결하게 나타낸 것이다. 각 의사결정단위별로 한 셋트(set)의 의사결정패키지가 작성되는데 그 누계는 당해 의사결정단위 전예산요구액을 나타낸다.

(3) 순위의 결정

우선순위가 높은 것부터 의사결정패키지를 배열하는 과정을 말하는데 하급관리자는 당해 의사결정단위의 각 의사결정패키지의 순위를 결정한다. 중급관리자는 그의 산하에 있는 각 의사결정단위의 모든 의사결정패키지를 검토한 다음 순위를 수정하고 상호 비교하여 종합순위를 결정하며, 상급관리자는 중급관리자의 모든 의사결정 패키지를 검토하고 상호 비교하여 종합순위를 결정한 다음 최고관리자에게 제출한다. 이 순위결정이 ZBB에 있어서 가장 중요하고도 어려운 과정이라 하겠다. ZBB를 비판하는 사람들은 이 과정에 많은 문제가 있다는 것을 지적하고 있다.[72]

(4) 예산의 편성

ZBB의 최종단계로서 순위의 결정에 의하여 의사결정패키지의 채택 여부가

---

71) U.S. Office of Management and Budget, "Zero-Base Budgeting," reprinted in Albert C. Hyde and Jay M. Shafritz(eds.), *Government Budgeting: Theory, Process, Politics*(Oak Park: Moore Publishing Co., 1978), pp. 306-313.

72) Robert N. Anthony, "Zero-Base Budgeting Is a Fraud," reprinted in Hyde and Shafritz, *op. cit.*, pp. 321-323.

결정되면 그것을 기초로 하여 예산의 편성이 이루어진다.

3. 장점 및 효용

ZBB의 장점 및 효용으로서 많은 사람들이 여러가지를 들고 있으나 우리는 이를 다음과 같은 몇 가지로 요약하고자 한다.

(1) 재원의 합리적 배분

ZBB의 효용으로서 첫째로 들 수 있는 것은 재원을 우선순위가 낮은 사업에서 우선순위가 높은 사업으로 전환할 수 있다는 것이다. Moore 교수가 조사한 바에 의하면 미국의 각 시예산책임자들이 가장 많이 들고 있는 ZBB의 효용이 바로 이 재원의 합리적 배분이라고 한다.[73]

(2) 경직성의 타파

이론상 ZBB의 최대의 장점은 전년도답습주의로 인한 재정의 경직성을 타파할 수 있다는 것이다.

(3) 예산의 합리적 삭감

ZBB가 예산의 삭감이나 예산규모의 억제에 이바지할 수 있느냐에 대해서는 논란이 있다. 1973년도부터 1975년도까지의 죠지아주의 ZBB를 조사한 Minmier는 ZBB가 예산의 삭감에 이바지하지 못했다고 말하고 있으나[74] Moore의 조사에 의하면 시예산책임자의 약 50%가 ZBB가 예산을 삭감하는데 도움이 되었다고 말하고 있다.[75] ZBB를 도입한 뉴져지주에서는 예산규모의 팽창을 억제하는데 성공했다고 한다.

(4) 계선관리자의 참여

ZBB는 계선기관의 관리자들이 예산편성에 참여할 수 있는 기회를 넓힐 수 있는 까닭에 계선관리자들의 중앙예산기관에 대한 불만을 감소시키는데 이바지할 수 있다.[76]

---

73) Moore, *op. cit.*, p. 255.

74) Minmier and Hermanson, *op. cit.*, pp. 162-164.

75) Moore, *op. cit.*, p. 254.

76) Allen Schick, "The Road from ZBB," *Public Administration Review*, March-April 1978, pp. 178-179; Minmier and Hermanson, *op. cit.*, p. 172.

(5) 정보의 제공

ZBB는 최고관리자에게 각 국과나 산하기관의 업무수행에 관한 보다 상세한 정보를 제공할 수 있을 뿐만 아니라 중앙예산기관으로 하여금 각 기관의 예산요구에 대한 보다 많은 자료와 질적으로 향상된 정보를 입수할 수 있게 한다.[77]

(6) 높은 신축성

ZBB의 장점의 하나로서 높은 신축성을 들 수 있다. 환언하면 ZBB는 성과주의예산이나 PPBS와는 달리 어떠한 예산제도와도 공존할 수 있다는 장점을 가지고 있다. 전술한 바와 같이 ZBB의 의사결정단위는 조직단위일 수도 있고 기능이나 활동일 수도 있다. 이리하여 ZBB는 비교적 저항없이 많은 지방자치단체, 주정부 그리고 중앙정부에까지 확산될 수 있었던 것이다.[78]

4. 문제점

(1) 시간과 노력의 과중

ZBB의 문제점으로서 첫째로 들 것은 시간과 노력이 과중하게 소요된다는 것이다. 하급관리자나 중간관리자뿐만 아니라 최고관리자도 ZBB를 위하여 많은 시간을 할애해야 한다. 죠지아주의 경우 11,000개의 의사결정패키지가 있었는데 주지사가 매일 4시간씩 2개월간을 ZBB를 위하여 할애한다고 하더라도 의사결정패키지 1개당 1분밖에 할당할 수 없다는 계산이 나온다.[79] 시간과 노력의 절약을 위하여 의사결정패키지의 수를 적정한 수준으로 감축하는 방안과 ZBB 절차를 매년 반복할 것이 아니라 2년이나 3년에 한번씩 이를 적용하는 방안 등이 제시되고 있다.[80]

(2) 우선순위결정의 곤란

ZBB의 핵심이라 할 수 있는 우선순위의 결정에 많은 문제가 있다. 정치적으로 인기가 있는 사업은 우선순위가 낮아도 채택될 공산이 큰 까닭에 관리자들 중에는 중요성이 크며 인기가 있는 사업의 순위를 낮게 매기고 인기가 없는 사

---

77) Moore, *op. cit.*, p. 254.

78) Draper and Pitsvada, *op. cit.*, p. 77; Schick, "Road from ZBB," p. 178.

79) Anthony, *op. cit.*, p. 322.

80) Logan M. Cheek, *Zero-Base Budgeting Comes of Age*(New York: AMACOM, 1977), pp. 158-161.

업의 순위를 높게 매길 사람도 있을 것이다.

또한 전술한 바와 같은 시간의 제약으로 최고관리자가 충분한 시간을 가지고 의사결정패키지를 분석하고 우선순위를 검토할 수 없는 경우가 많다.

이러한 문제점을 해결하기 위하여 의사결정패키지와 우선순위의 검토를 하급자에게 위임하는 방안과[81] 최고관리자는 결정점(decision point) 근처에 있는 의사결정패키지만 검토하는 방안 등이 제시되고 있으나[82] 이러한 방안들은 ZBB의 본지를 흐리게 하는 것이라는 비판을 받고 있다.

(3) 실망적인 실적

ZBB의 장점으로서 재원의 합리적 배분과 예산의 합리적 삭감 등이 지적되고 있으나, 죠지아주나 미연방정부의 ZBB의 실적은 실망적이다.

전술한 바와 같이 1973년도부터 1975년도까지의 죠지아주 ZBB를 조사한 Minmier는 ZBB가 예산의 삭감에 이바지하지 못했다고 말하고 있으며, 1973년도부터 1978년도까지를 검토한 Lauth도 동일한 결론에 도달하고 있다.[83]

미연방정부에서 ZBB가 예산의 삭감이나 예산규모의 팽창억제에 크게 이바지하지 못한 것은 법률상 지출의 의무가 있는 「통제가 불가능」한 항목이나 「비교적 통제가 곤란한」 지출의 비중이 높기 때문이다.[84]

5. 일몰법과 ZBB

(1) 일몰법의 의의

일몰법(sunset laws)이란 특정한 사업이나 기관이 일정기간이 지나면 자동적으로 폐지되도록 하는 법률을 말한다. 좀더 구체적으로 말한다면 일몰법이란 행정기관이 사업, 권한, 조직에 관하여 ① 이미 당초의 목적을 달성하여 현재로서는 불필요하거나 부적절한 것, ② 당초의 목적을 달성하는데 실패한 것, ③ 상황의 변동 등으로 존재이유가 희박해진 것 등을 의회가 사업시행후 일정기간이 경과한 시점에 있어서 재검토하고 폐지하는 제도적 장치를 말한다.

---

81) Anthony, *op. cit.*, p. 322.

82) Cheek, *op. cit.*, p. 161.

83) Thomas P. Lauth, "Zero-Base Budgeting in Georgia State Government: Myth and Reality," *Public Administration Review*, September-October 1978, pp. 420-428.

84) Cheek, *op. cit.*, p. 261.

(2) 차이점

일몰법이나 ZBB는 양자가 다 정부가 이미 실시하겠다고 약속한 사항을 재검토하는 과정이라는 점에서 유사하나 다음과 같은 몇 가지 차이점을 지니고 있다.[85]

① ZBB는 행정과정인데 대하여 일몰법은 입법과정이다. ZBB를 적용하는 경우 입법부가 관련된 자료를 입수할 수 있기는 하나 기본적으로 ZBB는 예산편성과정에 있어서 행정부에 의하여 수행되는 행정과정인데 대하여 일몰법은 프로그램의 법령상의 권한부여기간을 한정하려는 것으로서 이 프로그램에 재차 권한을 부여하려면 새로운 법률의 제정을 필요로 하는 입법과정인 것이다.

② ZBB는 조직의 하층구조에서 더욱 효율성이 높은 관리도구인데 대하여 일몰법은 최고관리층과 관련이 있는 장치이다. 전술한 바와 같이 ZBB는 계선관리자들에게 자기소관의 사업에 대해서 재검토할 수 있는 기회를 부여하는 관리도구인 것이다.

③ ZBB는 매년 반복해야 하는 예산과정인데 대하여 일몰법은 입법부의 예산심의와 관련이 없는 것은 아니나 예산과정에서 비교적 독립된 과정이다.

제 6 절 한국의 예산개혁

1. 서 언

(1) 종합적 고찰

우리는 본서의 여러 곳에서 우리나라 예산제도개혁을 위한 노력에 관해서 고찰했다. 예산재분류에 관해서는 제1편 제8장 「세입 · 세출의 분류」에서 언급했으며, 기업회계제도에 관해서는 제1편 제4장 「재무행정의 법적 기초」에서 간략히 살펴보았다.

성과주의 예산제도나 계획예산제도에 관해서는 본장의 제2절과 제3절에서 검토했으며, 정부투자기관경영합리화나 기금에 대한 통제강화에 관해서도 해당

---

85) Richard C. Kearney, "Sunset: A Survey and Analysis of the State Experience," *Public Administration Review*, January-February 1990, pp. 49-57; Cheek, *op. cit.*, pp. 259- 260.

장에서 언급했으나 이곳에서는 다소 중복된 감이 있으나 이것들을 함께 묶어서 우리나라 예산개혁을 위한 여러 가지 시도를 종합하여 보았다.

(2) 예산개혁의 범위

우리는 이곳에서 예산개혁을 넓게 해석하고자 한다. 성과주의예산제도나 계획예산제도(PPBS)를 도입하기 위한 시도뿐만 아니라 예산재분류, 정부투자기관예산제도의 개혁, 기금에 대한 통제강화와 같은 「지엽적」인 개혁이나 국가재정법 등의 제정을 통한 잡다한 개선까지도 포함시키기로 했다.

그렇게 함으로써 성과주의 예산제도나 계획예산제도 도입을 위한 시도와 같이 거창한 개혁을 목표로 했으나 실현을 보지 못한 노력과 함께 정부투자기관예산개혁이나 기금제도개혁과 같이 거창하지는 않으나 결실을 본 개혁도 함께 고찰하고자 하는 것이다.

(3) 개혁의 어려움

어떠한 개혁에도 정도의 차이는 있으나 저항이 있기 마련인데 많은 개혁이 이러한 저항으로 좌절과 굴절을 입게 된다. Wildavsky의 말을 빌릴 것도 없이 예산은 정치체제의 표현이며 예산개혁은 권력구조의 변동을 초래하는 까닭에 예산개혁은 다른 어떤 개혁보다도 많은 저항에 직면하며 좌절을 겪게 된다.

2. 예산재분류와 기업회계제도

(1) 예산재분류

에카페(ECAFE)나 UN 등의 국제기구는 각국이 제각기 다른 예산과목이나 분류방법을 사용하는 까닭에 각국의 예산을 비교하는 데 이려움을 겪었다. 이를 해결하기 위한 것이 예산재분류를 위한 노력이며 「UN편란」, 「에카페권고안」 등을 발간하고 국제회의를 개최하여 각국에 예산재분류를 권장했다.

이러한 국제기구의 권고에 따라서 우리나라 예산국(현 예산실)도 1955년경부터 예산재분류에 관심을 표명하게 되었다. 예산국이 발간한 「예산재분류에 관한 설명」에 의하면 우리나라는 1955년에 개최된 예산재분류에 관한 제1차 전문가회의를 계기로 하여 우선 시안적으로 한국은행으로 하여금 재분류에 착수케 하고 예산국에서는 1957년도 예산부터 재분류사업에 착수했다.[86]

---

86) 재무부 예산국, 한국예산재분류에 관한 설명(서울: 재무부, 1960), p. 3.

이리하여 「UN편란」에서 권장하는 기능별분류와 경제적 분류에 역점을 두어 예산재분류를 시도하여 「예산심의자료」나 「예산개요」에 이를 수록하였다. 이러한 재분류는 초기에는 비교적 「UN편란」에 충실하려고 노력하였으나 1970년대 후반에 와서 UN분류는 폐기하고 기능별 분류의 경우에는 우리나라 특유의 기능별분류를 채택하였으며, 경제적 분류는 통합예산에 흡수하였다.

노무현 정부는 프로그램 예산제도를 도입하면서 예산을 프로그램별로 편성하는 등 전면적인 개편을 시도하였다. 이와 함께 종래의 '장-관-항-세항-목' 체계를 '분야-부문-프로그램-단위사업-목' 체계로 전환하였다.

(2) 기업회계제도

정부부처의 형태를 지닌 공기업을 의미하는 정부기업은 그것이 정부부처의 형태를 지니고 있기는 하나 일반행정 기능을 담당하는 부처들과는 구별되어야 함에도 불구하고 과거 우리나라에서는 정부기업의 예산은 일반회계에 준하여 편성되었던 것이다. 그러한 까닭에 1950년대 말까지의 우리나라 정부기업의 회계제도는 i) 사업에 투하된 방대한 자본의 유동과정을 계수적으로 파악하기가 곤란하여 자산계산이 부정확했으며, ii) 사업의 경영성과를 밝힐 수 없었고, iii) 따라서 경영성과를 분석 · 비교 · 검토할 수 없었던 까닭에 경영의 합리성을 결여하고 있었던 것이다.[87]

그러므로 이를 기업회계제도로 개편하기 위한 작업이 필요하여 전매청 · 교통부 · 체신부의 3개 부처를 시험부처로 선정하여 기업회계제도로의 전환을 시도하게 되었다. 특별연구반(task force)를 구성하여 대만의 기업회계제도를 시찰하게 하고 기업회계로의 전환을 위한 작업을 진행했다.

이러한 결과는 그 후 3개 특별회계법의 개정으로 나타났으며 1961년 말의 기업예산회계법 제정시에 이들 특별회계법들은 기업예산회계법에 흡수됨으로써 정부기업의 기업회계로의 전환을 마무리하게 되었다.[88]

3. 예산회계 관계법률의 제정

1961년부터 1962년에 걸쳐서 제정된 예산회계법 · 기업예산회계법 · 정부투자

87) 제1편 제7장 제3절 「정부기업예산법」 참조.

88) 이한빈, 「한국 예산개혁 논고(1955~1961)」, 행정논총 제6권 제1호(1968), pp. 27-28.

기관예산회계법을 예산개혁에 포함시켜 고찰하는 데 대하여 의아하게 생각할 사람이 있을른지 모르나 저자는 그것들이 성과주의예산이나 계획예산과 같이 거창한 개혁은 아닐지라도 우리나라 예산제도의 개선에 많은 공헌을 했다고 생각하는 까닭에 이곳에서 다루고자 한다.

(1) 예산회계법의 제정

1951년 임시수도 부산에서 제정된 재정법(財政法)은 앞에서도 지적한 바와 같이[89] 일본의 재정법과 회계법을 많이 모방하였을 뿐만 아니라, 여러 가지 결함을 지니고 있었다. 재정법을 개정해야 한다는 주장은 오래전부터 제기되었으나 5·16 후에 구재무부가 주동이 되어 재정법개정작업을 본격화했다. 재정회계제도개혁위원회가 구성되고 재무부의 재정법 개정안을 중심으로 작업을 전개하였는데 재정법이 지니고 있던 여러 가지 결함을 시정했을 뿐만 아니라 명칭도 재정법에서 예산회계법으로 바꾸었다.

예산회계법의 개혁적 특징으로서 i) 예산배정과 자금공급의 일원화, ii) 계속비제도의 신설, iii) 수정예산제도의 신설, iv) 예산이체규정의 신설, v) 예비비의 충분한 계상, vi) 공공요금 결정체제의 개혁 등을 들 수 있다.

(2) 기업예산회계법

재정법을 폐지하고 예산회계법을 제정하는 작업과 동시에 추진된 것이 기업예산회계법의 제정이다. 정부기업의 기업회계로의 전환이 이루어지고 특별회계법들의 개정이 이루어졌다는 것은 전술한 바와 같은데 내용이 유사한 특별회계법을 통합하여 i) 발생주의원칙의 채택, ii) 원가계산, iii) 감가상각 등을 규정함으로써 기업회계의 도입을 천명한 것이 기업예산회계법이다.

기업예산회계법은 제정당시 철도사업·통신사업·전매사업·양곡관리·조달의 5개 특별회계에 적용되었으나 그 후 국민생명보험 및 우편연금특별회계가 적용대상에 추가되었다가 우편연금사업이 농협으로 이관되어 다시 5개 특별회계로 축소되었다. 1987년 전매공사의 설립으로 전매사업특별회계가 폐지되자 4개 특별회계에만 적용되다가 2000년도부터 책임운영기관 특별회계까지 포함하는 5개 특별회계에 적용되는 법률이 되었다. 2008년에는 '정부기업예산법'으로 전부 개정되었다.

89) 제1편 제7장 제2절 「예산회계법」 참조.

(3) 정부투자기관예산회계법

예산회계법 · 기업예산회계법과 함께 제정될 예정이었던 정부투자기관예산회계법은 재정회계제도개혁위원회의 일부위원들의 반대로 1961년 말에 제정되지 못하고 1962년 8월에 가서야 제정되었다.

각 투자기관 설치법과 주무부장관에게 일임되다시피 했던 투자기관의 운영과 통제가 정부투자기관예산회계법에 의하여 중앙예산기관의 통제를 받게 되었다. 정부투자기관의 운영은 경제개발계획의 수행상 중요한 비중을 점하고 있는 까닭에 주무부장관에 의한 산발적인 통제 대신에 국민경제전반의 관점에서 이를 통제 · 조정할 필요가 있다는 것이 그 제정의 이유였다.

그러나 유감스럽게도 정부투자기관예산회계법은 투자기관에 대하여 강력한 예산상의 통제를 가하는 결과가 되었으며 투자기관의 자율적인 경영을 손상한다는 비판이 강력히 제기되어 후술하는 바와 같이 1983년 12월 정부투자기관관리기본법이 제정되고 정부투자기관예산회계법은 폐지되었다.

4. 성과주의예산제도와 계획예산제도

(1) 성과주의예산제도

후술하는 계획예산제도와는 달리 성과주의예산은 부처수준의 도입준비에 끝인 것이 아니나 시험적인 적용이기는 하나 중앙예산기관이 주동이 되어 2년간 잠정적인 적용을 해 본 끝에 폐기된 실험이다.

① 도입을 위한 준비: 한국 예산당국의 성과주의예산에 대한 관심이 표면화된 것은 1961년의 일이다. Malcolm Parsons가 Public Administration Review 1957년 여름호에 발표한 필리핀의 성과주의예산에 관한 논문의 영향도 작용하여[90] USOM의 지원으로 1961년 4월 예산국장 이하 예산국의 간부, 기타의 인사들이 필리핀의 성과주의예산제도를 시찰하고 돌아와 1962년도부터 우리나라 일부기관에 이를 도입하기 위한 준비를 갖추게 되었다.

② 선별적 적용: 성과주의예산의 시험적 적용은 1962년도에 농림부, 보건사회부, 건설부의 3개 부처를 대상으로 하였으며, 이 3개 부처도 모든 사업에 성과주의예산이 적용된 것이 아니라 비교적 계량화가 용이하다고 생각되는 15개 사업에 선별적으로 적용되었다.[91] 1963년도에도 같은 부처의 같은 사업에

---

90) Parsons, *op. cit.*, pp. 173-179.

성과주의예산이 적용되었다.

③ 폐 기: 이와 같이 성과주의예산은 1962년도와 1963년도에 걸쳐 3개 부처의 15개 사업에 적용되었으나 성과주의예산이 지니는 난점과 예산국의 리더십의 중단 등으로 1964년도부터 이를 폐기하고 말았다.

④ 재등장: 그러나 전술한 바와 같이 최근에 와서 성과주의예산이 재등장함에 따라 2000년도에는 16개 기관을 성과주의예산시범기관으로 선정했으며 2001년도와 2002년도에는 각각 12개 기관과 11개 기관을 시범기관으로 추가하였다.

(2) 계획예산제도(PPBS)

전술한 성과주의예산이 선별적인 적용이기는 하지만 중앙예산기관에 의한 범정부적(汎政府的)인 도입이었는 데 대하여 PPBS는 국방부라는 단일부처에의 도입준비였다는 점이 다르다고 하겠다.

① 도입을 위한 준비: 미국방성이 1963년도에 도입한 PPBS는 미국내에서 널리 보급되었을 뿐만 아니라 NATO제국과 아시아 여러 나라의 국방예산제도에도 영향을 미쳤다는 것은 전술한 바와 같다.

우리나라에서는 1971년 6월 군특명검열단(軍特命檢閱團)에 PPBS위원회가 설치됨으로써 PPBS에 대한 관심이 고조되기 시작했다.[92] 1973년에는 PPBS연구업무가 국방부 관리차관보실에 이관됨으로써 새로운 국면을 맞이했다. 1974년 2월에는 이 제도를 한국군전반에 적용하기 위한 「도입준비5개년계획」이 국방부장관훈령 제172호로 시달되었으며 국방부와 각군에 추진기구가 설치됨으로써 본격적인 도입준비가 개시되었다.

도입준비5개년계획에 의하면 1979년도를 도입목표연도로 하여 기초준비단계(1974~1975)와 적용준비단계(1976~1978)로 나누어서 도입준비를 추진하도록 되어 있었으며 군계획의 성격상 세부적인 추진일정까지 포함하고 있다.[93]

도입준비5개년계획에 의한 도입준비는 기초준비단계의 여러 가지 작업들은 비교적 순조롭게 진행되었으나 적용준비단계에는 제대로 진입하지 못하고 종식되었다.

② 폐 기: 이와 같은 국방부의 도입준비는 미국의 영향을 받지 않을 수 없

---

91) 한승수, 한국의 성과주의예산연구(서울대학교행정대학원 석사학위논문, 1963), p. 5.

92) 군특명검열단, 계획예산제도연구보고서(서울: 군특명검열단, 1973), 서문.

93) 국방부관리차관보실, 전게서, pp. 30-33.

었다. 1973년 닉슨대통령에 의하여 연방정부의 PPBS가 MBO에 의하여 대체된 후에도 미국방성은 PPBS를 내부관리제도로 존치하고 있으나 PPBS에 대한 열기는 일본·한국 등 아시아 각국에서 냉각될 수밖에 없었다. 이리하여 우리나라 국방부의 PPBS 도입준비도 적용준비단계에 제대로 진입하지 못하고 기초준비단계에서 종말을 고하였다.

5. 노무현정부의 예산제도 개혁

노무현정부는 1990년대 이후 OECD 선진국들이 채택한 핵심적인 예산제도들을 전면적으로 도입하였다. 여기에는 중기재정계획(Medium-Term Expenditures Framework), 총액배분자율편성제도(top-down budgeting), 성과관리예산제도(performance budgeting) 등이 포함되었다. 단년도 예산의 한계를 극복하여 예산배분의 중장기적 효율성을 추구하는 국가재정운용계획, 점증주의적 예산배분으로 인한 재정적자 통제를 위한 총액배분자율편성제도 그리고 성과관리의 강화를 위한 성과관리예산제도의 도입은 2006년 말에 기존의 예산회계법을 폐기하고 제정된 국가재정법이라는 새로운 틀 안에 마련되었다.

(1) 중기재정계획(Medium-Term Expenditure Framework)

노무현정부는 당시 단년도 예산의 한계를 보완하기 위하여 국가재정운용계획을 도입하였다.

① 배 경

우리나라 고도성장의 배경이 되었던 경제(사회)개발 5개년 계획이 1980년대 말로 중단되고, 김영삼정부의 신경제 5개년 계획도 IMF로 막을 내리게 되자, 단년도 예산 편성의 준거가 되던 중장기계획이 사라지게 되었다. 이로 인하여 중장기적 예산배분의 효율성을 추구하기 어렵게 되었고, 김대중·노무현정부 10년 간의 복지정책의 강화에 따라 중장기적으로 예상되는 엄청난 재원 소요를 단년도 예산편성으로는 효율적으로 조달하기 어렵다는 우려가 제기되었다. 자유시장경제에 부적절하다는 지적도 있었지만, OECD 각국이 중기재정계획을 앞다투어 도입하고 있었다는 점에 힘입어 중기재정계획의 도입이 시도되었다.

② 내 용

2005~2009년 국가재정운용계획이 최초로 발표되었는데, 이는 분야 별 작업

반의 세분화, 관련 부처 및 전문가 참여 등을 통하여 향후 5년 동안의 중장기적 재정소요를 예측하고 분야 별 예산배분의 내용을 포함하고 있었다. 나중에 제정된 국가재정법은 ① 재정운용의 기본방향과 목표, ② 중장기 재정전망, ③ 분야별 재원배분계획 및 투자 방향, ④ 재정규모 증가율, ⑤ 조세부담률 및 국민부담률, ⑥ 통합재정수지 및 국가채무 전망, ⑦ 전년도 국가재정운용계획에 대한 평가 등을 포함하여 수립하도록 규정하였다. 이로써 이 계획은 재정운용의 중장기적 비전 하에 재정의 조달과 사용에 관한 주요 거시경제적 총량 목표를 포함한 계획으로 법적 근거를 갖게 되었다.

③ 장점과 단점

장점으로는 ① 미래에 재정위협이 될 수 있는 복지수요를 중장기적으로 추계함으로써 재정 위협요인을 사전에 예측할 수 있게 되었고, ② 바람직한 재정운용의 방향을 설정하고 이를 계획성 있게 달성하기 위한 중장기적 재정운용이 가능하게 되었으며, ③ 국가재정운용계획에 포함된 개별 부처의 중장기계획의 실현가능성이 높아졌다. 단점으로는 ① 매년 여건 변화에 따라 수치를 조정하는 연동식을 채택하였는데, 예측의 정확성이 떨어지다 보니 매년 전망치를 대폭 수정해야 했으며, ② 세부사업단위까지 이르지 못하고 프로그램 수준의 전망치를 제시하고 있고, ③ 정치경제적 환경의 변화에 따라 국가재정운용계획으로부터 크게 이탈하는 경우가 많았다.

(2) 총액배분자율편성제도(Top-down Budgeting)

노무현정부는 전년도 예산을 답습하던 점증주의적 예산편성시스템으로는 지속적으로 증가하고 있는 국가예산을 적절하게 통제할 수 없다는 위기의식으로 당시 미국, 영국 등 선진국들이 채택하고 있던 하향식 예산제도를 총액배분자율편성제도라는 명칭으로 도입하였다.

① 배 경

총액배분자율편성제도의 도입은 다음과 같은 몇 가지 현상이 동일한 시점에 상호작용함으로써 탄생하게 되었다. 첫째, 중앙예산기관이 사업 단위로 부처 사업의 타당성을 검토하여 예산을 편성하는 기존의 방식은 정부의 사업이 복잡해지고 예산규모가 커짐에 따라 예산실과 부처 모두 예산편성에 막대한 행정비용을 지불하게 되었다. 이에 따라, 부처 예산의 배분적 효율성(allocative efficiency)을 저하시킬 수 있다는 문제점 지적이 계속 있어 왔다. 둘째, 1990년대 이후 전세계를 풍미한 선진국의 신자유주의 행정개혁은 분권화를 강조하였고, 스웨덴, 캐나다 등 선진 각국은 재정위기의 극복을 위해서 하향식 재원배분을 앞 다투어 도입하였다. 거시적 예산편성권은 예산실이, 미시적 예산편성권은 사업 부처가 행사하도록 하였다. 셋째, 권력기관 해체를 통한 민주화를 위한 노력의 일환으로 예산편성권을 갖는 기획예산처 권한의 약화를 추진하였다.

② 내 용

총액배분자율편성제도는 다음과 같은 내용을 주요 구성요소로 하였다. 첫째, 기획예산처가 전년도에 수립한 국가재정운용계획 및 각 부처가 작성해서 1월에 제출하는 중기재정계획서를 참고해서 각 부처 지출한도액(안)을 작성한다. 둘째, 대통령과 국무위원들은 이 안을 참고해서 4월말에 열리는 국가재원배분전략회의에서 각 부처 별 지출 한도액을 결정한다. 셋째, 부처 별 지출한도 내에서 각 부처가 사업 우선순위에 따라 부처 예산안을 수립하여 기획예산처에 요구한다. 넷째, 기획예산처는 부처 요구안에 대해서 부처의 우선순위를 대체로 존중하고 신규사업 중심으로 검토한다.

③ 장점과 단점

장점으로는 ① 기획예산처가 부처별 지출 한도를 사전에 공개함으로써 부처가 과도한 예산요구를 하지 않게 되어 기획예산처와 부처 간의 소모적인 예산게임에 드는 비용이 대폭 감소하게 되었고, ② 부처 예산편성에 있어서 기획예산처의 개입이 상대적으로 감소함으로써 부처의 자율성이 높아졌으며, ③ 분야별 및 부처별 지출한도의 결정이 명시적으로 이루어진다는 점에서 전략적 차원에서 재원배분이 가능하게 되었다. 개선되어야 할 문제점으로는 ① 기획예산처가 결정한 분야별 및 부처별 지출한도가 부처 및 국회를 포함한 관계자들의 동의를 얻는 절차가 없고, ② 부처의 예산요구 증가율이 제도 도입 이전보다는 많이 낮아졌지만, 지출한도 준수가 잘 되고 있지 않으며, ③ 부처 내에서 실국의 다양한 예산 요구에 대해서 이들 간의 우선순위를 결정하고, 지출한도 내에서 사업 및 금액을 조정할 수 있는 능력 배양노력이 미흡했다.

(3) 성과관리예산제도(Performance Budgeting)

노무현정부는 지출의 효율화를 위하여 프로그램예산제도와 예산사업평가제도를 내용으로 하는 성과관리예산제도를 도입하였다.

① 배 경

자율과 책임을 주요 구성 요소로 하는 신자유주의 재정개혁에 있어서 정부 내에서 총액배분자율편성예산제도의 도입으로 예산편성 시의 사전적 통제가 약화되었으니, 성과에 의한 사후적 통제가 책임성 확보를 위해서 필수적이라는 논리가 설득력을 발휘하였다. 또한, 대부분의 선진국들이 1980년대 이후 재정위기에 대응하기 위하여 정부 지출의 효율성 제고에 노력하였는데, 이를 위한 중요한 수단으로 성과관리예산제도를 채택하였다. 성과관리를 위해서 종래의 목 중심의 예산편성 대신 사업별 예산편성을 내용으로 하는 프로그램예산제도를 도입하였는데, 이 제도는 국가재정운용계획과 총액배분자율편성제도의 제도 기반으로서의 역할을 수행하였다.

② 내 용

성과관리예산제도는 프로그램 단위로 예산을 편성하고, 그 성과를 체계적으로 평가하여 예산편성에 반영하는 제도이다. 이때 프로그램은 동일한 정책목표를 달성하기 위한 단위사업의 묶음으로서 정책적으로 독립성을 지닌 최소단위이며, 2010년 현재 중앙정부는 49개 중앙행정기관이 518개의 프로그램을 운용하고 있다.[94] 주요 예산사업에 대한 성과관리는 각 부처의 성과계획서 작성 및 제출, 부처의 재정사업자율평가, 기획재정부의 심층평가제도 등으로 구성되어 있다. 성과계획서에는 재정사업에 대한 예산, 성과지표 및 성과목표가 포함되고, 재정사업자율평가는 각 부처가 매년 전체 사업의 1/3씩 평가하며, 평가결과에 따라 예산이 삭감 또는 증액될 수 있다. 심층평가제도는 문제가 있는 사업에 대해서 심층적으로 평가하는 제도로서 모든 사업에 일률적으로 이루어지는 재정사업자율평가제도를 보완한다.

③ 장점과 단점

장점으로는 ① 종래의 투입물 중심의 예산편성에서 탈피하여 성과에 입각한 예산편성이 이루어지게 되었고, ② 총액배분자율편성제도 도입에 따른 부처의 도덕적 해이 가능성을 통제할 수 있으며, ③ 예산을 집행하는 공무원들로 하여금 사업의 성과를 의식하면서 사업을 수행하도록 유도함으로써 효율성 제고에 기여할 수 있다는 점을 들 수 있다. 해결되어야 할 문제점으로는 ① 성과지표

94) 국회예산정책처. 2010. 프로그램 예산사업 편람.

로서 활동이나 산출물을 이용하는 경우도 여전히 있어서 정확한 성과평가가 이루어지지 않는 경우도 있고, ② 정확한 성과평가를 위해서는 해당 사업이 사용하는 자원의 총량이 계산되어야 하는데 인건비 등의 원가배분이 이루어지지 않고 있으며,[95] ③ 프로그램의 수준이 부처마다 차이가 나는 등 체계적인 프로그램체계를 갖추었다고 보기 어렵다.

6. 공기업경영합리화와 기금통제강화

(1) 정부투자기관경영합리화

정부투자기관의 운영은 경제개발계획의 수행상 중요한 비중을 점하고 있는 까닭에 주무부장관에 의한 산발적인 통제대신에 국민경제전반의 관점에서 이를 통제·조정할 필요가 있다 하여 정부투자기관에 대한 각종 통제의 강화를 내용으로 하는 정부투자기관예산회계법이 투자기관의 자율적인 운영을 손상하게 되었으며 그 폐지 또는 개정에 대한 요구가 점증하였다.

① 정부투자기관관리기본법의 제정: 정부투자기관의 경영합리화를 위한 자율성 제고를 위하여 정부투자기관에 대한 통제를 완화해야 한다는 오래동안의 주장이 받아들여져 1983년 정기국회에서 정부투자기관관리기본법이 제정되고 정부투자기관예산회계법과 정부투자기관관리법이 폐기되었다.

② 통제의 완화와 예산과정의 단순화: 1984년 3월부터 발효하기 시작한 정부투자기관관리기본법은 책임경영제의 도입을 목표로 하여 종전에 정부투자기관에 가해졌던 각종 통제를 완화하는 것을 골자로 하고 있다.

특히 투자기관의 예산과정은 종전의

투자기관 → 주무부 → 경제기획원 → 국무회의 → 대통령승인

이라는 복잡한 과정을 밟았던 것이 투자기관의 이사회의 의결만으로서 예산이 확정을 보게 되었다.

이 밖에도 종전에 조달청이 관장하던 물품구입과 공사계약이 투자기관에 일임되었으며 종전에 다원화 되어있던 외부감사가 원칙적으로 감사원만이 담당하

95) 국회예산정책처. 2007. 프로그램예산제도의 평가.

게 되었다.

③ 정부투자기관관리기본법의 변모: 1984년 3월에 발효한 정부투자기관관리기본법이 1997년과 1999년의 개정에 의하여 많이 변모했고, 2003년에 정부산하기관관리기본법이 제정되었으며, 2006년 12월에 정부투자기관관리기본법과 정부산하기관관리기본법을 통합하여 공공기관운영법을 제정하였으나 이곳에서 말하는 예산개혁과는 직접적인 관련이 없는 것이 대부분이므로 생략하기로 한다.

(2) 기금에 대한 통제의 강화

위에서 살펴본 정부투자기관의 경영합리화가 통제의 완화를 의미하는 데 대하여 기금과 관련된 개혁은 통제의 강화를 의미한다.

① 통제강화의 필요성: 세입세출예산 외로 운용한다는 이유로 각 부처가 경쟁적으로 기금을 설치하여 한때 정부관리기금(직접관리기금)의 운용규모가 일반회계예산의 80%에 육박하는 수준에 달하게 되었을 뿐만 아니라[96] 민간기금이라는 이유로 공공적 성격이 매우 강하며, 그 규모가 커서 국민경제에 지대한 영향을 미치고 있음에도 불구하고 그 운용계획에 관하여 국무회의의 심의나 대통령 승인을 얻을 필요가 없을 뿐만 아니라 국회에도 보고하지 않는 기금이 늘어나게 되었다.

구경제기획원은 이러한 기금제도의 문제점을 일찍부터 인식하고 기금에 대한 통제를 강화하기 위한 방안에 부심했으나 좀처럼 결실을 얻지 못하였다.

② 기금관리기본법의 제정: 그러다가 1991년 정기국회에서 정부와 국회가 기금관리기본법의 제정에 합의를 보게 되었으나 「예산 외로 운용한다」는 우리나라 기금의 특징을 살릴 수 있는 방안에 합의하는 데 어려움이 있었다.

여야간에 합의한 방안이 행정부에서 확정한 기금운용계획을 국회에 제출하여야 하는데 「기금관리주체는 기금운용계획에 대하여 국회의 소관상임위원회에 출석하여 보고하고 질의에 답변하여야 한다」는 것이었다.[97] 그 후 1993년의 기금관리기본법개정시에 이 규정은 「소관상임위원회에 보고하여야 한다」로 개정되었다. 보고하면 질의에 답변하여야 하므로 굳이 「질의에 답변하여야 한다」는

96) 대한민국정부, 1992년도 특별기금운용계획서(서울: 경제기획원, 1991), p. 9.

97) 기금관리기본법 구제7조.

구절이 불필요하다는 것이다.

여기서 우리가 유념해야 할 것은 기금은 예산 외로 운용하는 까닭에 상임위원회의 예비심사와 예산결산위원회의 종합심사를 거쳐 본회의에서 의결하는 절차를 거치는 예산심의와는 그 절차가 다르다는 사실이다.

③ 기금신설의 억제와 통폐합: 1991년에 기금관리기본법이 제정되었으나 기금의 증설이 끊이지 않자 1993년 기금관리기본법을 개정하여 정부의 출연금 또는 법률에 의한 민간부담금을 재원으로 하는 기금은 기금관리기본법 별표에 규정한 법률에 의하지 않고서는 설치할 수 없도록 제한을 가했다.

다른 한편 기금의 통폐합도 단행하여 한때 114개에 달했던 기금이 통폐합되어 2003년 1월 현재 공공기금 48개, 기타기금 18개, 합계 66개로 줄어들었다.

제 2 장 자본예산

제 1 절 자본예산의 의의와 장 · 단점

1. 자본예산의 의의

(1) 개 념

자본예산(capital budget)이란 간단히 말해서 경상적 지출과 자본적 지출을 구분하고 경상적 지출은 경상적 수입에 의하여 충당하며 균형되어야 하나, 자본적 지출은 그 많은 부분을 공채의 발행에 의하여 충당하는 복식예산(double budget)을 말한다.

(2) 예산개혁과 자본예산

우리가 자본예산을 제3편 「예산개혁」에서 다루는 이유는 크게 두 가지를 들 수 있다.

첫째로, 여러 나라의 중앙정부나 지방자치단체 중에는 자본예산을 채택하고 있거나 과거 한 때 채택했던 경우도 있으나 미국의 연방정부와 같이 아직도 자본예산의 채택여부를 둘러싸고 논란을 거듭하고 있는 정부가 많다는 사실을 들 수 있겠다.

둘째로, 특히 한국이나 일본 같은 국가에서는 중앙정부나 지방자치단체가 회계를 일반회계와 특별회계로 분리하는 관례는 있으나 경상계정과 자본계정으로 분리하는 경우는 별로 없으며 자본예산제도를 채택하는 경우를 거의 찾아볼 수 없다.[1] 따라서 한국이나 일본 등에서는 자본예산의 도입은 예산개혁의 과제

---

1) 유 훈, 지방재정론[제3정판](서울: 법문사, 2000), p. 328 참조.

의 하나라 할 수 있다는 사실에 유념할 필요가 있다.

(3) 자본적 지출과 경상적 지출의 차이

자본적 지출과 경상적 지출을 구분하여 소요경비의 충당방법을 달리하는 것이 자본예산이라 했는데 그러면 자본적 지출과 경상적 지출의 차이점이 무엇이냐 하는 문제가 제기된다. 우리는 양자의 차이점을 다음의 몇 가지로 요약하고자 한다.

① 장기적 기획의 필요성: 경상적 지출은 당연히 경상적 수입에 의하여 충당하여야 하나 자본적 지출은 차입, 수년간에 걸친 경상계정의 잉여금 또는 경상수입으로 충당할 수 있다. 따라서 자본적 지출의 합리화를 위해서는 세입, 차입 및 잉여금처리에 관한 재정기획이 뒤따라야 한다.

② 지역사회에 미치는 영향: 자본적 지출에 의한 건설사업은 지역사회에 지대한 영향을 미친다. 잘못 선정한 건설사업은 지역사회의 경제적 · 사회적 발전을 저해할 수 있다. 뿐만 아니라 자본적 지출을 위한 과도한 차입은 미래의 재정위기를 초래할 수 있다. 이런 의미에서 자본적 지출의 과오는 경상적 지출의 과오에 비하여 그 영향이 장기적이라고 할 수 있겠다.

③ 미래의 운영비: 자본적 지출은 미래의 운영비(경상적 지출)의 규모에 크게 영향을 미치는 요인이라 할 수 있다. 경우에 따라서 새로운 시설의 수년간의 운영비가 시설의 건설비를 능가할 수 있다. 이런 뜻에서도 자본적 지출은 충분한 기획을 요한다고 하겠다.

④ 특별한 자료의 필요성: 자본적 지출을 위한 기획은 경상적 지출의 경우와는 달리 특별한 자료를 필요로 한다. 현재의 운영비뿐만 아니라 새로운 시설이 완공됨으로써 추가로 소요되는 운영비, 과거 · 현재 · 미래의 재원분석, 시설개발계획, 소요액의 추정 등이 그 대표적인 예이다.

⑤ 회계연도의 초월: 경상적 지출과 달라 자본적 지출은 사업별로 승인해야 한다. 건설사업의 승인에 있어서 중요한 시간적 요소는 사업의 착공시기와 완공시기라고 하겠다. 수년간에 걸친 사업이 많으며, 회계연도라고 하는 인위적인 시기구분을 초월해야 하는 경우가 많다.[2]

---

2) International City Managers Association, *Municipal Finance Administration,* sixth edition (Chicago: ICMA, 1962), pp. 350-351.

(4) 중앙정부와 지방자치단체의 자본예산

후술하는 바와 같이 자본예산제도는 미국의 지방자치단체·주정부 등이 채택하고 있는 자본예산제도와 스웨덴 등의 중앙정부가 한때 채택했던 자본예산제도로 나누어서 생각할 수 있는데 양자는 도입의 동기가 전혀 다르다는 사실에 유의할 필요가 있다.

① 미국 자치단체 등의 자본예산: 미국의 도시를 위시한 지방자치단체와 주정부 등이 채택하고 있는 자본예산은 사기업 자본예산의 영향을 받아 발달한 것으로서 지방자치단체나 주정부의 자본투자사업을 합리적으로 선정하고 그 재정적 뒷받침을 제대로 하여 사회간접자본의 확충 등을 원활히 추진하자는 데 그 근본적인 목적이 있다고 하겠다.[3]

② 중앙정부의 자본예산: 스웨덴 등이 한때 채택했던 중앙정부의 자본예산은 자본투자사업의 원활한 수행보다는 예산의 경기대책기능의 수행에 목표를 두었던 제도이다. 그러나 불경기가 심화되면 경기대책으로서 자본적 지출에 역점을 두게 되는 자본예산이 경제안정효과에 있어서 경상적 지출의 증대나 세율인하에 뒤진다는 데 문제가 있다.[4] 뿐만 아니라 자본예산은 자칫하면 경상비의 적자를 은폐하기 위한 수단으로서 사용될 우려가 있다.

스웨덴 등 일부 국가들이 한때 자본예산을 채택했다가 이를 폐기한 이유나 미연방정부가 이를 도입하려다가 포기한 이유가 여기에 있는 것이다.

2. 자본예산의 장점 및 용도

이제 간단히 자본예산의 장점 내지는 용도에 대하여 고찰하여 본다면 다음과 같다.

(1) 재정기본구조의 이해

자본예산은 정치가·공무원 및 일반납세자로 하여금 국가재정의 기본구조(fundamental anatomy)에 대한 명확한 파악을 가능케 한다는 것이다. 경찰관의 봉급과 통행료를 받는 교량의 건설비는 동일하게 예산에서 지출되나 양자는

---

3) J. Lisle Bozeman, “The Capital Budget: History and Future Directions,” *Public Budgeting and Finance*, Autumn 1984, pp. 18-19.

4) Richard A. Musgrave and Peggy B. Musgrave, *Public Finance in Theory and Practive,* fifth edition(New York: McGraw-Hill, 1989), pp. 536-537.

근본적으로 성격이 다르다. 해가 지나가도 우리 사회에서 범죄가 근절되는 것은 아니며, 따라서 경찰관의 봉급은 계속해서 매년 지급되어야 한다. 그러나 교량은 준공을 본 다음에는 수입을 올릴 뿐만 아니라, 교량은 국가의 자산이 되는 것이다. 그럼에도 불구하고 이 양자를 동일하게 취급하는 예산제도는 옳지 않은 것이며 자본예산제도는 이러한 결함을 시정해 주는 제도라는 것이다.

(2) 자본적 지출에 대한 특별한 사정

자본예산은 경상적 지출과 자본적 지출을 구분함으로써 자본적 지출에 대한 특별한 사정과 분석을 가능케 한다. 이와 같은 사정은 보통의 예산절차에 의해서는 불가능한 그 방면의 전문가에 의한 검토와 광범위한 납세자의 참여를 가능케 한다.

(3) 지출의 기복의 조정

자본예산제도 및 이에 수반되는 장기적인 공공사업계획은 정부의 재정계획의 수립에 편의를 제공하며 장기적인 관점에서 정부지출의 기복을 조절하고 정부의 공신력을 높이는 데 도움이 될 수 있다.[5]

(4) 적자재정의 정당화

건전재정의 전통이 강한 나라에 있어서 정부는 자본예산제도를 활용함으로써 불경기에 처해서 적자예산에 의하여 유효수요를 증가시키고 고용을 증대하며 경기회복에 이바지하는 데 편리하다는 것이다. 국회의원들과 국민들에게 적자재정을 정당화하기 쉬운 까닭이다. 그러나 주의할 것은 후술하는 바와 같이 자본예산제도는 악용될 우려가 없지 않다는 것이다.[6]

3. 자본예산의 문제점

(1) 안정효과의 감소

Musgrave는 안정정책을 집행할 필요가 없는 주정부나 지방자치단체는 자본예산을 도입해도 무방할 것이나 경제안정의 책임을 지고 있는 중앙정부가 자본

---

5) Henry Thomassen, "Capital Budgeting for a State," *Public Budgeting and Finance*, Winter 1990, p. 81.

6) Fritz Morstein Marx, "The Divided Budget in Scandinavian Practice," *National Tax Journal*, June 1955, pp. 186-187.

예산을 채택하는 것은 바람직하지 않다고 하고 있다.[7]

이 문제에 관해서는 Burkhead가 상세히 설명하고 있다. 자본예산제도하에서는 불경기가 내습하면 자본적 지출을 늘리게 되는데 경기대책으로서는 경상적 지출을 늘리고 세율을 인하하는 것이 보다 신속하고 신축성 있는 방법인 경우가 많다는 것이다.

(2) 인플레이션 조장우려

일단 시설재를 위한 자본적 지출은 국채(공채)발행에 의하여 충당해도 좋다는 관념이 확립되면 인플레이션 시기에 있어서 그것을 조장할 우려가 있다는 것이다.[8]

(3) 적자 은폐를 위한 수단

자본예산은 자칫하면 경상비의 적자를 은폐하기 위한 수단으로서 또는 무리한 지출에 대한 구실로서 사용될 우려가 있다. 경상적 지출과 자본적 지출의 구분은 자의적이며 금액을 가지고 양자를 구분할 수밖에 없는 경우가 많기 때문이다. 수명이 8년인 타이프라이터 구입비는 그 가격이 500달러인 까닭에 경상적 지출로 취급되고 수명이 4년인 자동차의 구입비는 그 가격이 8,500달러인 까닭에 자본적 지출로 분류되는 경우가 좋은 예라 하겠다.[9]

제 2 절 지방자치단체 등의 자본예산

1. 자본예산의 발달

(1) 역사적 배경

지방자치단체 중에서 자본예산제도가 가장 발달한 곳은 미국의 도시들이다. 현재 미국의 도시에 있어서 운용되는 자본예산제도는 1940년대에 확립된 것인데 공황과 제2차대전의 산물이라고 할 수 있다. 1920년대의 무계획적이고 과도

7) Musgrave and Musgrave, *op. cit.*, p. 537.

8) Jesse Burkhead, *Government Budgeting*(New York: Wiley, 1956), pp. 207-208.

9) John Mikesell, *Fiscal Administration: Analysis and Applications for the Public Sector*, second edition(Chicago: Dorsey Press, 1986), p. 191.

한 공공사업은 1929년의 대공황을 계기로 하여 미국의 도시들을 파산지경으로 몰아 넣었다. 1930년대에 있어서는 연방정부의 보조금의 자극을 받아 지방자치단체는 도시계획에 큰 관심을 기울이게 되었다. 제2차대전 중에는 시설의 확충을 이루지 못하다가 종전과 동시에 시설의 확충과 공공사업비의 증가를 보게 되었다.

한 마디로 말해서 지방자치단체의 자본예산은 이러한 환경 속에서 자본투자사업을 합리적으로 선정하고 그 재정적 뒷받침을 제대로 하여 사회간접자본의 확충 등을 원활히 수행하기 위하여 발달한 것이라 할 수 있겠다.

(2) 주정부의 자본예산

미국의 자본예산은 도시를 위시한 지방자치단체에서 발달하기 시작한 것이나 근래에 와서는 대부분의 주정부도 자본예산을 채택하고 있다는 것이 판명되었다. 1986년 연방정부의 관리예산처(OMB)가 50개 주정부를 대상으로 조사한 바에 의하면 42개 주정부에서 자본예산을 채택하고 있다는 사실이 밝혀졌다.[10)]

(3) 발달의 원인

오늘날에 있어서는 지방자치단체뿐만 아니라 주정부들도 광범위하게 자본예산을 채택하고 있는데 이러한 자본예산제도가 발달하게 된 원인을 주로 지방자치단체의 경우를 중심으로 살펴보면 다음과 같다.

① 재원의 한정: 주지하는 바와 같이 미국의 지방자치단체들은 한정된 재원을 가지고 있다. 조세의 종류 및 세율에 제한이 있으며 연방정부와 달라 지방자치단체들은 특정한 주의 기관과 투자은행의 감독통제하에 전통적인 건전재정의 원칙에 따라서 그 사무를 처리해야 한다.

이리하여 자치단체는 시설의 확충과 그 비용과의 관계에 지대한 관심을 기울여야 할 뿐 아니라, 상술한 바와 같은 재원의 한정으로 인하여 공공시설을 확충함에 있어서 적자재정과 공채발행에 의존해야 한다는 결과를 초래한다. 뿐만 아니라, 팽창되어 가는 도시에 있어서 공공시설의 확충을 위하여 전적으로 경상적인 조세수입에만 의존한다는 것은 세율의 대폭적인 인상없이는 거의 불가능한 일이다.

---

10) Lawrence W. Hush and Kathleen Peroff, "The Variety of State Capital Budgets: A Survey," *Public Budgeting and Finance*, Summer 1988, p. 67.

② 수익자부담의 원칙: 공공시설을 위한 경비를 경상적 조세수입에만 의존한다는 것은 미래의 세대들도 사용할 시설의 경비를 현세대가 전적으로 부담한다는 결과가 된다. 예를 들면, 신축될 시민회관은 적어도 50년은 갈 것이니, 현세대만이 그 경비를 부담할 것이 아니라 장차 그 시민회관을 사용할 사람들도 공동으로 부담하는 것이 공평한 처사가 아니냐는 문제가 일어나게 된다. 따라서 시민회관건축비는 전적으로 경상적 수입에 의하여 충당할 것이 아니라, 기채를 하여 충당하고 서서히 공채를 상환함으로써 부담의 균등화를 기해야 한다는 것이다.

③ 장기계획의 필요성: 1929년의 대공황은 계획없이 지나치게 의욕적으로 공공사업을 추진하던 지방자치단체들에게 큰 타격을 주었다. 많은 지방자치단체들이 파산지경에 들어가게 되었던 것이다. 쓰라린 경험을 지닌 지방자치단체들은 이제는 공공사업을 추진하더라도 좀더 계획적으로 해야겠다는 것을 통감하게 되었다.

이와 같은 상황하에서 많은 도시들이 공공시설비를 자본예산으로 편성하는 것이 재정계획과 예산편성에 도움이 된다는 것을 발견했던 것이다.[11]

2. 자본투자계획과 자본예산

(1) 양자의 차이점

우리는 흔히 미국의 많은 지방자치단체에서 사용되는 자본투자계획(Capital Improvement Program, 약하여 CIP라고도 함)과 자본예산(Capital Budget)을 혼동하고 있으나 엄격히 말해서 양자는 구별되어야 한다.

자본투자계획이란 투자사업을 효과적으로 행하기 위하여 사용되는 연동식(이동식) 계획으로서 장기업무계획, 종합적인 시설개발계획 및 장기재정계획 등을 지녀야 한다.[12]

이에 대하여 자본예산이란 자본투자계획에 의하여 편성되는 당해회계연도의 지출에 관한 예산을 말한다.

---

11) Burkhead, *op. cit.*, pp. 184-185.

12) 자본투자계획에 관해서는 유 훈 · 강신택, 춘천시에 있어서의 자본투자계획제도 설치에 관한 연구(서울: 한국행정문제연구소, 1970) 참조.

(2) 자본투자계획의 성공요인

많은 계획의 경우와 같이 자본투자계획의 경우에도 계획만 수립하면 시설개발이 자동적으로 이루어지며 자본예산의 편성이나 집행이 순조롭게 이루어질 것으로 생각하기 쉽다.

그러나 많은 발전도상국의 경제개발계획의 경우와 같이 자본투자계획도 만성적 재원부족과 정치적 요인에 의하여 좌우되는 자원배분체제하에서는 실패할 수밖에 없다는 사실에 유념할 필요가 있다. Cleveland 같은 도시에서 1970년대까지만 하더라도 번번히 실패에 돌아갔던 자본투자계획이 1980년대 이후에 실효를 거둘 수 있었던 것은 기업들의 협력으로 시세(市稅)의 인상을 통하여 재원부족을 해결하고 정치지도자들의 노력으로 투자재원의 정치적 배분을 극복할 수 있었기 때문이다.[13]

3. 자본투자계획 및 자본예산의 편성

(1) 장기적 업무계획

자본투자계획을 작성함에 있어서 제일 처음 단계는 10년 내지 15년 앞을 내다 보고 지방자치단체의 장기적인 업무계획을 수립하는 것이다.

(2) 시설개발계획

둘째 단계는 이 장기계획의 테두리 안에서 종합적인 시설개발계획을 수립하는 것이다. 보통 계획기간은 5년 또는 6년이다. 시의 각 국장들은 시장 또는 시지배인의 지시에 따라 자기 소관에 속하는 사업에 관한 계획서를 시기획위원회(기타의 기획기관)에 제출한다. 시기획위원회는 이를 받아가지고 사업의 필요성·소요액 등을 검토하여 우선순위를 결정한다.

(3) 장기재정계획

다음 단계에 있어서는 시의 현재의 수입과 지출에 대한 재정분석을 하여 장기재정계획을 작성한다. 이 경우에 있어서 새로운 공공시설이 준공된 후 이를 보수하고 유지하는 데 소요되는 경비에 대한 검토도 있어야 한다. 뿐만 아니라, 시의 부채현황, 미래의 재원 등도 아울러 고려하여야 한다.

---

13) Susan Hoffman, Norman Krumholz, Kevin O'Brien, and Billie Geyer, "How Capital Budgeting Helped a Sick City: Thirty Years of Capital Improvement Planning in Cleveland," *Public Budgeting and Finance*, Spring 2000, p. 24-37.

전술한 바와 같이 자본투자계획이 실효를 거두기 위해서는 엄밀한 세입추계에 바탕을 둔 정확한 장기재정계획이 전제되어야 한다는 것을 잊어서는 안되겠다.

(4) 계획의 완성

다음에는 이와 같은 재정분석에 입각하여 우선순위에 따라 5개년 또는 6개년 계획을 완성한다. 이 경우에 있어서 사업에 따라 가용재원이 다르다는 점을 고려에 넣어야 한다. 예를 들면, 도로공사·하수도공사 등은 수익자부담이 가능하며, 주택건설·비행장건설·빈민촌정리 등은 중앙정부로부터의 보조에 의존할 수 있다.

(5) 당해연도예산반영

이와 같이 하여 일단 확정된 5개년 또는 6개년 계획의 제1차년도분은 지방자치단체의 예산에 포함하게 된다.[14] 전술한 바와 같이 자본예산이란 이것을 지칭하는 것이다.

많은 경우에 있어서 5개년 또는 6개년 계획은 매년 1년이 추가되고 1년이 삭제되며 새로운 검토와 수정이 이루어진다. 이와 같은 계획을 연동식(이동식)계획이라 하는데, 연동식계획은 결함도 있으나 고정식계획에 비하여 신축성이 있다는 장점이 있다.

제 3 절 중앙정부의 자본예산

1. 스웨덴 자본예산의 특색

(1) 도입의 동기

동일한 자본예산이라는 명칭을 지니지만 스웨덴을 위시한 스칸디나비아제국의 자본예산은 미국의 시정부에서 발달한 자본예산과는 그 도입의 동기가 다르다. 미국시정부의 자본예산은 공채의 발행 등을 통하여 한정된 재원을 가지고 시의 공공사업을 좀더 계획적으로 수행하고자 하는 데 그 목적이 있는 데 대하

14) Bozeman, *op. cit.*, pp. 23-24.

여, 스웨덴 등의 자본예산은 소위 건전재정의 테두리 안에서 예산에 의하여 높은 수준의 고용·생산·구매력을 유지하려는 정부의 노력에서 나온 것이다.

(2) 역사적 배경

1930년대의 공황이 스웨덴을 휩쓸고 있을 때 스웨덴의 의회내에서는 종래의 균형예산을 계속 유지할 필요가 있느냐 없느냐 하는 문제와, 한 때 16만을 초과한 실업자들을 위하여 정부가 어떠한 대책을 강구해야 할 것인가에 관해서 많은 논의가 있었다.

이러한 분위기 속에서 실업자대책위원회(Unemployment Commission)는 1931년에 4명의 저명한 경제학자들에게 스웨덴의 경제문제에 관한 의견서를 제출하기를 요청했는데 이 4명 중의 한 사람인 Gunnar Myrdal의 논문에 의거하여 이루어진 것이 1937년 6월의 예산제도의 일대개혁이다.

이 1937년의 개혁은 정책적인 견지에서 볼 때 연연균형예산(annually balanced budget)의 원칙을 공식적으로 포기하고, 소위 순환적 균형예산(cyclically balanced budget)을 채택했다는 데 그 의의가 있는 것이다. 환언하면 예산은 매년 균형될 필요가 없고, 한 경기변동기 전체로 따져서 균형되면 된다는 것이다.

다른 한편 1937년의 개혁은 새로운 예산구조(budget structure)를 도입했는데 이것을 자본예산이라고 부르는 것이다. 국가의 지출을 경상적 지출과 자본적 지출로 구분하고 경상적 지출은 경상적 수입에 의하여 충당되며 매년 균형되어야 하나 자본적 지출은 국채재원에 의하여 충당하되 순전히 경제안정을 위하여 증감되어야 한다는 것이다.

전술한 바와 같이 스웨덴의 자본예산은 건전재정의 테두리 안에서 예산의 균형화인자의 기능을 발휘하게 하자는 데 그 목적이 있는 것이다. 그러면, 적자재정이 어떻게 건전재정의 테두리를 벗어나지 않을 수 있느냐 하는 문제가 여기서 제기된다. 국채를 발행하여 국가가 빚을 진다고 하더라도 그 수입을 가지고 자본적 지출, 즉 자산의 취득에 충당한다면 국가의 부채의 증가는 자산의 증가에 의하여 대응되므로 국가의 순자산상태에는 변동이 없으며, 따라서 자본적 지출을 위한 재정적자는 건전재정의 원칙에 위배되는 것이 아니라는 주장을 내세우고 있는 것이다.

(3) 자산상태의 표시

스웨덴의 자본예산은 미국의 지방자치단체의 그것과 달라서 정부의 자산상태를 표시하는 대차대조표를 수반하여, 감가상각계정을 마련하고 있다. 환언하면, 정부의 모든 감가상각비는 경상계정에 계상하며, 따라서 조세 등의 경상수입에 의하여 지변되고 있다.

경상계정과 자본계정을 포함한 국가재정의 전모는 재정설명서에 나타나게 되는데, 이 통합계정의 수입과 지출의 합계는 흑자 또는 적자로서의 의의를 상실하게 되는 것이다.[15)]

2. 중앙정부와 자본예산

(1) 자본예산 필요성 감소사유

앞에서 살펴본 바와 같이 스웨덴을 위시한 스카디나비아제국에서는 한때 중앙정부가 자본예산제도를 채택하였으나 오늘날에 있어서는 자본예산제도가 지방자치단체나 주정부에서는 필요한 제도일는지 모르나 다음과 같은 이유로 중앙정부에서는 그 필요성이 많이 감소된다고 주장하는 사람들이 많다.

① 안정정책의 저해: 중앙정부는 지방자치단체와 달라서 경제안정정책을 집행해야 할 책임을 지고 있는데 자본적 지출은 차입이나 국채의 발행에 의하여 충당하되 경상적 지출은 경상적 수입에 의하여 충당하고 균형되어야 한다는 복식예산제도는 안정정책의 효율적 집행을 저해할 우려가 있다는 것이다.

전술한 바와 같이 불경기가 심화되면 자본적 지출을 늘리게 되는 자본예산보다는 경상적 지출을 늘리거나 세율을 인하하는 것이 경기대책으로서 보다 신속하고 신축성 있는 방법이라는 것이다.

② 재정규모: 중앙정부는 재정규모가 큰 까닭에 지방자치단체의 경우처럼 한두 개의 건설사업이 세율에 영향을 줄 정도가 아니라는 것이다.

③ 공신역: 화폐발행권을 보유하는 중앙정부는 지방자치단체처럼 증권시장에서의 신용도에 관심을 지닐 필요가 없으므로 자본예산제도의 필요성이 덜하다는 것이다.[16)]

---

15) Burkhead, *op. cit.*, pp. 196-197.

16) Robert D. Lee, Jr. and Ronald W. Johnson, *Public Budgeting Systems,* third edition (Baltimore: University Park Press, 1983), p. 257.

(2) 자본예산연구위원회

미국에서는 30년전부터 연방정부에서 자본예산제도를 도입할 것인가를 연구해 왔으며 회계검사원(GAO) 등은 자본예산의 도입을 찬성하고 있으나[17] 1997년 Clinton대통령이 다시 자본예산연구위원회(Commission to Study Capital Budgeting)를 임명했다.

① 설 치: 균형예산에 관한 헌법개정안의 심의과정에서 한 상원의원이 제기한 질문이 계기가 되어 1997년 3월 3일부로 Clinton대통령이 15명으로 구성된 자본예산연구위원회를 임명했다.

② 임 무: 대통령령 13037호에 명시된 자본예산연구위원회의 임무는 다음의 네 가지이다.

i) 주정부, 지방자치단체, 외국정부, 민간부문 등에서 사용하고 있는 자본예산의 실태를 조사한다.

ii) 연방정부 「자본」적 지출의 정의를 내리고 그 범위를 확정한다.

iii) 자본예산제도에 있어서의 감가상각의 필요성과 역할을 검토한다.

iv) 자본예산이 자원배분과 재정정책에 미치는 효과를 규명한다.

③ 실 적: 자본예산연구위원회는 위원회에 부여된 임무에 따라 각계의 견해를 들었으나 뚜렷한 결론을 내리지 못했다.

i) 우선 자본예산제도의 목적에 관해서 합의를 보지 못했다.

ii) 자본적 지출의 범위에 관해서도 견해의 대립을 보였다. 한쪽에서는 자본적 지출을 광의로 해석하여 미래의 소득증대에 이바지하는 모든 자원의 사용을 포함하여야 한다고 주장하고 있는 데 대하여 다른 한편에서는 전통적인 견해를 고집하고 있다.

iii) 자본예산제도의 경제적 효과에 관해서도 한쪽에서는 연방정부 자본예산의 채택이 자본적 지출의 증대, 국민소득·국민복지의 증진을 초래한다고 주장하는 데 대하여 다른쪽에서는 자본지출의 증대가 경제적 능률의 저하를 가져온다고 주장한다.

iv) 자본예산연구위원회의 임무에는 자본예산이 재정정책에 미치는 효과도 규명하도록 되어 있으나 지금까지 알려진 바로서는 자본예산의 재정정책적인

---

17) Stephanie Goldman(ed.), "AABPA Symposium: Capital Budgets··· Expanded Use in Federal Sector," *Public Budgeting and Finance*, Autumn 1987, p. 10.

측면에 관한 연구는 별로 없는 것 같다.[18]

④ 전 망: 현 단계에 있어서 자본예산연구위원회의 연구가 어떠한 결과를 가져올는지 정확히 예측하기는 어렵다. 그러나 앞에서 살펴본 바와 같이 주요한 문제에 관해서 위원회가 합의를 보지 못한 것으로 미루어보아 이번에도 미 연방정부가 단시일내에 자본예산을 도입하기는 어려울 것으로 전망된다.[19]

---

18) Marvin Phaup, "President's Commission to Study Capital Budgeting: An Interim Review," *Public Budgeting and Finance*, Fall 1998, pp. 1-10.

19) Cameron Gordon, "The Fables and Foibles of Federal Capital Budgting," *Public Budget and Finance*, Fall 1998, pp. 54-71.

제 5 편

국민경제와 예산

제1장 기획과 예산

제1절 기획의 의의

1. 기획의 개념

(1) 개 념

기획이란 다의적인 개념이다. POSDCORB의 창안자인 Luther Gulick은 「기획이란 사업을 위하여 설정된 목표를 달성하기 위하여 수행되어야 할 일과, 이것을 수행하기 위한 방법들을 개괄적으로 짜내는 것」[1] 이라고 정의하였으며, Roosevelt대통령하에서 예산국장을 역임한 Harold D. Smith는 「기획이란 사고하는 인간들이 그것을 통하여 목표를 달성하는 가장 단순하고 자연스러운 지적 과정의 하나」[2]라고 하였다.

W. H. Newman은 「일반적으로 말해 기획이란 무엇을 할 것인가를 사전에 결정하는 것이다. 따라서, 기획(plan)은 설정된 행동노선」[3]이라고 정의하고 있는가 하면, Herbert A. Simon 등은 「기획이란 장래를 위한 제안, 제안된 대안들의 평가 및 이러한 제과정이 이루어질 수 있는 방법과 관련된 활동이다」[4]라고 정의하고 있다.

---

1) Luther Gulick, "Note on the Theory of Organization," in Luther Gulick and L. Urwick(eds.), *Papers on the Science of Administration*(New York: Institute of Public Administration, 1937), p. 13.

2) Harold D. Smith, *Management of Your Government*(New York: McGraw-Hill, 1945), p. 15.

3) William H. Newman, *Administrative Action: The Technique of Organization and Management*(Englewood Cliffs: Prentice-Hall, 1951), p. 15.

4) Herbert A. Simon, Donald W. Smithburg and Victor A. Thompson, *Public Administration*(New York: Knopf, 1950), pp. 423-424.

이러한 여러 사람들의 정의를 종합하여 Waterston은 「기획이란 일정한 목표를 달성하기 위하여, 이용가능한 최선의 방도를 선정하는 조직적인 지적 시도」[5] 라고 하고 있다.

최근에 와서 발전도상국의 경제발전계획을 염두에 두고 있는 사람들은 기획을 경제발전을 촉진하기 위하여 자원을 합리적으로 배분하려는 시도라고 보고 있다. 1965년에 발표된 UN의 기획에 관한 회의(Conference on Planning) 보고서는 경제발전을 위하여 희귀한 자원을 가능한 한 유효적절하게 사용하는 것이 기획의 기본과제라고 하였던 것이다.[6]

(2) 기획과 계획

기획(planning)은 계속적인 과정이며 계획(plan)은 결과이다. 따라서 기획과 계획은 엄격히 구별되어야 한다.

기획은 「계획을 지니는 것」 이상의 것이다.[7] 기획은 집행 그 자체는 아니라고 하지만 행동지향적인 과정이다. 따라서 전혀 집행되지 않는 계획을 지니는 것을 기획이라고 할 수는 없다. 필리핀에서는 지난 50여년간에 무려 20여개의 경제계획이 수립되었으며, 제2차대전 후만 하더라도 14개의 계획이 수립되었다. 그러나, 이들의 거의 대부분이 아무런 실효를 거두지 못한 휴지에 불과하다.

브라질에서도 1942년 이후 연이어 계획이 수립되었으나 어느 하나도 집행되지 않았으며, 미안마·인도네시아·마다가스칼(Madagascal) 같은 나라에서도 많은 계획이 작성되었으나, 그 대부분이 공표 후에는 무시되어 버렸다.[8]

따라서, 계획이 있다는 것만 가지고서는 그 나라 정부가 그것을 실천에 옮길 의사나 능력이 있다는 것을 보장할 수는 없다.

기획이 계획작성 이상의 것인 것과 같이 기획이 공식적인 계획을 반드시 필요로 하는 것은 아니다. 무엇이 「계획」이냐에 관해서는 많은 논란이 있으나, 문제는 무엇이 계획이며 무엇이 계획이 아니냐에 있는 것이 아니라, 기획과정

---

5) Albert Waterston, *Development Planning: Lessons of Experience*(Baltimore: Johns Hopkins Press, 1965), p. 8.

6) Michael P. Todaro, *Economic Development*, seventh edition(Reading: Addision- Wesley, 2000), p. 625.

7) Bertran M. Gross, "National Planning: Finding and Fallacies," *Public Administration Review*, December 1965, p. 267.

8) Waterston, *op. cit.*, pp. 105-106.

이 그 나라의 정책으로서 확립되어 있느냐 하는 데 있다. 그것이 정책의 리스트이건 예산이건, 부분적 계획이건 또는 포괄적 계획이건간에 문서는 기획과정보다 훨씬 덜 중요하다는 것을 주의할 필요가 있다.[9]

후술하는 바와 같이 우리나라에서도 많은 계획이 있었다. 그러나 1962년에 이르기까지 실천에 옮겨진 계획이란 거의 없었다. 따라서, 우리나라의 기획제도는 제1차경제개발 5개년계획이 시행되기 시작한 1962년경부터 확립되기 시작했다고 할 수 있겠다.

2. 기획제도의 발달

(1) 제2차대전 이전의 기획제도

기획제도의 기원은 희랍이나 로마시대의 도시기획에까지 소급해 올라갈 수 있겠으나,[10] 국가기획(national planning)의 기원은 구소련의 제1차 5개년계획에서 찾아볼 수 있다.

제1차 5개년계획(1928/29~1932/33)을 필두로 한 연이은 5개년계획은 국민에게 막대한 희생을 요구하기는 했으나 급속한 경제발전에 크게 기여했다는 점에서 다른 나라들에게 많은 자극을 주었다. 소련과 국경을 접한 터키는 1934년 1월 제1차 5개년계획(1934~1939)을 발표했으며, 1936년에는 제1차 5개년계획의 연장으로서 제2차 5개년계획이 수립·발표되었다.[11]

다른 한편 나찌 독일에서도 제1차 4개년계획(1933~1936)과 제2차 4개년계획(1937~1940)이 수립·집행되었다.[12]

미국에서도 도시계획은 일찍부터 있었으나 미국의 국가기획제도의 기원은 뉴딜시대에 찾아볼 수 있다. 뉴딜정책의 정책적 도구의 하나로 1933년에 설치된 국가기획위원회(National Planning Board)는 후에 국가자원위원회(National Resources Board)·국가자원기획위원회(National Resources Planning Board)로 개편되어 1943년 8월말까지 존속하였다.[13] 이 밖에도 제2차대전 중에는 전

---

9) *Ibid.*, p. 106.

10) 권영찬, 「기획에 관한 몇 가지 사적 고찰」, 행정학회보 제1호(1967), p. 145.

11) Robert W. Kerwin, "Etatism in Turkey, 1933~1950," in Hugh G.J. Aitken(ed.), *The State and Economic Growth*(New York: Social Science Research Council, 1959), pp. 240- 241.

12) 권영찬, 전게논문, pp. 159-160.

13) Marion Clawson, *New Deal Planning*(Baltimore: Johns Hopkins University Press, 1981), p. 40.

쟁수행을 위한 부문별 전시기획이 있었다.

(2) 제2차대전 후의 기획제도

기획제도가 본 궤도에 올라선 것은 제2차대전 후라 할 수 있다. 프랑스를 위시한 서방제국뿐만 아니라, 구소련과 동구제국, 발전도상국들이 한때 기획에 많은 힘을 기울였다.

① 프랑스: 서방선진국가 중 제2차대전 후의 부흥과 발전을 위하여 국가기획제도를 최초로 확립한 나라는 프랑스이다. 프랑스는 제2차대전 중에 입은 피해의 복구를 위해서 뿐만 아니라, 1930년대의 침체의 영향에서 벗어나기 위해서도 국가기획제도가 필요했다. 이리하여 흔히 모네계획(Monnet Plan)이라고 불리우는 제1차 근대화·설비계획을 필두로 하여 제10차 경제사회발전계획(1989~1992)에 이르기까지 계획의 연속이었다.[14)]

② 기타 서방제국: 비단 프랑스뿐만 아니라 많은 유럽제국이 마샬계획(Marshall Plan)의 개시를 계기로 하여 각종의 발전계획을 수립 집행하였는데, 가장 널리 알려진 것이 네덜란드와 노르웨이이다.[15)]

③ 구소련과 동구제국: 구소련도 제2차대전 중에 일시 중단하였던 5개년계획을 다시 시작하였으며, 구소련의 위성국가들도 연이어 경제개발계획을 수립·집행했다.

④ 발전도상국: 비단 이러한 나라들뿐만 아니라, 제2차대전 후에는 대부분의 발전도상국들이 비약적인 경제발전을 위하여 각종의 발전계획을 수립했다. 이리하여 Waterston이 지적한 바와 같이 한때 국가계획(national plan)은 국기·국가와 함께 주권과 근대성의 상징으로 생각했다.[16)]

3. 기획에 대한 회의

1990년대에 와서 그 동안 각국이 소중하게 여기던 기획에 대하여 회의를 가지게 되었다. 우리나라만 하더라도 공식적으로 경제사회발전계획을 수립하지 않고 있는 것이다.

---

14) Alfred Oxenfeld and Vsevolod Holubnychy, *Economic Systems in Action,* third edition (New York: Holt 1965), p. 191.

15) Secretariat of the Economic Commission for Europe, *Economic Survey of Europe in 1962: Economic Planning in Europe*(Geneva: 1965), p. 1.

16) Waterston, *op. cit.*, p. 28.

뿐만 아니라 최근에 와서 우리나라에서는 기획(planning)이라는 표현자체를 기피하고 있는 현상이 만연하고 있다. 경제기획원의 후신이라 할 수 있는 기획재정부의 영문명칭을 Ministry of Strategy and Finance라 하고 Planning이라는 표현의 사용을 기피하고 있는 것만 보아도 알 수 있다.

(1) 구소련과 동구권 붕괴

기획에 대한 회의를 초래한 가장 직접적인 계기는 구소련과 동구권의 붕괴이다.

국가기획제도의 창시국이라 할 수 있는 구소련과 동구권 여러 나라가 붕괴하여 사회주의 경제에서 시장경제로 전환함에 따라 각국이 기획의 효용에 대하여 의문을 가지게 되었다.

(2) 시장중시체제의 대두

구소련을 포함한 동구권의 붕괴에 앞서 시장자유의 극대화와 국가간섭의 최소화를 근간으로 하는 신자유주의에 입각한 시장중시체제가 각국에서 대두하게 되었다.[17]

영국이나 미국의 보수정당의 집권이 계기를 마련하였으며 전술한 1990년대 구소련을 포함한 동구권의 붕괴가 이에 박차를 가했다고 할 수 있는 시장중시체제는 기획을 정부간섭의 도구라고 평가절하하였다. 이리하여 각국이 규제완화·민영화와 함께 기획의 중단 또는 폐기를 실천에 옮기게 되었다.

(3) 프랑스와 일본

이러한 경향에도 불구하고 시장경제의 결함을 보완하기 위한 장치로서 기획을 계속해서 활용하고 있는 국가도 있다.

① 프랑스: 1986년 프랑스는 기획제도에 대한 비판이 일어나자 Chirac 수상(현 대통령)이 두 사람의 고급공무원에게 기획제도에 대한 재검토를 지시했다. 두 사람이 개별적으로 제출한 보고서 속에서 기획이 시장경제와 양립할 수 있으며 정보의 공유라는 훌륭한 역할을 수행한다는 사실을 지적하자 Chirac 수상은 10차계획의 준비를 지시했던 것이다.[18]

---

17) 시장중시체제에 관해서는 유 훈, 행정권과 경제[개정증보판](서울: 법문사, 2007), 제1편 제2장「정부와 시장」참조.

18) Paul Godt, *Policy-Making in France*(London: Pinter Publishers, 1989), p. 136.

② 일 본: 제2차대전 후 연이은 계획의 수립으로 고도성장을 이룩한 일본은 1999년 신10개년계획(2001~2010)을 수립하여 공표하였다.

인구가 정체·감소하더라도 경제성장을 유지한다는 목표하에 「결과의 평등」보다는 「기회의 평등」을 중요시하고 성공자와 실패자간의 소득격차의 확대를 인정한다는 것을 원칙으로 삼고 있다. 이 신10개년계획은 또한 목표연도인 2010년경의 일본의 실질경제성장률을 2%로 책정하고 완전실업률은 3%대 후반 내지 4%대 전반으로 전망하였다.[19]

그러나 2011년 일본 동북지방에서 발생한 강진과 이로 인한 해일(쓰나미)로 원자력 발전소가 큰 타격을 입고 전력난과 동북지방 소재의 자동차부품산업을 위시한 많은 산업이 심대한 타격을 받았다. 따라서 2010년대의 일본의 실질경제성장률이 2%를 크게 밑돌 것으로 예상된다.

4. 한국의 기획

(1) 제1기(1948년 8월~1956년 12월)

1948년 8월에 설립된 기획처는 이렇다 할 기획기능을 수행하지 못했으며, 우리나라의 경제기획을 위한 최초의 시도는 외국인의 손에 의하여 이루어졌다. 휴전협정이 체결되기 직전인 1953년 4월 Eisenhower대통령은 Henry J. Tasca를 특사로 한국에 파견했다. 한국시찰에서 다녀간 타스카사절단은 동년 6월 Eisenhower대통령에게 보고서를 제출했는데 이것이 세칭 타스카보고서이다. 한국의 경제부흥을 위한 미국의 원조방안에 중점을 둔 이 보고서에 의거하여 대통령은 대한 원조를 위하여 2억달러를 의회에 요구했던 것이다.[20]

1954년 2월에 네이산협회가 20만달러 이상의 경비와 3년 이상의 노력 끝에 작성한 네이산보고서(한국경제재건계획)를 UNKRA단장에게 제출했으나 UNKRA 자금의 경감으로 UNKRA활동이 점차 감축되었으므로 네이산 보고서는 아무런 실효를 거두지 못했다.[21]

이 기간 중의 경제기획을 보건대 경제계획의 작성이 주로 외원기관의 손에 의하여 이루어졌다. 한국정부 내에서는 장기종합경제개발계획은 없었으며, 있

---

19) 日本經濟新聞, 1999년 7월 6일.

20) Gene M. Lyons, *Military Policy and Economic Aid: The Korean Case, 1950~1953* (Columbus: Ohio State University Press, 1961), pp. 187-188.

21) *Ibid.*, p. 203.

었던 계획들은 각부에 산재된 부문별 계획 뿐이었다. 그것마저도 변경에 변경을 거듭하여 별로 실효를 거두지 못한 것이 대부분이었다. 이러한 부문별 계획들은 또한 주로 한국전쟁의 피해로부터의 복구에 그 목표를 두었던 것이다.

(2) 제2기(1957년 1월~1961년 5월)

1957년은 여러 가지 의미에 있어서 획기적인 해였다고 하겠다. 1957년부터 재정안정계획이 매년 수립·집행되었을 뿐만 아니라, 우리나라 국민경제가 안정기조를 회복한 해였다고 하겠다.

1958년 4월 1일에는 장기종합개발계획의 작성을 임무로 하는 산업개발위원회가 부흥부내에 설치되었다. 이 위원회는 특히 관계에서 흡족한 대우를 받지 못한 해외에서 교육을 받은 지식인들을 많이 전문위원으로 흡수하였다. 이 위원회가 작성한 경제개발 3개년계획안은 1959년 봄에 국무회의에 제출되었으나 정권유지의 수단에만 정력을 쏟던 자유당 정부는 이 계획안이 국무회의에 제출된지 1년이 지나도록 그 심의조차 보류하고 있다가 마산사건이 발발하고 정권이 흔들리게 되자 1960년 4월 15일에야 이를 채택하기에 이르렀다.[22]

경제제일주의를 표방한 민주당정부도 〈표 5-1〉과 같이 연간성장률 6.1%의

〈표 5-1〉 한국의 각계획대비

계획명	입안기관(자)	목표계획기간	목표 성장률	실적 성장률
3개년종합계획	헨리·타스카	1954~1956	—	
한국경제재건계획	네이산협회	1954~1957	5.0%	
경제부흥5개년계획	기획처·부흥부	1954~1958	—	
경제개발3개년계획	부흥부(산업개발위원회)	1960~1962	5.2%	
제1차5개년경제개발계획	〃	1962~1966	6.1%	
제1차경제개발5개년계획	경제기획원	1962~1966	7.1%	7.7%
제2차경제개발5개년계획	〃	1967~1971	7.0%	10.5%
제3차경제개발5개년계획	〃	1972~1976	8.6%	10.1%
제4차경제개발5개년계획	〃	1977~1981	9.2%	5.6%
제5차경제사회발전5개년계획	〃	1982~1986	7.6%	9.8%
제6차경제사회발전5개년계획	〃	1987~1991	7.2%	9.9%
제7차경제사회발전5개년계획	〃	1992~1996	7.5%	
신경제5개년계획	〃	1993~1997	6.9%	

22) 유 훈, 「행정역할의 시대별변천」, 이한빈 외 3인 공편, 한국행정의 역사적 분석(서울: 한국행정문제연구소, 1969), p. 490 참조.

제1차 5개년경제개발계획을 성안하여 1961년 5월 각의의 의결을 보았으나 이 역시 5 · 16군사혁명으로 시행을 보지 못했다.

이 기간 중에는 경제계획의 작성이 거의 한국인전문가의 손에 의하여 이루어졌으며, 전재로부터의 부흥이 아니라 적극적인 경제발전에 그 목표를 둔 장기종합경제개발계획이 수립되었다는 점에 있어서 제1기와 대조적이다. 그러나, 그러한 종합경제개발계획이 하나도 실천에 옮겨지지 못했다는 점에서 다음에 말할 제3기와 구별된다.

(3) 제3기(1961년 5월 이후)

이 기간 중의 장기종합경제개발계획은 처음으로 실천에 옮겨진 것이라는 점에서 자유당정부의 경제개발3개년계획이나 민주당정부의 제1차 5개년경제개발계획과 구별된다.

① 제1차 · 2차5개년계획(1962~1971): 연이은 5개년계획의 정책기조의 변화와 주된 실적을 살펴본다면 제2차 5개년계획까지는 정책기조를 수출주도형공업화기반을 조성하고 기간산업 및 사회간접시설을 확충하는데 두었다. 이리하여 1970년에는 수출 10억달러를 달성하는데 성공했으며, 1961년에 82달러이었던 1인당 GNP가 1971년에는 289달러에 달하게 되었다.

② 제3차 · 4차5개년계획(1972~1981): 이 기간 중에는 중화학공업육성 등 산업구조를 고도화하고 자력성장의 기반을 조성하며 농어촌을 개발하는데 정책기조를 두었다. 이리하여 1977년에는 수출 100억달러를 달성하였을 뿐만 아니라 1인당 GNP 1천달러를 기록하였다.

③ 제5차 · 6차5개년계획(1982~1991): 이 기간 중의 정책기조는 경제안정기반을 구축하고 민간부문의 자율과 경쟁을 촉진하며 국민복지와 형평을 증진하고 경제를 개방화 국제화하는 데 두었다. 1990년에는 1인당 GNP 5천달러에 진입하였으며, 1991년에는 교역규모가 1,500억달러에 달하게 되었다. 특기할 사항으로서는 이 기간 중 한때(1986~1989) 국제수지흑자를 기록했다는 사실이다. 그러나 1990년부터는 다시 적자로 돌아섰으며 이를 탈피한 것이 1998년이었다.

다행스럽게도 그 후 수출의 호조로 무역수지가 호전되어 경상수지가 흑자를 지속하고 있다. 전세계적인 불황기를 맞이하여 2008년의 경상수지 흑자가 32억

달러로 떨어졌으나 2009년에 328억 달러로 회복하였으며 2010년에도 282억 달러의 흑자를 시현했다.

④ 최근의 중기재정계획: 한국정부는 민간부문까지 포함한 포괄적인 5개년 계획은 수립하지 않으나 한 때 중단했던 5개년 단위의 연동식(連動式) 계획인 중기재정계획을 2004년부터 다시 부활하여 「국가재정운용계획」이라는 명칭으로 매년 수립하여 예산안과 함께 국회에 제출하고 있다.

이 국가재정운용계획은 「분야별 정책방향 및 재정투자계획」을 포함하는데 과거의 5개년계획과 같이 민간부문의 투자계획까지 포함하는 종합계획은 아니나 정부부문만의 재정투자계획으로서 매년 1년을 추가하고 1년을 삭제하는 연동식 계획이다. 2011~2015년의 국가재정운용계획의 경우를 본다면 「재정투자계획」은 R&D분야부터 일반공공행정분야에 이르는 12개 분야에 관한 정부투자계획이다.

5. 기획과 민주주의

(1) Hayek와 Finer의 논쟁

국가기획제도의 기원은 전체주의국가에서 찾아볼 수 있는 까닭에 국가기획과 민주주의가 양립할 수 있느냐 하는 문제는 많은 학자들의 관심을 끌어온 문제이며 R. A. Hayek와 Herman Finer의 논쟁이 그 대표적인 예이다.

오스트리아출신의 경제학자인 Hayek는 1944년에 발간된 그의 『노예에의 길』에서 국가기획제도는 필연적으로 독재를 초래한다고 주장한 데 대하여[23] 영국출신의 정치학자인 Finer는 1945년에 발간된 『반동에의 길』에서 민주주의와 기획이 양립할 수 있다고 Hayek의 주장을 반박했던 것이다.[24]

제2차대전 후 프랑스·노르웨이를 위시한 많은 민주주의국가에서 기획제도가 성공했다는 사실은 Finer의 주장을 뒷받침해 주고도 남음이 있다고 하겠다.[25]

---

23) Richard A. Hayek, *The Road to Serfdom*(Chicago: University of Chicago Press, 1944).

24) Herman Finer, *Road to Reaction*(Boston: Little, Brown and Co., 1945).

25) Millett는 기획과 민주주의에 관한 논쟁은 불필요한 논쟁이라고 하고 있다[John D. Millett, "Planning," in Fritz Morstein Marx(ed.), *Elements of Public Administration*, second edition (Englewood Cliffs: Prentice-Hall, 1959), p. 113].

(2) 민주적 기획과 정치적 리더십

오늘날에 있어서는 국가기획제도가 독재를 초래할는지 모른다는 우려보다는 어떻게 하면 민주주의국가에서 기획제도가 성공을 거둘 수 있느냐 하는데 보다 많은 관심이 집중되고 있다.

동남아제국의 기획제도를 고찰한 Edward S. Mason은 민주주의국가의 기획제도가 성공을 거두기 위해서는 i) 경제발전을 전폭적으로 지지하는 정치적 리더십과, ii) 규율이 엄한 정당이 필요하다고 주장하고 있다.[26]

전술한 바와 같이 필리핀에서는 제2차대전 후 14개의 경제발전계획이 수립되었으나 제대로 실효를 거둔 계획이 거의 없었던 것은 Mason의 조건을 충족하지 못한 까닭이었으며, 우리나라에서 그런대로 연이은 5개년계획을 큰 차질없이 끝낼 수 있었던 것은 Mason의 조건을 충족한 까닭이었다고 하겠다.

제 2 절 발전계획과 예산

1. 계획실패의 원인

전술한 바와 같이 제2차대전 후 선진국이건 발전도상국이건을 막론하고 경제발전계획의 수립이 유행처럼 되어 있었으나 모든 국가의 계획이 다 성공한 것은 아니며 많은 경제발전계획들이 휴지화하였다. 많은 경제발전계획이 실패하고 휴지로 화한 데에는 여러 가지 원인이 있겠으나 간단히 말해서 두 가지로 요약할 수 있겠다.

(1) 계획의 비현실성

많은 국가의 계획 특히 발전도상국의 계획 중에는「무지개」같은 계획이 많다. 화려하고 보기는 아름다우나 처음부터 실현가능성이 희박한 계획이 많다는 것이다.

---

26) Edward S. Mason, *Economic Planning in Underdeveloped Areas: Government and Business*(New York: Fordham University Press, 1958), p. 68.

(2) 예산지원의 부족

계획 자체는 합리적임에도 불구하고 계획의 뒷받침, 특히 예산의 뒷받침이 제대로 이루어지지 않아서 모처럼의 계획이 성공을 거두지 못하는 경우가 많다. 특히 발전도상국에 있어서는 민간자본이 빈약하므로 유도발전 내지는 정부주도형발전이 불가피하여 경제발전계획의 성공적인 수행을 위해서는 정부예산의 뒷받침이 절대로 필요한 것이다.

Waterston도 지적한 바와 같이 많은 국가에 있어서 정부투자의 규모와 구성을 결정하는 것은 널리 선전된 경제발전계획이 아니라 예산인 것이다.[27]

2. 발전계획과 예산의 괴리

위에서 설명한 바와 같이 발전계획과 예산은 불가분의 관계에 있으며, 많은 경우 발전계획의 성공 여부는 발전계획이 매년도 예산에 얼마나 충실히 반영되느냐에 달려 있다고 해도 과언이 아니다.[28]

그럼에도 불구하고 많은 나라에서 발전계획과 예산의 괴리현상이 일어나고 있다. 많은 국가는 4개년계획이나 5개년계획 외에 연차계획을 지니지 않으며, 설사 인도·파키스탄 등과 같이 연차계획을 지니고 있다고 하더라도 이러한 연차계획과 예산간에 괴리현상이 일어나고 있는 것이다.

3. 괴리원인

그러면 가장 밀접해야 할 발전계획과 예산간에 괴리현상이 일어나고 있다면 그 원인이 어디에 있느냐 하는 문제가 다음에 제기된다.

(1) 조직상의 원인

많은 국가에 있어서 계획담당기구와 중앙예산기관이 각각 독립되어 있을 뿐만 아니라, 계획담당자들과 예산실무자들이 사회적 배경, 경력, 행태 등을 달리하고 있으며, 이것이 발전계획과 예산의 괴리를 초래하는 첫째 요인이라고 하지 않을 수 없다.

---

27) Albert Waterston, "The Glory of Imperfect Planning," *Public Administration Review*, March-April 1970, p. 185.

28) Waterston은 「발전계획을 예산에 반영하는 과정은 기획의 가장 중요한 단계이며 계획과 예산의 유기적 관련여부만 보면 그 나라 정부가 계획을 수행할 진의가 있느냐 없느냐를 판단할 수 있다」고까지 말하고 있다.

표현을 바꾸어서 설명한다면 Schick가 지적한 바와 같이 계획은 쇄신적이고 확장적인데 대하여, 예산은 보수적이고 부정적이며, 계획담당자가 소비지향적인데 대하여 예산실무자는 저축지향적이라 하겠다.[29]

과거 우리나라의 경우 계획담당기구인 경제기획국과 중앙예산기관인 예산실이 경제기획원에 함께 위치하고 있었을 뿐만 아니라, 양 실국간의 인사교류가 다소 있었으나 계획담당자들과 예산실무자들간의 행태의 차이는 해소되지 않았다.[30]

(2) 계획의 추상성

대부분의 발전계획은 최종년도의 주요목표를 설정하고 이러한 목표를 달성하기 위하여 필요한 투자소요액을 책정하고 있으나, 정부부문의 투자에 관한 구체적인 계획을 결여하고 있는 경우가 많다. 이와 같은 정부부문 투자계획의 구체성의 결여는 발전계획의 예산에의 반영을 어렵게 한다.[31]

(3) 재원의 부족

재원의 부족으로 예산이 제대로 발전계획의 뒷받침을 할 수 없는 경우가 많다. 이와 같이 재원의 부족현상이 일어나는 데에는, 첫째로 발전계획수립시에 재원문제를 충분히 고려에 넣지 않았으며, 둘째로 계획이 입각한 가설이 정치적 기타 이유로 실천에 옮길 수가 없는데 그 이유가 있다.[32]

(4) 새로운 사태에 대한 적응불능

계획과 예산의 괴리를 초래하는 또 하나의 요인으로서 지적할 것은 계획담당자나 예산실무자들이 예기치 않았던 새로운 사태에 대하여 재빨리 적응하지 못하는 경우가 많다는 것이다. 특히 많은 중남미제국과 같이 단일작물이나 수개작물의 수출에 크게 의존하는 국가에 있어서는 예기치 않았단 정세의 변동이 정부세입의 격감을 초래하고, 이는 나아가서 정부예산이 계획의 뒷받침을 해주

---

29) Allen Schick, "The Road to PPB: The Stages of Budget Reform," *Public Administration Review*, December 1966, p. 256.

30) 이용근, 「경제개발과 예산의 괴리와 연계에 관한 연구」(서울대학교 행정대학원 석사학위논문, 1968), pp. 59-69.

31) Fiscal and Financial Branch of the Department of Economic and Social Affairs of the United Nations, "Government Budgeting and Economic Planning in Developing Countries," *Economic Bulletin for Asia and the Far East*, September 1966, pp. 2-3.

32) *Ibid.*, p. 3.

는데 큰 지장을 주게 된다. 비단 이런 경우 뿐만 아니라, 대흉작·정치적 돌발 사태·재난 등도 발전계획이 입각하고 있는 기반을 크게 흔들어 놓을 수 있는 것이다.[33)]

(5) 예산심의과정에 있어서의 왜곡

우리나라에서도 그러하듯이 많은 국가에 있어서 발전계획은 국회의 의결을 거치지 않으나 예산은 매년 국회의 의결을 거쳐야 한다. 따라서, 소선거구제를 택하고 있는 많은 나라에 있어서 국회의원의 출신구를 위한 과다한 노력으로 말미암아 자기출신구에 사업을 끌어가기 위하여 마땅히 계상되어야 할 계획사업이 삭제되고 발전계획에도 지장을 초래하는 일이 비일비재하다. 필리핀의 5개년계획이 휴지로 화하고만 중요한 원인이 여기에 있었던 것이다.[34)]

이와 같이 볼 때 Mason이 지적한 바와 같이 민주주의국가의 발전계획이 성공을 거두기 위해서 무엇보다 필요한 것은 경제발전을 위하여 전력을 기울이는 강력한 리더십과 규율이 엄한 정당의 존재라고 하지 않을 수 없다.[35)]

(6) 예산제도의 결함

발전계획과 예산의 괴리를 초래하는 또 하나의 요인으로서 지적할 것은 예산제도의 결함이다. 첫째로 많은 나라에 있어서 예산이 국가의 모든 세입과 세출을 포함하지 않고, 극히 일부의 세입과 세출만을 예산에 계상하는가 하면, 둘째로 예산통일의 원칙이 준수되지 않아 목적세제도가 범람하고 있다. 한 중남미국가의 경우 330개 세목 중 291개 세목이 목적세였다고 한다.[36)] 셋째로 예산편성과정에 있어서 엄격한 사업선정기준이 결여되어 있는 경우가 많으며, 넷째로 심사분석이나 결산이 예산편성에 반영되지 않고 있을 뿐만 아니라, 다섯째로 근본적으로 통제지향의 예산제도를 탈피하지 못하고 있는 국가가 대부분이라는 것이다.[37)]

이상과 같은 이유로 가장 밀접해야 할 발전계획과 예산이 유기적인 관련성을

---

33) *Ibid.*, pp. 3-4.

34) Frank H. Golay, *The Philippines: Public Policy and National Economic Development*(Ithaca: Cornell University Press, 1961).

35) Mason, *op. cit.*, p. 68.

36) Public Administration Service, *Modernizing Government Budget Administration* (Washington, D.C.: Agency for International Development, 1962), p. 25.

37) Waterston, *Development Planning*, pp. 208-221; United Nations, *op. cit.*, p. 3.

상실하고 계획과 예산의 괴리가 일어나고 있는 것이다.

따라서, 발전계획과 예산의 유기적 관련의 확보를 위해서는 위에서 지적한 괴리요인의 제거가 무엇보다 필요하나 계획과 예산의 조정을 위한 방안을 다소 중복된 감이 있으나 간단히 고찰하기로 한다.

4. 연계방안

발전계획과 예산의 유기적 관련의 확보를 위해서는 여러 가지 방안이 필요하나 그 중 비교적 중요한 것만 지적하면 다음과 같다.

(1) 적절한 조직

전술한 바와 같이 기획기구의 위치의 유형에는 여러 가지가 있으며 그 중 어느 것을 택하느냐는 그 나라의 실정에 따라서 결정될 것이나, 가급적이면 발전계획과 예산이 유기적 관련을 맺을 수 있도록 기획기구의 위치를 정하여야 한다.

과거 우리나라는 다섯 가지 유형 중 기획부형에 속했다. 기획부형은 i) 본질적 막료기능인 기획업무를 부의 수준으로 격상시키고 있으며, ii) 기획부장관을 다른 장관들과 동렬에 놓는 경우 조정이 어렵다는 문제점을 지니고 있다.[38]

우리나라의 구경제기획원이 기획부형이 지니는 이와 같은 문제점을 비교적 덜 지녔던 것은 경제기획원장관이 부총리를 겸하고 있었을 뿐만 아니라 경제기획원이 예산실까지 그 산하에 지니고 있었던 까닭이라고 하겠다. 현재는 공식적인 경제계획을 수립하지 않으나 경제기획은 기획재정부가 담당하고 예산도 기획재정부 예산실이 담당하므로 기획과 예산의 연계를 위한 노력이 크게 필요하지 않은 것 같다.

(2) 구체적인 계획

발전계획이 예산과 유기적인 관련을 맺기 위해서는 목표달성을 위한 총투자소요액만 책정할 것이 아니라 정부부문투자에 관한 구체적인 계획을 지녀야 하며,[39] 가급적이면 중·장기계획뿐만 아니라 연차계획도 지녀야 한다. 이 연차계획은 형식에만 흐를 것이 아니라 절차상으로나 순기상 예산에 반영될 수 있

38) Waterston, *Development Planning*, p. 487.

39) 후술하는 중기재정계획은 정부부문투자에 관한 구체적인 계획이 될 수 있다는 점에서 계획과 예산의 연계에 도움이 될 수 있다.

는 성격의 것이어야 한다.

(3) 예산제도의 개혁

발전계획과 예산의 괴리현상을 방지하기 위해서는 예산제도의 개혁이 필요한 경우가 많다. 예산완전성의 원칙을 준수하여 국가의 모든 세입과 세출이 예산에 계상되도록 하여야 할 뿐만 아니라 예산통일의 원칙에 의거하여 목적세제도의 범람을 막아야 한다.

경우에 따라서는 발전계획수행을 위한 재정투융자를 다른 정부지출과 구분하는 복식예산제도도 고려해 볼 만하다.[40)]

(4) 정치적 원인

전술한 바와 같이 민주주의국가의 발전계획이 성공하기 위해서는 경제발전을 위하여 헌신적으로 노력하는 강력한 리더십과 규율이 엄한 정당제도가 필요하다. 이것과 아울러 고려될 수 있는 문제는 소선거구제의 지양이다. 소선거구제하에서의 지역출신 국회의원들의 과다한 노력으로 인한 예산과 발전계획간의 괴리를 방지하기 위해서 우리나라의 선거구를 좀더 광역화하는 방안도 생각해 볼 만하다.

제 3 절 중기재정계획

1. 중기재정계획의 의의

(1) 개 념

회계연도단위로 편성하여 국회의 승인을 얻어 확정하는 예산과는 별도로 5년 정도를 대상기간으로 하여 수립하는 수입지출계획을 중기재정계획이라 한다. 근래에 와서 영국·독일·미국·한국 등 각국에서 중기재정계획제도를 널리 채택하고 있다.

---

40) United Nations, *op. cit.*, pp. 8-9.

(2) 특 징

나라에 따라서 중기재정계획은 그 성격을 다소 달리하나 한국의 중기재정계획을 중심으로 그 특징을 살펴보면 다음과 같다.41)

① 수입지출계획: 중기재정계획은 5년 정도를 대상으로 하는 수입지출에 관한 계획이다. 대부분의 경우 지출뿐만 아니라 수입에 관한 계획도 수립하나 영국에서는 근래에 와서 지출에 관한 계획만 수립하고 수입계획은 생략하고 있다.

② 대상기간: 중기재정계획의 대상기간은 대부분의 경우 5년(예산연도+4년)이다. 한국뿐만 아니라 미국도 5년을 대상으로 하고 있다. 그러나 영국에서는 근래에 와서 대상기간을 5년에서 3년으로 단축하고 있다.

③ 연동식계획: 계획은 고정성여부에 따라 고정식계획과 연동식계획으로 나눌 수 있는데 중기재정계획은 연동식계획이다. 따라서 매년 1년을 추가하고 1년을 삭제하는 작업을 하게 된다.42)

④ 법적 효력: 경제사회발전 5개년계획의 경우와 같이 중기재정계획도 법적 효력을 지니지 않는다. 따라서 각 부처는 중기재정계획에 포함된 사업이라해서 예산에 계상되어야 한다고 주장할 수는 없는 것이다.

⑤ 불변가격: 중기재정계획은 불변가격기준으로 수립한다. 한국의 경우뿐만 아니라 영국에서도 불변가격을 사용하고 있다.

2. 각국의 중기재정계획

전술한 바와 같이 중기재정계획은 많은 국가에서 사용하고 있는데 우리는 이곳에서 편의상 영국·미국과 한국의 중기재정계획만 고찰하기로 한다.

(1) 영국의 중기재정계획

영국에서는 1961년의 Plowden위원회의 건의에 따라 공공지출추계위원회(Public Expenditure Survey Committee)가 설치되어 오늘날까지 운영되고 있다.43) 영국중기재정계획의 수립과정을 살펴보면 다음과 같다.

---

41) 경제기획원, 1982년도 예산개요(서울: 경제기획원, 1982), p. 273; Maurice Wright, "From Planning to Control: PESC in the 1970s," in Maurice Wright(ed.), *Public Spending Decisions* (London: George Allen and Unwin, 1980), pp. 114-115.

42) 연동식계획에 관해서는 유 훈, 행정학원론[제7정판](서울: 법문사, 2000), p. 220 참조.

43) Christopher Pollitt, "The Expenditure Survey, 1961~1972," *Public Administration,* Sum-

① 지침의 시달: 재무성이 중기재정계획작성에 관한 지침을 각성에 시달한다.

② 각성의 추계제출: 이 지침에 따라서 각성이 향후 5년간에 걸친 추계를 제출한다. 전술한 바와 같이 1970년대 후반부터 대상기간이 3년으로 단축되었다.

③ 협의의 진행: 각성의 추계를 놓고 재무성과 각성이 협의를 진행한다. 중기재정계획은 현행의 정책이 지속되는 경우를 전제로 한 세출의 추계이므로 이 협의과정에 있어서는 현행의 정책이 무엇이며 그것을 수행하는 데 소요되는 지출이 얼마나 될 것인가에 초점이 맞추어진다고 한다.

④ 경제전망: 국민총생산, 투자, 수출 등을 포함한 국민경제에 관한 전망도 논의의 대상이 된다.

⑤ PESC의 심의: 보고서의 초안을 재무성이 작성하여 공공지출추계위원회(PESC)의 심의에 부친다.

⑥ 중기경제전망보고서: 과거에는 중기세입추계를 위하여 중기경제전망(MTA) 보고서의 초안을 작성하여 해당위원회에서 심의하였으나 1976년부터 MTA가 폐지되었다.

⑦ 보고서제출: 이와 같이 하여 중기재정계획의 작성이 끝나면 이를 장관들에게 제출한다.[44]

⑧ 각의결정: 이 보고서는 매년 6월에 각의에 상정되어 공공지출의 총액과 그 기능별배정에 관해서 토의가 이루어지는데 3차 내지 5차에 걸쳐서 각의에서 논의되며 10월 내지 11월에 가서야 결말이 나는 경우가 많다고 한다.[45] 이와 같이 각의에서 중기재정계획에 관해서 장기간 논의하는 것은 중기재정계획을 중요시하는 증거라고 하겠다.

(2) 미국의 중기재정계획

전에도 이러한 시도가 없었던 것은 아니나 미국에서는 1974년의 의회예산법

---

mer 1977, pp. 127-141.

44) C.V. Brown and P.M. Jackson, *Public Sector Economics,* second edition(Oxford: Martin Robertson, 1982), p. 162.

45) Hugh Heclo and Aaron Wildavsky, *The Private Government of Public Money,* second edition(Berkeley: University of California Press, 1981), p. 171.

에 의하여 제도화되었다.[46]

① 의회예산처의 중기재정계획: 의회예산법은 상하양원의 예산위원회를 보좌하는 기관으로 의회예산처(CBO)를 설치했으며 의회예산처의 임무의 하나로서 중기재정계획의 수립을 명문화했던 것이다. 이리하여 의회예산처는 상하양원의 수권법이 향후 5년간 소요로 할 지출액 등을 토대로 하여 매년 연동식 5개년계획을 수립한다.[47]

② 행정부의 중기재정계획: 이러한 의회의 중기재정계획과는 별도로 행정부에서도 5개년(예산연도+4년)을 대상기간으로 하는 중기재정계획을 매년 수립한다. 관리예산처는 각 기관으로부터 중기계획추계(multiyear planning estimates)를 매년 받아가지고 중기재정계획을 수립하는 것이다.[48]

(3) 한국의 중기재정계획

우리나라에서는 제5차 5개년계획과 보조를 맞추어 1982년부터 1986년까지를 대상기간으로 하는 중기재정계획을 1981년에 수립했으며 1987년에는 제6차 5개년계획과 대상기간이 일치하는 중기재정계획(1987~1991)을 성안했다. 그 후 한국정부는 한 때 중단했던 중기재정계획을 「국가재정운용계획」이라는 명칭으로 2004년부터 매년 5개연도 단위로 다시 수립하고 있다. 특히 2007년부터는 새로 제정된 국가재정법 규정에 따라 매년 국가재정운용계획이라는 중기재정계획을 수립하여 예산안과 함께 회계연도 개시 90일 전에 국회에 제출하고 있다. 우리나라 중기재정계획의 특징은 위에서 설명하였으므로 반복하지 않기로 한다.

3. 중기재정계획의 장점

(1) 계획과 예산의 연계성 제고

제2절에서 지적한 바와 같이 계획과 예산은 괴리하기 쉬운데 중기재정계획은 5개년계획과 예산의 연계성을 높이는데 이바지할 수 있을 것이다.

1981년에 제5차 5개년계획을 수립하는 과정에 있어서 계획사업 중 재정과

46) Lance T. LeLoup, *Budgetary Politics*, second edition(Brunswick: King's Court, 1980), pp. 273-274.

47) Lance T. LeLoup, *The Fiscal Congress: Legislative Control of the Budget*(Westport: Greenwood Press, 1980), p. 144.

48) Office of Management and Budget, "Preparation and Submission of Budget Estimates," July 1983, p. 41.

관련되는 사업계획은 예산당국과 기획당국이 공동으로 작성하여 5개년계획과 중기재정계획으로 확정시켰기 때문에 두 계획은 일관성을 갖게 되었다.

환언하면 종전의 5개년계획 수립에 있어서는 재정과 관련된 사업계획도 기획당국이 거의 단독으로 작성하다시피 했으나 제5차 5개년계획의 경우에는 중기재정계획의 작성때문에 기획당국과 예산당국이 공동으로 참여했던 것이다. 따라서 5차 5개년계획의 재정관련사업은 실현가능성이 높았으며 예산의 뒷받침을 제대로 받을 가능성이 짙었던 것이다.[49]

여기서 다시 한번 강조할 것은 중기재정계획 자체가 당연히 계획과 예산의 연계성을 높이는 것이 아니라 중기재정계획을 작성할 필요성 때문에 중기재정계획의 책임을 맡고 있는 예산당국이 경제사회발전계획의 재정관련사업을 기획당국과 공동으로 검토할 수 있었으므로 계획과 예산의 연계성이 제고될 수 있었다는 것이다.

(2) 예산편성의 합리화

중기재정계획을 통하여 예산요구부처는 재정운용의 기본정책방향을 알 수 있으며, 예산당국자나 정책결정자들은 중장기적인 종합적 시야를 지닐 수 있으므로 예산의 요구·사정이나 예산안의 확정과정이 합리화될 수 있다는 것이다.[50]

그러나 이것은 위에서 지적한 관계자들이 중장기계획을 신뢰하고 예산요구를 포함한 예산편성의 제과정에 있어서 중기재정계획을 의사결정의 기초로 삼는다는 것을 전제로 한다는 사실을 유의할 필요가 있다.

---

49) 강봉균, 「제5차 5개년계획과 중기재정계획」, 박종기·이규억 편, 국가예산과 정책목표 — 1982년도 예산과 재정운용(서울: 한국개발연구원, 1982), pp. 476-477.

50) 상게논문, pp. 478-479.

제 2 장 예산과 재정정책

제 1 절 재정정책의 의의와 수단

1. 재정정책의 의의

(1) 예산과 국민경제

이미 제1편에서 살펴본 바와 같이 예산의 가장 중요한 경제적 기능은 경제안정기능과 경제성장촉진기능이다.[1] 즉 정부의 세입은 민간경제활동이나 소득에 대하여 현저한 영향을 주게 마련인 것이다. 또한 정부의 세출은 민간경제활동의 종류, 그의 수준 등에 대하여도 영향을 미치는 것이다.

따라서 예산이란 단순한 행정운영의 계획 이상의 것이라고 할 수 있다. 오늘날 세계 어느 나라를 막론하고 예산이 국민경제에 미치는 영향을 인식하고 있지 않는 나라는 없으며 어느 나라에 있어서든지 예산은 재정정책의 도구로 사용되고 있다.

(2) 재정정책의 개념

재정정책이라는 용어에 대해서는 아직도 명확한 개념이 존재하지 않는다. 따라서 정부재정, 금융정책, 정부경제정책 등의 용어와의 구별도 확실하지 않으며, 재정정책활동이라고 불리는 정부활동의 종류에 대해서도 학자간에 명확히 합의된 바 없다. 그러나 우리는 이곳에서 재정정책이란 국민경제의 안정과 발전을 위해서 조세, 세출, 공채관리 등의 정부활동을 적절히 이용하는 것을 의미하기로 한다.

---

1) 제1편 제3장「예산의 개념과 기능」참조.

(3) 재정정책의 발전

경제자문위원회 위원장을 역임한 바 있는 W. W. Heller가 지적한 바와 같이 최근의 재정정책의 급진적인 발전의 원인으로서 다음과 같은 몇 가지를 들 수 있다.[2)]

① 「일반이론」을 통한 Keynes의 공헌에 관해서는 긴 설명이 필요하지 않을 것 같다.

② 둘째로 A. H. Hansen의 「케인즈의 미국화」(Americanization of Keynes)를 들지 않을 수 없다. Hansen은 Keynes의 「일반이론」을 미국의 실정에 알맞게 수정 확대하여 새로운 세대의 경제학자들에게 제공해 주었다.

③ 셋째로 들 수 있는 것은 Simon Kuznets의 국민소득 및 국민총생산의 개념에 관한 일련의 연구이다. 이것을 토대로 하여 상무성은 1934년부터 국민소득추계를 시작했으며, 1942년부터 국민총생산추계를 개시했다.

④ Paul Samuelson의 「신고전파 종합」(neoclassical synthesis)을 들 수 있다. 그는 고전경제학자들의 이론과 케인즈이론을 종합하여 완전고용과 능률적 자원배분을 위한 균형된 정책을 제시했다.

⑤ 끝으로 새로운 세대의 컴퓨터 지향적인 경제학자의 공헌도 빼놓을 수 없다. 이들의 노고로 경제분석 및 예측의 범위가 확대되고 신뢰도가 높아지고 있는 것이다.

2. 재정정책의 수단

재정정책의 도구로서 우리가 흔히 조세·정부지출·공채관리를 드는데 공채관리에 관해서는 다소 이론이 있을는지 모르나 조세와 정부지출은 예산의 구성요소들이다. 그러면 이러한 도구들이 구체적으로 어떻게 사용되고 있는가를 살펴보기로 한다.

(1) 조 세

1930년대까지의 정부재정에 관한 사고방식을 지배하였던 고전경제학 또는 신고전경제학의 전통에 의하면, 조세는 정부의 세입을 획득하는 방편으로만 그 의의가 있었다. 그러나 최근에 와서는 조세를 정부의 세입을 획득하는 방편으

---

2) Walter W. Heller, *New Dimensions of Political Economy*(Cambridge: Harvard University Press, 1966), p. 4.

로서만 생각하는 것이 아니라 조세는 또한 민간부문의 구매력 내지는 지출을 통제하기 위한 방편으로서도 그 의의를 지니게 되었다.

제2차대전 중에는 조세는 인플레이션을 방지하기 위한 수단으로서 강조되었으며 한국전쟁이 일어난 1950년 가을에는 미연방의회가 세율을 인상했는데 이는 세입의 증가를 위해서 뿐만 아니라 민간부문의 인플레적인 지출을 억제하기 위해서도 이루어진 조치였다.[3]

1964년의 미국의 감세법은 조세가 재정정책에 있어서 어떠한 역할을 담당할 수 있다는 것을 입증해 주었다.[4]

2001년에 와서 미국의 Bush정부가 감세를 경기부양책의 일환으로 사용했다는 것은 널리 알려진 사실이다.[5] 한국에서도 야당이 경기부양을 위하여 정부지출의 증대보다 감세정책의 활용을 요구하고 있다는 것도 주지의 사실이다.

(2) 정부지출

Adam Smith를 위시한 고전학파의 견해에 의하면 국가의 경비지출은 과세에 의하여 국민경제의 생산자원을 빼앗아가는 고로 일국의 생산확장을 방해한다고 생각되었다. 따라서 국가의 기능은 국방치안의 유지, 약간의 공공토목사업, 초등의무교육 및 사회교육 등에 한정되어야 하며 경비도 여기에 소요되는 경비에 한정되어야 한다고 생각했던 것이다.

그러나 최근에 와서, 특히 케인즈경제학 이후에 있어서는 정부지출의 균형화인자(balancing factor)로서의 역할이 강조되게 되었다.

$$Y = C + I + G$$

라는 소득결정방정식이 말하여 주는 바와 같이 정부지출은 소비지출(C)과 민간투자(I)를 보충하여 높은 소득수준을 유지케 하는 국민소득수준 변경작용을 하는 것이다. 이와 같은 사실은 비단 이론적으로 가능할 뿐만 아니라 현실에

3) Jesse Burkhead, *Government Budgeting*(New York: Wiley, 1956), pp. 61-62.

4) Heller는 그의 *New Dimensions of Political Economy*에서 경제자문위원회 위원장으로서 그가 주동적 역할을 한 1964년의 감세법제정의 경위와 그 이론적 배경에 관해서 상세하게 설명하고 있다.

5) *Time*, January 8. 2001, pp. 32-33.

의하여 입증되었다.

(3) 공채관리

고전학파 이래 균형예산이 예산제도의 금과옥조로 생각되어 왔다는 것은 우리가 주지하는 사실이다. 여기서 균형예산이란 전경비가 경상수입에 의하여 지변되는 예산을 말한다.

경상수입에는 조세수입 이외에 국유재산수입, 국영기업수입 등 여러 가지가 있으나 조세수입이 압도적이며, 따라서 균형예산이란 조세수입에 의하여 모든 경비를 지변하는 예산이라고 규정해도 좋을 것 같다.

이에 반하여 적자예산이란 경상수입이 경비총액 미달이며, 이 부족을 공채에 의하여 보충하는 예산을 말한다. 공채 중 공모공채는 조세와 마찬가지로 국민으로부터 그 소득의 일부를 정부가 획득하는 것을 의미하는데, 공채는 조세에 비하여 소비지출의 삭감에 의해서가 아니라 저축으로부터 응모될 정도가 크며, 따라서 균형예산보다 적자예산편이 팽창효과가 크다. 그러므로 불경기의 경우에는 이에 의하여 유효수요가 증가되고 경기회복에 이바지하게 되는 것이다.

적자예산 중 특수한 것은 중앙은행인수의 공채를 재원으로 하는 예산으로서, 가장 팽창효과가 큰 것이다. 이러한 공채발행방법은 제1차세계대전 이후 각국이 금본위제도를 폐지함으로써 중앙은행이 통화의 발행에 대해서 금준비를 요하지 않게 된 후에 성행하게 되었다. 공채가 중앙은행 인수에 의하지 않고 시중은행의 신용확장에 의하여 응모되는 경우에는 정도는 중앙은행인수의 경우만 못하나 같은 결과를 초래하게 된다.

공채관리는 여러 가지 정책의 도구로 사용될 수 있다. 전시 기타 거액의 세입을 필요로 하는 경우에 공채를 발행하여 국민소득을 정부가 필요로 하는 루트에 옮길 수 있다. 또한 정부는 공채를 상환하여 구매력을 정부의 용도로부터 민간부문의 저축 소비에 이행하는 재정정책의 도구로서 공채를 사용할 수 있다. 이 뿐만 아니라 공채는 또한 금융정책의 도구로서도 사용될 수 있는 것이다.

제 2 절 경제안정과 재정정책

1. 경제안정의 의의

(1) 경제안정의 개념

경제안정이란 일정한 물가수준이 유지되고 완전고용이 달성되어 있는 상태를 말한다. 이와 같이 경제안정의 정의를 내렸으나 단기적인 안정과 장기적인 안정이 다소 그 의의를 달리한다는 것을 유의할 필요가 있다.

(2) 단기적 안정

단기적으로는 노동인구, 자본의 축적고, 기술수준이 일정하다고 보므로 단기적 안정정책의 목표는 완전고용국민소득수준을 달성하는 데 필요한 유효수요를 부여하는 데 있다. 자본주의경제에서는 자칫하면 유효수요가 부족하여 과소고용에 빠지기 쉬우므로 재정정책에 의하여 유효수요를 창조하자는 Keynes경제학은 단기적 안정의 측면에 착안한 것이라 할 수 있다.

(3) 장기적 안정

장기적 관점에서 본다면 노동인구가 늘어나고 자본축적고가 증대하며 신기술의 도입이 이루어진다고 볼 수 있다. 완전고용국민소득수준이 상승하므로 유효수요수준도 상승해야 한다. 이리하여 우리는 장기적 안정을 안정성장이라고도 하는 것이다.

2. 자유재량적 안정정책

(1) 의 의

자유재량적 안정정책이란 정부가 원할 때에 특별조치를 강구하여 실시하는 안정정책을 말하며 후술하는 자동적 안정정책과 대조를 이루는 것이라 할 수 있다. 일본 저자들 중에는 자유재량적 안정정책을 fiscal policy라고 부르는 사람이 있으나[6] 우리는 fiscal policy를 재정정책이라 번역하고 재정정책을 자유재량적 안정정책뿐만 아니라 국민경제의 안정과 발전을 위해서 정부활동을 적절

6) 室山義正, 財政學(東京:ミネルヴァ書房, 2008), pp. 58-60.

히 이용하는 정책이라고 넓게 해석한다는 것은 전술한 바와 같다.

(2) 방 안

자유재량적 안정정책의 목표를 달성하기 위한 방안은 여러 가지로 분류할 수 있을 줄 아나 우리는 이를 다음의 몇 가지 방안으로 나누어서 고찰하기로 한다.

① 순환적 균형예산: 넓은 의미의 균형예산은 연연균형예산(annually balanced budget)과 순환적 균형예산(cyclically balanced budget)으로 나눌 수 있는데 우리가 흔히 말하는 균형예산은 연연균형예산이다. 1개 회계연도의 세입과 세출이 균형되어야 한다는 연연균형예산과는 달리 순환적 균형예산은 매년 균형될 필요가 없고 경기순환기를 단위로 하여 그간에 있어서 총체적으로 균형되면 된다는 것이다. 불경기시에는 적자예산을 편성하나 호경기시에는 흑자예산을 편성하므로 한 경기순환기를 단위로 할 때에는 소위 건건재정의 원칙을 유지할 수 있다는 순환적 균형예산은 한때 스웨덴에서 채택한 일이 있다.[7]

경기변동에 대응하면서 건전재정의 원칙을 견지할 수 있다는 순환적 균형예산은 얼핏보기에 대단히 매력적인 방안같으나 두 가지 난점을 지니고 있다.

첫째로 경기변동을 정확히 예측할 수 없으며 경기순환기를 정확히 제시할 수 없다는 문제점이 있다. 둘째로 불경기시에 적자예산을 편성하기는 쉬우나 호경기시에 흑자예산을 편성한다는 것은 현대의 의회제도하에서 매우 어려운 경우가 많다는 것이다.

② 자본예산: 간단히 말해서 자본예산이란 경상적 지출과 자본적 지출을 구분하고 경상적 지출은 경상적 수입에 의하여 충당하며 균형되어야 하나, 자본적 지출은 그 많은 부분을 공채의 발행에 의하여 충당하는 복식예산(double budget)을 말한다. 건전재정의 전통이 강하고 균형예산에 대한 국회의원들과 국민들의 집착이 강한 나라에 있어서 정부는 자본예산제도를 활용함으로써 불경기에 처해서 적자예산에 의하여 유효수요를 늘리고 고용을 증대하며 경기회복에 이바지하는 데 편리하다는 것이다. 국회의원들과 국민들에게 적자재정을 정당화하기가 쉬운 까닭이다.[8]

---

7) George L. Bach, *Economics: An Introduction to Analysis and Policy*, tenth edition (Englewood Cliffs: Prentice · Hall, 1980), pp. 214-215.

8) Fritz Morstein Marx, "The Divided Budget in Scandinavian Practice," *National Tax Journal*, June 1955, pp. 186-187.

그러나 자본예산은 다음과 같은 문제를 지니고 있다. 첫째로 자본예산은 자칫하면 경상비의 적자를 은폐하기 위한 수단으로서 또는 무리한 지출에 대한 구실로서 사용될 우려가 있다. 경상적 지출과 자본적 지출의 구분은 자의적이며 금액을 가지고 양자를 구분할 수밖에 없는 경우가 많기 때문이다.[9]

둘째로, Musgrave가 지적하고 있는 바와 같이 안정정책을 집행할 필요가 없는 주정부나 지방자치단체는 자본예산을 도입해도 무방할 것이나 경제안정의 책임을 지고 있는 중앙정부는 자본예산을 채택하는 것이 바람직하지 않을는지 모른다.[10] 이 문제에 관해서는 Burkhead가 상세히 설명하고 있다. 자본예산제도하에서는 불경기가 오면 경상적 수입과 관계가 없는 자본적 지출을 늘리게 마련인데 경기대책으로서는 경상적 지출을 늘리고 세율을 인하하는 것이 보다 신속하고 신축성 있는 방법인 경우가 많다는 것이다. 이리하여 스웨덴에서 한때 자본예산제도를 사용하다가 이를 폐기했던 것이다.[11]

③ 불균형예산: 순환적 균형예산이나 자본예산이 문제가 많다면 예산의 균형 여부는 국민경제의 형편에 따라서 결정되어야 하며 한 경기순환기를 단위로 하거나 경상적 지출보다 자본적 지출을 늘려야 한다는 제한을 받을 필요가 없다는 결론에 도달하게 된다.

불균형예산에는 두 가지 방법이 있다. 첫째는 정부지출은 그다지 움직이지 않고 감세를 단행하는 방법이며, 둘째는 적극적으로 정부지출을 늘리는 방법이다. 물론 정부지출의 증대와 감세를 동시에 사용하는 방법도 생각할 수 있겠다.

④ 균형예산: 세입과 세출이 균형되는 균형예산은 종래 국민소득수준과 고용에 대하여 중립적이라고 생각했으나 근래에 이르러 균형예산도 설사 납세자층과 정부지출의 수혜자층의 한계소비성향이 동일하다고 가정하더라도 소득창출적 효과를 가진다는 것이 명백히 되었다. 다시 말해서 균형예산하에서의 재정지출의 증대도 국민소득수준에 대하여 확장적 효과를 가진다는 것이다.[12]

9) John L. Mikesell, *Fiscal Administration: Analysis and Applications for the Public Sector*, second edition(Chicago: Dorsey Press, 1986), p. 191.

10) R.A. Musgrave, "Should We Have a Capital Budget," reprinted in John Lindauer(ed.), *Macroeconomics Readings*(New York: Free Press, 1968), p. 495.

11) Burkhead, *op. cit.*, pp. 207-208.

12) Bach, *op. cit.*, pp. 141-142.

3. 자동적 안정정책

(1) 의 의

자동적 안정정책이란 특별한 조치를 강구하지 않고 제도적 장치에 의존하여 이룩하는 안정정책을 말한다. 이 자동적 안정정책의 목표달성에 이바지하는 제도적 장치를 자동적 안정장치(built-in-stabilizer)라고 한다.

(2) 자동적 안정장치

경제변동을 자동보정적으로 안정화하도록 제도적으로 짜여진 장치를 자동적 안정장치라 한다. 자동적 안정장치로서 i) 개인소득세와 법인세를 포함하는 누진소득세 및 국내소비세, ii) 사회보장제도, iii) 농산물가격유지제도를 든다.[13] 이 밖에도 은행예금보험제도와 단체교섭을 추가시키는 사람도 있으나 이 두 가지는 소득의 유지에는 이바지하나 유효수요의 변동을 상쇄하도록 자동적으로 기능을 발휘하는 것이 아니므로 제외되어야 한다.

(3) 자동적 안정장치 여부의 기준

특정한 제도가 자동적 안정장치이냐 아니냐를 판단하는 기준으로서 Hart는 다음의 네 가지를 들고 있다.[14]

① 불경기시에 정부의 재정적자를 증가시키며 호경기시에 흑자를 증가시키는 경향이 있느냐 하는 것이다.

② 국민의 현금보유고를 불경기시에 증대시키고 호경기시에 감소시키느냐 하는 것이다.

③ 국민의 현금수요를 불경기시에 감소시키고 호경기시에 증대시키느냐 하는 것이다.

④ 마지막으로 새로운 정책결정 없이도 지체없이 활동하느냐 하는 점이다.

---

13) Clement는 예측가능성이 없다는 이유로 농산물가격유지제도도 제외되어야 한다고 주장한다[M.O. Clement, "The Concept of Automatic Stabilizers," reprinted in Joseph Scherer and James A. Papke(eds.), *Public Finance and Fiscal Policy*(Boston: Houghton Mifflin, 1966), pp. 378-381].

14) A.G. Hart, *Money, Debt and Economic Activity,* second edition(New York: Prentice-Hall, 1954), p. 462.

(4) 자동적 안정정책의 장점

Musgrave는 자동적 안정정책의 장점으로서 다음의 세 가지를 들고 있다. i) 자동적 안정정책은 경제변동을 소폭화하고, ii) 자유재량적 안정정책의 필요성을 감소시키며, iii) 인플레이션 바이아스(inflation bias)가 있는 국민경제의 경우 바람직하다는 것이다.[15]

(5) 자동적 안정정책의 단점

단기적인 관점에서 볼 때 자동적 안정정책은 다음과 같은 단점을 지닌다. i) 완전고용에의 회복에 부담을 주며, ii) 자유재량적 안정정책의 부담을 크게 한다. iii) 자동적 안정정책의 효과는 중앙정부에서만 발생한다. 주정부나 지방자치단체는 화폐금융정책이나 공채정책에 대한 영향력이 없으며 호경기에는 수입이 증대하고 불경기에는 수입이 감소하는 까닭에 호경기시에 지출을 많이 하고 불경기시에 지출을 감축하는 역행적 재정행태(perverse fiscal behavior)를 나타낼 뿐만 아니라 고가(high-cost)기간에 지출이 집중될 수밖에 없게 된다. 따라서 주정부나 지방자치단체의 세입이 경기변동에 따라 증감하는 것은 주정부·지방자치단체를 위하여 바람직하지 못할 뿐만 아니라 국민경제의 안정을 위해서도 유해하다는 것이 Musgrave의 주장이다.

이와 같은 단기적인 관점에서 본 단점 외에도 장기적 관점에서 볼 때 자동적 안정정책은 다음과 같은 문제점을 지닌다. iv) 자유재량적 안정정책을 안 쓰고 자동적 안정정책에만 의존하는 경우 호경기시에 많은 흑자를 시현하여 국민경제에 악영향을 미칠 수 있다. 1950년대 후반부터 1960년대 초에 걸친 미국의 저성장의 원인이 여기에 있었다는 주장이 있다. v) 호경기시에 세입이 증대되는 경우 처리방안에는 두 가지가 있다. 첫째는 세율을 인하하는 것이며, 둘째는 세출을 늘리는 것이다. 둘째 방법, 즉 정부사업을 확장하고 세출을 늘리는 것이 보다 매력적이나 이 경우의 사업의 선정은 증세에 의한 사업의 확장의 경우보다 엄격하지 못하다는 것이다. vi) 끝으로 자동적 장치에 의한 세입의 증대는 세율의 인상에 의한 세입의 증대와 비교하여 볼 때 부담의 배분(burden distribution)이 다르다는 것이다.[16]

---

15) Richard A. Musgrave and Peggy B. Musgrave, *Public Finance in Theory and Practice*, fifth edition(New York: McGraw-Hill, 1989), pp. 526-527.

16) *Ibid.*, p. 527.

제 3 절 경제성장과 재정정책

1. 성장과 발전

(1) 성 장

성장과 발전은 서로 밀접한 관련이 있으나 구분이 가능한 개념들이라고 할 수 있겠다. 성장은 여러 가지로 정의할 수 있겠으나 소득이나 생산의 증대라고 정의할 수 있다.

우리는 성장을 흔히 GNP 또는 1인당 GNP에 의하여 측정한다. 불변가격으로 표시할 때 이러한 통계는 단기적인 성장을 나타내는 지표로서 비교적 정확성을 지니나 장기간에 걸친 성장을 나타내는 지표로서는 정확성이 덜하다. 장기적으로는 생산이나 소비의 패턴(pattern)이 변하기 때문이다.

(2) 발 전

발전은 성장보다 다소 모호한 개념이다. 일반적으로 발전이란 성장과 경제구조의 변화를 합친 개념이라고 할 수 있다. 사람에 따라서는 발전을 사회적·정치적 근대화까지를 포함하는 뜻으로 해석하는 경우도 있다. 근래에 와서 발전이 소득과 부의 보다 균등한 분배까지를 포함해야 한다고 주장하는 사람이 있으나 이것은 별개의 목적으로 보아야 할 것이다.[17)]

(3) 정부의 기능

오늘날에 있어서 성장률을 높이고 경제발전을 촉진하는 것이 정부의 책임이라고 생각하는 경향이 있다. 이는 비단 발전도상국뿐만 아니라 선진국에서도 흔히 볼 수 있는 경향이라 할 수 있다. 오늘날 선진국이건 발전도상국이건을 막론하고 경제성장을 위한 재정정책이 중요성을 지니게 되는 이유가 바로 여기에 있는 것이다.

---

17) Richard Goode, *Government Finance in Developing Countries*(Washington, D.C.: Brookings Institution, 1984), p. 230.

2. 성장전략의 유형

성장전략은 관점 여하에 따라서 여러 가지로 분류할 수 있는 줄 아나 우리는 이곳에서 주로 발전도상국의 경우를 중심으로 하여 다음과 같은 세 가지로 나누어서 고찰하고자 한다.

(1) Goode의 분류

① 신고전적 성장전략: 정부가 좁은 범위의 기능을 수행하고 시장경제에 대한 간섭을 피하는 것이 경제성장을 촉진하는 길이라고 보는 성장전략이다. 순수한 의미의 신고전적 성장전략을 채택하고 있는 발전도상국은 거의 없으며 홍콩 등이 이와 비슷한 전략을 택하고 있다고 할 수 있겠다.[18]

② 이중경제를 전제로 한 공업화전략: 한 마디로 말해서 이는 전통적인 농업부문을 그대로 둔 채 근대적 공업부문에 집중적으로 투자하여 이를 육성하려는 불균형발전전략이라고 할 수 있다. 이 전략을 채택하고 있는 발전도상국이 많으나 근래에 와서 이 전략의 많은 문제점이 노정되고 있다.

③ 일반성장전략: 이중경제를 전제로 한 공업화전략이 지니는 문제점을 시정하려는 일반성정전략은 균형적인 발전을 도모하고 대외지향적인 정책을 추구하면서 고용증대에 역점을 두고, 투자개념을 수정하여 인적자본형성(human capital formation)을 강조하는 성장전략이다.[19]

(2) 균형발전과 불균형발전

균형발전과 불균형발전이라는 개념은 여러 가지로 사용되고 있으나 우리는 이곳에서 농업과 공업을 동시에 발전시킬 것이냐 어느 하나를 우선적으로 발전시킬 것이냐는 관점에서 양자를 구분하고자 한다.

① 불균형발전전략: 한정된 자본·자원을 가지고 농업과 공업을 동시에 발전시키기 어려우므로 생산성이 높은 공업에 집중적으로 투자하여 공업을 우선적으로 발전시키자는 전략이다. 전술한 Goode의 이중경제를 전제로 한 공업화전략과 일맥상통하는 전략이다.[20]

---

18) *Ibid.*, p. 232.

19) *Ibid.*, pp. 233-240.

20) Richard T. Gill, *Economic Development: Past and Present*, third edition(Englewood Cliffs: Prentice-Hall, 1973), p. 104.

② 균형발전전략: 불균형발전전략이 여러 가지 문제를 내포하고 있으므로 공업과 농업을 균형있게 발전시키자는 균형발전전략이 등장하게 되었다. 균형발전론자들은 균형발전이 바람직하다는 이유로 다음의 몇 가지를 들고 있다.

i) 공업원료는 일반적으로 무기질이 많으나 분야에 따라서는 농업부문이 생산하는 원료에 의존하기도 한다. 공업에 치중하는 나머지 농업을 등한히 하는 경우에는 공업원료의 부족을 초래할 수도 있다는 것이다.

ii) 경제가 발전하고 소득수준이 높아짐에 따라 보다 많은 식량을 필요로 하게 되는데 불균형발전전략에 따라 농업을 등한히 하는 경우에는 식량부족을 초래하며 이는 나아가서 외환위기를 가져오고 외환위기로 말미암아 발전계획의 수행에 차질을 가져올 수도 있다.[21]

iii) 농업부문은 자본집약적인 공업부문처럼 자본이 많이 들지 않으므로 한정된 자본을 가지고 공업과 농업을 동시에 발전시키는 균형발전이 가능하다는 것이다.

iv) 대부분의 발전도상국에서는 농민이 경제활동인구의 50% 이상을 차지한다. 공업에 치중하는 나머지 농업을 등한히 하면 농촌이 피폐해지며 공업생산품의 시장이 협소해진다. 따라서 공업의 발전을 위해서도 농업을 동시에 발전시켜야 한다는 것이 Lewis의 주장이다.[22]

v) 영국과 프랑스는 도버해협을 사이에 두고 있으며 일본과 중국도 지리적으로 인접해 있다. 그럼에도 불구하고 영국보다 프랑스가 경제발전이 오랫동안 낙후되었으며 일본보다 중국이 경제발전이 부진한 이유에는 여러 가지가 있겠으나 영국의 농업보다 프랑스의 농업이 뒤떨어졌으며, 일본의 농업보다 중국의 농업이 낙후된 데에 그 중요한 원인이 있다는 것이 Lewis의 주장이다.[23]

vi) 불균형발전은 많은 발전도상국에서 과도한 도시화를 초래하고 있는데 도시들이 유입인구를 수용할 능력을 구비하지 못하고 있는 까닭에 도시화에 따르는 경제사회적 문제가 심각하다는 지적이 있다. 과도하고 급격한 도시화에서 발생하는 경제사회적 문제를 완화하기 위해서도 균형발전이 필요하다는 것이다.[24]

---

21) *Ibid.*, pp. 104-105.
22) W. Arthur Lewis, The Theory of Economic Growth(Homewood: Irwin, 1955), p. 277.
23) Ibid., p. 279.

(3) 자율발전과 유도발전

경제발전과정에 있어서의 정부의 역할에 따라 발전전략을 자율발전전략과 유도발전전략으로 나눌 수 있다.

① 자율발전전략: 민간주도형 발전전략을 자율발전전략이라고 한다. 산업혁명의 선구자인 영국의 경제발전사를 살펴볼 때 영국의 경제발전에 있어서 정부의 역할이 미미했음을 발견한다. 정부는 법과 질서의 유지에 힘썼으며, 사기업의 육성에 지장이 없도록 법률관계를 정비하고, 최소한의 사회간접자본의 형성을 담당하였던 것이다.[25]

미국에 있어서는 영국의 경우보다 정부의 역할이 컸으나, 미국에 있어서도 경제발전의 주동적 역할은 민간기업이 담당했던 것이다.[26] 영국보다 경제발전이 뒤늦게 이루어진 유럽 대륙에 있어서는 정부의 역할이 훨씬 컸다.[27] 그러나, 일반적으로 서구제국의 경제발전사의 초기에 있어서의 정부의 역할은 주로 민간자본형성에 알맞는 조건을 마련하는 데 있었으며,[28] 민간기업이야말로 경제발전과정에 있어서 주된 동력이었던 것이다.[29]

② 유도발전전략: 정부주도형 발전전략을 Hoselitz는 유도발전(induced development) 전략이라고 부른다.

오늘날 대부분의 발전도상국 정부는 서구제국의 경우와 같이 소극적인 역할에 만족하지 않고 있다. 정부의 활동없이는 오늘날 발전도상국의 경제발전을 가로막고 있는 저해요인을 극복할 수 없다는 것이 발전도상국의 공통된 견해이다. 발전도상국의 경제발전을 위하여 정부가 주동적인 역할을 담당하여야 한다는 주장은 Myrdal이 지적하고 있는 바와 같이 비단 발전도상국에 있어서 뿐만 아니라 오늘날 선진제국의 학자·정치가 및 정부에 의하여 지지되고 있다.[30]

---

24) Goode, *op. cit.*, p. 238.

25) Malcolm Gillis *et al.*, *Economics of Development*, second edition(New York: Norton, 1987), pp. 17-18.

26) Henry W. Broudy, "The Role of State in American Development, 1820~1890," in H.G.J. Aitken(ed.), *The State and Economic Growth*(New York: Social Science Research Council, 1959), p. 25.

27) R.B. Stutcliffe, *Industry and Underdevelopment*(London: Addison Wesley, 1971), p. 284.

28) Edward S. Mason, *Economic Planning in Underdeveloped Areas: Government and Business*(New York: Fordham University Press, 1958), p. 10.

29) Simon Kuznets, *Economic Change*(New York: Norton, 1953), p. 242.

30) Gunnar Myrdal, *Rich Lands and Poor*(New York: Harper, 1957), p. 82.

환언하면 대부분의 선진국은 자율발전을 했으나 오늘날의 발전도상국에 있어서는 유도발전이 불가피하다는 것이다.[31)]

(4) 유도발전의 필요성

발전도상국에 있어서 유도발전이 불가피하다는 이유로 다음과 같은 몇 가지를 들 수 있겠다.

① 공업화의 준비부족: 현재의 선진국들의 공업화 전의 단계는 오늘날 발전도상국들이 처해 있는 형편보다 월등히 앞서 있었다는 것이다. 환원하면 1800년경의 미국·영국·프랑스·독일 등의 1인당 GNP는 현재의 대부분의 발전도상국의 1인당 GNP의 몇 배가 된다는 것이다.[32)] 뿐만 아니라 서구제국에 있어서의 높은 경제성장률은 민주정치, 강한 중산계급, 다원적 권력구조와 밀접한 관련이 있었다. 그러나 이러한 현상은 오늘날 대부분의 발전도상국에서 찾아보기 어려울 뿐만 아니라 쉽사리 도입되기도 어려운 것 같다. 이러한 까닭에 학자들 중에는「선진제국의 경험은 후진국에 별로 도움을 주지 않는다」고 논평하는 사람들도 있다.[33)]

② 사회간접자본: 가속적인 경제성장을 이룩하기 위해서는 사회간접자본의 확충이 필요하다는 것은 일반적으로 인정되고 있는 사실이다.

사회간접자본은 다음과 같은 세 가지 특색을 지닌다. i) 현대의 기술상황하에서는 사회간접자본은 자본집약적(capital intensive)이다.[34)] ii) 사회간접자본은 일반적으로 회임기간(gestation period)이 길다. iii) 사회간접자본의 혜택은 흔히 사회 전체에 미친다.[35)] 이와 같은 이유로 인하여 오늘날에 있어서 사회간접자본의 확충은 정부가 담당하여야 하며 정부만이 담당할 수 있다.[36)]

③ 인구의 압력: 미국이나 러시아와 같이 풍부한 천연자원을 지닌 경우를

---

31) Bert F. Hoselitz, *Sociological Aspects of Economic Growth*(New York: Free Press, 1960), pp. 97-99.

32) Simon Kuznets, "Quantitative Aspects of the Economic Growth of Nations," *Economic Development and Cultural Change*, October 1956, p. 25.

33) Joseph J. Spengler, "The State and Economic Growth: Summary and Interpretation," in Aitken(ed.), *op. cit.*, p. 382.

34) Mason, *op. cit.*, p. 47.

35) W. W. Rostow, *The Stages of Economic Growth,* third edition(Cambridge: Cambridge University Press, 1990), pp. 24-25.

36) Max Millikan and Donald L.M. Blackmer, *The Emerging Nations*(Boston: Little, Brown and Co., 1961), pp. 50-51.

제외하고는 선진국의 경제발전초기에 있어서의 인구증가율은 1% 정도였다.37) 그러나 오늘날 대부분의 발전도상국은 2% 내지 3%라는 높은 인구증가율에 허덕이고 있다. 1980년부터 1993년에 이르는 기간 중 발전도상국의 인구증가율은 2.0%였는데 같은 기간 중 선진국의 인가증가율은 0.6%였다.38) 오늘날 대부분의 발전도상국은 소위 보건혁명으로 인하여 사망률의 급격한 저하와 인구증가율의 상승을 경험하고 있다.39)

이와 같은 상황하에서는 정부의 적극적인 개입없이는 경제성장률이 인구증가율을 따라가기 어려우며, 1인당 GNP의 증가는 기대하기 어렵다는 결론이 나온다. 이와 같은 사태의 극복을 위해서는 두 측면으로부터의 노력이 필요하다. 첫째는, 인구증가율의 저하를 위한 노력이다. 다행히 많은 발전도상국에 있어서 정부가 인구문제의 중요성을 인식하고 대책을 강구하고 있는데 Mason의 말을 빌릴 것도 없이 인구문제의 극복을 위해서는 현재 대부분의 발전도상국에서 실시하고 있는 것보다는 훨씬 광범위하고 치밀한 대책이 필요하다.40) 둘째는, 높은 성장률을 유지하는 것이다. 경제성장률이 인구증가율보다 낮거나 인구증가율을 겨우 따라가는 것을 면하기 위해서는 오늘날 발전도상국의 제반정세에 비추어 정부의 적극적인 역할이 필요하다고 하지 않을 수 없다.

④ 심리적 요인: 오늘날 발전도상국의 지도자·대중할 것 없이 선진국의 높은 생활수준을 매스미디어(mass media)를 통하여 숙지하고 있으며, 우리도 남과 같이 잘 살아보겠다는 염원이 널리 보급되어 있다. 따라서 오늘날의 발전도상국에 있어서는 단시일내에 비약적인 경제발전을 이룩하려는 욕구가 강하게 일어나고 있으며 이는 나아가서 정부의 적극적인 시책과 주동적인 역할을 촉구하는 움직임으로 변하게 된다. 이 문제에 관하여 Eckstein교수는 흥미있는 가설을 제시하고 있다.

그에 의하면 i) 추구하는 목표가 높으면 높을수록, ii) 이와 같은 목적의 성취를 위하여 부여된 시간이 짧으면 짧을수록, 환언하면 높은 경제성장률을 바

37) Angus Maddison, *Economic Growth in Japan and the USSR*(London: George Allen and Unwin, 1969), p. xx.

38) The World Bank, *World Development Report 1995*(New York: Oxford University Press, 1995), pp. 210-211.

39) Gill, *op. cit.*, p. 11.

40) Mason, *op. cit.*, p. 52.

라면 바랄수록, iii) 천연자원 기타의 여건이 불리하면 불리할수록, iv) 경제적 변혁 또는 공업화를 가로막는 제도적 장해가 크면 클수록, v) 그 나라 경제가 후진적이면 후진적일수록, 경제발전과정에 있어서 정부의 개입 내지는 주동적인 역할을 요구하는 압력이 커지게 된다는 것이다.[41)]

⑤ 일본의 전례: 정부가 주도적인 역할을 담당한 일본의 경제발전의 역사는 우리에게 많은 교훈을 주고 있다.[42)]

17세기 유럽 제국의 중상주의자들과 같이 명치유신 후의 일본의 지도자들은 「부」와 「힘」은 상호보완적인 목표라고 생각했다. 일본의 경제발전과정에 있어서 정부는 여러 가지 방법으로 이니셔티브(initiative)를 취했다. Lockwood가 지적하고 있는 바와 같이 일본 정부는 각 분야에 걸쳐 새로운 산업, 새로운 공장을 일으켰던 것이다. 철도, 통신, 광업뿐만 아니라 선진국기술의 도입을 목적으로 하는 방적, 제사, 시멘트, 유리 등 일본 정부는 광범위한 분야에 걸쳐서 공기업을 설립하였던 것이다.[43)]

Thomas C. Smith는 「1880년 이전에 설립된 일본의 근대적인 산업체로서 정부에 속하지 않는 것은 거의 없었다」고 말하고 있다. Smith는 이어서 「공기업이 아니었던들 일본에 있어서의 근대적 공업의 창시는 1880년 이후가 되었을 것이며, 이는 나아가서 지극히 불행한 사태를 초래했을는지 모른다」고까지 극언하고 있다.[44)]

Simon Kuznets가 14개국을 선정하여 1870년경부터 1930년 내지 1940년경까지의 14개국의 장기적인 경제성장률을 조사발표한 일이 있다. 이들 중 일본의 성장률은 총소득으로 보나 1인당 소득으로 보나 가장 높다는 것이 Kuznets의 결론이다.[45)]

이와 같이 고찰할 때 오늘날의 발전도상국은 불가피하게 「유도발전」을 시도해야 된다는 결론이 나오게 된다. 환언하면 경제발전을 위하여 정부가 주동적

---

41) Alexander Eckstein, "Individualism and the Role of State in Economic Growth," *Economic Development and Cultural Change*, January 1958, pp. 82-84.

42) Maddison, *op. cit.*, pp. 71-78.

43) William A. Lockwood, "The State and Economic Growth in Japan," *Far Eastern Survey*, May 16, 1951, p. 95.

44) Thomas C. Smith, *Political Change and Economic Development in Japan: Government Enterprise 1861-1880*(Stanford: Stanford University Press, 1955), pp. 52-53.

45) Hoselitz, *op. cit.*, pp. 99-100.

인 역할을 담당할 수밖에 없으며, 재정정책이 중요성을 지니게 된다는 것이다.

(5) 유도발전에 대한 반성

위에서 살펴본 바와 같은 유도발전론에 대하여 최근 신자유주의자들이 시장경제의 중요성을 강조하고 정부가 주도하는 유도발전에 대하여 비판을 가하고 있다.

이들 신자유주의자들은 시장경제를 육성하고 공기업을 민영화하며 자유무역과 수출증대를 조장하고, 정부규제를 완화하며 외자유치에 힘쓰는 것이 능률을 제고하고 경제발전을 이록하는 길이라고 주장하는 것이다.

그러나 신자유주의자들의 이러한 주장에 대해서 Todaro같은 사람은 「시장경제의 마술」과 「보이지 않는 손」이 과연 자원의 최적배분을 이룩하고 경제발전을 촉진할 것인가에 대해서 의문을 제기하고 있다.[46)]

3. 성장을 위한 지출정책

경제성장을 촉진하기 위한 지출정책은 발전도상국에 필요한 재정정책일 뿐만 아니라 선진국에서도 많은 관심을 표명하고 있는 정책이다.

(1) 사회간접시설을 위한 투자

오늘날 발전도상국에서는 사회간접시설 또는 기반구조(infrastructure)를 위한 정부의 많은 투자가 요청되고 있다. 그 단적인 예를 우리나라에서 찾아볼 수 있다. 1990년대 초반 우리나라에서는 도로 · 항만 등 사회간접시설의 극심한 부족이 우리 제조업의 국제경쟁력 제고에 저해요인이 된다고 보고 대통령직속하에 사회간접자본투자기획단을 설치하여 사회간접시설의 확충을 위한 계획을 수립하고 이를 위한 투자재원의 조달방안의 모색에 부심한 일이 있다.[47)]

(2) 기술개발

자본형성 못지않게 중요한 것이 기술개발이다. 그런데 대부분의 기술개발은 신규투자를 필요로 하므로 자본형성과 기술개발은 불가분의 관계에 있다고 하

46) Michael P. Todaro, *Economic Development*, seventh edition(Readings: Addison- Wesly, 1999), p. 95.

47) 사회간접자본투자기획단, 사회간접자본문제의 실상 및 대책방향(서울: 사회간접자본투자기획단, 1991).

겠다.

기술개발을 위한 정부의 지출정책으로서는 i) 정부에 의한 연구기관의 설립·운영, ii) 기초연구를 포함하는 과학기술연구에 대한 연구비의 지급, iii) 민간연구기관에 대한 융자 및 보조금의 지급 등을 들 수 있다.

이밖에도 최근 우리나라에서는 iv) 연구개발자원의 확충을 위하여 우수과학기술인력의 양성·확보를 위한 투자를 하고 있으며, 과학기술정보의 체계적 수집과 신속한 유통을 위하여 여러 가지 시책을 강구하고 있다. v) 끝으로 해외과학기술자원의 적극적 활용을 위한 투자도 하고 있다.[48]

(3) 교육·보건

Goode는 종전의 투자개념을 수정하여 미래의 소득증대에 이바지하는 모든 자원의 사용을 투자로 규정해야 한다고 주장하고 지식·기술의 증대를 위한 자원의 사용도 투자로 분류해야 한다고 하고 있다. 이러한 의미에서 연구개발이나 경제정보를 위한 정부지출은 더 말할 것도 없고 교육·보건을 위한 정부지출도 투자로 분류해야 한다는 것이 Goode의 주장이다.[49]

(4) 농촌개발

도시치중의 정부지출은 형평과 능률을 위하여 시정되어야 한다는 것이 균형발전을 강조하는 일반성장전략의 재정정책이다. 농촌을 위한 정부지출은 산업의 발전을 위해서 필요할 뿐만 아니라 농촌인구의 도시집중을 방지하는 데에도 이바지한다는 것이다. 특히 우리나라와 같이 전인구의 50%가 인구 100만 이상의 대도시에 밀집해 있는 국가에서는 농촌개발을 위한 투자가 중요하다고 하겠다.[50] 농촌을 위한 지출 중 특히 중요한 것은 도로건설·수리사업·저장시설 등을 위한 지출이다.[51]

4. 성장을 위한 조세정책

경제성장을 촉진하기 위한 조세정책도 발전도상국에서 뿐만 아니라 1960년

---

48) 경제기획원·과학기술처, 과학기술혁신종합대책 추진현황보고(서울: 경제기획원, 1992), pp. 21-24.

49) Goode, *op. cit.*, pp. 240-241.

50) The World Bank, *op. cit.*, pp. 264-265.

51) Goode, *op. cit.*, pp. 242-243.

대 이래 미국과 같은 선진국에서도 강조되고 있다.

(1) 민간투자의 촉진

민간투자를 촉진하기 위한 조치로서 여러 가지를 생각할 수 있다. 법인세의 감면, 기업유보에 대한 세법상의 우대조치, 투자특별공제제도, 고속상각 또는 가속상각 등이 그 대표적인 예라고 하겠다.[52]

(2) 저축증대

저축을 늘리기 위한 조치도 여러 가지로 생각할 수 있다. 보험료공제제도와 같은 저축에 대한 과세의 감면제도와 예금이자의 조세감면제도와 같은 저축수익에 대한 조세감면은 흔히 볼 수 있는 제도이다.

(3) 기술개발

자본형성 못지 않게 기술개발이 중요하다는 것을 전술하였거니와 기술발전을 위해서는 정부지출도 필요하지만 조세정책도 중요하다. 기술개발을 위한 조치로서는 합리화투자나 신산업에 있어서의 투자를 세법상 우대하는 조치, 민간연구기관에 대한 조세감면, 사용료에 대한 조세감면, 외국인투자기업에 대한 조세감면 등이 흔히 사용되는 것이라 하겠다.

제 4 절 발전지향형국가의 성장정책

1. 발전지향형국가의 의의

우리는 제3절 「경제성장과 재정정책」에서 성장전략의 유형을 고찰하면서 국가가 주도적인 역할을 담당하는 유도발전에 관하여 살펴보았다. 이곳에서는 유도발전을 수행하는 국가의 한 유형이라 할 수 있는 발전지향형국가(developmental state)와 그 성장정책에 관하여 검토하고자 한다.

---

52) Congressional Budget Office, *Entering the 1980s: Fiscal Policy Choices*(Washington, D.C.: Government Printing Office, 1980), p. 73.

(1) 개 념

발전지향형국가에 관해서는 여러 사람이 여러 가지로 개념규정을 하고 있으므로 먼저 그 정의부터 살펴보고 이어서 발전지향형국가와 밀접한 관련이 있는 개념인 유도발전이나 산업정책이 발전지향형국가와 어떠한 관계가 있는지 검토하고자 한다.

① 정 의: 발전지향형국가를 지속적인 공업화를 지원할 수 있는 경제적·정치적 관계를 창출하고 규제할 수 있는 국가라고 하고 있는 사람도 있으나[53] 우리는 Schneider의 견해에 따라 발전지향형국가를 경제발전에 높은 우선순위를 부여하고 이를 위하여 정부가 주도적인 역할을 담당하는 국가라고 정의하고자 한다.[54]

② 유도발전과 발전지향형 국가: Hoselitz가 제창한 유도발전은 전술한 바와 같이[55] 자율발전과 대비되는 개념으로 정부가 주도적인 역할을 담당하는 경제발전전략이다. 따라서 한 마디로 말해서 서로 관점은 다를는지 모르나 발전지향형국가란 유도발전전략을 채택하는 국가라 할 수 있겠다.

③ 산업정책과 발전지향형 국가: 산업정책은 산업발전의 방향과 속도에 영향을 미쳐 바람직한 산업구조를 이룩함으로써 국가경쟁력을 증진시키려는 정부의 노력이라 할 수 있겠다.[56]

발전지향형국가라는 개념을 처음으로 들고나온 Johnson은 그의 저서에서 일본의 산업정책에 관해서 상세한 고찰을 하였는데 Johnson은 발전지향형국가는 산업정책에서 성공을 거둔 국가라는 점을 일본의 예를 들어 강조하고 있다.[57]

(2) 발전지향형국가와 정치체제

발전지향형국가가 정치경제체제를 의미하는 개념이냐 경제체제를 지칭하는 개념이냐 하는 문제가 제기된다. 후술하는 바와 같이 발전지향형국가가 성공을 거두기 위해서는 특정한 정치체제적 특징을 지녀야 한다는 사람이 많으나 발전

53) Ha-Joon Chang, "The Economic Theory of The Developmental State" in Meredith Woo-Cumings(ed.), *The Developmental State*(Ithaca: Cornell University Press, 1999), p. 183.

54) Ben Ross Schneider, "The *Desarrollista* State in Brazil and Mexico," in Meredith Woo-Cumings(ed.), *The Developmental State*(Ithaca: Cornell University Press, 1999), p. 283.

55) 본장 제3절 「경제성장과 재정정책」 참조.

56) 산업정책에 관해서는 유 훈, 행정권과 경제[개정판](서울: 법문사, 2001), p. 352 참조.

57) Chalmers Johnson, *MITI and the Miracle*(Stanford: Stanford University Press, 1982), pp. 17-20.

지향형 국가는 근본적으로 경제체제를 의미하는 개념이며 따라서 어떠한 정치제제도 택할 수 있다는 주장이 있다.

Schneider는 〈표 5-2〉와 같이 경제체제를 지휘경제(command economy), 발전지향형경제(developmental economy), 시장경제로 나누고 정치체제를 전체주의, 권위주의, 민주주의로 나눈 다음 발전지향형 경제체제는 어떠한 정치체제하에서도 가능하다고 하고 있다.

〈표 5-2〉 정치체제와 경제체제의 유형

경제체제 \ 정치체제	전체주의	권위주의	민주주의
지 휘 경 제	구소련 및 기타 공산주의 국가	폴란드(1980년대)	제1차 및 제2차 대전중의 영국 · 미국
발전지향형경제	파시스트 이탈리아 나치 독일	브라질 멕시코 한 국 일 본(1945년 전)	프랑스 일본(제2차대전 후)
시 장 경 제		칠레(1973~1989) 1945년 전 중남미 스페인(1935~1975)	OECD 국가

자료: Ben Ross Schneider, "The *Desarrollista* State in Brazil and Mexico," in Meredith Woo-Cumings(ed.), The *Developmental State*(Ithaca: Cornell University Press, 1999), p. 278.

전체주의적 발전지향형국가의 대표적인 예로서 파시스트 이탈리아와 나치 독일을 들고 있으며 권위주의적 발전지향형국가로서 브라질, 멕시코, 한국, 일본(1945년 전)을 들고 있다. 끝으로 민주주의적 발전지향형국가로서 프랑스와 제2차대전 후의 일본을 들고 있다.[58)]

(3) 성공조건

발전지향형국가가 성공하기 위한 조건으로서 Johnson은 i) 능률적 관료제, ii) 관료제에 자율성을 부여하는 정치체제, iii) 시장동조적(market conforming) 정책, iv) 통상산업성과 같은 담당조직의 네 가지를 들고 있다.[59)]

발전지향형국가로서의 프랑스를 고찰한 Loriaux는 발전지향형국가의 성공조

58) Schneider, *op. cit.*, pp. 277-278.

59) Johnson, *op. cit.*, pp. 314-320.

건으로서 i) 우수한 인재들로 구성된 능률적 관료제, ii) 강력한 국가권력, iii) 후발국가로서의 지위를 탈피하려는 등의 야망(ambition)을 들고 있다.[60)]

우리는 이곳에서 발전지향형국가가 성공하기 위한 조건으로서 i) 능률적 관료제, ii) 강력한 국가권력, iii) 효율적 정책수단을 들고자 한다.

① 능률적 관료제: 발전지향형국가가 성공을 거두기 위해서는 무엇보다도 유능한 인재로 구성된 능률적 관료제를 지녀야 한다. 발전지향형국가라는 개념의 제창자인 Johnson이 능률적 관료제를 첫째 조건으로 들고 있으며 Loriaux도 프랑스가 발전지향형국가로서 좋은 성과를 거둔 것은 ENA 출신자를 주축으로 하는 우수한 관료제의 덕택이라고 하고 있다.[61)]

② 강력한 국가권력: 발전지향형국가가 성공을 거두기 위해서는 국가권력의 뒷받침이 필요하다.[62)] 이를 위해서는 거부권행사기관(veto points)이 적은 정치체제를 지녀야 한다는 것이다.

일본의 예를 드는 사람들은 일본의 정치체제가 거부권행사기관이 적을 뿐만 아니라 일본의 자민당이 1955년 이후 장기집권하였던 까닭에 발전지향형국가로서 좋은 성과를 거둘 수 있었다고 하고 있다.[63)]

그러나 우리가 여기서 유념해야 할 것은 강력한 국가권력이 1960년대·1970년대 한국의 경우와 같이 권위주위를 초래할 수 있다는 사실이다. 사람에 따라서는 자민당이 장기집권한 일본까지도 유연한 권위주의정권(soft authoritarian regime)이라고 부르고 있는 것이다.[64)]

③ 효율적 정책수단: 발전지향형국가가 좋은 성과를 거두기 위해서는 능률

---

60) Michael Loriaux, "The French Developmental State as Myth and Moral Ambition," in Meredith Woo-Cumings(ed.), *The Developmental State*(Ithaca: Cornell University Press, 1999), p. 237.

61) Chalmers Johnson, "The Developmental State: Odyssey of a Concept," in Meredith Woo-Cumings(ed.), *The Developmental State*(Ithaca: Cornell University Press, 1999), p. 38; Loriaux, *op. cit.*, pp. 237-241.

62) Hagen Koo, "The Interplay of State, Social Class and World System in East Asian Development: The Cases of South Korea and Taiwan," in Frederic C. Deyo(ed.), *The Political Economy of the New Asian Industrialism*(Ithaca: Cornell University Press, 1987), p. 173.

63) Ellis S. Kraus, "Political Economy: Policymaking and Industrial Policy in Japan," *Politial Science and Politics*, March 1992, pp. 44-57.

64) Schneider, *op. cit.*, p. 298; Chalmer Johnson, "Political Institutions and Economic Performance: The Goverment-Business Relationship in Japan, South Korea, and Taiwan," in Frederic C. Deyo(ed.), *The Political Economy of the New Asian Industrialism*(Ithaca: Cornell University Press, 1987), p. 143.

적 관료제 · 강력한 국가권력과 함께 효과적이며 능률적인 정책수단을 보유해야 한다. 성공적인 발전지향형국가들이 사용하는 정책수단에 관해서 뒤에서 상술함으로 생략하기로 한다.

2. 연구의 전개

(1) 유도발전연구

발전지향형국가라는 용어를 사용하지는 않았으나 경제발전과정에 있어서 정부의 주도적 역할이 중요하다는 주장은 일찍부터 제기되었다.

Lewis는 1955년에 발간된 그의 『경제성장의 이론』에서 정부역할의 중요성을 강조하면서 일본과 구소련의 예를 많이 들었다.[65] 이밖에도 Gunnar Myrdal, Paul Baran, P. N. Rosentein-Rodan, Simon Kuznets 등의 경제학자들이 정부역할의 중요성을 강조했다.[66] 1960년에 Hoselitz는 경제발전의 유형을 자율발전과 유도발전으로 나누고 정부가 주도적인 역할을 담당하는 유도발전의 중요성을 강조했다.[67]

(2) 발전지향형국가 개념의 등장

이와 같이 경제발전과정에서 정부의 주도적 역할을 강조하는 학자들의 연구가 많았으나 발전지향형국가라는 용어를 처음으로 사용한 사람은 Johnson이다.[68]

Johnson은 일본의 고도성장과정에서 국가의 역할 특히 통상산업성(MITI)이 얼마나 중요한 기능을 다했는가를 다룬 그의 저서에서 처음으로 발전지향형국가라는 개념을 들고 나왔던 것이다.[69]

Johnson의 저서가 나오자 많은 비판이 제기되었으며 Johnson은 기회가 있을 때마다 이를 해명했다. 그러나 다른 한편 Johnson의 개념을 원용하는 연구도

---

65) W. Arthur Lewis, *The Theory of Economic Growth*(Homewood: Irwin, 1955).

66) Meredith Woo-Cumings, "Introduction: Chalmers Johnson and the Politics of Nationalism and Development," in Meredith Woo-Cumings(ed.), *The Developmental State* (Ithaca: Cornell University Press, 1999), p. 5.

67) Hoselitz, *op. cit.*, pp. 97-99.

68) Bruce Cumings, "Webs with No Spiders, Spiders with No Webs: The Genealogy of Developmental State," in Meredith Woo-Cumings(ed.), *The Developmental State*(Ithaca: Cornell University Press, 1999), p. 63.

69) Johnson, *MITI and the Japanese Miracle*, p. 17.

이루어졌다. Amsden은 『아시아의 다음 거인』에서 발전지향형국가로서의 한국에 관한 연구를 시도했으며 Wade는 『시장의 지배』에서 대만을 연구했다.

(3) 발전지향형국가론의 발간

그러나 발전지향형국가에 관한 체계적인 연구를 시도한 것은 1999년에 발간된 『발전지향형국가론』이다.[70]

여러 사람의 글을 모아 놓은 논문집이기는 하나 편자의 서론에서 시작하여 Johnson의 발전지향형국가개념이 걸어온 발자취에 관한 글을 비롯하여 이론적인 논문 외에 한국 · 프랑스 · 멕시코 · 브라질에 관한 사례연구까지 포함하고 있다. 끝으로 실패한 발전지향형국가로서의 인도에 관한 고찰도 수록하고 있다.

3. 정책수단

발전지향형국가들이 활용하는 정책수단은 지극히 다양하며 국가에 따라서 역점을 두는 정책수단도 다르나 우리는 재무행정론과 관련이 있는 정책수단으로서 다음의 몇 가지를 들고자 한다.

(1) 보조금

발전지향형국가에서 가장 많이 사용하는 정책수단이 보조금이라 할 수 있다. 프랑스에서는 일찍부터 경제사회발전기금을 설치하여 지원이 필요한 산업이나 기업에 보조금을 지급했다. 제5공화국에 들어와서 한때 보조금의 중요성이 다소 감소되었으나 1970년대의 석유파동 이후 다시 보조금이 크게 늘어나게 되었다.[71]

Aujac은 프랑스의 보조금을 수평적 보조금과 수직적 보조금으로 분류하고 있는데, 수평적 보조금이란 일정한 기준에 부합되면 어떤 기업에게나 지급되는 것을 말하며 수직적 보조금이란 특정한 산업내의 기업들에게만 지급되는 것을 말한다.[72]

---

70) Meredith Woo-Cumings(ed.), *The Developmental State*(Ithaca: Cornell University Press, 1999).

71) Loriaux, *op. cit.*, p. 245.

72) Henri Aujac, "Introduction to French Industrial Policy," in William J. Adams Christian Stoffaes(eds.), *French Industrial Policy*(Washington, D. C.: Brookings Institution, 1986), pp. 21-25.

(2) 조세상의 우대조치

보조금 못지않게 많이 사용되는 수단이 조세지출이라고도 하는 조세상의 우대조치라 할 수 있겠다. 기술개발의 촉진, 설비의 근대화, 수출증대 등 일정한 정책목적의 달성을 위하여 조세감면(조세지원)이 많이 이루어지고 있다.

한국에서도 1960년대와 1970년대에 특정산업지원위주의 조세지원이 많이 이루어지다가 1980년대 이후에는 기능별 지원제도로 전환되었다.[73]

한국의 조세지원보다 널리 알려진 것이 일본의 조세지원이다. 1951년의 세제개편에 의하여 개시된 일본의 조세상의 우대조치는 다양한 형태를 띠었으며 한때 법인세수총액에 대한 조세특별조치에 의한 감수액이 9%에까지 달했다고 한다. 그러나 1973년의 제1차 석유파동 이후 세제상의 우대조치가 쇠퇴하기 시작했다고 한다.[74]

(3) 정책금융

보조금이나 세제상의 우대조치 못지않게 중요한 것이 정책금융이라 하겠다. 정책금융이 중요한 역할을 담당한 국가로서 흔히 일본을 든다. 일본에서는 일본개발은행, 일본수출입은행을 위시한 소위 정부계 금융기관이 정책금융의 공급에 있어서 중요한 기능을 수행해 왔으며 정책금융의 공급원으로서 재정투융자가 결정적인 역할을 담당했다는 것이다.[75]

그러나 일본의 정책금융을 과대평가해서는 안 된다는 주장도 있다.[76] 일본문헌들은 일반적으로 일본의 정책금융이 1960년대 말까지는 중요한 역할을 담당했다는 것을 인정하고 있는 것 같다.[77] 민간자본의 축적이 불충분하며 민간기금이 절대적으로 부족했던 전후부흥기는 더 말할 것도 없고 기업의 왕성한 설비투자의욕을 배경으로 민간금융만으로는 산업자금의 충분한 공급이 어려웠던 고도성장기(1955~1970)에 있어서도 정책금융은 민간금융을 양적으로 보충했을 뿐만 아니라 정책상 중요한 분야에서 민간금융의 장려를 통한 민간기업의

73) 윤건영 · 임주형, 조세지원제도의 현황과 개선방향(서울: 한국조세연구원, 1993).

74) 通商産業研究會編著, 通商産業(Ⅰ)(東京: 株式會社 行政, 1983), pp. 79, 160-168.

75) Philip H. Trezeise, "Industrial Policy Is Not the Major Reason for Japan's Success," *Brookings Review*, Spring 1983, p. 14.

76) Charles L. Schultze, "Industrial Policy: A Dissent," *Brookings Review*, Fall 1983, pp. 6-7.

77) 松本正雄, 政府系金融機關(東京: 教育社, 1978), pp. 159-165.

투자유도기능까지 수행했던 것이다.

그러나 제1차 석유파동 이후 일본의 정책금융은 점차 개별사업의 선택적 육성보다는 에너지개발, 공해방지 등 전 산업에 걸친 기반적·횡단적 분야에 중요성을 두게 되었으며 금리면에서도 민간금융기관과의 격차가 없어지게 되었다.

비단 일본뿐만 아니라 한국에서도 정책금융이 중요한 역할을 담당했다는 것은 널리 알려진 사실이다. 5·16 후 군사혁명정부가 그 당시 「부정축재자」가 소유하고 있던 시중은행(일반은행) 주식을 전면 환수함으로써 시중은행이 정부지배로 넘어가게 되었으며 정부계금융기관과 함께 최근까지 시중은행도 정책금융을 담당하게 되었던 것이다.[78]

(4) 정부구매

정부구매도 발전지향형국가의 정책수단으로서 중요한 기능을 수행하고 있다. 프랑스에서는 중앙정부, 지방자치단체 및 공기업을 포함하는 정부부문의 구매가 GNP의 7%를 차지하며, 이러한 정부구매가 항공우주산업, 에너지산업, 교통부문, 전자산업, 원자력산업 등의 발전에 큰 공헌을 하고 있다. 반면에 정부구매에 덜 의존하는 철강산업이나 조선산업은 많이 낙후되어있는 것이 프랑스의 실정이다.[79]

발전지향형국가는 아니지만 미국의 경우에도 정부구매가 특정산업의 발전에 크게 이바지하고 있다는 것은 널리 알려진 사실이다. 민간항공기시장을 휩쓸고 있는 Boing747의 개발은 B-47, B-52 폭격기의 개발과 직접적인 관련이 있으며 미국의 조선산업의 수주에 있어서 해군함정이 무거운 비중을 차지하고 있다는 것은 주지의 사실이다.[80]

(5) 연구개발정책

발전지향형국가에서 연구개발에 큰 비중을 두고 있다는 것은 널리 알려진 사실이다. 연구개발의 촉진을 위하여 정부가 취할 수 있는 방법에는 여러 가지가

78) Allice H. Amsden, *Asia's Next Giant: South Korea and Late Industrialization*(New York: Oxford University Press, 1989), p. 73.

79) Aujac, *op. cit.*, p. 25; Loriaux, *op. cit.*, pp. 272-273.

80) Wyn Grant, *Government and Business*(Aldershot; Edward Elgar Publishing Limited, 1989), pp. 122-125.

있다. i) 정부가 설립하였거나 출연한 정부기관에 의한 연구이며, ii) 기초연구, 국방관련연구 등을 위한 연구비의 지급이다. iii) 프랑스에서 많이 사용되는 것으로서 정부가 연구개발의 촉진을 위하여 민간기업에 융자를 해주는 방법이다. 그러나 많은 경우에 이러한 융자는 상환되지 않으므로 사실상 보조금과 같은 기능을 수행하게 된다. iv) 세제상의 우대조치도 많이 활용되고 있다. 연구개발비의 공제나 연구개발을 위한 시설비의 고속상각 등의 방법이 많이 사용되고 있다.

이러한 조치에 의하여 가장 큰 효과를 보고 있는 국가가 일본이라 하겠다. 연구개발비의 대GNP비율에 있어서 일본은 1985년경부터 미국을 앞지르기 시작했으며 노동력인구 1만명당 연구자 수에 있어서도 일본이 미국을 앞지르고 있다.[81]

(6) 수출입정책

수출을 촉진하고 수입을 억제하는 수출입정책도 많이 활용되고 있다. 그러나 최근 WTO체제의 개시로 각국의 수출입정책에 많은 제한이 가해지고 있으며 수출입정책은 재무행정론과 직접적인 관련이 희박하다고 사료되어 생략하기로 한다.

(7) 공기업

발전지향형국가에서 공기업을 정책수단으로 활용하기 시작한 것은 제2차대전 직후라고 할 수 있겠다. 발전지향형국가라 할 수는 없으나 영국에서도 병든 산업이라 할 수 있는 석탄산업의 구조개편과 합리화를 위하여 공기업화라는 수단이 사용되었다.

한국에서도 철강산업의 육성을 위하여 정부가 사용한 가장 중요한 정책수단은 공기업화였다. 포항제철을 주식회사의 형태를 지닌 공기업으로 설립하였기 때문에 대일청구권자금의 사용이 가능했다고 하겠다. 민간자본이 부족한 시대로서는 공기업화가 불가피했다고 하겠다.[82]

---

81) 通商産業省編, 1989年 通商白書(東京: 大藏省印刷局, 1989), pp. 107-108.

82) 유 훈, 정책학원론[제3정증보판](서울: 법문사, 2002), p. 214 참조.

4. 발전지향형국가의 병리

발전지향형국가들이 후발국가로서 선진자본주의국가들을 추격하기 위하여 많은 노력을 기울여 왔으며 좋은 실적을 올리기도 했으나 그 과정에서 여러 가지 부작용 또는 병리(pathology)가 없지 않았다. Loriaux는 i) 권위주의, ii) 부패, iii) rent의 조성을 들고 있으나[83] 우리는 이곳에서 처음 두 가지만 검토하고자 한다.

(1) 권위주의

발전지향형국가의 병리로서 첫째로 들 것은 권위주의이다. 1930년대의 일본을 위시하여 1961년부터 1993년까지의 한국, 계엄령하의 대만(1947~1989) 등 아시아의 발전지향형국가는 더 말할 것도 없고[84] 중남미의 멕시코나 브라질도 오래 동안 권위주의적 발전지향형국가였다. 전술한 바와 같이 자민당이 장기집권한 1955년 이후의 일본을 유연한 권위주의국가라고 부르는 사람도 있다.

그러면 발전지향형국가는 반드시 권위주의 정치체제를 택해야 하느냐 하는 문제가 제기된다. 프랑스와 같이 권위주의정치체제라 할 수 없는 발전지향형국가가 있다. 뿐만 아니라 약체국가 중에도 권위주의국가가 있으므로 발전지향형국가와 권위주의 정치체제간에 이론적인 연관성을 인정할 수 없다는 것이 Johnson이나[85] Cumings의 주장이다.[86]

(2) 부 패

발전지향형국가가 정치적 · 관료적 부패에 시달리고 있다는 것은 널리 알려진 사실이다.

이것은 발전지향형국가가 사용하는 정책수단과 밀접한 관련이 있다고 하겠다. 어떤 산업이나 기업에게 보조금을 지급할 것인가 하는 문제부터 시작하여 저리의 정책금융의 수혜기업을 결정하는 문제에 이르기까지 정부의 재량이 너무나 큰 까닭에 발전지향형국가에서는 부패가 만연할 수밖에 없다고 하겠다. 부패를 방지하고 공직윤리를 확립하기 위한 방안을 마련하려는 노력이 없는 것은 아니나 큰 실효를 거두지 못하고 있는 것 같다.

---

83) Loriaux, *op. cit.*, p. 236.

84) Cumings, *op. cit.*, p. 69.

85) Johnson, "Odyssey of a Concept," p. 52.

86) Cumings, *op. cit.*, p. 69.

제 3 장 재정투융자

제 1 절 재정투융자의 의의와 기능

1. 재정투융자의 개념과 분류

(1) 재정투융자의 개념

재정투융자를 정부가 경제적 목표를 달성하기 위하여 정부예산 등을 통해 운용하는 재정투자 및 융자라고 정의하는 사람도 있으나[1] 우리는 재정투융자를 굳이 경제정책목표의 달성을 위한 수단으로 한정할 필요가 없다고 생각한다.

일본에서는 재정투융자를 「국가의 제도・신용을 통하여 모아진 각종의 공적 자금을 재원으로 하여 국가의 정책목적 실현을 위하여 행하여지는 정부의 투융자활동으로서 금융적 수법을 사용한 유연한 정책수단이며 보조금 등보다 기동성・탄력성이 풍부한 정책수단」이라고 하고 있다.[2] 이는 재정투융자개념을 후술하는 금융적 투융자에 한정하는 정의라 할 수 있으며 우리나라에서 사용하는 재정투융자보다 좁은 개념이라 하겠다.

따라서 우리는 『재정투융자백서』의 정의를 정리하여 재정투융자를 정부의 재정지출 가운데 정부자산의 증대를 가져오는 일체의 지출과 재정융자를 포함하는 개념이라고 보고 싶다.[3]

---

1) 이종수, 경제발전정책이 소득분배에 미치는 영향분석—재정투융자정책을 중심으로(1991년 서울대학교 박사학위논문), p. 14.

2) 花野昭男外 2人編著, 財政投融資(東京: 東洋經濟新聞社, 1991), p. 2.

3) 재무부, 1982년 재정투융자백서(서울: 재무부, 1982), p. 10.

(2) 재정투융자의 분류

재정투융자를 여러 가지로 나누어서 생각할 수 있는데 우리는 다음의 몇 가지로 나누고자 한다.[4]

① 직접투자 · 출자 및 융자: 첫째로 재정투융자를 i) 직접적인 자본형성을 통하여 정부의 실물자산의 증대를 가져오는 직접투자, ii) 민간사업 또는 정부사업을 위한 출자와 iii) 재정자금과 기금에 의한 융자로 나눌 수 있다.

② 재정투자와 재정융자: 일반적으로 재정투융자는 i) 직접투자와 출자를 포함하는 재정투자와 ii) 재정자금과 기금에 의한 재정융자로 분류한다.

위에서 살펴본 3원적 분류보다 이곳에서 제시한 2원적 분류가 보다 많이 사용되고 있는데 후술하는 바와 같이 우리나라에서는 재정투자와 재정융자를 각각 별개의 특별회계가 관리하는 경우가 많았다.

③ 직접투자와 금융적 투융자: 재정투융자는 i) 직접적으로 자본형성에 이바지하는 직접투자와 ii) 출자나 융자와 같이 간접적으로 자본형성에 기여하는 금융적 투융자로 구분할 수도 있다.

2. 재정투융자의 기능

재정투융자의 기능에 관해서 여러 가지 견해가 제시되고 있다. 재정투융자의 기능으로서 i) 경기조절기능, ii) 자원배분기능, iii) 금융적 기능을 드는 견해가 있는가 하면[5] i) 산업기반의 강화 · 확충, ii) 생활기반의 정비, iii) 민간기업에 대한 자금공급을 드는 사람도 있다.[6] 우리는 재정투융자의 기능으로서 다음의 네 가지를 들고자 한다.

(1) 경제성장촉진기능

예산의 경제적 기능의 하나로서 경제성장촉진기능을 들었는데[7] 재정투융자의 기능으로서 경제성장촉진기능을 들지 않을 수 없다. 1960년대와 1970년대의 고도성장과정에 있어서 재정투융자가 중요한 역할을 담당했다는 것은 우리가

---

4) 윤건영, 「재정투융자」, 한국재정40년사편찬위원회, 한국재정40년사 제7권(서울: 한국개발연구원, 1991), pp. 446-447.

5) 재무부, 1989년 재정투융자백서(서울: 재무부, 1989), pp. 17-18.

6) 김동건, 「우리나라의 재정투융자에 관한 역사적 분석」, 행정논총 제21권 제1호(1983), pp. 44-45.

7) 제1편 제3장 「예산의 개념과 기능」 참조.

다 잘아는 사실이다.

재정투융자는 사회간접자본의 확충을 담당할 뿐만 아니라 기간산업 및 전략산업에 집중적으로 자금을 공급함으로써 이러한 산업의 보호·육성을 통하여 경제성장의 촉진에 이바지하고 있다.

(2) 경제안정기능

재정투융자백서는 경기조절기능이라고 부르고 있으나 우리는 경제안정기능이라는 용어를 사용하고자 한다.

우리는 경제안정을 위하여 재정정책을 적극적으로 활용하여 왔으며 재정투융자에 대해서도 경제안정기능을 기대하고 있다. 예산외적인 재정투융자는 물론이고 예산에 의한 재정투융자도 일반회계예산의 경상지출에 비하여 신축성이 높기때문에 경제안정기능의 수행에 적합하다고 하겠다.

(3) 자원배분기능

예산의 경제적 기능의 하나로서 자원배분기능도 들었는데 재정투융자의 기능으로 자원배분기능을 들지 않을 수 없다. 원래 자원배분기능은 시장기구가 담당하는 것이 바람직하나 시장의 실패로 정부가 자원배분에 개입하지 않을 수 없게 된다. 우리나라 재정투융자가 담당하는 자원배분기능을 구체적으로 살펴보면 다음과 같다.[8]

① 특정부문에 대한 자금공급: 특정부문에 장기·저리의 자금을 공급함으로써 산업정책 수행을 위한 정책수단의 역할을 담당한다.

② 중소기업·농어민에 대한 자금공급: 중소기업이나 농어민에 대한 자금공급이 재정투융자의 중요한 기능의 하나이다. 1992년도에는 농어촌구조개선특별회계까지 설치되어 농어민에 대한 자금공급이 확충되고 있다.

③ 사회간접자본확충을 위한 자금공급: 전술한 바와 같이 사회간접자본의 확충이 재정투융자의 중요한 기능의 하나이다. 1990년대 초반 우리나라에서 도로·항만 등 사회간접시설의 부족이 우리 기업의 국제경쟁력 약화의 요인으로 작용하고 있다는 관점에서 대통령 직속하에 사회간접자본투자기획단을 설치하고 사회간접자본의 확충을 위하여 보다 많은 재정투융자를 배분하려고 하였다.[9]

---

8) 재무부, 1989년 재정투융자백서, pp. 17-18.

④ 산업기반의 강화 확충을 위한 자금공급: 위의 사회간접자본의 확충을 위한 자금공급과 다소 중복되는 것이나 산업기반의 강화 확충을 위하여 철도·석탄·전력·통신 등의 분야를 위해서도 자금을 공급하고 있다.

(4) 금융적 기능

재정투융자는 민간금융을 양적 질적으로 보완하는 금융적 기능도 수행한다. 일본의 재정투융자는 금융적 기능의 수행에 역점을 두고 있으나 우리나라의 재정투융자는 일본의 경우처럼 금융적 기능의 비중이 높지 않다.

민간금융의 양적 보완이란 금융기관이 공급하는 자금량을 보완하는 것을 의미하며 질적 보완이란 민간금융기관이 여러 가지 이유로 융자를 주저하는 분야에 자금을 공급하는 기능을 재정투융자가 수행하는 것을 말한다.

제 2 절 재정투융자의 쟁점

그 동안 재정투융자와 관련된 쟁점(issue)으로서 여러 가지가 지적되어 왔으나 우리는 다음의 두 가지를 중요한 쟁점으로 들고자 한다.

1. 원자의 조달

재정투융자와 관련되어 제기된 쟁점의 하나로서 지적되어온 것이 재정투융자의 원자(原資)를 무엇으로 할 것이며 어떻게 조달할 것인가 하는 문제이다.

우리나라 재정투융자제도에 많은 영향을 미친 일본에서는 재정투융자의 원자로서 우편저금(郵便貯金)이 중요한 역할을 담당해 왔다.

일본의 우편저금은 1875년 영국의 우편저금제도를 모방하여 창설되었다. 그 동안 일본의 우편저금은 수많은 제도개혁을 거쳤으나 공적 금융기관의 창구로서 중요한 역할을 담당했다.

전국의 우편국 창구를 통하여 수집된 국민의 영세자금을 중앙에서 모아 각종의 국책을 달성하기 위한 국가자금으로 활용하게 되었던 것이다. 다시 말해서

---

9) 사회간접자본투자기획단, 사회간접자본문제의 실상 및 대책방향(서울: 사회간접자본투자기획단, 1991).

일본의 우편저금은 재정투융자의 원자로서 핵심적인 역할을 담당했다.[10]

그러나 일본 공기업민영화정책의 일환으로 일본의 우정사업이 우정성에서 우정사업청, 우정공사를 거쳐 일본우정주식회사로 전환되었으며, 지주회사(持株會社)인 일본우정주식회사는 4개의 자회사를 두고 있는데 이 중 우편국 주식회사와 우편사업주식회사는 계속 자회사로 남을 것이나 우편저금회사와 우편보험회사의 주식은 2017년까지 민간에 완전 매각되어 민영화될 예정이다.[11]

한마디로 말해서 그 동안 일본 재정투융자의 원자로서 중요한 역할을 담당했던 우편저금은 그 장래를 예측할 수 없게 되었다.

한국에서는 1950년대에 「외국이 대한민국의 경제재건과 재정금융의 안정을 위하여 무상으로 공급하는 원조로서 얻어지는 원화자금」을 의미하는 대충자금이[12] 재정투융자의 원자로서 중요한 역할을 담당했다. 이러한 대충자금은 후술하는 바와 같이 1950년대에 재정투융자를 위하여 많은 자금을 제공했을 뿐만 아니라 우리나라 재정을 위하여 큰 역할을 담당했다. 한때(1957년도) 대충자금은 일반재정부문[13] 세입의 54.1%를 자치했던 것이다. 그러나 외국원조가 줄어들자 대충자금의 규모도 점차 감축되고 재정투융자에서 차지하는 비중도 하락하게 되었다.

1960년대에는 재정차관자금이 재정투융자의 원자로서 기여하기 시작했으며 일본과의 협정이 체결되어 대일청구권자금이 들어오게 되자 1967년부터 1976년까지는 대일청구권자금에서 생기는 원화자금이 재정투융자의 원자로서 다소간 이바지하게 되었다.

1973년부터는 기금이 재정투융자의 원자를 제공하기 시작했는데 1982년에 기금에 의한 재정투융자가 재정투융자 총액의 39.4%를 차지했으며 1988년에는 41.8%에 달했다.

한마디로 말해서 일본 재정투융자의 원자는 국내저축이 주축을 이루어왔는데 대하여 한국 재정투융자의 원자는 국내저축보다는 외국무상원조, 외국차관,

---

10) 宮脇淳, 財政投融資の 改革(東京: 東洋經濟新報社, 1995), pp. 57-58.

11) 유훈・배용수・이원희, 공기업론(서울: 법문사, 2010), pp. 223-224.

12) 대충자금의 기원에 관해서는 유훈 "경제재건과 재정" 한국재정40년사 편찬위원회, 한국재정 40년사 제6권(서울: 한국개발연구원, 1991), p. 170참조.

13) 일반정부부문은 1950년대 이래 1977년도까지 사용하던 개념인데 일반회계와 경제개발특별회계를 합친 개념이다.

청구권 자금 등이 핵심적 역할을 했다는 사실을 지적할 수 있겠다.

2. 투융자 대상의 선정과 투융자의 분야별 배분

원자에 의하여 재정투융자 재원이 마련되면 다음에는 어떤 사업을 위하여 재정투융자를 활용할 것이며 재정투융자를 어떻게 배분할 것이냐가 중요한 문제로 제기된다.

1961년의 5.16전까지는 우리나라 재정투융자의 배분을 정확하게 파악할 수 있는 자료가 부족하나 5.16이후인 제1차 5개년계획기간(1962~1966)부터 제4차 계획기간(1977~1981)에 이르기까지의 투융자 대상분야와 투융자의 배분을 정확히 파악할 수 있는 자료가 있다.

제1차 5개년계획(1962~1966)에서 제4차 5개년계획(1977~1981)에 이르는 기간 중 경제개발관련 투융자가 투융자총액의 79.4%내지 84.6%를 차지했으며 사회개발관련 투융자는 1.6%내지 12.4%에 지나지 않았다. 한 가지 위안이 되는 것은 제1차 계획기간에 1.6%에 지나지 않던 사회개발관련 투융자가 서서히 늘어나기 시작하여 제4차 계획기간에는 12.4%에 달했다는 사실이다.[14]

이러한 현상은 1980년대부터 1990년대 전반에 이르는 기간에도 큰 차이가 없었다는 것을 알 수 있다. 경제사업은 64.1%내지 73.2%를 차지했으며 사회개발을 위한 투융자는 16.2%내지 22.2%에 지나지 않았다.[15]

이와 같이 경제발전을 위한 재정투융자가 압도적인 비중을 차지한 한국과는 달리 일본은 주택, 생활환경정비, 후생복지, 교육 등을 포함하는 사회개발관련 투융자가 1960년대에는 27.1%를 차지했으나 2000년에는 58.4%에 달하게 되었다. 이와 같이 일본에서 사회개발관련투융자가 무거운 비중을 차지하게 된 것은 제2차대전 중 파괴된 주택의 복구와 개비를 위한 투융자가 무거운 비중을 차지한데 그 원인이 있으며 생활환경정비를 위한 투융자도 1960년대의 9.3%에서 2000년에는 17.8%에 달하게 되었다는 사실도 주목을 요한다.[16]

한마디로 말해서 고도성장을 지향했던 한국은 1960년대 초부터 1990년대 중반까지도 경제발전관련 재정투융자가 압도적인 비중을 차지했으며 사회개발관

14) 이에 관해서는 후술 <표 4-3> 참조.

15) 이에 관해서는 후술 <표 4-4> 참조.

16) 新藤宗幸, 財政投融資(東京: 東京大學出版部, 2006), pp. 82-83.

련 재정투융자는 20%를 크게 넘지 못했다고 하겠다.

사회개발관련 재정투융자가 2000년에 58.4%에 달했던 일본과 대비할 때 한국은 사회개발관련 재정투융자를 소홀히 해왔다는 것을 지적할 수 있겠다.

제 3 절 재정투융자제도의 변천

1. 시대구분

정부수립 후부터 재정투융자가 없었던 것은 아니나 한국전쟁 중에는 정부예산에서 국방비가 차지하는 비중이 무거워 재정투융자에 관심을 돌릴 여유가 없었으므로 휴전협정이 체결된 1953년경부터 재정투융자제도가 형성되기 시작하였다고 할 수 있겠다.

이리하여 우리는 제1기를 1953년부터 제1차경제개발5개년계획이 시작되기 전인 1961년까지로 하고 제2기는 제1차경제개발5개년계획이 개시된 1962년부터 제4차5개년계획이 종료된 1981년까지로 잡았으며 제3기는 제5차5개년계획이 개시된 1982년 이후로 설정했고 제4기는 2004년 이후로 하였다.

2. 제1기(1953~1961)의 재정투융자

(1) 시대적 배경

제1기에 관한 고찰에 들어가기 전에 1951년에 시작된 「백재정」에 대하여 간단히 살펴볼 필요가 있다.

1951년 3월 5일에 백두진씨가 재무장관에 취임함으로써 소위 「백재정」이 시작되었다. 1951년 4월경부터 백재정의 세금공세, 긴축재정 등 「인플레」 수속정책(收束政策)의 강행 등으로 사태는 호전되어 통화량증가추세도 둔화하였으나 1952년 8월말경부터 사태는 다시 악화하였는데 이는 UN군대여금의 누적과 금융면에서의 신용팽창에 기인하였다.

이와 같은 사태에 비추어 정부는 1953년 2월 15일을 기하여 통화개혁을 단행했으며, 이로 말미암아 통화량은 많이 감축되었다. 통화개혁후 1953년 7월의 휴전성립 및 서울 환도전까지 전선의 고착화와 통화안정을 위한 정부의 각종

시책으로 통화량증가추세는 다시금 둔화하였으나 1953년 가을 후에는 서울환도, 확군, 경제부흥 기운의 성숙 등으로 통화량은 다시 급격히 증가하기 시작하였다.[17]

1953년 12월 30일에는 한국산업은행법이 공포되고 다음해인 1954년 4월 3일부터 산업은행이 업무를 개시했다. 이와 같이 설립된 산업은행은 정부의 단독출자에 의한 공법인이며, 그 운영책임자도 정부에서 임면 감독하도록 하였으며, 그 업무와 회계면에 있어서도 사전결정과 제반감독을 정부가 전담하기로 하였다. 그리고 정부보유자금의 차입, 정부자금에 의한 장기융자, 산업금융채의 발행, 채권에 대한 정부보증 및 공과금의 면제 등 여러 가지 보호조성책이 마련되었으며, 단기운전자금의 대출과 거래처로부터의 요구불예금의 수입도 가능하게 하였다.

1953년 12월 14일에는 「경제재건과 재정안정계획에 관한 합동경제위원회협정」이 조인되었으며, 조인과 동시에 발표된 백·우드성명은 「본계획의 주요목적의 하나는 한국산업의 부흥재건을 성취하여 가급적 속히 한국정부가 자립하도록 하는데 있으며 본계획의 또 하나의 주요한 목적은 인플레의 방지와 재정안정의 유지에 있다」고 언명하였던 것이다. 이리하여 1954년도 예산의 편성에 있어서는 국방비 이외의 재정수요를 극도로 억제하는 한편 불가피한 국방비적자는 대충자금으로 충당함으로써 재정 「인플레」를 억제하려고 하였다.[18]

1955년 8월 15일에 이르러 500환 대 1달러의 단일환율이 책정되는 동시에 이 환율을 유지하는 조건으로 연간 물가등귀율이 1955년 9월에 비하여 25% 이내에 그쳐야 한다는 데 한미간의 합의를 보았다. 이 신환율이 책정되자 정부는 이 환율을 유지하기 위하여 경제정책의 중점을 경제안정에 두게 되었고 재정금융면에서 긴축정책을 단행했다. 또한 1955년과 1956년 중에는 원조물자의 도입도 순조로와 1955년 7월에 시작하여 1956년 12월 끝난 1955년도에 있어서는 대충자금수입이 1,500억환에 달하게 되었으며, 일반재정부문세입의 46.5%를 차지하게 되었다. 이리하여 1955년 후반기부터 통화량과 물가의 상승추세는 둔화하기 시작하여 1956년에는 통화량은 전년에 비하여 29.3% 증가하였고 물가는

17) 한국은행조사부, 1955년 경제연감(서울: 한국은행, 1955), p. 1-35.

18) 유 훈, 「재무행정」, 이한빈 외 3인공편, 한국행정의 역사적 분석(서울: 한국행정문제연구소, 1969), p. 181.

34.7%가 등귀하였다.

이와 같이 1956년부터는 물가 상승세가 둔화하기 시작했으나 우리나라 경제가 완전히 안정기반 위에 설 수 있게 된 것은 1957년 이후의 일이다. 이와 같은 안정기조의 확립에 크게 이바지한 것이 1957년도부터 5·16군사혁명까지 매년 합동경제위원회에 의하여 수립되고 비교적 충실히 실천에 옮겨진 재정안정계획이었다고 하겠다.

여기서 특기할 것은 허정 과도정부 재임 중 통화량이 감축되었다는 사실이다. 1960년 4월말에 2,116억 6,400만환이었던 통화량이 7월말에는 2,038억 9,300만환, 8월말에는 2,035억 8,900만환으로 감축되었던 것이다. 「권위주의적 장기정권의 붕괴후의 전반적인 불안과 혼란에 비추어 보아, 또한 당면한 제 문제의 긴급한 구제책에 관한 갖가지 요구를 고려해 볼 때… 이것은 재정운영에 있어서의 하나의 비상한 업적이었다」고 하겠다.[19)]

1960년 8월에 집권한 민주당정부는 경제제일주의를 표방하고 환율의 현실화, 관영요금의 조정인상, 전원개발의 추진, 영농자금 및 중소기업자금의 과감한 방출 등을 주요경제시책으로 내걸었다. 이리하여 1960년 8월 말에 2,035억 8,900만환이었던 통화량이 1961년 4월말에는 2,196억환으로 늘어났던 것이다.

(2) 투융자관련 특별회계

재정투융자와 관련된 특별회계로서는 교통사업특별회계(현재의 철도사업특별회계), 통신사업특별회계, 전매사업특별회계 등도 들 수 있으나 이곳에서는 재정투융자와 특별히 관련이 깊은 2개 특별회계만을 고찰하기로 한다.

① 대충자금특별회계: 이 특별회계는 외국이 대한민국의 경제재건과 재정금융의 안정을 위하여 무상으로 공급하는 원조로서 얻어지는 원화자금(대충자금)을 운용하기 위하여 설치되었다.

대충자금특별회계가 설치된 것은 1953년도이나 대충자금의 기원은 1948년에까지 소급해 올라갈 수 있다. 미국의 「1948년 대외원조법」과 같은 해의 「한국원조법」에 의거하여 1948년 12월 10일에 체결된 「한미경제협정」에 의하여 대충자금설치에 관한 법적 근거가 마련되었던 까닭에 한국전쟁 전에도 대충자금제도가 있었으나 큰 실효를 거두지 못했다. 휴전협정 후인 1953년 12월 14일에

---

19) 이한빈, 사회변동과 행정(서울: 박영사, 1968), pp. 167-168.

체결된 「합동경제위원회협약」은 대충자금계정을 다시 두기로 규정했으며 1955년 5월 31일에 체결된 PL480에 의거한 「잉여농산물협정」과 1956년 2월 15일에 체결된 잉여농산물판매대전사용에 관한 협정에 의하여 잉여농산물에 관해서도 대충자금적립에 의한 운용이 적용되게 되었다.

한국정부측에서도 이러한 조치와 보조를 맞추기 위하여 1954년 3월 12일 대충자금특별회계법, 경제부흥특별회계법 등을 제정공포하게 되었다. 전술한 바와 같이 1953년도는 1953년 4월 1일에 시작하여 1954년 3월 31일에 끝났으므로 1954년 3월 12일에 공포된 대충자금특별회계법에 의거하여 1953년도부터 대충자금특별회계가 설치되기에 이르렀다.[20]

제1기 중 대충자금특별회계는 재정투융자를 위하여 많은 자금을 공급했을 뿐만 아니라 우리나라 재정을 위하여 큰 역할을 담당했다. 한때(1957년도) 대충자금은 일반재정부문 세입의 54.1%를 차지했던 것이다. 이러한 대충자금은 경제부흥특별회계에 전출되어 재정투융자로 사용되었을 뿐만 아니라 일반회계에 전출되어 국방비로도 사용되었다.

② 경제부흥특별회계: 1954년 3월 21일에 공포된 경제부흥특별회계법에 의하여 신설된 이 특별회계는 정부가 직영하는 경제부흥시설사업에 필요한 재정수요를 조달하기 위하여 설치된 것으로서 전술한 대충자금특별회계의 전입금을 주된 세입으로 하였다. 이 회계는 1963년도에 경제개발특별회계에 의하여 대체되었으며 제1기 중 재정투융자의 창구로서 중요한 역할을 담당했다고 할 수 있겠다.

(3) 투융자규모

이 기간 중의 재정투융자의 규모는 절대액에 있어서나 일반재정부문에서 차지하는 비중에 있어서 심한 기복을 보였다.

1954년도만 하더라도 210억환에 지나지 않던 재정투융자가 1955년도에는 590억환에 달하게 되었으며 일반재정부문에서 차지하는 비중도 14.6%에서 20.9%로 상승했다. 전술한 바와 같이 1957년도부터 재정안정계획에 의하여 재정긴축이 이루어짐에 따라 필연적으로 재정투융자도 영향을 받을 수밖에 없었다. 그러나 1957년도 재정투융자만은 재정안정계획의 영향을 덜 받았다. 연도

20) 유 훈, 「경제재건과 재정」, p. 171.

기간이 18개월이었던 1955년도의 590억환에 비하여 크게 증가된 1,070억환이 재정투융자로 책정되었으며 일반재정부문세출에 있어서 차지하는 비중도 1955년도의 20.9%에서 30.6%로 크게 상승되었다. 1957년도 재정투융자를 좀더 구체적으로 살펴본다면 37%가 재정투자이고 63% 정도가 재정융자였는데 재정투자는 식량증산, 항만, 치산치수, 교통 등을 위한 투자가 대종을 이루었으며 재정융자는 일반산업자금, 중소기업지원, 수리사업, 농업, 주택 등을 위한 융자가 큰 비중을 차지했다.

1958년도에는 재정투융자의 증가율이 전년도보다 많이 둔화되어 24.3%에 지나지 않았으나 일반재정부문세출총액이 크게 늘지 않았으므로 재정투융자가 일반재정부문에서 차지하는 비중은 32.3%에 달하게 되었다. 1957년도의 경우와는 달리 1958년도 재정투융자에서는 재정투자가 70%를 차지했으며 재정융자는 30%에 지나지 않았다. 재정투자에 있어서는 식량산업부문, 치산치수, 도로, 도시토목, 항만, 교통 및 통신 등을 위한 투자가 큰 비중을 차지했으며 재정융자에 있어서는 일반산업자금, 수리사업자금, 주택자금, 농업자금, 중소기업자금 등이 대종을 이루었다.

재정안정계획이 재정투융자에 미친 영향은 1959년도에 단적으로 나타났다. 1959년도 재정투융자는 전년도에 비하여 32%가 감소된 907억 8천만환에 지나지 않았으며 일반재정부문에 있어서 재정투융자가 차지하는 비중도 22.7%로

〈표 5-3〉 일반재정부문 세출구조의 추이(1953~61)

(단위: 백만환, %)

연 도	국방비		일반경비		투융자		합계	
	금 액	구성비	금 액	구성비	금 액	구성비	금 액	구성비
1953	32,610	53.7	28.080	46.3	—	—	60,680	100
1954	59,920	42.1	61,720	43.3	20,750	14.6	142,390	100
1955	106,380	37.8	116,100	41.3	58,960	20.9	281,440	100
1957	112,460	32.1	130,600	37.3	106,970	30.6	350,030	100
1958	127,320	31.0	150,690	36.7	132,960	32.3	410,970	100
1959	139,200	34.8	170,240	42.5	90,780	22.7	400,220	100
1960	147,070	35.0	169,050	40.2	103,830	24.8	419,950	100
1961	165,990	29.0	235,890	41.0	169,650	30.0	571.530	100

자료: 재무부, 『예산개요』, 1961.
경제기획원, 『예산개요』, 1964.

크게 떨어졌다. 재정투융자재원의 대종을 이루었던 산업부흥국채와 대충자금수입이 크게 감소된 데에 주된 원인이 있다고 하겠다. 산업부흥국채는 1958년도의 80억환에서 20억환으로 감소되었으며 대충자금수입은 2,458억환에서 1,891억 40만환으로 줄어들었던 것이다.

1960년도 재정투융자는 전년도보다 14.4% 늘어난 1,038억 3천만환에 달했으나 1958년도 수준에 미달했으며 일반재정부문세출에 있어서 차지하는 비중도 다소 상승했으나 24.8%에 지나지 않았다. 이러한 현상은 1961년도에 와서 다소 시정되었다. 재정투융자는 전년도에 비하여 63.4% 늘어난 1,696억 5천만환에 달했으며 일반재정부문에 있어서 차지하는 비중도 30%로 크게 상승했으나 1958년도의 32.3%에는 미치지 못했다.[21]

3. 제2기(1962~1981)의 재정투융자

(1) 시대적 배경

제2기는 장기종합개발계획이 처음으로 실천에 옮겨진 시기라고 할 수 있다. 제1기에도 자유당 정부의 경제개발3개년계획이나 민주당 정부의 제1차 5개년경제개발계획과 같은 장기종합개발계획이 없었던 것은 아니나 실천에 옮겨지지 못했다는 점에서 제2기의 계획과는 구별된다. 이런 의미에서 제2기의 재정투융자는 장기종합개발계획의 수행을 위한 정책수단으로서 중요한 역할을 담당했다고 하겠다.

제2기에는 제1차계획부터 제4차계획까지 집행되었는데 제1차·제2차계획과 제3차·제4차계획은 다소 그 성격을 달리한다. 제1차계획과 제2차계획은 정책기조를 수출주도형 공업화기반을 조성하고 기간산업 및 사회간접시설을 확충하는데 두었다.

이와는 달리 제3차계획과 제4차계획은 중화학공업 등 산업구조를 고도화하고 자력성장의 기반을 조성하며 농어촌을 개발하는데 정책기조를 두었다.[22]

(2) 투융자 관련 특별회계

제2기에 있어서는 재정투융자와 관련된 특별회계가 많은 편이다. 제1기에 고찰한 대충자금특별회계 등이 제2기에서도 중요한 기능을 수행했으나 중복을

21) 상게논문, pp. 150-156.

22) 본편 제1장「기획과 예산」참조.

피하기 위하여 우리는 이곳에서 다음의 5개 특별회계를 고찰하고자 한다.

① 경제개발특별회계: 1963년부터 1976년까지 존속한 이 특별회계는 제1기 중에 중요한 역할을 담당했던 경제부흥특별회계와 국토건설사업특별회계를 계승한 것으로서 재정투자를 담당했으며 재정융자는 후술하는 재정자금운용특별회계가 담당했다. 이 회계의 세입은 일반회계·대충자금특별회계·귀속재산처리특별회계로부터의 전입금 등으로 충당했다.

② 재정자금운용특별회계: 이 회계는 재정투융자 중 재정융자만을 별도로 계상하기 위하여 1962년에 설치되어 1972년까지 존속하였다. 특별회계법 외에 재정자금운용법이 별도로 제정되어 일반회계와 특별회계의 여유자금을 이 회계에 예탁하도록 하였다.[23]

③ 재정차관자금관리특별회계: 1966년부터 1977년까지 존속한 이 특별회계도 재정투융자를 위하여 중요한 기능을 수행했다. 외국인, 외국기관 및 외국정부와 한국정부간에 체결된 차관협정에 따라 한국에 의하여 징수된 모든 원화대전은 이 회계에 예치했으며 이를 주로 재정투융자에 사용했다.

④ 청구권자금관리특별회계: 1967년부터 1976년까지 존속한 이 특별회계는 대일청구권자금에서 생기는 원화자금을 관리 운용하기 위하여 설치되었는데 그 세출은 재정투융자를 위하여 사용되었다.

⑤ 자금관리특별회계: 1977년부터 1987년까지 존속한 이 특별회계는 제2기 말부터 제3기에 걸쳐서 재정융자를 담당했다. 재정차관자금관리특별회계·청구권자금관리특별회계와 경제개발특별회계의 융자계정을 흡수한 이 특별회계는 1988년도에 재정투융자특별회계로 개편될 때까지 재정융자만 담당했으며 1977년부터 1987년에 이르는 기간 중에는 재정투자는 일반회계에 계상되었다.

(3) 투융자의 배분

제2기 재정투융자의 사업별배분을 본다면 〈표 5-4〉와 같이 경제계획기간에 따라 차이가 있다는 것을 알 수 있다. 무엇보다 농림수산업에 대한 투융자는 그 비중이 점차 저하했다는 것을 알 수 있다. 제1차계획기간 중에는 26.4%를 차지하던 것이 서서히 하락하여 제4차계획에 오면 15.7%에 지나지 않았다.

광공업과 경제개발지원을 위한 재정투융자는 다소의 기복을 거치면서 그 비

23) 재정자금운용법 제4조.

〈표 5-4〉 경제계획기간별 재정투융자(1962~81)

(단위: %)

구 분	제1차 계획 (1962~1966)	제2차 계획 (1967~1971)	제3차 계획 (1972~1976)	제4차 계획 (1977~1981)
농림수산업	26.4	25.6	22.4	15.7
농림	22.6	21.5	21.3	14.7
수산업	3.8	4.1	1.1	1.0
광공업	20.4	13.1	22.2	22.6
광업	1.9	2.3	2.2	2.8
제조업	18.5	10.8	20.0	19.8
경제개발지원	37.4	46.0	37.8	41.0
전력·동력	9.3	4.6	16.9	3.9
통신	8.4	9.0	3.3	14.2
교통	19.0	24.6	4.2	15.1
공업용수·기간공업지원	-	0.6	1.9	1.9
토목건설	-	4.1	9.0	2.1
과학기술	0.7	3.1	2.5	3.7
사회개발지원	1.6	11.9	11.2	12.4
주택	-	0.8	4.5	5.3
보건·위생교육	-	2.1	1.3	2.5
교육	1.6	9.0	5.4	4.6
기타	14.2	3.5	6.5	8.2

자료: 윤건영, 전게논문, p. 502.

중이 큰 변화가 없으나 사회개발지원을 위한 재정투융자의 비중은 점차 늘어났다. 농림수산업에 대한 재정투융자의 비중이 줄어든 만큼 사회개발지원을 위한 재정투융자의 비중이 상승한 것이다.

4. 제3기(1982~1994)의 재정투융자

(1) 시대적 배경

1982년에 시작된 제5차 계획과 1987년에 시작된 제6차 계획은 명칭도 종전의 경제개발5개년계획에서 경제사회발전5개년계획으로 바꾸었다. 1992년에 시작된 제7차 계획(1992~1996)은 1993년 김영삼정부 출범 후 신경제5개년계획(1993~1997)에 의하여 대체되었으나 제대로 마무리짓지 못했다. 1998년에 출범한 김대중정부는 5개년계획을 수립하지 않았다.

(2) 투융자 관련 특별회계와 기금

제3기에 있어서도 제2기에 중요한 역할을 담당했던 자금관리특별회계가 1987년까지 기능을 수행했으나 이에 관해서는 제2기에서 상술했으므로 이곳에서는 그 밖의 특별회계와 기금에 관해서 고찰하기로 한다.[24)]

① 재정융자특별회계: 자금관리특별회계(1977~87)가 개편되어 1988년도에 발족한 재정투융자특별회계는 일반회계와 자금관리특별회계가 분담하던 재정투융자를 하나로 통합했다는 점에서 제1기의 경제부흥특별회계(1954~62) 시절로 환원했다고 할 수 있겠다.

그러나 1997년도부터 재정투융자특별회계는 재정융자특별회계로 개편되고 종전에 이 회계가 담당하던 정부출자 및 기금출연은 일반회계가 담당하도록 되었다.

② 도로사업특별회계: 사회간접시설 확충을 위한 특별회계의 하나로서 1989년에 설치되어 1994년 교통시설특별회계로 통합되었다. 차관현금수입과 일반회계 전입금이 세입의 대종을 이루고 있는 이 회계는 도로건설을 위한 재정투융자로 1992년도만 하더라도 1조원을 계상했다.

③ 농어촌구조개선특별회계: 농어촌구조개선을 효율적으로 추진하기 위하여 1992년도에 설치된 이 회계는 농지·산림전용부담금과 일반회계전입금을 세입의 대종으로 하며 농어촌구조개선을 위한 재정투융자 등을 위하여 1992년도에 1조 1,219억원을 계상했다.

④ 기 금: 예산 외로 운용하는 각종 기금이 재정투융자 특히 재정융자를 위하여 중요한 기능을 수행하고 있다는 사실을 지적하지 않을 수 없다.

이미 1973년부터 기금이 재정투융자에서 중요한 역할을 담당하기 시작하였는데 제3기초인 1982년에 기금에 의한 투융자가 재정투융자 총액의 39.4%를 차지했으며 1988년에는 41.8%에 달했다.[25)]

전술한 바와 같이 기금은 예산외로 운용되는 까닭에 기금으로부터의 투융자는 재정투융자에 관한 통계를 어렵게 만들 뿐만 아니라 재정에 대한 민주적 통제라는 관점에서도 문제가 많다. 다행히도 1991년에 제정된 기금관리기본법에

---

24) 이 밖에도 도시철도사업특별회계, 토지관리 및 지역균형개발특별회계 등이 있으나 생략하기로 한다.

25) 재무부, 1989년재정투융자백서, pp. 24-25.

의하여 직접관리기금(정부관리기금)에 대해서는 중앙예산기관과 국회가 어느 정도의 통제를 가할 수 있게 되었으나 간접관리기금(민간기금)에 대해서는 아직도 책임성을 확보할 수 있는 방안이 결여되어 있는 실정이다.[26]

(3) 재정투융자의 배분

제3기중의 재정투융자의 배분을 「중앙정부자본지출의 기능별 분류」에 따라 살펴본다면 〈표 5-5〉와 같이 1980년대와 1990년대간에 큰 차이가 없다는 것을 알수 있다. 다만 한때 다소 높았던 사회개발을 위한 자본적 지출이 1992년부터 다시 저하하고 경제사업을 위한 자본지출의 비중이 높아졌다는 것을 지적할 수 있겠다.

(4) 재정투융자에 대한 관심의 저하

1990년대 후반부터 여러 가지 이유로 재정투융자에 대한 관심이 저하하기 시작했다.

〈표 5-5〉 중앙정부자본지출의 기능별 분류(1982~1994)

(단위: %)

	사회개발	경제사업	기타	합계
1982	18.4	69.4	12.2	100.0
1983	18.2	70.8	11.0	100.0
1984	19.4	70.4	10.2	100.0
1985	19.1	71.3	9.6	100.0
1986	19.7	70.8	9.5	100.0
1987	21.0	68.6	10.4	100.0
1988	20.3	64.8	15.0	100.0
1989	16.2	71.3	12.5	100.0
1990	19.5	68.3	12.2	100.0
1991	22.2	64.1	13.6	100.0
1992	18.6	68.2	13.2	100.0
1993	17.2	73.2	9.6	100.0
1994	17.1	70.1	12.8	100.0

주: ① 매년도 본예산 기준임.
② 통합예산상 중앙정부의 자본지출임.
자료: 1982~1989 1989년 재정투융자백서.
1990~1994 매년도 예산개요.

26) 제1편 제8장 「기금」 참조.

① 재정투융자통계의 실종: 1980년대까지만 하더라도 재정투융자에 대한 정책결정자들의 관심이 지대하여 수시로 「재정투융자백서」를 발간하였을 뿐만 아니라 통합예산상의 자본지출에 관한 통계도 예산개요에 수록해왔다. 그러나 1990년대에 들어와서는 재정투융자백서는 고사하고 1995년부터는 예산개요의 자본지출에 관한 통계마저도 사라지게 되었다.

② 재정투융자특별회계의 개편: 전술한 바와 같이 재정투융자담당 특별회계가 1960년대부터 변경을 거듭하기는 했으나 자금관리특별회계를 계승하여 1988년에 신설된 재정투융자특별회계가 1997년에 그 출자계정을 일반회계로 이관하고 재정융자특별회계로 개편되었다는 것은 큰 의미를 지닌다고 하겠다. 이리하여 재정투융자창구의 다원화가 더욱 심화되었다.

③ 5개년계획의 폐기: 시장중시체제[27]로의 이행을 천명한 김대중정부는 IMF관리체제의 극복이라는 과제도 겹쳐서 1962년에 시작한 5개년 계획체제를 폐기하고 경제사회발전5개년계획을 수립하지 않게 되었다.

실업률을 저하시키기 위하여 높은 경제성장률의 유지에 힘쓰고 있으나 정부주도보다는 민간부문에 의존한다는 경제정책에 따라서 경제사회발전계획을 수립·집행하고 있지 않을 뿐만 아니라 재정투융자에 대한 관심도 줄어들었다. 그러나 민간부문의 자본지출의 확대를 지원하기 위하여 재정융자의 확대에는 힘을 기울이고 있는 것 같다.[28]

5. 제4기(2004~)의 재정투자

(1) 재정투융자 통계의 부재

전술한 바와 같이 김대중정부 이래 재정투융자에 대한 관심이 저하되고 따라서 재정투융자 통계도 실종되었으므로 과거의 재정투융자 통계와의 비교는 불가능하게 되었다.

(2) 국가재정운용계획의 재정투자계획

그러나 다행스러운 것은 정부가 한 때 중단했던 중기재정계획을 2004년부터 부활하였으며 2007년부터는 새로 제정된 국가재정법의 규정에 따라 매년 「국가

27) 시장중시체제에 관해서는 유 훈, 행정권과 경제[개정증보판](서울: 법문사, 2007), 제1편 제2장 「정부와 시장」 참조.

28) 재정경제부, 재정융자제도 및 운용현황(서울: 재정경제부, 2001).

재정운용계획」이라는 중기재정계획을 수립하여 예산안과 함께 회계연도 개시 90일 전에 국회에 제출하고 있다.

이 국가재정운용계획에는 제4부 「분야별 정책방향 및 재정투자계획」이 포함되어 있는데 재정투자계획은 민간부문을 제외한 정부부문만의 계획으로서 매년 1년을 추가하고 1년을 삭제하는 연동식(連動式) 계획이다.

(3) 투자계획의 성격

국가재정운용계획에 포함된 분야별 투자계획의 성격을 살펴본다면 본 장(章)의 모두에서 제시한 「정부의 재정지출 가운데 정부자산의 증대를 가져오는 지출」을 의미하는 재정투자와는 성격이 다른 것 같다. 다시 말해서 국가재정운용계획에 포함된 재정투자계획은 정부자산의 증대를 가져오는 정부지출뿐만 아니라 소비성 지출까지 포함한 분야별 「재원배분계획」이라고 보는 것이 타당할 것 같다.

(4) 분야별 투자계획의 분석

국가재정운용계획에 포함된 2011~2015의 투자계획은 〈표 5-6〉과 같다.

〈표 5-6〉 주요분야별 투자계획(2011~2015)

(단위: 십억원, %)

구분	분야별	2011년	2012년	2013년	2014년	2015년	연평균 증가율
경제사업	R&D분야	14,890	15,973	16,929	17,759	18,290	5.3
	산업·중소기업·에너지분야	15,160	15,245	15,311	15,477	15,778	1.0
	SOC분야	24,441	22,649	22,774	22,785	22,800	△1.7
	농림수산식품분야	17,635	18,116	18,263	18,311	18,353	1.0
사회개발	보건·복지·노동분야	86,393	91,963	97,309	102,790	108,252	5.8
	교육분야	41,234	45,071	48,761	52,239	56,014	8.0
	문화·체육·관광분야	4,205	4,443	4,616	4,669	4,674	2.7
	환경분야	5,752	6,112	6,169	6,238	6,322	2.4
기타분야	국방분야	30,850	32,187	34,436	36,014	37,368	4.9
	외교·통일분야	3,651	3,947	4,208	4,469	4,714	6.6
	공공질서·안전분야	13,657	14,547	15,297	15,716	16,199	4.4
	일반공공행정분야	52,353	56,622	59,154	62,500	66,066	6.0
	합계	309,100	326,100	341,900	357,500	373,100	4.8

자료: 기획재정부, 국가재정운용계획(2011~2015)에서 작성.

이것을 경제사업, 사회개발 및 기타분야로 대별하여 살펴본다면 다음과 같은 몇 가지 사실을 발견할 수 있다.

첫째로, 투자총액에 있어서 경제사업, 사회개발, 기타분야의 정부투자가 차지하는 비율은 5년간 큰 변동이 없다는 것을 알 수 있다. 경제사업은 2011년의 23.2%에서 2015년에는 20.1%로 다소 하락하였으나 큰 변동이 없었으며 사회개발은 2011년의 44.4%에서 2015년에는 46.7%로 다소 상승하였다. 기타분야는 2011년의 32.4%에서 서서히 상승하여 2015년에는 33.2%에 이르렀다.

둘째로, 과거의 경제개발5개년계획하의 재정투융자와 달리 경제사업투자는 5년간 평균 21.5%를 차지한데 대하여 사회개발투자는 5개년간 평균 45.6%를 차지했다. 사회개발분야에 보다 많은 재원배분이 이루어진 것은 다행스러운 일이라 하겠다.

셋째로, 앞에서도 지적한 바와 같이 이 재정운용계획의 정부투자계획은 정부자산의 증대를 가져오는 자본적 지출뿐만 아니라 소비성 지출까지 포함하는 「재원배분계획」이라는 사실에 유의할 필요가 있다. 실제로 기획재정부는 국가재정운용계획의 제4부 「분야별 정책방향 및 재정투자계획」에서는 재정투자계획이라는 표현을 사용하나 제3부 「재정운용방향」에서는 동일한 수치를 주요 분야별 재원계획이라고 하고 있는 것이다.

〈표 5-7〉 주요분야별 정부투자비율의 추이(2011~2015)

(단위: %)

구 분	2011년	2012년	2013년	2014년	2015년
경 제 사 업	23.2	22.0	21.3	20.7	20.1
사 회 개 발	44.4	45.2	45.7	46.2	46.7
기 타 분 야	32.4	32.8	33.0	33.1	33.2

자료: 〈표 5-6〉에서 작성.

6. 재정투융자의 성과와 문제점

우리는 본절에서 우리나라 재정투융자제도가 걸어온 발자취와 재원배분실태를 살펴보았다. 이를 토대로 하여 재정투융자의 성과와 문제점을 간단히 살펴보기로 한다.

(1) 재정투융자의 성과

1953년부터 1990년대초에 이르기까지 우리나라 재정투융자를 살펴볼 때 재정투융자가 국민경제의 자원배분에 대한 정부개입의 중요하고도 강력한 정책수단이었다고 하겠다.[29]

재정투융자정책이 과연 성공적이었는가를 판단하기는 용이하지 않다. 재정투융자가 소득분배를 악화시켰다는 연구도 있으나[30] 지난 30여년간 정부가 경제개발계획을 성공적으로 수행하는 과정에서 재정투융자를 중요한 정책수단으로 활용하였다는 사실은 부인하기 어려울 것 같다.

(2) 재정투융자제도의 문제점

재정투융자가 경제개발계획의 성공적인 수행과 고도성장에 기여했으나 재정투융자제도에는 문제점이 많다.

① 투융자창구의 다원화: 재정투융자를 담당하는 창구가 지나치게 다원적이며 분산되어 있다는 것이다. 1988년부터 재정투융자특별회계가 발족하여 창구를 다소 통합하였으나 도로사업특별회계(교통시설특별회계)나 농어촌구조개선특별회계와 같은 직접투자를 담당하는 특별회계가 신설되고 기금이 재정투융자의 창구로 등장하여 창구의 다원화는 아직도 지속되고 있다.

② 투융자창구의 빈번한 변경: 1950년대 전반부터 오늘날에 이르기까지 재정투융자창구가 지나치게 빈번한 변경을 거듭했다. 재정투자와 재정융자를 동일한 회계에서 담당하다가 분리시켰다가 다시 통합하는가 하면 특별회계가 담당했다가 일반회계에 이관했다가 다시 특별회계에 넘기는 등 그 이유를 이해하기 어려운 변경이 너무나 빈번했다는 것을 알 수 있다.

③ 기금의 복잡성: 예산상의 재정투융자제도의 복잡성을 더욱 가중시키는 것이 기금이다. 1973년부터 시작된 재정투융자제도에의 기금의 가세는 재정투융자제도의 복잡성을 더욱 심화시키고 있다. 한때(1993년) 114개에 달했던 기금이 1994년도부터 통폐합이 시작되어 많이 정비되기는 했으나 아직도 공공기금이 48개에 달하며 기타기금도 18개나 된다. 공공기금의 2003년도 운용규모는 일반회계예산의 143%에 해당하는 159조 7,879억원에 이르고 있다.[31]

---

29) 윤건영, 전게논문, p. 515 참조.

30) 이종수, 전게논문, p. 144.

31) 대한민국정부, 2003년도 기금 운영계획안(서울: 기획예산처, 2002), p. 3.

예산외로 운용되는 이러한 기금들이 제각기 재정투자와 재정융자에 관여하고 있는 것이다. 다행히도 1991년에 제정된 기금관리기본법에 의하여 공공기금에 대한 통제는 많이 강화되었으나 기타기금은 아직도 기금관리주체의 자율에 맡기고 있는 실정이다.

제 4 장 사회보장재정

제 1 절 사회보장의 의의와 유형

1. 사회보장의 의의

(1) 사회보장의 개념

후술하는 바와 같이 사회보장(social security)이라는 용어를 공식적으로 사용하기 시작한 것은 1935년의 미국의 사회보장법(Social Security Act)인데 이 법에서 말하는 사회보장은 노령보험이었다. 그러나 오늘날에 있어서는 사회보장이 이보다 훨씬 넓은 뜻으로 사용되고 있다.

사회보장은 「국민대중의 생명이나 건강을 지키고 그 생활을 윤택하게 하기 위한 사회적 권리에 기초를 둔 사회제도」라고 정의하는 사람이 있는가 하면[1] 사회보장을 「사회적인 생활상의 사고·기복에 대하여 소득의 보장 또는 물적·서비스상의 보장을 국가가 조치하는 제도」라고 정의하기도 한다.[2]

우리는 이곳에서 사회보장을 모든 국민에게 최저생활을 보장하고 국민생활을 안정시키려는 제도라고 정의하고자 한다.

(2) 사회복지와 사회보장

사회복지와 사회보장은 여러 가지 뜻으로 사용되며 용어상의 혼란이 많다. 우리 헌법 제34조 제2항은 「국가는 사회보장·사회복지의 증진에 노력할 의무를 진다」고 규정함으로써 사회보장과 사회복지를 별개의 동등한 개념으로 사용하고 있다. 우리나라 예산당국은 이와는 달리 사회복지를 넓은 뜻으로 사용하

---

1) 古田秀夫, 社會保障(東京: 勞動旬報社, 1975), p. 1.

2) 坂寄俊雄, 社會保障[第二版](東京: 岩波書店, 1974), p. 14.

고 건강보험 · 국민연금과 같은 사회보험도 사회복지에 포함되는 것으로 보고 있는 것 같다.[3)]

그러나 우리는 후술하는 바와 같이 사회보장을 넓은 뜻으로 해석하고 사회복지나 사회보험은 사회보장의 내용을 이루는 제도로 보고자 한다. 다시 말해서 사회복지나 사회보험은 사회보장에 포함되는 개념으로 보고자 하는 것이다.

(3) 사회보장의 내용

사회보장의 내용에 관해서는 다양한 견해가 제시되고 있다. 사회보장이 공적부조 · 사회복지 · 사회보험 · 공중위생 및 의료를 포함한다고 하는 사람도 있으나 우리는 이것을 다음과 같이 크게 두 가지로 나누고자 한다.

① 공적부조: 공적부조와 사회복지를 별개로 다루는 사람들이 있으나 우리는 공적부조가 생활부조와 사회복지를 포함하는 것으로 보고자 한다.

생활부조란 세대의 수입이 일정기준에 미달하는 빈곤수준에 있는 경우 일정기준에 도달하도록 부조하는 것을 말한다. 우리나라에서는 1999년에 제정하여 2000년 10월부터 시행한 국민기초생활보장법에 의하여 생활부조에 힘쓰고 있다.

사회복지는 아동복지 · 노인복지 · 장애자복지와 같이 명백한 이유에 의하여 가득능력(稼得能力)을 결여한 사람들에게 최저한의 보호를 베푸는 것을 말한다.

② 사회보험: 후술하는 바와 같이 비스마르크치하의 독일에서 시작된 사회보험은 오늘날 넓은 뜻으로 해석되고 있다.

미국에서 노령자 및 유족보험이라 하고 우리나라에서 국민연금이라고 하는

---

3) 기획예산처 2002년도 예산개요(서울: 기획예산처, 2002), pp. 145-146.

노령보험을 위시하여 실업보험, 산업재해보상보험, 건강보험(의료보험), 임시 신체장해보험 등 광범위한 각종 보험을 포함하고 있다.

모든 국민을 대상으로 하는 건강보험(의료보험)을 지니지 않은 미국에서는 노령층을 대상으로 하는 Medicare와 저소득층을 대상으로 하는 Medicaid라는 한정된 부류의 사람들을 대상으로 하는 의료보험제도가 있다.

(4) 사회보장의 기본적 과제

사회보장을 둘러싼 과제가 많으나 우리는 가장 기본적인 과제로서 다음의 세 가지를 들고자 한다.[4]

① 사회보장의 규모를 둘러싼 과제: 첫번째 과제는 사회보장의 「규모」를 둘러싼 과제라 하겠다. 다시 말해서 사회보장의 규모 또는 크기를 어느 정도로 할 것인가 하는 문제이다. 이것이 「큰 정부 대 작은 정부」 또는 「고복지고부담 대 저복지저부담」에 관한 문제라 하겠다.

② 사회보장의 내용을 둘러싼 과제: 둘째 과제는 일정한 규모의 사회보장을 실시하는 경우에도 그 사회보장의 내용, 특히 의료, 연금, 복지 등의 「비중」 내지는 조합을 어떻게 할 것인가 하는 문제이다.

③ 사회보장의 재원을 둘러싼 과제: 셋째는 사회보장의 재원을 어떻게 조달할 것인가 하는 문제이다. 다시 말해서 그 재원을 조세에 의존하느냐 보험료에 의존하느냐 하는 문제이다.

우리가 재무행정론에서 사회보장을 다루는 것은 사회보장의 재원문제가 오늘날 한국을 위시한 각국에서 중요한 이슈로 제기되고 있기 때문이라 하겠다. 특히 각국에서 고령화사회의 급속한 진전으로 사회보장재정에 어려움이 가중되고 있는데 이것이 사회보장에 한정된 문제로 머무는 것이 아니라 일반재정에도 지대한 영향을 미치고 있는 것이 오늘날의 현실이라 하겠다.[5]

(5) 사회보장의 연혁

사회보장의 기원은 멀리 1601년에 제정된 영국의 구빈법(救貧法)에까지 소급해 올라갈 수 있겠다. 그러나 사회보장의 핵심적 축의 하나를 이루는 사회보험제도가 시작된 것은 19세기의 일이다.

---

4) 廣井良典, 日本の社會保障(東京: 岩波書店, 1999), pp. 22-23.

5) 제5편 제6장 「재정건전화능력」 참조.

〈표 5-8〉 사회보장프로그램의 최초도입국

	최초 도입국	두번째 도입국	세번째 도입국
산업재해보상보험	독일(1871)	스위스(1881)	오스트리아(1887)
건강보험	독일(1883)	이탈리아(1886)	오스트리아(1888)
노령보험(연금)	독일(1889)	덴마크(1891)	프랑스(1895)
실업보험	프랑스(1905)	노르웨이(1906)	덴마크(1907)
최저생활보장	오스트리아(1921)	뉴질랜드(1926)	벨기에(1930)

주: ( ) 내 수치는 도입연도.
자료: C. Pierson, *Beyond the Welfare State*, p. 111.

사회보험제도는 당시 자본주의의 선진국이었던 영국이 아니라 후발국이었던 독일에서 시작되었다. 비스마르크치하였던 1883년에 질병보험이 도입되었으며 1885년에는 노동재해보험이 시작되었고 1889년에는 노령보험이 도입되었다. 영국에서는 1908년에야 노령연금법(Old Age Pension Act)이 제정되었다.[6)]

사회보장이라는 용어를 처음으로 사용한 것은 1935년에 제정된 미국의 사회보장법이며 뉴질랜드도 1938년에 같은 이름의 법률을 제정했다.[7)]

사회보장이 본격적으로 전개된 것은 제2차대전 이후의 일이나 그 선구적 작업은 제2차대전중에 발표된 Beveridge의 「사회보험 및 관련서비스」와 ILO의 「사회보험에의 길」에서 찾아볼 수 있다. 특히 1942년에 발표된 소위 Beveridge 보고서는 제2차대전 후에 전개될 영국사회보장제도의 기초를 이루었을 뿐만 아니라 제2차대전 후 세계각국의 사회보장계획에 지대한 영향을 미쳤다.

제2차대전 후 각국은 사회보장을 실천에 옮기기 위하여 그 헌법에 사회보장에 관한 규정을 삽입하게 되었다. 1946년 10월 27일에 공포된 프랑스 제4공화국헌법은 그 전문에서 사회보장에 관해서 규정했으며 1947년에 제정된 이탈리아공화국 헌법은 4개조문에서 국민이 사회보장을 받을 권리를 명시했다.

우리나라 헌법도 제34조에서 6개항에 걸쳐 사회보장에 관해서 규정하고 있는데 제34조 제1항은 「모든 국민은 인간다운 생활을 할 권리를 가진다」고 규정

6) Christopher Pierson, *Beyond the Welfare State: The New Political Economy of Welfare*, third edition(Cambridge: Polity Press, 2006), pp. 110-114.

7) Edward D. Berkowitz, "The Historical Deveolpment of Social Security in the United States," in Eric King and James Schulz(eds.), *Social Security in the 21st Century*(New York: Oxford University Press, 1997), pp. 22-23; Gerald D, Nash, Noel H. Pugach and Richard F. Tomasson, *Social Security: The First Half-Century*(Albuquerque: University of New Mexico Press, 1988), pp. 7-8.

하고 이어서 제2항에서는 「국가는 사회보장 · 사회복지의 증진에 노력할 의무를 지닌다」고 규정하고 있다.

2. 사회보장의 유형

사회보장의 유형은 여러 가지 관점에서 여러 가지로 분류할 수 있을 줄 아나 우리는 다음과 같이 분류하여 고찰하고자 한다.

(1) 보편주의형 · 사회보험형 · 시장중시형

가장 많이 사용되는 분류방법으로서 현제 각국에서 채택하고 있는 제도를 망라한 것이라 할 수 있다.

① 보편주의형: 스웨덴을 위시한 북유럽 여러 나라에서 채택하고 있는 것으로서 전 주민을 대상으로 하고 재원을 조세에 의존하며 평등지향적인 사회보장제도이다.

② 사회보험형: 사회보험의 모국이라 할 수 있는 독일을 위시하여 프랑스 등에서 채택하고 있다. 사회보험에 중점을 두는 까닭에 피고용자를 주된 대상으로 삼을 수밖에 없으며 소득비례적인 급부를 특징으로 한다.

③ 시장중시형: 미국이 대표적인 국가라 할 수 있는데 민간보험이 무거운 비중을 차지하며 국가의 개입은 최소한으로 한정하려고 하고 있다.

(2) 피고용자형과 국민형

전술한 사회보험형 · 보편주의형과 유사한 개념이라 할 수 있다. 피고용자형은 유럽 대륙 여러 나라에서 채택하고 있는 것으로서 노동보험의 전통에 의하여 오늘날도 피고용자를 중심으로 한 사회보험에 역점을 두고 있다.

이와 반대로 국민형은 북유럽 여러 나라에서 채택하고 있는 것으로서 피고용자냐 아니냐를 불문하고 널리 국민일반을 대상으로 삼고 있다.

(3) 능력형과 평등형

능력형이란 지출이나 급부가 보수에 비례하는 것으로서 전술한 사회보험형이나 피고용자형이 이에 해당된다고 하겠다.

이에 반하여 평등형은 최저한의 보장을 강조하며 가급적 대상자를 평등하게 대하려고 한다. 전술한 보편주의형이 대체로 이에 해당된다고 하겠다.

(4) 보험료형과 조세형

사회보장 재원의 조달방법에 의거한 분류라 할 수 있다. 보험료형은 보험료를 재원으로 삼는 것으로서 국고부담은 별로 없다. 보험료는 일반적으로 보수에 비례하며 피고용자뿐만 아니라 고용주도 부담한다.

이에 반하여 조세형은 재원을 조세로 조달하는 것으로서 국고 또는 지방재정에 의한 부담이 중심이 된다. 전술한 보편주의형이나 국민형이 이에 해당된다고 하겠다.

(5) 현금급부형과 현물급부형

사회보장급부를 현금으로 하느냐 현물로 하느냐에 의한 분류이다. 연금이나 실업보험 등은 현금으로 급부하나 건강보험의 경우에는 의료자체를 보장하고 현금을 지급하지 않는다. 공적부조도 미국의 food stamp와 같이 현물로 급부하는 경우가 많다.

제 2 절 사회보장재정

1. 사회보장재정의 운용형태

전술한 바와 같이 사회보장은 노령보험(국민연금)이나 건강보험(의료보험)과 같은 사회보험뿐만 아니라 생활부조와 사회복지까지 포함하는 제도이므로 그 재정은 여러 가지 형태로 운용되고 있다.

(1) 일반회계예산과 특별회계예산

우리나라 사회보장관련 지출은 일반회계예산이나 특별회계예산에 많이 계상되고 있다.

① 일반회계예산: 2011년도 일반회계예산을 보면 사회보장관련예산이 16조 7,347억원 책정되어 있는데 일반회계예산의 8.0%에 해당된다. 이 중 8조 5,783억원이 공적부조에 해당되는 기초생활보장과 취약계층지원예산이며 공정연금지원도 1조 7,155억원을 차지하고 있다.[8)]

---

8) 기획재정부, 2011나라살림: 예산개요(서울: 기획재정부, 2011), pp. 216-217.

② 특별회계예산: 우리나라 특별회계 중 사회보장과 관련된 것이 별로 없다. 과거에는 공무원연금특별회계와 군인연금회계가 있었으나 폐지되고 공무원연금기금과 군인연금기금에 흡수되었다.

(2) 기 금

우리나라 사회보장관련 경비는 기금에 많이 책정되어 있다. 이 중에는 공무원연금기금, 군인연금기금과 같이 특별회계에서 기금으로 전환된 것이 있는가 하면 처음부터 기금으로 출발한 것도 있다.

〈표 5-9〉 한국의 사회보장관련 기금실태

기금명	설치연도	2011년도 운용규모 (억원)	설치근거법률
공무원연금기금	1960	141,765	공무원연금법
군인연금기금	1963	25,575	군인연금법
사립학교교직원연금기금	1974	92,008	사립학교교직원연금법
보훈기금	1981	6,520	보훈기금법
국민연금기금	1988	767,577	국민연금법
국민건강증진기금	1995	19,598	국민건강증진법
고용보험기금	1995	73,406	고용보험법
산업재해보상보험 및 예방기금	1995	97,819	산업재해보상보험법

자료: 기획재정부, 2011예산개요, pp. 246-248.

사회보장관련 기금 중 가장 규모가 큰 것은 〈표 5-9〉와 같이 국민연금기금으로서 2011년도 운용규모가 76조 7,577억원에 달하며 다음이 공무원연금기금(14조 1,765억원), 고용보험기금(7조 3,406억원), 산업재해보상보험기금(9조 7,819억원)의 순이다. 이들 3개 기금은 빠른 속도로 그 규모가 늘어나고 있는데 국민연금기금의 경우 2003년도 운영규모가 42조 8,157억원이었던 것이 불과 8년 동안에 1.8배에 달하게 되었다.

(3) 트러스트 · 펀드

미국의 일부 사회보장적 경비는 트러스트 · 펀드(trust fund)에서 지출되고 있다. 이 트러스트 · 펀드는 우리나라의 기금보다 특별회계에 가까운 것으로서 특정한 세입으로 운용되며 비교적 재정적 자율성을 누리고 있다.

사회보장적 지출이 모두 트러스트 · 펀드에서 지출되고 있는 것은 아니다. 같은 의료보험적 성격의 프로그램이지만 메디케아(Medicare)는 트러스트 · 펀드를 지니나 연방정부와 주정부가 공동으로 출연하는 메디케이드(Medicaid)는 트러스트 · 펀드를 지니지 않는다. 미국의 가장 대표적인 사회보장관련 트러스트 · 펀드라고 할 수 있는 사회보장 트러스트 · 펀드와 메디케아 트러스트 · 펀드에 관해서 살펴보고자 한다.

① 사회보장 트러스트 · 펀드: 미국의 사회보장법은 1935년에 제정되었으나 사회보장 트러스트 · 펀드가 설치된 것은 1939년의 일이다.[9] 전술한 바와 같이 미국의 사회보장법이 말하는 사회보장은 주로 노령 및 유족보험(Old-Age Survivors Insurance)이며 사회보장 트러스트 · 펀드도 노령 및 유족보험을 위한 것이다.

사회보장 트러스트 · 펀드는 몇 번의 위기를 경험했으나 잘 극복하여 현재까지는 흑자를 시현하고 있다. 1970년대 후반의 위기는 1977년 Carter행정부하에서 사회보장재정의 보강을 위한 법률이 제정되어 일단 극복한 듯 보였으나 1980년 초에 와서 다시 위기의 징후가 나타났다. 1977년만 하더라도 기금의 잔액이 연간지출의 66%에 해당하는 것이었으나 1980년에는 잔액이 연간지출의 25%로 급감하였다.[10]

이를 수습하기 위하여 여러 가지 방안이 제시되었으나 하나도 햇빛을 보지 못하자 Reagan행정부는 사회보장개혁위원회(National Commission on Social Security Reform)를 설치하였다. 이 위원회의 개혁안이 의회를 통과하여 1983년 4월 20일 Reagan대통령의 서명을 얻었다.[11]

사회보장 트러스트 · 펀드의 수입을 늘리고 지출을 다소 삭감하는 이 법률(PL 98-21)의 제정으로 제2차대전 직후의 baby boom시기에 출생한 사람들이 은퇴하는 2015년까지는 이 트러스트 · 펀드가 큰 어려움이 없을 것으로 보고 있다.

1980년대 중반부터 사회보장 트러스트 · 펀드의 흑자가 늘어나기 시작하여

---

9) Eric M. Patashnik, *Putting Trust in the US Budget: Federal Trust Funds and the Politics of Commitment*(Cambridge: Cambridge University Press, 2000), p. 64.

10) Paul Light, *Artful Work: The Politics of Social Security Reform*(New York: Random House, 1985), p. 92.

11) *Ibid.*, p. 240.

〈표 5-10〉 미국 사회보장재정의 흑자와 일반재정적자

(단위: 10억 달러)

회계연도	사회보장 이외의 재정적자	사회보장재정흑자	종합재정수지
1985	-222	+9	-212
1986	-238	+17	-221
1987	-169	+20	-149
1988	-194	+39	-155
1989	-205	+52	-153
1990	-278	+58	-221
1991	-322	+54	-269
1992	-341	+51	-290
1993	-300	+47	-255
1994	-259	+57	-203
1995	-226	+60	-163
1996	-174	+66	-107
1997	-103	+81	-22
1998	-29	+99	+70

자료: Eric Patasgnik, *Putting Trust in the US Budget: Federal Trust Funds and the Politics of Commitment*(Cambridge: Cambridge University Press, 2000), p. 92.

일반재정의 적자를 많이 메워주었다. 〈표 5-10〉과 같이 1985년도에 90억 달러였던 사회보장흑자가 1998년도에는 990억 달러로 늘어났으며 이로 인하여 일반재정의 적자 290억 달러를 상쇄하고 700억 달러의 흑자를 시현하는 데 이바지했던 것이다.

② 메디케아 트러스트·펀드: 메디케아(Medicare) 트러스트·펀드라고 하지만 사실은 입원환자를 위한 병원보험 트러스트·펀드(Hospital Insurance Trust Fund)와 통원치료환자를 위한 추가적 의료보험(Supplemental Medical Insurance) 트러스트 펀드로 구성된다. 전자는 조세를 재원으로 삼으나 후자는 재원의 4분의 3을 일반재정전출금으로 충당하고 4분의 1은 수혜자의 보험료로 충당한다.[12]

노령층을 대상으로 하는 메디케아지출은 의료비의 급증과 노령인구의 증대로 빠른 속도로 늘어나고 있다.[13] 〈표 5-11〉과 같이 노령보험보다 훨씬 빠른

12) Patashnik, *op. cit.*, p. 94.

13) Wildavsky와 Caiden은 메디케아지출 급증의 또 하나의 요인으로 의료기관의 부정행위를 들고 있다(Aaron Wildavsky and Naomi Caiden, *The New Politics of the Budgetary Process*, fourth edition, Reading: Addison-Wesley, 2001, p. 206).

〈표 5-11〉 미국의 노령보험 및 메디케아지출의 추이

회계연도	노령보험		메디케아	
	지출액(백만 달러)	지수	지출액(백만 달러)	지수
1993	304,585	100	130,552	100
1994	319,565	105	144,747	111
1995	335,846	110	159,855	122
1996	349,676	115	174,225	133
1997	365,257	120	190,016	146
1998	379,225	125	192,822	148
1999	390,041	128	190,447	146
2000	409,436	134	197,113	151
2001	433,623	142	219,258	168
2002	455,119	149	229,903	176
2003	477,137	157	242,114	185
2004	501,641	165	255,851	196
2005	528,067	173	282,787	217
2006	548,549	180	329,868	253
2007	586,153	192	375,407	288
2008	615,256	202	396,333	304
2009	649,332	213	413,324	317
2010	686,689	225	427,608	328
2011	725,468	238	460,365	353
2012	768,681	252	454,193	348
2013	847,380	278	504,958	387

주: ① 2007년도까지는 실적이며 그 후는 추정치임.
② 노령보험은 미국에서 사회보장이라고 하는 것임.

자료: Office of Management and Budget, *Budget of the U.S. Government: Historical Tables* (Washington: Government Printing Office, 2009), pp. 65-67.

속도로 늘어나고 있는데 메디케아의 2011년도 지출은 1993년도 지출의 3.5배를 훨씬 초과할 것으로 전망된다.

후술하는 바와 같이 이와 같은 사회보장관련 지출의 급속한 팽창이 앞으로 모든 선진국의 재정위기의 원인으로 작용할 것이다.

2. 사회보장재정의 전망

(1) 고령소자사회의 진전

사회보장재정의 미래를 어둡게 하는 요인으로서 고령화사회의 진전을 들 수 있다. 각국이 빠른 속도로 「고령화사회」에서 「고령사회」로 진입하고 있으며 다

시 「초고령사회」를 향하여 나가고 있다.[14] 통계청의 추계에 의하면 한국은 2022년에 노령인구가 전체인구의 14.3%를 기록하면서 고령사회에 진입하며, 2032년에는 20%를 넘어 초고령사회에 진입할 것이라 한다.

이러한 추세는 미국·일본과 같은 국가에 비하여 한국이 훨씬 소요기간이 짧은 것으로 나타난다. 고령화사회에서 고령사회로 진입하는 데 소요되는 기간이 미국은 71년, 일본이 24년이 소요되는 데 비하여 한국은 22년이 소요될 것으로 추정된다. 고령사회에서 초고령사회로 진입하는 데 소요되는 기간은 미국이 15년, 일본이 12년이 소요되는 데 대하여 한국은 10년이 소요될 것으로 전망된다.[15]

〈표 5-12〉 각국 고령인구비율의 추이

(단위: %)

	1960	1980	2000	2010	2020	2040	2050
미 국	9.2	11.2	12.4	13.0	16.1	21.0	21.6
영 국	11.7	14.9	15.9	16.6	18.5	22.6	22.9
독 일	11.5	15.6	16.4	20.5	23.0	31.8	32.5
프 랑 스	11.7	14.0	16.1	17.0	20.9	26.5	26.9
일 본	5.7	9.1	17.3	23.1	29.2	36.5	39.6
한 국	3.7	3.9	7.3	11.0	15.4	30.2	34.2

주: 65세 이상 인구의 비율임.
자료: 日本 總務省 統計局, 世界の統計(2011), pp. 30-33

고령화 사회의 진전과 함께 또 하나 우려할 현상은 출생률의 저하로 인한 소자(少子)사회의 진전이다. 한국의 경우 1975~80년 기간에는 인구 1000명당 23.1명이었던 출생률이 2010~15년 기간에는 인구 1000명당 9.1명으로 감소될 것으로 전망되며 2030~35년 기간에는 7.7명에 이를 것으로 우려된다.

이러한 소자사회의 진전은 사회보장재정의 재원면에서의 지속가능성이나 세대간 공평성의 추구가 중요성을 지닌다는 문제를 제기할 뿐만 아니라 인구감소에 의한 잠재성장력의 저하라는 문제를 야기한다.

14) 고령화사회는 노년인구의 비율이 7% 이상인 경우이고, 고령사회는 14% 이상인 경우이며, 초고령사회는 20% 이상인 사회이다.

15) 제5편 제6장 「재정건전화능력」 참조.

〈표 5-13〉 각국 출생률의 추이

(단위: 인구 1,000명당)

	1975 ~ 80	1980 ~ 85	2000 ~ 05	2005 ~ 10	2010 ~ 15	2020 ~ 25	2030 ~ 35
미국	15.1	15.5	14.2	14.2	13.5	12.4	11.8
영국	12.4	13.5	11.6	12.2	12.0	11.9	11.1
독일	10.3	10.8	8.8	8.1	7.9	8.1	7.8
프랑스	13.8	14.2	12.9	12.2	11.4	10.7	10.6
일본	15.2	12.8	8.9	8.2	7.5	6.9	7.0
한국	23.1	20.4	10.4	9.5	9.1	8.4	7.7

자료: 日本 總務省 統計局, 世界の統計(2011), p. 60

(2) 사회보장지출의 확대

이와 같이 빠른 속도로 늘어나는 노령인구는 각국에서 국민연금(노령보험) 지출이나 건강보험지출을 위시한 사회보장지출의 급격한 팽창을 초래할 것이다. 거기에다가 한국과 같은 사회보장제도후진국의 경우에는 일부 프로그램의 확대·강화도 이루어져야 하므로 사회보장지출이 더욱 팽창할 것이다.

일본에서 사회보장의 발전방향에 관해서 네 가지 대안을 상정하고 각 대안의 경우 미래의 국민부담률을 추계한 것이 있다.

첫째로 전 분야중점형은 의료·연금·복지 모든 분야에 걸쳐서 일정한 효율화를 도모하면서 공적인 급부범위자체에 관해서는 기본적으로 현재의 수준을 유지하자는 안이다. 둘째의 의료·복지중점형은 의료·복지에 관해서는 현행수준을 유지하면서 연금은 가급적 공적급부를 감축·억제하는 방향으로 나가자는 것이다. 셋째의 연금중점형은 현금급부인 연금은 현행수준을 유지하나 의료·복지에 관해서는 과감하게 공적급부의 범위를 감축하자는 것이다. 넷째의 시장형은 의료·연금·복지 등 모든 분야에 걸쳐서 공적급부를 감축하고 기본적으로 「시장」 중심으로 나간다는 것이다.

이러한 네 가지 대안에 따라서 미래의 국민부담률(조세부담률+사회보장부담률)을 추계했더니 〈표 5-14〉와 같은 결과가 나왔다. 이것은 어디까지나 민간연구기관의 추계에 지나지 않으나 2050년에 가면 시장형의 국민부담률이 51.5%가 될 것이며 전 분야중점형은 74.9%에 달하게 될 것이라는 전망이다.[16]

16) 廣井, 전게서, pp. 199-200.

〈표 5-14〉 일본의 사회보장발전방안별 국민부담률추계

(단위: %)

	2000	2010	2025	2040	2050
전분야중점형	43.9	50.8	60.4	67.9	74.9
의료복지중점형	41.5	41.5	45.8	53.2	60.6
연 금 중 점 형	41.9	48.4	57.1	63.8	69.7
시 장 형	37.7	36.4	39.4	45.0	51.5

주: 국민부담률은 조세부담률과 사회보장부담률의 합계임.
자료: 廣井良典, 日本の社會保障(東京: 岩波書店, 1999), p. 199.

이와 같은 사회보장지출의 확대가 중요한 요인으로 작용하여 〈표 5-15〉와 같이 각국의 재정상황이 많이 악화하고 있으며 선진국 중에서도 채무잔고가 GDP대비 100%를 초과하는 국가(이탈리아 · 일본)가 있는가 하면 100%를 초과하지 않더라고 100%에 육박하는 국가들(미국 · 프랑스)도 있다.

〈표 5-15〉 각국의 채무잔고의 추이

(단위: %)

	1995	2000	2005	2006	2007	2008	2009	2010
미 국	69.9	54.4	60.9	62.0	71.1	84.4	92.8	98.5
영 국	51.2	40.4	46.1	47.2	57.0	72.4	81.3	88.6
독 일	58.8	59.8	69.3	65.3	69.4	76.5	79.9	81.3
프 랑 스	66.3	64.3	70.9	70.0	75.9	87.1	92.4	97.1
이탈리아	128.9	120.8	117.2	112.7	115.1	127.7	131.3	132.7
캐 나 다	101.7	82.7	70.3	66.5	71.3	83.4	84.4	85.5
일 본	93.8	135.4	172.2	167.1	173.9	192.8	198.4	204.2

주: 채무잔고의 GDP 대비 비율임.
자료: OECD. 경제전망.

(3) 사회보장지출억제노력

사회보장지출의 과도한 팽창을 억제하기 위하여 각국이 사회보장제도의 개혁에 나섰다. 〈표 5-16〉과 같이 노령보험의 경우에는 수급개시연령을 인상하고 수급자격취득에 소요되는 기간을 연장하는가 하면 물가의 급부에의 반영률을 축소하는 등의 개혁을 단행했다. 장해연금의 경우에는 장해의 심사를 엄격히 하고 급부기간을 단축하며 급부액의 감축을 단행했다. 실업보험의 경우에는 수

〈표 5-16〉 OECD국가들의 사회보장급부의 감축

프로그램별	개　혁	개혁도입국가
노령보험	- 수급개시연령 인상 - 수급자격취득소요기간 연장 - 물가상승률반영의 축소 - income testing	- 영국, 뉴질랜드, 이탈리아, 일본 - 프랑스, 포르투갈, 아일랜드, 핀란드 - 영국, 프랑스, 스페인 - 오스트리아, 덴마크, 호주
장해연금	- 장해의 엄격한 심사 - 수급기간의 단축・급부의 감축	- 영국, 덴마크, 호주 - 영국, 미국, 네덜란드
실업보험	- 수급기간의 단축 - 급부의 감축 - 수급자격의 축소	- 벨기에, 영국, 덴마크, 미국 - 독일, 아일랜드, 뉴질랜드, 스위스 - 네덜란드, 영국, 벨기에
기초생활보장	- 수급자격의 축소 또는 급부의 감축	- 영국, 스페인, 네덜란드

자료: Christopher Pierson, *Beyond the Welfare State*, third edition, p. 168.

급기간을 단축하고 급부액을 감축했으며 수급자격의 축소를 단행했다. 끝으로 기초생활보장의 경우에는 수급자격의 축소 또는 급부액의 감축을 단행했다.[17]

이와 같이 각국이 여러 가지 개혁을 단행하여 다소간의 성과를 거두기는 했으나 고령화의 급속한 진전에 따르는 사회보장지출의 팽창을 크게 억제하지는 못하였다고 하겠다.

2011년부터 시작된 유럽발 경제위기는 남부유럽 여러 나라의 재정악화에서 비롯된 것이라 할 수 있는데 재정악화는 무엇보다도 사회보장재정의 팽창에 그 원인이 있다는 것은 널리 알려진 사실이다.

17) Pierson, *op. cit.*, pp. 163-164.

제 5 장 조세지출

제 1 절 조세지출의 의의와 특징

1. 조세지출의 의의

(1) 개 념

조세지출(tax expenditure)을 정부가 특정목표를 달성하기 위하여 기업이나 개인이 납부해야 할 세금을 감면해 주는 것이라고 정의하는 사람이 있는가 하면[1] 미국의 1974년의 의회예산법은 조세지출을 세법의 특별규정에 의거한 수입의 감소라고 정의하고 있다.[2]

우리나라의 조세지출보고서는 조세지출을 「조세의 정상적인 과세체계에서 벗어난 특례규정에 의하여 세부담을 경감시킴으로서 발생하는 국가세입의 감소」라고 정의하고 있다.[3]

우리는 이곳에서 조세지출을 정부가 특정목표를 달성하기 위하여 세법의 특별규정에 의하여 기업이나 개인이 납부해야 할 세금을 감면해 주거나 이연(연기)해 주는 것이라고 정의하고자 한다. 이것을 좀더 구체적으로 살펴보기로 한다.

① 목표달성을 위한 수단: 조세지출은 정부가 특정한 목표의 달성을 위하여 활용하는 수단이라는 사실에 유념할 필요가 있다. 다시 말해서 조세지출은 경제성장의 촉진이나 사회복지의 증진과 같은 정책목표를 달성하기 위한 수단이

1) 박기백, 조세감면과 조세지출예산에 대한 연구(서울: 한국조세연구원, 1999), p. 62.

2) Allen Schick, "Controlling Nonconventional Expenditure: Tax Expenditures and Loans," *Public Budgeting and Finance*, Spring 1986, p. 10.

3) 박명호 · 전병힐, 조세지출과 세출예산의 연계방안검토(서울: 한국조세연구원, 2009), p. 5.

다. 이리하여 McDaniel은 조세지출을 직접적 지출(direct expenditure)과 함께 정책목표달성을 위하여 정부가 활용하는 정책수단의 하나로 보고 있는 것이다.[4)]

② 조세의 연기 · 이연: 조세지출은 기업이나 개인이 납부해야 할 세금을 감면하는 경우뿐만 아니라 연기(이연)하는 경우도 포함한다.

③ 세법의 특별규정: 조세지출은 정상적인 세법의 규정이나 세율에 예외를 규정함으로써 조세의 감면 · 연기를 해주는 것이다.

(2) 유사개념

후술하는 바와 같이 조세지출이라는 개념은 비교적 근래에 사용하기 시작한 것으로서 과거에는 조세감면 · 조세지원이라는 용어가 많이 사용되었으며 조세구멍(tax loophole)이라는 용어도 사용되었다.

① 조세감면: 과거에 가장 많이 사용된 개념이 조세감면이다. 납세자가 부담해야 할 세금이 줄어든다는 측면을 강조한 개념이라 하겠다. 조세지출이 정부의 간접적 지출이라는 점을 강조한 개념인 데 대하여 조세감면은 정부가 기업이나 개인이 납부할 세금을 줄여주거나 면제해 준다는 점을 강조한 개념이라 하겠다.

② 조세지원: 조세감면보다 적극적인 개념으로서 조세지원이 있다. 정부가 「특정목표를 달성하기 위하여」 세금을 감면해 준다는 의미를 지니는 조세지원은 다음의 조세구멍(tax loopholes)과 대비되는 개념이다.

③ 조세구멍: 전술한 조세지원이 입법부가 의도적으로 채택한 규정에 의한 조세의 감면인 데 대하여 tax loopholes는 입법부가 예견하지 못했으나 조세전문가들이 발견한 조세회피방안이다. 그 가장 대표적인 예로서 주정부나 지방자치단체가 발행한 공채의 이자소득에 대한 비과세를 들 수 있다.[5)]

(3) 조세지출의 유형

조세지출 또는 조세지원은 실제에 있어서 여러 가지 형태를 지닌다. 우리나

---

4) Paul R. McDaniel, "Tax Expenditures as Tools of Government Action," in Lester Salamon (ed.), *Byond Privatization: The Tools of Government Action*(Washington, D. C.: Urban Institute Press, 1989), p. 167.

5) Stanley S. Surrey and Paul R. McDaniel, *Tax Expenditures*(Cambrridge: Harvard University Press, 1985), p. 25.

라에서 사용하는 것을 중심으로 조세지출(조세지원)의 유형을 살펴보면 다음과 같다.[6]

① 비과세: 실제적으로 소득에 해당하지만 과세대상소득에서 제외하는 것을 말한다. 미국에서는 주정부나 지방자치단체가 발행한 공채에 대한 이자소득은 비과세항목에 속한다.

② 소득공제: 특정사업에서 발생한 소득금액의 일정비율을 과세표준에서 공제하는 것을 말한다. 우리나라의 경우 기초공제 외에 배우자공제 · 부양가족공제 · 장애자공제 · 경로우대공제 등이 인정되고 있다.

③ 저율과세: 소득이나 규모가 작은 법인이나 특정부문에 낮은 세율을 적용하는 것을 말한다.

④ 세액감면: 감면대상에서 발생한 세액의 일부 또는 전부를 감면하는 것을 말한다. 우리나라 지방세인 취득세나 등록세 등의 경우 지방세법에 열거된 특수법인이 그 고유의 업무에 직접 사용하기 위하여 취득하는 부동산 등에 대해서 세액의 100분의 50을 감면하는 것은 세액감면의 일례이다.[7]

⑤ 세액공제: 투자금액이나 지출금액의 일정비율을 납부할 세액에서 공제하는 것을 말한다. 우리나라 내국법인이 국외원천소득에 대하여 납부한 외국법인세액을 당해 사업연도의 법인세액에서 공제하도록 하는 것은 세액공제의 한 예이다.

⑥ 준비금: 간접지원방법에 속하는 것으로서 장래에 발생할 비용 또는 투자에 대하여 일정금액을 미리 비용으로 설정하는 것을 말한다.

⑦ 특별상각: 이 역시 간접지원방법에 속하는 것으로서 일반 감가상각에 추가하여 감가상각을 허용하는 것을 말한다.

(4) 조세지출개념의 발전과정

전술한 바와 같이 조세지출은 1960년대 후반에 등장한 비교적 새로운 개념이다. 그 전에는 조세감면이나 조세지원이라는 개념이 통용되었던 것이다.

1968년 미국의 재무부가 조세지출예산을 공표했는데 그 후 「조세지출」이라는 개념이 빠른 속도로 보급되기 시작했다. 1974년에 제정된 의회예산법은 이

---

6) 박기백, 전게서, p. 65.

7) 유 훈, 지방재정론[제3정판](서울: 법문사, 2000), p. 156 참조.

개념을 예산과정에 통합할 것을 규정했으며 1975년도 이후의 매년도 예산은 「조세지출」이라는 제명의 특수분석을 포함하게 되었고 소득세와 관련된 조세지출의 상세한 일란표를 예산의 부록으로 수록했다.

이 조세지출이라는 개념에 관해서는 국제학회에서도 관심을 표명하기 시작했는데 1976년과 1977년에 국제재정학회(International Fiscal Association)와 국제재정연구회(International Institute of Public Finance)의 연차총회에서 토의의 제로 채택했다.

1979년에는 캐나다정부와 영국정부가 조세지출에 관한 종합분석 또는 보고서를 발표했으며 1980년부터 1982년에 이르는 기간중 다른 여러 국가들이 공식적으로 조세지출예산제도를 채택하고 조세지출에 관한 연구를 실시했다. 이어서 1984년에는 OECD회원국에 속하는 6개국의 재정학자들이 모여 조세지출에 관한 비교연구를 실시했다.[8)]

이와 같이 여러 국가에서 조세지출이라는 개념을 조세체계에 적용하게 되었다는 것은 캐나다의 Eric Kierans의 말을 빌릴 것도 없이 이 개념이 예산정책이나 조세정책에 있어서 중요한 역할을 수행하고 있는 까닭이라고 하겠다.[9)]

2. 조세지출의 특징

조세지출의 특징으로서 여러 가지를 들 수 있겠으나 직접적 지출(direct expenditure)과 대비하여 본 조세지출의 특징으로서 다음의 몇 가지를 들고자 한다.[10)]

(1) 역진적 효과

조세지출은 주로 소득이 높은 까닭에 높은 세율이 적용되는 고소득층일수록 더 많은 혜택을 받는 제도이다. 직접적 지출의 경우에는 저소득층보다 고소득층이 더 많은 혜택을 받는 사업이란 거의 존재하지 않는다.

(2) 비납세자의 제외

조세지출은 소득이 일정수준 이상에 달하여 세금을 납부하는 개인이나 기업

8) Surrey and McDaniel, *op. cit.*, pp. 1-2.
9) *Ibid.*, p. 29.
10) *Ibid.*, pp. 103-107.

에게만 혜택이 돌아가는 제도이다. 따라서 면세점 이하의 소득자나 손실을 낸 법인, 면세혜택을 받는 법인체나 정부기관은 조세지출의 혜택에서 제외된다.

(3) 낮은 가시성

조세지출은 복잡한 세법의 규정에 파묻히기 때문에 직접적 지출보다 가시성(visibility)이 낮다고 하겠다. 조세지출의 수혜자들이 직접적 지출보다 조세지출을 선호하는 이유가 여기에 있다고 하겠다.

비단 조세지출의 경우뿐만 아니라 모든 정책수단에 있어서 수혜집단은 덜 가시적인 수단을 통한 혜택을 선호한다는 것이 정책수단연구자들의 공통된 견해이다.[11]

(4) 낮은 저항의 정책수단

낮은 가시성과 밀접한 관련이 있는 특징인데, 조세지출은 여러 가지 정책수단 중에서 가장 저항이 낮은 정책수단이라 할 수 있다.[12] 그러한 까닭에 조세지출은 직접적 지출보다 신설이 용이할 뿐만 아니라 일단 마련된 조세지출은 그 폐지가 용이하지 않다는 특징을 지닌다.

(5) 조세행정의 복잡성

조세지출은 어느 나라에서나 세무행정당국이나 납세자에게 복잡성을 안겨주고 있다. 조세지출이 납세자의 납세신고를 복잡하게 할 뿐만 아니라 세무행정당국의 업무량을 가중시키고 있다.

최근 우리나라에서 많은 봉급자들이 허위 의료비영수증으로 소득세감면을 받았다는 보도가 있었는데 이러한 허위신고를 적출(摘出)하기 위하여 많은 인원이 동원되고 징세비의 누증을 초래하고 있는 것이다.

(6) 조세체계의 불공정성인식

특정한 계층의 개인이나 기업에게 혜택을 주는 조세지출은 많은 납세자에게

11) Lester M. Salamon, "Rethinking the Public Management: Third Party Government and the Changing Forms of Government Action," *Public Policy*, Summer 1981, pp. 270- 271; Stephen H. Linder and B. Guy Peters, "Instruments of Government: Perceptions and Contexts," *Journal of Public Policy*, January-March 1989, p 56.

12) Ronald F. King, "Tax Expenditures and Systematic Public Policy," *Public Budgeting and Finance*, Spring 1984, p. 28.

조세체계가 불공정하다는 인식을 줄 우려가 있다는 것이다. 특히 조세지출은 동일한 소득금액을 올린 사람은 같은 금액의 세금을 내야 한다는 수평적 형평성(horizontal equity)의 원칙에 위배된다는 인식을 줄 우려가 있다는 것이다.

제2절 조세지출의 실태

1. 미국의 조세지출

(1) 연 혁

조세지출이라는 개념이 등장하기 전이기는 하지만 미국의 조세지원(조세지출)은 일찍부터 시작되었다.

소득세의 부과가 헌법위반이라는 대법원의 판례[13]를 뒤집기 위하여 1913년에 헌법수정 제16조가 발효하자 의회가 같은 해 소득세법을 제정했는데[14] 이때에 소비자의 부채에 대한 이자와 가옥에 대한 재산세, 생명보험의 보험료 등에 대한 비과세조치가 소득세법에 규정되었다.

이어서 1914년에는 종업원퇴직연금에 대한 조세지원이 도입되었으며 1917년에는 자선기부금에 대한 조세지원이 신설되었다. 특기할 것은 1921년에 자본소득(capital gain)에 대한 조세지원이 도입되었다는 것이다.[15] 그 후 사회보장적 수입에 대한 조세지원을 중심으로 각종의 조세지원이 연이어 도입되었는데 현재 120개 이상의 항목에 달하고 있다.

(2) 조세지출개념의 등장

전술한 바와 같이 과거에 조세감면 또는 조세지원이라고 부르던 정책수단이 조세지출이라고 불리우게 된 것은 1960년대 후반의 일이다. 1968년 미국의 재무성이 조세지출예산을 공표한 것이 계기를 이루어 조세지출이라는 개념이 빠

13) 남북전쟁을 수행하기 위하여 제정된 제1차 소득세법(1861~1872)의 뒤를 이어서 1894년에 제2차 소득세법이 제정되었는데 대법원에서 헌법에 위반된다는 판결을 받았다.

14) Bernard P. Herber, *Modern Public Finance*, fifth edition(Homewood: Irwin, 1983), p. 152.

15) Christopher Howard, *The Hidden Welfare State: Tax Expenditures and Social Poilcy in the United States*(Princeton: Princeton University Press, 1997), p. 176.

른 속도로 보급되기 시작했다.

이러한 미국에서의 조세지출개념의 등장은 캐나다를 위시한 각국에 퍼져나갔는데 오늘날에 있어서 OECD회원국을 위시한 각국에서 조세지출예산을 공표하고 있을 뿐만 아니라 직접적 지출과 조세지출을 연계하려는 시도를 보이고 있다.

(3) 의회예산법과 조세지출

미국의회의 예산심의과정을 개혁하려는 데 주안점을 둔 1974년의 의회예산법[16]이 조세지출개념이 뿌리내리는 데에도 이바지했다. 의회예산법은 조세지출을 예산과정에 흡수하는 데 역점을 두었다.

의회예산법에 의하여 신설된 상·하 양원의 예산위원회에도 조세지출에 관한 기능을 부여했다. 예산위원회는 조세지출에 관한 계속적인 연구를 요구하고

〈표 5-17〉 미국조세지출의 기능별 분류(2000년도)

기능별 분류	조세지출액(억달러)	비율(%)
국 방	25	0.3
국제문제	193	2.6
일반과학·우주 및 기술	34	0.5
에 너 지	27	0.4
천연자원 및 환경	18	0.2
농 업	11	0.1
상업 및 주택	2,643	35.5
교 통	26	0.4
지역사회개발 및 지역개발	18	0.2
교육·훈련·고용 및 사회사업	766	10.3
보 건	1,133	15.2
소득보장	1,494	20.1
사회보장(노령보험)	245	3.3
보 훈	33	0.4
일반정부	0	—
일반목적 재정지원	769	10.3
이 자	10	0.1
합 계	7,445	100.0

자료: Christopher Howard, "Tax Expenditures," in Lester M. Salamon (ed.), The Tools of Government: *A Guide to the Governance*(New York: Oxford University Press, 2002), p. 417.

16) 의회예산법에 관해서는 제2편 제3장 제2절 「미국의 예산심의」 참조.

〈표 5-18〉 미국의 예산기능별 조세지출 및 직접지출 추이

(단위: 10억 달러)

구 분	2008			2009			2010		
	예산안(A)	조세지출(B)	B/(A+B)	예산안(A)	조세지출(B)	B/(A+B)	예산안(A)	조세지출(B)	B/(A+B)
국방	616.1	11.2	1.8%	730.2	11.7	1.6%	760.5	10.2	1.3%
국제교류	28.9	45.3	61.0%	32.1	45.1	58.4%	43.6	47.7	52.3%
일반과학 · 우주 및 기술	27.8	12.6	31.2%	31.2	11.8	27.5%	32.1	9.4	22.6%
에너지	0.6	5.7	90.1%	8.8	7.4	45.9%	22.6	7.4	24.7%
천연자원 및 환경	31.9	2.0	6.0%	42.0	2.3	5.3%	43.1	2.5	5.4%
농업	18.4	1.5	7.4%	20.4	1.4	6.6%	25.5	1.7	6.2%
상공업 및 주택	27.9	312.4	91.8%	500.4	232.2	31.7%	64.7	262.4	80.2%
운송	77.6	3.7	4.5%	94.3	3.8	3.9%	106.1	3.8	3.5%
지역개발	24.0	0.4	1.8%	28.0	0.4	1.4%	25.1	1.0	3.7%
교육 · 훈련 · 고용 및 사회사업	91.3	97.4	51.6%	79.3	103.1	56.5%	138.5	105.0	43.1%
보건	280.6	154.1	35.4%	353.4	168.1	32.2%	388.7	183.6	32.1%
의료	390.8	N/A	-	430.8	N/A	-	457.9	N/A	-
소득보장	431.3	137.1	24.1%	519.3	142.0	21.5%	545.8	146.3	21.1%
사회보장	617.0	28.7	4.4%	680.5	30.0	4.2%	701.9	28.5	3.9%
보훈	84.7	4.3	4.9%	96.7	4.4	4.4%	105.2	4.6	4.2%
사법행정	47.1	N/A	-	53.3	N/A	-	55.9	N/A	-
일반정부	20.3	N/A	-	21.8	N/A	-	23.7	N/A	-
순이자	252.8	N/A	-	166.9	N/A	-	176.0	N/A	-
이자소득	N/A	1.3	-	N/A	1.3	-	N/A	1.3	-
예비비	0.0	N/A	-	3.6	N/A	-	10.9	N/A	-
미처분 상쇄수입	(86.2)	N/A	-	(91.6)	N/A	-	(83.4)	N/A	-
일반보조	N/A	60.3	-	N/A	60.9	-	N/A	56.0	-
추가사항	N/A	93.5	-	N/A	90.6	-	N/A	80.3	-
합 계	2,982.9	971.5	24.6%	3,801.4	916.8	19.4%	3,644.4	951.6	20.7%

주: 원 자료에서는 조세지출 항목간 상호의존성 때문에 각 분류별 조세지출 규모 총계를 제시하고 있지않아 임의로 합산하였을 뿐만 아니라 직접지출과 간접지출 간의 비교표도 존재하지 않아 저자가 직접 산출한 것임. 그리고 2008년 예산은 실제치(actual)이고 그 이후 연도의 예산은 추정치(estimates)임.

자료: 박명호 · 전병힐, 조세지출과 세출예산의 연계방안 검토, p. 46.

평가할 뿐만 아니라 조세지출과 예산을 조정할 방법을 고안하여 그 결과를 상·하 양원에 보고할 책임을 지게 되었다.[17] 이리하여 1975년도 이후의 매년도 예산은 「조세지출」이라는 제명의 특수분석을 포함하게 되었으며 조세지출의 상세한 일람표를 예산의 부록으로 수록하게 되었다.

(4) 조세지출의 분류

미국의 조세지출을 예산의 기능별 분류에 따라 살펴본다면 〈표 5-18〉과 같이 가장 무거운 비중을 차지하는 것이 상업 및 주택으로서 2000년도에 2,643억 달러로서 조세지출총액의 35.5%에 달하고 있으며 다음이 소득보장(20.1%), 보건(15.2%)의 순이다.[18]

다소 각도를 달리하여 조세지출의 기능별 분류를 King의 재분류에 따라 살펴본다면 〈표 5-19〉와 같이 금액으로 따져서 기업에 대한 지원이 25% 가까이 차지하나 복지국가관련 조세지출의 비중이 무겁다는 것을 알 수 있다.

〈표 5-19〉 King에 의한 조세지출의 재분류

조세지출분야	금액의 구성비
재정적 연방주의(주정부·지방자치단체 관련)	16.2%
무과세 이전지출	10.2
고용관련지원	28.8
소비관련지원	15.7
저소득층지원	4.4
분야별 기업에 대한 지원	3.9
기업투자 등에 대한 지원	20.9

자료: Ronald F. King, "Tax Expenditures and Systematic Public Policy," *Public Budgeting and Finance*, Spring 1984, p. 21에서 작성.

Witte는 King과 또 다른 관점에서 조세지출을 분류하고 있다. Witte에 의하면 〈표 5-20〉과 같이 국민생활안정(need-based)을 위한 조세지출이 12.3%를 차지하며 King의 재정적 연방주의에 해당하는 조세형평을 위한 조세지출이 16.1%를 점하고 있다. Witte에 의하면 특수한 경제적 유인이 41%를 차지하고

17) Surrey and McDaniel, *op. cit.*, p. 45; Howard, *op. cit.*, pp. 186-187.

18) Christopher Howard, "Tax Expenditures," in Lester M. Salamon(ed.), *The Tools of Government: A Guide to the New Governance*(New York: Oxford University Press, 2002), pp. 417-418.

일반적 경제적 유인이 23%를 점하고 있으므로 경제적 유인이 64%에 달한다고 하고 있다.[19]

Howard는 미국의 조세지출을 숨겨진 복지국가(Hidden Welfare State)라는 관점에서 고찰하고 미국의 사회보장제도가 직접적 지출만 가지고 본다면 유럽 여러 나라의 크게 미치지 못하나 직접적 지출의 부족부분을 조세지출이 많이 보완하고 있다는 사실을 강조하고 있다. 특히 미국이 국가가 운영하는 의료보험제도를 지니지 않고도 견딜 수 있는 것은 Medicare와 Medicaid 같은 제도 외에도 고용자를 위한 민간의 의료보험제도에 대한 조세지원이 있기 때문이라는 점을 지적하고 있다.[20]

〈표 5-20〉 Witte에 의한 조세지출의 재분류

조세지출의 대상분야	금액의 구성비
국민생활안정	12.3%
조세형평	16.1
특수집단 혜택	2.0
일반적 경제적 유인	23.0
특수한 경제적 유인	41.0
기 타	5.6

자료: John F. Witte, *The Politics and Development of the Federal Income Tax*(Madison: University of Wisconsin Press, 1985), pp. 276-282에서 작성.

2. 캐나다의 조세지출

(1) 연 혁

캐나다에서는 1960년대에서 1970년대 초에 이르는 기간 중 정부예산의 규모가 크게 늘어나자 재정규모의 팽창을 더 이상 감당할 수 없다고 생각한 예산당국이 재정규모의 억제에 나서게 되었다. 담당정책분야에서 서비스 수준을 유지하려는 각 부처는 조세지출을 활용하기 시작하여 조세지출항목수와 조세지출규모가 크게 늘어나게 되었다.

이러한 배경 하에서 정부정책 우선순위와 예산편성을 연계시키려는 재정개

19) John F. Witte, *The Politics and Development of the Federal Income Tax*(Madison: University of Wisconsin Press, 1985), pp. 276-282.

20) Howard, *op. cit.*, pp. 190-191.

혁 차원에서 1979년 시작된 것이 캐나다의 조세지출예산제도이다.

(2) 조세지출의 추이

캐나다의 조세지출의 추이를 살펴본다면 〈표 5-21〉과 같이 빠른 속도로 늘어나고 있다는 것을 알 수 있다. 개인소득세분야에서는 1991년부터 2005년에 이르는 기간 중 2배 가까이 늘어났으나 특히 팽창속도가 빠른 것이 법인소득세 분야이다. 1991년부터 2005년에 이르는 기간 중 3.2배나 늘어났던 것이다.

〈표 5-21〉 캐나다의 조세지출규모 추이

(단위: 백만 캐나다 달러)

구 분	조세지출 규모		
	1991	1997	2005
개인소득세	72,404	95,860	141,157
자선·증여·기부	0	0	2,304
문화	916	65	n.a.
교육	322	700	1,516
고용	291	371	1,154
가구	4,280	6,907	1,957
농수산업	188	438	119
정부간 재정조정	10,940	13,775	19,340
일반투자	1,564	1,147	5,230
보건	1,455	2,274	3,462
노후보장	18,431	34,198	56,432
기타항목	9,261	4,959	10,810
비망항목	24,756	31,026	38,833
법인소득세	9,036	16,657	28,934
부가가치세(GST)	9,795	11,585	15,403
합 계	91,235	124,102	185,494

자료: 박명호·전병힐, 전게서, p.55.

(3) 세출예산과 조세지출의 연계

캐나다에서는 1970년대 말부터 1980년대 초까지 소위 통합관리제도(the envelope system)를 운영했다. 통합관리제도란 행정부처의 장이 새로운 조세지출을 제안하거나 기존 조세지출 확대를 요구할 경우 이로 인한 세수손실만큼 자동적으로 지출한도에서 차감함으로써 직접지출을 감소시키는 제도이다.

그러나 이 통합관리제도가 예산당국인 재무부의 권한을 부당하게 강화한다는 이유로 폐지되었다. 그리하여 현재 캐나다에서는 조세지출예산서는 세출예산과는 상관없이 별도의 문서로 발간되며 예산과정과는 연계되어 있지 않는 것이 특징이라 하겠다.[21)]

3. 한국의 조세지출

(1) 변천과정

2001년도의 그 규모가 14조 2000억원에 달해 일간지를 위시하여[22)] 많은 전문가들의 관심을 모았던 우리나라의 조세지출이 정책수단으로 각광을 받기 시작한 것은 1960년대 이후의 일이라 하겠다.[23)]

① 1960~1970년대: 고도 성장기였던 이 기간중에는 조세지출은 경제개발계획의 성공적인 수행을 위하여 전략산업의 육성과 투자재원의 유인을 위한 정책수단으로서 비교적 좋은 성과를 거두었다고 하겠다. 1977년부터는 경제개발계획과의 연계를 더욱 강화하기 위하여 5년 단위의 한시체제로 전환했으나 한시법이 조세지출을 재점검하여 축소하는 데는 이바지하지 못했다.

② 1980년대: 이 시기에는 조세지출이 전기의 특정산업지원위주의 방식에서 기능별 지원제도로 전환되었다. 다시 말해서 특정산업을 지정하여 지원하는 것이 아니라 기업의 설비투자나 기술개발과 같은 기능수행을 지원하는 데 역점을 두게 되었다. 이러한 기능별 지원제도는 i) 설비투자, ii) 기술인력개발, iii) 중소기업육성, iv) 외화획득, v) 산업구조조정, vi) 재무구조개선, vii) 외자조달 등으로 나누어진다.

③ 1990년대: 이 시기에는 조세지출제도가 i) 소득과 부의 공평한 분배, ii) 기업의 경쟁력 강화, iii) 세제의 단순화 및 명료화, iv) 조세감면의 국제적 조화라는 목표를 지니게 되었다. 한마디로 말해서 조세감면·조세지출 제도가 어느 정도 정비단계에 들어갔다고 하겠다.

1998년에는 조세감면규제법을 조세특례제한법으로 변경하여 일반 법률이나 개별세법의 조세감면 규정을 특례법으로 통합하고 조세감면에 대한 통제를 강

21) 박명호·전병힐, 전게서, pp. 51-61; 박명호, 세출예산과 조세지출예산의 연계방안: 국고보조금을 중심으로(서울: 한국조세연구원, 2009), pp. 37-39; 박명호·정희선, OECD 주요회원국의 조세지출 현황 및 비교분석(서울: 한국조세연구원, 2006), pp. 21-24.

22) 중앙일보 2002년 9월 26일.

23) 박기백, 전게서, pp. 70-72; 윤건영·임주형, 조세지원제도의 현황과 개선방향(서울: 한국조세연구원, 1993).

화하고 있다.

(2) 대상과 규모

한국의 조세지출은 전술한 바와 같이 많은 변천을 거듭했다. 1960년대와 1970년대에는 전략산업육성에 역점을 두던 조세지출이 이제는 기능별 지원제도로 전환되었다고 하겠다.

① 조세지출대상: 한국의 조세지출대상은 한 때 경제개발지원에 역점을 두었으나 2000년대에 들어 와서는 〈표 5-22〉와 같이 근로자·농어민 등 중산층 지원에 역점을 두고 있다는 것을 알 수 있다. 경제개발지원도 비중은 다소 낮아졌으나 여전히 중요한 비중을 차지하고 있으며 사회개발지원을 위한 조세지출도 무시할 수 없는 위치를 차지하고 있다.

② 조세지출규모: 조세지출규모를 본다면 중산층지원이 50%내외를 차지하고 있으며 다음이 경제개발지원으로서 35%내외를 점하고 있다. 다행스러운 것은 사회개발지원도 총조세지출의 15%내외를 차지하고 있다는 사실이다.

국세총수입액대비 국세감면액 비율의 추이를 본다면 〈표 5-24〉와 같이 2000년에는 14.3%를 차지했던 것이 2004년에는 15.5%로 다소 상승하여 2006년까지 그 수준을 유지했으나 2007년에는 국세수입이 크게 늘어난 관계로 국세감면비율은 14.3%로 다소 떨어졌다.

〈표 5-22〉 한국의 기능별 조세지출 비중의 추이(2000～2008)

(단위: %)

구 분	2000	2001	2002	2003	2004	2005	2006	2007	2008
근로자·농어민 등 중산층 지원	50.1	45.2	47.8	45.0	45.6	44.4	48.7	51.0	53.5
성장잠재력확충 등 경제개발지원	32.0	33.7	32.9	35.5	36.7	37.3	33.9	31.6	31.2
사회개발지원	13.1	16.0	14.3	14.8	13.9	14.7	15.8	16.0	14.3
기 타	4.9	5.2	4.9	4.8	3.8	3.5	1.6	1.3	1.1
합 계	100.0	100.0	100.0	100.0	100.0	100.0	100.0	100.0	100.0

주: 2007년까지는 실적이며 2008년은 추계임.
자료: 박명호·전병힐, 조세지출과 세출예산의 연계방안 검토, pp. 22-23.

〈표 5-23〉 한국의 기능별 조세지출 규모추이(2006~2009)

(단위: 천억원, %)

구 분	06년 실적			07년 실적			08년 실적			09년 잠정		
	금액	비중	증감율	금액	비중	증감율	금액	비중	증감율	금액	비중	증감율
1. 근로자·농어민 등 중산층 지원	103.9	48.7	16.8	117.1	51.0	12.7	159.2	53.1	30.6	138.4	48.7	-9.5
1.1 저축지원	12.3	5.8	15.4	14.0	6.1	13.6	17.4	6.0	24.2	18.9	6.7	8.8
1.2 근로자지원	48.5	22.7	4.0	53.9	23.5	11.3	88.4	30.7	63.9	74.3	26.2	-15.9
1.3 농어민지원	43.1	20.2	36.1	49.2	21.4	14.1	47.1	16.4	-4.1	45.2	15.9	-4.2
2. 성장잠재력 확충 등 경제개발 지원	72.4	33.9	-3.1	72.7	31.6	0.3	88.2	30.7	21.4	92.0	32.4	4.2
2.1 벤처·중소기업	19.1	8.9	28.2	20.3	8.9	6.6	33.0	11.5	62.3	31.8	11.2	-3.6
2.2 투자촉진	29.2	13.7	-13.8	26.3	11.4	-10.1	29.1	10.1	10.8	32.9	11.6	13.0
2.3 연구 및 인력개발	13.1	6.1	-0.8	16.4	7.2	25.2	18.6	6.5	13.3	18.6	6.6	-0.1
2.4 공공투자	6.4	3.0	193.0	5.6	2.4	-12.9	2.8	1.0	-50.0	2.6	0.9	-6.8
2.5 금융산업 및 구조조정	1.5	0.7	-68.2	1.0	0.5	-28.6	0.5	0.2	-50.8	0.7	0.2	35.1
2.6 지방이전 등 경쟁력 강화	3.1	1.5	-48.1	3.0	1.3	-4.4	4.2	1.4	40.5	5.3	1.9	27.5
3. 사회개발지원	33.7	15.8	14.3	36.8	16.0	9.3	43.3	15.0	17.5	49.6	17.5	14.6
3.1 교육 및 문화·체육	2.4	1.1	-17.5	1.4	0.6	-39.6	1.8	0.6	22.5	1.7	0.6	-4.2
3.2 환경	6.2	2.9	20.2	6.4	2.8	4.1	8.2	2.9	3.6	9.1	3.2	11.2
3.3 사회보장	23.8	11.2	15.6	27.5	12.0	15.4	33.3	11.6	21.2	38.8	13.7	16.5
3.4 주택	1.4	0.6	55.5	1.5	0.7	9.8						
4. 기 타	3.4	1.6	-51.7	3.1	1.3	-9.2	3.4	1.2	11.0	4.0	1.4	17.8
합 계	213.4	100.0	-	229.7	100.0	-	287.8	100.0	-	284.0	100.0	-

자료: 박명호, 세출예산과 조세지출예산의 연계방안: 국고보조금을 중심으로(서울: 한국조세연구원, 2009), p. 23.

(3) 조세지출 예산제도의 신설

많은 OECD회원국들이 조세지출예산제도를 도입하여 조세지출과 세출예산 과정의 통합에 힘쓰고 있는데 대하여 그 동안 우리나라에서는 조세지출예산제도가 없어서 많은 비판을 받아 왔다.[24]

① 국가재정법과 조세지출예산제도: 다행히도 국가재정법 제27조는 「조세지

24) 박기백, 전게서, pp. 90-92.

출예산서의 작성」에 관하여 규정하고 있다. 입법예고한 정부의 「국가재정법안」에는 없던 규정인데 국회의 법안 심의과정에서 추가된 것이다.

기획재정부장관은 조세감면 · 비과세 · 소득공제 · 세액공제 · 우대세율적용 또는 과세이연 등 조세특례에 따른 재정지원의 직전 회계연도 실적과 당해 회계연도 및 다음 회계연도의 추정금액을 기능별 · 세목별로 분석한 보고서를 지칭하는 「조세지출예산서」를 작성하도록 규정하고 있다.

〈표 5-24〉 국세감면비율의 추이

(단위: 천억원, %)

구 분	2000	2001	2002	2003	2004	2005	2006	2007	2008
조세지출 (A)	138.2	137.3	147.3	175.1	182.9	200.2	213.4	229.7	296.3
국세수입총액 (B)	929.3	957.9	1,039.7	1,156.6	1,178.6	1,274.7	1,380.4	1,614.6	1668.9
국세감면비율 (A / B)	14.3	14.3	14.2	14.2	15.5	15.7	15.5	14.3	17.8

주: ① 국세감면비율은 국세수입총액 대비 국세감면액 비율
② 2007년까지는 실적이며 2008년은 추계임
자료: 박명호 · 전병힐, 조세지출과 세출예산의 연계방안 검토, pp. 14 〈표Ⅱ-4〉 에서 산출.

② 조세지출예산제도의 도입과정: 우리나라의 조세지출예산제도는 1999년 처음으로 조세지출 보고서를 작성하면서 시작되었다고 한다. 그전에도 조세정책당국이 대략적인 조세감면실적을 파악하고 있었지만 조세지출의 개념이 반영된 것은 아니었다고 한다.

1998년 2월 김대중 정부는 조세지출 예산제도의 도입을 100대 정부개혁과제 중 하나로 선정하고 조세지출예산업무 전담조직을 현 기획재정부 세제실에 신설했으며 1999년 9월 최초로 발표된 「1999년 조세지출보고서」를 국회에 제출했다.

그러나 조세지출예산서의 공식적인 작성은 국가재정법의 제정을 기다려야 했다. 전술한 바와 같이 국가재정법 제27조는 조세지출예산서의 작성을 규정했던 것이다. 이리하여 2010년부터 정부는 모든 국세의 조세지출에 대하여 전년도 실적, 당해 연도 및 다음연도 추정금액을 기능별 · 세목별로 분석한 조세지출 예산서를 예산의 부속서류로서 국회에 제출하고 있다.[25]

25) 박명호 · 전병힐, 전게서, pp. 9-10.

(4) 세출예산과 조세지출의 연계

① 연계의 필요성: 조세지출예산서의 작성은 조세지출이 효과성과 형평성을 충족시키고 있는가를 검토하려는데 그 목적이 있을 뿐만 아니라 국가재원 배분의 효과성과 능률성 제고에 이바지해야 한다는 목적도 지니고 있다.

다시 말해서 조세지출을 감안하지 않은 세출예산만으로 각 부문별 정부지출 배분을 측정·평가하는 것은 전체적인 자원배분에 대한 정확한 정보를 제공하지 못하며 최적배분 달성이 곤란할 가능성이 존재한다는 것이다. 이리하여 각국에서 조세지출예산서의 작성에 그치지 않고 세출예산과 조세지출예산의 연계를 모색하고 있는 것이다.

② 연계방안: 현재 조세지출예산제도를 운영하는 나라들 중 조세지출예산과 세술예산을 직접적으로 대응시켜 연계하는 나라는 존재하지 않는 것 같다.[26]

전술한 바와 같이 캐나다에서는 한 때 통합관리제도를 채택하여 특정부처의 조세지출이 늘어날 경우 이로 인한 세수손실만큼 자동적으로 지출한도에서 차감함으로서 직접지출을 감소시켰으나 이 제도가 중앙예산기관의 권한을 부당하게 강화한다는 이유로 폐지되었다는 것이다.

이리하여 현시점에서 우리나라에서 채택할 수 있는 현실성 있는 연계방안으로서 다음과 같은 것을 들 수 있겠다.

i) 조세지출의 재분류: 첫째로 조세지출을 세출예산의 소관별·기능별 분류에 따라 재분류할 필요가 있다.

ii) 부처별 분류·할당: 조세지출의 기본적인 관리 및 평가를 소관 부처가 수행할 수 있도록 하기 위하여 조세지출항목을 분류·할당하는 방안을 모색할 필요가 있다. 이 경우 부처별 분류가 어려운 항목들은 미배분 항목으로 별도로 관리할 수 있겠다.

iii) 장기적 발전방안: 장기적으로 예산편성과 예산심의를 포함하는 예산과정에서 조세지출예산과 세출예산을 동일한 수준으로 평가·심의할 수 있는 방안을 모색할 필요가 있다고 생각된다.[27]

---

26) 박명호, 전게서, p. 73.

27) 박명호·전병힐, 전게서, pp. 88-94.

제 6 장 재정건전화능력

제 1 절 재정건전화능력의 의의

1. 재정건전화능력의 개념

재정건전화능력(capacity to budget)이라는 개념은 1990년 Allen Schick가 The Capacity to Budget 이라는 책을 발간함으로써 처음으로 등장하게 되었다.[1)]

Capacity to Budget란 정상적으로 예산을 짤 수 있는 능력이라 직역할 수 있는 개념인데, 행정부의 예산편성과 입법부의 예산심의를 회계연도 개시 전에 끝내고 회계연도가 개시되면 건전성 있는 예산의 집행을 정상적으로 시작할 수 있는 능력을 말한다. 우리는 이를 의역하여 재정건전화능력이라고 부르기로 한다.

Schick는 이러한 재정건전화능력이 유럽·일본을 포함하는 각국에서 상실되고 있는데 특히 미국에서는 1970년대 후반부터 1990년대 후반까지 재정건전화능력의 상실이 두드러지게 나타났다고 기술하고 있다. 이 기간 중 미국의회는 회계연도 개시 전에 예산심의를 끝내지 못한 경우가 많았으며 회계연도 개시 전에 세출법안을[2)] 하나도 통과시키지 못한 회계연도도 있었다는 것이다.[3)]

2. 재정건전화능력 상실의 실태

전술한 바와 같이 재정건전화능력의 상실은 거의 전 세계적인 현상이라 할

1) Allen Schick, The Capacity to Budget(Washington, D. C.: Urban Institute Press, 1990).

2) 매년 13개의 세출법안이 의결되고 있다.(Allen Schick, The Federal Budget: Politics, Policy, Process, revised edition(Washington, D. C.: Brookings Institution Press, 2000), p. 34

3) Schick, Capacity to Budget, pp. 1-2

수 있는데 우리는 이를 다음의 몇 가지로 나누어서 고찰하고자 한다.

(1) 재정적자의 증대

재정건전화능력상실의 실증은 무엇보다 각국의 재정적자의 증대에서 찾을

〈표 5-25〉 선진국의 GDP 대비 재정적자 및 국가채무 추이

(단위: %)

		1995	2000	2005	2006	2007	2008	2009	2010	2011
미국	GDP대비 재정수지비율	-3.3	1.5	-3.3	-2.2	-2.9	-6.3	-11.3	-10.6	-10.1
	GDP대비 총금융부채	70.7	54.5	61.4	60.8	62.0	71.0	84.3	93.6	101.1
독일	GDP대비 재정수지비율	-9.7	1.3	-3.3	-1.6	0.3	0.1	-3.0	-3.3	-2.1
	GDP대비 총금융부채	55.7	60.4	71.2	69.3	65.3	69.3	76.4	87.0	87.3
프랑스	GDP대비 재정수지비율	-5.5	-1.5	-3.0	-2.3	-2.7	-3.3	-7.5	-7.0	-5.6
	GDP대비 총금융부채	62.7	65.6	75.7	70.9	72.3	77.8	89.2	94.1	97.3
이탈리아	GDP대비 재정수지비율	-7.4	-0.9	-4.4	-3.3	-1.5	-2.7	-5.3	-4.5	-3.9
	GDP대비 총금융부채	122.5	121.6	120.0	117.4	112.8	115.2	127.8	126.8	129.0
영국	GDP대비 재정수지비율	-5.8	3.7	-3.3	-2.7	-2.8	-4.8	-10.8	-10.3	-8.7
	GDP대비 총금융부채	51.6	45.1	46.4	46.1	47.2	57.0	72.4	82.4	88.5
캐나다	GDP대비 재정수지비율	-5.3	2.9	1.5	1.6	1.4	0.0	-5.5	-5.5	-4.9
	GDP대비 총금융부채	101.6	82.1	71.6	70.3	66.5	71.3	83.4	84.2	85.9
OECD 계	GDP대비 재정수지비율	-4.8	0.1	-2.8	-1.3	-1.3	-3.3	-8.2	-7.7	-6.7
	GDP대비 총금융부채	72.4	69.8	76.3	74.5	73.1	79.3	90.9	97.6	102.4

주: GDP대비 재정수지비율은 GDP에 대한 국가·지방자치단체·사회보장기금까지 합친 재정 수지 비율임.
자료: OECD국가의 주요재정통계.

수 있다. 〈표 5-25〉와 같이 많은 국가들이 1990년대 후반에 와서 경제의 호전으로 국내총생산(GDP) 대비 재정적자의 비율이 다소 줄었으나 그 이후에 리먼브라더스 사태와 남유럽 국가들의 재정위기로 인하여 국가부채가 GDP대비 100%를 초과하는 국가들이 많이 나타났다. 2011년 현재 선진국들의 모임이라고 할 수 있는 OECD 국가들의 GDP 대비 국가부채의 평균이 102.4%에 이르고 있고, 이탈리아는 129.9%에 이르고 있으며, 일본은 200%에 육박하고 있다.

(2) 갈등의 첨예화

만성적인 재정적자는 각국에서 행정부와 입법부 간의 대립과 여당과 야당 간의 갈등을 격화시키고 있다고 하겠다. 이러한 상황은 분할정부(divided government) 현상이 심한 미국에서 더욱 현저하다고 하겠다.[4]

〈표 5-26〉과 같이 미국에서는 1961년부터 2011년에 이르는 50개 년 중 통합정부(unified government)는 15개년에 지나지 않았으며 35개년은 분할정부였다. 만성적인 재정적자에다가 분할정부현상까지 겹쳐서 다른 어떤 나라보다도

〈표 5-26〉 미국의 통합정부(그림자) vs 분할정부(흰색) 기간

기 간	대통령	하 원	상 원
1961-1968	민주당	민주당	민주당
1969-1976	공화당	민주당	민주당
1977-1980	민주당	민주당	민주당
1981-1986	공화당	민주당	공화당
1987-1992	공화당	민주당	민주당
1993-1994	민주당	민주당	민주당
1995-2000	민주당	공화당	공화당
2001-2002	공화당	공화당	50 대 50
2003-2006	공화당	공화당	공화당
2007-2008	공화당	민주당	50 대 50
2009-2010	민주당	민주당	민주당
2011	민주당	공화당	민주당

자료: US Statistical Abstracts, Election.

4) Morris Fiorina,Divided Government, second edition(Boston:Allyn and Bacon, 1996), pp. 91-94

갈등이 첨예화되었다고 하겠다. 심지어 미국은 상하 양원을 공화당이 장악하고 있던 1990년대 중반의 클린턴 대통령시대에는 의회의 예산 미승인으로 인하여 미국의 연방정부가 폐쇄되는 사태까지 겪은 바 있다.

(3) 예산체제의 붕괴

이러한 정당 간의 극심한 대립으로 인하여 전술한 바와 같이 미국의회가 많은 경우 회계연도 개시 전에 예산 심의를 끝내지 못하는가 하면 회계연도 개시 전에 세출법안을 하나도 통과시키지 못한 회계연도도 있었다. 좀 더 심한 경우는 회계연도 개시 전에 세출법안이 의결되지 않아 의회가 전년도 예산을 답습하도록 하는 잠정예산을 의결해야 하는데 이것조차 이루어지지 못하여 잠시나마 연방정부가 문을 닫는 일까지 발생했다.

3. 재정건전화능력 상실의 원인

각국이 재정건전화능력을 상실하는 원인은 다양하나 우리는 이를 다음의 몇 가지로 요약하여 검토하고자 한다.

(1) 요구의 증대

각국이 재정건전화능력을 상실하는 가장 중요한 원인이 요구[5]의 증대에 있다는 것은 긴 설명을 요하지 않는다. 그러나 이러한 요구의 증대가 나라에 따라서 여러 가지 형태로 나타나고 있다.

① 공통적 요인: 고령사회의 진정과 그에 따른 사회보장적 지출의 확대는 각국에서 공통적으로 찾아볼 수 있는 현상이나 그 진전의 속도는 나라에 따라서 많은 차이가 있다고 하겠다. 일본과 같이 고령화의 속도가 특히 빠른 국가에서는 그것이 국민경제와 재정에 미치는 영향이 지대하나 미국과 같이 그 속도가 다소 느린 국가에서도[6] 고령화사회의 진전이 한때 사회보장재정에 위기를 초래했다는 것은 주지의 사실이다.[7]

② 특수한 요인: 이러한 각국에 공통적인 요인 외에 특정한 국가에 고유한 요인도 있다. 일본의 건설사업비가 좋은 예인데 「토건국가」또는 「건설국가」라

---

5) 요구기능에 관해서는 제2편 제1장 「예산이론의 모색」 참조.

6) <표 5-37> 참조

7) Paul Light, Artful Work: The Politics of Social Security Reform(New York: Random House, 1985).

는 명칭이 말해주듯이 GDP의 6%를 초과하는 건설사업비의 지출은 일본재정위기의 요인의 하나로 지적되어 왔다.

구소련 붕괴 전의 미국의 국방비도 고유한 요인으로 볼 수 있다. 한때 GDP의 6.2%(1986년도)에 달했던 미국의 국방비는 냉전기간 내내 큰 부담이 되어 왔다. 후술하는 바와 같이 구소련이 붕괴하고 국방비가 GDP대비 3.0%(1998년도) 로 하락한 것이 미국이 흑자로 전환하는 데 큰 도움이 되었던 것이다.

(2) 재원의 부족

요구의 증대 못지않게 중요한 것이 재원의 부족이다. 재원의 부족을 초래하는 원인으로서 여러 가지를 들 수 있겠으나 크게 두 가지로 나누어서 고찰할 수 있겠다.

① 정치적 의지의 산물: Schick는 재원의 부족이 초래되는 이유의 하나로서 정치적 의지(political will)를 들고 있다. 그 단적인 예로서 Reagan 행정부 하에서 제정된 1981년의 경제회복조세법(Economic Recovery Tax Act)을 들 수 있겠다. 5년간에 걸쳐 7,480억 달러의 감세를 단행한 이 법률은 그야말로 정치적 의지의 산물이라 할 수 있다. 이 법안을 위한 하원표결에 앞서 행한 연설에서 Reagan 대통령은 국민은 그들의 노동의 열매를 받을 권리가 있다는 것을 강조하고 이 감세조치가 바로 그 노동의 열매를 국민에게 돌려주려는 시도라고 주장했다.[8)]

② 세입세출결정기구의 결함: 정치적 의지에 기초를 둔 감세조치로 세입의 부족이 발생하는 경우도 있으나 세입세출결정기구의 결함으로 세입의 부족이 발생하는 경우도 있다.

첫째로, 균형예산을 위한 법적 구속의 결여를 들 수 있다. 많은 국가에서 지방자치단체보다 중앙정부가 세입의 부족을 시현하는 경우가 많은데 그것은 균형예산에 관한 법적 구속력이 없을 뿐만 아니라 지방자치단체에 비하여 중앙정부가 공채의 발행이 용이한 까닭이라 하겠다.

둘째로, 재정정책의 영향을 들 수 있다. 케인즈경제학의 영향을 받은 재정정책은 경제상황의 변동으로 세입의 결함이 발생하는 것을 당연시하는 경향이 있었다. 이리하여 회계연도중에 실제세입이 추정에 미달하더라도 이를 보완하

---

8) Schick, Capacity to Budget, pp. 137-138.

는 조치를 강구하지 않는 것이 각국의 경향이라 하겠다.

셋째로, 예산심의과정의 결함을 들 수 있겠다. 우리나라는 예산결산위원회의 종합심사과정에서 세출과 세입을 종합적으로 검토하는 것이 관례이나 국회의 세입에 관한 의결과 세출에 관한 의결이 서로 독립되어 있는 국가들이 있다.

1974년의 의회예산법제정 전의 미국이 대표적인 예이다. 의회예산법에 의하여 이 문제가 해결된 것으로 되어 있으나 1986년의 조세개혁법(Tax Reform Act)의 경우와 같이 세입에 관한 의결이 세출에 관한 의결에 구애되지 않고 이루어지는 경우가 간혹 있다는 것이 전문가들의 지적이다.

(3) 경제상황의 변동

이것은 전술한 세입부족의 원인으로 지적할 수 있으나 많은 국가에서 정치적 의지와 상관없이 경제상황의 변동으로 세입결함이 발생함으로 여기서 별도로 고찰하고자 한다.

우리나라에서 1998년도 내국세수입이 전례 없이 전년도보다 감소한 것은 IMF관리체제까지 초래한 경제위기에 그 원인이 있다는 것은 긴 설명을 요하지 않는다.

미국에서 1992년도에 기록적인 재정적자를 시현한 것은 1990년부터 1991년에 걸쳐서 발생한 경기퇴조(recession)에 그 원인이 있었다는 것은 후술하는 바와 같다.

일본에서 일반회계 공채의존도가 1999년도에 37.9%에 이르렀으며 2011년도에 200%에 달한 것은 경기침체에서 그 원인을 찾을 수 있다는 것도 뒤에서 검토하겠다.

제 2 절 미국의 재정건전화능력의 상실과 회복

1. 만성적 재정적자와 균형을 위한 노력

(1) 만성적 재정적자

미연방정부가 만성적인 재정적자를 시현하기 시작한 것은 1970년대의 일이라 하겠다. 1950년대와 1960년대만 하더라도 재정적자를 낸 회계연도가 많았으나 간혹 흑자를 낸 회계연도도 있었다.

그러나 1970년도부터는 지속적으로 적자를 시현했을 뿐만 아니라 국내총생산(GDP) 대비 재정적자의 비율도 점증하여 1975년도에는 GDP대비 3.4%에 달하게 되었으며 1982년도에는 4.0%에 이르렀다. 이러한 추세가 1992년도까지 지속되었으나 1993년도부터 GDP대비 재정적자의 비율이 급강하기 시작하여 1998년도에는 마침내 흑자를 시현하였으나 오래가지 못했다. 정부의 감세정책으로 2002년도부터 다시 적자로 돌아섰다. 특히, 리먼브라더스의 파산으로 인한 금융위기의 극복과정에서 확장적 재정정책을 채택한 결과 막대한 재정적자

〈표 5-27〉 미연방정부의 재정수지

연도	재정수지(백만 달러)	대 GDP 비율
1980	-73,800	-2.7
1985	-212,300	-5.1
1990	-221,000	-3.9
1995	-164,000	-2.2
1996	-107,400	-1.4
1997	-21,900	-0.3
1998	69,300	0.8
1999	125,600	1.4
2000	236,200	2.4
2001	128,200	1.3
2002	-157,800	-1.5
2003	-377,600	-3.4
2004	-412,700	-3.5
2005	-318,300	-2.6
2006	-248,200	-1.9
2007	-160,700	-1.2
2008	-458,600	-3.2
2009	-1,412,700	-10.0
2010	-1,293,500	-8.9

자료: 미국 행정관리예산국(OMB).

가 초래되었다. 2008년에 GDP 대비 3.2%였던 재정적자가 2009년에는 10.0%, 2010년에는 8.9%에 달하였다. 이러한 재정적자의 지속은 정부채무의 방대한 누적을 초래했으며 이는 불가피하게 막대한 이자의 지출을 초래했다.

(2) 재정수지균형을 위한 노력

재정적자가 지속되고 정부채무가 크게 누적되자 레이건 행정부는 1985년 균형예산 및 긴급적자통제법(Balanced Budget and Emergency Deficit Control Act)을 제정하였다. 흔히 Gramm-Rudman-Hollings(GRH)법이라고 하는 이 법률은 1986년도부터 1990년도까지 점차적으로 재정적자를 감축하여 1991년도에 가서 균형을 유지한다는 목표를 세웠다. 이 당초 GRH법이 대법원에 의하여 위헌판결을 받자 의회는 1987년 수정된 GRH법을 제정했는데 이번에는 목표연도를 1991년도가 아니라 1993년도로 채정했다.[9]

이어서 '아버지' 부시 행정부는 1990년의 포괄재정조정법(Omnibus Budget Reconciliation Act)을 제정하여 1991년도부터 1995년도에 이르는 기간중 재정적자를 4,690억 달러 삭감했으며 같은 해 제정된 예산실행법(Budget Enforcement Act)은 재량적 경비의 상한제와 의무적 경비의 수입 내 지출(pay-as-you-go) 원칙을 규정했다.[10]

클린턴 행정부도 1993년에 포괄재정조정법(Omnibus Budget Reconciliation Act)을 제정하였다. 이 법에서는 1990년에 같은 이름의 법률로 도입한 지출상한제 준칙과 PAYGO 준칙의 적용시한을 1998년까지 연장하고 적용대상범위를 주정부까지 확대하였으며, 증세 및 지출삭감이라는 세입·세출 혼합정책 패키지를 재도입하였다.[11] 1997년에는 균형예산법(Balanced Budget Act)을 제정하여 지출상한제와 PAYGO 준칙을 재도입하였으나, 재정적자 감축 계획분의 약 50%를 증세로 달성하고 했던 민주당식의 정책조합은 도입하지 않았다. 이는 당시 상원과 하원을 모두 공화당이 장악하였기 때문에 가능하였다. 이러한 노력과 함께 1990년대 후반의 경기호조에 따른 세수증대에 힘입어 미국 연방정부는 1998년도에 가서야 흑자를 내게 되었다.

---

9) Schick, The Federal Budget, p. 22.

10) Philip G. Joyce, "The Budget Enforcement Act and Its Survival," Public Budgeting and Finance, Spring 1992, pp. 16-22.

11) 이하는 인태환(2011)을 참고하여 작성되었음.

'아들' 부시 행정부는 클린턴 행정부로부터 흑자재정을 물려 받았으나, 9.11 테러 이후 아프가니스탄 전쟁, 이라크 전쟁 등 테러와의 전쟁 수행을 위한 경비, 테러사태 이후 위축된 국내 경기 부양을 위한 경비 등으로 촉발된 금융위기 극복과정에서 투입된 경비 등으로 인하여 막대한 재정적자가 다시 시작되었다. 부시 행정부는 재정적자 감축을 위하여 지출통제법안(Spending Control Act)를 추진하였으나, 감세와 대폭적인 지출 삭감에 반대하는 민주당의 반대로 법제화에 실패하였다.

오바마 행정부는 취임 직후부터 리먼브라더스 파산에 따른 경제위기 극복을 위하여 막대한 재정을 투입하게 되어, 축소되고 있었던 재정적자는 큰 폭으로 증가하게 되었다. 이에 따라 오바마 행정부는 영구적으로 의무지출과 감세 관련 모든 법안을 대상으로 PAYGO 준칙을 적용하고 의회가 이에 위반할 경우 대통령의 지출강제자동삭감명령 발동을 의무화하는 것을 내용으로 하는 세입·세출 연계 적자 중립화법(Statutory Pay-As-You-Go Act)를 제정했다. 또한, 2011년에는 예산통제법(Budget Control Act)를 제정하여, 법정 국가채무 상한 3단계 증액, 재량적 지출에 대한 상한제 도입, 균형예산 의무화, 재정적자 감축을 위한 여야 위원회 설치 등을 확정하였다.

2. 재정지수흑자로의 전환배경

만성적인 재정적자에 시달리던 미연방정부가 관리예산처(OMB)나 의회예산처(CBO)의 예상을 뒤엎고 1998년도에 흑자로 전환했다. 흑자전환의 배경으로서 여러 가지를 들 수 있겠으나 우리는 다음의 몇 가지로 나누어서 고찰하고자 한다.

(1) 경기호조

재정이 경제상황의 영향을 크게 받는다는 것은 긴 설명을 요하지 않는다. 재정적자가 2,900억 달러를 초과했던 1992년도는 미국이 1990-1991년의 경기퇴조에서 벗어난 해였다. 미연방정부가 1998년에 흑자로 돌아설 수 있었던 것은 1992년부터 지속된 호황의 덕택이었다고 하겠다.

〈표 5-28〉과 같이 1980년대의 호황은 높은 성장률에서 시작하여 성장률이 둔화했으나 1990년대는 낮은 성장률에서 시작하여 점차 상승하였다. 1980년대

〈표 5-28〉 미국의 1980년대와 1990년대 호경기의 비교

항목	1983-1990	1992-1999
평균국내총생산성장률(%)	4.0	3.6
평 균 실 업 률(%)	6.7	5.6
창출된 일자리(백만)	18.0	15.0

자료: Economic Report of the President, February 2000.

는 1990년대에 비하여 보다 많은 일자리가 창출되었으나 실업률은 1990년대가 1980년대보다 낮았다.

이러한 1990년대의 호황으로 후술하는 바와 같이 세수가 크게 늘어났을 뿐만 아니라 사회보장관련 지출의 증가가 둔화하여 세출의 삭감에 일조를 했다고 하겠다.

(2) 세출의 삭감

구소련의 붕괴로 인한 국방예산의 대폭적 삭감은 흑자전환에 도움을 주었다. 1989년도에 3,035억 5,900만 달러였던 국방예산이 1990년도부터 감소하기 시작하여 1998년도에는 2,684억 5,600만 달러에 이르렀다. GDP대비 국방예산의 비율도 1986년도의 6.2%에서 1998년도에는 3.0%로 떨어졌다.[12]

(3) 사회보장관련 지출증대와 둔화

전술한 세출의 삭감과 밀접한 관련이 있는 것으로서 사회보장관련 지출증대의 둔화를 들 수 있다. 대부분이 의무적(mandatory)지출 또는 entitlement에 속하는 사회보장관련 지출은 경기의 호조와 수입내지출(pay-as-you-go)원칙의 적용에 따라 그 증가율이 둔화하였으며 이 역시 흑자전환에 이바지하였다.

(4) 조세정책

1990년과 1993년의 증세조치와 경기호조로 인한 세수증대로 연방정부의 조세수입이 크게 늘어났다. 1993년도에는 1992년도에 비하여 630억 달러의 세수증대가 이루어졌으며 1994년도에는 1993년도 보다 1,004억 달러의 증수가 이루

12) Office of Management and Budget, Historical Tables: Budget of the U. S. Government, FY 2001(Washington, D. C.: Government Printing Office, 2000), pp. 47-49.

어졌다. 이렇게 매년 전년도보다 더 많은 조세수입이 거쳐서 1998년도에는 1992년도보다 6,310억 달러 더 징수되었다. 이 기간중 조세부담률도 크게 늘어나 1992년도에 GDP대비 17.5%였던 부담률이 1999년도에 19.9%로 상승하였다. 이러한 조세부담의 증대는 주로 고소득층을 대상으로 하였으며 저소득층의 조세부담은 많이 경감되었다.[13)]

〈표 5-29〉 미연방정부 세입의 추이

연도	세입(백만달러)	대 GDP 비율
1989	991,100	18.4
1990	1,032,000	18.0
1995	1,351,800	18.4
1998	1,721,700	19.9
1999	1,827,500	19.8
2000	2,025,200	20.6
2001	1,991,100	19.5
2002	1,853,100	17.6
2003	1,782,300	16.2
2004	1,880,100	16.1
2005	2,153,600	17.3
2006	2,406,900	18.2
2007	2,568,000	18.5
2008	2,524,000	17.5
2009	2,105,000	14.9
2010	2,162,700	14.9

주: 2004년도 이후만 추정치이며 나머지는 실적치임.
자료: 미국 행정관리예산국(OMB).

13) Schick, The Federal Budget, pp. 29-30.

제 3 절 일본의 재정위기와 재정구조개혁법

1. 재정적자의 누증실태

일본의 재정상황은 OECD주요국가 중에서도 아주 나쁜 편에 속한다. 〈표 5-30〉와 같이 GDP대비 누증적자의 비율이 1995년에 86.2%였으나, 2000년에는 135.4%로 상승하였고, 2010년에는 거의 200%에 달하고 있다. 1995년에만 해도 이탈리아보다 훨씬 낮은 비율을 보였으나, 2000년에는 이미 10% 포인트

〈표 5-30〉 주요국의 재정적자 추이

	1995	2000	2005	2010	2011	2012
캐나다	101.6	82.1	71.6	84.2	85.9	88.0
핀란드	65.3	52.5	48.4	57.4	62.7	66.1
프랑스	62.7	65.6	75.7	94.1	97.3	100.0
독일	55.7	60.4	71.2	87.0	87.3	86.9
그리스	101.1	115.3	121.2	147.3	157.1	159.3
아이슬란드	..	72.9	52.6	120.2	121.0	120.2
아일랜드	..	39.4	32.6	102.4	120.4	125.6
이스라엘	..	84.5	93.5	76.1	73.5	70.1
이탈리아	122.5	121.6	120.0	126.8	129.0	128.4
일본	86.2	135.4	175.3	199.7	212.7	218.7
한국	..	..	24.6	33.9	33.3	33.4
스웨덴	81.1	64.3	60.8	49.1	45.4	41.1
스위스	47.7	52.4	56.4	40.2	38.7	37.0
영국	51.6	45.1	46.4	82.4	88.5	93.3
미국	70.7	54.5	61.4	93.6	101.1	107.0
유로지역	75.4	75.8	78.1	92.7	95.6	96.5
OECD전체	72.4	69.8	76.3	97.6	102.4	105.4

자료: OECD Economic Outlook, 2011.

이상 더 높게 되었다. 미국이나 OECD 평균의 거의 2배에 달하는 매우 높은 수준으로 재정건전성에 큰 문제를 안고 있음을 알 수 있다.

일본의 재정적자도 1993년에는 사회보장기금을 제외했을 때 GDP 대비 비율이 4.8% 적자였는데, 2000년에는 8.2% 적자로 급증하였고, 그 이후에는 2% 내외의 적자를 기록한 2006-2008년도 기간을 제외하고는 8% 내외의 높은 수준을 유지해 왔다.

〈표 5-31〉 일본의 재정적자추이

(단위: %)

연 도	GDP대비 재정수지 비율 (사회보장기금 포함)	GDP대비 재정수지 비율 (사회보장기금 제외)
1993	-2.5	-4.8
1997	-4.0	-5.8
2000	-7.6	-8.2
2001	-6.3	-6.5
2002	-8.0	-7.9
2003	-7.9	-8.0
2004	-6.2	-6.6
2005	-6.7	-7.0
2006	-1.6	-1.7
2007	-2.4	-2.2
2008	-2.2	-1.6
2009	-8.7	-7.5
2010	-8.1	-7.3
2011	-8.9	-8.0

주: 중앙정부 · 지방자치단체 · 사회보장기금까지 합친 재정수지임.
자료: OECD 경제전망(1997년 6월).

〈표 5-32〉 일본 중앙정부예산의 공채의존도

(단위: %)

연도	일반회계 공채의존도	일반회계에 있어서 이자가 점하는 비율
1989	11.8	18.4
1990	8.4	16.7
1995	17.7	16.4
1996	28.0	15.6
1997	21.6	15.1
1998	20.0	14.9
1999	37.9	13.9
2000	38.4	12.6
2001	34.3	12.6
2002	36.9	11.8
2003	44.6	11.1
2004	44.6	10.6
2005	38.6	9.0
2006	37.6	10.9
2007	30.7	11.5
2008	30.5	11.2
2009	37.6	10.6
2010	48.0	10.6
2011	47.9	10.7

자료: 재무성 재무총합정책연구소 편, 재정금융통계월보, 2011년 5월호.

다소 관점을 달리하여 중앙정부 일반회계만 가지고 보더라도 일본의 재정상황이 어떠한지 알 수 있을 것 같다.

〈표 5-32〉와 같이 일반회계의 공채의존도가 1989년에 37.9%에 이르렀으며 2003년도와 2004년도에는 44.6%에 달하였고 그 이후에는 지속적으로 하락하여 2008년도에는 30.5%까지 크게 낮추었다. 그러나, 리먼브라더스의 파산으로 인한 금융위기 극복 과정에서 2009년도에는 다시 37.6%, 2010년도에는 48.0%까지 상승하였다.

일반회계에 있어서 이자가 차지하는 비중도 1989년도에는 18.4%에 달했다. 그 후 그 비중이 다소 떨어져 2005년도에는 9.0%까지 하락하였으나, 그 이후에 다시 상승하여 10%대를 유지하고 있다. 이리하여 일본의 일부 재정학자들은 「국가파산」이라고까지 부르고 있는 것이다.[14]

특히 이러한 일본의 재정상황과 관련하여 재정학자들이 지적하는 것이 「적자공채」문제이다. 「국가의 세출은 공채 또는 차입금 이외의 세입을 그 재원으로 하여야 한다. 그러나 공공사업비, 출자금 및 대부금의 재원에 관해서는 국회의 의결을 얻은 금액의 범위 내에서 공채를 발행하거나 차입을 할 수 있다」는 일본의 재정법 제4조의 규정에 비추어보아 건설공채는 몰라도 적자공채는 금지되어 있음에도 불구하고 「특례공채」라는 명칭으로 적자공채를 발행하고 있다는 것이다. 일본 경제가 성장을 거듭하고 있던 1989년도에는 15.4%에 불과하던 특례공채가 2010년에는 공채발행총액의 82.5%를 차지하고 있는 것이다.[15]

〈표 5-33〉 국가 및 지방공공단체의 장기채무잔액

(단위: 조엔, 괄호 안에는 %)

		1989	1993	1998	2003	2008	2009	2010
국가		188	242	390	493	573	621	663
	(보통)공채	161	193	295	457	546	594	637
	건설공채	97	62	187	226	225	238	245
		(23.3)	(12.8)	(37.2)	(45.8)	(45.3)	(50.1)	(51.5)
	특례공채	64	131	108	231	321	356	392
		(15.4)	(27.1)	(21.5)	(46.8)	(64.7)	(74.9)	(82.5)
	GDP 대비	(38.7)	(39.9)	(58.7)	(92.6)	(110)	(125)	(134)
지방정부		66	91	163	198	197	198	200
	GDP 대비	(16)	(19)	(32)	(40)	(40)	(42)	(42)
합계	국가총부채	254	333	553	692	770	819	862
	GDP 대비	(61)	(69)	(110)	(140)	(156)	(172)	(181)

주: GDP는 2009년까지 실적치, 2010년은 전망치임.
출처: 재무성, 일본의 재정관계자료, 2010년 8월.

14) 池上 惇, 日本財政論(東京: 實敎出版株式會社, 2000), p. 271.
15) 大藏省 篇, 財政金融統計月報, 2000년 5월호 pp. 48-49.

2. 재정악화의 원인

일본의 재정상황이 이와 같이 악화한 원인으로서 여러 가지를 들 수 있겠으나 우리는 다음의 몇 가지로 요약하고자 한다.

(1) 고령화사회의 진전과 사회보장지출의 증대

재정악화의 원인으로서 첫째로 들 것은 고령화사회의 급속한 진전이다. 1980년만 하더라도 65세 이상 고령자의 비율에 있어서 일본이 다른 선진국에 비하여 낮았으나 1995년에는 다른 선진국과 거의 비슷해졌다. 일본의 급속한 고령화가 계속되어 2000년에는 다른 선진국을 앞지르게 되었으며 2005년에는 일본의 고령인구가 27.4%에 이를 전망이다. 이러한 고령사회의 급속한 진전이 국민경제에 지대한 영향을 미친다는 것은 널리 알려진 사실이다. 일본의 고령사회백서에 의하면 생산연령인구가 1995년의 8,726만명에서 2020년에는 15% 감소한 7,381만명에 이를 것이며 2050년에는 5,490만명으로 감소할 전망이다. 고령자 한 사람당 생산연령인구가 현재의 5명에서 2명 정도로 준다는 것이다.

재정상으로는 이러한 고령사회의 급속한 진전이 의료 · 연금 등 각 분야에 걸쳐서 재정부담의 증대를 초래했으며 앞으로 더욱 늘어날 것이다.

(2) 토건국가

일본은 흔히 「토건국가」, 「건설국가」라고 부를 정도로 건설산업을 위한 정부지출이 많은 국가이며 이것이 재정악화의 원인의 하나라고 지적하는 사람들이 많다. 이리하여 1997년 3월 1일자 New York Times는 「일본의 파산에의 길은 공공사업에 의하여 포장되어 있다」고 지적했다. New York Times는 이어서 「일본은 미국에 비하여 인구는 50%, 국토면적은 4%에 지나지 않는데 미국과 같은 양의 시멘트를 매년 사용하고 있다. 50만개의 건설회사, 660만명의 근로자를 고용하고 있는데 이것은 일본의 고용인구의 10%에 달하는 것」이라고 기술하고 있다.

국내총생산(GDP) 대비 정부고정자본형성의 비율은 1972년 이전에는 4%대였으나 1972년에는 6.1%에 달하게 되었으며 1979년에는 6.6%에 이르렀다. 그 후 1985년에는 4.9%까지 하락했으나 불황탈출을 위한 경기대책을 위하여 1990년대에는 다시 상승하여 1995년에는 6.9%에 달하게 되었던 것이다. 이것은 미국의 4배, 독일의 3배 이상에 달하는 수치다.

이리하여 지나치게 비대한 「토건」국가를 해체하고 지나치게 과다한 건설사업비를 감축하는 길이야말로 일본을 재정파탄에서 구하는 해결방안의 하나라고 보는 것이 전문가들의 견해이다.[16]

(3) 불황대책으로서의 국채의 발행

불황탈출을 위한 경기대책으로서 발행한 국채가 재정위기의 또 하나의 요인이 되고 있다는 것도 전문가들의 공통된 지적이다.

일본에서도 정부가 채무총액을 잘 밝히지 않았으나 「재정위기」의 실태를 국민에게 알리기 위하여 국회에서 주계국장(우리나라 예산국장)이 채무총액을 밝힌 바 있다. 주계국장의 발표에 의하면 1997년도말(1998년 3월말) 현재 일본의 국가장기채무는 344조엔이다. 이 중 국채잔고가 254조엔이고 차입금이 84조엔이다. 도도부현(도도부현)과 시정촌(시정촌)을 합친 지방자치단체 채무는 147조엔인데 국가와 지방의 중복분 15조엔을 공제한 국가와 지방의 장기채무는 476조엔이다. 여기에다가 국가의 「숨긴 빚」45조엔을 합치면 521조엔이 되며 명목 GDP 516조엔을 초과하는 금액이 된다.

국채잔고를 면밀하게 살펴보면 1989년만 하더라도 254조엔에 지나지 않던 국채잔고가 2009년도 말에는 819조엔에 달하게 되었다. 20년만에 3배 이상으로 급증했다는 것을 알 수 있다. 2009년도 말 국채잔고 819조엔 중 건설국채잔고가 238조엔이며 적자국채 잔고가 약 356조엔(43.5%)에 달하고 있다.

한 마디로 말해서 일본의 국가채무가 급속히 늘어나고 있을 뿐만 아니라 국가 채무에 있어서 적자국채가 무거운 비중을 차지하고 있다는 것을 알 수 있다.

3. 재정구조개혁법의 제정과 좌절

(1) 재정구조개혁법의 제정

위에서 살펴본 바와 같은 재정위기를 극복하기 위하여 일본정부는 재정구조개혁법을 제정했다. 재정구조개혁법은 하시모도 내각의 5대 개혁의 일환으로 1997년 12월에 제정된 법률이다.

16) 小此木 潔, 財政構造改革(東京: 岩波書店, 1998), p. 145.

(2) 재정구조개혁법의 내용

재정구조개혁법은 일본의 재정위기를 극복하기 위하여 재정재건을 이룩하는데 그 목적이 있다. 이를 위해서 2003년도에는 적자공채(특례공채)의존을 완전히 탈피한다는 목표를 세우고 집중개혁기간 3년 동안 세출의 신장률을 전년도 대비 마이너스를 유지한다고 규정했다.

한 마디로 말해서 재정구조개혁법의 핵심은 「다년도 · 분야별 한도액」에 있다고 보고 재정구조개혁법은 「세출 억제법」이라고 부르는 것이 타당할 것이라고 주장하는 사람도 있다.[17] 그러나, 이 법의 목표는 달성되지 못했음이 명백하다.

(3) 재정구조개혁법의 좌절

미국의 경우에는 1990년대의 호경기의 지속으로 재정적자 극복을 위한 노력의 뒷받침을 얻어 1998년 흑자로 전환했으나 일본은 그러한 행운을 얻지 못했다.

재정구조개혁법이 제정된 1997년은 거품붕괴 후의 장기불황상황에서 특히 심각한 해였다. 따라서 경기대책에 대한 요청이 강력하게 제기되었다.[18] 수지균형은 고사하고 일본재정의 수지상황은 악화일로를 걷고 있으며 재정구조 개혁법은 공식적으로 폐기되지는 않았으나 사장되었다고 보는 것이 타당할 것이다.

제 4 절 한국의 재정악화

1. 재정악화실태

1990년대 중반까지만 하더라도 건전성을 크게 상실하지 않았던 우리나라의 국가재정이 1997년의 경제위기와 그로 인한 IMF관리체제 이후 악화하기 시작하였다.

(1) 통합재정수지악화

이러한 국가재정의 위기가 통합재정수지의 악화로 나타나고 있다.

---

17) 상게서, pp. 22-23

18) 吉田眞太郎, 現代財政入門[제2판](東京: 同文館, 2001), p. 173.

〈표 5-34〉 연도별 통합재정수지

(단위: 조원, %)

	1996	1997	2000	2001	2002	2003	2004	2005	2006	2007	2008	2009	2010
통합재정수지	1.1	Δ6.9	6.5	7.3	22.7	7.6	5.2	3.5	3.7	33.8	11.9	Δ17.6	Δ2.0
GDP대비 비중	0.2	Δ1.4	1.1	1.1	3.2	1.0	0.6	0.4	0.4	3.5	1.2	Δ1.7	Δ0.2
사회보장성 기금 · 공적자금 채무상환액 제외		Δ12.8	Δ6.0	Δ8.2	5.1	12.0	Δ16.0	Δ20.1	Δ22.8	3.6	Δ15.6	Δ43.2	Δ30.1
GDP대비 비중		Δ2.8	Δ1.0	Δ1.3	0.7	0.1	Δ0.5	Δ0.9	Δ1.2	0.4	Δ1.5	Δ4.1	Δ2.7

주: ① 사회보장성기금은 국민연금기금, 산학연금기금, 고용보험기금, 산재보상보험 및 예방기금을 지칭함.
② 2005년도 예산개요에는 통합재정수지 기록없음.
자료: http://www.mosf.go.kr/_upload/main/201012/한국통합재정수지1.pdf

〈표 5-34〉와 같이 1996년만 하더라도 1조 1,000억원의 흑자를 시현하던 통합재정수지가 1997년에 와서는 7조원의 적자를 냈으며 1998년에는 국내총생산(GDP)의 4.2%에 해당하는 18조 8,000억원의 적자를 냈고 1999년에도 13조 1,000억원의 적자를 냈다. 2000년에는 6조 5,000억원의 흑자로 돌아섰으며 2001년에도 7조 2,000억원의 흑자, 2007년에는 33조 8,000억원의 흑자를 냈다. 그러나, 금융위기 극복을 위한 적자재정 편성으로 인하여 2009년에는 17조 6,000억원, 2010년에는 2조원의 적자를 보였다.

그러나 이것은 국민연금기금을 위시한 사회보장성기금을 포함한 재정수지인데 만일에 이러한 사회보장성기금을 제외한 재정수지를 본다면 2005년에는 8조

구 분	2005	2006	2007	2008	2009	2010
통합재정수지(A)	3.5	3.6	33.8	11.9	△17.6	16.7
(GDP 대비, %)	-0.4	-0.4	-3.5	-1.2	(△1.7)	-1.4
사회보장성기금수지	23.6	26.4	30.2	27.5	25.6	29.7
공적자금상환원금	12	12	-	-	-	-
관리대대상 재정수지	△8.1	△10.8	3.6	△15.6	△43.2	△13.0
(GDP 대비, %)	(△0.9)	(△1.2)	-0.4	(△1.5)	(△4.1)	(△1.1)

자료: 기획재정부, 디지털 예산회계시스템.

2,000억원의 적자를 시현했으며 2004년에도 9,000억원의 적자를 냈다. 2007년에는 잠깐 3조 6천억원의 흑자를 시현했으나, 2008년부터는 계속 적자를 내고 2009년에는 43조 2천억원의 적자를 내기에 이르렀다. 2011년 현재 이명박 정부는 2011-2015 국가재정운용계획에 따르면, 2013년까지 관리대상수지의 균형을 달성하고자 노력하고 있다.

(2) 국채의 누증

이러한 재정악화는 국채잔액의 누증으로 나타나고 있다. 〈표 5-35〉와 같이 1997년만 하더라도 60조 3천억원이었던 국채잔액이 IMF 외환위기 극복과정에서 111조 2천억원으로 급증하였고, 2009년에는 359조 6천억원, 2010년에는 407조 2천억원에 달하였다. GDP 대비 비율로 볼 때, 1997년에 11.9%에서 2010년에는 무려 36.1%로 크게 늘었다. 이는 IMF 위기 이후 균형재정 원칙이 깨지게 되어 재정적자를 보전하기 위한 적자 국채 발행이 일상화된 것에 기인한다.

〈표 5-35〉 한국의 결산상 국가채무 추이

(단위: 조원, %)

	1997년	2000년	2005년	2007년	2009년	2010년*
국가채무	60.3	111.2	247.9	299.2	359.6	407.2
(GDP대비,%)	11.9	18.4	28.7	30.7	33.8	36.1
일반회계	-	22.1	40.9	55.6	97	126.8
공적자금	-	-	42.4	52.7	49.5	48
외환시장안정용	4.2	13.5	67.1	89.7	104.9	124.8
국민주택기금	16.6	27.8	39.7	43.6	48.5	50.3
기타	39.5	47.8	57.8	57.6	59.7	57.3

* 예산 금액임.
주: GDP(한국은행 ECOS참조)는 2005년 기준 경상가격.
주: GDP통계(한국은행 ECOS참고).
1999년 이전자료는구계열(2000년 기준), 2000년~2010년은 신계열(2005년 기준) 적용.
자료: 정부발표자료.

2. 재정지수전망

경기가 회복되고 경제상황이 호전되면 통합재정수지는 다소 호전될는지 모르나 다음과 같은 요인으로 한국의 재정수지도 전망이 밝지 못하다고 하지 않을 수 없다.

(1) 고령사회의 진전

우리나라가 빠른 속도로 고령사회로 진입하고 있다. 〈표 5-36〉과 같이 65세 이상 인구의 비중이 1995년의 5.9%에서 2000년에는 7.2%, 2010년에는 11.0%에 달했다.

이러한 노령인구의 비율은 앞으로 더욱 빠른 속도로 늘어날 전망이다. UN은 노령인구(65세 이상)의 비율이 7% 이상이면 고령화사회(고령화사회)라 하고 14% 이상이면(고령사회), 20% 이상이면 초고령사회(초고령사회)로 분류하고 있다.

통계청의 추계에 의하면 〈표 5-36〉과 같이 2020년에는 노령인구가 전체인구

〈표 5-36〉 한국 고령인구수 및 비중(전망 포함)

	65세 이상 인구(만명)	총인구 중 65세 이상 인구 비율(%)
1995	266	5.9
2000	339	7.2
2010	536	11.0
2020	770	15.0
2030	1,181	24.3
2040	1,504	32.5

자료: 통계청 국가통계포털, 2011.

〈표 5-37〉 주요국의 고령화 속도

구분	도달년도			소요년수	
	7%(고령화사회)	14%(고령사회)	20%(초고령사회)	7% → 14%	14% → 20%
한국	2000	2019	2026	19	7
일본	1970	1994	2006	24	12
프랑스	1864	1979	2020	115	41
미국	1942	2013	2028	71	15

자료: 한국의 재정, 2007.

의 15.0%를 기록하면서 고령사회에 진입하며, 2030년에는 초고령사회 기준인 20%를 훨씬 넘는 24.3%에 달하고, 2040년에는 65 이상 인구가 무려 전체의 1/3에 가까울 정도로 고령화가 진전될 것으로 예측되고 있다.

이러한 추세는 미국 · 일본과 같은 선진국에 비하여 소요기간이 훨씬 짧은 것으로 나타난다. 고령화사회에서 고령사회로 진입하는 데 소요되는 기간이 미국은 71년, 일본이 24년 소요되는 데 대하여 한국은 19년이 소요될 것으로 추정된다. 고령사회에서 초고령사회로 진입하는 데 소요되는 기간은 미국이 15년, 일본이 7년인 데 대하여 한국은 10년이 소요될 것으로 전망된다.

(2) 사회보장지출의 확대

이와 같이 빠른 속도로 늘어나는 노령인구는 다른 나라의 경우와 같이 국민연금지출이나 건강보험지출을 위시한 사회보장지출의 급격한 확대를 초래할 것이다.

각도를 달리하여 고찰한다면 노령인구의 급증은 부양연령층(15세~64세) 100명이 모셔야 하는 노령인구를 의미하는 노년부양비가 2000년의 10명에서 2010년에는 14명으로 늘어날 전망이며 2030년에는 30명으로 급증할 전망이다.

이러한 여러 가지 통계는 경제상황이 호전된다고 하더라도 장기적으로 보아서 우리나라 재정상태가 크게 호전될 전망이 보이지 않는다는 결론에 도달하게 만든다고 하겠다.

3. 재정악화저지를 위한 노력

위에서 살펴본 바와 같이 우리나라의 재정수지전망이 밝지못함에 따라 2007년 1월 1일부터 시행된 국가재정법은 제5장「재정건전화」라는 제명하에 7개 조문을 두어 재정악화를 저지하기 위하여 최선을 다할 것을 다짐하고 있다.

정부가 건전재정을 유지하고 국가채권을 효율적으로 관리하며 국가채무를 적정수준으로 유지하도록 노력하여야 한다고 강조하고 ① 정부의 재정부담을 수반하는 법률안 제출을 어렵게 하고 있다. ② 국세감면을 제한하며, ③ 추가경정예산안의 편성도 제한하고 있다. ④ 세계잉여금은 채무상환에 우선적으로 사용하도록 하였다. ⑤ 기획재정부장관에게 국가채무관리계획을 수립할 책임을 부여하였으며 ⑥ 국가보증채무의 부담은 국회의 동의를 얻어야 할 뿐만 아니라 보증채무관리에 관한 사항을 시행령에서 규정하도록 하였다.

그러나 이러한 국가재정법의 규정이 우리나라 재정수지전망을 다소간이나마 밝게 하는데 얼마나 기여할는지는 좀더 두고 보아야 하겠다.

제 7 장 감축관리와 민영화

제 1 절 감축관리

1. 감축관리의 배경과 개념

자유방임주의하에서는 더 말할 것도 없고 1920년대까지만 하더라도 「작은 정부」가 바람직한 목표로 생각되었다. 대공황이 일어나고 New Deal정책 등이 실시됨에 따라 정부의 기구는 급속히 커지고 예산규모도 크게 팽창하게 되었다. 이러한 거대한 정부는 제2차대전의 발발과 그 후 냉전의 계속으로 1960년대까지 계속되었다고 할 수 있겠다.

그러다가 1970년대에 들어와서 석유파동이 일어나고 인플레이션이 심해지자 「작은 정부」에의 움직임이 각국에서 일어나게 되었고 정부기관의 축소와 예산의 절감이 중요한 과제로 등장하게 되었다.

우리나라에서도 경제위기를 맞이하여 1998년도 일반회계 추경예산은 1998년도 당초 예산보다 1.9% 감축된 규모로 편성되었다는 것은 주지의 사실이다.

행정학에서는 정부의 기구나 사업을 큰 저항없이 축소하고 예산을 절감하는 것을 목표로 하는 감축관리(cutback management)가 제기되어 이에 관한 많은 논문들이 발표되었다.[1)]

근년에 와서 감축관리에 관한 논문이 수적으로 크게 감소된 감이 있으나 Pandey는 2008년 이후의 경제적 위기에 처하여 감축관리에 대한 관심이 다시 살아나고 있음을 지적하고, 단기적 관점보다는 장기적 시계를 가지고 정부조직

1) Public Administration Review는 1978년 7월~8월호와 1980년 11월~12월호에 감축관리에 관한 Symposium을 게재했다.

의 감축관리문제를 다루어야 한다는 점을 강조하고 있다.[2]

(2) 감축관리의 개념

감축관리를 「역기능적이거나 중복·과다하거나 불필요한 기능·기구·인력·정책 그리고 사업 등을 의식적으로 정비하는 결정과 집행을 의미한다」고 정의하는 사람이 있으나[3] 우리는 이 곳에서 감축관리란 자원소비를 낮추고 조직활동을 줄이는 방향으로 조직의 변혁(organizational change)을 유도하는 것이라고 정의하고자 한다.[4]

과거의 행정이론이 「성장」, 「풍요」, 「합의」를 토대로 한 것이었다면 앞으로의 이론은 「쇠퇴」, 「궁핍」, 「갈등」을 기초로 삼아야 한다는 주장이 있다.[5] 설사 이러한 견해가 극단적이라고 하더라도 감축관리가 제기된 배경에는 1970년대 이후의 자원난이 도사리고 있는 것만은 사실이다. 감축관리는 역기능적이거나 불필요한 기구·정책만을 정비하는 데 그 목표가 있는 것이 아니라 자원난, 인플레이션, 세입결함으로 말미암아 필요한 기능·기구·정책까지도 정비하지 않을 수 없다는 데에 감축관리의 어려움이 있는 것이다.

(3) 유사개념

① 정책의 종결: 감축관리와 정책의 종결을 동일한 개념으로 보는 사람이 있으나[6] 양자는 구별되어야 할 것으로 생각된다. Peter deLeon과 같이 정책의 종결을 기능, 조직, 정책, 사업의 종결을 포함하는 넓은 뜻으로 해석할 때에는 양자의 개념이 많이 접근하나[7] 일반적으로 정책은 기능, 조직, 사업까지를 포함하는 넓은 개념으로 보기는 어려우므로 감축관리와 정책의 종결이 동일한 개념이라고 하기에는 문제가 있다.[8]

---

2) Sanjay K. Pandey, "Cutback Management and the Paradox of Publicness," *Public Administration Review*, July-August 2010, pp. 564-571.

3) 허 범, 「기본정책의 관점에서 본 한국행정의 감축관리」, 김운태 편, 한국정치행정의 체계(서울: 박영사, 1982), p. 282.

4) Charles H. Levine, "More on Cutback Management: Hard Questions for Hard Times," *Public Administration Review*, March-April 1979, p. 180.

5) William Scott, "Organization Theory: A Reassessment," *Academy of Management Journal*, June 1974, pp. 242-254.

6) 허 범, 전게논문, pp. 282-283.

7) Peter deLeon, "Public Policy Termination: An End and a Beginning," *Policy Analysis*, Summer 1978, pp. 374-375.

② 구조조정: IMF관리체제 이후 우리나라의 민간부문이나 정부부문에서 많이 사용하는 개념으로서 구조조정이 있다. 구조조정은 다의적인 개념이나 구조조정이 능률이나 효과성의 증진을 위하여 기구나 인력을 감축하는 것을 의미한다면 감축관리와 구조조정은 같은 개념이라 할 수 있을 것이다.

2. 감축의 원인

정부나 지방자치단체의 사업이 감축되는 원인으로서 여러 가지를 들 수 있겠으나 우리는 이곳에서 다음의 네 가지로 구분하여 고찰하고자 한다.[9]

(1) 문제의 고갈

감축의 외부적·정치적 요인으로서 문제의 고갈을 들 수 있는데 이것은 다시 인구의 이동, 문제의 재정의, 정책의 종결로 세분될 수 있다.

① 인구의 이동: 대표적인 예로서 서울시내 도심지역과 농촌지역의 초등학교 적령아동의 감소로 인하여 일부 초등학교가 폐쇄되는 경우를 들 수 있겠다.

② 문제의 재정의: 진정제 기타 약품의 개발과 의료비의 앙등 등으로 인하여 정신질환에 대한 일반의 관념이 달라지고 의학계의 이론이 변하여 정신병원 입원환자의 수가 감소된 경우가 좋은 예라고 하겠다.

③ 정책의 종결: 정책과정의 최종단계로서 정부의 특정한 정책을 의도적으로 종식시키거나 중지하는 것이다. 학자에 따라서는 정책의 종결을 광의로 보는 사람이 있으나 우리는 정책의 종결을 협의로 보고자 한다.

(2) 환경의 엔트로피

외부적인 경제적·기술적 요인으로서 환경의 엔트로피를 들 수 있다. 환경

〈표 5-38〉 감축의 원인

	내부적 요인	외부적 요인
정치적 요인	정치적 취약성	문제의 고갈
경제적·기술적 요인	조직의 위축	환경의 엔트로피

8) Eugene Bardach, "Policy Termination as a Political Process," *Policy Sciences*, June 1976, pp. 124-125.

9) Charles Levine, "Organizational Decline and Cutback Management," *Public Administration Review*, July-August 1978, pp. 318-319.

의 능력이 저하하여 정부나 지방자치단체의 조직을 현행 수준에서 유지할 수 없을 때 발생하는 것으로서 지역경제의 퇴조로 인하여 재정난에 빠진 도시나 지역에서 그 대표적인 예를 찾아 볼 수 있다.

(3) 정치적 취약성

내부적인 요인의 하나로서 조직의 정치적 취약성(political vulnerability)을 들 수 있다. 예산의 절감이나 환경으로부터의 감축의 요구에 대한 저항력이 약한 것을 의미한다.

이러한 조직의 정치적 취약성의 원인에는 여러 가지가 있겠으나 규모의 왜소, 내부의 갈등, 리더십의 변동, 전문성의 기반의 결여, 좋은 image의 제시부족 등을 들 수 있겠으나 정치적 취약성의 가장 정확한 척도로서 조직의 역사를 들 수 있을는지 모른다.

(4) 조직의 위축

위축현상은 모든 조직에서 찾아볼 수 있겠으나 정부나 지방자치단체조직에서는 조직의 위축이 빈번하게 발생할 수 있다. 공공조직은 판매수입이 없는 경우가 많기 때문에 조직의 고장이나 책임의 소재를 즉시 파악할 수 없는 까닭이다.

3. 감축관리의 저해요인

정부나 지방자치단체가 그 기능, 사업, 정책, 조직 등을 종식시키거나 감축하는 것이 어려운 이유가 많이 있겠으나 우리는 이곳에서 다음의 몇 가지로 나누어서 검토하기로 한다.[10)]

(1) 심리적인 저항

사업, 조직, 정책을 새로 시작하기는 쉬워도 이들을 종결하거나 감축하기는 심리적으로 어려운 것이 인간이다. 이러한 까닭에 환경의 변화로 인하여 사업이나 정책을 끝내야 함에도 불구하고 끝내지 못하는 경우가 많은 것이다. 심리적인 저항감으로 인해서 마땅히 끝냈어야 할 사업이나 정책을 끝내지 못한 예

---

10) deLeon, *op. cit.*, pp. 379-386; Peter deLeon, "A Theory of Policy Termination," in Judith May and Aaron Wildavsky(eds.), *The Policy Cycle*(Beverly Hills: Sage Publications, 1978), pp. 286-293.

로서 제1차대전 전의 기병대의 경우를 들 수 있다.

기관총과 고성능 대포 등의 보급으로 기병대의 효용이 격감되었음에도 불구하고 많은 국가의 군사전문가들이 기병대에 대한 애착을 버리지 못했으며 미육군에서는 제2차대전 중에도 기병대가 존속했던 것이다.

1930년대 프랑스에 있어서는 마지노선(Maginot Line)에 대한 대안이란 있을 수 없었다. 프랑스인들에게는 마지노선이 독일군의 공격을 저지하지 못한다는 것은 상상할 수도 없었던 것이다.

(2) 조직의 항구성

조직은 변경과 종식에 대한 저항력을 지니고 있다. 조직은 환경에 대한 적응력을 지니고 있는 까닭에 쉽사리 소멸하지 않는다. Gouldner의 표현을 빌린다면 조직은 모든 사회집단의 경우와 같이 「생존」이라는 지상과제를 안고 있다. 이 지상과제 때문에 조직은 때때로 조직목표를 등한히 하는가 하면 목표를 왜곡하기도 한다는 것이다.[11)]

(3) 동태적 보수주의

조직은 동태적인 실체이다. 조직의 목표가 달성되었거나 환경적인 요인으로 목표의 달성이 불가능한 경우 조직은 새로운 목표를 발견하거나 환경의 개조를 시도한다. 우리는 이러한 현상을 동태적 보수주의(dynamic conservatism)라고 부르기도 한다.

소아마비재단은 국민들의 지지를 얻어 소아마비예방약의 연구를 지원하고 소아마비희생자들에게 도움을 주는 것을 그 목표로 하였다. 이 재단은 약 20년간 이 목표의 달성을 위하여 성실히 노력한 결과 유명한 소오크 왁찐, 세이빈 왁찐의 발명에 크게 이바지하게 되었으며 소아마비의 위협을 완전히 제거할 수 있게 되었다.

이와 같이 그 목표를 달성한 후 소아마비재단은 해체할 수 있었으나 해체하지 않고 관절염과 불구아출생의 예방 및 치료라는 새로운 목표를 수립하고 이를 달성하기 위하여 노력하게 되었다.[12)]

---

11) Alvin Gouldner, "Organization Analysis," in Robert K. Merton *et al.*(eds.), *Sociology Today*(New York: Basic Books, 1959), p. 405.

12) Amitai Etzioni, *Modern Organizations*(Englewood Cliffs: Prentice-Hall, 1964), p. 13.

UN군의 한국전쟁참전의 목표는 공산군을 남한으로부터 축출하는 데 있었다. 이러한 목표가 달성되자 당시의 UN군사령관 맥아더장군은 공산군을 한반도에서 몰아 낸다는 새로운 목표를 수립하게 되었으며 이러한 목표에 따라 UN군이 38선을 넘어 북한으로 진격하였다는 것은 우리가 다 잘 아는 사실이다.

(4) 감축의 반대를 위한 정치적 연합

감축의 저해요인으로서 감축을 반대하는 세력의 정치적 연합을 들지 않을 수 없다. 어떤 조직이나 그 조직이 담당하는 사업·정책이 감축의 위협에 직면하면 조직내부의 집단들이 그들의 힘과 전술을 동원하여 감축을 반대하는 것이 일반적인 현상인데 조직내부의 세력과 외부의 세력이 연합전선을 형성할 때 그 힘은 막강해진다. 미해군은 기지폐쇄의 위협에 직면하면 그 지방의 노동조합, 관련기업, 그 지방출신 국회의원 등을 동원하여 기지폐쇄를 반대하는 경우가 많다고 한다.

감축을 반대하기 위하여 형성하는 연합전선의 동조자는 경우에 따라서 타정부부처, 국회의 상임위원회, 외국정부일 수도 있다. Skybolt미사일 개발사업을 종결하려는 미국방성의 결정에 대해서 국무성과 영국정부가 연합하여 맹렬히 반대했던 것이다.

(5) 법적인 제약

조직·사업·정책의 감축은 법적 제약으로 인하여 저해를 받는 경우가 많다. 우리나라에서 행정개혁위원회나 기획조정실 등의 폐지가 어려웠던 것은 정부조직법을 개정해야 한다는 데에도 그 이유가 있었다. 1972년까지만 하더라도 정부 각부처의 국을 폐지하는 일은 정부조직법을 개정해야 했기 때문에 지극히 어려운 작업이었던 것이다.

미국에서는 법원의 개입이 감축을 어렵게 만드는 경우가 많다. 닉슨대통령이 대통령령으로 경제기회처(Office of Economic Opportunity)의 폐지를 결정하자 이 기관소속 공무원들은 법원에 제소하여 대통령령의 취소결정을 얻어냈던 것이다.

(6) 높은 비용

조직이나 정부의 감축은 많은 비용(cost)을 소요로 한다. 경제적 비용뿐만 아니라 정치적 희생을 요구하는 경우가 많다. 정책결정자들이 정책의 실패를 인정해야 하는데 실패를 인정하기를 원하는 정책결정자들이 많지 않다. 정책·사업을 종결하거나 감축하기 위해서는 대안을 제시해야 하는 경우가 많은데 대안의 제시가 어렵거나 비용을 유발하는 경우가 많다. 원자력발전의 비판자들이 원자력 발전을 적극적으로 반대하지 못한 것은 원자력을 대신할 공해가 없는 에너지자원을 제시하지 못했던 까닭이다. 감축이나 종결이 사기의 저하를 위시하여 많은 부작용을 낳는다는 것도 잊어서는 안되겠다.

4. 감축관리의 전략

감축관리의 전략으로서 여러 가지를 들 수 있겠으나 우리는 이곳에서 감축의 규모와 시계, 감축의 대상, 능률과 형평의 세 가지 문제를 고찰하기로 한다.[13]

(1) 감축의 규모와 시계

정부나 지방자치단체가 감축을 하는 경우에 일시에 대폭적으로 감축하는 것이 나으냐 매년 조금씩 감축하는 것이 나으냐 하는 문제가 있다. 감축이 불가피하다면 일시에 대폭적으로 감축하고 조직을 이에 맞추어 재정비한다는 장점이 있을 수 있다. 그러나 일시 대폭감축의 단점은 후에 원상복귀하는 데 필요한 자원을 획득할 수 없을는지 모른다는 위험이 따른다는 사실이다.

이에 반하여 매년 점차적으로 감축하는 방안은 언젠가는 감축의 필요성이 없어져서 감축이 중단될 것이라는 기대하에 감축의 영향을 최소화하자는데 그 목적이 있다. 미국의 우주항공국이 점감정책을 택한 대표적인 기구라고 할 수 있다. 1960년대의 우주항공국을 아는 사람들은 1970년대의 우주항공국의 점차적 감축방안이 project management와 관리쇄신 등을 포함한 관리체제 전반에 얼마나 악영향을 미쳤는가를 잘 알고 있다. 한 마디로 말해서 일시적·대폭적 감축방안은 가장 합리적인 관리전략이라고 할 수 있는데 대하여 점차적 감축방안은 합리적 정치전략(political strategy)이 될 수 있을는지 모른다.

(2) 감축의 대상

둘째로 문제가 되는 것은 일률적으로 모든 하부기관이나 사업에 감축의 부담을 나누어 지게 할 것이냐, 특정한 하부기관이나 사업만을 감축의 대상으로 삼

---

13) Levine, “More on Cutback Management,” p. 182.

을 것이냐 하는 것이다. 감축의 고통을 균등하게 분배하는 방안은 감축의 고통을 최소한도로 줄일 수 있으며, 사기저하를 방지하고 조직의 단결력을 공고히 하는 장점은 있으나 책임있는 방안이라 할 수는 없다. 조직의 모든 하부단위가 목표의 실현을 위하여 똑같이 공헌하는 것이 아니기 때문이다.

감축의 초기단계에 있어서는 모든 기관이 감축의 고통을 나누어 지게 하는 것이 갈등을 줄일 뿐만 아니라 용이하기도 하다. 신규채용동결이나 자발적인 해임 등의 방법을 활용할 수 있는 까닭이다. 그러나 감축이 좀더 심해지면 사업의 우선순위 등에 따라서 감축을 단행할 수밖에 없게 된다. 우선순위에 의한 감축이란 어려운 작업이며 아주 용감하거나 우둔한 공무원이 아니면 가급적 이러한 방법을 피하려고 한다. 그러나 상황이 악화되고 균등한 감축이 불가능한 지경에 이르면 최고관리자들은 부득이 우선순위 등의 방법에 의하여 감축의 대상을 한정할 수밖에 없게 된다.

(3) 능률과 형평

감축의 전략에 있어서 가장 어려운 선택은 능률이냐 형평이냐 하는 문제라 하겠다. 정부의 서비스에 가장 많이 의존하는 계층이 영세민, 신체장애자, 노약자 등인데 이들에 대한 서비스의 전달이 단위원가가 높은 것도 사실이다. 따라서 생산성기준에 의거한 맹목적인 예산절감은 이들 계층에게 가장 불리할 수 있다.

감축이 불가능할 때에는 흔히 정치적 영향력이 가장 약한 계층을 위한 예산을 삭감하는 경향이 있으며 이를 위장하기 위하여 생산성기준이 사용되는 경우가 많다. 한 마디로 말해서 지나치게 능률을 강조하는 나머지 형평을 소홀히 하는 일이 있어서는 안된다는 사실이다.

5. 감축관리와 예산절감

(1) 감축관리와 예산절감의 관계

감축관리가 제기된 배경에는 1970년대의 자원난, 적자재정 등이 도사리고 있다는 것은 전술한 바와 같다. 따라서 감축관리의 목표는 예산의 절감에 있다고 해도 과언이 아닐 것이다. 뿐만 아니라 감축관리는 대부분의 경우 예산의 절감으로 나타난다고 할 수 있겠다.

이와 같이 예산의 절감은 감축관리의 목표이며 결과인 것이 사실이나 감축관리와 예산의 절감을 동일시할 수는 없을 것이다. 감축관리는 예산의 절감뿐만 아니라 기능・기구・인력・정책 등의 정비도 대상으로 삼는 것이다.

(2) 예산절감의 방법

감축관리에서 들고 있는 예산의 절감방법에는 여러 가지가 있으나 우리는 다음의 네 가지를 검토하기로 한다.[14]

① 일률적 절감: 모든 기관이나 하부기관인 국과의 예산을 일정한 비율(예를 들면 20%)에 따라 일률적으로 절감하는 방법은 비교적 적용이 용이하다. 그러나 전술한 바와 같이 조직의 모든 하부단위가 목표의 달성을 위하여 똑같이 공헌하는 것이 아닌데 일정한 비율로 모든 하부단위의 예산을 일률적으로 절감한다는 것은 부당하다고 하지 않을 수 없다.

또 하나 문제가 되는 것은 일정비율로 예산을 절감하는 경우 대규모 국이나 과에는 큰 영향이 없을는지 모르나 소규모 국이나 과의 경우 결정적인 타격을 줄 수도 있다는 사실이다.

② 생산성기준: 예산을 절감할 때에 생산성이 낮은 사업이나 국・과의 예산을 삭감하는 경우가 많다. 그러나 이러한 생산성기준이 자칫하면 영세민, 신체장애자, 노약자 등과 같은 불우계층을 위한 예산을 삭감하는 구실로 사용될 우려가 있다는 것은 전술한 바와 같다.

③ 제로베이스 예산제도: 감축관리의 일환인 예산절감의 방법으로서 제로베이스 예산제도가 높은 평가를 받고 있는 데에는 다음과 같은 이유가 있다.[15]

첫째, 제로베이스 예산제도는 전년도답습주의를 타파하려는 미래지향적인 예산제도로서 신규사업뿐만 아니라 기존사업의 타당성도 검토하려는 제도이다.

둘째, 제로베이스 예산제도는 정치적 협상이나 교섭에 의하여 의사결정패키지(decision package)의 우선순위를 결정하는 것을 허용하고 삭감의 영향을 받을 패키지나 사업을 집중적으로 검토한다. 한 마디로 말해서 제로베이스 예산제도는 예산삭감결정에 분석뿐만 아니라 정치적 요인이 작용하는 것도 허용하고 있는 것이다.

---

14) Levine, "Organizational Decline and Cutback Management," pp. 321-332.

15) 제로베이스예산제도에 관해서는 제4편 제1장「예산개혁론」참조.

그러나 제로베이스 예산제도도 문제가 없는 것은 아니다.[16] 제로베이스예산제도의 분석적인 측면이 실효를 거두기 위해서는 많은 비용이 소요되는 데 내핍상황하에서 이러한 비용의 염출이 어려운 경우가 많다. 제로베이스 예산제도의 정치적 측면은 정치적 부작용을 초래할 우려가 많다. 팽창기는 몰라도 감축기에는 국간의 대립, 과간의 갈등이 격심해질 우려가 있으며 계선관리자와 예산기관간의 반목이 격화될 염려도 있다.

④ 선임제와 신규채용동결: 예산의 절감이 공무원의 감원을 필요로 할 때 감원의 기준이 문제가 된다. 우리나라에서는 「청렴도」 등을 가지고 공무원숙정의 기준으로 삼으나 미국의 경우에는 선임제(seniority)를 적용하여 제일 나중에 채용된 공무원부터 해임하는 방법을 많이 쓰고 있다.

감축관리에 있어서 사용되는 또 하나의 방법은 신규채용동결(hiring freeze)이다. 신규채용동결은 공석이 있어도 신규채용을 하지 않는 방법이므로 단기적으로 볼 때 가장 편리한 방법이나 장기적으로 볼 때 능률적인 방법이 못될 뿐만 아니라 형평을 잃은 방법이기도 하다.

첫째로 신규채용동결은 현직공무원은 감원하지 않아도 된다는 점에서 편리할는지는 모르나 어떤 직책에 있는 어떤 사람을 해임시킬 것이냐 하는 결정권을 관리자로부터 박탈하는 결과가 되며 합리적인 장기적 감축계획을 어렵게 한다.

둘째로 자의에 의하여 사임하는 사람들이란 일반적으로 다른 곳에서 직장을 구할 수 있는 전문직, 기술직공무원인 경우가 많다. 따라서 장기간에 걸친 신규채용동결을 실시하는 경우 꼭 필요한 기술을 지닌 사람들의 부족현상이 심해질 뿐만 아니라 이런 사람들의 획득이 가능하다 할지라도 신규채용동결조치로 인하여 채용이 불가능해지게 되는 것이다.

---

16) Garry D. Brewer, "Termination: Hard Choices……Harder Questions," *Public Administration Review*, July-August 1978, pp. 341-342.

제 2 절 민영화

1. 민영화의 의의

(1) 민영화의 개념

민영화(privatization)란 공기업의 민영화와 같이 정부가 보유하는 주식이나 자산을 민간에게 매각하는 경우 뿐만 아니라 민간위탁(contracting)이나 증서교부(voucher)의 경우와 같이 서비스나 물품의 공급은 민간기업 등이 담당하나 소요경비는 정부가 부담하는 경우까지 포함한다고 하겠다.

규제완화와 정부독점의 완화까지 포함시켜야 한다는 사람도 있으나[17] 우리는 민영화와 규제완화를 구분하고자 한다.

(2) 민영화의 목적

민영화는 여러 가지 목적으로 여러 계층의 사람들에 의하여 추진되고 있으나 우리는 민영화의 목적을 다음의 세 가지로 요약하고자 한다.[18]

① 정부규모의 축소: 민영화의 제1차적인 목적은 정부규모를 축소하여 작은 정부를 실현하고자 하는데 있다고 하겠다. Friedman은 정부를 독점적인 사기업에 비유하고 정부를 공적 독점이라고 부르고 있다. 거대한 독점 사기업이 비판의 대상이 되는 것 같이 거대한 정부도 바람직하지 못하며 그 규모를 줄여야 하고 이를 위하여 민영화를 단행해야 한다는 것이다.[19]

② 예산의 절감: 민영화의 또 하나의 목적으로 예산의 절감을 들 수 있겠다. Reagan행정부하에서 민영화가 강력히 추진된 것은 재정적자가 팽대해짐에 따라 예산의 절감을 통하여 재정적자를 억제하는 데 그 목적이 있었다고 하겠다.

---

17) David R. Steel and David H. Heald, "Privatizing Public Enterprise: An Analysis of the Government's Case" *Political Quarterly*, July-September 1982, p. 334; 조정제, 도시경영(서울: 법문사, 1990), p. 99.

18) Janet Rothenberg Pack, "The Opportunities and Constrains of Privatization," in William T. Gormley, Jr.(ed.), *Privatization and Its Alternatives*(Madison: University of Wisconsin Press, 1991), pp. 284-288.

19) Milton Friedman, *Capitalism, Freedom and Democracy*(Chicago: University of Chicago Press, 1962); Jeffrey R. Henig, "Privatization in the United States: Theory and Practice," *Political Science Quarterly*, Winter 1989-90, p. 653.

1970년대와 1980년대에 미국의 지방자치단체에서 공공서비스의 민영화를 강력히 추진한 것도 두번에 걸친 석유파동으로 지방자치단체가 재정위기를 맞이한데 그 이유가 있다고 하겠다.

③ 능률의 제고: 민영화의 가장 중요한 목적으로서 능률의 제고를 드는 사람들이 많다.

공기업의 민영화를 주장하는 사람들은 사기업이 공기업보다 능률적이라는 이유를 든다. 공기업은 일반적으로 정책금융의 혜택을 받으므로 자본시장에서 자금조달을 위하여 경쟁할 필요도 없을 뿐만 아니라 파산이나 합병의 우려가 없으며 민간주주를 만족시킬 필요가 없으므로 공기업의 관리자들은 부여된 자원을 능률적으로 사용할 유인(incentive)이 없다는 것이다. 뿐만 아니라 공기업의 기업성을 제고하려는 노력도 정부의 경제정책적인 고려나 소득재분배적인 고려에 의거한 정부의 간섭으로 좌절되는 경우가 많다. 공기업의 민영화는 이러한 모든 문제를 해결하고 기업의 능률의 제고에 이바지한다는 것이다.[20]

지방자치단체 등의 공공서비스의 민영화를 주장하는 사람들은 정부의 「책임」과 정부의 「공급」을 구별하여야 한다는 점을 강조한다. 정부가 책임져야 하는 분야 또는 서비스라고 해서 정부가 직접 공급해야 하는 것은 아니라는 것이다.[21] 정부가 공급하는 것보다 민간기업이 공급하는 것이 훨씬 능률적이라는 것이 이들의 주장이다.

(3) 민영화와 감축관리

그러면 본절에서 고찰하는 민영화와 제1절에서 검토한 감축관리의 유사점은 무엇이며 차이점은 무엇인가 하는 문제가 다음에 제기된다.

① 공통점: 민영화와 감축관리는 다음과 같은 두 가지 점에서 유사하다고 할 수 있다.

i) 양자가 다 정부규모의 축소를 목적으로 하며, ii) 예산의 절약을 초래한다는 점에서 유사하다고 하겠다.

② 차이점: 이와 같이 민영화와 감축관리는 유사하나 다음과 같은 점에서 다르다고 하겠다.

---

20) Steel and Heald, *op. cit.*, pp. 338-400.

21) Henig, *op. cit.*, p. 654.

i) 감축관리는 조직의 자원소비를 낮추고 조직활동을 줄이는 「자체적」 조치인데 대하여 민영화는 주식·자산의 소유주를 정부에서 민간으로 변경하거나 공급자를 정부에서 민간으로 바꾸는 조치라 하겠다.

ii) 감축관리는 주로 행정학이나 경영학·사회학 등의 조직론에서 제창하고 있는 것인데 대하여 민영화는 행정학자보다는 경제학자들이 주동하고 있는 움직임이라 하겠다. 전술한 바와 같이 Friedman은 정부를 공적 독점이라고 부르고 정부규모의 축소와 이를 위한 민영화를 강력히 주장했던 것이다.

2. 민영화의 방법

민영화의 정의에 따라서 민영화의 방법도 달라지겠으나 우리는 다음의 몇 가지를 들고자 한다. 흔히 정부보유 주식이나 자산의 매각을 제외하나 앞에서 내린 정의에 비추어 보아 이것도 포함시켜야 할 것이다.

(1) 정부보유 주식·자산의 매각

공기업 민영화의 경우에서 흔히 볼 수 있는 것으로서 정부가 보유하고 있는 주식이나 자산을 매각하는 것이다. 이를 다시 다음의 두 가지로 나눌 수 있다.[22]

① 완전민영화: 공기업을 완전히 민간에 매각하는 것이다. 1960년대 후반에 이루어진 우리나라의 민영화가 여기에 속하며 1880년대와 1890년대의 일본의 민영화도 완전매각이었다.

② 부분적 민영화: 공기업을 완전히 매각하지 않고 공기업 주식의 일부를 매각하는 것이다. 1988년과 1989년에 이루어졌던 포항제철과 한국전력 주식의 국민주 방식에 의한 매각은 부분적 민영화의 대표적인 예이다.

(2) 민간위탁

민간위탁(contracting)은 최근에 와서 아웃소싱이라는 명칭으로 민간기업에서도 많이 활용되는 방법으로 정부나 기업이 업무의 전문성확보나 비용의 절감을 위하여 서비스의 제공을 외부의 전문공급자에게 위탁하는 것을 말한다.

① 시장화 테스트법의 제정: 일본은 영국의 제도를 모방하여 2006년 6월 흔히 「시장화테스트법」이라고 하는 「경쟁의 도입에 의한 공공서비스의 개혁에 관

---

22) 유 훈·배용수·이원희, 신판공기업론(서울: 법문사, 2010), pp. 531-533 참조.

한 법률」을 제정하여 정부나 지방자치단체의 공공서비스의 민영화를 추진하고 있다.

이 법률은 광범위한 공공서비스를 대상으로 하여 관민경쟁입찰(官民競爭入札)이나 민간경쟁입찰(民間競爭入札)을 도입하여 민간위탁을 촉진하는 것을 목적으로 한다.[23] 여러 가지 비판이 제기되고 있기는 하나 공공서비스 민간위탁 확충에 크게 이바지 할 것으로 추정된다.

② 성공을 위한 전제조건: 민간위탁이 성공을 거두기 위해서는 다음과 같은 전제조건이 충족되어야 한다.

ⅰ) 수행되어야 할 업무를 명확히 규정할 수 있어야 한다. 다른 말로 표현하여 하드(hard)서비스의 경우 좋은 성과를 거둘 수 있다. ⅱ) 서비스 공급을 담당할 사기업이 다수 있어야 하며 이들 간에 경쟁적인 분위기가 조성되어 있어야 한다. ⅲ) 정부나 자치단체는 업무수행을 모니터(monitor)할 수 있어야 하며, ⅳ) 계약서에 적절한 조건이 포함되어 있어야 하며, 이를 시행할 수 있어야 한다.[24]

(3) 증서교부

증서교부(vouchers)는 정부나 지방자치단체가 직접 물품이나 서비스를 제공하는 대신에 저소득층과 같은 특정 계층의 소비자들의 선택의 폭을 넓혀 주기 위하여 「쿠폰」을 교부하는 방식이다. 가장 대표적인 예로서 미국의 food stamp를 들 수 있겠다. 과거 우리나라에서 65세 이상의 노령층에게 교부하던 버스표도 이에 해당된다고 할 수 있겠다. 민간위탁처럼 광범위하게 활용되지는 않으나 근래에 와서 점차 그 장점에 대한 인식이 높아지고 있다.

증서교부는 정부나 지방자치단체의 직접적 수행에 비하여 다음과 같은 장점을 보유하고 있다. ⅰ) 정부나 지방자치단체의 어떤 기관이 특정한 서비스를 제공할 때에는 한 두 가지의 방안 밖에 없으나 증서교부는 여러 가지 방안을 제공할 수 있으므로 소비자에게 광범위한 선택의 여지를 줄 수 있다. Osborne과 Gaebler가 말하는 고객중심적 정부의 실현에 이바지할 수 있다고 하겠다.[25]

---

23) 尾林芳匡, 新版自治体民營化とサ-ビスの質(東京: 自治体研究社, 2008), pp. 106-114.

24) E. S. Savas, *Privatization: The Key to Better Government* (Chatham: Chatham House, 1987), p. 109.

25) David Osborne and Ted Gaebler, *Reinventing Government* (Reading: Addison-Wesley,

ii) 주민(소비자)에게 선택의 기회를 주는 증서교부제도는 서비스의 질을 통제하는 메카니즘의 기능을 수행하게 된다.

(4) 허 가

허가(franchises)는 정부나 지방자치단체가 민간기업 등에 서비스 공급권을 부여하는 방법이다. 민간기업에게 서비스의 공급권을 부여한다는 점에서 민간위탁과 동일하나 민간위탁의 경우에는 정부가 소요경비를 부담하는데 대하여 허가의 경우에는 소비자가 부담한다는 점에서 양자는 다르다고 하겠다.[26] 허가는 여러 가지로 분류할 수 있겠으나 독점적 허가와 경쟁적 허가로 나누는 것이 일반적이다.

① 독점적 허가: 독점적 허가는 한 기업에게만 서비스 공급권을 부여하는 방법으로서 정부나 지방자치단체가 가격규제를 가하는 것이 일반적인 현상이다. 전력·가스·버스 등의 경우에는 독점적 허가를 부여하는 경우가 많으며, 지방자치단체에 따라서는 쓰레기 수거의 경우에도 독점적 허가를 부여하고 있다. 동일지역 내에서 몇 가구만 수거하는 것보다는 모든 가구의 쓰레기를 한 업체가 수거하는 것이 경제적인 까닭이다.

② 경쟁적 허가: 경쟁적 허가는 다수의 기업에게 서비스공급권을 부여하는 방법인데 앰뷸런스(ambulance)서비스와 같이 다수의 기업이 경쟁하더라도 원가가 상승하지 않는 경우에 활용된다. 경쟁은 허용하면서도 규제를 가하는 것은 일정수준의 서비스를 유지하거나 가격을 억제하기 위해서이다.

(5) 재정지원

준공공재나 민간재 중에서 정부나 지방자치단체가 그 소비를 장려하고자 하는 경우에 민간기업이나 비영리단체인 생산자에게 정부나 지방자치단체가 지원하는 방법이다. 재정지원의 방법으로서는 여러 가지를 들 수 있는데 보조금의 지급, 조세감면, 저리융자, 지급보증 등이 대표적인 예이다.

재정지원은 정부나 지방자치단체가 준공공재나 민간재 중에서 그 소비를 장려하고자 하는 경우에 사용하는 방법이라는 점에서 전술한 증서교부와 유사하나 증서교부가 소비자에게 지급되는 지원인데 대하여 재정지원은 생산자에게

1992), pp. 166-194.

26) Savas, *op. cit.*, p. 75.

지급되는 지원이라는 점에서 차이가 있다.[27]

일반적으로 재정지원은 민간위탁이나 증서교부의 방법이 적절하지 못한 경우에 활용된다. 증서교부는 소비자 개개인에게 제공하는 서비스가 명확한 경우에 활용되며, 민간위탁은 서비스의 outputs나 질이 측정가능하며 모니터링(monitoring)이 용이한 경우에 활용된다.

그러나 재정지원은 서비스가 특이하거나 서비스의 형태나 질이 불명확한 경우에 활용된다. 예를 들면 청소년선도단체가 청소년문제를 감소시키기 위하여 오락프로그램, 카운슬링, 개인지도 등 여러 가지 방안을 사용하고자 하는 경우에는 민간위탁이나 증서교부보다는 재정지원이 바람직하다는 것이다. 재정지원은 또한 서비스의 측정이나 모니터링이 지나치게 경비가 많이 소요될 때에도 활용된다.

한마디로 말해서 정부나 지방자치단체가 그들이 수행하기 어려운 사업을 담당하는 신뢰할 만한 단체를 지원하는 방안으로서 민간위탁이나 증서교부보다 덜 복잡한 개정지원이라는 방법을 택한다는 것이다.[28]

(6) 시장공급

정부나 지방자치단체가 종전에 담당하던 서비스를 시장기구에 넘기는 것이다. 소비자가 직접 민간기업인 생산자를 선택하며 경비도 부담한다. 정부나 지방자치단체는 서비스 기준을 설정하나 그 밖의 거래에는 관여하지 않는다. 쓰레기 수거 등을 위하여 미국의 소도시에서 많이 사용하는 방법으로서 지방자치단체는 모든 가구가 1주일에 적어도 한번은 쓰레기를 수거해야 한다는 기준만 설정하고 어떤 업자에게 맡겨 어떤 방법으로 수거하느냐는 전적으로 각 가구에게 일임하고 있다.[29]

① 시장공급과 허가: 정부나 지방자치단체가 종전에 담당하던 서비스를 민간부문으로 하여금 공급케 하고 경비는 소비자가 부담한다는 점에서 시장공급은 허가와 유사하나 두 가지 점에서 양자는 다르다.

---

27) Dwight R. Lee, "Vouchers---The Key to Meaningful Reform," in William T. Gormley, Jr. (ed.), *Privatization and Its Alternatives* (Madison: University of Wisconsin, 1991), pp. 44-45.

28) International City Management Association, *Service Delivery in th 90s: Alternatives for Local Governments* (Washington, D. C.: ICMA, 1989), p. 28.

29) Savas, *op. cit.*, pp. 78-79.

i) 공급자의 선정: 허가는 독점적 허가이건 경쟁적 허가이건 간에 공급자를 정부나 지방자치단체가 선정하여 한정된 기업에게만 공급권을 부여하나 시장공급의 경우에는 소비자가 공급자를 스스로 결정한다.

ii) 정부의 규제: 따라서 허가의 경우에는 정부나 지방자치단체가 여러 가지 규제를 가한다. 독점적 허가의 경우에는 더 말할 것도 없고 경쟁적 허가의 경우에도 가격이나 서비스 수준에 대하여 규제를 가하는 경우가 많으나 시장공급의 경우에는 거의 규제를 가하지 않고 가격이나 서비스 수준은 민간기업의 자유경쟁에 일임하고 최소한의 기준을 설정할 뿐이다.

② 시장공급의 문제점: 시장공급은 가격이나 서비스수준을 시장기구에 맡기고 정부나 지방자치단체가 거의 규제를 가하지 않는다는 점에서 규제완화의 취지에 합치될는지 모르나 다음과 같은 문제점을 지니고 있으므로 어떤 서비스에 시장공급을 적용할 것인가를 신중하게 결정해야 한다.

i) 책임의 포기: 시장공급은 공공서비스 민영화의 가장 완전한 방식이라 하겠으나 정부나 지방자치단체가 서비스의 공급이나 경비의 부담을 각각 민간기업과 소비자에게 전가하고 규제도 폐지한다는 점에서 정부나 지방자치단체의 「책임의 포기」라는 비판을 받을 수 있다.

ii) 사회적 형평: 종전에 정부나 지방자치단체가 담당하던 서비스가 저소득층과 같은 불우계층도 수익자로 하는 경우에는 그 서비스를 시장공급에 맡긴다는 것은 사회적 형평에 어긋난다는 비판을 면하기 어려울는지 모른다.

3. 민영화의 대상분야

민영화의 대상분야는 여러 가지로 분류할 수 있다. 하드(hard) 서비스와 소프트(soft) 서비스로 나누는 사람이 있는가 하면 물리적·상업적 서비스(physical and commercial services)와 보호적·인적 서비스(protective and human service)로 분류하는 사람도 있다. 우리는 이곳에서 Savas의 분류에 따라서 고찰하고자 한다.

(1) 물리적·상업적 서비스

하드(hard) 서비스라고 할 수 있는 이 분야는 비교적 민영화가 용이하며 실제로 민영화가 많이 이루어지고 있다.

이 분야에서는 공기업의 민영화가 많이 이루어지고 있을 뿐만 아니라 민간위탁·증서교부·허가 등의 방법에 의한 공공서비스의 민영화도 광범위하게 이루어지고 있다. 미국 지방자치단체의 공공서비스의 민영화를 본다면 i) 쓰레기 수거, ii) 쓰레기 처리, iii) 도로보수, iv) 교통신호의 설치·관리, v) 가로수 가지치기와 심기, vi) 버스체계의 운영·유지, vii) 공항운영, viii) 위험물 처리, ix) 수도·가스요금 등의 사용료 청구서 작성·발송, x) 가로등 운영 등의 경우에 민영화가 많이 이루어지고 있다.[30] 이러한 분야에서는 계약에 의한 민간위탁이 주로 활용되고 있는데 그 이유는 이러한 분야에서는 전술한 바와 같이 수행되어야 할 업무를 명확히 규정하기가 용이할 뿐만 아니라 정부가 계약자의 업무수행을 모니터 하기가 쉽다는 것이다.

(2) 보호적·인적 서비스

소프트 서비스라고 할 수 있는 이 분야는 전술한 하드 서비스의 경우와 달라서 민영화가 용이하지 않다.[31] 이 분야에는 본래 공기업이 거의 없으므로 공기업의 민영화는 적용의 여지가 없으며 지방자치단체 등의 공공서비스의 민영화도 쉽지 않다. 이 분야에서는 핵심적(core) 서비스와 부차적(auxiliary) 서비스의 구분이 중요하다.[32] 이 분야에서는 핵심적 서비스의 민영화는 거의 없으나 부차적 서비스의 민영화는 많이 찾아볼 수 있는 까닭이다.

최근 미국의 테네시(Tennessee)주에서 3개의 교도소를 신설했는데 2개소는 주정부가 그 운영을 담당하나 1개소는 민간기업이 담당하고 있다고 한다. 한국에서도 개신교 교단들이 새로운 교도소의 운영을 담당한다는 보도가 있었다. 그러나 이러한 핵심적 서비스의 민영화는 예외에 속하고 대부분 부차적 서비스이다.

미국 지방자치단체에 있어서 공공서비스의 민영화가 많이 이루어지고 있는 분야는 i) 자동차 견인·보관, ii) 탁아시설운영, iii) 약물·알콜중독 처리사업, iv) 정신건강·정신박약아 사업, v) 무주택자 숙소운영, vi) 무주택자를 위한

30) Elaine Morley, "Patterns in the Use of Alternative Service Delivery Approaches," *The Municipal Year Book, 1989*(Washington, D.C.: ICMA, 1989), p. 42.

31) hard service와 soft service는 Savas의 표현이다(Savas, *op. cit.*, p. 279).

32) William T. Gormley, Jr., "Two Cheers for Privatization," in Gormley(ed.), *op. cit.*, p. 311.

급식 등이다.[33] Savas는 미국 외의 국가에서의 이 분야의 민영화를 많이 소개하고 있는 데 스위스에서는 30개의 지방자치단체가 Securitas라는 민간회사와 계약을 체결하고 방범순찰 업무를 맡기고 있으며, 덴마크에서는 전체 인구의 반수에 가까운 사람들이 Falck라는 민간회사에 소방업무를 맡기고 있다고 한다.[34]

4. 민영화와 예산절감

민영화의 가장 중요한 목적은 예산절감에 있으며 우리가 이곳에서 민영화를 고찰하는 이유도 여기에 있다고 하겠다. 민영화가 초래하는 예산절감은 〈표 5-39〉와 같이 민영화방법에 따라 차이가 있으므로 방법별로 고찰할 필요가 있다.

〈표 5-39〉 민영화방법과 예산절감

민영화방법	경비부담	공 급	예산절감방법
주식・자산의 매각 (완전민영화)	소비자	민 간	① 매각대금의 수입 ② 적자기업인 경우에는 국고부담 경감
주식・자산의 매각 (부분적 민영화)	정부와 소비자	정부・민간 공동으로	① 매각대금의 수입 ② 민간주주의 참여로 인한 경영 합리화
민 간 위 탁	정 부	민 간	동일한 재화이나 저렴한 가격으로 공급 가능
증 서 교 부	정 부	민 간	① 저렴한 가격 ② 소비자에게 선택 기회 부여
허 가	소비자	민 간 (정부허가)	경비부담을 정부가 소비자에게 전가
재 정 지 원	정부와 소비자	민 간	서비스의 향상 있으나 예산절감 기대하기 어려움
시 장 공 급	소비자	민 간	경비부담을 정부가 소비자에게 전가

주: 경비부담은 최종적인 경비부담자를 말함.

33) Morley, *op. cit.*, p. 280.
34) Savas, *op. cit.*, pp. 183-184.

(1) 주식 · 자산의 매각(완전민영화)

정부가 보유하고 있는 주식 · 자산의 매각에 의한 공기업의 완전민영화는 국고에 매각대금수입을 가져올 뿐만 아니라 민영화한 공기업이 적자운영을 하던 기업인 경우에는 그만큼 국고부담이 줄어들게 된다. 1968년부터 1970년에 걸쳐서 민영화된 7개의 우리나라 공기업들은 적자운영을 하던 기업이었다.[35)]

(2) 주식 · 자산의 매각(부분적 민영화)

공기업의 부분적 민영화도 매각대금 수입을 가져올 뿐만 아니라 공기업경영에 민간을 참여시킴으로써 경영합리화를 초래할 수 있다. 그러나 우리나라의 포항제철이나 한국전력의 경우 국민주 방식에 의한 부분적 민영화가 공기업의 경영에 변화를 초래하지 못했다는 비판이 있다.[36)]

(3) 민간위탁

종전에 정부가 공급까지 담당하던 서비스를 민간기업에 위탁하는 경우에는 보다 저렴한 가격으로 공급할 수 있다는 것이 민영화론자들의 주장이다.[37)] 그러나 이에 대한 반론도 적지 않다는 사실에 유의할 필요가 있다.[38)]

(4) 증서교부

종전에 정부가 공급하던 서비스를 민간기업으로 하여금 담당케 하되 정부가 직접 공급자에게 반대급부를 제공하는 것이 아니라 소비자에게 「쿠폰」을 주어 소비자가 공급자를 선택하게 하는 방식인 증서교부도 예산절감에 다소 이바지할 것이다. 그러나 이 방식에 의한 민영화는 예산절감보다 소비자에게 폭넓은 선택의 기회를 부여하는데 더 큰 의의가 있다고 하겠다.[39)]

---

35) 유 훈 · 배용수 · 이원희, 전게서 pp. 547-548.

36) 송대희 · 송명희, 「국민주방식 공기업민영화의 경제적 효과분석」, 공기업논총 제4권 제1호, pp. 82-116; 영국에서도 동일한 비판이 있다(David Marsh, "Privatization under Mrs. Thatcher: A Review of the Literature," *Public Administration*, Winter 1991, p. 467).

37) Savas, *op. cit.*, pp. 109-110.

38) Carl E. Van Horn, "The Myths and Realities of Privatization," in Gormley(ed.), *op. cit.*, p. 277.

39) Dwight R. Lee, "Vouchers……Key to Meaningful Reform," Gormley(ed.), *op. cit.*, pp. 39-52.

(5) 허 가

종전에 정부가 공급하고 경비까지 부담하던 사업을 민간기업에 허가해 주어 민간기업으로 하여금 공급케 하고 경비는 소비자가 부담하는 방식인 허가는 경비부담을 정부가 소비자에게 전가하는 까닭에 수익자부담을 제고하고 예산절감이 큰 것이 사실이다.

그러나 그 사업이 저소득층과 같은 불우계층도 수익자로 하는 사업인 경우에는 정부의 책임을 포기하는 결과가 되며 민영화가 사회적 형평에 어긋난다는 비판을 받게 된다.[40]

(6) 재정지원

분양식 서민주택이나 서민용 임대아파트 등의 경우와 같이 정부가 직접 공급을 담당하던 사업을 민간기업에게 맡기되 정부가 보조금·조세감면·융자 등의 방법으로 지원하는 방식인 재정지원은 서비스의 향상을 기대할 수 있을는지는 모르나 지원방식 여하에 따라서는 예산절감이 어려울는지 모른다.

(7) 시장공급

종전에 정부가 담당하던 사업을 자유시장기구에 맡기는 이 방식은 민영화로서는 가장 궁극적이며 완전한 방식이며 예산절감은 클는지 모르나 전술한 허가의 경우와 같이 정부가 「책임」을 포기했다는 비판을 받을 수 있다. 따라서 정부가 책임을 질 필요가 없는 순수한 민간재로서 종전에 정부가 담당했던 것 자체가 잘못된 일이었거나 국민소득수준의 향상 등으로 이제는 정부가 담당할 필요성이 없어진 분야에서나 허용될 민영화 방식이라 하겠다.[41]

5. 민영화의 문제점

민영화가 능률의 제고에 이바지하고 예산의 절감을 초래하는 장점이 있으나 민영화의 문제점도 많이 지적되고 있다.

Haque는 최근의 민영화를 포함하는 시장중시체제[42]의 등장이 초래한 문제

---

40) William T. Gormley, Jr., "The Privatization Controversy," in Gormley(ed.), *op. cit.*, pp. 7-8.

41) E.S. Savas, *Privatizing the Public Sector*(Chatham: Chatham House, 1982), pp. 118-124.

42) 시장중시체제에 관해서는 유 훈, 행정권과 경제[개정증보판](서울: 법문사, 2007), pp. 32-35

점으로서 ① 정부부문과 민간부문 구분의 붕괴, ② 정부서비스 수혜층 구성의 축소, ③ 정부부문역할의 약화, ④ 책임성문제의 등장, ⑤ 관료제에 대한 비판 등으로 인한 정부에 대한 국민신뢰의 저하를 들고 있다.[43] 우리는 이곳에서 범위를 좁혀 민영화의 문제점으로서 다음의 몇 가지를 들고자 한다.

(1) 서비스 질의 저하

이윤추구를 소홀히 할 수 없는 민간기업이 서비스 질의 저하를 통한 경비의 절감을 시도할 우려가 있다. 전술한 바와 같이 민영화의 대상분야로서 하드서비스에 역점을 두는 것은 수행되어야 할 업무를 명확히 규정하기가 용이할 뿐만 아니라 정부가 계약자의 업무수행을 모니터 하기가 쉬우므로 서비스 질의 저하 방지가 다소 용이한 까닭이다.

(2) 민주적 통제의 약화

정부의 「책임」과 「공급」을 구별하여 민간기업으로 하여금 공급케 하여 능률의 제고에 이바지하는 것은 좋으나 서비스 제공에 있어서 주민의 의사가 제대로 반영되지 않고 민주적 통제가 약화될 우려가 없지 않다. 이를 방지하기 위해서는 계약조건을 구체화할 필요가 있다.

(3) 공무원사기의 저하

민영화는 근본적으로 민간부문의 우월성에 기초를 두고 있다고 주장하는 사람들이 있다.[44] 정부부문이 비능률적이니 민간부문에 공급을 맡기자는 것이다. 따라서 민영화는 정부부문의 역할의 축소와 공무원의 감축을 초래하며 이는 나가서 공무원의 사기저하를 가져온다는 것이다. 민영화가 세계적인 추세이나 이것이 정부부문의 구조조정 등으로 사기가 저하되어 있는 공무원들의 의욕을 더욱 꺾는 결과를 초래할 우려가 있다는 것을 유념할 필요가 있다.

참조.

43) M. Shamsul Haque, "Diminishing Publicness of Public Service under the Current Mode of Governance," *Public Administration Review*, January-February 2001, pp. 65-82.

44) M. Shamsul Haque, "The Intellectual Crisis in Public Administration in the Current Epoch of Privatization," *Administration and Society*, November 1996, p. 514.

제 6 편

구매행정과 계약

제1장 구매행정

제1절 구매의 의의

1. 구매의 개념과 중요성

(1) 구매의 개념

구매란 행정업무수행에 필요한 수단인 재화, 즉 소모품·비품·시설 등을 적기·적소에서 적재로 적량을 적가로 구입하는 행위를 말한다.[1]

(2) 구매의 중요성

현대국가의 기능의 확대는 비단 행정기관의 증가와 공무원의 수적 증가를 초래했을 뿐만 아니라, 행정수단으로서 불가결의 요소인 재화에 대한 수요의 증가도 초래하게 되었다. 거기에다가 국가재정이 국민경제에 있어서 차지하는 비중이 무거워짐에 따라 정부지출이 국민경제에 미치는 영향은 증가일로를 걷게 되었으며, 정부의 재정수요는 중대한 의의를 지니게 되었고, 따라서 구매의 중요성이 강조되게 되었다.

2. 집중구매제도의 보급

(1) 정부부문의 집중구매

이와 같이 구매의 중요성이 강조되게 되자, 종전에는 부차적인 업무로 생각되던 구매행정이 전문적인 지식과 훈련을 필요로 하는 독창성을 지닌 업무로 등장하게 되었다. 뿐만 아니라, 수요부처가 멋대로 소요물품을 구매하는 분산

1) Stuart F. Heinritz and Paul V. Farrell, *Purchasing: Principles and Applications,* sixth edition(Englewood Cliffs: PrenticeHall, 1981), p. 12.

구매제도를 지양하고 구매업무를 중앙구매기관에 통합하는 집중구매제도를 각국은 채택하게 되었다.

(2) 사기업의 집중구매

집중구매제도는 비단 공공행정의 영역에 있어서 뿐만 아니라 사기업에 있어서도 널리 보급되어 있다고 하겠다. 미국의 경우를 본다면 제2차대전 직후에는 집중구매가 최선의 구매방법이라고 생각되었으나 1950년대 후반에 와서 분권화가 유행함에 따라 많은 기업들이 분산구매를 채택하게 되었다. 그러나 1960년대 후반에 들어서 많은 기업들이 집중구매로 복귀하게 되었으며 이러한 경향은 1970년대에 와서 더욱 박차를 가하게 되었고 1980년대 이후에도 계속되고 있다고 한다.[2)]

제 2 절 미국의 구매제도

1. 연 혁

(1) 초창기의 구매제도

미국에서는 1792년에 재무부내에 중앙구매기구를 설치하였으나 별로 실효를 거두지 못했다. 20세기에 들어와서 연방의회는 2차에 걸쳐 정부의 구매활동을 조사하였는데, 각 기관에서 제멋대로 필요한 물품을 조달하였으며, 따라서 같은 정부내에서 구매되는 동일물품의 가격이 천차만별임을 발견했던 것이다. 이리하여 1910년 연방의회는 법률로 재무장관 예하에 일반보급위원회(General Supply Committee)를 설치하기에 이르렀던 것이다. 이 위원회의 주요 임무는 정부의 구매활동을 단일화하는 데 있었던 것이다. 이와 같은 임무를 달성하기 위하여 동위원회는 정부 각 기관에서 필요로 하는 물품의 종합수급계획의 수립, 각 기관의 공통품목의 표준화 및 규격제정 등의 기능을 지니게 되었다.

1921년에는 동위원회내에 연방규격위원회(Federal Specifications Board)가 설치되고 소위 time contract 제도의 수립을 보게 되었다. 그러나 대량구매의

2) *Ibid.*, p. 79.

이점은 이와 같은 time contract에 의해서는 충분히 발휘될 수 없으며, 오직 중앙구매기관에 의한 일괄구매에 의해서만이 얻을 수 있는데 이를 위해서는 기금과 저장창고가 필요하다. 연방의회는 이와 같은 요구를 충족시키기 위하여 컬럼비아특별구(District of Columbia)에 창고를 마련하여 주었고, 30만달러의 일반보급기금(General Supply Fund)도 마련해 주었던 것이다. 이리하여 이 위원회는 정부의 구매활동의 단일화에 공헌이 많았다고 할 수 있으나 이 위원회의 권한이 원래 광범하지 못했으며 그 사업을 주관하던 위원들과 위원장인 재무장관이 구매활동을 중요시하지 않았고 여기에 별로 관심도 없었던 까닭에 이 위원회는 연방정부의 구매활동을 개선하는 기구로서 유효한 것이 못되었던 것이다.[3)]

1933년에는 정부의 구매사업을 좀더 합리화하기 위하여 대통령령으로서 재무부에 구매국(Procurement Division)이 설치되게 되었으며 광범한 권한이 부여되게 되었다.

그러나, 동구매국은 발족 당시부터 정부의 구매활동을 단일화하는 데 많은 난관에 직면하게 되었다. 처음에 동국의 중요한 사업은 1930년대에 개시되어 제2차대전 직전까지 계속된 실업자구제계획을 위한 구매사업이었으며 1941년부터 1945년까지는 무기대여(Lend-Lease)를 위한 구매사업에 바빴고 전후에는 운라구제사업과 전략물자의 저장을 위한 구매사업이 더 중요한 업무였으며 정상적인 구매업무는 부차적인 문제가 되어버렸다.

(2) 제2차대전 후의 구매제도

그러다가 1947년에 이르러 구매국은 연방보급국(Bureau of Federal Supply)으로 개편되고 정상적인 구매사업에 보다 많은 관심을 기울이기에 이르렀다. 동국은 정부 각 기관의 공통품목을 일괄구매하여 12개의 중요도시에 자리잡고 있는 사업소에 보관하고 있다가 정부 각 기관의 요구가 있으면 배달해 주었던 것이다. 뿐만 아니라, 동국은 정부 각 기관의 구매실무를 조사하고 그 구매정책을 통일하는데 힘을 기울였으며 전략물자의 구매저장도 계속 수행하였던 것이다. 이와 같이 구매국은 정부내의 구매사업의 단일화 및 합리화를 위하여

---

3) Dickson Reck, *Government Purchasing and Competition*(Berkeley: University of California Press, 1954), pp. 10-13.

많은 공헌을 했지만 결코 완전한 것이 못되었다.[4)]

(3) 후버위원회와 조달청의 설치

이리하여 1948년 제1차 후버위원회가 연방정부의 구매활동을 조사한 결과 아직도 정부내에서 행하여지는 구매활동에 개선의 여지가 많음을 발견했던 것이다. 제1차 후버위원회는 결론으로서 중앙에 있어서의 유효한 조정기관의 결여로 인하여 연방정부의 구매사업은 무계획적인 것이 되어 버렸다고 단정하고, 그 증거로서 정부 각 기관의 구매계약의 약 50%가 10달러 이하짜리 계약이었는데 이 모든 경우에 있어서 구매계약에 소요되는 비용이 10달러를 훨씬 초과했다는 사실을 지적했던 것이다.

이 제1차 후버위원회의 조사는 연방의회가 군수품구매의 문제와 군잉여물자의 처분문제에 지대한 관심을 표하고 있을 때에 행하여졌으므로 동위원회의 보고서는 곧 두 개의 법률의 제정을 초래했다. 이 중 하나는 군사기관에 있어서의 구매문제에 관한 것이요, 다른 하나가 「연방재산 및 행정서비스법」(Federal Property and Administrative Service Act)이다. 이 법률에 의하여 1949년 4월 1일 중앙구매기관인 조달청(General Services Administration)이 연방보급국·연방건설청(Federal Works Agency)·국립문서보관소(National Archives) 및 전쟁재산관리처(War Assets Administration)를 흡수하여 설치를 보게 되었다.[5)]

2. 조달청(G.S.A.)의 기능

흔히 G. S. A. 라고 불리우는 이 조달청은 11개의 지방사무소를 지닌 상당히 복잡한 조직을 지니고 있다.

현재 미연방정부에는 3대구매기관이 있는데, 조달청(G. S. A.) 이외에 국방부·원자력위원회가 그것이다. 이외의 기관에서는 전혀 구매를 안하는 것은 아니지만 소액에 지나지 않거나 긴급한 경우에 한해서만 구매를 하게 되어 있다.

국방부는 각군에 필요한 물품의 구매를 장악하며 원자력위원회는 원자력관계의 구매를 담당하고 있으므로 이들 기관의 구매활동은 우리가 살펴볼 필요가 없고, 이곳에서는 정부 각 기관의 공통품목의 구매를 담당하는 조달청(G. S. A.)

---

4) *Ibid.*, pp. 13-15.

5) *Ibid.*, pp. 16-24.

의 활동만 고찰하기로 한다.[6)]

(1) 저장품목의 구매

정부 각 기관에서 보편적으로 사용되는 소모품·비품은 일반보급기금(General Supply Fund)이라고 불리우는 회전기금으로 구매되어 창고에 보관하였다가 정부기관으로부터 주문이 오면 물건을 송달하는 동시에 그 기관에 고지서를 송부하는 것이다. 조달청은 이 경우에 있어서 도매상의 역할을 하고 있다고 할 수 있다.

(2) 연방보급목록(Federal Supply Schedule)

경제적으로 보관하기 어려운 물품은 연방보급목록을 이용한다. 어떤 물품에 관하여 조달청과 공급자간에 일정기간 동안(예를 들면, 1년간) 단가 얼마로 정부기관에 매매한다는 계약을 체결하고 난 후, 품명·공급자명·단가를 이에 기재하는 것이다. 정부 각 기관은 이 목록에 기재된 물품은 이에 기재된 공급자로부터 이에 기재된 단가에 의하여 구매하여야 하는 것이다.

(3) 특수주문(special order)

과거에 직접배달(direct deliveries)이라고 하던 것으로서 전술한 목록에 기재되지 않은 물품 중에서 정부 각 기관에 다량으로 소요되는 물품은 조달청에서 구매하되 공급자로 하여금 직접 수요기관으로 배달케 하는 것이다. 자동차·냉장고와 같이 부피가 크거나 단가가 비싼 물품의 구매는 이 방법에 의하고 있다.

제 3 절 영국의 구매제도

영국에는 국방부, 환경부 및 문방구청의 3대구매기관이 있다. 국방부는 원자무기를 포함한 군수품의 구매를 담당하는 기관이므로[7)] 우리들의 고찰에서 제

6) Office of Federal Register, *The United States Government Manual 2009~2010*(Washington, D.C.: Government Printing Office, 2009), pp. 415-421.

7) Peter Baily and David Farmer, *Purchasing Principles and Management*, fourth edition (London: Pitman, 1981), p. 55.

외하기로 하고 이곳에서는 문방구청과 환경부만 살펴보기로 한다.

1. 문방구청(Her Majesty's Stationery Office)

1782년의 Burke의 행정개혁법(Administrative Reform Act)의 결과로 1786년에 창설된 기관으로서 재무장관이 일반적 책임을 지게 되어 있으나, 청장(Controller)의 지휘감독을 받으며 상당한 독립성을 누리고 있다.[8] 문방구청의 조직과 기능은 다음과 같다.[9]

(1) 보급국

정부 각 기관에서 사용하는 소모품·비품의 구매를 담당한다. 미국의 경우와 달라서 영국에서는 소모품 비품의 경비는 수요기관의 예산에 계상하는 것이 아니고 구매를 담당하는 기관의 예산으로 책정한다. 이리하여 정부 각 기관에서 소용되는 일반용품, 기계 및 기구의 예산은 문방구청 소관으로 계상되고 있는 것이다. 그러나 국회로 하여금 어떤 성의 총경비를 파악할 수 있도록 하기 위하여 타기관소관하에 책정되어 있으나 그 성의 경비에 속하는 것은 주로서 첨부되어 있다. 예를 들면 문방구청 소관으로 책정되어 있으나 내무성의 소모비품을 매입하기 위한 예산은 내무성예산에 포함되지 않으나 주로서 첨부되어 있는 것이다.

(2) 인쇄물구매국(Print Procurement Division)

후술하는 인쇄물에서 직접 인쇄·발간을 담당하는 것 외의 인쇄물의 구매를 담당하며, 인쇄물과 관련한 정부 각 기관의 자문에도 응한다.

(3) 인쇄국(Publication Division)

정부 각 기관에서 발간하는 인쇄물의 발간을 담당한다. 미국의 정부인쇄국(Government Printing Office)과 동일한 기능을 수행하는 기관이라 할 수 있다.

(4) 생산국(Production Division)

문방구청의 각종 인쇄시설을 유지 관리하는 책임을 지고 있다. 전술한 인쇄

---

8) E.N. Gladden, *British Public Service Administration*(London: Staples, 1961), p. 286.

9) Cabinet Office, *The Civil Service Year Book 1990*(London: Her Majesty's Stationery Office, 1990), col. 583-586.

국이 편집·판매·배포를 담당하는데 대하여 생산국은 직접 인쇄를 담당하는 기관이라 하겠다.

2. 환경부(Department for Environment, Food and Rural Affairs)

(1) 연 혁

1970년의 기구 개편에 의하여 주택·지방자치부, 건설부 및 교통부을 통합하여 신설된 환경부는 과거에 건설성이 담당하던 업무도 담당하는 다양적인 기능을 지니는 기관이다.[10]

1970년에 환경부로 흡수되기 전까지 존재하던 건설부는 오랜 역사를 지닌 기관이었다. 건설국(Office of His Majesty's Surveyor General of Work)은 이미 17세기 초에 존재하고 있었으나 동국이 왕궁뿐만 아니라 모든 정부청사에 대한 책임을 지게 된 것은 1814년의 일이다. 그 후 동국은 많은 우여곡절을 겪었는데 제2차대전시부터 동국의 기능은 크게 확대되게 되었다. 제2차대전이 시작되자 동국의 업무는 급격히 증가되었는데 이는 1939년부터 1942년 사이에 동기관의 직원이 3배로 증원되었다는 사실이 입증하여 줄 것이다.[11]

이와 같은 기능의 확대 외에 정부기관에 의한 건설사업의 중복과 경쟁을 피하자는 것이 동기가 되어 1940년 건설국은 건설영선부(Ministry of Works and Buildings)로 승격하게 되었다. 그 후 건설계획부(Ministry of Works and Planning)로 개명되고 잠시 전후의 재건문제의 연구까지 담당했으나, 1943년 도시계획부가 창설되어 이 문제를 담당하게 되자 건설계획부는 건설부로 또다시 개명되었던 것이다.[12]

(2) 기 능

환경부는 다른 여러 가지 업무와 함께 대지를 임차또는 구입하며, 정부청사를 신축하며, 기존건물을 정부청사로 사용하기 위하여 구입 또는 임차하고 이를 개조하는 책임을 지고 있다.

---

10) Central Office of Information, *The Central Government of Britain*, tenth edition (London: Her Majesty's Stationery Office, 1979), p. 15.

11) W. J. M. Mackenzie and J.W. Grove, *Central Government in Britain*(London: Longmans, 1957), p. 288.

12) Harold Emmerson, *The Ministry of Works*(London: George Allen and Unwin, 1956), pp. 18-21.

건설작업 및 개조작업은 대부분 청부업자들에 의하여 이루어지고 있으나 환경부는 계약의 체결을 위시하여 실수요기관과의 협력하에 설계, 건축, 건물의 장식 등을 감독하는 것이다.

환경부의 산업계직원은 건설을 담당하는 것이 아니라 주로 기존건물의 유지, 역사적 건물, 왕실공원, 기념탑 등의 보존감시를 담당하고 있는 것이다.

일단 정부기관에서 어떤 건물을 청사로 사용하기 시작하면 환경부는 그 수리, 유지 등에 관해서 책임을 짐은 물론, 연료, 전기, 수도 등을 공급하고 건물의 변조확장에 대해서 책임을 지며, 8년에 한번씩 있는 재장식, 3년에 한번씩 있는 대청소에 대한 책임도 아울러 지고 있다.[13)]

(3) 1990년의 개혁

이러한 환경부의 기능에 1990년 4월 1일을 기하여 일대개혁이 일어났다. 과거에는 소요경비를 환경부예산에서 지출하였으나 1990년 4월 1일부터는 각 기관의 예산에서 지출하게 되었다. 뿐만 아니라 각 기관은 이러한 서비스를 계속하여 환경부로부터 받을 수도 있으나 민간업자와의 계약에 의하여 각 기관이 직접 민간업자로부터 받을 수도 있게 되었다.[14)]

(4) 노동당 정부하의 기구개편

1970년 이래 정부청사 업무를 담당하던 환경부(Department of Environment)가 1997년 집권한 노동당정부 하에서 개편되었다. 환경부가 식품, 농촌문제 업무를 흡수하여 환경·식품·농촌문제부(Department for Environment, Food and Rural Affairs)로 개편된 것이다.[15)]

2010년의 선거에 의하여 집권한 보수당과 자유민주당의 연립정부도 이를 그대로 계승하고 있으며 정부청사업무도 계속 담당하고 있다.[16)]

---

13) Mackenzie and Grove, *op. cit.*, p. 289.

14) Cabinet Office, *op. cit.*, col. 320.

15) Bill Jones and Philp Norton, *Politics UK*, seventh edition(Harlow: Pearson Education, 2010), p. 402.

16) http://www.number10.gov.uk

제 4 절 한국의 구매제도

1. 연 혁

(1) 분산구매

한국정부의 구매제도는 1961년 10월 2일에 공포된 정부조직법 이전에 있어서는 다원적인 분산구매를 그 특징으로 하고 있었다. 즉, 각 중앙관서와 지방관서는 총무과, 서무과 혹은 구매업무를 담당하는 국 혹은 과를 설치하여 각 부처별로 연간 소요예산을 계상하여 그것이 확정되면 예산집행담당부처별로 재정법(국가재정법 제정 이전으로)이 정한 절차에 따라 독립적으로 구매행정을 운영하여 그들이 소요로 하는 모든 재화는 예하의 담당국 또는 과로 하여금 구매하도록 하였다. 그러나 외자만은 외자청을 통하여 집중구매를 하고 있었다.

(2) 조달청의 신설

그러다가 1961년 10월의 정부조직법 개정에 의하여 조달청이 신설됨으로써 종전에 외자에만 적용하던 집중구매제도를 내자에까지 확대하도록 하였던 것이다.

이와 같이 설립된 조달청은 1963년 12월 정부조직법 개정에 의하여 경제기획원에서 재무부로 이관되었다가 다시 경제기획원(현 기획재정부)으로 환원되었으며, 그 업무와 기구는 많은 변천을 거듭하였다.

2. 조달청의 조직과 기능

현재 조달청은 [그림 6-1]과 같이 운영지원과와 기획조정관실 외에 전자조달국, 국제물자국, 구매사업국, 시설사업국을 두고 있으며, 품질관리단과 11개 지방조달청을 거느리고 있고, 뉴욕, 시카고, 도쿄, 런던, 북경에 해외주재 구매관을 두고 있다. 우리나라 조달청이 담당하고 있는 구매업무는 이를 크게 내자의 구매와 외자의 구매로 나눌 수 있는데 이곳에서는 내자의 구매만을 고찰하기로 한다.

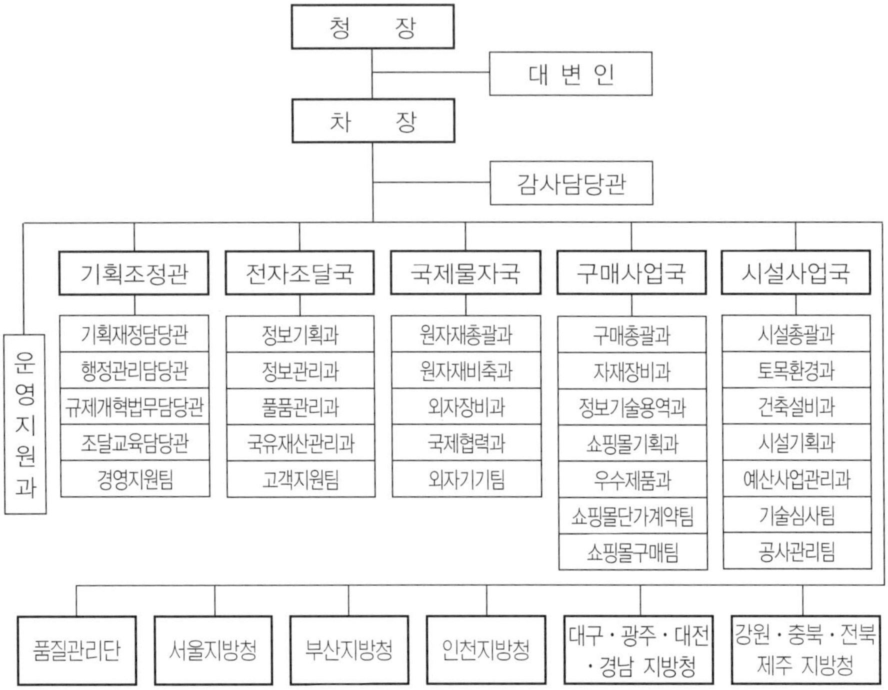

[그림 6-1] 조달청기구도(2011년 9월 현재)

(1) 저장품목의 구매

미국의 조달청(G. S. A.)의 저장품목의 구매와 유사한 절차를 밟고 있는데 수요기관이 제출한 소요계획서 등에 의거하여 소요판단을 내려 수요량을 책정하고 구매요구서를 발급한다. 조달청은 입찰공고와 함께 입찰권유서를 작성하여 등록업자에게 배부하거나 우송하는데 입찰자는 입찰보증금을 적립하고 입찰서를 우송하거나 직접 제출하면 소정기일에 개찰하고 심사하여 낙찰자를 결정하고 계약을 체결한다. 공급자가 납품서와 검사증을 첨부하여 대금청구서를 제출하면 대금이 지불된다. 수요기관으로부터 주문이 오면 물건을 낸 다음 수요기관이 발행한 물품수령증에 의거하여 이에 고지서를 발행하고 대금을 징수하는 것이다.

(2) 비저장품목과 비공통품목의 구매

각 수요부처에서 제출하는 조달요구서를 접수하면 조달품목이 규격미제정품

일 때에는 신규로 규격을 제정하고 비공통품목에 대하여는 수요기관이 요구하는 규격에 의한다. 이어서 조달요구상의 제반사항을 검토심사하여 구매요구서를 발급한 다음 저장품목의 경우와 동일한 절차에 의해서 구매하되 조달청에 납품케 하는 것이 아니라, 직접 수요기관에 배달하도록 하고 대금지급은 집중지급방법을 택하여 조달청에서 공급자에게 지급하고 나중에 수요기관에 고지서를 발행하여 징수한다.

(3) 나라장터의 운영 · 관리

조달청의 집중구매업무와 관련이 있는 것으로서 나라장터(국가종합전자조달시스템)의 운영 · 관리를 들 수 있겠다.

조달청은 전자조달국을 두어 공공조달 기간 망인 나라장터를 운영 · 관리하고 있는데 4만 공공기관과 20만 업체가 이를 이용하고 있다고 한다.

(4) 주요원자재 비축사업 운영

조달청은 또한 원자재의 국내수급안정을 위하여 알루미늄 등 연간 5천억원에 달하는 주요 원자재의 비축 · 방출업무도 담당하고 있다.[17)]

3. 공기업의 구매

(1) 정부투자기관관리기본법 이전의 구매

1984년 3월 정부투자기관관리기본법이 발효하기 전에는 정부투가기관도 정부부처와 같이 수요물자 중 저장품 · 단가계약품 및 대량수요품목은 조달청을 통하여 구매하도록 되어있었다.

(2) 관리기본법하의 구매

관리기본법전의 중앙조달의 문제점으로서 많은 투자기관들이 적기공급이 어려울 뿐만 아니라 우수업체의 선정이 어려워 저질품을 구입하는 경우가 많고 하자가 발생했을 때 그 처리가 지연된다는 것을 지적했다.

그러나 조달청을 통한 중앙조달이 불편하지 않다는 투자기관도 있었으므로 관리기본법은 투자기관 수요물자의 구매방법을 투자기관에 일임하게 되었다.[18)]

---

17) 조달청, 업무현황보고(서울: 조달청, 2011), p. 10.

18) 정부투자기관관리기본법 제27조.

이러한 관리기본법의 규정에 따라 대부분의 정부투자기관은 내자에 관한한 자체적으로 구매하고 있으나 외자의 경우에는 조달청에 구매를 위탁하는 정부투자기관도 있다.[19]

(3) 공공기관의운영에관한법률하의 구매

공공기관운영에관한법률은 정부투자기관관리기본법의 규정을 답습하는 경우가 많은데 물품구매에 있어서도 관리기본법의 규정을 그대로 이어 받았다. 다시 말해서 공기업뿐만 아니라 모든 공공기관의 수요물자의 구매방법은 공기업을 포함한 공공기관에 일임하고 있다.

제 5 절 집중구매의 장 · 단점

지금까지 우리가 고찰한 바와 같이 우리나라는 각 행정관서별로 구입하는 분산구매제도를 지양하고, 필요한 재화는 중앙구매기관에 의하여 구입된 후 실수요기관에 공급하여 주는 집중구매제도(central purchasing)를 채택하고 있다. 이곳에서는 이 집중구매제도의 장 · 단점을 고찰해 보기로 한다.

1. 집중구매의 장점

(1) 재정의 절약

첫째로 집중구매는 재정상의 절약을 가져올 수가 있다. 잘만 운영한다면 집중구매에 의하여 10 내지 15%의 예산절감을 이룩한다는 것은 과히 어려운 문제가 아니라고 한다. 이와 같이 예산절감을 이룩할 수 있는 이유에는 여러 가지가 있겠으나 다음과 같은 것을 들 수 있다.

① 집중구매는 다량의 구매를 가능하게 하므로 단가의 할인(quantity discounts)에 의한 재정의 절감을 가져올 수 있다.

② 다량구매를 하여 중앙창고에 보관하는 경우에는 재화가격의 계절적 변동이나 시장의 주기적 변동을 이용함으로써 가장 저렴할 때에 구입할 수 있게 된다.

③ 집중구매하여 집중보관하는 경우에는 폐물과 빈 용기의 양도 분산구매의

19) 유 훈 · 배용수 · 이원희, 신판 공기업론(서울: 법문사, 2010), p. 79 참조.

경우보다 증가할 것이므로 이것의 적절한 처분·이용이 가능하며, 따라서 재정의 절약을 기할 수 있다.

④ 분산구매를 하는 경우에는 각 기관에서 구매업무를 담당하는 직원은 보통한 사람인데 이 직원은 구매업무 외에 다른 일도 맡고 있는 것이 관례이다. 따라서 분산구매에 있어서는 구매에 소요되는 비용이 얼마되지 않을 것 같이 생각되나 이들 직원이 각 기관에서 구매업무에 바치고 있는 시간을 합계한다면 집중구매에 소요되는 인시(manhours)를 훨씬 초과할 것이다.[20]

(2) 구매업무의 전문화

구매가 부처별로 수행된다면 구매업무는 부수기능으로 경시될 우려가 있으며 타업무와 겸직될 가능성이 많은데 대하여 집중구매를 하게 되면 담당자들은 이것에만 전력을 다하게 되는 고로 상품시장의 사정에 능통하고 구매업무에 관한 전문적인 지식을 습득하게 되어 구매업무의 처리가 전문화 내지는 기술화하여 능률적인 구매활동을 할 수 있게 된다.

(3) 구매규격의 표준화

각 부처에서 사용하는 각종의 물품을 전부 통일화 할 수는 없을 것이나, 대부분의 공통성을 지닌 물품은 이를 표준화함으로써 규격을 통일할 수 있는 것이다. 이렇게 규격이 통일되면 입찰업무의 능률화, 일정한 품질의 보장, 물품검사의 신속 등 많은 이점을 얻을 수 있다. 이리하여 우리나라 물품관리법은 표준화에 관해 규정을 두고 있다.

첫째, 한 관서 및 그 소속기관에서만 사용하는 물품의 표준을 부처규격이라고 하는데 이 부처규격은 각 중앙관서의 장이 결정한다. 각 중앙관서의 장은 이 부처규격을 정한 때에는 지체없이 그 규격서를 조달청장에게 제출하여야 한다.[21]

둘째, 정부 각 기관에서 공통적으로 사용하는 주요물품의 표준을 정부규격이라고 하는데 정부규격은 집중구매를 관장하는 조달청장이 정한다. 조달청장이 정부규격을 정한 때에는 그 규격의 내용, 시행일시 기타 필요한 사항을 고시하여야 한다.[22]

---

20) Henry G. Hodges, *Procurement*(New York: Macmillan, 1961), pp. 159-163.

21) 물품관리법 제6조 제1항 전단 및 물품관리법시행령 제5조 제1항.

22) 물품관리법 제6조 제1항 후단 및 물품관리법시행령 제5조 제2항.

셋째, 각 중앙관서의 장과 조달청장은 부처규격 또는 정부규격을 정할 수 없는 주요물품의 취득 또는 사용에 있어서 필요하다고 인정할 때에는 이 물품에 관한 표준규격을 정할 수 있는데 이를 대표규격이라 한다.[23]

(4) 구매업무의 통제용이

구매업무담당직원은 정부기관이건 사기업이건을 막론하고 공급자의 뇌물이나 향응 등 유혹에 직면하게 되는데 분산구매에 있어서는 이러한 기회가 많아지게 된다. 그러나, 집중구매에 있어서는 구매업무가 한 기관에 통합되는 고로 비교적 그 통제가 용이하게 되며 따라서 부정・사기・정실구매 등의 폐단을 최소한으로 줄일 수 있게 된다.

(5) 신축성의 유지

집중구매제도를 채택하여 집중보관을 한다면 긴급수요나 예상 외의 수요에 대하여 임기응변을 할 수가 있으며, 부처간의 잉여물품이나 불요물품은 중앙구매기관을 통하여 타부처에 넘김으로써 유무상통할 수 있게 된다.

(6) 구매정책의 수립가능

집중구매를 하여 한 중앙구매기관이 정부 각 기관에서 소요되는 물품의 구매를 담당한다면 국가적 견지에서의 구매정책의 수립이 가능해진다. 따라서, 국내산업을 보호육성하고 국민경제의 균형있는 발전을 꾀하도록 노력할 수 있을 것이다.

우리나라에서는 이러한 구매정책 수립을 위한 기초자료로서 매년 각 부처가 제출한 물품수급관리계획과 구매계획을 토대로 조달청장이 정부종합물품수급관리계획과 정부종합물품계획을 작성하며 정부종합물품계획은 관보에 고시하기도 한다.[24]

(7) 공급자의 편의

집중구매는 공급자에게도 편리한 제도이다. 집중구매제도하에서는 구매기관이 일정하므로 언제든지 한 기관에 대하여 관심을 집중할 수 있으며 여러 부처에서 구매정보를 탐지하기 위하여 소비되는 경비와 노력이 절약될 것이다. 뿐

23) 물품관리법시행령 제5조 제3항.

24) 유 훈, 재정법(서울: 서울대학교출판부, 1991), p. 302 참조.

만 아니라, 집중구매하에서는 대량구매가 가능하므로 여러 부처에 납품함에 소요되는 노력과 경비도 절약이 가능하다. 환언하면, 동일량의 물품을 납품함에 있어서 집중구매의 경우에는 계약건수가 줄어들게 될 것이다. 또한 집중구매제도하에서는 구매담당직원이 어느 정도 전문화되어 있으므로 공급자들이 그들의 물품의 장점 등을 납득시키기가 용이하다.[25]

2. 집중구매의 단점

(1) 레드 테이프(red tape)

집중구매를 하게 되면 중앙구매기관은 대조직이 될 가능성이 많아진다. 미국의 조달청(G. S. A.)은 2000년 9월 현재 14,199명의 정원을 지니는 방대한 기구이며,[26] 우리나라의 조달청도 본청과 지방사무소를 합쳐서 935명(2002년 9월 현재)의 정원을 지니는 대조직을 이루고 있다.[27] 이와 같이 대조직이 되면 red tape가 성행하게 되고, 그 절차가 복잡해질 뿐만 아니라, 구매에 있어서의 신축성을 감소시키는 결과를 초래한다.

(2) 특수품목

한 인간이 모든 종류의 물품에 능통할 수가 없다면 한 기관이 모든 물품의 구입을 담당하는 것도 무리가 있다고 하지 않을 수 없다. 그러므로, 각 부처의 공통품목은 몰라도 특정한 부처만이 사용하는 특수품목은 실수요부처가 더 잘 판단할 수 있을 것이다. 이리하여 우리나라의 조달청은 원칙적으로 공통품목의 구매만 담당하고 있는 것이다.

(3) 적기공급부족

집중구매를 채택하면 중앙관서나 지방관서가 소요로 하는 물품을 적기에 공급하는 데 다소 애로가 있을 수 있다. 특히 실수요부처와 중앙구매기관간에 물품의 규격 등에 관하여 의견이 일치하지 않을 경우에는 더욱 그러하다. 조달청이 중앙관서의 공통품목의 구매를 담당한 이후 실수요부처의 실무자들이 이구동성으로 제기하는 불평은 적기공급이 되지 않고 있다는 것이다.

---

25) Hodges, *op. cit*, pp. 14-165.

26) U. S. Bureau of Census, *Statistical Abstract of the United States, 2000*(Washington. D.C.: Government Printing Office, 2000), p. 355.

27) 조달청, 2002년도 업무현황보고, p. 36.

(4) 대기업편중우려

물품의 공급자의 입장에서 볼 때에 중소기업가들은 소량의 공급밖에 할 수 없는 경우가 있는가 하면, 가격면에서 대기업과 경쟁을 할 수 없는 경우가 많다. 따라서 집중구매는 중소기업의 희생하에 대기업에게 혜택을 베푸는 결과가 되기 쉽다. 이리하여 미국에 있어서는 1958년 중소기업법(Small Business Act)에 의하여 중소기업을 위한 특별한 고려가 이루어지고 있다.[28]

제 6 절 구매행정의 절차

구매행정의 절차를 대분하면 수요판단, 구매, 수납과 검사, 인도 및 보관, 대금지급 등으로 구분되는데, 여기에서는 인도 및 보관을 제외한 절차에 대해서 설명하기로 한다.

1. 수요판단

수요판단은 두 가지 방법에 의하여 행하여지는데, 첫째는 수요기관의 구매청구에 의한 방법이요, 둘째는 구매기관 자체의 판단에 의하는 것이다.

원래 재화의 구매는 수요기관의 재화수요가 인식됨으로써 시작되게 되는 것이다. 정부의 각 부처는 사업수행을 위해서 소요되는 재화의 필요성을 인식하게 되면 구매기관에 구매청구서를 제출하게 된다. 그러면 구매기관은 그 물품의 재고여부를 조사하여 재고가 있으면 출고증을 발행하여 창고에서 현품을 인도할 수가 있다. 그러나 청구한 물품의 재고가 없을 때에는 곧 구매지시를 발하여 구매를 하도록 한다.

그러나 수요기관의 구매청구서를 받아 가지고 구매를 시작해서는 적기공급이 어려운 경우가 많다. 여기에 구매기관의 수요판단의 필요성이 제기되게 되는 것이다.

구매기관은 수요판단을 내림에 있어서 수요기관의 이전 연도의 소비량과 기구 및 인원의 규모를 기준으로 해서 산출할 수 있을 것이나 과거 우리나라에서

---

28) Office of Federal Register, *op. cit.*, p. 444.

는 수요기관에게 물품구매계획서를 제출케 했다.[29]

이와 같은 사전준비에 있어서 구매기관은 그의 한정된 운영자금을 가장 효과적으로 사용하기 위해서는 각 부처가 청구하게 될 물품의 전량을 확보할 수는 없는 것이며, 설사 확보할 수 있다고 하더라도 언제 인도되느냐에 따라서 보관문제가 대두되며 그에 따른 보관비용이 필요하게 되므로 모든 물품을 구매할 수는 없다. 따라서 구매기관은 수요도수에 의한 빈도율을 측정하여 고율의 물품만을 보관토록 하고 저율의 물품에 대해서는 구매에 필요한 모든 사항 예컨대 공급자, 구매조건, 가격 등을 사전에 조사하여 두었다가 구매청구가 제출되면 곧 구매에 착수하도록 하여야 한다.

2. 구 매

수요판단이 결정되면 곧 구매지시가 발부되어야 한다. 구매지시서에는 품명, 종류, 수량, 수요기관 등을 명시하여야 한다.

구매를 위한 계약방법에는 일반경쟁계약, 제한경쟁계약, 지명경쟁계약, 수의계약의 네 가지가 있다.[30] 계약에 관한 법률 제7조는 「각 중앙관서의 장 또는 계약담당공무원은 계약을 체결하고자 하는 경우에는 일반경쟁에 부쳐야 한다. 다만, 계약의 목적·성질·규모 등을 고려하여 필요하다고 인정할 때에는 참가자의 자격을 제한하거나 참가자를 지명하여 경쟁에 붙이거나 수의계약에 의할 수 있다」고 규정함으로써, 일반경쟁계약을 원칙으로 하나 예외적으로 제한경쟁계약, 지명경쟁계약 또는 수의계약을 체결할 수 있는 길을 터놓았다.[31]

3. 수납과 검사

물품의 공급자는 물품의 생산 등이 끝나면 구매기관이나 수요기관에 수납을 하게 되는데, 수납을 하려면 먼저 검사를 받아야 한다.

구매기관은 구매중개자로서 활동을 하는 것이므로 물품은 주문부처의 승인을 조건으로 해서 구매되는 것이다. 그러므로 인도된 물품이 물품청구자의 요

---

29) 구물품관리법 제17조 제1항 및 제2항(이 조항은 1995년 12월 29일 삭제).

30) 이에 관해서는 본편 제2장 「정부계약」 참조.

31) 조달청의 물품구매에 관한 1991년도 통계를 보면 일반경쟁이 39.6%, 지명경쟁이 8.9%, 제한경쟁이 7.6%, 수의계약이 43.9%를 각각 접하고 있다. 수의계약의 83.6%는 단체수의계약이다[조달청, 업무보고(서울: 조달청, 1992), p. 49].

구조건을 충족시키는가를 확인해야 하는 것이다. 그러나 대부분의 경우에 주문부처는 요구조건에 적합한가의 여부를 확인할 수 있는 전문지식을 지니지 못할 뿐만 아니라 그러한 요구조건의 내용에도 충분히 정통하지 못한 것이다.

소량구매나 특수품목을 구매하는 경우에는 검사의 비용이 너무 많이 들므로, 주문부처에 인도한 후에 물품의 견본을 구매기관에 송부하도록 요청하든가 주문자의 면전에서 사후검사를 하는 방법을 택할 수 있을 것이다.

구매기관의 검사전문직원은 공급자로부터 포장완료통지를 받으면 직접출장하여 포장을 개봉하고 계약서에 기재된 요구조건상의 목록을 점검하고 품질, 도안 등을 검사할 수 있다. 또한 구매기관은 물품의 생산과정 중에 그 직원을 파견하여 검사할 수도 있으며, 필요한 경우에는 검사관은 교체 또는 개량을 명령할 수 있어야 한다. 그러나 물품이 구매기관 또는 수요기관에 도착한 직후에 전문가에 의하여 검사되는 것이 가장 많이 사용되는 방법이다.

수납되는 물품의 검사가 끝나면 수요기관의 청구에 의해서 구매된 물품 또는 비저장품목은 수요기관에 인도케 되며, 구매기관의 독자적 수요판단에 의해서 구매된 물품 또는 저장품목은 수요기관의 청구에 대비하기 위하여 보관창고에 입고케 된다.

4. 대금지급

물품의 인도가 끝나면 대금을 지급해야 하는데, 공급자의 지급청구가 신속히 처리되도록 하는 것이 중요하다. 신속한 대금지급은 결과적으로 가격의 인하를 초래하게 되는 것이다.

공급자에 대한 대금지급에는 두 가지 방법이 있다. 첫째는 수요기관이 직접 지급하는 방법이고, 둘째는 구매기관이 지급하는 방법이다. 전자를 분산지급제도라 하고 후자를 집중지급제도라 한다.[32]

우리나라에 있어서는 저장품목이건 비저장품목이건을 막론하고 집중지급제도를 택하고 있다. 환언하면 조달청이 공급자에게 대금을 지급하고 나중에 수요기관으로부터 대금을 징수한다.[33]

---

32) 고석항, 정부수요물자의 구매관리에 관한 연구(서울대학교 행정대학원 석사학위논문, 1962), pp. 81-103.

33) 조달청, 전게서, p. 50.

제 2 장 정부계약

제 1 절 정부계약의 의의와 종류

1. 정부계약의 의의

(1) 정부계약의 중요성

정부가 체결하는 각종 계약은 지극히 중요한 정부기관의 행위이다.

본편 제1장에서 고찰한 정부의 구매행정은 계약없이는 그 수행이 불가능하며 정부가 활용하는 각종 서비스도 계약없이는 취득이 불가능하다. 민간부문의 기업이나 개인이 계약없이 구매할 수 있는 물품도 정부의 경우에는 정부부문의 특성상 계약을 필요로 한다. 이리하여 정부를 당사자로 하는 계약에 관한 법률은 계약에 관한 상세한 규정을 두고 있는 것이다.

이와 같이 정부계약이 중요함에도 불구하고 재무행정론에서는 정부계약을 비교적 소홀히 했다고 할 수 있겠다. 우리는 본장에서 정부부문의 계약에 관해서 간단히 고찰해 보고자 한다.[1)]

(2) 정부계약의 개념

정부를 당사자로 하는 계약에 관한 법률이나 동법시행령 등에서 말하는 계약이란 정부가 체결하는 사법상의 계약이다. 일반적으로 사법상의 계약이란 서로 대립하는 2개 이상의 의사표시의 합치(합의)에 의하여 성립하는 법률행위로서 채권의 발생을 목적으로 하는 것이다. 따라서 사용허가 등과 같이 정부가 그 권력에 의거하여 행하는 공법상의 행정처분은 여기에 포함되지 않는다.

---

1) 유 훈, 「정부계약의 서설적 고찰」, 행정논총 제29권 제1호(1991), pp. 112-121 참조.

다시 말해서 정부가 체결하는 계약은 통치권의 주체로서 행사하는 권력적인 행위가 아니라 사인과 대등한 지위에서 체결하는 것이다. 따라서 정부가 체결하는 계약을 규율하는 근거법규도 사인의 경우와 같이 민법·상법 등과 같은 사법이고 계약의 효력 기타 계약의 요소는 모두 사법의 적용을 받으며 계약자유의 원칙이 적용된다. 「계약은 상호대등한 입장에서 당사자의 합의에 따라 체결하여야 하며 당사자는 계약의 내용에 따라 신의와 성실의 원칙에 입각하여 이를 이행하여야 한다」는 국가를 당사자로 하는 계약에 관한 법률 제5조 제1항의 규정이 이를 말해 주는 것이라 하겠다.

(3) 정부계약관계규정의 의의

이와 같이 정부가 체결하는 계약이 사법에 의하여 규율되는 것이라면 국가를 당사자로 하는 계약에 관한 법률, 동법시행령, 계약사무처리규칙 등의 계약에 관한 규정은 어떤 의미를 지니느냐 하는 문제가 다음에 제기된다. 한 마디로 말해서 예산회계관계법령의 계약에 관한 규정은 대부분이 절차적인 규정이며 계약의 효력 등과 같은 그 실체와는 관계가 없는 것이 원칙이다.

그러므로 계약담당공무원이 예산회계관계법령의 절차에 위반되는 계약을 체결하여도 계약의 효력에는 아무런 영향을 미치지 않는 것이 원칙이다. 예를 들면 일반경쟁계약에 의할 것을 수의계약을 체결한다든지, 계약보증금의 납부가 필요함에도 불구하고 이를 납부시키지 않는 것은 계약절차에 관한 법령의 규정 위반에 지나지 않으며 계약 자체는 유효하게 성립하는 것이다. 이와 같이 예산회계관계법령의 계약에 관한 규정은 계약 담당공무원에 대한 일종의 훈령이므로 이를 위반한 경우에는 관계공무원의 변상책임이나 징계책임이 발생할 뿐이라고 해석되는 것이다.

(4) 국가를 당사자로 하는 계약에 관한 법률

위에서 지적한 바와 같이 예산회계관계법령의 계약에 관한 규정은 계약담당공무원에 대한 일종의 훈령과 같은 성격을 지닌 것이라 할 수 있으며 1961년에 제정된 예산회계법은 「제6장 계약」에서 정부계약에 관한 상세한 규정을 두었다.

그러나 정부의 계약관련 예산규모가 커지고 국제입찰에 의한 정부조달계약 등이 늘어남에 따라 계약에 관한 규정의 중요성이 증대하게 되었다. 이리하여 정부는 예산회계법의 계약에 관한 규정을 떼어내어 1995년 「국가를 당사자로 하는 계약에 간한 법률」을 제정 · 공포하게 되었다. 예산회계법의 뒤를 이어 2006년에 공포된 국가재정법도 계약에 관한 규정을 두지 않고, 국가를 당사자로 하는 계약에 관한 법률에 맡기고 있다.

2. 정부계약의 종류

(1) 일반경쟁계약 · 제한경쟁계약 · 지명경쟁계약 및 수의계약

계약에 관한 법률이 정하는 계약은 그 방법에 따라서 일반경쟁계약, 제한경쟁계약, 지명경쟁계약, 수의계약으로 나눌 수 있다. 여기서 계약방법이란 국가의 계약에 관해서 그 상대자를 선정하는 방법을 말한다. 이것은 사법상의 개념이 아니고 국가가 어떤 수단에 의하여 최적의 계약의 상대자를 선정하느냐는 예산회계관계법령상의 개념이다.

① 일반경쟁계약: 공고에 의하여 희망자를 모집하여 정부에 가장 유리한 상대자를 선정하여 계약을 체결하는 방법을 말한다. 계약에 관한 법률은 일반경쟁계약을 원칙으로 하고 예외적인 경우에 한하여 제한경쟁계약 · 지명경쟁계약이나 수의계약을 인정하고 있다. 일반경쟁계약은 계약절차가 공개되어 있으므로 부정의 여지가 적으며 국가에 유리한 계약을 체결할 수 있고 공정과 경제성의 확보라는 점에서도 장점이 있다. 그러나 다른 한편 이 계약방법은 불성실한 자의 참가를 허용하는 결과를 초래할 수 있으며 그로 인하여 공정한 경쟁을 저해할 우려가 있다. 뿐만 아니라 다른 계약방법에 비하여 공고비 기타의 경비가 소요되며 불특정다수의 참가자에 대한 설명 등 번잡한 절차를 수반하게 된다.

② 제한경쟁계약: 계약의 목적 · 성질 등에 비추어 필요하다고 인정될 때 경쟁참가자의 자격을 적극적으로 제한할 수 있도록 하는 제도이다. 제한경쟁계약제도는 일반경쟁계약의 단점과 지명경쟁계약의 단점을 보완하고 양자의 장점을 취하여 만든 제도로서 양자의 중간에 위치하는 제도라 할 수 있을는지 모른다.

제한경쟁에 붙일 수 있는 경우는 i) 대규모공사, ii) 특수장비를 요하는 공사, iii) 특수기술을 요하는 공사, iv) 특수공법을 요하는 공사, v) 특수지역에서의 공사, vi) 특수물품의 구입, vii) 기획재정부장관이 지정하는 경우, viii) 지역에 의한 제한의 경우 등이다.

③ 지명경쟁계약: 적당하다고 인정되는 수인의 입찰자를 정하여 이 지명된 자에게만 경쟁입찰을 시켜서 상대자를 결정하는 계약방법이다. 지명경쟁계약은

일반경쟁계약과 수의계약의 장점을 딴 것이나 동시에 그 단점도 지니고 있다고 하겠다. 한정된 업자를 지명하므로 담합의 위험이 높다고 하겠다.

④ 수의계약: 입찰 등의 경쟁의 방법에 의하지 않고 계약기관이 임의로 적당하다고 인정하는 상대자와 계약하는 방법이다. 수의계약은 경쟁에 관한 절차를 생략하고 계약체결에 소요되는 경비도 절약하며 자산신용이 있고 경험이 풍부한 상대자를 선정할 수 있다는 장점이 있으나 자칫하면 불리한 가격으로 계약을 체결할 우려가 있으며 부정의 소지도 배제할 수 없다.

(2) 확정계약과 개산계약

계약에 관한 법률이 규정하고 있는 계약의 종류로서 확정계약과 개산계약을 들 수 있다. 이것은 계약금액의 확정 여부에 따른 분류방법이라 할 수 있다.

① 확정계약: 계약의 목적내용이 확정되어 있는 계약을 확정계약이라 한다. 계약의 내용에는 계약금액, 이행기한, 기타 여러 가지 사항이 있는데 이러한 계약내용의 모든 요소가 다 확정되어 있는 것이 확정계약이다. 그러나 우리가 여기서 말하는 확정계약은 개산계약과 대비되는 개념이며 계약금액이 확정되어 있는 계약을 말한다. 계약에 관한 법률은 확정계약이라는 용어를 사용하지 않고 있으며 개산계약에 관해서 특별한 규정을 두고 있으나 계약에 관한 법률이 확정계약을 원칙으로 하고 있다는 것은 긴 설명을 요하지 않을 줄 안다.

② 개산계약: 계약금액을 확정하기가 곤란한 경우 계약종료시까지 계약금액을 확정하는 것을 조건으로 개산금액을 가지고 체결하는 계약을 말한다. 개산계약은 계약금액의 미확정을 기화로 지출이 방종해 지고 예산의 낭비를 초래할 우려가 있으므로 계약에 관한 법률과 계약에 관한 법률시행령은 개산계약에 관해서 몇 가지 제한을 가하고 있다.

첫째로, 계약에 관한 법률은 개산계약을 체결할 수 있는 경우를 엄격히 제한하고 있다. 개산계약은 i) 개발시제품의 제조계약, ii) 시험·조사·연구용역계약, iii) 법령의 규정에 의한 정부투자기관과의 위탁 또는 대행계약을 체결할 때로 한정하고 있을 뿐만 아니라 이러한 경우에도 미리 예정가격을 정할 수 없을 때에 한하여 개산계약을 체결할 수 있도록 하고 있다.[2)]

둘째로, 개산계약을 체결하고자 할 때에는 미리 개산가격을 결정하여야 한

---

2) 국가를 당사자로 하는 계약에 관한 법률 제23조.

다. 다시 말해서 계약금액을 완전히 개방하는 것이 아니라 개산가격을 미리 결정해 두도록 함으로써 부당한 지출을 예방하자는 것이다.[3]

셋째로, 개산계약을 체결할 때에는 이를 감사원에 통지하여야 한다. 이렇게 함으로써 개산계약의 체결을 불가피한 경우로 한정하자는 것이다.

넷째로, 개산계약을 체결한 때에는 계약의 이행이 완료된 후 예정가격결정기준에 따라 정산하여야 한다.[4]

(3) 총액계약과 단가계약

계약에 관한 법률의 계약은 총액의 결정여부에 따라 총액계약과 단가계약으로 나눌 수 있다.

① 총액계약: 일반적으로 계약내용의 요소를 이루는 것으로서 단가와 수량을 생각할 수 있는데 이러한 것들이 확정되어야 계약의 총액을 산정할 수 있다. 이 총액을 계약금액으로 하여 체결하는 계약이 총액계약이다. 계약에 관한 법률이 총액계약이라는 용어를 사용하고 있지는 않으나 국가의 계약은 총액계약을 원칙으로 한다는 것은 긴 설명을 요하지 않을 줄 안다.

계약의 체결에 있어서 계약에 관한 법률의 각종의 절차 중 계약금액의 확정이 가장 중요한 것 중의 하나라고 할 수 있겠다. 특히 지출의 원인이 되는 계약에 있어서는 예산통제라는 관점에서도 계약의 총액의 확정이 중요한 의의를 지닌다고 하겠다.

② 단가계약: 전술한 바와 같이 국가의 계약은 총액계약이 원칙이나 계약의 내용 또는 성질상 수량을 확정할 수 없기 때문에 총액을 확정할 수 없는 경우가 있다. 이러한 경우에는 계약의 목적인 물품 또는 서비스의 급부에 관해서 그 단위당 가격을 정하고 수량을 급부의 실적에 따라서 산정하는 것을 내용으로 하는 계약을 체결하는 것도 불가피하다. 이와 같이 단가를 주된 목적으로 하고 수량을 부차적인 것으로 하는 계약을 단가계약이라 한다.

국가를 당사자로 하는 계약에 관한 법률 제22조는 제조·수리·가공·매매·공급·사용 등의 계약을 체결할 필요가 있을 때에는 단가계약을 체결할 수 있다고 규정하고 있다.

---

3) 동법시행령 제70조 제1항.

4) 동법시행령 제70조 제3항.

(4) 단년도계약과 장기계속계약

국가를 당사자로 하는 계약은 계약기간에 따라 단년도계약과 장기계속계약으로 나누어서 고찰할 수 있다.

① 단년도계약: 국가의 예산은 한 회계연도를 단위로 하여 필요한 재정활동을 행하는 단년도주의가 원칙이며,[5] 국가를 당사자로 하는 계약도 한 회계연도를 계약기간으로 하는 단년도계약을 원칙으로 한다.

② 장기계속계약: 국가재정법 제25조는 「법률에 의한 것과 세출예산금액 또는 계속비의 총액의 범위 내의 것 이외에 국가가 채무를 부담하는 행위를 할 때에는 미리 예산으로서 국회의 의결을 얻어야 한다」고 규정하고 있으며 국가가 채무를 부담할 때에는 법률 또는 예산에 의하여야 한다고 하고 있다. 전술한 바와 같이 국가의 예산은 단년도주의를 원칙으로 하며 그 예외로서 계속비, 국고채무부담행위 등이 있다.

이러한 것들은 예산의 형식으로 다음 연도 이후에 걸쳐 부채를 부담할 것을 인정한 경우인데 계약에 관한 법률은 「법률에 의한 것」으로서 임차, 운송, 보관, 전기·가스·수도의 공급 기타 성질상 수년간 계속하여 존속할 필요가 있거나 이행에 수년을 요하는 계약에 있어서 장기계속계약을 체결할 수 있다고 규정하고 있다.[6]

일본은 우리보다 회계연도독립의 원칙 또는 예산단년주의의 원칙을 엄격히 적용하여 장기계속계약을 체결할 수 있는 경우를 전기의 공급, 가스의 공급, 수도의 공급, 공중전기통신역무의 제공에 한정하고 있으나[7] 우리나라 계약에 관한 법률은 장기계속계약의 대상을 확충하여 전기·가스·수도의 공급뿐만 아니라 임차·운송·보관 기타 수년간 계속하여 존속할 필요가 있거나 이행에 수년을 요하는 계약까지 포함시키고 있다. 계약에 관한 법률시행령은 이를 구체화하여 장기계속계약을 체결할 수 있는 경우로써 i) 운송·보관·시험·조사·연구·측량·시설관리 등의 용역계약 또는 임차계약, ii) 전기·가스·수도 등의 공급계약, iii) 장비의 유지보수계약을 들고 있다.

---

5) 제2편 제1장 「예산과정개관」 참조.

6) 국가를 당사자로 하는 계약에 관한 법률 제21조.

7) 일본회계법 제29조의 12.

(5) 종합계약 · 공동계약 및 회계연도 개시전계약

이 밖에도 계약에 관한 법률이나 동시행령이 규정하고 있는 특수한 계약으로서 종합계약 · 공동계약 · 회계연도개시전계약을 들 수 있다.

① 종합계약: 1989년의 예산회계법 전문개정시에 신설되었으며 계약에 관한 법률도 계승하고 있는 제도로서 종합계약제도가 있다. 종합계약이란 동일한 장소에서 다른 관서 · 지방자치단체 또는 정부투자기관이 관련되는 공사 등에 대하여 관련기관과 공동으로 체결하는 계약이다.

과거에는 여러 기관이 관련되는 공사 등의 경우 개별적으로 계약을 체결했으나 종합계약제도의 신설로 하나의 계약으로 대신할 수 있게 되었다.

② 공동계약: 계약에 관한 법률이나 동시행령은 계약의 상대자를 1인으로 상정하고 있으나 예외적으로 공동계약을 인정하고 있다. 계약에 관한 법률 제25조는 「각 중앙관서의 장 또는 그 위임을 받은 공무원은 공사 · 제조 기타의 계약에 있어 필요하다고 인정할 때에는 계약당사자를 2인 이상으로 하는 공동계약을 체결할 수 있다」고 규정하고 있다. 과거에는 예산회계법시행령에서 규정했던 사항인데 계약에 관한 법률에서는 법률로서 규정하고 있다.

③ 회계연도개시전의 계약: 계약은 국고금관리법 제20조의 규정에 의하여 배정된 예산 금액의 범위내에서 하여야 한다. 다시 말해서 계약은 회계연도가 시작되고 예산의 배정이 이루어진 후에 배정된 예산의 범위내에서 체결하여야 한다.

이러한 원칙에 대한 예외가 회계연도개시전의 계약체결이다. 임차 · 운송 · 보관 기타 성질상 중단할 수 없는 계약의 경우 회계연도개시전에 당해 연도의 책정된 예산의 범위 안에서 미리 계약을 체결할 수 있는 것이다.[8]

이 경우에 두 가지 제한이 있다. 첫째로 계약관 등이 회계연도개시전의 계약체결을 하고자 할 때에는 중앙관서의 장의 승인을 얻어야 한다.[9] 둘째로 이 계약의 체결은 회계연도 개시전에 가능하나 이 계약의 효력은 당해 회계연도 개시일 이후에 발생하게 하여야 한다.[10]

---

8) 국가를 당사자로 하는 계약에 관한 법률 제20조.

9) 국가를 당사자로 하는 계약에 관한 법률시행령 제67조 제1항.

10) 동조 제2항.

제 2 절 계약기관

1. 계약사무관리기관

계약사무의 관리기관이란 계약에 관한 사무를 관리하는 기관으로서 중앙관서의 장이 여기에 해당된다.

국가를 당사자로 하는 계약에 관한 법률 제6조는 각 중앙관서의 장이 그 소관에 속하는 계약사무를 처리하기 위하여 필요하다고 인정한 때에는 계약관을 임명하여 「그 사무를 위임할 수 있다」고 함으로써 중앙관서의 장이 계약관리기관임을 간접적으로 규정하고 있다.

지출원인행위인 계약은 국고금관리법 제19조의 규정에 의하여 중앙관서의 장이 관리하게 되므로 국가를 당사자로 하는 계약에 관한 법률 제6조는 지출원인행위가 아닌 계약에 적용되는 것이라 해석된다. 지출원인행위가 아닌 계약이란 i) 불용물품의 매각에 관한 계약과 같은 수입의 원인이 되는 계약, ii) 세입세출외 현금의 수납 또는 지급의 원인이 되는 계약 등이라 하겠다.

2. 계약사무실행기관

계약사무실행기관이란 계약의 체결에 관한 의사를 결정하고 계약을 체결하며 그 이행에 관한 행위를 하는 기관으로서 계약사무처리규칙 제2조가 말하는 「계약담당공무원」이다. 계약담당공무원을 계약관, 재무관 및 기타 계약담당공무원으로 나누어서 고찰하기로 한다.

(1) 계약관

계약관이란 중앙관서의 장으로부터 계약에 관한 사무를 위임받은 공무원을 말한다.[11)]

전술한 바와 같이 중앙관서의 장은 그 소관에 속하는 계약사무를 관리할 권한을 지니므로 이 권한에 의하여 직접 계약사무를 행할 수 있으나 실제에 있어서 중앙관서의 장이 직접 계약사무를 담당하기는 어려우므로 계약관을 임명하

11) 국가를 당사자로 하는 계약에 관한 법률 제6조 제1항.

여 계약사무를 위임하는 것이다.

지출원인행위인 계약은 후술하는 바와 같이 재무관의 소관이므로 계약관이 담당하는 계약은 지출원인행위가 아닌 계약에 한정되는 것이라고 해석된다.

1961년 예산회계법 제정시에는 계약관이라는 제도가 없었으나 1975년 12월의 예산회계법 개정시에 계약에 관한 상세한 조문들을 신설하면서 계약관제도도 신설하게 되었다. 국고금관리법과 국가를 당사자로 하는 계약에 관한 법률도 이를 계승하고 있다.

중앙관서의 장이 계약사무를 위임하는 경우 개개의 공무원을 특정하여 그 사무를 위임하는 개별위임이 있으나 특정한 관직을 지정함으로써 그 관직에 취임하는 공무원에게 자동적으로 위임이 이루어지는 관직위임도 가능하다.

계약사무는 그 소속공무원에게 위임하는 것이 원칙이나 필요할 때에는 세입징수관, 재무관 등의 경우와 같이 계약관의 사무도 다른 중앙관서 소속의 공무원에게도 위임할 수 있다.[12]

세입징수관, 재무관의 경우와 같이 계약관의 경우에도 대리계약관, 분임계약관, 대리분임계약관을 임명할 수 있다.[13]

(2) 재무관

재무관이란 지출원인행위를 담당하는 공무원이다. 따라서 계약담당공무원(契約事務實施機關) 중에서 가장 핵심적인 자리를 차지하고 있는 사람이 재무관이라 할 수 있다. 대부분의 계약은 지출원인행위이며 지출원인행위가 아닌 계약이란 양적으로나 질적인 면에 있어서 중요하지 않은 까닭이다. 그러나 재무관이나 그가 담당하는 지출원인행위에 관해서는 제2편 제4장에서 상술하였으므로 이곳에서 생략하기로 한다.

(3) 기타 계약담당공무원

계약관이나 재무관 외에도 계약담당공무원이 많이 있는데 이들은 i) 세입의 원인이 되는 계약에 관한 사무를 중앙관서의 장으로부터 위임받은 공무원, ii) 국고금관리법 제24조의 규정에 의하여 지출관으로부터 일상경비를 받아 지출원인행위를 할 수 있는 일상경비출납공무원, iii) 법령에 의하여 세입세출 외의 자

---

12) 국가를 당사자로 하는 계약에 관한 법률 제6조 제2항.

13) 동법 제6조 제1항.

금 또는 기금의 출납의 원인이 되는 계약을 담당하는 공무원을 말한다.

3. 조달청의 계약사무

(1) 조달청의 물자조달

본편 제1장에서 상술한 바와 같이 정부조직법 제23조 제5항의 규정과 조달사업에 관한 법률에 의하여 조달청은 정부기관의 수요물자와 비축물자를 구매하도록 되어 있다. 따라서 물자구매를 위한 계약사무도 대부분 조달청이 담당하고 있다.

과거에는 정부투자기관의 수요물자 구매도 조달청이 담당했으나 2007년 1월에 공포되어 2007년 4월 1일부터 발효하게 된 공공기관의 운영에 관한 법률 제44조의 규정에 의하여 공기업과 준정부기관의 물품구매는 공기업과 준정부기관에 일임하게 되었다.[14)]

(2) 공사계약의 체결

조달청은 수요물자의 구매뿐만 아니라 대규모 공사계약도 각 부처 등을 대신하여 체결하고 있다. 조달사업에 관한 법률시행령 제15조의 규정에 의하여 i) 천재·지변이나 긴급한 행사 기타 이에 준하는 경우, ii) 재해 및 사고의 긴급복구공사를 하는 경우, iii) 국방목적 수행과 관련있는 공사를 하는 경우, iv) 시공·감독·하자보수 등에 관한 기술적인 특수성을 고려하여 수요기관에서 직접 공사계약을 체결함이 적합하다고 인정되는 특수공사로서 조달청장과 미리 협의한 경우를 제외하고는 i) 국가기관은 공사예정금액 30억원(전기공사 및 전기통신공사의 경우에는 3억원) 이상의 공사와 ii) 지방자치단체는 입찰자격 사전심사의 대상인 공사와 대안입찰·입괄입찰 및 실시설계·시공입찰의 대상인 공사는 조달청이 계약을 체결하도록 되어 있다.

이 계약사무의 조달청 위임에 관한 근거가 국가를 당사자로 하는 계약에 관한 법률에도 있다. 국가를 당사자로 하는 계약에 관한 법률 제6조 제3항은「각 중앙관서의 장은 대통령령이 정하는 바에 의하여 그 소관에 속하는 계약 및 지출에 관한 사무를 다른 관서에 위임할 수 있다」고 규정하고 있다. 과거에는 정부투자기관의 공사계약도 국가기관 등의 경우와 같이 조달청이 담당했으나 전

---

14) 유 훈·배용수·이원희, 공기업론[신판](서울: 법문사, 2010), p. 79.

술한 공공기관의 운영에 관한 법률 제44조의 규정에 의하여 공기업과 준정부기관의 공사계약 체결은 공기업과 준정부기관으로 환원되었다.

제 3 절 계약의 체결

1. 계약서의 작성

(1) 계약서작성의 의의

국가를 당사자로 하는 계약에 관한 법률 제11조는 계약담당공무원이 계약을 체결하고자 할 때에는 계약의 목적·계약금액·이행기간·계약보증금·위험부담·지체상금·기타 필요한 사항을 명백히 기재한 계약서를 작성하여야 하며 담당공무원과 계약상대자가 계약서에 기명날인함으로써 계약이 확정된다고 규정하고 있다.

한마디로 말해서 계약서는 계약의 증거방법으로서의 의의뿐만 아니라 계약 확정의 효력을 지닌다는 점에 유의할 필요가 있다. 민법에서는 계약의 효력의 발생에 관하여 아무런 요식행위를 필요로 하지 않으나 계약에 관한 법률은 계약서를 작성하는 경우에는 계약서의 작성에 계약의 확정력을 부여함으로써 민법 등의 사법에 대한 특례를 규정하고 있는 것이다.

그러나 일정한 경우에는 계약서의 작성을 생략할 수 있도록 되어 있다. 이 경우에는 민법의 원칙에 따라 낙찰 결정 또는 수의계약의 상대자의 결정시에 계약이 성립하는 것으로 해석하여야 할 것이다.

(2) 계약서작성의 생략

전술한 바와 같이 국가가 체결하는 계약은 원칙적으로 계약서를 작성해야 한다. 그러나 계약금액이 소액이거나 후일에 문제가 발생할 여지가 없는 계약의 경우까지 계약서를 작성하는 것은 도리어 사무의 정체를 초래할 수 있다.

이리하여 계약에 관한 법률은 대통령령으로 정하는 경우에는 계약서의 작성을 생략할 수 있다고 규정하고 있으며 이를 이어받아 계약에 관한 법률 시행령은 다음과 같은 경우에 계약서의 작성을 생략할 수 있다고 규정하고 있다.[15)]

① 계약금액이 2천만원 이하인 계약을 체결하는 경우

② 경매에 부치는 경우

③ 물품매각의 경우에 있어서 매수인이 즉시 대금을 납부하고 그 물품을 인수하는 경우

④ 각 국가기관 및 지방자치단체 상호간에 계약을 체결하는 경우

⑤ 전기·가스·수도의 공급계약 등 성질상 계약서의 작성이 필요하지 아니한 경우

2. 계약보증금

(1) 계약보증금의 의의

계약보증금이란 국가가 계약을 체결하는 경우에 그 완전한 이행을 확보하고 채무불이행시에 받는 손해의 배상을 용이하게 하기 위하여 상대자로부터 받는 보증금을 말한다.

(2) 계약보증금의 납부

계약담당공무원은 국가와 계약을 체결하고자 하는 자로 하여금 계약금액의 100분의 10이상의 계약보증금을 납부하게 하여야 한다.[16]

계약보증금은 현금 또는 자기앞수표로 납부하는 것을 원칙으로 하나 특정한 보증서 또는 증권으로 갈음하여 납부하게 할 수 있다.

(3) 계약보증금의 면제

전술한 바와 같이 계약보증금은 국가가 체결하는 계약의 완전한 이행을 확보하고 불이행시의 손해배상을 용이하게 하기 위한 것이므로 불이행의 우려가 거의 없거나 불이행시의 손해배상에 관하여 염려할 필요가 없는 경우에는 계약보증금을 면제할 수 있다.

계약에 관한 법률 제12조 제1항 단서의 규정에 의거하여 동법 시행령 제50조 제6항은 계약보증금을 면제할 수 있는 경우를 열거하고 있는데 생략하기로 한다.

---

15) 국가를 당사자로 하는 계약에 관한 법률시행령 제49조.

16) 국가를 당사자로 하는 계약에 관한 법률 제12조 및 동법시행령 제50조 제1항.

제 4 절 계약의 집행

1. 감 독

(1) 감독의 의의

감독이란 검사만으로 계약의 급부내용의 확인에 만전을 기할 수 없는 경우에 당해 계약의 이행도중에 입회·지시 등을 행하는 것이다. 계약에 관한 법률에 의하면 계약담당공무원은 공사·제조, 기타 도급계약을 체결한 경우에 그 계약의 적정한 이행을 확보하기 위하여 필요하다고 인정할 때에는 계약서, 설계서, 기타 관계서류에 의하여 스스로 이를 감독하거나 소속 공무원에게 그 사무를 위임하여 필요한 감독을 하게 하여야 한다.[17]

특히 전문적인 지식 또는 기술을 필요로 하거나 기타 부득이한 사유로 인하여 계약담당공무원이나 그 소속 공무원에 의한 감독을 할 수 없을 때에는 계약담당공무원은 전문기관을 따로 지정하여 필요한 감독을 하게 할 수 있다.[18]

(2) 감독의 실시

매매계약의 경우에는 일반적으로 감독이 불필요할 것이다. 감독의 필요성은 공사 또는 제조계약의 경우에 발생하는데 운송계약 등의 경우에도 감독이 필요할 수 있다. 따라서 국가를 당사자로 하는 계약에 관한 법률 제13조 1항은 「공사·제조·용역 등의 계약을 체결한 경우」라고 하고 있는 것이다.

특히 공사 같은 경우에 그 완성 후에 행하는 검사에서 만전을 기하기 위해서는 파괴·분해 등을 철저하게 해야 한다는 비경제적인 결과가 생길 뿐만 아니라 사후의 파괴검사 등에 의해서는 급부완료의 확인에 완벽을 기하기가 어려운 경우가 있을 것이다.

이런 의미에서 감독은 검사만으로서 급부완료의 확인이 곤란한 것에 관하여 이행 도중에 그 이행장소에서 입회 등 계약의 적정한 이행을 확보하기 위하여 행하는 것으로서 검사의 보완적인 성격을 지닌 것이다.

---

17) 국가를 당사자로 하는 계약에 관한 법률 제13조 제1항.

18) 국가를 당사자로 하는 계약에 관한 법률 제13조 제1항 단서.

감독의 구체적인 방법을 본다면 감독자(現場監督官)는 필요한 경우에 계약이행 중에 입회, 공정의 관리, 사용재료의 시험 또는 검사 등의 방법에 의하여 감독을 하며 계약자에게 지시할 수 있다.

공사에 사용하는 재료 중 조합 또는 시험을 요하는 것은 현장감독관의 참여하에 그 조합 또는 시험을 하여야 한다. 뿐만 아니라 수중 또는 지하에 매몰하는 공작물, 기타 준공 후 외부로부터 검사할 수 없는 공작물의 공사는 현장감독관의 참여없이 시공할 수 없다.[19]

이 밖에도 중앙관서의 장 또는 계약담당공무원은 필요하다고 인정할 때 감독에 관한 세부요령을 정할 수 있다.[20] 감독자는 감독의 결과 그 급부가 계약의 내용에 적합하지 아니할 때에는 그 사실 및 조치에 관한 의견을 계약담당공무원에게 제출하여야 한다.[21] 계약담당공무원이 외부의 전문기관에 감독을 위임한 때에는 그 결과를 서면으로 보고하게 하여 확인하여야 한다.[22]

2. 검 사

(1) 검사의 의의

검사란 계약에 의거하여 이루어지는 급부의 완료에 관하여 당해 급부의 내용이 계약의 내용과 합치하는가를 확인하는 행위이다. 계약에 의하여 이루어지는 급부의 완료 전에 대가의 일부를 지급할 필요가 있는 경우에 그 공사 또는 제조의 기성부분 또는 기납부분에 대하여 확인하는 경우도 검사에 포함된다. 그러나 「중간검사」 또는 공사재료의 「검사」는 검사라고 부르나 여기서 말하는 검사가 아니라 감독에 속하는 것이다.

계약에 관한 법률에 의하면 계약담당공무원은 계약상대자가 계약의 이행을 완료한 때에는 그 이행을 확인하기 위하여 계약서·설계서, 기타 관계서류에 의하여 스스로 이를 검사하거나 소속 공무원에게 그 사무를 위임하여 필요한 검사를 하게 하여야 한다. 기성부분 또는 기납부분에 대하여 중간급을 지급하고자 할 때에는 검사를 하여야 한다.[23] 감독의 경우와 같이 특히 전문적인 지

19) 시설공사계약일반조건 제9조 및 제12조.
20) 계약사무규칙 제65조.
21) 계약사무규칙 제64조 제2항.
22) 계약사무규칙 제66조.
23) 국가를 당사자로 하는 계약에 관한 법률 제14조 제1항.

식 또는 기술을 필요로 하며, 공무원이 검사를 할 수 없을 때에는 외부의 전문기관에 검사를 위탁할 수 있다.

(2) 검사의 실시

감독과는 달리 검사는 거의 모든 계약에 관하여 실시된다고 할 수 있다. 공사나 제조뿐만 아니라 물품의 구입계약의 경우에도 검사가 이루어진다. 이와 같이 검사가 광범위하게 실시되는 까닭에 계약에 따라서 검사방법이 달라질 수 밖에 없으며 일정한 기준을 설정하여 이를 통일하기는 어려울 것이다.

공사계약의 경우를 본다면 계약자는 공사를 완성했을 때에는 그 사실을 준공계 등 서면으로 계약담당공무원에게 통지하여야 한다. 계약담당공무원이 이 통지를 받았을 때에는 계약서·설계서·준공계, 기타 관계서류에 의하여 그 날로부터 14일 이내에 계약자의 입회하에 검사를 하여야 하는데 천재지변 등 불가항력적인 사유로 인하여 검사를 완료하지 못한 경우에는 당해 사유가 존속되는 기간과 당해 사유가 소멸된 날로부터 3일까지는 이를 연장할 수 있다.[24]

물품구매계약의 경우도 계약자의 통지, 검사기간 등은 공사계약과 동일하다. 그러나 물품구매계약의 특성에 비추어 검사는 품질, 수량, 하인, 포장, 포장명세서, 물품식별기호 등에 관하여 행한다. 계약자가 검사를 받기 위하여 정부가 지정하는 장소에 물품을 반입하였을 때에는 즉시 반입통지를 하여야 하며 검사에 필요한 일체의 비용과 검사과정에서 발생하는 손상은 계약자가 부담한다.

물품구매계약의 경우에는 검사의 생략이 가능하다. 공업표준화법에 의한 KS 표시품 또는 공산품품질관리법에 의하여 등급이 조정된 물품에 대하여는 검사를 면제할 수 있다.[25] 외부의 전문기관에 검사를 위탁한 경우에는 그 결과를 서면으로 보고하게 하여 확인하여야 한다.

3. 대가의 지급

계약자가 계약의 이행을 완료하면 대가를 지급해야 한다. 이것이 완성급이다. 이에 대한 예외로서 기성부분 또는 기납부분에 대하여 대가를 지급하는 부분급과 이행에 앞서 지급하는 선금급이 있다.

---

24) 시설공사계약일반조건 제16조 제1항 및 제2항.

25) 물품구매계약일반조건 제10조.

(1) 완성급

전술한 바와 같이 계약의 이행이 완료되면 검사를 실시하고 검사조서에 의거하여 대가를 지급한다.[26]

계약자가 계약의 이행을 기간내에 끝내지 못하는 경우에는 지체상금을 물어야 하므로 국가도 계약자가 계약의 이행을 완료하면 지체없이 대가를 지급해야 한다. 이리하여 계약에 관한 법률시행령은 대가의 지급에 시한을 설정하고 있다. 대가는 검사를 완료한 날로부터 14일 이내에 지급하여야 하나 계약당사자와의 합의에 의하여 14일을 초과하지 아니하는 범위 내에서 대가의 지급기간을 연장할 수 있는 특약을 정할 수 있다.[27]

(2) 부분급

공사·제조계약 등의 기성부분 또는 물품구입계약의 기납부분에 대하여 계약이행의 완료 전에 그 대가의 일부를 지급할 특약이 있는 경우에 그 특약에 따라 계약의 부분적인 이행에 대하여 대가의 일부를 지급하는 것을 부분급이라 한다.

부분급은 계약수량, 이행의 전망, 이행기간 등을 참작하여 90일마다 공평하게 지급하여야 한다. 과거에는 공사 또는 제조의 경우에는 그 기성부분에 대한 대가의 100분의 90, 물건구입의 경우에는 그 기성부분에 대한 대가를 초과할 수 없다는 제한이 있었으나 1985년 4월 1일의 예산회계법시행령개정에 의하여 이러한 제한이 삭제되었으며 국가를 당사자로 하는 계약에 관한 법률시행령도 이를 계승하고 있다. 부분급은 검사를 한 후 계약대상자의 청구를 받은 날로부터 7일 이내에 지급하여야 한다.[28]

부분급은 전술한 바와 같이 미리 계약에 특약이 있는 경우에 한하여 인정된다. 선금급이 주어진 계약에 관하여 부분급을 할 수 있느냐 하는 문제가 제기된다. 후술하는 바와 같이 선금급은 지출의 특례로서 이행기도래 전에 대가를 지급하는 제도인 데 대하여 부분급은 계약의 「일부이행」이 이루어진 경우에 동시이행의 원칙에 위배되지 않는 범위내에서 일정비율의 대가를 지급하는 것이므로 각각 그 근거가 다르며 이 양자를 병용하여 지급할 수 있다.

---

26) 국가를 당사자로 하는 계약에 관한 법률 제15조.

27) 동법시행령 제58조 제1항.

28) 국가를 당사자로 하는 계약에 관한 법률시행령 제58조 제4항.

(3) 선금급

계약에 의거하여 공사·제조·물품 등의 대가를 지급하는 경우에 계약상대자의 의무이행 후에 지급하는 것이 원칙이나 국고금관리법 제20조는 지출의 특례의 하나로서 금액이 확정된 채무에 대하여 상대자의 이행 전 또는 지급시기 도래 전에 지급하는 것을 인정하고 있으며 이것을 선금급이라고 한다. 예산회계법의 규정에 의하여 예산회계법시행령 제56조는 선금급을 할 수 있는 경우를 열거하고 있다.[29]

29) 유훈, 재정법(서울: 서울대학교 출판부, 1991), 제7장「지출」참조.

제 7 편

재산관리

제1장 국유재산관리

제1절 국유재산관리의 의의

1. 재무행정론과 재산관리

재무행정론 교과서에서는 흔히 국유재산·물품·채권을 포함하는 재산의 관리를 고찰에서 제외하고 예산이나 현금의 관리만을 고찰의 대상으로 삼고 있다. 다시 말해서 재무행정론은 부동산회계·물품회계를 제외한 현금회계만[1]을 대상으로 삼는 경향이 있다.

그러나 세입금·세출금·세입세출 외 현금만을 다루는 현금회계만을 대상으로 삼아서는 국가재정의 전모를 재대로 파악할 수가 없다. 부동산회계·물품회계 등은 현금회계와 밀접한 관련이 있는 까닭이다.[2]

많은 예산(현금)이 물품이나 국유재산 등의 취득을 위하여 사용될 뿐만 아니라 물품·국유재산·채권은 처분·채권의 행사 등을 통하여 수시로 현금화된다는 것은 긴 설명을 요하지 않는다.

이리하여 미국의 일부 재무행정론 교과서는 재산관리를 고찰의 대상에 포함시키고 있다.[3] 우리나라 교과서도 재산관리를 고찰에서 제외하던 과거의 관행을 깨고 재산관리를 재무행정론의 연구대상에 포함시켜야 할 것이다.

1) 현금이란 용어는 일반적으로 통화를 의미하며 수표 등은 별개의 개념으로 사용되는 경우가 많으나 「현금회계」에서 말하는 현금은 통화 이외에 수표 등 환금가능한 증권을 포함하는 개념으로 사용되고 있다는 것을 유의할 필요가 있다.

2) 丹下 巧·疋田周朗, 國の財政における現金會計制度(東京: 大村書店, 1968), pp. 9-12.

3) International City Managers' Association, *Municipal Finance Administration*, fifth edition (Chicago: International City Managers' Association, 1955), pp. 397-408.

2. 국유재산관리의 개념

국유재산관리란 국가의 소유에 속하는 국유재산을 취득·유지·보존·운용·처분하는 것을 말한다. 이것을 좀더 구체적으로 살펴보면 다음과 같다.

(1) 행정재산의 관리

후술하는 바와 같이 국유재산은 종류에 따라 관리방법이 다르다. 국가의 행정목적 수행을 위한 물적 수단인 행정재산은 취득·유지·보존·운용만을 원칙으로 하고 대부·매각·교환·양여 등의 처분이 금지되며, 출자의 목적으로 하거나 사권을 설정하지 못한다.

(2) 일반재산의 관리 및 처분

행정재산 이외의 일체의 국유재산을 의미하는 일반재산은 유지·보존·운용과 같은 관리뿐만 아니라 처분도 허용한다.[4)]

3. 국유재산의 개념

국유재산이라는 용어는 국가의 소유에 속하는 모든 재산권을 의미하는 광의의 국유재산과 국유재산법에서 말하는 협의의 국유재산을 포함한다고 하겠다.

(1) 광의의 국유재산

국가의 소유에 속하는 모든 재산권을 포함하는 광의의 국유재산을 구성하는 것은 부동산, 동산, 물권, 채권, 무체재산권 등이다. 한 마디로 광의의 국유재산은 국가에 귀속하는 경제적 가치가 있는 모든 권리를 말하는 것이다. 현행법령에서 광의의 국유재산을 표현하는 경우 「국가의 재산」, 「국유의 재산」이라는 용어를 사용하는 일이 많다.

(2) 협의의 국유재산

협의의 국유재산 또는 형식적 의미의 국유재산은 광의의 국유재산 중 국유재산법의 적용을 받는 것을 말한다. 국유재산법 제5조는 국유재산법의 적용을 받는 국유재산의 범위를 열거하고 있다.

---

4) 유 훈, 재정법(서울: 서울대학교출판부, 1991), pp. 271-281.

4. 국유재산의 종류

(1) 개 관

국유재산은 국가에 따라 여러 가지로 구분하고 있다. 일본에서는 행정재산과 보통재산으로 구분하고 있으나[5] 우리나라에서는 과거에 행정재산, 보존재산 및 잡종재산으로 구분하였으나, 2009년의 국유재산법 전문개정에 의하여 보존재산을 행정재산에 포함시키고, 잡종재산은 일반재산으로 개칭하였다. 다시 말해서 2009년 국유재산법 전문개정 후에는 국유재산은 행정재산과 일반재산으로 구분하고 있다고 하겠다.[6]

(2) 행정재산

행정재산이란 국가의 행정목적 수행을 위한 물적 수단이며 국유의 공물이다. 행정재산은 직접 행정목적을 위하여 사용되는 것이므로 사권의 대상이 될 수 없다. 이리하여 국유재산법 제11조는 행정재산에 사권을 설정하지 못한다고 규정하고 있다.

① 공용재산: 공용재산은 국가가 직접 그 사무용·사업용 또는 공무원의 주거용으로 사용하거나 사용하기로 결정한 재산을 말한다.[7] 「사무용」과 「사업용」의 구별은 실익이 없으나 사무용이란 청사, 형무소, 연습장 등으로 사용하는 경우를 말하며 사업용이란 학교, 병원, 도서관, 박물관 등으로 사용하는 경우를 말한다. 한 마디로 「사업」은 「사무」에 비해 순수한 행정사무라고 할 수 없는 사업적 성격을 지니는 것으로서 기업을 제외한 것이라고 해석하여야 할 것이다.

② 공공용재산: 공공용재산이란 국가가 직접 공공용으로 사용하거나 사용하기로 결정한 재산을 말한다.[8]

「국가가 직접」 공공용으로 사용한다는 것은 재산을 공공용으로 사용하는 주체가 국가라는 의미이며 직접이라는 구절이 있다고 하더라도 현실적인 관리를 국가가 직접 할 필요는 없으며 국가의 위임을 받은 지방자치단체 등이 그 사무

---

5) 富田駿介編, 國有財産法精解[改訂新版](東京: 大藏財務協會, 1988), p. 49.
6) 국유재산법 제6조 제1항.
7) 국유재산법 제6조 제2항 제1호.
8) 국유재산법 제6조 제2항 제2호.

를 취급해도 무방하다고 생각된다. 공공용재산은 국가가 직접 공공용으로 사용하기로 결정한 국유재산이며 공공용으로 관리주체가 국가인 경우에는 관리비용을 지방자치단체가 부담하더라도 공공용재산임에는 변함이 없다.

그러나 공공용으로 사용하기로 결정한 주체가 국가 이외의 자인 경우에는 이에 사용되는 국유재산은 공공용재산이 아니라 일반재산이다. 예를 들면 도시공원, 지방도로 등이 이에 해당되는데 이러한 부지가 국유재산인 경우에는 일반재산으로서 지방자치단체에 대여된 것이다.

③ 기업용재산: 기업용재산이란 정부기업(정부부처의 형태를 지닌 공기업)이 직접 그 사무용·사업용으로 사용하거나 사용하기로 결정한 재산과 직원의 주거용으로 사용하거나 사용하기로 결정한 재산이다.[9]

정부기업이란 광의의 공기업 중 정부부처의 형태를 지닌 것으로서 정부기업예산법의 적용을 받는 기업을 지칭한다.[10] 기업용재산의 경우에도 공용재산이나 공공용재산의 경우와 같이 예정공물도 포함된다.

④ 보존재산: 보존재산이란 법령의 규정에 의하거나 기타 필요에 의하여 국가가 보존하는 재산을 말한다.[11]

보존재산의 대표적인 예로서 문화재보호법이 규정하고 있는 국유문화재를 들 수 있다. 국유문화재는 문화재보호법에 특별한 규정이 없는 한 이를 양도하거나 사권을 설정할 수 없다. 다만 관리보호에 지장이 없다고 인정될 경우에는 공공용·공용 또는 공익사업에 사용하기 위하여 특히 필요한 경우에 한하여 일정한 조건을 붙여 그 사용을 허가할 수 있다.[12]

전술한 바와 같이 과거에는 보존재산을 행정재산에 포함시키지 않고 별도의 범주로 취급하였으나 2009년의 국유재산법 전문개정 시에 행정재산에 포함시켰다.

(3) 일반재산

행정재산 이외의 모든 국유재산을 일반재산이라 한다.[13] 다시 말해서, 일반

9) 국유재산법 제6조 제2항 제3호.

10) 정부기업예산법의 적용을 받는 우편사업특별회계, 우체국예금특별회계, 양곡관리특별회계, 조달특별회계이다(정부기업예산법 제3조).

11) 국유재산법 제6조 제2항 4호.

12) 문화재보호법 제54조.

13) 국유재산법 제6조 제3항.

재산은 국가의 행정목적을 위하여 직접 사용하지 않는 재산이다. 일반재산은 일반적으로 그 경제가치에 따라 수익목적을 위하여 사용되며 간접으로 국가의 목적에 기여하는 재산이므로 수익재산 또는 재정재산이라고도 한다.

일반재산의 본질은 원칙적으로 처분을 전제로 하는 재산이라는 데 있다. 이런 의미에서 일반재산은 소위 국유의 사물이며 그 관리 및 처분은 국유재산법 등에 특별히 규정된 것 이외에는 사법의 적용을 받는다.

제 2 절 국유재산관리기관

1. 총괄청

넓은 의미의 국유재산관리기관은 후술하는 관리청과 여기서 고찰하는 총괄청으로 나누어진다. 국유재산법 제8조는 기획재정부장관을 국유재산의 총괄청으로 규정하고 있다.

(1) 총괄청의 성격

국유재산의 총괄청인 기획재정부장관은 각 중앙관서의 장에 비하면 간접적인 국유재산의 관리 및 처분기관이라 할 수 있다. 기획재정부장관이 국유재산의 총괄기관이라고 하는 것은 국유재산의 사무에 관해서 기획재정부장관이 중앙관서의 장의 상위에 있다는 것을 의미하는 것이 아니라 국유재산의 관리 및 처분에 관하여 종합조정을 담당할 책임과 권한을 지니는 기관이 기획재정부장관이라는 뜻이다.

(2) 총괄청의 기능

국유재산의 총괄청인 기획재정부장관의 기능으로서 여러가지를 들 수 있으나 국유재산법의 규정을 종합정리하여 총괄청의 기능으로서 다음의 몇 가지를 들고자 한다.

① 국유재산에 관한 제도의 정비: 국유재산 총괄기관인 기획재정부장관은 국유재산에 관한 제도를 정비하여야 할 권한과 책임을 지닌다. 이리하여 국유재산법은 「각 부·처의 장은 국유재산의 관리 또는 처분에 관련된 법령을 입안

하거나 개폐하고자 할 때에는 그 내용에 관하여 총괄청(기획재정부장관)과 협의하여야 한다」고 규정하고 있는 것이다.[14)]

② 국유재산의 관리 및 처분사무의 통일: 국유재산은 행정재산 및 일반재산으로 나누어지고 행정재산은 다시 네 가지로 세분되며 이들을 관리하는 기관(관리청)도 다양하다. 따라서 자칫하면 국유재산의 관리 및 처분이 달라질 수 있다. 이리하여 국유재산법은 총괄청인 기획재정부장관에게 관리 처분사무의 통일을 기할 수 있는 권한과 책임을 부여하고 있다.

이를 위하여 관리청은 국유재산의 관리와 처분에 관한 계획을 작성하여 기획재정부장관에게 제출하여야 하며, 기획재정부장관은 이를 토대로 국유재산관리계획을 수립하여 국무회의의 심의를 거쳐 대통령의 승인을 얻어야 한다. 관리청은 이 관리계획에 따라 국유재산을 관리 또는 처분하여야 하며 그 집행상황을 기획재정부장관에게 보고하여야 한다.[15)]

③ 국유재산의 증감·현재액 및 현황의 파악: 국유재산의 적정한 관리 및 처분을 행하기 위해서는 항상 정확한 국유재산의 증감, 현재액을 파악하고 그 현황을 명백히 할 필요가 있다.

i) 국유재산의 관리청은 그 소관에 속하는 국유재산에 관하여 국유재산관리운용보고서를 작성하여 다음연도 2월말까지 총괄청에 제출하여야 한다. 총괄청은 국유재산관리 운용보고서를 작성하고 다음연도 4월 10일까지 감사원에 제출하여 검사를 받아야 하며, 감사원의 검사를 받은 국유재산관리운용 총보고서와 감사원의 검사보고서를 다음연도 5월 31일까지 국회에 제출하여야 한다.[16)]

ii) 관리청 또는 재산관리관은 그 소관에 속하는 국유재산이 멸실된 때에는 지체없이 그 사실을 기획재정부장관과 감사원에 보고하여야 한다.[17)]

iii) 위에서 언급한 정기적인 보고 외에도 기획재정부장관은 국유재산의 관리와 처분의 적정을 기하기 위하여 관리청에 대하여 그 소관에 속하는 국유재산의 관리상황에 관한 보고 또는 자료의 제출을 요구할 수 있으며 소속공무원으로 하여금 관리상황을 감사하게 하거나 기타 필요한 조치를 할 수 있다.[18)]

---

14) 국유재산법 제19조.
15) 국유재산법 제9조.
16) 국유재산법 제69조.
17) 국유재산법 제70조.
18) 국유재산법 제21조.

iv) 끝으로 기획재정부장관은 관리청별로 국유재산에 관한 총괄부를 비치하여 그 상황을 명백히 하여야 한다.[19]

④ 국유재산의 관리 및 처분에 관한 조정: 국유재산은 각 관리기관이 항상 양호한 상태로 이를 관리하고 그 소유의 목적에 따라 능률적으로 운용해야 할 뿐만 아니라 각 기관에 대하여 공평하게 국유재산을 배분할 필요가 있다. 이리하여 국유재산법은 총괄청인 기획재정부장관에게 국유재산의 관리 및 처분에 관한 조정을 행할 수 있는 기능을 부여하고 있다.

좀더 구체적으로 말한다면 기획재정부장관은 관리청에 대하여 그 소관에 속하는 국유재산의 용도를 폐지 또는 변경할 것을 요구할 수 있으며, 그 국유재산을 다른 관리청 또는 회계에 이관하게 하거나 기획재정부장관에게 인계하게 할 수 있다.[20]

뿐만 아니라 기획재정부장관은 관리청이 없거나 분명하지 아니한 국유재산에 대하여 그 관리청을 지정한다.[21]

2. 관리청

넓은 의미의 국유재산관리기관은 전술한 총괄청과 이 곳에서 고찰하는 관리청으로 나누어진다는 것은 앞에서 언급한 바와 같다. 관리청은 행정재산과 일반재산의 경우가 다르므로 나누어 고찰할 필요가 있다.

(1) 행정재산의 관리기관

중앙관서의 장이 그 소관에 속하는 행정재산의 관리기관이다. 그러나 「소관」이 무엇에 의하여 결정되느냐에 관해서 국유재산법은 언급이 없다.

행정재산의 관리기관은 원칙적으로 각 부처의 직제 등에서 규정하고 있으나 특별법이 재산의 소관을 규정하고 있는 경우도 있다.

국유문화재의 관리는 문화재보호법에 의하여 문화재청장이 담당하며,[22] 항만법에 의한 무역항과 연안항의 관리는 국토해양부장관이 담당한다. 국도의 관리는 국토해양부장관이 담당한다.[23]

19) 국유재산법 제66조.
20) 국유재산법 제22조.
21) 국유재산법 제24조.
22) 문화재보호법 제62조.

(2) 일반재산의 관리기관

일반재산은 원칙적으로 국유재산의 총괄청인 기획재정부장관이 관할한다. 그러나 예외적으로 다음과 같은 일반재산은 해당 중앙관서의 장이 관리한다.[24)]

① 국가재정법 제4조나 제5조에 따른 특별회계와 기금에 속하는 재산

② 관리환 · 교환 또는 양여의 목적으로 용도를 폐지한 재산

③ 선박 · 부표 · 부잔교 · 부선거 및 항공기와 그 종물

④ 공항 · 항만 또는 공업단지내의 재산으로서 그 시설운영에 필요한 재산

⑤ 용도폐지된 재산으로서 기획재정부장관이 그 관리청으로 하여금 관리 및 처분하게 하도록 지정한 재산

제 3 절 행정재산의 관리 및 처분

1. 관리 · 처분의 특징

제1절에서 고찰한 바와 같이 행정재산은 국가의 행정목적수행을 위한 물적 수단인 재산을 말한다.

행정재산은 보존재산과 그 성격이 다소 다르나 2009년의 국유재산법 전문개정에 의하여 보존재산이 행정재산에 포함되었다.

위에서도 이미 언급한 바와 같이 행정재산은 일반재산과는 달리 처분은 원칙적으로 제한되어 있으므로 관리에 중점을 두게 된다.

2. 취 득

행정재산의 취득은 여러 가지 방법으로 이루어질 수 있으나 이를 크게 ① 국가내부에 있어서의 국유재산의 융통에 의하여 행정재산으로 하는 경우와, ② 신규로 행정재산을 취득하는 경우로 나누어서 생각할 수 있다.

(1) 국유재산의 융통에 의한 경우

다른 부처장관의 소관에 속하는 행정재산이나 기획재정부장관이 관장하는

---

23) 도로법 제20조 제1항 1호.

24) 국유재산법 제8조 제3항.

일반재산의 관리환(管理換)을 받는 방법으로 취득이 이루어지는 경우이다.

국유재산은 국가전체의 관점에서 효율적으로 운용되어야 하며 어떠한 부처가 사용하지 않은 국유재산을 보유하는 것은 바람직하지 못하다. 따라서 이러한 재산은 이를 필요로 하는 다른 부처에서 활용되어야 한다.

관리환은 이러한 경우에 이루어지는데 일반적으로 중앙관서의 장간의 합의에 의하여 이루어지나 특별한 경우에 국유재산총괄청으로서의 기획재정부장관의 조치요구 등에 의하여 이루어진다. 관리환이 동일회계내에서 이루어질 때에는 무상이나 상이한 회계간에 이루어질 때에는 원칙적으로 유상이다.

(2) 신규로 취득하는 경우

신규로 행정재산을 취득하는 방법으로서 다음의 몇 가지를 들 수 있다. 이 중 둘째와 넷째 방법은 예외이나 그 외의 방법은 부동산회계와 현금회계간의 연계가 이루어진다. 전술한 바와 같이 재무행정론에서 재산관리를 고찰의 대상으로 삼아야 할 또 하나의 이유가 여기에 있는 것이다.

① 구입에 의하여 취득하는 방법: 여기에 구입이란 매매를 말한다. 구입에 의하여 취득하는 경우에는 국가는 대금의 지급의무를 지므로 각 부처는 구입비용을 예산으로 계상하여야 하며 예산상의 세출 이외의 방법에 의한 대물변제 즉 금전의 지급대신에 상대방에게 국유재산 등을 급부하는 것은 법률에 특별히 규정된 경우를 제외하고는 허용되지 않는다.

② 일반재산과의 교환: 교환은 특별한 경우를 제외하고는 허용되지 않는다. 국가기관의 재산의 취득은 소요 비용을 예산에 계상하여 국회의 의결을 거쳐야 하는 것이 재정제도의 원칙인데 「교환」은 이러한 원칙에 대한 예외를 이루는 까닭이다.

교환이 남용되지 않도록 하기 위하여 교환에 의하여 국가가 사용하는 재산의 용도를 제한하고 있으며 교환의 내용은 감사원에 보고하도록 하고 있다.

③ 건설공사: 신축·증축·증설·신조 등에 의한 행정재산의 취득은 일반적으로 국가 이외의 자와의 청부계약에 의하여 이루어지며 당해업자가 완성한 재산을 국가에 이전하게 된다.

④ 기 부: 「기부」란 「증여」를 말하는 것이며 국가는 무상으로 행정재산을 취득한다. 기부는 당사자간의 합의에 의하여 이루어지는 것이므로 특별히 법률

에 의하여 금지되지 않는 한 아무런 제한이 없다.

⑤ 공용수용: 공용수용에 의한 행정재산의 취득은 토지수용법 등의 규정에 의하여 인정되고 있으며 법률이 정하는 바에 따라 간혹 수용이 이루어지고 있다. 이 경우에도 보상이 이루어져야 하므로 예산의 지출이 있게 마련이다.

3. 유지 · 보존 및 운용

행정재산의 관리에는 위에서 고찰한 취득 외에 유지 · 보존 및 운용이 있다.

유지 · 보존 및 운용은 업무적인 관점에서 본다면 ① 관리의 적정 또는 통일을 기하기 위하여 추상적인 규범을 정립하는 것(관리규칙의 제정), ② 재산의 효율적 활용과 구체적인 행정처분, ③ 사실행위(유지 · 보존을 위한 수선, 개량공사 등) 등으로 나누어지는데 구체적인 것은 생략하기로 한다.

4. 용도폐지

행정재산은 행정목적의 수행을 위한 물적 수단으로서 필요성이 없어졌을 때 용도폐지가 이루어진다.

행정재산의 용도폐지 여부는 당해재산의 관리청이 결정할 문제이며 관리청이 용도폐지를 했을 때에는 지체없이 총괄청인 기획재정부장관에게 보고하여야 한다.[25]

5. 처분 등의 제한과 사용수익허가

(1) 처분 등의 제한

행정재산은 이를 대부 · 매각 · 교환 또는 양여하거나 출자의 목적으로 하거나 이에 사권을 설정하기 못한다.[26]

「대부」, 「매각」, 「교환」, 「양여」, 「출자」에 관해서는 일반재산의 관리 및 처분의 항에서 상술하겠으나 「대부」는 임대차 또는 사용대차에 해당되는 것이며 「양여」는 증여에 해당되는 것이고 「출자」는 특수법인의 자본에 충당하기 위하여 금전에 대신하여 국유재산을 제공하는 현물출자를 말한다. 끝으로 사권의 설정은 국유재산에 국가 이외의 자를 위하여 소유권 이외의 권리를 설정하는

---

25) 국유재산법 제41조 제2항.

26) 국유재산법 제26조.

것을 말한다.

(2) 사용수익의 허가

행정재산에 대해서는 사권의 설정이 일체 허용되지 않는다. 따라서 처분행위가 아니고 소유권을 유보한 채 행정재산의 사용수익을 허가하는 경우에도 사권의 설정에 의한 방법은 허용되지 않는다.

① 용도 또는 목적: 행정재산은 그 용도 또는 목적에 장애가 되지 않는 범위내에서 사용수익이 허가된다.

② 허가의 범위: 행정재산의 사용수익허가는 행정목적에 장애가 되지 않거나 보존목적의 수행에 필요한 범위내에서 인정되는데 여기에 한 가지 제한이 있다.

사용수익허가를 받은 자는 허가받은 재산상에 건물 기타의 연구시설물을 축조하지 못한다. 다만 기부를 전제로 하는 경우에는 관리청의 행정목적 또는 보존목적의 수행에 필요하다고 인정되는 시설물의 축조가 허용된다.[27]

③ 사용수익허가기간: 행정재산의 사용수익허가기간은 3년 이내로 하여야 하나 이를 갱신할 수 있다. 그러나 갱신한 때로부터 3년 이내로 하여야 한다.

제 4 절 일반재산의 관리 및 처분

1. 관리·처분의 특징

일반재산이란 행정재산 이외의 일체의 국유재산으로서 법률에 특별한 규정이 있는 경우를 제외하고는 일반사법의 적용을 받는다.

일반재산의 관리란 대부·사용승인·관리위탁 등을 말하며 처분이란 매각·교환·양여·개발·출자를 말한다.

2. 관 리

(1) 대 부

일반재산의 대부란 국가 이외의 자에 대하여 일반재산을 사용수익시키는 것

27) 국유재산법 제30조.

을 말한다. 이것은 임대차 또는 사용대차에 해당되는 것으로서 전자는 유상대부, 후자는 무상대부라고 부른다.

일반재산의 대부기간은 조림을 목적으로 하는 토지와 그 정착물은 10년, 그 밖의 토지와 그 정착물은 5년, 기타의 물건은 1년으로 되어 있다. 이 대부기간은 갱신할 수 있으나 갱신한 때로부터 전술한 기간을 초과할 수 없다.

(2) 사용승인

일반재산의 사용승인이란 각 부처로 하여금 일반재산을 잠정적으로 사용케 하는 것을 말한다.

일반재산은 각 부처가 필요한 경우에 관리환(管理換)을 하여야 할 것이나 사업의 수행상 관리환의 절차전에 긴급하게 사용하게 할 필요가 있을 때 인정되는 것이다. 따라서 사용승인은 임시로 일정기간에 한정하여 인정된다.

(3) 관리위탁

일반재산의 관리위탁이란 국가가 일반재산을 일정한 목적에 따라 관리하는 것을 국가 이외의 자에게 위탁하는 것을 말한다.

관리위탁된 일반재산의 구체적인 관리는 관리수탁자가 담당하나 국가는 종래 보유하고 있던 모든 권한을 상실하는 것이 아니며 관리수탁자에 의한 관리를 감독할 권한과 책임이 있다.

관리수탁자는 관리의 목적에 위배되지 않는 범위내에서 그 재산을 사용 또는 수익할 수 있으며 그 수익은 원칙적으로 관리수탁자에게 귀속한다. 그러나 관리수탁자는 관리의 위탁을 받은 일반재산의 관리비용을 부담해야 한다.[28]

3. 처 분

전술한 바와 같이 행정재산은 처분이 제한되나 일반재산은 일반사법의 적용을 받으며 다음과 같은 처분이 허용된다.

(1) 매 각

일반재산의 매각이란 대가를 받고 일반재산을 국가 이외의 자에게 양도하는 것을 말한다. 매매에 해당된다.

---

28) 國有財產法硏究會, 國有財產[改訂版](東京: 大藏省印刷局, 1991), pp. 205-209.

매각의 경우에도 전술한 취득의 경우와 같이 부동산회계가 현금회계와 관련을 가진다. 다만 취득의 경우에는 세출금의 지출이 이루어지는 데 대하여 매각의 경우에는 매각대금이 세입금으로 수납된다.

일반재산을 매각할 때에 매수자에게 당해재산의 용도와 그 용도에 사용하여야 할 기간을 정하여 매각할 수 있다.

일반적으로 사인간의 매매계약 등에 있어서는 대상이 되는 재산의 용도를 지정하는 일이 극히 드물다. 순수한 상거래의 경우 용도의 지정이 불필요할 뿐만 아니라 이러한 조건을 붙이는 것이 매매가격을 떨어뜨릴 우려가 있기 때문이다. 그러나 국유재산은 설사 일반재산이라 할지라도 직접 · 간접으로 국가의 행정과 관계가 있으며 국유재산의 관리 및 처분은 사회공공의 복지를 위하여 행하여지는 경우가 많으므로 특히 용도지정이라는 특수한 매각제도가 필요한 것이다.[29]

(2) 교 환

일반재산의 교환이란 국가가 특정한 일반재산의 소유권을 국가 이외의 자에게 이전함과 동시에 국가 이외의 자가 소유하는 다른 재산을 취득하는 것이다.

① 교환도재산: 국가가 교환에 의하여 상대방에게 제공하는 재산(교환도재산)은 일반재산이어야 한다. 행정재산을 교환하고자 할 때에는 그 용도를 폐지하여 일반재산으로 전환할 필요가 있다.

② 교환대상재산: 교환대상재산은 토지 · 건물 · 기타 토지의 정착물에 한정하며 교환도재산과 동종의 것이어야 한다. 따라서 토지와 건물과 같은 이종의 재산간에는 교환이 인정되지 않는다. 여기서 「토지의 정착물」이란 입목에 관한 법률에 의하여 등기된 수목의 집단을 말한다. 건물은 일반적으로 토지의 정착물이라 해석되나 국유재산법 제54조에서는 건물에 관해서 별도로 규정하고 있으므로 여기서 말하는 토지의 정착물에 건물이 포함되지 않는다고 보아야 한다.

③ 용 도: 국가에서 직접 공용 또는 공공용으로 사용하기 위하여 필요로 하는 경우에 한정하여 교환이 인정된다. 이것은 국가가 교환수재산(交換受財産)을 행정재산으로 이용하기 위하여 필요로 한다는 것을 의미한다.

29) 유 훈, 전게서, p. 277.

(3) 양 여

일반재산의 양여란 대가를 받지 않고 국가 이외의 자에게 일반재산을 양도하는 것을 말한다. 양여의 경우에도 국유재산법 제7조에 의하여 법률의 규정이 필요한데 국유재산법 제55조가 양여에 관해서 규정하고 있다. 국유재산법에서 규정하고 있는 양여는 다음의 네 가지로 나누어서 고찰할 수 있다.[30]

① 공용 또는 공공용을 위한 지방자치단체에의 양여: 지방자치단체가 직접 공용 또는 공공용으로 사용하기 위하여 필요로 할 때에는 일반재산을 양여할 수 있다.

이 경우 지방자치단체가 양여받은 재산은 10년내에 양여목적 이외의 목적으로 사용할 때에는 양여를 취소할 수 있다. 다시 말해서 적어도 10년간은 양여목적을 위해서만 사용하여야 한다.

② 비용부담자에 대한 양여: 공공용재산이 용도폐지에 의하여 일반재산이 되었을 때 공공용재산으로 이용되던 기간중 유지·보존비용의 전부 또는 일부를 실질적으로 부담한 공공단체에 대하여 그 부담한 비용의 범위내에서 양여하는 것을 인정하고 있다.

③ 대체시설설치자에 대한 양여: 자기의 부담에 의하여 공공용재산에 대체할 시설을 설치하여 그 결과 불필요해진 당해 공공용재산이 용도폐지되어 일반재산이 된 경우에 대체시설설치자 또는 그 상속인 기타 포괄승계자에게 그 부담한 비용의 범위내에서 양여하는 것이 허용된다. 구체적으로 양여의 대상이 될 수 있는 재산으로서는 하천의 개축공사에 의하여 발생한 폐천부지나 도로의 노선변경에 의하여 발생한 폐도부지 등을 생각할 수 있다.

④ 일괄양여: 국유재산의 총괄청인 기획재정부장관은 국유재산의 효율적인 관리와 처분을 위하여 필요하다고 인정할 때에는 일정한 범위를 정하여 일반재산을 일괄하여 양여할 수 있다.

이 경우에 기획재정부장관은 당해 지방자치단체에 대하여 그 재산의 관리와 처분에 관한 자료의 제출을 요구하거나 기타 필요한 조치를 하게 할 수 있다.

(4) 현물출자

일반재산의 처분의 한 형태인 현물출자란 국가가 특수법인의 자본에 충당하

---

30) 국유재산법 제55조 및 제56조.

기 위하여 금전에 대신하여 현물(토지·건물·물품)을 제공하는 것을 말한다.

국유재산법 제31조는 일반재산은 법률로 특별히 정하는 경우에는 현물출자할 수 있다고 규정하고 있으며 현물출자를 입법사항으로 하고 있다. 국가가 정부출자법인에 대하여 현물출자하면 국가는 이에 상응하는 유가증권·지분·출자에 의한 권리 등을 취득한다.

일반재산의 현물출자가 이루어지는 경우로서 ① 새로운 법인을 설립하는 경우 ② 법인설립 후 특별한 사정으로 증자하는 경우, ③ 종전에 국가의 특별회계에서 행하던 사업을 공단형태로 전환하기 위하여 당해 특별회계의 자본상당액을 출자하는 경우 등을 들 수 있다.[31)]

(5) 개 발

① 개발의 의의: 과거에는 없었던 것이나 2009년의 국유재산법 전문개정에 의하여 신설된 처분의 한 방안이 개발이다. 개발이란 건축법 제2조에 따른 건축, 대수선, 리모델링 등을 말한다.

일반재산은 국유재산법 제57조의 규정에 의하여 개발하여 대부나 분양할 수 있다. 개발의 방법에는 신탁개발과 위탁개발의 두 가지가 있는데 이에 관해서는 후술하겠다.

② 고려사항: 일반재산을 개발할 때에는 다음과 같은 사항을 고려하여야 한다. 첫째로 재정수입의 증대 등 재정관리의 건전성을 염두에 두어야 하며, 둘째로 공공시설의 확보 등 공공의 편의성을 고려하여야 한다. 셋째로 주변환경의 개선 등 지역발전의 기여도를 염두에 두어야 하며, 넷째로 이 밖에도 국가행정목적달성을 위한 필요성도 고려대상에 넣어야 한다.[32)]

③ 신탁개발: 전술한 바와 같이 개발에는 신탁개발과 후술하는 위탁개발의 두 가지가 있다.

신탁개발이란 관리청이 일반재산을 부동산 신탁을 취급하는 신탁업자에게 신탁하여 개발하는 것이다. 신탁은 일반적으로 재산권 이동의 측면과 위임적 측면을 포함한 행위라고 한다. 통상적으로 재산권의 소유자는 자기를 위하여 그 재산의 사용수익 또는 처분을 행하는 것이나 신탁의 경우에는 수탁자가 위

31) 국유재산법 제60조.

32) 국유재산법 제57조.

탁자로부터 재산권의 이전 등을 받아 그 재산권을 취득하나 그것은 자기의 이익을 위하여 소유하는 것이 아니라 타인의 이익 또는 공익을 위하여 그 재산의 사용수익 또는 처분을 한다는 점에 특색이 있다고 하겠다.[33]

관리청이 신탁개발하는 경우에는 신탁업자의 선정, 신탁기간, 신탁보수, 자금차입의 한도, 시설물의 용도 등에 대하여 총괄청과 협의하여야 한다.[34]

④ 위탁개발: 위탁개발이란 총괄청이나 관리청이 일반재산의 개발을 정부출자 기업체, 금융기관, 투자매매업자, 또는 특별법에 따라 설립된 법인에게 위탁하여 개발하는 경우를 말한다. 이 경우 수탁자가 직접 개발할 수도 있고 위에서 말한 신탁업자에게 신탁하여 개발할 수도 있다.[35]

---

33) 富田駿介편, 改訂新版 國有財産法精解(東京: 大藏財務協會, 1988), p. 551.

34) 국유재산법 제58조.

35) 국유재산법 제59조.

제 2 장 물품관리

제 1 절 물품관리의 의의

1. 물품관리의 개념과 범위

(1) 물품관리의 개념

물품관리란 정부물품의 취득 · 보관 · 사용 및 처분을 합리적으로 수행함으로써 물품의 효율적이고 적절한 관리를 도모하는 것이라고 할 수 있다.

후술하는 바와 같이 물품이란 정부재산 중에서 부동산이나 채권을 제외한 동산을 말하는데 이러한 물품의 구매를 위하여 정부는 매년 많은 예산을 사용할 뿐만 아니라 정부가 그 동안 구입하여 현재 보유하며 사용하는 물품이 방대한 양에 달한다.

따라서 이러한 물품의 관리책임자를 지정하고 이를 적절히 취득 · 보관 · 사용 · 처분하는 일이 예산의 관리못지 않게 중요하다고 하겠다.

(2) 물품관리의 범위

물품의 관리에 포함되는 문제로서 물품의 취득 · 보관 · 사용 · 처분외에도 수급관리계획의 수립, 정수관리, 재고관리, 재물조사 등 여러 가지가 있다.

그러나 우리는 제2절에서 물품관리조직을 고찰한 다음 제3절에서 물품의 취득을 검토하고 제4절에서 물품의 보관 및 사용, 제5절에서 물품의 처분만을 고찰하고자 한다.

2. 물품관리법의 제정과 개정

(1) 물품관리법의 제정

이와 같이 물품관리가 중요함에도 불구하고 정부수립 후에도 동산의 관리를 규율하기 위한 법률이 오랫동안 제정되지 않았으며 일제시대에 사용하던 물품회계규칙을 답습해왔다.

1951년에 제정된 재정법은 물품관리에 관해서 아무런 언급이 없었으나 5·16 후에 제정된 1961년의 예산회계법은 그 제1조 제2항에서 물품과 국유재산의 관리와 회계에 관하여 따로 법률이 정하는 바에 의한다는 규정을 두게 되었다.

이 예산회계법의 규정에 의거하여 1962년 1월 20일에 물품관리법이 제정 공포되어 1963년 1월 1일부터 시행되고 1889년 6월 칙령 제48호로 공포되었던 물품회계규칙이 폐지되게 되었다.

(2) 물품관리법의 개정

1962년 제정된 물품관리법은 1963년에 이르러 제3공화국헌법의 시행에 따르는 개정을 위시하여 1972년과 1989년에도 개정이 있었다.

그러나 대폭적인 개정은 국가재정법 제정 후인 2009년 3월에 이루어졌다. 국유재산법처럼 조문의 위치까지 바뀌는 전문개정은 아니었지만 많은 조문이 개정되었다. 예를 들면, 제1장 「총칙」이나 제2장 「물품의 분류 및 표준화」와 같이 전장(全章)이 개정되는 경우가 있는가 하면 제4장 제2절 「취득」, 제3절 「보관」, 제4절 「사용」과 같이 전절(全節)이 개정되기도 했다.

3. 물품관리의 대상물품

(1) 물품의 개념

물품관리의 대상은 물품이다. 물품이란 동산을 말하는데 동산은 부동산 이외의 물건이다.[1)]

물품관리의 대상이 되는 물품은 국가가 소유하는 동산, 국가가 보관하는 동산으로 대별할 수 있으며 이를 좀더 구체적으로 살펴보기로 한다.

---

1) 민법 제99조 제2항.

(2) 소유동산

물품관리의 대상이 되는 첫째 그룹의 물품은 국가가 소유하는 동산이다. 이에 해당하는 것은 국가가 소유권을 보유하는 동산이다. 국가가 소유권을 보유하게 된 원인은 대부분의 경우에 세출예산에 의거한 계약 및 현금의 지급에 의한 구입이다.

국가가 소유권을 지니는 이러한 동산은 물품관리법의 규제대상이 되는데 여러 가지 이유로 이러한 동산 중에서 물품관리법의 규제대상에서 제외되는 동산은 i) 현금, ii) 한국은행에 기탁하여야 할 유가증권, iii) 국유재산에 해당하는 동산, iv) 군수품이다.[2)]

(3) 보관동산

국가가 그 사무 또는 사업을 위하여 사용하는 동산은 일반적으로 매년도 국회의 의결을 얻어서 성립하는 세출예산에 의하여 구입되며 그 소유권을 취득한 것이다.

그러나 국가가 필요로 하는 모든 동산에 관하여 국가가 반드시 소유권을 취득하는 것은 아니다. 예를 들면 1년에 한두번 사용하는 기계나 기구와 같은 것도 국가가 구입한다는 것은 지극히 비경제적이다. 따라서 이러한 경우에는 국가 이외의 자가 소유하고 있는 것을 국가가 필요할 때 임차하여 사용하는 것이 훨씬 경제적인 재정처리방법이라 하겠다.

이 밖에도 국가가 계속적으로 사용하는 물품인 까닭에 국가가 소유하기를 원하는 경우라 할지라도 소유권자의 사정으로 국가가 구입할 수 없으며 임차만이 가능한 경우도 있을 수 있으며, 정부가 주최하는 전람회 등에 민간부문의 개인이나 기업이 소유하는 특정한 물품을 일시적으로 차용하여 진열하는 경우도 있다.

이러한 여러 경우에 민간부문의 개인이나 기업이 소유하는 물품을 정부가 차용하여 보관하고 정부가 사용하게 되는 이와 같은 물품도 물품관리법의 규제를 받게 되는 것이다.

정부가 소유하지 않은 이러한 물품에도 물품관리법이 적용되는 이유로서 여러가지를 들 수 있겠으나 우리는 다음의 몇 가지를 들고자 한다.

---

2) 물품관리법 제2조 제1항.

첫째는 차용동산의 적정한 보관이다. 민간부문의 개인이나 기업이 소유하는 동산을 망실하거나 훼손하는 경우에도 그 소유권자의 재산을 부당하게 침해하는 결과가 되어 정부의 신용의 실추를 초래할 뿐만 아니라 경우에 따라서는 손해배상을 해야 한다. 그리고 이러한 손해배상은 국고의 부담이 된다.

따라서 민간으로부터 차용하여 정부의 사무 또는 사업을 위하여 사용하는 동산에 관해서도 정부가 소유하는 동산과 같이 다루기 위하여 물품관리법의 적용을 받아야 한다.

둘째는 임차동산의 효율적 사용이다. 정부가 사용하기 위하여 차용하는 동산에 대해서는 일반적으로 임차료를 지급한다. 이러한 임차료도 국회의 의결을 거친 세출예산에서 나가는 것이므로 세출예산으로 구입한 동산과 같이 효율적으로 사용할 필요가 있으며 물품관리법의 적용을 받아야 한다.

(4) 준용동산

물품관리에서 말하는 엄밀한 의미의 물품이 아니지만 물품관리법이 준용되는 동산이 있다.[3] 물품관리법 제47조가 이에 관하여 규정하고 있으며 다음과 같은 동산에 물품관리법의 많은 규정이 준용된다고 규정하고 있다.

① 국가가 국가 이외의 자로부터 기탁받은 것. 다만 통상우편물은 제외한다.

② 법령에 의하여 증거물로서 보관된 것

③ 법령에 의하여 통고처분 또는 국세체납처분 등을 하기 위하여 압수 또는 압류한 것

④ 기타 소속중앙관서의 장이 지정하는 것이다.

제 2 절 물품관리조직

1. 총괄기관과 관리기관

(1) 총괄기관

기획재정부장관은 물품의 관리에 관한 제도 및 정책에 관한 사항을 관장하

3) 藤仲貞一編, 物品管理法講義(東京: 大藏財務協會, 1975), pp. 36-37.

며, 물품의 관리에 관한 정책의 결정을 위하여 필요할 때에는 조달청장 또는 각 중앙관서의 장으로 하여금 물품의 관리상황에 대한 보고를 하게 하거나 필요한 조치를 할 수 있다.[4]

이것은 수입·지출에 관한 기획재정부장관의 총괄기능보다 더 강력한 기능이라 하겠다.[5] 자칫하면 금전의 수입·지출보다 소홀하기 쉬운 물품의 관리를 철저하게 하자는 데 그 취지가 있다고 하겠다.

총괄기관으로서는 기획재정부장관 외에 조달청장이 있다. 조달청장은 각 중앙관서의 장이 행하는 물품관리를 총괄조정하며 물품의 관리의 적정을 기하기 위하여 필요하다고 인정할 때에는 각 중앙관서의 장으로 하여금 그 소관에 속하는 물품의 관리상황에 관하여 통보를 하게 하거나 소속공무원으로 하여금 실지감사를 행하게 하며, 기획재정부장관의 승인을 얻어 위법·부당한 사실의 시정 기타 필요한 조치를 취할 수 있다.[6]

(2) 관리기관

각 중앙관서의 장이 그 소관에 속하는 물품을 관리한다. 이곳에서 중앙관서의 장이란 국가재정법 제6조의 규정에 의한 「중앙관서의 장」을 말하는 것으로서[7] 국회의장, 대법원장, 헌법재판소장, 중앙선거관리위원회위원장, 헌법 또는 정부조직법 기타 법률에 의하여 설치된 중앙행정기관의 장을 말한다.

중앙관서의 장이 지니는 물품관리기능으로서 여러가지를 들 수 있겠으나 우리는 이곳에서 다음의 두 가지를 검토하고자 한다.

① 현물관리기능: 각 중앙관서의 장은 그 소관에 속하는 물품의 관리에 관해서 모든 권한과 책임을 지니고 있으므로 물품의 현물의 보관 및 사용에 관하여 모든 권한과 책임을 지니게 된다. 그러나 각 중앙관서의 장이 그 소관에 속하는 모든 물품에 관하여 구체적인 관리사무를 수행한다는 것은 실제적으로 곤란하며 불가능하다고 하지 않을 수 없다. 그리하여 국고금의 수입·지출의 경우와 같이 물품의 관리에 관해서도 소속공무원으로 하여금 분담 관리케 할 수

4) 물품관리법 제7조 제1항.

5) 기획재정부장관은 수입·지출에 관해서 총괄적 책임자로서의 지위를 차지하고 있는데 지나지 않는다(제3편 제4장 「예산의 집행」 참조).

6) 물품관리법 제7조 제2항.

7) 물품관리법 제2조 제2항.

밖에 없다.

② 총괄관리기능: 이리하여 중앙관서의 장은 물품관리에 관하여 소속공무원에게 지시를 하고 지휘·감독을 하면서 물품관리를 담당케 하는 총괄관리기능을 수행하게 되는 것이다. 총괄관리기능의 수행을 위하여 중앙관서의 장이 담당하는 업무로서 다음의 두 가지를 들 수 있겠다.

첫째는 실시세부사항의 결정이다. 물품관리법이나 시행령 및 시행규칙의 위임에 의하여 중앙관서의 장이 결정해야 할 사항이 많이 있다. 예를 들면 중앙관서의 장은 기획재정부장관의 승인을 얻어 재고관리기준을 정해야 하며[8] 그 소관에 속하는 물품 중 사용할 필요가 없거나 사용할 수 없는 물품이 있을 때에는 그 물품에 대하여 불용의 결정을 내려야 한다.[9] 이와 같은 실시세부사항의 결정이 총괄관리기능의 수행을 위하여 중앙관서의 장이 담당하여야 할 첫째 업무이다.

둘째는 지휘감독이다. 중앙관서의 장은 물품관리관 등을 임명하여 그 소관에 속하는 물품의 관리에 관한 사항을 위임하는데 이들을 지휘감독하여야 한다.

2. 물품관리관

(1) 물품관리관의 임명

전술한 바와 같이 물품관리는 각 중앙관서의 장이 직접 담당하는 것이 원칙이나 실제에 있어서 이것이 불가능하므로 구체적인 물품관리에 관한 사무를 담당할 물품관리관을 임명하게 된다.

물품관리관은 그 소관 공무원 중에서 임명하는 것이 원칙이나 경우에 따라서는 다른 중앙관서의 소속 공무원 중에서도 임명할 수 있다. 또한 물품관리관의 임명은 특정한 직위를 지칭하여 행할 수 있다.[10]

중앙관서 내에 물품관리관이 2인 이상이 있을 때에는 중앙관서의 장은 그 중 1인을 총괄물품관리관으로 지정하여 그로 하여금 물품관리에 관한 사무를 총괄조정하게 하여야 한다.[11] 물품관리법이나 시행령은 호칭에 대하여 아무런 언급이 없으나 물품관리시행규칙은 총괄조정을 담당하는 물품관리관을 총괄물품관

---

8) 물품관리법 제18조.

9) 물품관리법 제35조 제1항.

10) 물품관리법 제9조 제1항 및 제3항.

11) 물품관리법시행령 제7조 제1항.

리관이라고 하고 있다.[12)]

(2) 물품관리관의 기능

물품관리관은 각 기관에 있어서의 물품관리의 책임자로서 각 관서의 장 등으로부터 위임받은 내용에 따라 물품의 적절한 관리운용을 담당해야 한다. 물품관리관에 의한 물품의 적절한 재고관리·조달·사용 등이 이루어짐으로써 각 기관에 있어서의 행정의 효과성제고가 가능해지는 것이다.

물품관리관 중 총괄조정을 담당하는 총괄물품관리관은 위에서 검토한 기능외에 당해 중앙관서의 소관에 속하는 물품의 관리에 관하여 각종의 총괄조정기능도 수행한다.

3. 물품출납공무원

물품관리관은 위임된 범위내에서 물품관리를 담당할 책임이 있으며 물품인 현물의 출납보관에 관한 업무도 당연히 그의 책임에 속하나 특정한 경우에 물품의 출납보관에 관한 사무를 다른 공무원에게 위임하여야 한다. 이와 같이 물품관리관으로부터 물품의 출납 및 보관에 관한 사무를 위임받은 공무원을 물품출납공무원이라 한다. 물품출납공무원의 임명도 물품관리관의 경우와 같이 특정한 직위를 지칭하여 행할 수 있다.[13)]

4. 물품운용관

물품관리관은 물품출납공무원에게 위임한 사무를 제외한 물품의 취득·출납·보관에 관한 지시·사용 및 처분에 관한 사무를 행하여야 하는 데 필요한 경우에는 물품관리관은 그가 소속하는 관서의 공무원에게 국가의 사무 또는 사업의 목적과 용도에 따라서 물품을 사용하게 하거나 사용 중인 물품의 관리에 관한 사무를 위임할 수 있다. 이와 같이 물품관리관으로부터 물품의 사용에 관한 사무를 위임받은 공무원을 물품운용관이라 한다.[14)]

---

12) 물품관리법시행규칙 제14조.

13) 물품관리법 제10조 제2항 및 제3항.

14) 물품관리법 제11조.

제 3 절 물품의 취득

1. 물품취득의 절차

(1) 물품관리관의 청구

물품의 취득을 위해서는 먼저 물품관리관이 계약담당공무원에게 필요한 조치를 청구하여야 한다.

이러한 조치를 청구함에 있어서 물품관리관은 물품수급관리계획에 정하여진 물품에 대하여는 그 계획의 범위 안에서 필요한 조치를 청구하여야 하며, 그 밖의 물품에 대하여는 필요할 때마다 청구하여야 한다. 그러나 물품관리관이 계약담당공무원을 겸하고 있을 때에는 이러한 청구를 생략할 수 있다.[15]

(2) 계약담당공무원의 조치

물품관리관의 청구가 있으면 계약담당공무원은 다음과 같은 기준에 따라 예산의 범위 안에서 물품을 취득하기 위한 필요한 조치를 취하여야 한다.

① 취득하고자 하는 물품이 조달사업에 관한 법률 제2조의 규정에 의한 조달물자일 때에는 조달청장에게 그 구매를 요청하여야 한다. 다시 말해서 집중구매를 실시하고 있는 우리나라에서는 조달물자는 집중구매방식에 의하여 취득하여야 하며 각 부처에 의한 분산구매는 허용하지 않는다는 것이다.[16]

② 취득하고자 하는 물품이 표준화되어 있는 물품인 경우에는 이를 우선적으로 취득하여야 한다.[17]

(3) 검 수

계약담당공무원의 필요한 조치가 끝나서 물품의 수납이 이루어지는 경우에는 중앙관서의 장 또는 그 위임을 받은 공무원이 지명하는 관계공무원이나 기술자의 검수를 받아야 한다.[18]

---

15) 물품관리법 第28조 第1항 및 물품관리법시행령 第31조.

16) 이에 관해서는 第6편 第1장「구매행정」참조.

17) 물품관리법 第28조 第2항 및 물품관리법시행령 第34조.

18) 물품관리법 第28조 第3항.

2. 물품취득의 제한

물품취득에는 여러가지 제한이 있다. 위에서 검토한 바와 같이 조달물자는 조달청을 통하여 취득하여야 하며 표준화되어 있는 물품은 이를 우선적으로 취득하여야 한다는 제한이 그 좋은 예이다.

이 밖에도 조달청장이 관리전환을 촉진하기 위하여 그 소요를 조회 중인 경우 그 조회 중인 물품과 동일한 품명의 물품을 구매하고자 할 때에는 조달청장과 협의하여야 하며 이를 우선적으로 취득하여야 한다는 제한이 있다.[19]

제 4 절 물품의 보관 및 사용

1. 물품의 보관

(1) 내부보관의 원칙

물품은 항상 사용 또는 처분할 수 있도록 선량한 관리자의 주의로서 국가의 시설에 내부보관하는 것을 원칙으로 하며 예외적인 경우에 한하여 외부보관이 허용된다.[20]

국가시설에 보관해야 사용이 용이할 뿐만 아니라 외부보관에 따르는 보관료나 창고의 임차료 등을 절약하자는 취지도 있을 것이다.

(2) 외부시설에 의한 보관

물품은 내부보관을 원칙으로 하나 물품관리법이 물품의 사용 또는 처분이 부적당하다고 인정하거나 기타 특별한 사유가 있을 때에는 국가 이외의 자의 시설에 보관할 수 있다.[21]

예를 들면 휘발유·폭발물 등 보관을 위한 특별한 시설이 필요한 물품이나 공사용재료 등과 같이 임시로 대량을 보관할 필요가 있는 것, 미곡과 같이 대량의 물품을 일정시기에 특정한 장소에 보관할 필요가 있는 것 등을 생각할 수

---

19) 물품관리법 제29조 및 물품관리법시행령 제34조 제3항.

20) 물품관리법 제30조.

21) 물품관리법 제32조.

있다. 이러한 물품을 보관하기 위하여 특히 보관시설을 새로 건설하는 것은 바람직하지 않을 것이다.[22]

물품의 외부보관을 위해서는 물품관리관이 계약담당공무원에게 그 보관을 위하여 필요한 조치를 청구하여야 한다. 그러나 물품관리관이 계약담당공무원을 겸하고 있을 때에는 이러한 청구를 생략할 수 있다.

(3) 출납명령 없는 물품의 출납금지

물품의 적정한 보관을 위한 필요한 조치의 하나가 물품의 무단불출금지라 하겠다. 이리하여 물품관리법은 물품관리관의 출납명령 없이는 물품을 출납할 수 없다고 규정하고 있는 것이다.

물품관리관은 물품을 출납하게 하고자 할 때에는 물품출납공무원에게 출납을 명하여야 하며, 물품출납공무원은 이러한 명령없이는 물품을 출납할 수 없다.[23]

(4) 수선과 개조

물품의 적정한 보관을 위한 조치의 하나로서 수선과 개조도 들 수 있다. 물품출납공무원은 그가 보관하고 있는 물품 중 사용할 수 없거나 수선 또는 개조를 요하는 물품이 있다고 인정할 때에는 그 사실을 물품관리관에게 보고하여야 한다.

물품관리관이 물품출납공무원으로부터 이러한 보고를 받았을 때에는 필요한 조치를 취해야 하는데 사용할 수 없는 물품과 관계된 조치는 후술하는 처분과 관련이 있으므로 그곳에서 검토하기로 하다.

그러나 수선 또는 개조를 요하는 물품에 관한 조치는 물품의 보관과 관련이 있다. 물품관리관은 수선 또는 개조를 요하는 물품이 있다고 인정할 때에는 계약담당공무원 기타 관계공무원에게 그 수선 또는 개조를 위한 필요한 조치를 취할 것을 청구하여야 한다.[24]

---

22) 藤仲, 전게서 p. 118.

23) 물품관리법 제31조 제1항 · 제2항 및 물품관리법시행령 제35조 제1항.

24) 물품관리법 제32조.

2. 물품의 사용

물품의 취득 · 보관 · 처분도 중요하나 가장 핵심적인 행위는 사용이라 하겠다. 물품은 본래 사용하여야 할 목적을 위하여 사용되어야 하며 가장 효율적으로 사용되어야 한다.

(1) 사용절차

물품의 사용은 물품관리관이 직접 행하는 경우와 물품운용관이 행하는 경우로 나누어서 생각할 수 있다.

물품관리관이 행하는 경우에는 그 사용의 목적을 명백히 하여 물품운용관이나 물품사용공무원에게 알려야 한다. 물품운용관이 행하는 경우에는 물품관리관이 관리하고 있는 물품의 제공을 받아 사용하는 것이다. 따라서 물품의 사용이 물품관리관에 의하여 행하여지느냐 물품운용관에 의하여 행하여지느냐에 따라서 사용 및 반납에 관한 절차가 다소 달라지는 것이다.

물품운용관을 두고 있는 경우에는 물품운용관이 사용의 필요성을 판단하는 입장에 있으므로 사용할 물품에 관하여 물품관리관에게 사용을 위한 불출을 청구하여야 한다.

물품관리관은 물품운용관으로부터의 청구에 의하여 불출명령을 내리거나 직접 불출하게 되는데 물품운용관으로부터의 청구가 없어도 자발적으로 자기의 권한에 의하여 불출명령을 내리거나 직접 불출할 수 있다. 물품관리관이 사용의 필요성을 최종적으로 판단하는 기관이므로 당연하다 하겠다.

(2) 반납의 절차

물품운용관이나 물품사용공무원이 사용 중인 물품 중 사용할 필요가 없거나 사용할 수 없는 물품 또는 수선이나 개조를 요하는 물품이 있다고 인정할 때는 그 사실을 물품관리관에게 보고하여야 한다.

물품관리관이 이러한 보고를 받았을 때에는 그 사실 여부를 확인하고 물품운용관이나 물품사용공무원에게 그 물품의 반납을 명하여야 한다.[25] 이 중 수선이나 개조를 요하는 물품의 경우에는 전술한 바와 같이 계약담당공무원에게 필요한 조치를 요청하여야 한다.

---

25) 물품관리법 제34조 제1항 및 제2항.

제 5 절 물품의 처분

1. 처분의 필요성

물품을 취득하여 보관·사용하는 과정에 있어서 사용할 필요가 없거나 사용할 수 없는 물품이 발생하기 마련이다. 이러한 물품은 그대로 보관할 필요가 없을 뿐만 아니라 보관시설 등의 사정으로 보관할 수 없는 경우도 일어난다. 이리하여 물품관리법은 불용품 등의 처분에 관하여 규정하고 있다.

그러나 물품의 처분은 신중을 기하지 않으면 국가재정에 손실을 초래할 우려가 있을 뿐만 아니라 부정의 소지도 있으므로 이를 엄격히 규제하고 있는 것이다.

2. 불용 등의 결정

사용할 필요가 없거나 사용할 수 없는 물품이 발생하였을 때에는 우선 불용결정 등을 내려야 하는데 이 과정은 그야말로 신중을 요한다. 따라서 물품관리법은 결정권자, 결정의 기준, 결정의 절차 등에 관해서 상세한 규정을 두고 있다.

(1) 결정권자

불용의 결정권자는 원칙적으로 물품관리관이다. 그러나 취득단가 500만원 이상의 물품으로서 활용가능한 물품의 경우에는 소속 중앙관서장의 승인을 받아야 한다.[26]

과거에는 불용결정권자를 원칙적으로 중앙관서의 장으로 하고 물품관리관은 중앙관서장의 승인을 얻어서 불용결정을 할 수 있도록 되어 있었으나 이것이 지나치게 엄격하다는 지적이 있었으므로 2009년 3월 개정시에 결정권자를 물품관리관으로 변경한 것이다.

(2) 불용결정 및 폐기의 기준

물품관리관이 불용결정을 할 때에는 기획재정부령으로 정하는 기준에 따라

---

26) 물품관리법 제35조 및 동시행령 제40조 제1항.

야 한다.[27]

폐기처분을 할 수 있는 물품은 i) 관리전환, 양여, 매각 등에 의한 처분을 하고자 하여도 처분되지 아니하는 물품과 ii) 변질 부패 기타의 사유로 매각할 수 없다고 인정되는 물품이다.[28]

(3) 불용결정의 절차

전술한 바와 같이 물품의 불용결정은 물품관리관이 하는 것이 원칙이나 예외적으로 중요한 물품의 불용결정은 물품관리관이 중앙관서의 장의 승인을 얻어서 할 수 있다.

3. 불용품의 처분

일단 불용품이라고 결정된 물품은 처분되어야 한다. 전술한 바와 같이 불용결정을 받은 물품을 계속 보관할 필요가 없기 때문이다. 처분의 방법으로서는 매각·대부·양여 및 해체·폐기 등이 있다.

(1) 매 각

① 매각의 제한: 처음부터 매각할 목적으로 국가가 보유하고 있는 물품이 없는 것은 아니나 물품관리법의 적용을 받는 대부분의 물품은 정부부처 내에서 사용할 목적으로 보유하고 있는 것이므로 그 본래의 목적에 따라 사용하여야 하며 매각해서는 안된다. 특히 아직 충분히 사용할 수 있는 물품임에도 불구하고 다소 낡았다고 하여 저렴한 가격으로 매각하고 다시 고가로 신품을 구입하여 사용하는 일은 금지되어야 한다. 이리하여 물품관리법은「물품은 매각을 목적으로 한 물품이거나 불용의 결정을 한 물품이 아니면 이를 매각할 수 없다」고 규정하고 있는 것이다.[29]

불용의 결정이 이루어진 물품은 가능한 한 이를 매각하여 수입을 올려야 할 것이나 ① 매각을 위한 경비가 매각수입을 상회하는 등 매각하는 것이 국가에 불리한 물품, ② 매각함으로써 국가의 기밀이 누설될 우려가 있거나 공서양속에 해를 끼칠 우려가 있는 물품과 같이 매각하는 것이 부적당하다고 인정되는

27) 물품관리법시행령 제39조.

28) 물품관리법시행규칙 제51조 제2항.

29) 물품관리법 제36조 제1항.

물품, ③ 매수인이 없기 때문에 매각하는 것 자체가 불가능한 물품은 폐기할 수 있다.[30]

② 매각의 절차: 매각을 목적으로 한 물품으로서 물품수급관리계획에 정하여진 물품에 대하여는 물품관리관이 수급관리계획의 범위 안에서 계약담당공무원에게 매각에 관한 필요한 조치를 청구하여야 한다. 그 밖의 물품의 경우에는 필요할 때마다 물품관리관이 계약담당공무원에게 매각에 관한 필요한 조치를 청구한다.[31]

계약담당공무원이 물품관리관의 청구에 의하여 물품의 매각에 관하여 필요한 조치를 하였을 때에는 지체없이 이를 청구한 물품관리관에게 그 내용을 통지하여야 한다.[32]

(2) 대 부

① 대부의 제한: 매각의 경우와 같이 물품의 대부에 관하여도 엄격한 제한이 있다. 「물품은 대부를 목적으로 한 물품이거나 대부하여도 국가의 사업 또는 사무에 지장이 없다고 인정되는 물품이 아니면 이를 대부할 수 없다」고 규정하고 있다.

대부에 대한 또 하나의 제한은 무상대부를 원칙적으로 금지하며, 적정한 대부료를 징수해야 한다는 것이다.[33] 물품을 대부하는 경우의 대부료는 그 물품의 평가액의 연 6%에 상당하는 금액 이상으로 하여야 한다. 물품의 평가액은 당해 물품의 장부가격과 내용기간 등을 참작하여 중앙관서의 장이 정하여야 한다.[34]

② 무상대부: 전술한 바와 같이 무상대부는 원칙적으로 금지되나 예외적으로 국가·지방자치단체·정부투자기관·정부투자기관의 출자회사 등에 한하여 무상대부가 가능하다.[35]

---

30) 角谷正彦編, 物品管理法講義(東京: 大藏財務協會, 1975), p. 122.
31) 물품관리법 제36조 제2항.
32) 물품관리법시행규칙 제60조.
33) 물품관리법 제41조 제1항 및 제2항.
34) 물품관리법시행령 제45조 제1항 및 제2항.
35) 물품관리법시행령 제45조 제3항.

(3) 양 여

불용품을 활용하는 방안의 하나로서 특정한 단체나 기관에 대한 무상양여를 들 수 있다. 매각이나 대부의 경우와 같이 양여에 관해서도 여러 가지 제한이 있다.

첫째로 무상양여가 허용되는 물품에 제한이 있다. 둘째로 무상양여가 허용되는 단체나 기관도 제한되어 있다. 지방자치단체·정부투자기관·정부출연기관·정부투자기관의 출자회사 등에 한한다.[36]

(4) 폐 기

각 중앙관서의 장 또는 물품관리관이 불용결정을 한 물품 중 매각하는 것이 국가에 불리하거나 부적당하다고 인정될 때 또는 매각할 수 없는 물품이 있을 때에는 폐기할 수 있다.[37] 예를 들면 깊은 산중에서 불용결정을 한 물품에 관하여 동리까지 반출하여 매각하면 매각대금보다 운반비가 많이 소요되는 경우에는 매각하는 것보다 폐기처분하는 것이 바람직할 것이다.

(5) 해 체

불용결정을 내린 물품 중 부분품을 활용하는 것이 원형대로 매각하는 것보다 유리하다고 인정할 때에 이를 해체하여 이용가능한 부분품을 활용하고 잔여품만 매각 또는 폐기하는 해체도 인정되고 있다.[38]

4. 출자·사권설정의 제한

우리는 앞에서 국가가 소유하는 물품의 처분에 관하여 가해지고 있는 여러가지 제한에 관하여 살펴보았는데 이러한 제한들은 주로 불용결정을 내린 물품에 관한 처분과 관련된 제한이었다.

이러한 제한 외에도 물품관리법 제42조는 「물품은 법률에 따르지 아니하고는 출자의 목적으로 하거나 이에 사권을 설정할 수 없다」는 제한을 두고 있다.

(1) 출자의 제한

일반적으로 법인에 대한 출자를 동산으로 하는 경우가 있는데 국가도 특수법

36) 물품관리법시행령 제42조 제1항 및 제3항.

37) 물품관리법 제35조 제2항.

38) 물품관리법시행규칙 제56조.

인에 대하여 동산으로 출자하는 예가 있다. 그러나 물품을 출자의 목적으로 삼는 것은 물품 본래의 사용목적에 위배되는 경우가 많을 뿐만 아니라 현물출자는 현금출자와 같이 국회의 엄격한 심의의 대상이 되지 않는다. 이리하여 물품관리법은 법률에 따르지 아니하고는 물품은 출자의 대상이 될 수 없다는 규정을 두고 있는 것 이다.[39]

(2) 사권설정의 제한

소유권의 이전 또는 점유이전의 수반없이, 국가에 의한 이용을 계속하면서, 국가가 보유하는 물품에 저당권 등의 사권을 설정하는 것도 법률에 특별한 규정이 있는 경우를 제외하고는 금지되어 있다.[40]

국가가 이용할 물품에 저당권 등의 사권이 설정되어 있는 경우 계약조건에 따라 저당권 등이 실행되면 국가의 물품이 처분되어 결과적으로 본래 예정된 목적을 위하여 사용할 수 없게 되고 국가의 사무 또는 사업의 수행에 지장을 초래하게 되는 까닭이다.

39) 물품관리법 제42조 전단.

40) 물품관리법 제42조 후단.

제 3 장 채권관리

제 1 절 채권관리의 의의

1. 채권관리와 채권의 개념

(1) 채권관리의 개념

채권관리란 국가채권에 관하여 채권자로서 행할 채권의 보전, 행사 및 내용변경 및 소멸에 관한 업무를 관리하는 것을 말한다.[1]

채권의 발생에 관한 사무는 재무관이나 계약관 등이 담당하는 업무이며, 그 행사에 의하여 채권이 발생하며 거기에서부터 관리의 단계에 들어가므로 발생단계에 있어서의 사무는 채권관리에 들어가지 않는다.

(2) 채권의 개념

국가채권관리법에서 말하는 채권이란 금전의 지급을 목적으로 하는 국가의 권리를 말한다.[2] 이것을 좀더 구체적으로 살펴보기로 한다.

① 금전채권: 채권관리에서 말하는 채권은 금전채권에 한정된다. 일반적으로 채권이라 함은 특정인에 대하여 특정한 행위 또는 급부를 청구하는 권리이다. 그 목적으로 하는 급부의 내용은 금전의 급부 뿐만 아니라 금전 이외의 물품의 급부, 물품의 인도 이외의 일정한 행위를 하는 것 또한 일정한 행위를 하지 않는 것(불행위)도 포함될 수 있으며, 금전으로 가액을 산정할 수 없는 것이라도 채권의 목적으로 할 수 있다.[3]

---

1) 유 훈, 재정법(서울: 서울대출판부, 1991), p. 318.
2) 국가채권관리법 제2조 제1항.
3) 민법 제373조.

한 마디로 말해서 국가채권관리법에서는 금전 이외의 물품의 인도나 작위, 부작위의 급부를 목적으로 하는 채권은 제외된다는 사실에 유의할 필요가 있다.

② 국가기관상호간의 수불: 국가기관내부의 수입금은 제외된다. 예를 들면 일반회계와 특별회계 또는 특별회계상호간에 있어서 물품 또는 서비스의 공급의 대가로서 이루어지는 금전의 수불은 동일권리주체의 내부에 있어서의 회계간의 재산의 이동에 지나지 않으며 국가가 실체법에 의거하여 보전하거나 행사할 권리관계가 발생하지 않으므로 채권관리법이 적용될 여지가 없다.

(3) 채권의 실태

〈표 7-1〉과 같이 국가채권이 2002년까지는 증가일로에 있었으나 2003년에 와서 159조원에서 130조원으로 급감했으며 2004년에는 다시 128조원으로 줄었다. 2005년부터 다시 늘기 시작하여 2008년에 181조 7,207억원에 이르렀다가

〈표 7-1〉 연차별 국가채권실태

(단위: 백만원)

연 도	일반회계	특별회계	기 금	총 계
1988	1,809,216	5,559,923	9,574,869	16,944,008
1989	1,961,558	6,293,313	11,924,429	20,179,300
1990	2,227,108	7,427,139	15,540,102	25,194,349
1991	3,097,334	8,561,245	21,518,750	33,177,329
1992	3,952,577	10,102,140	26,339,363	40,394,080
1993	4,899,550	11,420,525	30,713,306	47,033,381
1994	4,565,736	17,931,539	32,661,203	55,158,478
1995	5,373,455	24,032,812	35,770,365	65,176,632
1996	5,945,264	28,995,247	39,407,586	74,348,097
1997	7,512,463	42,031,681	48,762,758	98,306,902
1998	8,166,408	55,842,946	54,048,767	118,058,121
1999	8,168,085	57,758,994	60,810,080	126,737,159
2000	8,718,775	67,808,984	67,195,470	143,723,229
2001	8,002,157	72,986,187	74,192,366	155,180,711
2002	7,426,588	77,053,325	74,756,073	159,235,986
2003	7,792,061	46,865,946	76,016,494	130,674,501
2004	9,109,274	40,510,889	78,815,659	128,435,822
2005	9,976,339	37,323,546	83,644,995	130,944,880
2006	9,657,630	34,497,720	92,966,183	137,121,533
2007	10,753,579	17,737,721	116,311,134	144,802,434
2008	15,232,998	18,392,488	148,095,197	181,720,683
2009	12,735,316	17,192,433	144,803,652	174,731,401

자료: 기획재정부, 결산개요(통계편) 해당연도.

2009년에는 다시 174조 7,314억원으로 다소 줄었다.

이것을 회계별로 살펴본다면 일반회계와 기금은 대체로 증가 일로에 있으며 2009년에 와서 다소 감소된 것은 2008년의 금융위기가 2009년에 다소 완화된 까닭이라고 추정된다.

그러나 특별회계는 2002년까지 증가일로에 있다가 2003년에 급감하였으며 그 후 감소를 거듭했으나 2008년에 잠시 늘어났다가 2009년에 다시 감소했다. 특별회계 국가채권이 2003년에 급감한 것은 특별회계 국가채권의 대종을 이루고 있는 융자회수금 채권이 크게 줄었기 때문이다.

〈표 7-1〉에는 나타나지 않으나 2009년 국가채권을 종류별로 본다면 융자회수금채권이 128조원에 육박하여 1위를 차지하고 있으며 다음에 예금 및 예탁금으로 30조원을 초과하고 있고 3위가 국세채권으로 10조 3,108억원에 달하고 있다.[4]

증가일로에 있는 이러한 국가채권의 실태에 비추어볼 때 채권관리가 얼마나 중요한가를 알 수 있다. 특히 조세채권 외의 국가채권이 무거운 비중을 차지하고 있다는 사실은 채권관리의 중요성을 더욱 실감케 한다.

2. 채권관리법의 제정과 개정

(1) 채권관리법의 제정

과거의 예산회계법은 국유재산법과 물품관리법에 관한 근거규정을 두었으나 채권관리법에 관해서는 근거규정을 두지 않았다.[5] 그러나 국가재정법은 국유재산법과 물품관리법에 관한 근거규정도 삭제했다. 국가재정과 관련된 모든 법률의 근거규정을 국가재정법에 둘 필요가 없다고 판단한 까닭이라고 생각된다.

이리하여 국유재산법이 1956년에 제정되었으며, 물품관리법이 1962년에 제정되었으나 국가채권관리법은 1970년에야 제정되기에 이르렀다.

국가의 채권도 국가의 자산의 한 형태임에도 불구하고 과거에는 국가의 예산회계제도가 현금·물품·국유재산에만 역점을 두고 채권은 소홀히 했던 것이다.

이러한 현상은 비단 우리나라 뿐만 아니라 우리나라의 법제에 많은 영향을

4) 기획재정부, 2009년도 결산개요 [통계편] (서울: 기획재정부, 2009), pp. 554-555.

5) 구 예산회계법 제1조 제2항은 「물품과 국유재산의 관리 및 회계에 관하여서는 따로 법률이 정하는 바」에 의한다고 규정하고 있었다.

주고 있는 일본의 경우에서도 발견할 수 있다. 현금·물품·국유재산에 관한 법률들이 대부분 19세기에 제정된 데 대하여 일본에서 「채권관리에 관한 법률」이 제정된 것은 1956년의 일이다.

(2) 채권관리법의 개정

국가재정법이나 물품관리법, 국유재산법과는 달리 국가채권관리법은 1970년에 제정된 후 오늘날까지 네 번의 개정이 있었을 뿐이다.

그러나 1982년 12월 31일부의 국가채권관리법의 개정은 비교적 대폭적인 것이었는데 그 주된 내용은 다음과 같다.[6]

① 총괄채권관리관의 시설: 일반회계 및 특별회계에 각 소관별로 많은 채권관리관이 있으며 양곡관리특별회계의 경우 1981년말 현재 203명의 채권관리관이 있었다. 이와 같은 채권관리관의 남설로 각 중앙관서별로 국가채권관리사무의 종합관리가 결여되게 되었다. 이리하여 1982년의 개정에서는 각 채권관리관의 사무를 종합조정하며, 채권의 관리 및 감독을 강화하고 책임소재를 분명하게 하기 위하여 총괄채권관리관제도를 신설하게 되었다.[7]

② 독촉기한의 명시: 이행기한을 경과하고도 이행되지 아니한 국가채권에 대하여 독촉장발부 및 독촉기한 등의 독촉절차를 정하도록 하였다. 좀더 구체적으로 살펴본다면 이행기한내에 채권이 이행되지 아니한 때에는 독촉장발부일을 이행기한이 경과한 날로부터 7일 이내로 하고 독촉기한은 독촉장발부일로부터 15일 이내로 정하도록 함으로써 채권의 일실을 사전에 방지하도록 하였다.[8]

③ 기획재정부장관의 직접적 조치: 개정전에는 기획재정부장관이 채권관리를 위하여 필요한 조치를 하고자 할 경우에는 국무회의의 심의와 대통령의 승인을 얻도록 되어 있었다. 1982년의 개정에서는 이를 시정하여 기획재정부장관이 직접 필요한 조치를 할 수 있게 하였다.[9]

④ 기획재정부장관과의 협의제도폐지: 각 중앙관서의 장이 채권관리정지, 이행연기의 특약, 채권면제의 승인을 하고자 할 때에는 금액의 다소에 상관없이 모두 기획재정부장관과 사전협의를 거치도록 되어 있었다. 1982년의 개정은

6) 재무부, 「국가채권관리법중개정법률에 대한 제안설명」, 1982, pp. 1-8.
7) 국가채권관리법 제5조의 2.
8) 국가채권관리법 제14조.
9) 국가채권관리법 제5조 제3항.

이를 시정하여 중앙관서의 장이 조치하도록 하였다.[10]

⑤ 채권현재액보고서 제출기한 단축: 결산사무를 다소라도 신속히 마무리 함으로써 결산자료의 활용가치를 제고하기 위하여 각 중앙관서장의 채권현재액 보고서 제출기한을 매년 3월 31일에서 2월말일로 1개월 단축·조정하였다.[11]

제 2 절 채권의 관리기관

1. 총괄기관과 관리기관

(1) 총괄기관

기획재정부장관은 국고장관으로서 각 부처의 채권관리에 관한 사무의 전반적인 총괄을 행한다. 총괄기관으로서의 기획재정부장관의 기능을 상술하면 다음과 같다.

① 제도의 정비·사무처리 절차의 통일: 기획재정부장관은 채권관리의 적정을 기하기 위하여 채권관리에 관한 제도를 정비하고, 채권관리사무에 관한 통일적 기준을 정하며, 채권관리사무의 처리에 대하여 필요한 조정을 행한다.[12]

② 보고의 징수·실지지도조사: 기획재정부장관은 각 중앙관서의 장에 대하여 그 소관에 속하는 채권의 내용과 관리 상황에 관하여 보고를 요구할 수 있으며 소속직원으로 하여금 실지지도나 조사를 하게 하며, 기타 필요한 조치를 할 수 있다.[13]

(2) 관리기관

각 중앙관서의 장이 그 소관에 속하는 채권을 관리한다. 이 곳에서 중앙관서의 장이란 국회의장, 대법원장, 헌법재판소장, 헌법 또는 정부조직법 기타 법률에 의하여 설치된 중앙관서의 장을 말한다.[14]

중앙관서의 장은 그 소관에 속하는 채권의 관리에 관해서는 모든 권한과 책

10) 국가채권관리법 제35조 삭제.
11) 국가채권관리법 제36조.
12) 국가채권관리법 제5조 제1항.
13) 국가채권관리법 제5조 제3항.
14) 국가채권관리법 제5조 제2항 및 제2조 제2항.

임을 지니고 있으므로 채권의 보관·행사·내용변경 및 소멸에 관하여 모든 권한과 책임을 지니게 된다. 그러나 각 중앙관서의 장이 그 소관에 속하는 모든 채권에 관하여 구체적인 관리사무를 수행한다는 것은 실제적으로 곤란하며 불가능하다고 하지 않을 수 없다. 그리하여 국고금이나 물품의 경우와 같이 채권의 관리에 관해서도 소속공무원으로 하여금 분담관리케 할 수밖에 없다.

이리하여 중앙관서의 장은 채권관리에 관하여 소속공무원(채권관리관)에게 지시를 하고 지휘감독을 하면서 총괄관리기능을 수행하게 되는 것이다.

2. 채권관리관과 총괄채권관리관

(1) 채권관리관

전술한 바와 같이 채권관리는 각 중앙관서의 장이 직접 담당하는 것이 원칙이나 실제에 있어서 이것이 불가능하므로 구체적인 채권관리에 관한 사무를 담당할 채권관리관을 임명하게 된다.

채권관리관은 그 소속공무원 중에서 임명하는 것이 원칙이나 경우에 따라서는 다른 중앙관서의 소속공무원 또는 지방자치단체의 장이나 그 소속공무원 중에서도 임명할 수 있다.[15] 그러나 다른 중앙관서나 지방자치단체의 공무원 중에서 채권관리관을 임명하고자 할 때에는 미리 당해중앙관서의 장이나 지방자치단체장의 동의를 얻어야 한다.[16]

일본은 채권관리관제도를 따로 두지 않고 세입금 채권에 관한 사무는 세입징수관이 담당하며 세출의 금액에 여입하는 반납금과 관련된 채권에 관한 사무는 지출관이 담당하고 있으나 우리나라에서는 채권관리관을 별도로 두고 있는 것이다.

채권관리관은 각 관서에 있어서의 채권관리의 책임자로서 각 중앙관서의 장으로부터 위임받은 내용에 따라 적절한 채권관리를 담당한다.

(2) 총괄채권관리관

중앙관서내에 채권관리관이 2인 이상 있는 경우가 많으며, 양곡관리특별회계의 예를 본다면 200명 이상의 채권관리관이 있다. 이와 같이 동일관서내에 채권관리관이 여러 사람이 있는 까닭에 채권관리사무의 종합관리가 어려운 경

15) 국가채권관리법 제6조 제1항.

16) 국가채권관리법 제8조.

우가 많으므로 1982년의 채권관리법 개정시에 총괄채권관리관제도를 신설하게 되었다. 총괄채권관리관이란 동일관서내의 여러 사람의 채권관리관 중에서 채권의 관리에 관한 사무를 총괄케 하기 위하여 중앙관서의 장이 임명하는 공무원이다.[17]

총괄채권관리관은 중앙관서의 장이 정하는 바에 따라 i) 채권현재액보고서의 작성에 관한 사무의 처리, ii) 당해관서의 소관에 속하는 채권관리절차의 정비, iii) 채권관리사무의 처리에 관한 조정, iv) 당해관서 소관 채권관리의 감독을 담당한다.[18]

(3) 채권관리의 대리 및 분임

예산회계법·물품관리법의 경우와 같이 채권관리법도 채권관리관의 대리 및 분임을 인정하고 있다.

① 채권관리관의 대리: 중앙관서의 장은 채권관리관에게 사고가 있을 때에는 그 사무를 대리하는 대리채권관리관을 임명할 수 있다.[19]

채권관리관임명의 경우와 같이 대리채권관리관 임명시에도 감사원에 통지하여야 한다.[20]

② 채권관리관의 분임: 채권관리관의 대리가 가능할 뿐만 아니라 채권관리관의 분임도 가능하다. 각 중앙관서의 장은 채권관리관의 사무의 일부를 분장할 분임채권관리관을 임명할 수 있다.[21] 분임채권관리관 임명시에도 분장사무의 범위를 명시하여 감사원에 통지하여야 한다.

3. 채권관리사무의 인계

(1) 채무자의 주소의 변경·직제변경의 경우

채무자가 주소를 이전한 경우 그 채무자에 대한 채권을 채무자의 현주소를 관할구역으로 하는 다른 채권관리관에게 인계시켜 관리케 하는 것이 효율적이라고 인정되는 경우가 있다. 또한 동일부처내에서 직제개편으로 인하여 다른

17) 국가채권관리법 제5조의 2 제1항.
18) 국가채권관리법 제5조의 2 제2항.
19) 국가채권관리법 제6조 제2항.
20) 국가채권관리법시행령 제6조 제2항.
21) 국가채권관리법 제6조 제3항.

채권관리관에게 인계시킬 필요가 발생할 수도 있다.[22]

이러한 경우는 어느 것이나 동일부처내에서의 채권관리관간의 사무인계라는 점에서 후술하는 부처간의 사무인계와 다르다고 하겠다.

(2) 부처간의 사무인계

채권관리사무의 인계는 부처간에도 발생할 수 있다. 법령의 제정·개정 또는 폐지 등으로 인하여 한 중앙관서의 소관사무가 다른 관서로 넘어간 경우에 채권관리사무도 인계하여야 한다.[23]

(3) 사무인계절차

동일부처내의 채권관리사무의 인계의 경우 중앙관서의 장은 인계받을 채권관리관이 관리사무를 개시하여야 할 날을 정하여야 한다.[24]

인계할 채권관리관은 인계받을 채권관리관이 관리를 개시할 날까지 다음의 서류 또는 물건을 인도하여야 한다.[25]

① 채권관리에 관한 장부

② 담보물

③ 기타 채권관리에 필요한 서류 및 물건

부처간의 사무인계의 경우에도 위와 같은 절차가 준용되는데[26] 인도해야 할 서류나 물건은 동일부처내 사무인계의 경우와 다를 바 없을 것이다. 그러나 인계받을 채권관리관이 사무를 개시하여야 할 날이 문제인데 중앙관서장간의 협의에 의하여 결정될 수 있을 것이다.

4. 채권관리기관과 수납기관의 분립

(1) 분립의 원칙

국고금의 수입이나 지출에 있어서 명령기관과 현금출납기관의 분립이 회계경리상의 기본원칙으로서 국고금관리법 제13조가 이에 관한 규정을 두고 있다는 것은 전술하였다.[27] 채권관리에 있어서도 채권관리관이 현금출납업무를 겸

22) 국가채권관리법 제9조 제1항.

23) 국가채권관리법 제2조 제2항.

24) 국가채권관리법시행령 제8조 제10항.

25) 국가채권관리법시행령 제8조 제2항.

26) 국가채권관리법시행령 제8조 제3항.

할 수 없는 것이 원칙이다.[28]

(2) 겸직허용

채권관리관이 현금출납업무를 겸할 수 없는 것이 원칙이나 채권관리법 제10조 단서의 규정에 따라 i) 재외공관의 경우와 ii) 정원과소로 인하여 동일인이 당해직무를 겸직하여야 할 부득이한 사유가 있는 관서인 경우에는 겸직이 허용된다.[29]

제 3 절 관리의 기준과 채권내용의 파악

1. 관리의 기준

채권관리를 실행함에 있어서 기본적인 원칙과 방침을 국가채권관리법은 규정하고 있다.[30]

(1) 법령의 규정

법령이 정하는 권한에 의거하여 법령이 정하는 절차에 따라 적정하고 확실하게 채권의 관리를 실시해야 한다.

여기서 말하는 법령이란 국가재정법, 국가회계법을 위시하여 채권관리의 기본적인 사항을 규정한 국가채권법과 동법시행령을 포함함은 더 말할 것도 없으나, 이밖에도 보조금의 예산 및 관리에 관한 법률과 같은 관련법도 포함되는 것으로 보아야 한다.

(2) 채권의 발생원인 및 내용

채권의 발생원인의 파악은 채권의 발생과 관련된 사실관계와 그 적용할 법령 또는 채권의 관리와 당해 행정기관의 소관사무와의 관련성을 파악하는 수단이 된다. 뿐만 아니라 채권발생의 사정에 따라서 채권관리를 행할 뿐만 아니라 당

27) 제3편 제4장 「예산의 집행」 참조.
28) 국가채권관리법 제10조.
29) 국가채권관리법시행령 제9조 제1항.
30) 국가채권관리법 제11조.

해 행정기관의 사무의 수행에 합치되는 채권관리를 수행하는 전제조건이 된다.

채권관리는 또한 채권의 내용과의 연관하에서 수행되어야 한다. 개개의 채권의 구체적 효력은 법령 또는 법령에 의거한 처분 또는 계약이 정하는 채권의 내용에 기초를 두고 있는 까닭이다. 채권을 확실하게 보전하고 행사하기 위해서는 먼저 채권의 내용을 파악할 필요가 있음은 더 말할 필요가 없다.[31]

(3) 재정상 국가이익에의 합치

채권관리의 종국적인 목표는 재정상의 이익의 만족에 있으므로 항상 재정상의 견지에서 국가이익의 추구라는 형태로 이루어지는 것이 당연하다고 하겠다.

2. 채권내용의 파악 · 기재

(1) 조사확인

채권관리관은 채권발생의 통지를 받은 때와 채권관리사무의 인계를 받은 때에는 그 통지나 인계된 사항을 지체없이 조사 · 확인하여야 한다.

(2) 장부의 비치와 기재

채권관리관은 채권의 관리사항을 기재할 장부를 비치하고 전술한 조사 · 확인한 사항을 기재하여야 한다. 다만 채권관리관이 채권발생의 통지를 받고 조사 · 확인한 결과 당해 채권의 전부가 이미 소멸된 것을 확인한 채권과 공무원연금법 제66조와 군인연금법 제38조에 따른 기여금으로 납입되는 채권은 기재를 요하지 않는다.[32]

제 4 절 채권의 행사와 보전

1. 채권의 행사

(1) 채권발생의 통지

채권의 행사를 위한 전제조건은 채권관리관이 채권의 발생을 인지하는 것이

31) 福田淳一, 債權管理法講義(東京: 大藏財務協會, 2007), p. 54.

32) 국가채권관리법시행령 제12조.

다. 채권관리관이 채권의 발생을 인지하는 방법에는 여러 가지가 있으나 그 중의 하나가 채권발생통지의 수령이다.[33]

법령의 규정 또는 계약, 기타 행위에 의하여 채권을 발생하게 하였거나 이를 국가에 귀속하게 한 자 또는 그 사실을 안 자는 다음과 같은 경우에 채권관리관에게 채권이 발생하였음을 통지하여야 한다.[34]

① 채권을 발생하게 하거나 이를 국가에 귀속하게 하는 원인이 되는 계약 기타 행위를 한 경우이다. 그러나 채권의 발생이나 귀속에 대하여 정지조건 또는 불확정시기가 있는 때에는 그 조건이 성취되거나 기한이 도래했을 때이다.

② 지출원인행위나 지급원인행위를 한 결과 반납금에 관한 채권이 발생한 것을 안 경우이다.

③ 계약을 체결한 후의 사정으로 그 계약으로 인한 채권의 발생이나 그 채권이 국가에 귀속된 것을 안 경우이다.

④ 현금·물품 등 국가의 재산을 출납·보관 또는 관리함에 있어서 채권이 발생한 것을 안 경우이다.

(2) 이행의 청구

채권관리관은 채권의 이행기간이 도래했을 때에는 원칙적으로 채무자에 대하여 직접 또는 세입징수관을 통하여 이행의 청구를 하여야 한다. 예산회계관계법령은 이러한 이행의 청구를 「납입의 고지」라고 하고 있다.

① 세입금채권에 관한 납입의 고지: 세입금채권에 관해서는 세입징수면에서 국고금관리법 제5조의 규정(세입의 징수방법)이 적용되므로 채권관리관은 세입징수관에게 채무자에 대하여 납입고지를 할 것을 요청하여야 한다. 그러나 채권관리관이 세입징수관을 겸하고 있는 경우에는 채권관리관이 직접 채무자에게 납입고지를 하여야 한다.

세입징수관은 채권관리관으로부터 납입고지의 요청을 받았을 때에는 지체없이 납입고지를 하고 그 사실을 채권관리관에게 통지하여야 한다.[35]

② 세입외채권에 관한 납입의 고지: 세입금채권의 경우와는 달리 세입외채

33) 채권발생통지에 관한 규정도 1970년의 채권관리법 제정 당시에는 없었으나 1982년의 개정시에 신설되었다.

34) 국가채권관리법 제112조의 2.

35) 국가채권관리법 제13조 제1항 및 제2항.

권으로서 법률에 특별한 규정이 없는 경우에는 채권관리관이 직접 납입의 고지를 한다. 채권관리관은 세입외채권의 내용이 법령 또는 계약에 위반된 여부를 조사한 다음에 일정한 서식의 납입고지서를 채무자에게 송부한다. 그러나 채무자에게 즉시 납부시킬 경우에는 구두로 납입고지를 할 수 있다.

(3) 독 촉

채권의 전부 또는 일부가 이행기한이 경과하여도 이행되지 않는 경우에는 채무자에게 독촉을 하여야 한다. 독촉의 절차도 세입금채권과 세입외채권이 각각 다르다.

① 세입금채권의 독촉: 세입금채권의 경우에는 세입징수관에게 독촉을 요청하여야 한다. 그러나 채권관리관이 세입징수관을 겸하고 있는 경우에는 채권관리관이 직접 독촉장을 발부하여야 한다.

세입징수관이 채권관리관으로부터 납입고지의 요청을 받았을 때에는 독촉장을 발부하고 그 사실을 채권관리관에게 통지하여야 한다.

② 세입외채권의 독촉: 세입외채권의 경우에는 채권관리관이 직접 독촉장을 발부하여야 한다. 독촉장은 납입기간이 경과한 날로부터 7일 이내에 발부하고 납입기간은 독촉장발부일로부터 15일 이내로 정하여야 한다.[36]

(4) 강제이행의 청구 등

채권의 전부 또는 일부가 독촉기한이 지나도 이행되지 않을 때에는 담보권의 실행·강제집행 등의 조치를 취하여야 한다.

① 담보권의 실행: 담보권의 실행은 담보의 처분과 보증인에 대한 이행의 청구로 나누어서 고찰할 수 있다.

② 담보의 처분: 담보가 있는 채권은 담보권의 내용에 따라 채권관리관이 직접 담보물을 처분하거나 중앙관서의 장을 통하여 법무부장관에게 경매, 기타 담보권실행의 절차를 요청한다.

③ 보증인에 대한 이행의 청구: 보증인에 대한 이행의 청구는 세입금채권과 세입외채권의 경우 다소 다르다. 세입금채권의 경우에는 세입징수관에 요청하여야 할 것이나 채권관리관이 세입징수관을 겸직하고 있는 경우에는 직접 할 수 있다. 세입외채권의 경우에는 채권관리관이 채권관리법시행규칙 제19조의

36) 국가채권관리법 제14조 제1항 및 제2항.

규정에 따라 보증인에 대하여 이행의 청구를 행한다.

④ 강제집행: 채무명의가 있는 채권 또는 소송절차에 의한 확정판결이나 화해·조정 등에 의하여 채무명의를 취득한 채권에 대해서는 법무부장관에게 강제집행절차를 해줄 것을 요청한다.

⑤ 소송 또는 비송사건절차에 의한 이행의 청구: 담보나 채무명의가 없는 채권 또는 담보권을 실행해도 이행되지 않는 채권에 관해서는 법무부장관에게 소송 또는 비소사건절차에 의한 이행의 청구를 한다.

2. 채권의 보전

(1) 채권의 신고

채권관리관은 그의 소관에 속하는 채권에 관하여 다음과 같은 사유가 발생한 것을 안 때에는 법률의 규정에 의하여 채권에 관한 배당을 요구하거나 채권신고를 하여야 한다.[37)]

① 채무자가 강제집행을 당한 때

② 채무자가 조세, 기타 공과금에 관한 체납처분을 받은 때

③ 채무자의 재산에 관한 경매가 개시된 때

④ 채무자가 파산선고를 받은 때

⑤ 채무자인 법인이 해산된 때

⑥ 채무자의 상속인이 한정승인을 한 때

⑦ 채무자의 총재산에 대하여 청산이 개시된 때

(2) 담보제공의 청구

채권관리관은 채권의 보전을 위하여 필요한 때에는 법령 또는 계약이 정하는 바에 따라 채무자에게 담보의 제공 또는 보증인을 세울 것을 요구하여야 하며 필요한 때에는 담보의 보충이나 보증인의 변경, 기타 담보의 변경을 요구하여야 한다.[38)]

담보가 제공되었을 때에는 채권관리관은 지체없이 담보권의 설정에 관하여 등기·등록, 기타 제3자에 대항할 수 있는 요건을 갖추어야 한다.

---

37) 국가채권관리법 제17조.

38) 국가채권관리법 제18조 제1항.

(3) 가압류 또는 가처분의 청구

각 중앙관서의 장은 채권의 보전을 위하여 가압류 또는 가처분이 필요한 때에는 법무부장관에게 그 절차를 밟을 것을 요청하여야 한다.

① 가압류의 청구: 가압류란 금전채권 또는 금전채권으로 환산할 수 있는 채권에 대하여, 동산 또는 부동산에 대한 정식의 강제집행에 착수하기까지 가압류를 하지 않으면 판결의 집행이 불가능하거나 현저하게 곤란할 우려가 있는 경우에 강제집행을 보전하기 위하여 법원의 판결 또는 결정으로 행하여지는 처분으로서 기한도래전의 채권에 관해서도 행할 수 있다.

② 가처분의 청구: 가처분에는 계쟁물(係爭物)에 관한 가처분과 임시의 지위를 정하기 위한 가처분이 있다. 전자는 금전채권 이외의 특정물의 인도 등의 급부를 목적으로 하는 청구권의 집행보전을 위하여, 물체의 현상이 변경됨으로써 집행이 불가능해지거나 현저하게 곤란해질 우려가 있는 경우에 법원의 명령으로 행하여지는 처분이다.

임시의 지위를 정하기 위한 가처분은 쟁의있는 계속적 권리관계에 관하여 현저한 손해를 피하거나 급박한 강폭을 방지하기 위하여 또는 기타 필요한 이유에 의하여 법원의 명령으로서 행하는 처분이다. 가처분의 명령, 기타의 절차에 관해서는 원칙적으로 가압류의 규정이 준용되며, 가처분도 가압류와 같이 시효중단사유가 된다.[39]

(4) 채권자대위권의 행사

채권관리관은 채권의 보전을 이하여 채권자대위권을 행사할 필요가 있을 때에는 필요한 조치를 취하여야 한다.

채권자대위권이란 채무자가 스스로 자기의 권리를 행사하지 않는 경우에 채권자가 자기의 채권을 보전하기 위하여 채무자가 보유하는 권리를 대신 행사하는 권리이다.

(5) 채권자취소권의 행사

중앙관서의 장은 그 소관에 속하는 채권에 관하여 채무자가 국가의 이익을 해치는 행위를 한 것을 안 때에는 지체없이 법무부장관에게 그 취소를 법원에

---

39) 유 훈, 전게서, pp. 331-332.

청구할 것을 요청하여야 한다.

채권자취소권은 채권자가 그 채권을 보존하기 위하여, 채무자가 고의로 자기의 재산을 감소시키는 행위를 한 경우에 그 행위의 취소를 법원에 청구하는 권리이다.

(6) 시효중단의 조치

채권관리관은 그 소관에 속하는 채권이 시효에 의하여 소멸할 우려가 있을 때에는 시효를 중단시키기 위하여 필요한 조치를 취하여야 한다. 시효중단의 사유로서는 다음의 세 가지가 있다.

① 청 구: 재판상의 청구나 채무이행의 채고가 있다. 채고는 이를 행한 후 6개월내에 재판상의 청구, 파산 절차참가, 화해를 위한 소환, 임의출석, 압류 또는 가압류, 가처분을 하지 않으면 시효중단의 효력이 없다. 그러나 법령의 규정에 국가가 행하는 납입의 고지는 민법 제174조의 규정에 구애됨이 없이 시효중단의 효력이 있다.

② 압류 · 가압류 또는 가처분: 채권관리법 제15조의 강제이행의 청구 등과 가압류 또는 가처분이 시효중단의 효력이 있다.

③ 승 인: 시효의 이익을 받는 자가 권리의 존재를 승인하는 행위를 함으로써 성립한다. 증서의 교환, 채권의 일부변제, 지급유예의 신청, 이자의 지급 등은 채권의 승인이 된다.

이상의 시효중단조치 중 재판상의 절차로서 행하여지는 것은 법무부장관의 권한에 속하므로 중앙관서의 장이 법무부장관에게 이러한 조치를 취할 것을 요청하여야 한다.[40]

---

40) 유 훈, 전게서 pp. 332-334 참조.

참고 문헌

[동양문헌]
감사원, 감사총람, 서울: 감사원, 1973.
______, 감사원 40년사, 서울: 감사원, 1988.
경제기획원, 예산편람, 서울: 경제기획원, 1989.
김성환, 심계원법축조해설, 서울: 심우회, 1956.
______, 재정법축조해설, 서울: 심우회, 1960.
박기백, 조세감면과 조세지출예산에 대한 연구, 서울: 한국조세연구원, 1999.
박명호, 세출예산과 조세지출예산의 연계방안: 국고보조금을 중심으로, 서울: 한국조세연구원, 2007.
박명호 · 전병힐, 조세지출과 세출예산의 연계방안 검토, 서울: 한국조세연구원, 2009.
박명호 · 정희선, OECD 주요회원국의 조세지출현황 및 비교분석, 서울: 한국조세연구원, 2006.
박종기 · 이규억 편, 국가예산과 정책목표, 서울: 한국개발연구원, 1982.
박영희, 재무행정론(제2판), 서울: 다산출판사, 1989.
신무섭, 재무행정학, 서울: 대영문화사, 1989.
유 훈, 행정학원론(제7정판), 서울: 법문사, 2000.
______, 공기업론(제5정판), 서울: 법문사, 2000.
______, 재정법, 서울: 서울대학교출판부, 1991.
______, 지방재정론(제3정판), 서울: 법문사, 2000.
______, 행정권과 경제(개정증보판), 서울: 법문사, 2007.
______, 정책학원론(제3정증보판), 서울: 법문사, 2002.
유훈 · 배용수 · 이원희, 신판 공기업론, 서울: 법문사, 2010.
유 훈 · 조석준, 행정학대의(수정판), 서울: 법문사, 1967.
윤건영 · 임주형, 조세지원제도의 현황과 개선방향, 서울: 한국조세연구원, 1993.
이종익, 재무행정론, 서울: 박영사, 1981.
이장규, 경제는 네가 대통령이야, 서울: 중앙일보사, 1991.
이한빈, 사회변동과 행정, 서울: 박영사, 1968.
이한빈 · 박동서 · 박문옥 · 유 훈 공편, 한국행정의 역사적 분석, 서울: 한국행정문제연구소, 1969.
인태환, 재정건전성 제고를 위한 미국 의회와 행정부의 재정준칙 법제화 노력: 1980년대 중반 이후부터 현재까지. 한국행정학회 추계학술대회 발표자료, 2011.
조정제, 도시경영, 서울: 법문사, 1990.
조창현, 재무행정론, 서울: 법지사, 1986.
한국산업은행조사부, 한국산업경제 10년사, 서울: 한국산업은행, 1955.
한국재정 40년사편찬위원회, 재정운용의 시대별분석, 서울: 한국개발연구원, 1991.
______, 재정운용의 주요과제별분석, 서울: 한국개발연구원, 1991.

한정길, 예산회계법(개정판), 서울: 학연사, 1983.
池上 惇, 日本財政論, 東京: 實教出版株式會社, 2000.
井上貞藏, 財政學と財政政策, 東京: 廣文社, 1961.
小此木 潔, 財政構造改革, 東京: 岩波書店, 1998.
岩井奉信, 立法過程, 東京: 東京大學出版部, 1988.
小峰保榮, 財政管理法概說, 東京: 全國會計職員協會, 1968.
______, 財政監督の諸展開, 東京: 大村書店, 1974.
尾林芳匡, 新版自治體民營化とサービスの質, 東京: 自治體研究社, 2008.
河野一之, 新版豫算制度〔第二版〕, 東京: 學陽書房, 2001.
新藤宗幸, 財政投融資, 東京: 東京大學出版會, 2006.
杉村章三郎, 財政法(改訂版), 東京: 有斐閣, 1983.
昭和財政史編集室編, 會計年度, 東京: 東洋經濟新報社, 1959.
高橋誠・紫田德衛編, 財政學(第3版), 東京: 有斐閣, 1988.
田島四郎, 監査論, 東京: 稅務經理協會, 1961.
富田駿介編, 國有財産法精解(改訂新版), 東京: 大藏財務協會, 1988.
松野賢吾, 改訂財政學原理, 東京: 千倉書房, 1979.
宮脇 淳. 財政投融資の改革, 東京: 東洋經濟新聞社,, 1995.
室山義正, 財政學, 東京: ミネルヴァ書房, 2008.
持田信樹, 財政學, 東京: 東京大學出版會, 2009.
花野昭野外 2人編著, 財政投融資, 東京: 東洋經濟新報社, 1991.
藤田晴・貝塚啓明編, 現代財政學, 東京: 有斐閣, 1980.
林 榮夫, 財政論, 東京: 筑摩書房, 1968.
廣井良典, 日本の 社會保障, 東京: 岩波書店, 1999.
福田淳一, 債權管理法講義, 東京: 大藏財務協會, 2007.
松本正雄, 政府系金融機關, 東京: 教育社, 1978.
山村勝郎, 財政機關, 東京: 東洋經濟新報社, 1961.

[구미문헌]

Adams, William J. and Christian Stoffaes (eds.), *French Industrial Policy*, Washington, D.C.: Brookings Institution, 1986.

Axelrod, Donald, *Budgeting for Modern Government*, New York: St. Martin's Press, 1988.

Bach, George L., *Economics*, tenth edition, Englewood Cliffs: Prentice-Hall, 1980.

______, *Making Monetary and Fiscal Policy*, Washington, D.C.: Brookings Institution, 1971.

Baily, Peter and David Farmer, *Purchasing Principles and Management*, fourth edition, London: Pitman, 1981.

Beer, Samuel H., *Treasury Control*, second edition, London: Oxford University Press, 1957.

Berman, Larry, *The Office of Management and Budget and the Presidency*, Princeton: Princeton University Press, 1979.

Blechman, Barry M., Edward M. Gramlich and Robert W. Hartman, *Setting National Priority: The 1976 Budget*, Washington, D.C.: Brookings Institution, 1975.

Boskin, Michael and Aaron Wildavsky (eds.), *The Federal Budget: Economics and Politics*, San Francisco: Institute for Contemporary Studies, 1982.

Bradshaw, Kenneth and David Pring, *Parliament and Congress*, London: Constable, 1972.

Brittain, Herbert, *The British Budgetary System*, London: George Allen and Unwin, 1959.

Brown, C.V. and P.M. Jackson, *Public Sector Economics*, second edition, Oxford: Martin Robertson, 1982.

Browne, Vincent J., *The Control of the Public Budget*, Washington, D.C.: Public Affairs Press, 1949.

Brundage, Percival, *The Bureau of the Budget*, New York: Praeger, 1970.

Buck, A.E., *The Budget in Governments of Today*, New York: Macmillan, 1934.

______, *Financing Canadian Government*, Chicago: Public Administration Service, 1949.

Burkhead, Jesse, *Government Budgeting*, New York: Wiley, 1956.

Burkhead, Jesse and J. Miner, *Public Expenditure*, Chicago: Aldine, 1971.

Caiden, Naomi and Aaron Wildavsky, *Planning and Budgeting in Poor Countries*, New York: Wiley, 1974.

Cheek, Logan M., *Zero-Base Budgeting Comes of Age*, New York: AMACOM, 1977.

Chubb, Basil, *The Control of Public Expenditure*, London: Oxford University Press, 1952.

Coomes, David (ed.), *The Power of the Purse*, New York: Praeger, 1975.

Dahlberg, Jane, *The New York Bureau of Municipal Research: Pioneer in Government Administration*, New York: New York University Press, 1966.

Deyo, Frederic C., *The Political Economy of the New Asian Industrialism*, Ithaca: Cornell University Press, 1987.

Douglas, Mary, *In the Active Voice*, London: Routledge and Kegan Paul, 1982.

Douglas, Mary and Aaron Wildavsky, *Risk and Culture*, Berkeley: University of California Press, 1982.

Draper, Frank D. and Bernard T. Pitsvada, *Zero-Base Budgeting for Public Programs*, second edition, Washington: University Press of America, 1980.

Enthoven, Alain C. and K. Wayne Smith, *How Much Is Enough?*, New York: Harper, 1971.

Fenno, Richard, *The Power of the Purse*, Boston: Little, Brown and Co., 1966.

Fiorina, Morris, *Divided Government*, second edition, Boston: Allyn and Bacon, 1996.

Fisher, Louis, *Presidential Spending Power*, Princeton: Princeton University Press,

1975.

______, *Constitutional Conflicts between Congress and President*, Princeton: Princeton University Press, 1985.

Freilich, Morris(ed.), *The Relevance of Culture*, New York: Bergin & Garvey, 1989.

Friedmann, W. (ed.), *The Public Corporation: A Comparative Symposium*, Toronto: Carswell, 1954.

Geist, B. (ed.), *State Audit: Development in Public Accountability*, London: Macmillan, 1981.

General Service Administration, *Procurement Handbook*, Washington, D.C.: Government Printing Office, 1959.

Golembiewski, Robert T. (ed.), *Public Budgeting and Finance*, second edition, Itasca: Peacock, 1975.

Golembiewski, Robert T. and Jack Rabin (eds.), *Public Budgeting and Finance*, third edition, New York: Dekker, 1983.

Gosling, James, *Budgetary Politics in American Government*, fourth edition, New York: Routledge, 2006.

Grant, Wyn, *Government and Business*, Aldershot: Edward Elgar Publishing Limited, 1989.

Hammond, Thomas H. and Jack H. Knott, *A Zero-Base Look at Zero-Base Budgeting*, New Brunswick: Transaction Books, 1980.

Hanson, A.H., *Public Enterprise and Economic Development*, London: Routledge and Kegan Paul Ltd., 1959.

Harris, Joseph P., *Congressional Control of Administration*, Washington, D.C.: Brookings Institution, 1964.

Haveman, Joel, *Congress and the Budget*, Bloomington: Indiana University Press, 1978.

Haveman, Robert H. and Julius Margolis (eds.), *Public Expenditure and Policy Analysis*, second edition, Chicago: Markham, 1975.

Heclo, Hugh and Aaron Wildavsky, *The Private Government of Public Money*, second edition, London: Macmillan, 1981.

Heinritz, Stuart F. and Paul V. Farrell, *Purchasing: Principles and Applications*, sixth edition, Englewood Cliffs: Prentice-Hall, 1981.

Heller, Walter, *New Dimension of Political Economy*, Cambridge: Harvard University Press, 1966.

Herber, Bernard P., *Modern Public Finance*, fifth edition, Homewood: Irwin, 1983.

Hicks, Ursula K., *Public Finance*, second edition, Cambridge: Cambridge University Press, 1955.

Hodges, Henry G., *Procurement*, New York: Macmillan, 1961.

Howard. Christopher, *The Hidden Welfare State: Tax Expenditures and Social Policy in the United States*, Princeton: Princeton University Press, 1997.

Hyde, Albert C. and Jay M. Shafrits (eds.), *Government Budgeting: Theory,*

Process, Politics, Oak Park: Moore Publishing Co., 1978.

Ippolito, Dennis S., *The Budget and National Politics*, San Francisco: Freeman and Co., 1978.

______, *Cngressional Spending*, Ithaca: Cornell University Press, 1981.

Jennings, Sir Ivor, *Parliament*, second edition, Cambridge: Cambridge University Press, 1957.

Johnson, Chalmers, *MITI and the Japanese Miracle*, Stanford: Stanford University Press, 1982.

Jones, Bill and Philip Norton, *Politics UK*, seventh edition, Harlow: Pearson Education, 2010.

Kavanagh, Dennis, David Richards, Martin Smith, Andrew Geddes, *British Politics*, fifth edition, Oxford: Oxford University Press, 2006.

Kingson, Eric and James Schulz (eds.), *Social Security in the 21st Century*, New York: Oxford University Press, 1997.

Kettl, Donald F., *Deficit Politics: Public Budgeting in Its Institutional and Historical Context*, New York: Macmillan, 1992.

Kimmel, Lewis H., *Federal Budget and Fiscal Policy, 1789-1958*, Washington, D.C.: Brookings Institution, 1959.

Kohler, Eric L, and Howard W. Wright, *Accounting in the Federal Government*, Englewood Cliffs: Prentice-Hall, 1956.

Lee, Robert D. and Donald W. Johnson, *Public Budgeting Systems*, fourth edition, Gaithersburg: Aspen Publishers, 1989.

LeLoup, Lance T., *The Fiscal Congress: Legislative Control of the Budget*, Westport: Greenwood Press, 1980.

______, *Budgetary Politics*, fourth edition, Brunswick: King's Court, 1988.

Lewis, Howard T., *Procurement*, Chicago: Richard D. Irwin, 1948.

Lewis, W. Arthur, *The Theory of Economic Growth*, Homewood: Irwin, 1955.

Light, Paul, *Artful Work: The Politics of Social Security Reform*, New York: Random House, 1985.

Lord, Guy, *The French Budgetary Process*, Berkeley: University of California Press, 1973.

Lyden, Fremont J. and Ernest G. Miller (eds.), *Planning-Programming- Budgeting: A Systems Approach to Management*, Chicago: Markham Publishing Co., 1967.

Lynch, Thomas D., *Public Budgeting in America*, second edition, Englewood Cliffs: Prentice-Hall, 1985.

Maddison, Angus, *Economic Growth in Japan and the USSR*, London: George Allen and Unwin, 1969.

______, *Economic Progress and Policy in Developing Countries*, London: George Allen and Unwin, 1970.

Mikesell, John, *Fiscal Administration*, fourth edition, Belmont: Wadsworth, 1995.

Millett, John D., *Government and Public Administration*, New York: McGraw-Hill, 1959.

Mills, Gregory B. and John L. Palmer (eds.), *Federal Budget Policy in the 1980's*, Washington, D.C.: Urban Institute Press, 1984.

Morrison, Herbert, *Government and Parliament, A Survey from Inside*, London: Oxford University Press, 1954.

Mosher, Frederick C., *Program Budgeting*, Chicago: Public Administration Service, 1954.

______, *The GAO: The Quest for Accountability in American Government*, Boulder: Westview, 1979.

______, *A Tale of the Two Agencies: A Comparative Analysis of the GAO and the OMB*, Baton Rouge: Louisiana State University Press, 1984.

Nash, Gerald, Noel H. Pugach and Richard Tomasson (eds.), *Social Security: The First Half-Century*, Albuquerque: University of New Mexico Press, 1988.

Normanton, E. L., *The Accountability and Audit of Governments*, Manchester: Manchester University Press, 1966.

Novick, David (ed.), *Program Budgeting: Program Analysis and Federal Government*, Cambridge: Harvard University Press, 1965.

Page, Harry, *Public Purchasing and Materials Management*, Lexington: Heath, 1980.

Patashnik, Eric M., *Putting Trust in the US Budget: Federal Trust Funds and the Politics of Commitment*, Cambridge: Cambridge University Press, 2000.

Penner, Rudolph G. (ed.), *Congressional Budget Process After Five Years*, Washington, D.C.: American Enterprise Institute for Public Policy Research, 1981.

Pierson, Christopher, *Beyond the Welfare State: The New Political Economy of Welfare*, third edition, Cambridge: Polity Press, 2006.

Pliatzky, Leo, *The Treasury under Mrs. Thatcher*, Oxford: Basil Blackwell, 1989.

Public Administration Service, *Modernizing Government Budget Administration*, Washington, D.C.: Agency for International Development, 1962.

Pyhrr, Peter A., *Zero-Base Budgeting*, New York: Wiley, 1973.

Reck, Dickson, *Government Purchasing and Competition*, Berkeley: University of California Press, 1954.

Reed, B. J. and John W. Swain, *Public Finance Administration*, second edition, Thousands Oaks: Sage Publications, 1997.

Ripley, Randall B. and Grace A. Franklin(eds.), *Policy-Making in the Federal Executive Branch*, New York: Free Press, 1975.

Rubin, Irene S., *Shrinking the Federal Government: The Effect of Cutbacks on Five Federal Agencies*, New York: Longman, 1985.

______, *The Politics of Public Budgeting*, fourth edition, Chatham: Chatham House, 2000.

Rubin, Irene S. (ed.), *New Directions in Budget Theory*, Albany: State University of

New York Press, 1988.

Salamon, Lester (ed.), *Beyond Privatization: The Tools of Government Action*, Washington, D.C.: Urban Institute Press, 1989.

Savage, James D., *Balanced Budget and American Politics*, Ithaca: Cornell University Press, 1988.

Schick, Allen, *Budget Innovation in the States*, Washington, D.C.: Brookings Institution, 1971.

______, *Congress and Money: Budgeting, Spending and Taxing*, Washington, D.C.: Urban Institute, 1980.

Schick, *Crisis in the Budget Process*, Washington, D.C.: American Enterprise Institute for Public Policy Research, 1986.

______, *The Capacity to Budget*, Washington, D.C.: Urban Institute Press, 1990.

______, *The Federal Budget: Politics, Policy, Process*, revised edition, Washington, D.C.: Brookings Institution Press, 2000.

Schick, Allen (ed.), *Perspective on Budgeting*, Washington, D.C.: ASPA, 1980.

Sherwood, Frank P., *The Management Approach to Budgeting*, Brussels: International Institute of Administrative Sciences, 1954.

Shuman, Howard E., *Politics and the Budget: Struggle between the President and Congress*, third edition, Englewood Cliffs: Prentice-Hall, 1992.

Smith, Harold D., *Management of Your Government*, New York: McGraw-Hill, 1945.

Smithies, Arthur, *The Budgetary Process in the United States*, New York: McGraw-Hill, 1955.

Surrey, Stanley S. and Paul R. McDaniel, *Tax Expenditures*, Cambridge: Harvard University Press, 1985.

Thompson, Michael, Richard Ellis and Aaron Wildavsky, *Culture Theory*, Boulder: Westview Press, 1990.

Thornhill, William (ed.), *The Modernization of British Government*, London: Pitman, 1975.

Todaro, Michael and Stephen C. Smith, *Economic Development*, ninth edition, Boston: Addison Wesley, 2006.

United Nations, *A Manual for Economic and Functional Classification of Government Transactions*, New York: United Nations, 1958.

______, *A Manual for Programme and Performance Budgeting*, New York: United Nations, 1965.

Waldo, Dwight, *Administrative State*, New York: Ronald, 1948.

Walkland, S.A. (ed.), *The House of Commons in the Twentieth Century*, Oxford: Clarendon Press, 1979.

White, Leonard D., *Introduction to the Study of Public Administration*, fourth edition, New York: Macmillan, 1955.

Wildavsky, Aaron, *Budgeting: A Comparative Theory of Budgetary Processes*, revised edition, New Brunswick: Transaction Publishers, 1986.

______, *The Politics of the Budgetary Progress*, fourth edition, Boston: Little, Brown and Co., 1984.

______, *The New Politics of the Budgetary Process*, second edition, New York: Harper, 1992.

Wildavsky, Aaron and Naomi Caiden, *The New Politics of the Budgetary Process*, fourth edition, Reading: Addison-Wesley, 2001.

Witte, John F., *The Politics and Development of the Federal Income Tax*, Madison: University of Wisconsin Press, 1985.

Woo-Cumings, Meredith (ed.), *The Developmental State*, Ithaca: Cornell University Press, 1999.

사 항 색 인

〔ㅈ〕

[저자약력]

유 훈

서울대학교 법과대학 졸업
고등고시 행정과 합격
서울대학교 대학원에서 법학석사
미네소타대학교 대학원에서 행정학석사
미네소타대학교 대학원에서 정치학박사
서울대학교 행정대학원 원장 역임
한국행정학회 회장 역임
현, 서울대학교 명예교수

[저 서]

행정학원론	행정학강의(공저)
공기업론	정 책 학(공저)
예산제도론	행정학대의(공저)
정책학원론	행 정 학(공저)
행정권과 경제	행정학연습(공저)
재정법	정책학개론(공저)
지방재정론	한국행정의 역사적 분석(공편저)

조 택

서울대학교 영어영문학과 졸업
서울대학교 행정대학원 졸업(행정학 석사, 박사)
미국 George Mason 대학교 교환교수
현, 이화여자대학교 행정학과 교수

[저 서]

새행정학(공저)	행정학의 이해(공저)
신판 객관식 행정학(공저)	전환기의 정책과 재정관리(공저)
사회과학의 이해(공저)	민주주의와 규제(공저)

김재훈

서울대학교 경제학과 졸업(경제학사)
서울대학교 행정대학원 졸업(행정학 석사)
미국 플로리다주립대학교 졸업(행정학 박사)
현, 서울과학기술대학교 행정학과 교수

[저 서]
작은정부론(공저)
한국의 재정 60년(공저)
새행정학(공저)

재무행정론〔신판〕

1963년 8월 15일 초판 발행
1973년 3월 12일 개정판 발행
1984년 8월 20일 3정판 발행
1993년 2월 10일 4정판 발행
1999년 8월 30일 5정판 발행
2003년 2월 10일 6정판 발행
2005년 7월 10일 6정증보판 발행
2007년 7월 20일 6정증보수정판 발행
2012년 2월 25일 신판 1쇄 발행
2015년 2월 25일 신판 2쇄 발행

저 자 유 훈 · 조 택 · 김재훈
발행인 배 효 선
발 행 처 도서출판 法 文 社
㊝ 413-120 경기도 파주시 회동길 37-29
(파주출판문화정보산업단지)
등 록 1957년 12월 12일 제 2-76호 (윤)
전 화 031-955-6500~6, 팩스 031-955-6525
e-mail(영업) : bms@bobmunsa. co. kr
(편집) : edit66@bobmunsa. co. kr
홈페이지 http : // www. bobmunsa. co. kr
조 판 광 암 문 화 사

정가 35,000 원 ISBN 978-89-18-02379-3